6.25 참전

노병의 65년

편저 : 全仁植

〔주식회사〕 건설연구사
육군본부 직할 결사대 전우회

<제호 : 필자>

표지설명

지금으로부터 65년 전 대구 소재 육군정보학교(제7훈련소)를 떠난 육군본부 직할 결사대 장병 330명이 적진 후방을 향해 출동하기에 앞서 1951. 2. 7. 육해공군 총참모장 육군소장 정일권에게 출동신고를 하고 있다. 이들은 북괴모방의 군복과 모자·소총·배낭을 메고 있으나, 태극기가 선명하다. 배경사진은 설악산 능선이다.

머 리 말

인류역사상 체제와 이념을 달리한다는 이유 하나만으로 선전포고(宣戰布告)와 같은 형식조차 없이 일요일 새벽 4시에 기습(奇襲)으로 남침(南侵)한 김일성(金日成)의 야망(野望) 뒤편에는 소련의 스탈린과 중공(中共)의 모택동(毛澤東)의 지원이 있었습니다.

이 6.25 한국전쟁에서 이 땅의 청소년들은 한결같은 마음으로 내 이웃과 내 가족, 더 나아가 내 나라를 위해 용약(勇躍) 전선(戰線)에 나아갔습니다.

복장은 누비바지 저고리로 북괴병과 비슷한 것을 입혔고, 총은 그 많은 M1 소총 한 자루 없이 북괴노획 무기인 이른바 AK 딱콩총과 수류탄, 비상식량은 2주일분의 미숫가루 뿐이였으니 열악(劣惡)하기 그지없었는데, 1951년 1월의 태백(太白) → 오대(五臺) → 설악(雪嶽)을 잇는 준령(峻嶺)은 영하(-) 20도와 30도를 오르내리는 강추위와 싸워야 했습니다.

그들이 바로 65년 전 속칭 "白骨兵團" 이라는 육군본부 직할 결사대 장병들입니다.

오늘 그들의 역전(歷戰)의 무공(武功)에 비해 배신(背信)과 영욕(榮辱), 그리고 일종의 비애(悲哀)마저 견디며 65 성상(星霜)을 맞이하게 되었습니다.

그 누가 무엇이라 비하(卑下)하더라도, 또 헐뜯어도, 우리는 굳건히 참으며 65년을 맞게 되었음을 엄숙히 선언합니다.

내 나라는 자랑스러운 "大韓民國" 입니다.

우리들은 작은 힘이나마 나라를 지키는데 보탰습니다. 그 과정에 우리들은 360여 전몰전우(戰歿戰友)를 전선 산야(山野)에 그대로 두고 오지 않을 수 없었습니다.

참으로 서글픈 비통(悲痛)함을 간직한 채 65년이란 오랜 세월을 보낸 노병(老兵)들의 한서린 넋두리를 드리게 된 것을 자랑과 부끄러움을 함께 하고 있다고 생각합니다.

세월은 흘러 내 나라는 세계에서도 존경받는 경제대국으로 우뚝 솟아 있습니다만, 1953년에 맺은 휴전협정(休戰協定)은 평화가 아닌 준전시(準戰時) 상태가 계속되고 있는 이때, 저놈들은 핵(核)의 개발과 로켓 등 남침준비(南侵準備)에 혈안이 되고 있으니, 이는 또 다른 6.25의 참화(慘禍)를 불러올 가능성이 항재(恒在)하고 있어 또 다시 우리들 노병들도 전선에 다시 나아갈 준비를 굳건히 해야 할 때라고 힘주어 주창(主唱)합니다.

참전 개선한 1951년 4월 14일부터 65주년을 맞는 우리들 참전 노병의 건강과 가정에 행복을, 그리고 전몰장병 60위와 무명용사 300여위에게도 주님의 은총과 대자대비(大慈大悲) 하심이 함께 하시기를 간절한 마음으로 기원합니다.

이 땅의 모든 분들께 평화와 자유, 그리고 행복(幸福)이 늘 함께 하시길 기원드리며 참전 노병의 말씀을 맺고자 합니다.

2016년 4월 14일

편저자 : **吾平 전 인 식** 드림

(전 "백골병단 작전참모 ; 육군 소령)

차 례

<필자의 근영>

白骨兵團 戰跡碑 除幕 (1990. 11. 9)

강원도 인제군 북면 용대리 3리 250-2

白骨兵團 戰跡碑는 1951. 1. 4.부터 1.25까지 유격특수훈련을 받은 결사유격 제11연대 363명이 1951. 1. 30. 강원도 영월군 영월읍에서 적후방으로 침투한 이후 결사유격 제12, 13연대가 강원도 명주군 연곡면 퇴곡리에서 백골병단으로 통합(647명)하고, 1951. 4. 3 ~25까지 사이에 개선한 장병 280여명의 염원으로 육군본부의 예산지원과 참전전우회원의 성금 그리고 육군제3군단 공병여단과 육군제703특공연대 장병의 지원으로 건립되었다.
세 뿔은 자유, 평화, 통일을 각 상징하고 결사 제11연대 동 12연대 동 13연대를 주탑 높이 11m (기초포함 16.4m) 공사계획 · 설계 일체는 전우회장 전인식의 작품으로 공사 감리를 겸했다. (1990. 11. 9. 제막된 백골병단 전적비의 위용)
곳 : 강원도 인제군 북면 용대리 산 250-2

살아 돌아온 결사 11연대 장병

<○표 필자>

사선을 돌파한 육군본부 직할 결사 유격 제11연대 강릉 개선 장병 일동

때 : 1951년 4월 5일 **곳** : 강원도 강릉시 도립 병원 광장 **촬영 당시 인원** : 147명

결사 제12연대 출동!!·13연대 귀환 장병

無名勇士 追慕碑

백골병단 303 무명용사 추모비

2003. 5. 30　무명용사 추모비 건립
2003. 6. 5　무명용사 추모비 제막식 거행

나라의 부름 받고 전장에 나가 싸웠는데, 무명용사가 웬 말인가 !!

살신성인 忠勇碑

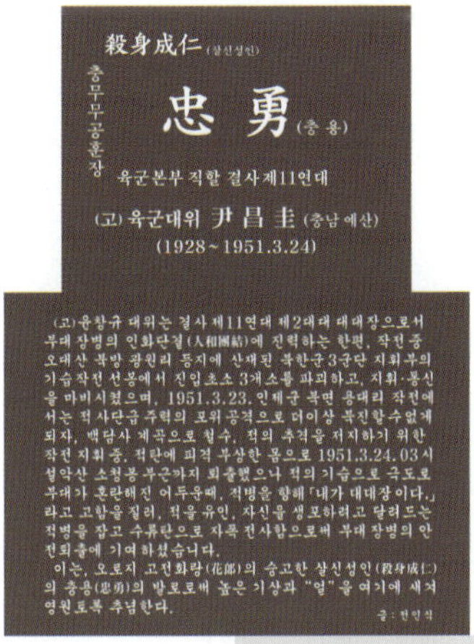

전면

뒷면

비문:필자 씀

1951. 3. 24 육군본부 직할 결사 제11연대 제2대대장 윤창규 대위가 전사한지 55년만인 2006. 6. 5 고인의 충용비가 국가보훈처의 지원과 참전 전우회 일동의 헌성으로 건립 · 제막되었다.

스테인리스 안내판 제막(국가보훈처 제작) <2002. 5. 28>

태극기를 휘날리며

= 61년 만에 받은 무공훈장 =

2012.6.25 훈장수여식에 수여할 훈장
충무무공훈장 3개
화랑무공훈장 6개

2012. 6. 25
부대접견실에서
보병9사단장
김용우 소장과
전인식 회장의
환담

2012. 6. 25
부대접견실에서
사단장과
전인식 회장,
류해근 예비역 중장,
이의재(예)공군준장의
환담 광경

무공훈장 수상자의 카퍼레이드 선도 1번차 중앙 전우회장

카퍼레이드 광경(1번차) 선두 전인식

카퍼레이드 광경(2번차)

카퍼레이드 광경(3번차)

훈장 전수 부대 제병지휘관의 신고

육군본부 광장에서 59년 만에 전역식을

전역자 일동이 임석상관인 인사사령관에 대한 경례

전역자 일동의 모습 좌 1번 전인식 소령

전역자를 대표한 전인식 소령(회장)의 인터뷰 광경

59년 만에 전역식을!!

참전 59년만에 전역식 후 육군본부 광장에서 카퍼레이드(사열) 하는 필자와 전우

축하객에 둘러싸인 전인식 소령(전역자 대표)

전인식 소령과 가족 일동

〈육군본부 내 명예의 전당에 전사자 60인을 헌액 하다〉

육군본부 내 명예의 전당 헌액을 마친 전우회원과 참여장병 일동

육군본부 인사사령부에서 참전전우 일동을 격려하는 박종선 중장

행사장에서 인사하는 필자

전쟁기념관 전몰장병 명비에

<전쟁기념관 전사자 추모 명비에 전사자 60인 현양 하다>

용산 전쟁기념관 전경

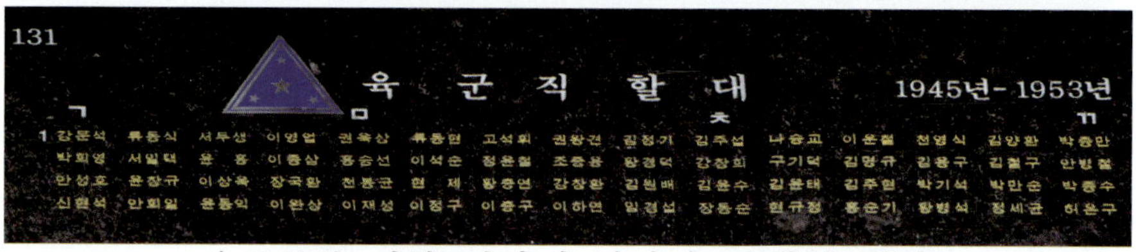

육군본부 직할 결사대 전사자 60위의 명비

헌화하는 전인식

명비제막식 전
(우) 류해근 장군, 필자 등 참석자

현충 추모식을 마치고

〈격전지 종점인 용대3리 학생을 위한 장학사업〉

현충추모제를 마치고 참전자 일동의 결의 (우) 인제군수, 류해근 장군, 제3군단장, 전우회장, 제12사단장, 내빈 참전자 일동의 파이팅

장학생 일동의 헌화 묵념 광경

용대백골장학회 전인식 회장이 장학금을 수여하고 있다

육본 직할 결사대 침투 작전 요도

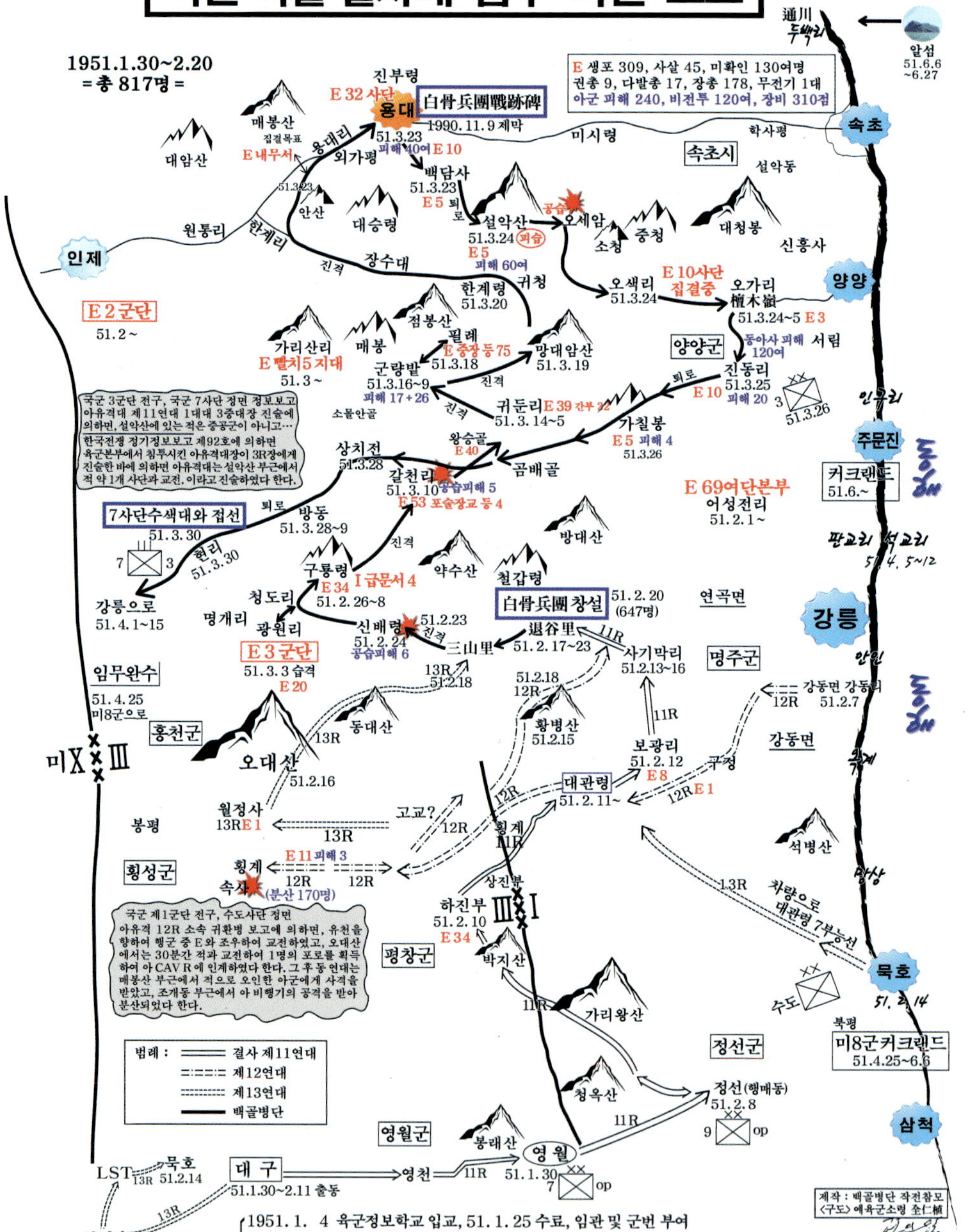

1951. 1. 4 육군정보학교 입교, 51. 1. 25 수료, 임관 및 군번 부여

정보교 서류 일체를 51. 3. 7 작전국으로 인계. 1951. 4. 15 미8군으로 예속 변경

1951. 1. 30 결사 제11연대 363명 대구 → 영천 → 영월에서 적진 후방으로 침투, 퇴곡리로

1951. 2. 7 결사 제12연대 330명 대구 → 포항 → 울진 → 명주군 강동면에서 출동신고 후 강릉 방면으로

1951. 2. 14 결사 제13연대 124명 대구 → 부산 LST로 묵호 → 대관령 → 오대산 →삼산리 → 퇴곡리로

전승탑을 세우고 !!

조국의 평화와 자유를 짓밟으려 한 붉은 이릿떼를 쳐부수기 위하여

이 땅의 젊은 학생, 애국청년 640명은 백골병단 깃발아래 대오를 갖추었다.

그 이름은 대한민국 육군본부 직할 유격대 결사 제11연대, 12, 13연대, 장병 !!

1951년 1월부터 4월까지,

빈약한 장비와 훈련으로, 적진 후방 800리 깊숙이 침투한 용사 640명은 단 한 끼니의 보급도 받지 못한 채 적군의 복장으로 위장하고 탄약과 식량 보급을 현지에서 조달하면서 조국의 평화와 안녕을 위하여 젊음을 불 태웠다.

대한민국 건군 이래 처음으로 시도된 적후방 침투 특전 용사들 !!

1951년 1월 30일 강원도 영월군 영월읍에서 출진한 이들은 그날 밤 적 후방으로 무사히 침투한 이래 영하 30°! 평균 해발 1,000미터를 넘는 험준한 태백산맥, 오대산맥, 설악산맥을 넘고 또 넘어 멧돼지 사향노루와 같이 험산 준령을 타고 가리왕산을 넘고 하진부리 횡계리를 지나 퇴곡리에 모였다.

때는 1951년 2월 20일 백골병단 용사들은 한데 뭉쳐 중북부 산악지대로, 다시 적지 배후 깊숙이 침투하여 적3군단 배후에서 오고 가는 놈을 모조리 생포하는데 …… 굵직한 놈이 걸려 들었다.

동무래 어디메로 가오 !!

군관 동무, 그것이 무에요 ? 기밀서류야 !!

기밀서류 ? !!

우리는 중앙에서 왔소 ! 동무들의 신분을 확인해야겠수다. ……

점잖게 대어가 걸려드는 순간이다.

그놈이 가지고 있는 기밀서류에 따라 놈들은 완전히 전멸의 비운을 맞게 되니, 아군의 북진은 쉽게 되게 마련이 ……

대로변에서 낚시 아닌 낚시질 수확은 점차 커져만 가는데 ……

적의 군단 사령부의 습격까지 결심한 지휘부 !!

놈들의 본거지에 이르는 초소들을 박살낸 이들은 통신소를 박살내기도 하나 ……

이 소란으로 퇴각하는데 ……

이들 백골병단은 남으로 퇴각하지 아니하고 반대로 북쪽으로 더욱 더 북진한다.

험준한 구룡령 구불 구불 구비져 용(龍) 아홉 마리가 도사리고 있다는 구룡령 ! 약수산을 넘으니 무인지경 !

온 누리가 새하얗게 덮여 있는 준령을 넘어 갈천리 마을에 당도한다.

갈천리에서 귀둔리 군량밭에 이른 이들은 놀랍게도 대남빨치산 총사령관 일행이 남침 전력 정비를 위하여 필례 마을에 도사리고 있음을 알게 된다.

이것이 우연인가, 우연이라 하기에는 정말 어처구니가 없다.

대한민국 유격군 백골병단 앞에 북에서 남파되는 대남빨치산 총사령관이 걸려들다니 ……

이놈들 고위간부 열 세 놈은 손 하나 내밀어 보지 못하고 모두가 생포되었다.

장한 백골병단 용사들 !!

사로잡힌 놈은 북괴군 중장 겸 대남빨치산 총사령관 중앙당 군사부 제2비서, 굵직한 감투에 위세도 당당하다.

놈들의 생포로 정체가 탄로 난 용사들,

남쪽으로 퇴각하는척 하면서 오히려 북쪽으로 향하니 놈들은 또 한 번 속았다.

대승령을 넘고 용대리 앞까지 이른 백골병단 용사들,

대 병력의 토벌을 감당할 수 없어 후퇴의 길로 나서는데 ……

백담사 오세암 설악의 중청봉으로 이어지니 추위와 굶주림과 험산의 퇴로,

이 어디 사람이 해낼 수 있는 일이더냐 !!

령을 넘고 고개를 넘어 적진중을 그들과 함께 백주대로를 걸어 후퇴하니 놈들도 감쪽같이 속았다.

적지 60일간을 장하고 거룩하게 그리고 의젓하게 싸우고 또 싸워 이긴 용사들 !!

건군사상 초유의 장쾌한 승전, 그 이름도 요란한 백골병단 용사들!

이제 그들의 나래는 여기 용대리에 세워진 전적비와 함께, 이 나라 방방곡곡에 이르기까지 찬란하게 그 서기를 펼칠 것이리라.

조국의 평화와 자유를 지키기 위한 횃불이여……

20대의 꽃다운 젊음을 나라에 바친 360여 용사들,

그들의 장하고 거룩한 희생이 우리들에게 오늘을 주고 있도다……

그들의 숭고한 희생은 겨레의 등대 되었네.

그들의 사랑은 우리 모두를 포근히 안고 있다네.

그들의 발자취는 우리 모두에게 영원히 간직할 금자탑이 되었다네.

이 장하고 거룩한 전적비의 서기는 온누리에 펼쳐질 것일세……

동지들이여, 군신들이시여, 그대들의 영원한 안식을 바라고 또 바랄 뿐일세.

고이 고이 잠드시라! 그리고 지켜보아 주시라!!

= 팔팔 노병 =

이 한 수를 동지의 영전에 !!

백설이 흩날리는 51년 3월
유난히도 추웠고 지리했던 해
거지도 새 옷 입는 눈 오는 날
더 없이 즐거운 강아지 마냥
오대산도 설악산도 뛰어넘고 또 넘어
청춘도 사랑도 못다 이룬 젊은 그들
이름모를 폭포를 손오공같이 몸 날렸네
설악의 영봉은 아는가 모르는가.

박달재를 넘고서야 허기지니
앉았다 다리펴고 그만 잠 들었네
어느새 동태되어 그 넋이 저하늘로
젊음이 호국신으로 산화 했네
포성도 총알도 없었으니 그 누가
전사했다 하겠는고 호국신이라 했겠나
그대들은 조국을 위하여 몸 바쳤네
사랑도 버렸네 청춘도 다 버렸다네.

몰골은 내동포로되 옷매무새가 붉은이리
다시 한 번 죽임당하고 걷어차였네
그 한 어찌 구슬피 울지 않으리
그대들의 거룩한 발자취 여기 남았네
밝은 3월의 햇살이 더 찬란히 빛나리
그대들은 조국과 민족의 안녕 위하여
한 알의 밀알되어 영원한 삶을 누리리
3월의 흰 눈송이 그대를 포근히 안으리.

따사로운 햇살받아 꽃 피우고
이름모를 산새와 벗되어
즐거운 교향곡을 흥얼거릴세
한 맺힌 박달령에 흰 눈이 다시 내려
그대들의 포근한 이불솜 되려니
장하고 거룩한 겨레의 등대 되었네
결사의 백골병단 용사들이 잠든 곳
그 한은 이제 영원 불멸 하리라.

= 파랑새 =

현충탑을 향한 유가족!!

현충탑을 향한 유가족의 무거운 행렬!!

독립고지 벙커를 쳐부순 故 許銀九 소위의 형님!

許在九 선생은 멀리 경주에서 오셨다.

그 분은 1987년부터 동지회에서 해마다 거행한 위령제에도 빠짐없이 참석하신 분이시다.

아들 하나를 두고, 20대의 청춘에 남편을 조국에 바치신 金정임 女史!

딸 하나를 두고, 홀로되신 朴정열 女史!

큰 아들을 조국에 바치신 故 權旭相 中士의 어머님!

아버지 얼굴도 기억할 수 없이 한두 살 때 훌쩍 떠난 것이 영원한 이별이 된 김한인 君과 박창영 君!!

고 박만순 소위의 아들 명서 君!!

그리고 많은 친척 가족이 묵묵히 침통한 표정으로 현충탑을 향하고 있다.

왠지 가슴을 찡하게 울리는 것은 무엇 때문인가!!

묘비가 늘어있는 쪽에서

동족상잔의 비극 !!

고요한 일요일 새벽 !! 놈들은 자유대한을 향하여 무참히 남침을 감행 !

조국을 피바다로 만들고 말았다. !!

이 무슨 참변이란 말인가 !!

여기 이 묘비의 행렬을 보라 !!

이 신성하고 거룩한 묘비 앞에서 어느 누가 북침(北侵)했느니 반공법(反共法)을 없애라느니 할 수 있단 말인가 ?!!

국민 모두여 !! 여기 국립묘지 ! 이 성역을 보라 !!

그리고 회개 하라 !!

현충문을 향하며 !!

국립묘지 !! 겨레의 성전(聖殿)에 육해공군 의장병이 도열한 가운데 ……

국립 현충원을 찾은 백골병단 전우회원의 발걸음은 무겁다. <1990. 7. 17>

전우회 회장 전인식 씨와

고문이신 황인모 장군 !, 부회장 권영철 씨 !

그리고 미망인 김정임 여사 !, 박정열 여사가 앞서고 많은 참전동지와 유가족 내빈이 국립묘지 관리소장의 뒤를 따르고 있다.

유격부대 무명용사 위령비 앞에서

군번 없는 유격대원 !!

그들은 군번이 없어도 ! 계급이 없었어도 !

수많은 전투에서 적을 잘 해치우셨다 !

그리고 전사했노라 !!

나라를 지킨 무명 유격용사들이시여……

고이 잠드시라 !!

전인식 씨의 대표 분향과 국립묘지 관리소장의 설명을 들었다.

용대리에 세워지고 있는 전적비 !!

그 전적비를 건립해 주신 육군참모총장 李鎭三 대장에게 뜨거운 감사를 드린다.

제1부 조국 해방

1. 자유수호 한국전쟁

▮ 조국 광복 ▮

일제(日帝) 식민지하(植民地下)에 살던 이 땅의 청소년들은 왜(倭)놈이 다 된 것처럼, 천황이란 자가 있다는 동쪽을 바라보고 동방요배(東方遙拜)까지 강요(强要)받은 불쌍한 "청소년들"로서, 이름도 성도 모두 창씨개명(創氏改名)을 강요받아 민족혼(民族魂)을 거의 다 빼앗길 뻔한 상태였습니다.

나도 옥천정웅(沃川正雄) "요꾸가와마사오"란 왜놈식 이름으로 창씨와 개명을 하였습니다.

특히 그들은 징병과 반강제(半强制)의 지원병으로, 소년들은 가미가제(神風) 특공대로, 17세 이상 20세 정도의 미혼여성은 정신대(挺身隊)란 이름의 성노예로 강제되었고,

농촌은 식량의 공출(供出)로 약탈당하는 참상(慘狀)에서 우리 모두가 고사(枯死) 직전에 연합국의 승리로 1945년 8월 15일 해방이 되었습니다.

우리나라는 1943년 11월 미국 루즈벨트 대통령과 영국 처칠 수상, 중국의 장개석 총통이 카이로에 모여 일본의 무조건 항복과 우리나라의 자유독립(自由獨立)을 결의한 것에 따라 1945년 8 · 15 광복(解放)이 되자 **대한독립 만세**를 크게 불렀으나, 「대한독립 만세!!」의 함성이 채 가시기도 전에, 우리들에게는 좌(左)니, 우(右)니 하는 민주주의와 공산주의 내지는 사회주의자의 극한적인 대립이 있던 중,

연합국은 3상회의 결정으로 우리나라를 신탁통치 하겠다고 결의하게

되자 자유독립(自由獨立)은 커녕 연합국의 신탁통치(信託統治)를 받게 될 뻔 했습니다.

이에 신탁통치를 반대하는 우익(右翼) 진영과 갑자기 찬탁(贊託)으로 돌변한 박헌영 등 조선공산당 계열의 책동으로 나라가 두 쪽으로 갈라져 극도로 큰 혼란마저 겪게 되자, 미 군정으로부터도 제대로 대접을 받지 못하고 있던 중,

1947. 11. 4. 유엔은 한국에서 자유총선거를 실시하도록 결의하여 선거일을 1948년 5월 10일로 결정, 공포하게 되었습니다.

▌대한민국 건국▐

유엔은 광복된 조선(남북한)에 대하여 자유선거를 실시하여 자유독립을 실현케 하고자 했으나, 38도선 이북을 점령한 소련의 반대로 부득이 38도선 이남에서만 자유총선거를 실시하게 되었는데, 그때 조선공산당 측에서는 남한의 건국을 방해할 목적으로 남로당 계열의 공산분자 약 400명이 주동이 되어 1948년 4월 3일 제주도에서 양민과 면장·경찰관 등을 학살하는 큰 폭동을 일으켰습니다. 이른바, 제주 4.3 폭동이 일어난 것입니다.

이 폭동으로 제주도에서는 총선거를 실시하지 못했으나, 남한 전국(38도선 이남지역)에서는 198명의 제헌의원을 선출함으로써 대한민국의 제헌의회인 국회가 구성되어 1948년 8월 15일에 이르러 자유민주주의 **대한민국의 건국이 선포** 된 것입니다.

이와 같이 우리 민족(民族)은 여러 가지 어려움과 일제(日帝) 36년의 약탈과 식민에도 불구하고 오랜 역사(歷史)와 전통(傳統)과 함께 여러 가지 어려운 기복을 겪으면서도 발전해 오늘에 이른 자랑스런 민족인데, 8.15 광복 후 북쪽에 진주한 김일성(金日成) 등 그 일당이 소련 스탈린의 공산 확장 정책에 동조(同調)하고, 중공(中共)의 모택동(毛澤東)의 사주(使嗾)를 받은 비극적인 한국전쟁(6.25)을 감당하지 않으면

아니 될 슬픔을 겪었으면서, 오늘에 이르기까지 정전(停戰) 아닌 휴전선으로 가로막힌 채, 숱한 휴전협정 위반사건을 감내하면서 66년이란 오랜 세월동안 전시(戰時)상태를 유지하고 있는 실정입니다.

나는 그 어려운 시절, 경기도 파주군 탄현이란 시골에서 1929년에 출생하여 그 고장에서 자라면서 여러 가지를 보고 또 느꼈습니다.

8·15 해방이 되자 일본인 "마에다" 교장과 교사들이 모두 그들 나라로 쫓겨 가고 38도선 이북에서 김일성의 학정을 피해 남하(南下)하신, 김봉관 선생님과 "노상옥" 교장선생님 등 여러분이 계신 학교였습니다.

1943년 11월 23일 제2차 세계대전이 막바지에서 전쟁이 끝나기 전 연합국은 "카이로" 회담에서 적당한 때 한국의 자주독립(自主獨立)을 약속한 뒤, 1945년 8월 15일 일제(日帝)가 패망하자, 소련군은 일본군과 전투 한 번 안하고 1945년 8월 29일 일본군의 무장을 해제한다는 명분으로 38도선 이북에 진입함과 동시에 공산정권 수립에 혈안이 된 나머지 소련군복에 대위 계급장을 단 새파랗게 젊은 군인을 동북3성(省) 일대에서 항일(抗日) 유격전을 감행한 신출귀몰의 용장(勇將) 김일성(金一星?) 장군으로 둔갑시켜, 젊은 그를 지도자로 지명함과 동시에 인민군대(人民軍隊)를 조직하기 시작했다고 알려져 있습니다.

이에 비해 미군은 1945년 9월 6일에 이르러 비로소 점령군 사령부를 설치하는 등, 38도선 관리를 느슨하게 하면서 사실상 38도선을 기준으로 우리나라는 양분되었던 것입니다.

우리나라는 3.1운동 전후에 걸쳐 꾸준히 일제(日本帝國主義)에 항거내지는 의거를 계속해 왔으며, 독립군을 양성하고 미군첩보기관과 협력하여 일본과 우리나라에 참전·침투하려고 시도했으나 해방이 되면서 그 뜻을 이루지 못했습니다.

결국 우리는 자력(自力)으로 독립을 쟁취(爭取)하지 못했고, 연합군으로 하여금 항복(降伏)을 받아내 겨우 해방이 되었음에도 제정신을 차리지 못한 과도기를 겪게 되었습니다.

1948 년 9 월 북쪽에서는 대한민국의 건국에 뒤질세라 소위 조선민주주의 인민공화국(?)이란 정치집단을 건국하기 위한 대의원 선거를 함에 있어 당원을 내세운 뒤, 찬성과 반대를 위한 **투표함 2개(흑·백)를 마련하고**, 그 한쪽 함에 투표하게 하는 눈 감고 아웅하는 선거랍시고 한 뒤, 그들의 투표로 유엔의 승인도 없이 나라를 세우고, 그 수반으로 김일성이 등장했습니다.

김일성으로 둔갑한 그는 괴뢰정부 수립 전에 "조선인민군" 이란 붉은 군대를 먼저 조직하였으며, 무력남침 준비를 하는 한편, 그해 9월 소련수상 "스탈린" 에게 남침에 대해 구체적인 보고를 하고, 소련제 T 34 중탱크 400여대와 각종 무기를 무상으로 지원받아, 북괴군을 중무장(重武裝)시키고,

1949년 10월 1일 중공의 모택동은 장개석의 국민당 정부군과의 국공(國共) 전투에서 승리하자, 중공군 소속으로 장개석 국민당 정부군과의 전투에 참전했던 동북 3성 거주 조선족(朝鮮族) 팔로군(八路軍) 약 3만6천여명(2개 사단)을 북괴군에 편입시켜 실전훈련을 쌓게 한 뒤,

1950년 4월 김일성은 다시 소련을 방문해 스탈린에게 남침에 대한 구체적인 계획을 확정 보고·승인을 받은 후,

1950년 5월 13일에는 중국 공산당 최고 실력자 모택동(毛澤東)으로 부터도 남침계획을 승인받고, 조중(朝中) 상호방위 원조조약(?)을 체결하는 등 남침준비를 완료한 뒤,

1950년 6월 18일 북괴군은 야외 기동훈련을 가장하여, 일제히 38도선 부근 예정된 집결지로 전투부대를 모두 전진 배치 완료 하였습니다.

그 사흘 뒤인 1950년 6월 22일에는 북괴군 총사령부의 전투명령 제1호(남침)를 발령하여 대거 남침에 총 동원된 것입니다.

이와 같이 급박하던 때, 이 땅에 기생(寄生)하던, 소련공산대학 출신 "토착(土着) 빨갱이" 두목인 박헌영(충남 예산 출신)은 우리나라 국회(國會)에 까지 침투시킨 빨갱이 김약수(金若水)(부의장)와 "노일환" 등으로 하여금 국회를 장악하게 하여 북괴놈들이 남침하면 남반부에서 북괴에 동조(同調)하는 반란을 일으켜 북괴군과 배합하고자 시도하였던 것입니다.

따라서 북괴의 "6 · 25 적화(赤化) **남침 전쟁**" 은 종북(從北) 내지는 친북(親北) 좌파(左派)가 태동되는 사상적 분수령(分水嶺)도 그때 이미 파생(싹)되기 시작하였다고 볼 수 있습니다.

역사적으로 보면, 재상 "이율곡" 선생의 10만 양병(養兵)과 유비무환(有備無患)의 정신을 우리가 되새겼다면 6.25와 같은 국난(國難)을 미연에 방지할 수도 있었을 것인데……

김일성의 6.25 남침 야망에 대한 기록은 1950년 3월 초순에 북한 인민유격대인 빨치산 제5지대〔지대장 : 길원팔(吉元八)〕에게 하달한 김일성의 작전명령 극비문서에 의하면,

김해 비행장을 비롯해 경남일대의 정치, 군사, 사회 요소에 대한 공격을 명령하였을 뿐 아니라, 대남 유격대에 대하여 정규군이 남침하면 이들과 배합하도록 하였음이 "길원팔(吉元八)" 등 일당을 우리들 육본 직할 결사대가 길원팔 북괴중장(中將) (대성 2개) 등을 생포함으로써 그 지령의 전모가 밝혀진 바도 있습니다.

이와 같이 괴뢰수상 김일성(金日成)은 대한민국을 전복하기 위해 6 · 25 전쟁 이전에 이미 경남지방을 비롯한 지리산, 오대산, 태백산 등 지역에 게릴라를 침투시켜 후방을 교란하는 등 6.25 전쟁 이전에 계획적으로 암약한 것이 밝혀진 바 있습니다.

▮ 북괴의 남침 6.25 ▮

북괴 김일성은 1948년부터 남침전쟁 준비를 완료하고, **1950년 6월 25일 새벽 4시** 북괴 1, 2, 3, 4, 5, 6, 12사단과 105 전차여단 등 20여만명의 병력을 총동원하여 38도선 전역에서 일제히 기습남침을 감행하였습니다.

1950. 6. 28. 서울에 침공한 북괴군의 모습

이것이 이른바 **6.25 남침 전쟁**, 일명 **자유수호 한국전쟁**을 놈들이 도발한 것입니다.

동해안에서는 38도선 이남 삼척지역에 해상 침투부대를 은밀히 상륙시키는 한편, T 34 탱크 240여대는 고랑포, 의정부, 홍천 등 방면으로 침공하고, 공군은 개전 초기 남한의 여의도, 김포, 수원의 비행장과 주요 군사시설, 도로, 철도 및 용산 조차장 등을 소련제 야크(YAK) 전투기로 폭격하여 민심을 크게 교란시키는 등 우리나라 전역에 걸쳐 육 · 해 · 공군의 대대적인 공격을 감행하였다.

T 34 탱크는 그 당시 아군이 가지고 있던 2.36″(인치) 로켓포로 정통을 맞아도 움찔할 뿐, 다시 굉음을 내면서 내려온 놈이었으니 '이를' 저지할 무기도 없었다.

1950. 6. 25. 서울 HLKA 중앙방송(라디오) (그때는 T.V.가 없었다)에서는

북괴의 전면 남침에도 불구하고, 삼팔(38) 선에서 북괴군이 남침하여

아군이 이를 격퇴하는 접촉이 있었다는 정도의 보도를 하면서 외출 중인 국군장병은 조속히 부대로 복귀하라는 방송을 보도 했으며,

전면 남침은 알리지도 아니 했다.

그런 때 우리 육군은 1950년 6월 24일 0시를 기해 이미 전 군에게 내려져 있던 비상경계령을 모두 해제하고 많은 장병들에게 특별외박(1주일간)을 주어 고향으로 보내 모내기를 돕게 하고, 한편 북괴군의 대거 남침정보가 있었다고 하는데도 육군본부 고위 장교들은 이를 외면한 채, 1950년 6월 24일(토요일) 육군회관의 준공기념 축하 대연회(댄스파티)를 밤새워 새벽까지 여는 등 방만한 경계에 빠져있었다고 알려져 있다.

▮ 피난길에서 ▮

6·25가 발발하던 날, 나는 원효로의 용문동 숙부님 댁에 기숙하고 있었는데, 우리 집 바로 옆에는 서북청년단(西北靑年團)의 작은 사무실이 있었고, 나의 반공학생(反共學生) 운동도 무관하지는 않은 듯 주위에는 수상한 놈들이 서성대는 느낌도 있어 불안하기 시작했다.

적의 탱크가 의정부를 지나 **미아리 고개를 넘어** 돈암동 네거리까지 쳐들어오고 있었다는데,

용감한 우리국군이 침입한 적을 격퇴하고 있다는 방송을 내 보냈다고 한다.

그런 때, 나는 6월 28일 새벽 2시경 한강 인도교의 폭파에 놀라 부지런히 피난 보따리를 꾸려 짊어지고, 가족 일행과 함께 도화동 고개를 넘어 마포 한강으로 향했으나,

마포 강변에 이르니 한강을 도강하지 못한 많은 피난민이 **인산인해**(人山人海)를 이루고 있었습니다.

한강인도교의 조기 폭파는 많은 시민이 우마차, 손수레, 트럭 등에 피난 봇짐을 싣고, 한강을 건너기 위해 다리에 올라선 때, 앞에

서 한강인도교를 폭파해 버렸으니, 뒤에서 밀려드는 피난민의 대열을 피하지 못해 수만 명이 희생되는 비운을 남겼다고 합니다.

그날 북괴군은 "인공기"(人共旗)를 휘날리며, T 34 탱크가 중앙청에 입성하였다.

실로 개전(開戰) 3일만에 수도 서울이 놈들에게 짓밟힌 것이다.

나는 한강을 도강할 수 있을 만한 지점을 찾으려고 강 하류쪽으로 내려간 것이 수색(水色) 근방에 까지 이르게 되었는데…….

여기서는 어쩔 수가 없었다.

부득이 능곡 방면으로 향해 행주리(幸州里)의 친척집으로 일단 피난을 한 뒤,

29일 저녁밥을 먹고, 일산(一山) 방면으로 향하는 제방 밑 길(지금의 자유로 부근)을 따라 파주(坡州) 쪽을 향하여 걷게 되었다.

지금의 자유로 부근에 있던 제방 밑에서는 아군 군인 같은 젊은이가 민간복으로 갈아입고 후퇴중인 자와 머리를 빡빡 깎은 형무소 탈옥자 같은 놈들과 범벅이 되어 있어 약간 겁도 났다.

우리 일행은 조심하면서 일산(一山)을 지나, 금촌 방면의 철둑길로 접어 들어 운정역 부근에 이르렀을 때, 철도(경의선)를 따라 둑길로 북괴군의 대병력이 당당(?)하게 우리들 앞쪽으로 행군해 오는 것이 아닌가.

때는 1950년 6월 30일이었다.

겁이 났으나 철둑길에서 어쩔 수 없이 맞닥뜨리게 되자 우리는 철도 하행선(下行線)으로 옮겼다.

맨 앞에서 으스대며 오던 놈 중에는 개똥 모자를 쓰고 군복이 아닌 복장을 한 놈도 있었는데, 그 놈이 우리에게 말을 걸었다.

북괴군 : "어디메로 가는 동무 들이요?"

나 : "피난을 가려다 말고, 고향집으로 돌아가는 길입니다."

그 자는 "이제 조국이 해방되었는데 피난을 가다니……,
안심하고 돌아가 생업(生業)에나 종사 하오"

그 놈은 거만스럽게 힐끔거리며 서울로 향해 갔다.

이런 역경을 간신히 넘긴 우리 일행은 살며시 고향집으로 돌아왔다.

나는 소년기에는 일본인으로 귀화된 듯 우쭐 대더니,
좌우(左右) 대립, 학생운동에서는 우익 쪽에서 활동했으니……
북한 괴뢰군이 남침하자 도망을 치지 않을 수 없었고, 고향으로 숨어 들 때도 몰래 숨어 들은 것이다.
밤새도록 걷느라 피곤했기에 우선 잠을 푹 자고 나니, 7월 1일 10시경이 되었다.
고향에 있는 면사무소를 향해 구본승(具本昇) 선배와 함께 갔는데, 지서 앞을 지나게 되었다.

이때, 지서의 계단 위쪽에서
"어이……, 전(全) 동지, 언제 왔소?" 하면서, 나오는 사람이 있었다.
얼핏 보니 안(安) 모씨로서 그는 일제 강점기 때, 일본군 지원병으로 열렬한 환송을 받았던 바로 그 자(者)가 빨갱이 세상이 되자마자 "지서장" 쯤이 되었는가 보다.
그가 우리를 보고 지서로 올라오라 하기에 부득이해 올라가니,
"앞으로 잘 협조해 주시오!"라고 말하는 것이 아닌가.
그곳에는 "안씨" 외에도 시골에서 농사짓던 청장년 서너 놈도 함께 있었는데,
그중 한 명은 머슴을 살던 자로서, 마치 제세상을 만난 듯 몽둥이를 들고 으스대고 있었다.
나는 그들에게 협력하는 척 굽신대며, 우선 호구인 지서를 빠져나와 면사무소가 있는 쪽으로 갔다.

면사무소에 이르러 보니 면직원들은 모두 고향선배들이었는데 웬 낯선 녀석이 나에게 반말로

"뭐하는 놈이야! 왜 왔어?"

그러고는 곧장 체포할 기세로 덤벼들었다.

나는 얼떨결에 그놈을 오른 발로 세차게 걷어차고, 그 길로 산 위 방향으로 도망쳤다.

그놈은 나를 뒤쫓아 오며, 쏜다고 위협했지만 나는 뒤도 돌아보지 않고 있는 힘을 다해 뛰었다.

그리고는 주위 사람들의 눈을 피해 숨어 지내게 되었다.

이것이 내가 적 치하에서 반공(反共) 지하활동을 하지 않으면 안 되는 동기가 된 것이 아닌지……!!

▮ 적 치하에서 저항활동 ▮

자유가 어떤 것인지! 조국과 민족의 숙원은 ……… 모두가 뚜렷하지 않은 것들이 지배(?)하는 세상인데?!!……

이렇게 숨어 지낸지 며칠이 지난, 1950년 7월 중순 어느 날, 나는 반공결사대(反共決死隊)에서 활동하고 있던 고향 친구 김인경 군으로부터 개머리판을 떼어낸 **칼빈 소총** 한 자루와 실탄 수십 발을 입수하게 되었다.

총기 외에 낫을 숯불에 달구어 만든 단검 서너 자루로 무장을 하여 지하 활동을 하고 있었다.

당시, 고향에는 반공 결사대가 조직되어 대장에 김용대(金容大) 씨(김 대장은 뒷날 정부로부터 **"보국 훈장"** 을 받았다),

부(副)대장에 광복군 출신의 최명득(崔明得) 씨가 활동했는데,

나도 그 결사대에 가담하여 무기(武器)까지 확보할 수 있었던 것이다.

탄현 반공결사대(대장 김용대)는 다음과 같다.

부대장 : 최명득(전사)

결성 : 1950. 7. 중순(일자 미상)

해산 : 1950. 10. 초(아군 북진과 동시 치안경찰에 인계)

대원 : 김남규(대동리), 김인경(오금리), 손병호(오금리)
전인식(오금리), 오세경(문산)(나의 외4촌형)
이봉우(축현리) 등 10여명 정도였다.

우리 반공 결사대가 내무분주소를 습격한 뒤 부터는 북괴 내무서원 놈들도 넓은 벌판을 함부로 수색하지는 못하여,
우리들은 어렵지 않게 숨어 지내며 활동할 수 있었다.

여기서 잠시 적(敵)의 피 점령하 시책의 일부를 회고해 본다.

우선, 북한 괴뢰들은 오래전부터 남침(南侵)을 준비한 듯, 각 시도(市道), 인민위원회(도청), 내무서(경찰), 분주소(지서) 정치보위부, 조국보위 위원회 등을 구성하여
남침 즉시 활동할 수 있게 미리 준비하였고,
놈들은 병력(兵力) 보충을 위한 인민 의용군(人民義勇軍) 강제동원에 혈안이 되어, 모든 기관이 협동하여 17세 이상의 청소년과 장년을 인민 의용군 이란 이름을 앞 세워 **강제로 동원**하여 전선의 총알받이로 북괴 인민군(人民軍) 전선 앞쪽으로 내몰고 있었다.

놈들은 식량보급을 위해서는 강제로 수탈수량을 할당하였으며, 면 단위 인민 위원회와 조국보위 위원회, 내무분주소(分駐所)가 합동으로 벼 포기 수와 낟알의 수를 조사하여 현물세(現物稅)를 매긴다고 하니 농민들은 이것이 농민의 낙원(樂園)이란 "소위" 조선 민주주의 인민공화국 이란 말이냐 하며, 놈들의 수탈(收奪) 정책에 치를 떨었다.
그놈들은 농민들의 인심만 잃고, 추수를 해 보지도 못하고 9. 28 도망을 치게 되었다.

특히, 놈들은 내무서분주소(면의 지서 격)를 통해, 인민의용군(총알받이) 강제동원에 혈안이 되어, 나의 체포를 위해 조국보위 면당위원장

이란 자가 자주 우리 집에 나타났으나 내가 무장을 하고 있는 반공 결사대원으로 숨어 있으니 함부로 달겨 들지는 못했다.

여기서, 6.25 당시의 국제연합(UN)의 활동을 살펴본다.

1950년 6월 27일 대한민국의 국운이 풍전등화(風前燈火)와 같이 위급해진 때, 자유우방인 미국 트루먼 대통령은 긴급회의를 개최하여 한국을 지원할 태세를 갖추었고,

1950년 6월 28일 유엔 안전보장이사회 제2차 회의를 소집하여 대한민국에 대한 군사원조 결의안을 압도적인 다수표로 통과시키고,

6월 29일에는 맥아더 원수에게 미공군의 북폭 허용과 극동 해군의 한반도 해안 봉쇄 및 지상군의 투입 권한을 일임하였다고 한다.

이와 같이 한반도의 전세가 위태롭게 되자, 미국대통령 "트루먼"은 1950년 7월 7일 유엔안전보장이사회(안보리)의 결의에 따라 미 극동군 사령관 맥아더원수를 초대 유엔(UN)군 총사령관에 임명하여 유엔의 권한을 대행하게 하였다고 한다.

그 뒤 유엔(UN)군은 우리나라에 16개국이 장병을 보내 공산군과 대항했으나 어려움을 겪고 있던 1950년 9월 15일에 이르러 유엔군과 우리 군의 **인천 상륙작전**이 성공하자 유엔(UN)군은 낙동강 최후 방어선에서 1950년 9월 16일 일제히 대 반격작전을 전개하자 전세는 곧 역전되었다.

북괴놈들은 1950년 9월 23일 김일성의 후퇴명령에 따라 일제히 후퇴하기 시작했다.

※ 후퇴하는 놈들 처치

개성방면으로 후퇴하려는 북괴군 놈들은 내가 숨어 지내고 있는 넓은 벌판(들판)을 지나 질오목(吾今里) 나루터로 모여들기 시작했다.

나루터에 있던 조각배는 우리 결사대가 이미 감추어 두었으므로 놈들은 임진강을 건너갈 수는 없었다.

우리 동리에서는 그해 가뭄으로 논에 벼 대신 "피"를 많이 심었기에 키가 웃자라 숨어 지내기가 대단히 좋았으며,

나루터로 모여 들던 놈들을 기습하기도 좋아 여러 놈을 생포할 수 있었다.

놈들로부터 노획한 무기를 이용하여 또다시 북괴군의 무장을 해제시킴으로써 **'레지스탕스'**와 같은 활동을 한 것이다.

처음에는 여러 명을 만나면 약간 겁도 났으나,

점차 대담해져 2~3일 뒤부터는 다소(多少)를 가리지 않고 모조리 무장 해제시켜

총기를 100여 자루나 빼앗았다.

어떤 놈은 우리에게 대항하려고 해 그 자리에서 가차 없이 사살하여 임진강에 수장(水葬)을 하는 등 많은 전과를 올렸다.

유엔군 총사령관 맥아더 원수의 인천상륙작전을 성공한 부대는 계속 진격하여 연희동고지를 탈환한 후 1950년 9월 28일 우리 해병대가 서울 중앙청에 걸렸던 북괴 인공기를 끌어 내리고 그 자리에 태극기를 높이 게양하였다.

1950. 9. 28. 중앙청에 걸렸던 북괴 인공기를 끌어 내리고 태극기를 게양하 ⇒ 는 아군 해병대원의 모습 (재연)

개전 3개월 만에 수도 서울이 수복(收復)된 것이다.

▮ 북진통일과 중공군의 참전 ▮

아군이 수도서울을 수복한 뒤 계속해서 놈들을 몰아낸 뒤, 1950년 10 월 1일에는 유엔군의 만류 내지는 견제를 뿌리치고, 동해안의 아군 3사단과 수도사단 장병들이 38도선을 돌파하고 계속 북진하였다.

파도처럼 북진한 아군은 북진 19일만인 1950년 10월 19일 13시경에는 적도 평양 김일성대학과 방송사를 점령하였고,

1950년 10월 26일에는 국군 제6사단이 압록강 연안 "초산" 까지 진격하여 압록강 물을 수통에 담아 이승만 대통령에게 보내려던 때, 중공군의 최고실력자 모택동은 북경방송을 통해 중공군의 개입을 경고하는 한편, 은밀하게 체결한 **조중상호 원조조약**에 따라 중공군 동북지방의 제4야전군 10여개 사단을 1950년 10월 19일부터 10월 26일 사이에 압록강을 몰래 건너 북한지역에 잠입한 뒤, "팽덕회" 원수를 총사령으로 중공군 60여 만명이 압록강을 모두 건너왔는데 아군정보기관은 이를 파악하지 못했다고 한다.

이때, 압록강을 건너온 중공군은 제50군과 제66군으로 압록강변을 수색하던 아군과의 교전이 1차 공격이었으며,

이런 위급한 때임에도 불구하고, 1950년 10월 20일 이승만 대통령은 평양 군중대회에서 평양탈환을 치하하는 연설을 하셨다고 합니다.

중공군은 1950년 10월 25일 유엔군과 접촉하면서 교전하는 척 하다가, 패하는 척 후퇴하여 기도를 은폐하였으므로 중공군의 참전 사실을 유엔군 쪽에서는 정확하게 파악하지도 못했다고 한다.

그 뒤, 1950년 11월 15일부터 중공군은 간헐적인 반격을 개시하였으며, 1950년 11월 25일부터 본격적인 인해전술을 감행하였는데,

1950년 11월 27일에 이르러서는 중공(中共) 약 60여 만명이 총동원되어 미 해병 제1사단을 포위하고 장진호, 운산 등 전선에서 인해전술(人海戰術)을 감행해 왔다. 이것이 중공군의 2차 총공세였다.

중공군은 꽹과리와 피리, 징을 치며, 방망이 수류탄을 던지는 등 인해전술을 감행해와 이 기습에 아군과 유엔군은 크게 놀랐으며, 특히 방한대책이 전혀 없던 때 보급의 두절과 영하 40도의 혹독한 추위는 총과 대포가 얼어서 작동이 제대로 되지 않았다고 하며, 신고 있는 군화가 땀에 절어 밤에는 얼어붙어서 동상자가 속출되는 등 많은 피해를 입은 피나는 전투였기에 더 이상 버티지 못하고 철수하게 되었다.

이 전투는 1950년 11월 27일부터 홍남(120여 km)까지 약 2주일간 계속된 끝에 맥아더 사령관이 1950 년 12 월 9 일 철수명령을 하달하여 홍남부두에서 10여만명을 자유대한으로 철수케 하는 역사적인 과업을 성취하기도 하였다.

한편, 중 · 서부전선의 미8군사령관은 1950년 12월 2일 평양과 전 전선에서 철수명령을 하달하여 유엔군은 대거 동시 후퇴를 하게 되었다.

이것이 이른바, 1.4 후퇴의 서막인 것이다.

이 후퇴작전에서 함경도 장진호 전투는 유엔군에게 막대한 피해를 준 전투였으며, 홍남 철수작전은 전사(戰史)에 그 유래를 찾기 어려울 정도의 피나는 격전이었다.

전선에서는 적과 싸우면서 고전을 면치 못하고 후퇴 중에 있는데, 후방에서는 강력한 인민유격대로 개편한 북괴군 제6, 제7, 제9 사단 등 10여만 명의 북괴병들과 싸움이 계속되고 있었으며,

남한지역 산악지대에서는 북괴군 제2군단〔군단장으로 악명높은 최현(崔賢)〕의 15, 27, 31 사단 등 몇 개의 사단이 경춘선(京春線)을 차단하고 철원, 연천지구에서는 야전병원을 습격하여 부상자들을 학살하는 등 극악한 만행을 저지르며 준동하고 있어 전선은 전후방이 모두 혼란스러웠다.

이렇게 전선은 어렵게 꼬여만 갔는데 그 해는 유난히도 추웠다.

우리는 통일을 눈앞에 두었으나 너무 급작스럽게 북진했기 때문에 보급선(補給線)이 뒤따르지 못해 혹독한 추위와 싸우고 있을 때 북괴군 최고 사령부는 북괴군 제2군단이 아군 지역에 남아 철수작전을 방해하는 한편 본격적인 후방 침투작전을 시작하였다.

북괴군 제2군단 예하 사단 중 가장 병력이 많은 북괴군 제10사단(약 6,000명)을 유엔군의 중·동부전선 후방 깊숙이 침투시켜, 그곳에서 또 다른 게릴라부대(대장 吉元八)와 합세한 다음 춘천–원주–대구를 잇는 요충지를 선취(先取), 확보하여, 장차 이 축선(軸線)을 따라 남진하게 될 북괴군 제 3 및 제 5군단과 연결(連結)함으로써 「정규전과 비정규전의 배합」에 의한 협공(挾攻)을 시도하였던 것으로 요즘의 종북(從北) 내지는 친북(親北) 좌파놈들의 전략이 이때부터 싹트기 시작한 것이 아닌지 ……

이때, 소련군사고문단에 보낸 보고서에 의하면, 1950년 10월 후반기부터 유격대는 미군 및 남조선 군대 후방에서 전투활동을 눈에 띄게 적극적으로 전개하였다. 현재 유격대 활동이 가장 활발한 곳은 동부연안이고, 유격대 총수는 대략 40,000명에 달한다고 기록되어 있으니 우리 정부가 전선의 적 이외에 "게릴라"로 변한 10여만 명에 가까운 적과 대치하게 되니 치안이 얼마나 어려웠는지를 짐작케한다.

이와 같이 북한이 정규군과 비정규군인 게릴라와 협동하고 있을 때 유엔군사령부 쪽에서는 유격전에 관한 대비책이 전혀 없었을 뿐 아니라 그들은 **피부의 색, 언어, 문화, 체모**(體毛) 등 모든 면에서 유격전을 수행하기엔 불리한 여건이었고, 또 1950년 12 월 말까지 미8군 사령부의 편제나 유엔군 사령부의 편제 모두에도 유격전에 관한 관련 부서조차 없던 시기였다고 알려져 있다.

1950 년의 겨울

1950년 그해 겨울은 유난히도 추웠다.

9.28 수복 후 고향에서 학도의용대를 조직해 중, 고, 대학생 120 여명에게 전투훈련과 실탄사격훈련을 실시하고 있던 나는

1950년 11월 중공군의 개입으로 전선(戰線)이 남(南)으로 후퇴하게 되자 개성(開城) 방면에서 피난하는 피난민을 조사하는 미 25 사단의 현지 문관 비슷하게 군복을 얻어 입고, 총 한자루 둘러맨 뒤,

임진강을 도강하여 개성(開城), 장단(長端) 방면에서의 피난민 속에 혹시 숨어들어올 간첩 또는 적의 척후 게릴라를 색출하는 임무를 수행 중,

1950년 저물어 가는 “크리스마스” 도 어제 지났고,

피난민은 남부여대(男負女戴)하여 밀려오고 있었다.

1.4 후퇴가 시작된 듯 나의 일은 바빠졌다.

나의 소속 부대도 12 월 27 일이 되면서 파주군 봉일천(奉日川) 방면으로 약 12 km 상당을 후퇴하게 되었다.

나도 이 부대를 따라 봉일천으로 일단 후퇴했는데….

봉일천에 다다르니 문산(汶山) 방면에서 후퇴한 미군과 탄현(炭縣), 교하(交河) 등지에서 후퇴한 미군 병력이 합류되어,

꽤나 많은 병력이 집결되어,

내 신분이나 소속부대도 불투명 해졌고, 식사(食事)마저 하기 어렵고 더욱이 나의 소속과 직위도 불분명해 진로를 망설이지 않을 수 없게 되었다.

앞으로 어떻게 해야 좋을지 별다른 궁리도 서지 아니 했다.

20 세를 갓 넘은, 젊은 나는 무작정 이 부대를 따라 다닐 수도 없는 처지라고 판단되어

마음의 불안과 갈등도 생겨, 후퇴하기로 결심했다.

나는 고향 친구 구본승(具本昇) 선배와 탄현 결사대 친구인 김인경 군 셋이서 12월 29일, 고양군 일산(一山)을 경유, 서울 영등포역을 향해 걸었다.

영등포역에 도착한 때는 12월 30일로서, 역 구내는 물론, "플랫폼" 에도 피난민의 인파가 인산인해(人山人海)를 이루고 있었는데,

영등포역 구내에는 긴 화물열차가 남쪽으로 머리를 대고, 급수 등 출발 준비 중에 있었다.

이 열차는 아군의 탄약을 만재(滿載)한 화물열차로서 국군과 미군 수송병 · 헌병이 합동으로 감시하고, 민간인의 출입이 통제되고 있었으나…….

피난민들은 화차에 접근한 다음, 화차의 지붕 위로 올라가기 시작했는데, 경비병도 이를 제지할 수 없는 실정에 이르게 되자, 우리들 일행도 이 화차의 지붕 위에 올라가 우선 좌정(座定)할 수 있게 되었다.

얼마의 시간이 흐르니 기차(汽車)는 서서히 우지직하는 금속성과 함께 움직이기 시작했다.

이 기차는 논스톱으로 달리고 있으나 20여 개의 화차(포탄 만재)를 매달아서인지 꽤나 그 속도가 느렸다.

6 · 25를 회상하며, 그때 그 일들이 요사이 TV로 방영될 때마다 비슷한 정경이 눈에 아롱거린다.

천안과 대전을 지나 대구에 도착한 것이 1950년도 저물어가는 12월 31일이다.

새해를 불과 몇 시간 남겨놓고 있는 칠흑 같은 어두운 밤정경은 을씨년스럽기까지 했다.

악몽의 6 · 25!,

민족의 수난(民族의 受難)인 올해도 이렇게 저물어 갔다.

▮ 신묘년의 새아침 ▮

1951년 1월 1일 신묘(辛卯)년 새 아침이 밝아 왔다.

대구역 구내에서 서성대고 있던 우리 셋은 날이 밝아오자 우선 역사 앞쪽으로 나가 보았다.

낯설은 타향(他鄕) 땅이요! 대구지방에 여행한 적도 없는 나로서는 모두가 생소(生疎)했다.

우선 "해장국" 같은 "국밥" 으로 요기(療飢)를 한 뒤, 큰 길가에 나와 서성대고 있는데……

한 무리의 청장년 50~60명이 대오(隊伍)를 갖추고 걸어가고 있었다.

나는 문득 저들을 따라가면 공공기관이나 군 부대에 이를 것이란 생각이 들었다.

구 형!! 우리 저들을 따라 갑시다!!

(구 선배는 나의 중학 선배로서 국민학교 교사로 있다가 6.25 난리 때문에 실직자가 된 선배였다)

이런 나의 제안에 구선배와 김인경(金仁卿) (나의동창) 군도 동의했다.

우리들에게는 대구지방에서 달리 무슨 대책을 구상할 수 없었고,

그 대열의 맨 뒤쪽에 따라 함께 걸어갔다.

얼마쯤 가니까 큰 건물이 나타났다.

큰 문 앞에는 한국군인이 보초를 서 있고, 주위는 급조된 철조망 울타리가 처져 있었다.

뒤에 안 일이지만 이곳이 육군보충대(陸軍補充隊)로 활용된 건물로 달성제사공장?!!

제대로 찾아 왔군!!

여기서 가지고 있던 총과 실탄은 모두 내놓으라고 하기에 모두 내 주었다.

이곳은 말이 보충대였지, 식당시설도 없고, 변소(대소변)시설도 가마니 거적 두세 장을 둘러친 정도였으며,

세면 시설도 없는 창고 건물이 보충대의 전부였다.

여기 집결한 장정들은 경기도, 서울, 충청남도, 전라북도, 경상 남북도, 강원도 등 지방의 청장년이 대부분인데 그들 중 95% 이상이 의용경찰관(義勇警察官)과 철도 경비경찰관 들이었다.

일부는 6.25 발발 초기의 **낙오병**(落伍兵)과

나와 같은 학생들이다.

1951년 1월 2일 이곳에 집결한 청장년(靑壯年)은 자그만치 6,000명 이상 7,000명 상당에 이르고 있었으니 창고 시멘트바닥에 쪼그리고 앉아 있을 때 다리조차 펼 수 없는 콩나물시루 같았다.

식사 때가 되니까 주먹밥 한 덩어리와 된장을 푼 소금물에 콩나물 몇 가닥이 들어있는 이른바 '도레미탕'이 2~3명 앞에 한 그릇씩 배급되었다.

사람 팔자 정말 알다가도 모를 일이었다.

6.25 사변 이전에 이 땅의 젊은이들은 좌익계열은 남산(南山)에서, 우익진영은 동대문운동장에서 집회(集會)를 열곤 했는데, 나는 윤 사범 제자로 열심히 당수를 수련해 1950. 2. 23. 인천 "애관„이란 극장에서 정치대학 제2회 무술시범공연을 할 때 시범에서 "수도"로 벽돌 2장, 정권(正拳)으로 기와 12장의 격파시범과 장술(杖術) 대타시범을 하기도 했다.

6.25 사변 이후 윤병인 사범의 소식을 전혀 알지 못하고 있었는데, 휴전이 된 뒤 함께 운동하던 동창 한 사람을 우연히 만났는데 그 친구가 의용군에 붙들려 간 뒤, 곧 포로가 되어 거제도 포로수용소에 수용되었는데, 그곳에서 우연히 윤 사범을 만났다고 한다. 그 친구의 말에 의하면, 그 분은 인민의용군의 간부로 참전하여 적에게 협조하다가 포로가 되었다고 하는데, 포로수용소에서 남과 북으로 교환할 때에는 북쪽으로 갔는지 행방을 알 수 없다고 한다.

말이 크게 빗나간 것 같다.

여기 보충대에 모인 청장년 중 신체 건강한 자로서 자유민주사상이 투철한 710여명을 우선 선발하였다. 이때 선발된 자들의 명단을 나에게 작성하라고 해서 내가 작성했다고 하는데, 나는 그런 자세한 기억이 별로 나지 않는다. 아무튼 선발된 자들은 1951. 1. 3. 육군정보학교(대구시내 옛 달성 국민학교)에 입교시켰다.

2열종대 형으로, 몇 개 팀을 어디론가 데려가는 틈에 끼여 나도 보충대를 뒤로하고 대구시내를 한참이나 걸어서 도착한 곳이 달성 국민학교였다.

여기가 뒷날 육군정보학교, 육군 제7훈련소였던 것이다.

나는 여기 육군보충대에서 1951년 1월 3일 육군정보학교 특수반? 교육생으로 입대한 것이다.

자원입대(自願入隊)를 한 것이다. 무슨 임무를 부여 받을 것인지는 알 수 없었고, 알려고도 하지 않았다.

정보학교에서는 우리들이 무슨 훈련병인지를 말하지 않아 알 수 없었으나, 그 성격을 묻는 자도 또한 없었다.

필자가 입대하게 되니, 필자의 가계(家系)와 고향의 사연을 간단히 소개하고자 합니다.

필자는 경기도 개풍군 풍덕에서 낙향한 25세(중시조)부터 29세이니 5대째 파주 탄현에서 살고 있습니다.

※ 筆者의 家系

全氏 始祖 全聶 (백제 개국공신)

沃川 全氏 中始祖 學浚

~

10世 晩成 (豊德派)

~

24世 興周 — 興夏 (通政大夫) — 興殷

25世 弘基 　 永基 (配 全州李氏) — 順基 — 相基

26世 鍾樂 　 鍾玉 (配 高靈朴氏) — 鍾吉 — 鍾道

27世 德淵 (在北) 　 大淵 (配 海州吳氏) — 浩淵 (配 順興安氏)

28世 仁植 — 義植

29世 熹哲 — 庠郁

24世 興夏之墓
開豊郡 豊德 沙器峴 南麓 艮坐

25世 永基之墓
坡州郡 炭縣面 萬隅里山 49-19 비둘기岩 石墓合封

26世 鍾玉之墓
27世 大淵·浩淵之墓
} 萬隅里山 49-20 納骨家族墓 安置 有 墓碣床石

나의 조부 종(鍾)옥(玉) 님은 중시조(中始祖) 옥천군(沃川君)으로부터 26세, 을유생(乙酉生)(1885)으로 1969년 85세에 유명(幽明)을 달리하실 때까지 자상하시고, 사리(事理)에 밝아 우리 면내(面內)는 물론, 원근지방에서도 신망(信望)이 높으신 분이셨으며, 개화(開化)에도 앞장서신 분으로 알려져 있던 분입니다.

=나의 집안 어른과 삼우제를 마치고=

조부 沃川 全公 鍾玉 (중시조~26世)
1969. 2. 16. 영면하시다.
경기 파주시 탄현면 만우리 산49-20 가족묘에

1969. 2. 19.
삼우제를 마치고
종옥장학금(탄현소학교 左 2)과
김신조 이후
무기구입기금(탄현경찰지서
右 2)을 전달하다.
중앙 : 부친과 숙부님
필자 : 右

1969년 늦가을 성묘를 마친 종중

1934년경 이른 봄에 앞 필자, 뒤 2 모친
좌 1 증조모와 5촌숙모
(海州吳氏 마리아님)

탄현초등(심상소)학교 제9회 졸업기념사진 (뒤 중간 ○안 필자)
앞줄 좌 5번 교장선생(일본인) 하야마 담임선생

탄현초등(심상소)학교 제9회 수학여행(남산) 기념

1962. 4. 대관령 눈이 녹아내리는 가운데 강원도 산악을 회상하며 ……

1955. 11. 기계공작창 S-4 시절의 필자(육군중위) 콘테이너 침실에서

동생(義植)의 학위수여식 후에

제1회 건국대학교 행정대학원 야유회에서 필자

사위와 외손자 "영현" 군의 대학졸업에서 딸과 외손녀 "예나"

막내딸과 외손녀 "서현" 이와 외손자 "박민성" 군과 함께

한양대학교 토목공학과 20회(1971년)
졸업 30주년 모교 방문의 날(2열 우 2번 필자)

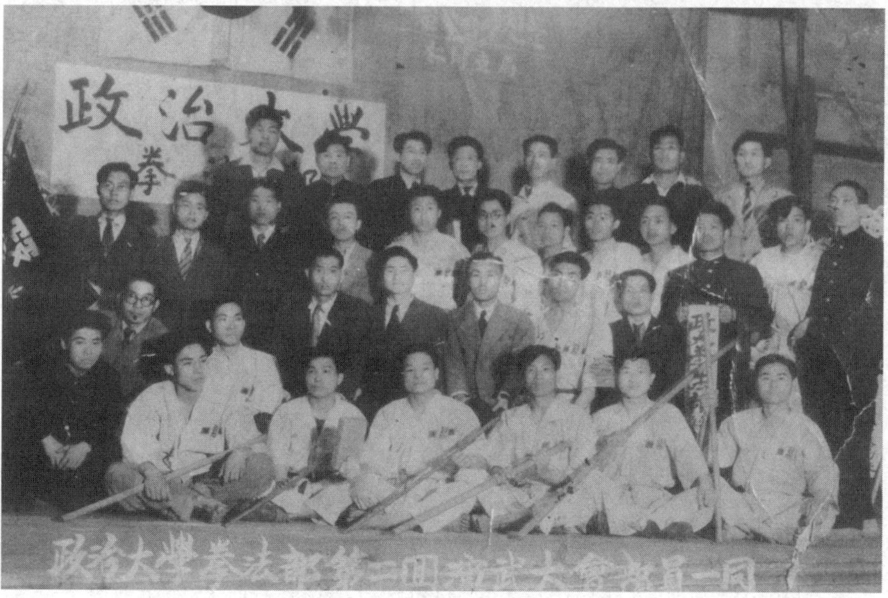

1950년 인천 애관에서 공연을 마치고
3열 중앙 필자 좌 5번

1963년 3월 중앙(국가)공무원(사무관)이 된 뒤 첫 연수에서

2. 육군정보학교에 입교

1951년 1월 3일, 아침 일찍 기상나팔 소리에 놀라 깨어 났으나 꿈자리마저 좋은 편은 아니어서…….

점호를 끝낸 우리에게 아침식사로 주먹밥과 된장 도레미탕이 배급되는 정도였으니 그 당시의 어려움은 요즘 상식으로 가늠이 되지 아니할 것이리라 …….

어쨌든, 아침 요기를 하고 난 뒤, 얼마 지나지 아니한 8시가 조금 지난 때, 이 보충대(補充隊)에 육군 소령(고급 장교) 한 분이 주번사관을 앞 세우고 우리들 앞에 나타났다.

주번사관이 **"일동 차렷!!"** 하고 구령을 붙였다.

우리 모두는 콘크리트 바닥에 앉은 채 차렷자세를 취했다.

키가 후리 후리한 소령이 앞으로 나서더니, 다짜고짜

"너희들 중, 대학을 졸업한 자나, 대학에 재학 중인 자는

"손" 을 들라!!

앞으로 나왓!!

다음, 중학(요즘은 고등학교)을 졸업한 자도 손을 들라!

너희들도 **앞으로 나와!!"** 라고 한다.

그분은 그들 중에서, 다시 대학을 다닌 놈을 따로 가려 냈다.

나는 그 쪽으로 다시 갔다.

나는 그 소령으로부터 특수검사를 받았는데 잘 대답했고, 또 과거 6.25 당시 적의 점령지하에서 "레지스탕스" 활동을 한 것과 "태권도 당수실력"을 자랑하니까 그분이 매우 흡족해 한 것 같았다.

이와 같이 나는 그 장교(소령)에 의하여 지명된 것인지, 발탁된 것인지, 알 수 없으나 어쨌든 입대한 것이다.

이때 손을 들지 않고 구경만 하던 친구들도 상당히 많았는데……

구 선배와 김인경군도 손을 들지 않아, 그 곳 보충대에 남아 있게 되었다.

남아 있던 장정(壯丁)들은 그 뒤 모두 국민방위군에 편성된 뒤, 고생만 하다가 국민방위군설치법이 폐기되고, 국민방위군사령관 김윤근 준장의 독직사건(많은 수용자가 굶어죽은 사건)으로 처형되자 방위군이 해산되어 모두 고향으로 돌아갔다고 한다.

이때, 나는 대학에 다니던 놈들 틈새에 손을 들고 끼어들었다.

어차피 매도 먼저 맞는 편이 낫다는 우리 속담도 있는 것이 아닌가. 어디가 됐든 먼저 가보자!!

그날 점심으로 주먹밥 한 덩어리를 먹인 뒤 우리들을 모두 어디론가 데려갔다.

우리들이 도착한 곳은 달성국민학교(達城國民學校)라는 간판이 걸려 있는 소학교 건물이었다.

이곳에 온 우리들 모두는 그 유명한 **육군정보학교?**에 입대한 것이다.

이 학교는 뒤에 **육군 제7훈련소**로 개칭되었다.

육군 제7훈련소에 입소한 장병은 육군보충대의 대기병력 중 약 10%쯤 인 710여 명이나 되는 많은 병력이었다.

내가 육군정보학교에 입대하게 된 것은 중공군의 참전개입으로 나라가, 전선과 후방이 극도로 어지러운 때 정부가, 국민 총동원령을 발령하여 만 17세 이상 40세까지의 청 장년(靑壯年)은 모두 떨쳐 일어나라고 명령한 데 따른 것이 아닌가 하다.

이때, 발령되었다는 대통령 동원령 제5호는 지금 그 근거서류를 찾을 수 없으며,

유사한 명령으로 1950년 12월 21일 공포된 "국민방위군설치법"과 국본특별명령 육 제22호 추가 1이 있을 뿐인데, 국본특 육 제22호(즉, 국방부본부 특별명령 육군 제22호) 추가 1의 근거 문건도 찾을 수 없다.

여하간 그 법에 의한 것인지 총동원령과 성격이 다르지만, 그 당시는 행정이 공백상태였을 뿐 아니라 전선이 일제히 후퇴 중에 있었고,

타자기(打字機)도 없던 때라 모든 문서는 펜글씨로 써서 명령 등을 하던 시절이었으므로 애국 청장년들은 국토방위 명령 또는 징집 내지는 소집영장(令狀) 조차 없이 모두 나라를 지키고 내 부모 형제를 지키기 위해 구국대열(救國隊列)에 동참한 것이다.

요사이에 와서 입대 장정의 법적근거나 군적(軍籍)의 증거서류를 따지는 행정 및 법관 등도 있으나 그 시절에는 아무런 물건이나 증명 같은 것이 없었으므로 따로 증명할 방도는 없다.

서울(首都)을 수복한 1950년 9월 28일까지 우리 군(軍)은 유엔참전 16개국의 군대와 함께 중공(中共)과 북괴를 상대로 싸웠으나, 또 다시 후퇴(後退)하지 않으면 아니 되는 사태(事態)를 맞는 불운(不運)을 겪게 되었는데, 설상가상(雪上加霜)으로 남쪽에 남아 있던 수만(數萬)이 넘는 게릴라와 북괴군의 횡포(橫暴)에 시달리고 있었다.

이와 같이 나라의 국운이 백척간두(百尺竿頭)에 있을 때, 1951년 1월 16 일 미 육군 극동군사령부 소속 존 매기(John Hugh Mcgee)대령이란 분이 미8군 작전참모부로 전속되어 오면서 한국전에서 처음으로 유격전부대의 작전(지구전)이 검토되게 되었으나, 전세가 극도로 불리한 때였고, 또 병력과 장비도 없어 유격전부대의 편성이나 대책을 세우지 못한 채

지구전부대 창설지침을 극동군 사령부로부터 받았으나 그 이전에 이미 유엔군(미군)은

한국군 수뇌부에 대하여 유격전 부대를 적후방에 침투시켜 저들 북괴군의 게릴라들과 같이 적의 후방을 교란하고 보급선을 차단하는 등 유격전을 감행할 것을 1950년 12월 초(일자미상) 우리 육군 당국에 강력히 요구해왔다고 한다.

유엔군(미8군) 측의 요구가 있었지만, 그 당시 육군본부는 한국군의 모든 작전지휘권이 이미 유엔군 총사령관에게 이양된 뒤였으므로 한국군으로서 독자적인 작전은 물론 교육 등도 단독수행할 수 없었던 시기였고,

그 당시 육군본부 정보국에는 이미 미8군 정보연락장교단이 구성되어 있었는데,

여기에 미 육해공군장교 25명과 한국군장교 10명이 편성되어 있었고, 그 정보연락장교단의 단장은 한국군 육군중령 이극성(육군본부 정보국제3과장)이 보임되어 있었다고 한다.

우리 정부는 9·28 수복 후 미처 북으로 도망하지 못한 10만이 넘는 많은 북괴 병력이 지리산, 태백산 등지로 숨어들어 빨치산화 되었고, 이들 패잔병은 무고한 양민의 학살(虐殺)과 약탈을 자행하고 있었으므로 우선 이놈들을 토벌하여 치안을 확보할 목적으로 의용경찰을 뽑아 경찰병력을 보충하고,

북한 지역을 수복 한 때에는 이들을 북한지역 내 치안경찰병력으로 충원하는 두 가지 목적으로 정부에서 모집, 훈련하여 각 경찰서마다 60~100명 상당을 배치하여 패잔병의 소탕과 간첩색출 등 치안임무를 담당하게 했으나 또다시 1·4 후퇴를 당하게 되자

이들 의용경찰, 철도경비경찰, 유엔경찰 등을 50년 12월 하순부터 다음해 1월 상순까지 사이에 육군보충대에 집결시키게 되었으니 이들은 정신과 사상면에서 거의 완벽한 청장년들이라 할 수 있다.

이들이 훈련을 마칠 무렵 또 다시 대거 후퇴를 하게 되자 이들 우국충정에 빛나는 열혈 반공 애국청장년과 군 낙오병 등 모두 6,000~7,000명을 대구시내 소재 육군보충대에 집결시켰고,

육군본부 정보국에서는 이들 중 신체 건강하고 반공사상이 뚜렷하며, 학력이 높은 장정을 선병(選兵)하여 유격특수전 교육을 시켜 전선에 투입하기로 계획한 듯하다.

이와 같이 나는 **1951. 1. 3. 육군정보학교**에 아무런 **징소집**(徵召集) **영장**(令狀) **또는 정당한 명령서**(命令書) **한 장 없이** 군대에 입대(교)를 한 것이다.

그날 군복도 누비바지로 된 방한복을 지급받았다. 특별히 제조한 것 같았다.

무기는 M1소총이나 칼빈소총이 아닌 북괴군으로부터 노획한 소련제 장총과 기마단총 등 노획무기를 지급받았다.

다음 날인 1951년 1월 4일부터 제식 훈련과 전술 교육이 강행되었다.

따라서 오늘이 정식(正式) 입대일?!! 인지 ……

기가 막힌 것은 교육개시와 동시에 "비겁한 자여 갈테면 가라"로 시작되는 적기가(赤旗歌)나, "사라진다 마을연기" 등 빨치산 노래나 북괴군의 노래를 소리높여 부르면서 행군을 시작했으니 참으로 기이한 훈련이었다.

요즘말로 무슨 밀봉교육(密封教育)인지, 간첩훈련인지 알 수 없는 그런 훈련이 시작된 것이다.

아침 기상(起床)과 동시에 점호(點呼)가 시작되었고, 주먹밥을 먹은 뒤 바로 교육이 개시 되었다.

정보학교에서 실시한 주요 교육내용은 대체로 다음과 같았다.

교육은 주로 북괴 귀순장교들이 담당한 듯 했다.

1. 북한의 군사노선에 대하여 : 북한 귀순장교가 강의
2. 적후방 침투 요령 및 교리(침투 유경험장교가 강의)
3. 수색 정찰 요령
4. 모택동의 16자 전법 즉, 적진아퇴(敵進我退), 적피아타(敵避我打), 동명서공(東鳴西攻), 성동격서(聲東擊西) 등
5. 북한제(소련제) 소총의 분해결합법(실탄부족으로 사격훈련은 하지 못함)
6. 북괴의 대남 적화전략 및 군사노선과 첩보 공작요령
7. 북한군을 위장하기 위한 북한군가, 빨치산 노래 등
8. 북한 치안 조직 및 대민공작 요령(인민위원회 내무서 등)
9. 독도법(장교에 한해 실시)
10. 작전명령에서 지시된 임무 및 행동요령

1) 연락장교 생포 또는 사살
2) 적의 지휘소 습격
3) 각급 간부 생포 또는 사살
4) 비밀문서 획득 및 애국청년 포섭
5) 적으로부터 노획하여 무장을 강화
6) 생산기관의 파괴
7) 사병의 귀순 공작
8) 민중조직 강화
9) 후방 교란과 보급로 파괴
10) 첩보망구성 등에 대한 교육이 병행되었다.

3주간의 교육기간 동안 형식적인 훈련이 계속되었다.
무슨 밀봉 교육처럼 개별적으로 교육을 실시한 것도 있었다.

특수작전을 위한 교육은 적어도 기초군사훈련을 이수한 장병에게 특수훈련을 5~6개월 또는 그 이상의 강인한 훈련이 되어야 함에도

우리들에게 3주간의 기초훈련만으로 끝냈으니 그 정도가 엉망일 수밖에 없었으며, 한편으로는 우리들이 무슨 전투를 수행해야 하는 것인지 회의가 가시지 아니했으나 어쩔 도리가 없었다.

그 당시, 육군본부 정보국장 **백인엽 준장**(중장 예편)은 결사대의 편성을 주도한 사람으로서 급한대로 적후방에 침투만 시키면 그만이라고 생각한 듯하고,

교육과 출동 당시는 **이한림 준장**(당시)(중장 예편)이 정보국장이었다. (인사 기록으로 확인) 이 사람도 백인엽 장군과 같은 생각을 한 듯……

훈련 실시 10여 일이 지난 1월 17~18일경, 키가 훤칠하게 크고 깡마른 체구의 소령 한 분이 우리들 훈련장에 찾아와

우리들의 교육실황을 두루 살펴보곤 되돌아 갔다.

그 뒤, 그 소령은 교육장에 나타난 바가 없었는데, 1951년 1월 25일 우리들 중에서 선발된 임시장교 124명에 대한 임관식(任官式)이 있던 날 육군정보학교에 다시 나와 임관식을 지켜볼 때에는 육군중령으로 진급한 계급장을 달고 있었다.

그분이 바로 **채명신**(蔡命新) 중령이다.[주1)]

주1) 채명신(蔡命新) 중령은 1926년 황해도 곡산 출생으로 육사 5기를 졸업하고, 6·25 전쟁 당시 평안북도 영원 북방 11km까지 진격한 육군 제8사단 제21연대 제1대대장으로 격전 중 중공군의 기습으로 적에게 포위되어 부하 2명만을 데리고 황해도 해주를 거쳐 강화도에 도착, 민간유격대의 도움으로 소형 쪽배를 타고, 1951. 1. 14. 충남 당진군 석문(石門)이란 작은 항구를 거쳐 육군본부에 귀대한 장교였는데 (그의 회고록에서) 육군본부 정보국 특무과장 김창룡 대령은 정보국 3과장 이극성 중령과 채 소령의 거취를 협의하게 되자 **이극성**은 때마침 대북침투 병력이 육군정보학교에서 교육 중에 있는데 이들을 지휘할 장교가 없던 차에 채 소령이 적격자라고 판단된다고 하며 이 뜻을 물으니 이에 승낙하여 결사 제11연대 연대장이 되었다는 이극성 중령(예비역 준장)의 증언도 있고, 채명신 중령의 인사기록에는 1950. 11. 26부터 1950. 12. 10까지 15일간 실종 1950. 12. 11~1951. 5. 13까지 유격대 대장으로 근무한 기록으로 미루어 입증되므로, 1951년 1월 18일 육군정보학교에 나타나 우리들의 훈련 실황을 살펴본 뒤 1951. 1. 30. 적지로 출동할 때, 그 분은 정식으로 부임했다.

1951년 1월 25일 교육이 끝난 피교육자 700여 명이 학교운동장에 집합한 가운데 임시장교 124명에게 GO 1001~GO 1124 군번부여와 동시에 육군임시보병 소위 72명과 육군임시보병 중위(36명), 대위(14명), 소령(2명) 등이 국방부장관 신성모(申性模) 씨로부터 임시장교로 임관하고

부사관 및 병은 G군번(결사 제11연대는 G110… 로 시작되는 군번을, 결사 제12연대는 G120…, 그날 이후 결사 제13연대는 G130… 로 시작되는 군번)을 각 부여 받고 이등중사(병장) 이상, 이등상사(중사)까지의 계급이 각 부여되었다.

1951년 1월 25일 육군정보학교에서 임시장교로 임관한 124명 중 결사 제11연대에 장교 62명을, 나머지 장교 62명 중 결사 제12연대에 41명, 결사 제13연대에 19명, 나머지 대위, 중위 등 2명은 결사 제15연대 창설요원으로 전출하였다.

세상에 이런 날벼락이 또 있나요!
참으로 기가 막힐 일이었습니다.

나는 이와 같이 격동의 세월을 살았다….
모든 전쟁세대, 80을 넘긴 늙은이들의 푸념이 왜 없겠습니까!! 만,

요사이의 실정은…….
역사의 뒤 안 길이 너무나 험한 세월을 산 것 같기에…….

요즘 삐딱한 **좌파 젊은이들!**
사상이 삐딱한 좌파(左派)인사!
지리산, 태백산 등지에서 암약하며, 우리에게 총부리를 겨누던 **빨치산의 후예 들!**
남파간첩으로 전향 또는 비전향 한 채 감옥에서 출옥한 자와 그 가족 · 친지! 그들이 무슨 영웅인지??

큰사람 대접을 하는 꼴 들

그 중에는 "국회"에 까지 진출한 놈도 있었으니 …….

이 모든 사람들이 나를 볼 때,

"저놈은 극악(極惡)한 반동(反動)이야" !!! 할 것이 아닌지…

빨갱이가 민주화(民主化) 투사로 둔갑(遁甲)하는 세상인데, 너희 같은 놈 들…….

6·25 전쟁 세대들, 조국통일 방해세력들은

모두 싹 쓸어내야 한다는데 …….

정말 그런 세상에 살고 있는 것인지 …….

내가 왜 그때, 그 많은 전장에서 유난히도 용감히 이리 뛰고, 저리 뛰며 직접 처결하는 등 피를 묻히면서 알아주지도 않는 공(功)(?)을 세웠던가 !

왜 그랬을까!

잘못한 짓 일까!

그렇지는 않다고 확신 하외다.

※ 당시의 관련 장교 및 보직

계 급	성 명	복무 기간	당시계급	직 책	비 고
(예)大將	丁一權	50. 7. 1 ~ 51. 2.21	少 將	陸海空軍總參謀長	陸本
(예)中將	白仁燁	50.10.24 ~ 51. 1.14	准 將	情報 局長	〃
(예)中將	李翰林	51. 1.14 ~ 51. 4. 6	〃	〃	〃
(예)准將	李極星	50.11.18 ~ 51. 9.14	中 領	情報局員	〃
(예)中將	蔡命新	50.12.11 ~ 51. 5.13	中 領	유격대 대장	정보국

다음은 내가 겪은 한국군 최초의 정규 유격대 육군본부 직할 결사 제11연대, 제12, 13연대 참전장병의 전례(戰例) 중 몇 가지를 여기에 기록한 것이다.

3. 한국군 최초의 정규유격대

육군정보학교에 입대(교)한 필자 등 710여명은 주야를 가리지 않고 3주일간의 특수훈련을 받았다. 주2)

교육 훈련이 계속되는 동안 육군정보학교의 기간요원들은 우리들 중 장교, 부사관, 병의 계급별 분류를 한 듯하며, 우리들 모두는 **백묵으로 군번과 이름을 쓴 명판**을 **가슴에 대고 증명사진을 모두 찍었는데……, 필름 없이 셔터만 누른 것인지 사진은 단 한 장도 남아 있지 않다.**

머리칼과 **손톱**, **발톱** 자른 것을 봉투에 넣어 고향의 주소지로 보내는 봉투에 담아 유언장 비슷한 것들을 써 넣었으나 그 뒤 이것을 받아본 가족은 단 한건도 없는 듯하니, 모두 쓰레기가 된 듯……

나라의 명운(命運)이 백척간두(百尺竿頭)에 있을 때이니 모두가 이해될 만도 하다.

형식적인 훈련을 마친 날!

1951년 1월 25일 연병장(운동장)에 집합한 우리들 앞에 이날따라 요란한 짚차와 함께 별을 단 장군도 나타났다.

우리들 중 장교 요원 124명은 앞쪽에 섰다.

주2) 1951년 1월 우리들이 달성 국민학교에 설치된 육군정보학교에서 교육을 받을 당시 교관으로 유격전(침투 요령) 강의를 한 최덕연(崔德演) 중위(당시)를 1991년 1월, 그러니까 정확히 만 40년 만에 상봉할 수 있었다.

그분은 1949. 6. 23부터 8월 중순까지 양양 · 설악 등지에서 활동한 유격대 "호림부대"(1948. 4. 제주 반란사건에 대한 대응 침투한 유격대)에 참전했던 분으로서 정보학교에서는 침투 교리를 강의하던 분이다.

그 뒤 중앙정보부에서 대령까지 진급한 뒤 예편했다고 한다.

그는 감개무량 하다면서 그 뒤 소식을 전혀 알 수 없었는데…… 하며 미안해 했다.

나는 이제 모두 지난날의 옛 이야기 라면서, 당신은 죽지 말라는 교관이 아니였소! 라고 오히려 위로했다.

이들에게 임시계급의 **임관사령장 수여**와 동시에 계급장 수여식이 거행되었다.

나는 대오의 세 번째에 섰다. **군번 GO 1003, 계급 : 육군 임시보병대위**, 대통령지령에 의하여 **국방부장관 신성모** 명의의 **임관사령장**을 받았다.

난생 처음으로 임관사령장을 받고 보니 얼떨떨한 것이 들떠 아무것도 생각나지 않았다.

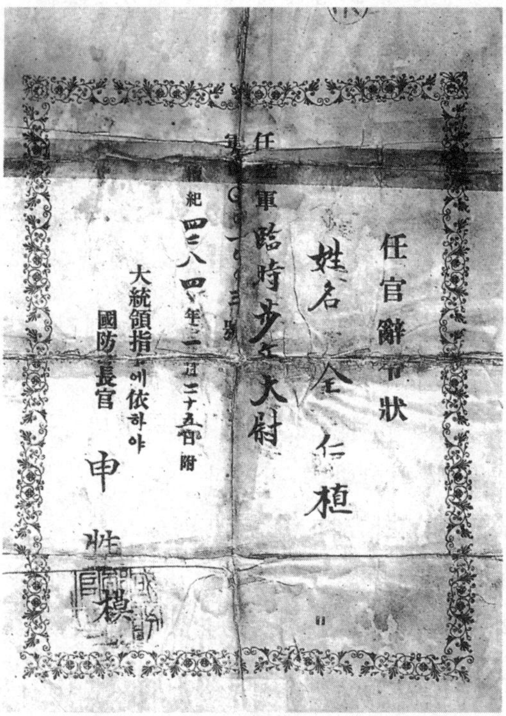
任官辭令狀

姓名 金仁植

任 [illegible]軍臨時步[illegible]大尉

[illegible]三號

[illegible]紀 四二八四年 [illegible] 二十五日 附

大統領指[illegible]에 依하야

國防長官 申性模

임관사령장에는 국방부장관의 직인이 붉게 찍혀 있었는데… 주3)

임관사령장을 처음 받아보았으니 이것이 장교가 되는 명령서 같은 것이구나! 하는 생각뿐, 다른 것은 생각할 겨를도 없었다.

주3) 이때 내가 받은 임관사령장 정본(원본)은 적 후방에서도 잘 간직하고 있다가 지금은 용산 전쟁기념관에 기증하여 그곳에 전시·보전되어 있다. 테이프로 붙여진 자국이 인상적이다.

아무튼 훈련도 끝난 것 같고, 이제는 어엿한 육군대위가 된 것이 아닌가 !!

어깨가 뫼산자(山)로 올라갔으나 왠지 씁쓰레하고 겁도 났다.

나는 곧바로 육군본부 직할 **결사 제11연대 작전참모**가 되었다.

입대 3주일만에 임시대위 라는 벼락감투를 썼으니 정말 과분한 것이라 여겨졌다.

그러나 저러나 이것이 고생문에 들어선 첫 단추가 아닌지… 그때는 알 수 없었다.

임관식이 있은 다음날인 1951년 1월 26일에 가수 "남인수", "신카나리아" 등 군예대(軍藝隊)의 위문이 있은 다음날에 특별외출과 함께 목욕과 이발(삭발)값으로 1951년 1월분 봉급?인지 용돈을 두둑히 주어(요즘 돈 4~5만원 정도) 외출을 내보냈다.

외출허가를 받은 동료들이 모두 삼삼오오 떼지어 교문 밖으로 사라졌다.

이들에게는 지엄한 주의와 공갈도 내려졌다. 즉 미귀(未歸)자(도망하는 자)는 총살에 처한다는 것이다.

나는 왠지 씁쓸하고 마음이 착잡했다.

고향에서 피난을 떠나지 못하신 내 조부모님과 부모님의 생각도 나고, 밖으로 외출하고 싶은 생각도 별로 없었다.

이래저래 망설이다가 영문 밖 구경이나 해야겠다고 생각하고 밖에 나오니, 내 꼴이 우스울 터인데도 반짝이는 놋쇠에 붙은 밥풀 세개의 계급장(大尉) 덕분에 헌병과 위병으로부터 거수경례를 받았다.

답례를 할 수도 없고, 아니 할 수도 없이 어정쩡했으나, 기분은 과히 나쁘지 아니했다.

다음날부터 출동준비를 서두르게 되었다.

특별 외출 중 미귀자는 단 한 명도 없었으니, 모두가 우국충정의 용사들이었다고 회상된다.

1951년 1월 30일 새벽 6시. 주위는 칠흑같이 어두운 새벽이었다.

기상과 동시에 우리들은 군장(軍裝)을 정비해 가지고 06시 30분경 운동장(연병장)에 집결하였다.

그때 군용으로 처음 미극동군사령부가 도입한 일제(日製) **닛산, 이즈즈, 도요다** 등 일제 트럭 8대에 나누어 탔다.

이 트럭들은 후륜 구동으로 일본에서 급히 제작된 차량 같은데, 힘도 없고, 조잡한 차량으로 고갯길에서는 모두 하차(下車)하여 밀어 주어야 했다.

새벽공기를 가르며 대구에서 영천(永川) 방면을 거쳐 북상(北上)하여 그날 밤 20시경에야 겨우 강원도 영월군 영월읍에 도착할 수 있었다.

눈발이 간헐적으로 휘 날리는 어두운 때였다.

이곳 영월 봉래산 기슭에 있던 양조장이 아군 제7사단의 전방 지휘소쯤인 듯 한데….

이곳 영월은 3일전에 아군이 탈환한 고장이라고 했다.

그 곳에 이르니, **육군본부** 정보국의 고위 장교 등 영관급 장교 몇 명이 부산하게 움직이고 있었다.

여기서 **완벽한 북괴군 계급장**, 탄약 약간, 북괴 통용화폐(돈) 등도 2자루나 지급되었다.

동시에, 작전임무도 하달되어 본격적인 출동개시를 하는 듯 했다.

그 당시 아군의 전황은, **평택-영월-삼척 라인**에서 금강 라인까지 철수할 것을 고려할 정도로 급박했고, 중공군의 대거 참전으로 조국의 운명이 말 그대로 백척간두(百尺竿頭), 누란의 위기에 처해 있었던 때였다.

우리는 1951년 1월 30일 22시를 기하여 한국군 제7사단 전방지휘소(OP)를 뒤로 하고, 출동 · 작전 개시(出動 · 作戰開始)를 했다. 주4)

나는 360여 병력을 작전에 투입할 결사 제11연대 작전참모인데, 연대장의 부름을 받은 일도 없고, 지휘를 받은 바도 없었으니, 저들 바지저고리와 다를 바가 없었다고 회상된다.

여기 영월에서 추가 보급이 지급되었다.

① 2주일분의 미숫가루 각 4봉지 씩

② 실탄 개인별 30여발

③ 붉은 돈 2망태(위조된 지폐인 듯 새 돈이었다.)

④ SCR 300 무전기 2대와 통신병 4인 추가

⑤ 작전지도 : 중동부전선의 것(1/500,000) 몇 장

봉래산을 옆으로(右로) 끼고, 계곡으로 얼마를 걷다가 다시 작은 능선을 넘어 산길로 접어들어 그 밤이 새도록 무작정 걸으면서 북상 했다.

북진 도중에 아군 H.I.D첩자인 나이 많은 평안도 출신 영감의 정보를 한번 받아가면서, 적의 방어선(防禦線)을 교묘히 빠져나가 그 밤을 꼬박 뛰다시피 하면서 걸었다.

우리들의 적 후방 침투를 위한 적의 정보 수집은 육군 제7사단 수색대가 적의 병력배치 상황을 탐색하여 보고한 것을 토대로 육군본부 정보국에서 현지에 출장 온 정보국 3과장 이극성 중령 등이 채 중령과 협의하여 봉래산에서 재티산(750고지) ↔ 성마령(891고지) 방면의 능선과 계곡을 침투 진로로 확정하고 침투작전이 개시된 것 같다.

주4) 2002년에 이르러 육군교육사령부 당시 사령관 류해근 (예)중장의 배려로 육군정보학교에 소장중인 기록(2002. 6. 27.) (02-01-02-02-05)을 발굴 · 확인하였다. 결사 제11연대(349명) 10일간 무장첩보 및 유격전에 필요한 소요과정의 교육훈련을 이수하고 채명신 중령 인솔하에 적 후방으로 출동하다. 라는 기록이다. 이때 발굴한 실제 출동 병력은 연대장 보좌관 9인, 무전통신병 4인, 연대장 1인 등 14명이 증원된 363명 이다.

날이 훤히 밝아올 무렵에는 적군의 주저항선(병력 배치선) 후방에 그런대로 깊숙이 침투하게 된 것 같다.

봉래산 계곡으로 조용히 북상하면서 숨조차 제대로 쉬지 못하고 두근거리는 가슴을 달랠 겨를도 없이 사뭇 뛰었는데……

계곡을 빠진 뒤에는 능선을 넘어 눈이 쌓인 계곡으로 계속 행군했다.

1951년 1월 31일 07시경 까지 적진 후방 약 5 km 상당 지점까지 침투하였다.

결사 제11연대 병력이 영월군 한탄면 한탄리 재티산(750고지)을 오른쪽으로 하고 삿갓봉을 거쳐 성마령(891고지)고개를 넘어 청옥산(1255고지)을 왼쪽으로 한 능선을 주로 이용하여 행군한 것 같은데, 그 코스가 정확한 것인지도 분명치 아니하다.

전투경험도 없고 교육도 부실한 작전참모에게 상황설명도 해주지 않으니 알 수도 없었다.

여기쯤은 적의 제2방어선 상에 진입한 것 같아 주간에는 후미진 곳 산골짜기 양지바른 쪽에 은폐하여 쉬고, 날이 저물면 행군을 다시 시작하였다.

태백산맥의 준령(峻嶺)이라 영하 30^{度}를 오르내리는 강추위는 살을 에이는 듯 했다.

적지를 돌파한 것으로 판단되어 약간은 안도가 되었지만 코, 귀가 떨어져 나갈듯한 매서운 눈보라는 또 하나의 적이었다.

적에게 노출되지 않도록 기도(企圖)를 완전히 숨기고 침투는 계속되었다.

밤새도록 걷다보면 눈에 젖은 신발(북괴군 농구화를 모방한 것)에서 김이 무럭무럭 날 정도로 화끈거리지만, 갈아 신을 신발은 고사하고 양말조차 여유가 없었다.

우리들 결사유격대 장병을 살아 돌아오라고 적지에 침투시켰다고

는 전혀 볼 수 없는 노릇 아닌가 !![주5)]

이와 같은 상황에서 우리들에게 계급을 후하게 달아준 것은 북괴의 경우도 1969년 1월 21일 청와대를 습격하러 온 김신조 등 124군부대 일당 모두가 「소위」 이상의 장교로 편성됐고,

1998년 동해안에 침투한 잠수함의 승조원 모두가 소성 3개인 「상위」 (중 · 대위) 이상의 군관(軍官)(장교)을 승선시킨 것 등을 미루어 우리의 경우도 이와 비슷한 것이 아니었나 라고, 짐작해 볼 수 있다.

그러나 저러나 3주간의 훈련만으로 특수 편성된 이들이 뒷날, 용감한 군인으로 탈바꿈 하였고, 청사(靑史)에 길이 빛날 혁혁한 무공을 세울 것이라고는 육군 수뇌부를 비롯하여 그 누구도 짐작조차 하지 못했으리라!

날이 저물면 행군을 개시하고, 날이 밝아오면 산악의 정상부근 양지바른 곳에서 숨어 지내기 며칠이 또 흘렀다.

밤에 길도 없는 산악을 꾸벅 꾸벅 졸면서 산악을 행군하는 습관도 제법 익혀져 갔다.

아군의 공격선은 봉래산 북방 5km 상당 지점이었고, 그 동쪽은 정선군 정선읍 부근까지 아군 제9사단이 진격하고 있었으며, 동해안 방면은 묵호지방까지 수도사단(제1연대, 26연대, 기갑연대 등)이

주5) 그 당시의 실무책임자였던 이극성 중령은 다음과 같이 증언해 주었다. 『미8군쪽에서는 유격대 편성을 강력히 요청하였으나 육군본부에서는 일선의 병력도 부족한 때이고 또, 전투경험이 있는 장병을 빼낼 수는 더욱 없었으며, 유격대가 적지에 침투하면, 살아 돌아올 확률은 극히 적다고 판단했다고 하면서, 인민군 복장을 특별히 제조하는데 있어서도 부산에 있는 피복창을 몇 차례 다니면서 강력히 추진하여 겨우 준비를 끝낼 수 있었다고 말했다.

무기(소총)도 노획무기로 위장하기에는 그 수량도 극히 부족하였고, 통신장비(무전기) 2대를 겨우 확보했을 뿐이므로 결사 제11연대에만 무전기를 지급했다고 그 당시를 증언하면서 …

임관사령장이나 군번 · 계급부여는 상부의 결재를 받아 시행했다고 말하고 있으나 그 진실성과 신빙성에는 의문이 남는다.』

진출해 있던 시기가 아닌가?……

여기서 부터는 되돌아가려 해도 아무도 되돌아 갈 수 없고, 죽으나 사나 대오에서 떨어질 수도 없는 숙명들이 된 것이다.

무엇이 무엇인지 벙벙하고, 얼떨떨한 것이 아무것도 제대로 판단되지 아니했다.

아는 이도 별로 없고, 그렇다고 전투 경험이 많은 사람도 별로 없는 것 같았으며,

그 당시 연대장은 보좌관? 9명(연대장의 호위근위병 비슷한)과 함께 무엇인가 논의하고 연대 참모진과는 접촉하지 아니하였으나, 어쩔 도리가 없었다.

360여명의 병력을 이끌고 가는 채(蔡)중령의 명령만 기다리고 있으면 그만인 것이다.

말이 **육군대위 작전참모**였지 그 실은 아무것도 아닌 것 같이 느껴졌다.

우리는 봉래산 계곡으로 조용히 북상하면서 무슨 서부영화에서 나오는 말에 재갈을 물린 뒤, 적진으로 침투하는 것과 같이,

숨조차 제대로 쉬지 못하고,

두근거리는 가슴을 달랠 겨를도 없이 사뭇 뛰었다.

"채 대장"께서는 동상에 걸려있는 전우 또는 심신이 허약하여 유격대원으로 자질이 부족한 자 등을 10명 단위로 아군지역에 복귀하도록 했다고 **"회고록"** 비슷한 곳에 기술하였으나

1951. 2. 10 적 후방(하진부리)에 침투한 결사 11연대 장병의 영상 모습

우리는 그 당시 낙오되거나 부상당하면, 우리 모두의 정체가 폭로되지 못하도록 자결(自決) 또는 처치해야 한다고 교육하였다.

걷는 것이 아니라 사뭇 뛰는 속보(速步)로 계곡을 빠진 뒤에는 능선을 넘어,

진군했는데 능선을 넘으니 눈이 허벅지까지 빠지게 되어 눈을 잘못 밟으면 큰 일이 아닐 수 없었다.

졸면서 걷던 놈이 기우뚱 하면, 엉금 엉금 기어서 눈 속을 헤쳐 나와야 겨우 합류할 수 있었다.

강원도 산간에는 웬 눈이 이렇게도 많은지 ……

우리는 처음부터 고생이 말이 아니었다.

봉래산 계곡을 빠져 나간 뒤, 성마령(고지 891 m) 방면으로 북진한 우리는 적의 제2방어선 상으로 판단되므로 주간에는 은폐하여 쉬고,

날이 저물면 행군을 다시 시작하였다.

미숫가루는 눈과 섞어서 멀겋게 죽을 만들어 마시는 것이 고작이었다.

언제까지 이 고행의 북진 작전이 이어질 것인지!!

언제, 어느 지점에서 적과 교전하게 될 것인지?

아무도 예측할 수 없는 작전 아닌 작전이었다.

추위는 살을 에이는 강추위 였지요!!

침낭은커녕, 담요 한 장 없었고, 내의, 양말 등의 추가지원도 없었으니…

우리들 결사대의 보급이 엉망이였으며, 적지에 침투시킨 장병에 대한 보급으로는 ……

육군 수뇌부도 어쩔 수 없이? 유엔(UN)군의 요구로 …….

단기간의 훈련만으로 ….

형식적인 편제에 …….

탄약 · 장비도 말이 아니니 …….

계급과 군번은 현역과 구분해서, 준 것 같고….

별동대(別動隊)와 같이, 우리들을 적 후방에 내 보낸 것이 아닌지 …….

어쨌든 그 당시 육군본부 정보국 지휘부는 큰 잘못을 저지른 것이다.

참으로 기가 막힐 일이 아닐 수 없었다.

특수임무에 따른 훈련이 제대로 되어 있지 아니한 부대에 산악장비나 로프 한 가닥도 주지 아니했으니 ……

= **주요 작전임무** = (p.76의 보완)

- ○ 소조활동으로 적의 연락장교 및 연락병을 생포 또는 사살
- ○ 지휘소를 습격하여 간부의 생포 또는 사살
- ○ 북괴군의 주요 간부 및 노동당 간부 생포 또는 사살
- ○ 적의 비밀공작문서 획득과 적의 점령지구내 애국청년 포섭 활용
- ○ 적의 무기획득 및 자체 무장 강화
- ○ 적의 점령지구내 양민을 선동하여 적의 후방 교란
- ○ 적의 후방보급로를 차단하여 지휘마비 조성
- ○ 적의 생산시설과 주요기관 파괴 및 방화로 지역적 혼란조성
- ○ 사병에 대한 귀순공작 전개 및 신병훈련소 습격
- ○ 적의 점령지구내 양민을 이용한 연락망을 조직, 후방정보 탐지
- ○ 적의 군사 및 정치거점과 그 주변지역에 첩보망을 구성, 적의 기밀탐지 등이었다.

적 후방에 침투시킬 특수임무 부대에 대한 작전임무로서는 그럴 듯한 것으로 보이나, 그 임무를 수행할 만한 교육과 훈련, 그리고 장비가 있어야 하는데, 우리들에게는 이 모두가 부실하였다.

<다음에 결사 제11연대의 편성을 소개한다.>

▮ 육군본부 직할 결사대 ▮

※ 결사 제11연대 편성

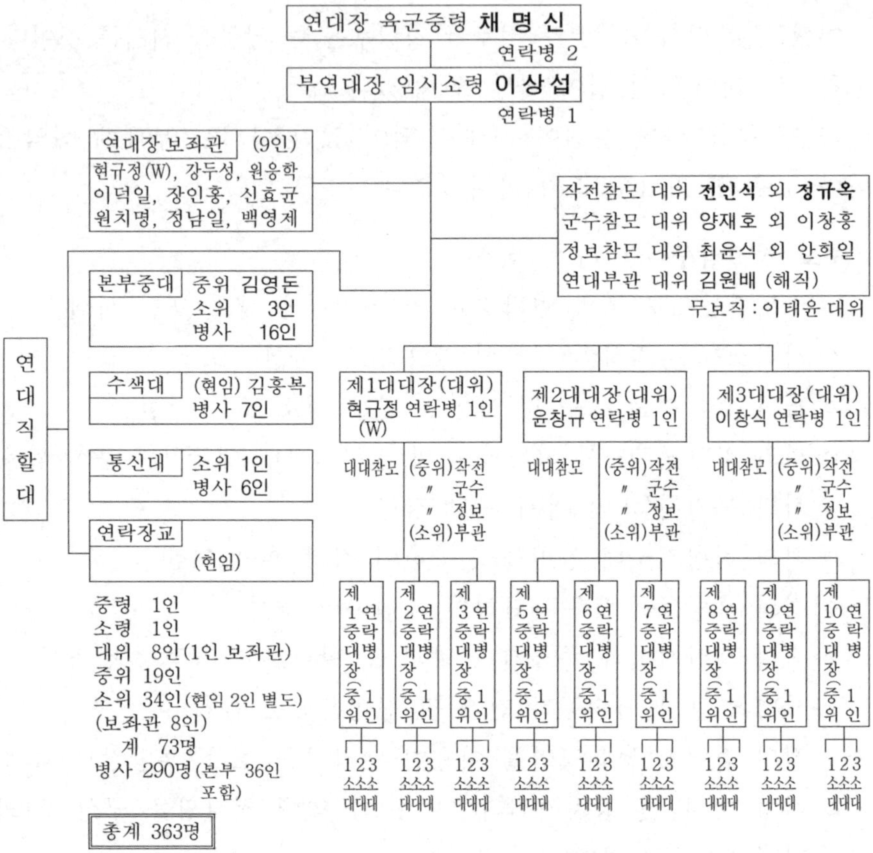

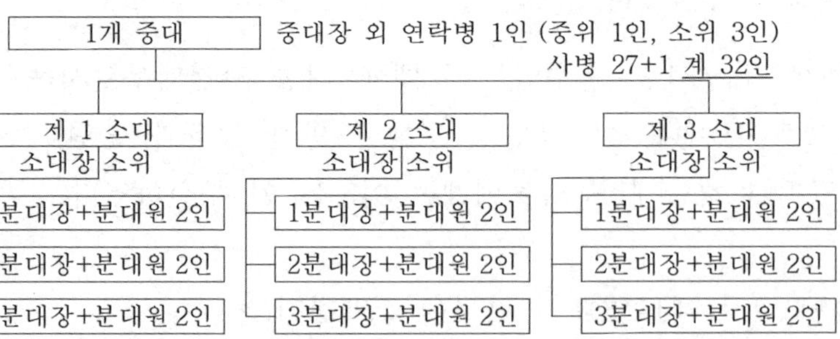

※ 결사 제12연대와 13연대의 편성은 보존된 것이 없어 수록하지 못합니다.

연대가 아닌 대대에도 참모진이 작전, 군수, 정보, 인사로 분장되어 있으며,

1개 대대에 중대가 각 3개,

중대에는 소대가 각 3개씩이니, 장교의 수가 제법 많았고, 사병의 최하급도 요즘말로 병장인, 이등중사가 맨 하급의 졸병(卒兵)이었다.

아마도 죽으면 병장쯤으로 대우해 주려 했었는지?

계급을 후(?)하게 달아 준 것 같았다.

이 작전은 건군(建軍)이래 처음으로 군번과 계급을 부여한 정규군인과 같은 신분으로 유격대를 편성한 작전이면서 한편으로는 모두 살아 돌아올 기대(期待)나 확률(確率)은 애당초 고려의 대상이 아닌 듯 했으나, 건국 이래 처음 시도하는 작전이란 점에서 모두가 흥분의 도가니였다고 해도 지나친 말은 아닌성싶다.

이들이 산악 능선을 어찌나 잘 행군하였는지, 출발지점의 지도를 눌러, 도착지를 살펴보면,

밤 행군이 도로가 아닌 산악행군이 10여 km 이상이고 하룻밤에 20 km 상당을 걸어 치웠으니 가히 비호(飛虎)와 다를 바 없었다.

우리의 임무는 대강, 적 후방을 교란하여 적의 전의(戰意)를 저하시키고, 적의 군사 기밀을 탐지(機密 探知)하여 아군의 작전 수행에 기여할 목적으로 국방부의 특별명령으로 결사 유격부대를 창설하고,

동 국본 특별명령(육) 제22호 추가 I (1951년 1월 25일)로, 민간인에게 GO 군번을 부여하고,

군인으로 임관 시켰으며, 사병에게는 G 군번과 계급을 각 부여하여 편성한 특수부대를 창설한 것이다.

그 부대명은 **육군본부 직할 결사 제11연대** 라고 명명한 것이다.

우리나라 **국군 창군이래 363명의 대병력을 적군의 편제**와 **복장 및 무장으로 위장**하여 적후방으로 침투시켜, 특수전을 수행케 한 것은 우리가 최초이자 마지막쯤이 아닌지 …….

조국의 운명이 **누란의 위기**!!

백척간두에 있을 때

그 당시의 상황을 되돌아 본다.

유엔(UN)군의 인천상륙으로 북괴군은 퇴로(退路)가 차단되자

전남북·경북·경남 지방까지 쳐내려 왔던 16만명이 넘는 놈들은

북괴군 **전선사령관 김책**(金策)의 명령으로 즉시, 인민유격대로 개편되어 **지리산**과 **태백산맥**에 숨어들어 유격전 즉, 지구전(持久戰)을 감행하였으므로 아군은 전후방(前後方)을 가릴 수 없게 되었고

북괴군 제2군단 약 3개 사단(병력 25,000명 정도)이 후방교란, 병참선 차단, 주요기지 폭파 등 사회불안 조성임무와 함께 토착 빨갱이들인 소위 **남부군단**(빨치산) 제3지대장 남도부 제4지대장 이현상 등과 병합하여 남한지역에서 준동하는 적 게릴라(Guerrilla)는 그 당시 약3만명으로 추산될 정도였다고 한다.

중공군 측에서도 **김일성**에게 남한지역에 "게릴라"를 4~5만명으로 증원하여 전·후방에서 협공을 전개할 것을 강력히 요구해와 북괴군도 제2군단을 주축으로 증강하려 했지만,

보급 확보과정에서 양민을 학살하는 등의 만행으로 그들의 입지는 크게 약화되던 시기였다고 한다.

이러한 때, 유엔(UN)군 측에서도 유격전의 필요성을 절감하고 있었고, 특히 전선에서의 후퇴 등으로 지구전이 꼭 필요했으나, 자기들은

피부의 색깔,

인종, **언어**,

습관, **문화 등**

모든 면에서 유격전을 수행할 수 없으니, 한국군에서 대응(對應)으로 적 후방에 유격전 부대를 침투시켜 달라고 강력히 요구해 왔다고 한다.

한국 육군본부 정보국장 백인엽(白仁燁) 준장(당시)은 이에 적극 찬동하여 육군참모총장과 국방부장관의 결재를 받고 정보국 3과장 이극성 중령으로 하여금 육군보충대에서 대기중인 보충병력 중에서 결사대 요원을 선발하여 유격전술교육을 실시한 다음, 적의 전선 배후지역에 침투시켜 유격전을 감행하게 하였다고 이극성 중령은 증언하였다.

그 당시는 작전지휘권이 유엔군에게 있었던 때였음에도 유엔군 사령부 안에는 '51년 1월 14일까지 유격전에 관한 담당부서 조차 없었으며, 1951년 1월 15일에 이르러, 비로소 미8군 작전국에 기타 업무처를 두고, 지구전과를 창설하여 장기전에 대비하게 된 것이 그 시발이며, 주한미군 정보수석고문관 하우스만 중령이 직접 개입한 것으로 알려져 있다.

이렇게 해서, **국군이 창군된 이래 최초**로 **정규유격대**가 적의 후방지역에 침투하여 횡축선(橫軸線)의 전선을 종심(縱深)으로 바꾸어 정규군과 협동하게 된 새로운 종심(縱深)전투개념이 도입된 것이다.

당시의 상황으로 미루어 볼 때 너무나 **황당한 조치가 아닌가** 생각한다.

『여기서, 그 당시 우리나라 건군사를 훑어보자.

8·15해방 후 건국 이전에 창설된 조선국방경비대는 일제하에서 지원병, 징병 등으로 일본군에 입대한 이른바 일군파(日軍派)와 만군파(滿軍派), 그리고 중국 등지에서 조국의 광복을 위해 투쟁한 독립군파(獨立軍派)로 크게 나눌 수 있으나, 일본군 출신과 만주(滿洲)의

일본 괴뢰정권파가 대종(大宗)을 이루고 있었다고 해서 결코 지나친 말은 아닌 성 싶다.

그렇다면 6·25 당시 우리 군부의 정상부에 군림했던 채병덕, 정일권 총참모장(소장), 정보국장 이한림 준장 등도 일본군 출신으로서, 이른바 정통적인 군인이고, 유격전에 관한 교육이나 훈련이 전무한 형편이고, 경험이 있다면 제주 반란사건(4 3사건)의 진압경험과 여순(麗順) 반란사건의 진압 정도의 경험이 고작이었을 것이 아닌가 !!? ……

지금 맞닥뜨리고 있는 지리산, 태백산으로 숨어들어 공비로 변신한 인민군, 중공군으로 항일전에 참전했던 팔로군 출신 빨치산 놈들의 소탕작전에서 많은 희생을 감수하고 있는 군부였으니 그들의 답답함이야 어떠했겠는가를 충분히 짐작할 수 있는 것이다.

그때도 지금의 종북(從北)분자들과 같이 38이남 지역에서는 토착 빨갱이들이 북괴놈들의 대거 남침만을 학수고대하고 있는 형편이였으니 ……

이렇게 우리 군 수뇌부의 대책이나 사회적 혼란이 형편 없었으므로 우리들의 앞날은 더욱 어둡고 깜깜했을 뿐이었다.』

필자가 1960년대부터 우리들의 참전기록을 발굴하고자 정부기관과 국방당국에 많은 진정, 청원 등을 했으나, 모두가 기록을 찾을 수 없다고 했다. 그러던 중 2002년에 이르러 육군정보학교에 우리들의 기록이 육군교육사령관으로 재임 중인 류해근(柳海槿) 장군에 의하여 다음과 같은(별첨) 기록이 처음으로 발굴된 것이다.

이 역사적인 기록의 발굴로 우리 육군 당국이 결사 유격 제11연대를 교육·훈련시켜 적진 후방에 침투시킨 사실이 확인된 것이다.

다음은 관련기록의 내용이다.

▶ 육군정보학교 출동 기록

육군본부 직할 결사대 "백골병단" 의 기록을 찾기 위해 그동안 육군본부와 중앙문서관리단, 육군정보학교 등에 수차례 공식 요청을 했으나 기록이 없다는 회답뿐이였는데, 육군교육사령관(육군중장)으로 취임하신 "류해근" 장군에게 간청했던 바, 2002. 6. 27 육군정보학교 소장의 문서중 "1페이지"를 발굴하게 되었다. 이에 의하면, 결사11연대 349명이 10일간의 무장첩보 및 유격전 교육 후 채명신 중령이 인솔하여 적 후방으로 침투했다는 것이고, 결사 12연대는 361명이 동일하게 기록되어 있다.

우편물 수령증

접 수 자 : 창구05 1
총 요 금 : 1,980원(즉납 :1,980원)
(현 금 : 1,980원
신용카드 : 0원)
접수번호 : 058266

<국내등기우편물>
발송인:121-842 백골병단 서교동

"월드컵 세계로! 미래로!"

군 교 육 사 령 부

ㅎ구 반석동 사서함 100호 / 전화 : (042) 820- 2416 / 전송 :
ㅣ령 최종대 담당자 소령 김종섭

문서번호: 감찰19800-020149

시행일자: 2002.06.27 ( ) (군내공개)

결재			지시		
접수	일자 시간		결재 · 공람		
	번호				
처리과					
담당자					
심사자				심사일	

받 음: 백골병단 참전전우회장

참 조: 사무총장

제 목: 백골병단 참전전우회 자료확인 요청에 대한 회신

1. 관련근거
   가.백골병단참전 제 02-4-2호('02.4.3)
   나.육군 정보학교 인사 19800-020356('02.5.10),민원처리 보고
   다.육본 중앙문서 관리단 보활16110-021850('02.6.22),자료확인결과 회신

2. 위 관련근거에 의거 귀 전우회에서 자료확인 요청하신 민원처리결과를 아래와 같이 회신합니다.

가.자료확인요청내용은 정보학교와 정보사령부 등에 다각적으로 확인한 결과, 붙임내용과 같이 정보학교에서 보관중인 결사 제 11연대,12연대,16연대의 부분적인 자료가 확인 되었습니다.

나.정보학교 자료를 근거로 세부적인 참전전우회원의 개인명단및 인적사항등에 관하여 육군 본부 중앙문서관리단과 군사연구실에 확인요청하고 직접 현장방문을 통해 찾아보았으나 더이상 보관된 자료가 없어 귀 전우회의 요구사항을 충족할 수 없었으며 이점 널리 양지하시기 바랍니다.

다. 앞으로도 참전전우회에 관한 사항은 지속적으로 관심갖고 확인토록 하겠으며 이와 관련된 추가적인 자료나 참고할 사항을 제시하여 주시면 최선을다해 조치하겠습니다. 다시한번 전우회원개인명단및 인적사항등을 확인하지 못하게 됨을 안타깝게 생각하면서 어려운 여건하에서도 백골병단참전전우회 발전에 노력하시는 귀 전우회의 모습에 경의를 표하며 병단참전전우회의 무궁한 발전을 기원합니다.

붙 임: 1.육군 정보학교 민원처리결과 및 보관중인 자료(사본) 1 부.
2. 중앙문서관리단 자료확인 요청 및 회신공문 각 1 부. 끝.

육 군 교 육 사 령 관

<기록> 육군본부 직할 결사 제11연대 (349명)

무장첩보 및 유격전에 필요한 소요과정의 교육·훈련을 단기간(10일간) 양성시켜 채명신 중령 인솔하에 적·후방으로 출동시키다!

〈육군정보학교 기록에서〉

이 문서 기록은 1951. 01. 29. 육군정보학교(육군제7훈련소 로 개칭)가 보존중인 기록 **02-01-02-02-05** 으로 확인되었다.

1951. 02. 05. 자 에는 결사 제12연대(361명) 16일간 상기 11연대와 같이 …… 로 끝나고, 1951. 03. 07. 상부의 명에 의하여 육군본부 작전국에 서류 일체와 함께 인계하였다는 기록이 존안되어 있음이 2002. 06 .27. 육군교육사령부의 협조로 확인되었다.

이 문서의 발굴로 육군본부(육군정보학교)가 1951년 1월과 2월에 2개 연대 710명을 무장 첩보 및 유격전 교육·훈련을 실시 하고 적 후방으로 출동시킨 사실이 명백히 입증되었다.

4284. 1. 29	陸軍本部情報[illegible]第24號로 陸軍第7訓練所로 改稱하다
4284. 1. 29	陸軍少領 文 [illegible] 生徒隊長으로 就任하다.
	決死11聯隊(349名) 10日間 武裝諜報및遊擊戰에 必要
	한 所要課程의 敎育訓練을 短期養成시켜 蔡命新中領引率下
	敵後方으로 出動시키다
4284. 2. 5	決死12聯隊(361名) 16日間 上記 11聯隊와

이 기록은 4줄에 불과한 작은 것이지만 결사 제11연대와 결사 제12연대의 1951년도 기록이 육군정보학교에 존안 되어 있다는 것이 중요하고 또 결사 제11연대 349명 외에 통신병과 보좌관을 더하면 총 363명임도 확인되었다.

※ 위 기록 중 결사 11연대(349명) 10일간 무장첩보 및 유격전에 필요한 소요과정의 교육훈련 …… 은 채 중령이 아군지역에 귀환한 1951. 1. 16 이후 결사 11연대장이 된 뒤 10일간을 뜻하는 것으로 판단된다.

▶ 51년도 전투 정보 보고 (필자가 II급비밀문서고에서 발굴한 것)

1951.3.15 국군수도사단 정면의 정보보고서에서
아군 유격 제12R 소속 귀환병 보고에 의하면 유천 DS6669를 향하여 행군 중 E(적)와 조우하여 교전하였고 오대산에서 포로 1명을 획득하여 기갑연대에 인계하였다.

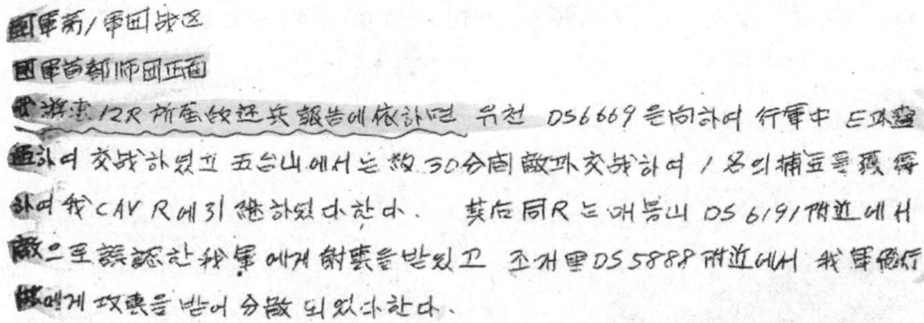
國軍第1軍團戰区
國軍首都師團正面
我遊擊12R所屬歸還兵報告에依하면 유천 DS6669를向하여 行軍中 E와遭遇하여 交戰하였고 五台山에서는 約30分間 敵과交戰하여 1名의捕虜를獲得하여 我CAV R에引繼하였다한다. 其后同R는 매봉山 DS6191附近에서 H敵으로誤認한我軍에게射擊을받았고 조개里DS5888附近에서 我軍部隊에게 攻擊을받어 分散되었다한다.

1951.4.1 국군 제3군단 전구 국군제7사단 정면
육군본부에서 침투시킨 아 유격대장이 3연대장에게 진술한 바에 의하면, 아 유격대는 3월 24일경 설악산 부근에서 적 약 1개 사단과 교전하였다고 한다.

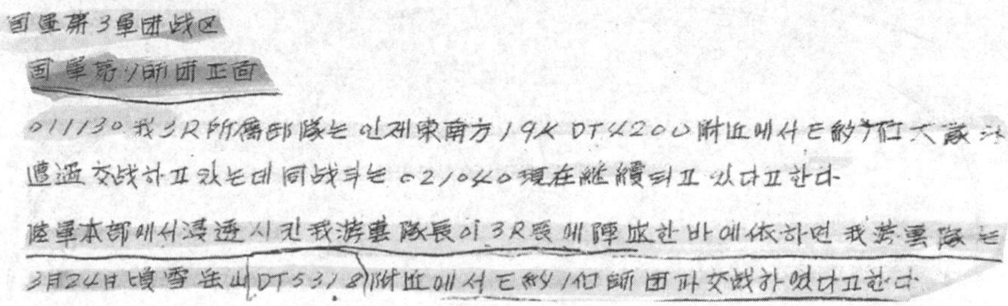
國軍第3軍團戰区
國軍第1師團正面
011130 我3R所屬部隊는 인제東南方19K DT4200附近에서 E約1個大隊와 遭遇交戰하고있는데 同戰斗는 021040現在繼續되고 있다고한다.
陸軍本部에서浸透시킨我遊擊隊長이 3R長에陳述한바에依하면 我遊擊隊는 3月24日頃雪岳山DT5318附近에서 E約1個師團과交戰하였다고한다.

1951.4.2 국군 제7사단 정면
아 유격대 제11연대 제1대대 제3중대장 진술에 의하면 설악산에 있는 적은 중공군이 아니고 소속미상의 적 약1개 사단이라고 하였다.

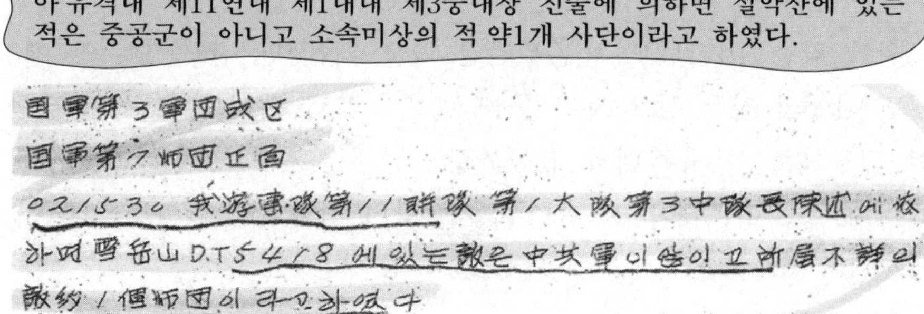
國軍第3軍團戰区
國軍第7師團正面
021530 我遊擊隊第11聯隊第1大隊第3中隊長陳述에依하면 雪岳山DT5418에있는敵은 中共軍이 아니고 所屬不詳의 敵約1個師團이라고하였다.

021130 521高地 DT4200附近에서 我第3聯隊第1大隊
와交戰中이든敵約400名은진다리-DT4102方面으로分散逃
走 라고한다
021500 我3聯隊는果里北方2K DT4101及果里東北3K DT
4201附近에서 各々敵1個聯隊와交戰中에있고搜索隊報告
에依하면 021500現在敵15師団1聯隊CP는하다 DT3806
에있다고한다

결사 제11연대 장병의 북진모습 중 일부 영상

위와 같은 1951년도 중동부전선 국군 제1군단 전구(戰區)와 제3군단 전구의 전투 정보 보고 등을 필자가 II급 비밀문서고에서 발굴한 기록으로, 아 유격대의 활동사실, 즉 육군본부가 침투시킨 아군 유격대의 활약상 등이 1951년도에 정확히 기술되어 있어 확인이 충분하다.

※ 결사 제11연대 참전 추정자

※ 필자가 파악한 참전전우 2015. 9. 25 현재

계 급	군 번	성 명	비 고	
육군중령	10826	蔡命新	사망	황해(사령관)
임시소령	GO1001	李相燮	사망	남해
육군소령	51-00008	**全仁植**	파주	**훈장(진급)**
육군대위	51-00002	崔允植	사망	경주**(새군번)**
육군대위	GO1006	金元培	**전사**	**해임** (1951. 2. 20)
육군대위	GO1007	尹昌圭	**전사**	**훈장** 2대대장
육군대위	51-00003	梁在昊	사망	인천**(새군번)**
육군대위	51-00005	李暢植	사망	청양**(새군번)**
임시대위	GO1002	李泰潤	인천	**해임(새군번)** (1951. 2. 20)
육군중위	GO1010	鄭世均	**전사**	서대문
육군중위	51-00016	鄭學文	사망	김천**(새군번)**
임시중위	GO1012	林炳勳	사망	파주
임시중위	GO1013	李奉九	사망	가평
임시중위	GO1015	李文赫	불명	
임시중위	GO1016	洪淳泰	불명	
육군중위	51-00015	**權寧哲**	고양	진급**(새군번)**
임시중위	GO1018	金榮敦	사망	화성
임시중위	GO1019	鄭潤和	사망	대구
육군중위	51-00009	李萬雨	사망	의성**(새군번)**
육군중위	51-00012	金寅泰	사망	**훈장(새군번)**
임시중위	GO1022	尹喆燮	사망	예산. 진급대위 (1951. 2. 20)
육군중위	51-00013	羅明集	서천	**(새군번)**
임시소위	GO1031	崔龍達	사망	**(새군번)**
육군소위	51-00017	崔仁泰	사망	파주**(새군번)**
임시소위	GO1033	李南鶴	사망	홍성. 특진중위 (1951. 2. 20)
육군소위	GO1034	李鍾三	**전사**	
임시소위	GO1035	朴正奉	불명	인천
임시소위	GO1036	張龍文	사망	시흥
육군소위	GO1039	許銀九	**전사**	경주
육군소위	51-00024	趙時衡	사망	09.8 **(새군번)**
육군소위	51-00021	柳卓永	사망	**(새군번)**
육군소위	51-00023	**吳錫賢**	김포	김포 **(새군번)**
임시소위	GO1044	朴鍾瑝	사망	연기
육군소위	GO1045	李夏淵	**전사**	
육군소위	51-00025	**權泰鍾**	인천	**훈장 (새군번)**
육군소위	51-00028	**黃泰圭**	공주	공주 **(새군번)**
육군소위	51-00022	韓甲洙	사망	청양 **(새군번)**
육군소위	51-00018	林癸洙	사망	연기 **(새군번)**
육군소위	GO1053	尹 泓	**전사**	

계 급	군 번	성 명	비 고	
임시소위	GO1054	李永夏	사망	인천. 대공 부상
임시소위	GO1058	金仲植	불명	
육군소위	51-00030	金赫起	연기	**(새군번)**
임시 소위	GO1061	車東朊	불명	
육군대위	보좌관현임	玄奎正	**전사**	**훈장** 대대장보임 (1951. 2. 20)
보좌관	대위급	**康斗星**	평남	(중국)
보좌관	〃	**元應學**	평남	용인
보좌관	〃	**李德溢**	함북	청진 (미국)
보좌관	〃	申孝均	사망	평남
보좌관	〃	張麟弘	사망	평양
보좌관	〃	**元致明**	강원	성남
보좌관	〃	鄭南一	사망	평남
보좌관	〃	白榮濟	사망	평남
현지임관	이등상사	金興福	사망	현임 (소위)
이등상사	51-500021	李命宇	춘천	〃 **(새군번)**
일등중사	51-500047	**林東郁**	논산	논산 **(새군번)**
이등상사	51-500024	**洪金杓**	인천	**예 군의관 중위**
이등상사	51-500011	**朴勝錄**	부여	대전 **(새군번)**
이등중사	134174	**車周燦**	천안	**예 육군소령**
이등상사	51-500014	**張之永**	연백	**훈장** **(새군번)**
일등중사	51-500069	**崔潤宇**	장단	서울 **(새군번)**
이등상사	51-500008	**金重信**	예산	고양 **(새군번)**
일등중사	51-500055	**金亢泰**	서천	보령 **(새군번)**
일등중사	51-500054	**尹慶俊**	대전	대전 **(새군번)**
일등중사	51-500038	李榮珍	사망	부여 **(새군번)**
일등중사	51-500036	**全永熹**	시흥	부산 **(새군번)**
이등상사	51-500018	河泰熙	사망	대전 **(새군번)**
이등중사	G11363	梁元錫	사망	평택 **(새군번)**
이등중사	51-77000028	**崔熙哲**	광주	안산 **(새군번)**
일등중사	51-500033	金成亨	개성	수원 **(새군번)**
일등중사	51-500046	玄再善	사망	인천 **(새군번)**
일등중사	51-500032	扈成振	사망	**(새군번)**
이등상사	51-500017	申健澈	사망	시흥군**(새군번)**
이등상사	51-500004	丁奎玉	사망	종로구**(새군번)**
일등중사	51-500029	李雲河	사망	파주 **(새군번)**
일등중사	51-500042	張承鉉	사망	서산 **(새군번)**
이등중사	G11047	元吉常	사망	시흥군
이등중사	G11295	權處弘	사망	연기군**(새군번)**
이등상사	G11303	鄭然鎭	사망	대구
일등중사	51-500062	李明海	사망	서산 **(새군번)**
이등중사	G11259	林南玉	사망	논산 **(새군번)**

계 급	군 번	성 명	비 고		계 급	군 번	성 명	비 고	
이등중사	G11143	全永模	사망	대전	일등중사	미 상	장국환	**전사**	
이등상사	51-500002	尹範容	사망	파주 **(새군번)**	일등중사	〃	안희일	**전사**	
일등중사	51-500065	曺奎喆	파주	〃 **(새군번)**	이등중사	〃	류동식	**전사**	
이등상사	51-500006	吳鳳鐸	불명	시흥군**(새군번)**	이등중사	〃	박희영	**전사**	
이등중사	G11225	徐玄澤	사망	〃 **(새군번)**	이등중사	G11206	金潤秀	**전사**	
이등중사	G11039	李興昌	천안	천안 **(새군번)**	이등중사	G11215	姜文錫	**전사**	서산
일등중사	G11308	文泰眞	사망	서천 **(새군번)**	병 장	G11316	李完相	**전사**	부여
이등상사	G11013	姜五馨	서울	파주 **(새군번)**	이등중사	미 상	이영업	**전사**	
이등상사	G11054	金正鍾	사망	시흥 **(새군번)**	이등중사	〃	서두생	**전사**	
이등상사	51-500001	趙次元	사망	파주 **(새군번)**	이등중사	〃	이재성	**전사**	(12연대?)
이등상사	G11140	朴光善	사망	〃 조리	이등중사	〃	황경덕	**전사**	
이등중사	미 상	姜玉鎭	사망		이등중사	〃	김양환	**전사**	
이등중사	G11175	趙南顯	서울	서산	이등중사	〃	이정구	**전사**	
이등중사	G11362	金海源	서울	청양	이등중사	〃	김윤태	**전사**	
이등중사	G11171	李亨求	서산	서산	이등중사	〃	이석순	**전사**	
이등중사	미 상	임재봉	사망		이등중사	〃	박기석	**전사**	
이등중사	G11168	金大弘	사망	인천 **(새군번)**	이등중사	〃	천봉균	**전사**	
이등중사	미 상	權寧憲	사망	부여	이등중사	〃	안병철	**전사**	
일등중사	51-500030	盧貴鉉	사망	〃 **(새군번)**	이등중사	〃	김철구	**전사**	
이등중사	G11095	鄭昌鎬	대전	대전	이등중사	〃	김명규	**전사**	
이등상사	51-500007	張德淳	사망	시흥 **(새군번)**	이등중사	〃	현 제	**전사**	
이등중사	G11042	金壽昌	사망	**(새군번)**	이등중사	〃	임경섭	**전사**	
이등중사	G11240	吳東秀	사망	대전 **(새군번)**	이등중사	〃	이상욱	**전사**	
이등중사	G11356	金鍾根	천안	천안 **(새군번)**	이등중사	〃	윤동익	**전사**	
이등중사	G11156	李昌興	사망	인천	이등중사	G11355	朴鍾壽	**전사**	
이등중사	G11278	高永相	사망	대전 **(새군번)**	이등중사	미 상	黃忠淵	**전사**	미상
이등중사	G11097	金大燮	파주	**(새군번)**	이등중사	〃	구기덕	**전사**	
이등중사	미 상	鄭萬永	사망	예산 **(새군번)**	이등중사	〃	안성호	**전사**	
이등상사	G11046	柳東鉉	**전사**	시흥	이등중사	〃	金賢起	전사?	연기
일등중사	51-500027	張東淳	**전사**	시흥 **(새군번)**	일등중사	〃	咸萬東	불명	서울
이등중사	G11087	權旭相	**전사**	안양	이등중사	G11345	宋景熙	〃	논산**(새군번)**
이등중사	G11141	金周鉉	**전사**	파주 **(새군번)**	미 상	미 상	馬鍾三	〃	파주**(새군번)**
이등중사	미 상	趙重用	**전사**	시흥	**정보사에서**	G11135	朴鳳植	서천	**정보사 제공**
이등중사	〃	洪淳基	**전사**	연기 **(새군번)**	〃	G11136	申孝淳	불명	? **(새군번)**
이등중사	G11049	李春九	**전사**		〃	G11350	金東一	평양	3대2중2소
이등중사	G11051	鄭閏哲	**전사**	시흥	〃	G11052	李炳雲	파주	전사?
일등중사	G11313	申鉉石	**전사**	〃	〃	G11188	金容福	충남	
일등중사	G11364	洪淳先	**전사**	서울종로	〃	미 상	趙明植	서울	
일등중사	미 상	徐一澤	**전사**	시흥					

결사 제11연대 363명 중 참전 확인자 157명, 새 군번 부여자 69명 (전사 47명)

※ 결사 제12연대 참전 추정자

2015. 9. 25 현재

계 급	군 번	성 명	비 고		계 급	군 번	성 명	비 고	
임시소령	GO1063	李斗柄	사망	화천	이등중사	G12224	朴光錫	사망	시흥 **(새군번)**
육군대위	51-00007	**張喆翼**	전북	미국**(새군번)**	일등중사	51-500044	金仁壽	사망	**(새군번)**
육군대위	GO1069	權王堅	**전사**		이등중사	51-7700020	沈仁求	사망	**(새군번)**
임시중위	51-00011	辛政敎	사망	**(새군번)**	이등중사	51-77000022	權斗植	사망	안양 **(새군번)**
육군중위	GO1083	姜昌熙	**전사**		이등중사	51-7700008	沈求福	사망	**(새군번)**
임시소위	GO1089	鮮于坦	불명		이등중사	미 상	李圭宰	사망	
임시소위	GO1107	車福吉	불명		이등중사	G12135	申永基	사망	신당동
임시소위	GO1109	趙炳偰	사망	**(새군번)**	이등중사	51-7700009	徐丙煥	불명	평택 **(새군번)**
육군소위	51-00019	**金容弼**	파주	**훈장 (새군번)**	이등중사	미 상	金永卨	불명	평택 **(새군번)**
임시소위	GO1111	黃戊淵	사망		이등중사	51-7700007	申樂均	불명	**(새군번)**
육군소위	GO1114	黃炳錫	**전사**		이등중사	51-500070	張哲浩	캐나다	완주 **(새군번)**
임시소위	GO1117	金益煥	사망	예산	이등중사	51-500064	金永培	용인	**(새군번)**
임시소위	GO1124	신의순	불명	서천 **(새군번)**	이등상사	G12087	金道中	불명	파주 **(새군번)**
이등상사	51-500020	**宋世鏞**	연기	**훈장 (새군번)**	일등중사	G12004	李丙錫	사망	**(새군번)**
이등상사	51-500005	金鍾浩	사망	춘천 **(새군번)**	이등중사	G12337	許璟九	불명	홍천군
일등중사	51-500031	**林炳基**	파주	**(새군번)**	이등중사	G12366	金相補	불명	
이등상사	51-500023	**李永九**	용인	용인 **(새군번)**	이등중사	G12370	朴鍾萬	**전사**	**(새군번)**
이등상사	51-500039	**朴用周**	시흥	의왕 **(새군번)**	이등중사	G12052	申榮基	불명	**정보사 제공**
일등중사	51-500045	李翊宰	사망	**훈장 (새군번)**	이등중사	G12104	朴鍾雲	불명	〃
일등중사	51-500053	**安秉熙**	평택	**훈장 (새군번)**	일등중사	G12119	崔相三	불명	〃
일등중사	51-500056	**金宋奎**	완주	인천 **(새군번)**	이등상사	G12172	趙榮澤	사망	〃 **(새군번)**
이등상사	G12335	吳正涉	사망	횡성 **(새군번)**	일등중사	G12303	李熙用	불명	**정보사 제공 (새군번)**
일등중사	51-500026	金鍾恪	사망	파주 **(새군번)**	이등중사	51-500043	朴柱大	불명	양주군 **(새군번)**
일등중사	G12159	李南薰	사망	**(새군번)**	〃	G12362	李德根	사망	
이등중사	G12264	安昌浩	사망	**(새군번)**	〃	G12080	崔泳達	사망	경주
이등상사	G12303	元鳳載	불명	평택 **(새군번)**	〃	G12023	文源榮	사망	**정보사, 예비대원**
이등중사	-	이재성	**전사**						

결사 제12연대 330명 중 참전 추정자 53명, 새 군번 부여자 34명
(전사 4명)

※ 결사 제13연대 참전 추정자

2015. 9. 25 현재

계 급	군 번	성 명	비 고		계 급	군 번	성 명	비 고	
임시대위	GO1066	金漢喆	불명	**정보사(새군번)**	이등상사	51-500022	李長福	사망	정선 **(새군번)**
육군대위	51-00001	金貞起	**전사**	연기 **(새군번)**	이등중사	미 상	千榮植	**전사**	
임시중위	51-00014	崔二澤	사망	이천 **(새군번)**	이등중사	G13182	康昌煥	**전사**	
임시중위	GO1077	崔基赫	불명		이등중사	미 상	김병칠	불명	안성
육군중위	GO1078	金瑢九	**전사**	제6대대장	이등중사	51-500059	李貞成	불명	강화 **(새군번)**
육군중위	51-00010	**高悌和**	예산	고양 **(새군번)**	이등중사	51-500058	田載植	불명	**(새군번)**
육군소위	GO1096	朴萬淳	**전사**	**(새군번)**	미 상	미 상	李英烈	사망	**(새군번)**
일등중사	51-500068	林炳華	사망	서울 **(새군번)**	이등중사	G13117	**徐仁星**	평양	추가 확인
이등중사	51-7700024	裵善浩	사망	**훈장** **(새군번)**	이등상사	51-500013	崔鍾敏	사망	원주 **(새군번)**
이등중사	미 상	고석휘	**전사**	대원. 정선	일등중사	51-500060	金榮豹	불명	3소대장**(새군번)**
이등중사	미 상	김주섭	**전사**	〃 〃	일등중사	G13178	辛鎮鎬	사망	1소대장
이등중사	미 상	나승교	**전사**	〃 〃	이등중사	G13208	朴鍾云	홍천	대원 **(새군번)**
이등중사	미 상	이운철	**전사**	〃 〃	이등중사	G13193	徐承礎	사망	〃 **(새군번)**
이등중사	미 상	安淳哲	불명	〃	이등중사	–	김용복	불명	

결사 제13연대 124명 중 참전 추정자 28명, 새 군번 부여자 15명 (전사 9명)

위 3개 연대 참전자는 총 817명(백골병단 647명) 중 필자가 조사한 바 참전 추정자는 결사 제11연대 353명 중 157명이고, 결사 제12연대 330(160)명 중 53명, 결사 제13연대 124명 중 28명이 파악되었을 뿐이다.

총 파악인원 236명 중 새 군번 부여자는 118명 임.

▮ 결사대의 작전 출동 ▮

우리 결사대원들은 자의(自意)든 타의(他意) 든 조국 대한민국의 자유와 평화를 위해 사생결판을 내는 싸움터에 큰 발을 내디딘 것이다.

어찌된 영문인지 알 수 없으나, 작전 명령권자는 육군본부 지휘부가 아닌 미 8 군 정보연락 장교단 단장 육군중령 이극성〔단기 4284(1951)년 1월 29 일 발령된 듯〕이었다. 아마도 작전지휘권이 UN군사령관에게 이양되었기 때문인지도 ……

1951년 1월 30일 6시 30분경 육군정보학교(육군 제7훈련소)에서는 육군본부 정보국장 이한림 준장의 간단한 출정훈시가 있은 뒤, 운동장을 떠날 때 육군본부 정보국 요원과 작전국 요원 등의 환송을 받으며 북한 군복에 소련제 무기로 무장한 육군본부 직할 결사대 제11연대가 역사적인 장정(長征)의 길에 올랐다. 주6)

대구에서 영천(永川)을 거쳐 영월(寧越) 방향으로 북진이 이어졌다. 1951년 1월 30일 20시경 강원도 영월군 영월읍에 도착했다.

여기는 한국군 제7사단 임시 전방지휘소가 있는 건물로서 3일 전에 적으로부터 탈환한 고장이라는 것은 이미 앞에서 언급한 바 있다.

주6) 2002. 6. 27. 나의 끈질긴 요구에 따라, **육군교육사령부**를 거쳐 육군정보학교에서 발굴한 자료에 의하면, **결사 11연대 병력이 349 명으로** 되어 있으나, 정보학교에서 함께 교육을 받지 않은, 연대장 1, 보좌관 9, 통신병(무전) 4, 계 14 명이 합류되어 363 명이 되었고, 출동일자의 기록이 없어 1. 29 로 착각하기 쉽다. 특히 교육기간 10 일은 기초교육 10 여 일을 포함하지 않는 순수 무장첩보, 유격전에 관한 교육기간을 뜻하는 것인지, 채 중령이 아군 쪽으로 복귀한 뒤 10여일을 말하는 것인지, 아무튼 이 자료 발굴로 **육군본부 직할부대의 편성 · 교육 · 침투 사실**이 만천하에 확인된 것이다.

보좌관 9 명은 1950. 11. 청량리학교(정보학교)에서 모집한 특수직과 중공군 통역 등을 담당할 38 이북 출신 대학 이상의 학력자들로서 2 개월 이상을 교육받은 "베터런" 들이었으며, 채명신 중령의 요구로 그분과 운명을 같이 할 "호위" 겸 보좌요원들로 공작원 번호가 부여되어 있었다고 한다.

여기서 군장도 재점검하였고, 실탄 30여 발과 일부 수류탄도 지급되었다.

지도와 지도가방 그리고 미숫가루 2주일분(4봉지)과 봉지담배도 한 봉지씩 지급되었으며, 군장 검열 후 작전명령이 집행된 듯하다.

작전 명령

결사 제11연대에 발령되었을 것으로 추정되는 작전명령은 작명(作命) 제2호였을 것으로 추정하나 동 작전명령은 채명신 중령이 보관하고 있다가 훼손되어 나(작전참모)를 포함한 결사대원들은 보지 못했다.

결사 제11연대의 출동

1951년 1월 30일 22시를 기해 강원도 영월군 영월읍에서 적 후방을 향해 육군본부 직할 결사 제11연대가 영월의 봉래산(△799 m)을 우(右)로 끼고 계곡으로 은밀히 북진·출동하였다.

참전장병 중 간부급 장교에게는 가로 9 cm, 세로 6 cm 정도의 흰색헝겊으로 된 인식 표(認識票)가 주어졌다.

인식표에는 **"이 증표를 가진 자를 발견한 부대는 즉시 상급 사령부에 인도하라."** 라고 쓰여 있고, 총참모장의 직인이 찍혀 있으며, 붉은색 두 줄이 대각선으로 그어져 있었다.

주저항선 돌파

1951년 1월 30일 밤 상당한 거리(약 7 km)의 행군으로 적의 주저항선을 3인 1조씩 3개 단위 소대로 편성하여 은밀히 적진 후방으로 침투하였다.

1951년 1월 31일에는 성마령(△ 891 m) 방면으로 진로를 정한 뒤 청옥산(青玉山)(△1,255 m) 왼쪽 능선으로 적의 제2방어선으로 판단되는 지역을 통과하고 주간에는 적에게 노출됨을 우려하여 산악의 양지바른 따뜻한 곳에 은폐하고 야간에만 주로 행군 북상하였다.

식량대책 : 눈을 녹인 물에 미숫가루로 죽을 만들어 마셨고,

피복 등 : 양말이 모두 두 켤레밖에 없었으므로 교대로 신고 젖은 양말은 몸에 품어 말려 신어야 했다.

강 추위와 눈보라에 영하 30°를 오르내리는 태백산맥의 끝자락 준령은 참으로 험난하여 고난의 행군이었다.

결사 제11연대가 작전을 개시한 날로부터 9일째로 접어든 1951년 2월 8일 청옥산 동쪽에 도착했을 때, 육군 제9사단 수색대가 정선군 정선면 지내까지 진격해 왔다.

채명신 중령은 작전참모 전인식, 원응학 보좌관과 연락병을 대동하고 육군 제9사단 전방지휘소(중령 최모씨)가 있는 정선군 정선읍 행매동을 방문하여 적정(敵情)을 파악한 뒤

그곳에서 EE8 전화기로 상기된 얼굴로 육군본부와 통화를 한 뒤, 원응학 보좌관을 육군본부에 출장을 보내고 부대 숙영지로 복귀하였다.

나는 6.25 한국전 발발이후 9.28 수복 때까지 고향 파주 임진강변에서 칼빈소총으로 무장하고 퇴각하는 북괴군의 무장을 다수 해제하는 등 지방 저항(레지스탕스)경험이 제법 많은 사람이였으므로 적진 후방에서의 활동에 대하여서는 나름대로 어느 정도는 알 수 있는 것 같았다.

침투당시, 왜인지 몰라도 전병력 중 유일하게 채 대장만은 야전점퍼 차림이었으며, 계급장만을 부착하지 아니했을 뿐이었다.

유격대의 지휘관이 북괴군 복장을 하지 아니했으니 앞장에 선 놈은 이 사람 작전참모(필자)였다.

이를 두고 요사이 이 전기를 본 군 후배장교들이 작전참모가 어떻게 대대장이나 다른 연대장을 지휘할 수 있겠는가 해서 고소(苦笑)를 금 할 길 없으나 이는 어김없는 사실이었다.

이미 앞에서 언급한 바와 같이 나는 적 치하(敵治下)에서 저항운동으로 적병 수십명을 처치한 경험자이고, 또 개인 교습도 받았으며,

선임자였으니까……

우리들은 여기서 적정을 수집해 가지고, 험준(險峻)한 능선을 따라 평창군 대화면에 있는 백석산 쪽으로 돌려 잡은 뒤, 동측 발왕산 방향에서 횡계리(橫溪里) 방면으로 험산 준령을 넘어, 1951. 2. 10일경 다시 적진 깊숙이 침투하였다.

여기까지 오는 동안, 앞서 언급한 바와 같이 채명신 연대장은 적과의 조우를 극력 피하면서 한편으로는 실전 훈련을 주 임무로 삼고 있었던 듯 성급히 진격하지는 아니했다.

1951년 2월 10일 천신만고 끝에 하진부리 남방 2km 지점까지 진출하는데 성공하였다.

산악에서의 행군, 백설(白雪)이 온 누리를 새하얗게 덮고 있는 가운데, 시꺼먼 암벽만이 앞을 가리는 험준한 태백산맥의 준령을 넘고 또 넘어, 우리들의 장정(長征)은 이어져, 하진부리(下珍富里) 부근에까지 이르게 되었다.

하진부리 부근은 특히 눈이 많이 내린 듯 허벅지까지 빠져 험준한 산악의 강행군은 이루 형용할 수 없을 만큼 고난의 역정이었다.

여기서부터는 10여일이 지났으므로 비상식량도 고갈되기 시작했다.

▌유격대의 초도 작전▐

여기, 하진부리(下珍富里)는 대관령의 길목일 뿐만 아니라 강원도답지 않게 넓은 평야도 있는 곡창지대라 잘 하면 상당한 식량도 확보할 수 있을 것 같은 기대감에 부풀어 있었다.

적군 몇 놈을 사로잡거나 처치하는 따위는 별로 문제가 되지 않지만 360여 명의 생명을 구하는 것은 식량조달을 어떻게 잘 해내느냐에 달려 있다고 해도 과언이 아니었다.

비상식량은 벌써 바닥이 났기 때문이다.

산 위에서 내려다 보니, 북괴군의 내왕이 간헐적으로 있었기에……

우선 수색대로 하여금 북괴군의 행색을 내게 하는 일이 무엇보다도 중요한데,

아직 우리 대원들은 이렇다 할만한 경험이 없었으니……

여간 걱정이 아닐 수 없었다.

그렇다고 언제까지나 구경만 하고 있을 수는 더욱 없었다.

채 대장이 나를 불렀다.

작전참모! 비상식량이 얼마나 남았는지 확인하고 보고해!!

비상식량이 하루분 정도 밖에 남아 있지 않습니다.

하진부리는 곡창지대이니 그 곳을 수색해 식량을 보충하도록 하라!

나는 한참이나 궁리를 해 봤으나, 첫 작전인 점에서 겁도 났으나, 명령을 받았으니 어쩔 도리도 없었다.

나는 전투경험이 있는 3대대장 이창식 대위와 이남학 소위를 떠올려 그들을 활용하기로 했으나, 이들은 모두 충남출신으로 북쪽사투리의 구사가 되지 않아, 내가 최선봉에 나서기로 했다.

나는 곧 제3대대 이창식 대위에게 수색조 편성을 지시하여 대대에서 차출된 20여명을 하진부리로 투입하는 선봉에 섰다.

나는(작전참모) 최선봉에서 결사 제11연대 제3대대, 이남학, 권태종(權泰鍾) 소위 등 3개 소대를 하진부리에 투입하였다.

즉, 3개 소대를 3인 1조 씩 9개 분대로 편성한 3개 축으로 하고 나는 선봉에 섰다.

나는 대낮에 당당하게 하진부리에 진입하기로 했다.

내가 하진부리에 진입하자 북괴군 병사들이 나타나기 시작했다.

나(전인식 대위)는 불심검문을 하는 척 이들 북괴군 병사 3인을

심문하였던 바, 그들은 북괴군 제3군단 소속 병사들이라고 했다.

이놈들의 무장이 해제·생포될 때 반항하는 1명은 권태종 소위가 사살하였다고 한다.

연대의 주력부대는 송정리에서 병두산 방면, 횡계 방면으로 향하게 하고, 1개 중대의 지원병력은 운송골에서 면화골로 진출하도록 보강하게 한 뒤 하진부리에 진입한 것이다.

개천을 건너 하진부리로 진입하여 조금 지나니 북괴군 세 놈, 3명이 또 나타났다.

우리가 적지에 침투한 뒤 두 번째로 상대하게 된 북괴군이다.

"나는" 북괴군 복장에 군관(장교) 계급장을 달고 있었다. 그들에게 점잖게 접근하여 황해도 쯤의 사투리로 물었다.

"동무들 소속이 어드메요?" **북괴병** : "3군단 입네다."

나는 이들을 검문하는 척 하면서 무장을 모두 해제시켰다.

북괴군 병사들이 가지고 있던 총기와 실탄, 콩 볶은 것 등의 비상식량이 확보되었으나 하진부리 부락에는 노인 약간명이 있을 뿐인데 그분들도 우리들의 무장과 복색이 북괴군이라 잘 협조하지 않아 식량 확보는 강냉이와 감자 약간 정도를 확보했을 뿐이었다.

우리들의 첫 작전이 성공하자 이 작전에 투입된 장병의 사기는 충천(沖天) 하였고, 어느 정도의 자신도 가지게 되었다.

〔이 작전의 특공은 소대장 권태종 소위로, 그는 뒷날인 2015년 7월에 이르러 무공훈장(화랑)을 수상하기도 했다.〕

적병의 불심검문 방법은 내가 고향 임진강변에서 **반공결사대** "레지스탕스" 활동을 할 때 사용했던 방법과 비슷했다.

생포한 적병 34명(사살 1)을 모두 개별 심문했으나 별로 쓸모가 없는 자 들로서 앞으로 우리 진로(進路)에 부담이 되므로 대원들의 처치 경험을 쌓게 했다.

하진부리에서 식량이 될 물자를 찾아 보았으나 별로 수확이 없었다.

특히 많은 눈이 덮여 있어 감추어둔 식량을 찾아낸다는 것은 거의 불가능했으나

부락민들은 우리들 행색이 인민군과 같아서, 협조하지 않아 식량 확보가 되지 않았다.

그러나 감자 등 아쉬운 대로의 수확은 있었다.

우리는 동북부 쪽인 **횡계리→대관령** 방면의 개천으로 진로를 잡고 계속 동북진 했다.

우리는 우선 대관령을 옆으로 끼고 동북방으로 진출하기로 하였다.

그곳쯤 이면, 상황에 따라 남쪽 아군 지역으로 귀환할 수도 있기 때문에 약간 든든한 기분도 들었다.

눈 덮힌 대관령에서

우리들은 가능한 기도를 숨기면서 인민군 3군단지역인 오대산 방면으로 가지 않고 슬며시 동해안 방면의 대관령을 넘기로 하였다.

대관령정상에 이르니 아군도 적군도 밟지 아니한 백설이 온 누리를 하얗게 수놓고 있었다.

강릉 방향의 도로는 완전히 눈사태로 덮여 도로의 형적조차 분간하기 어려우리만치 눈이 쌓여 있었다.

서 있기 조차 어려울 만큼 강풍(强風)이 불어 닥치고,

그때마다 눈보라가 쳐 올라오는데……

여간 험산한 그런 악조건이 아닐 수 없었으나

이러한 정황을 아랑곳하지 않고 대관령을 넘었다.

이름모를 산새들도 숨을 죽이고,

우리를 이상한 눈초리로 바라보고 있는 것이 아닌가!!?…….

그 산새의 후손들이 아마(?) 우리를 증언할 것이라고…

다짐하는 것인지…….

이따금 격려의 재잘거림도 들렸다.

배는 고프고, 비상식량인 미숫가루는 완전히 바닥이 났으며, 하진부리에서 노략질(?)한 강냉이와 감자는 그대로 먹는 훈련이 덜되어 있는 터라, 우선 참고 견디면서,

강릉 방면으로 대관령을 내려갔다.

대관령 길은 온통 눈으로 덮였고, 동쪽 비탈만이 눈이 없는 정도였으며, 사람이나 짐승의 발자취도 전혀 없는 원시의 눈길이었다.

이따금 이름 모를 산새들이 웅크리다가 옆가지로 날면서 재잘거리기도 했다.

우리들을 보고 웃는 것인지도 모르겠다.

참으로 황량한 기분이었다.

두 번째 보광리 작전

대관령을 한참이나 내려가다가 더 내려가면 강릉 쪽이니 여기 중턱쯤에서 보현사(普賢寺)쪽 소로(小路)로 돌려 잡은 뒤, 보현사 입구에서 다시 동남방향에 있는 보광리(普光里)로 내려갔다.

여기 보광리에서 식량 확보를 위해 부락을 수색하던 임동욱(林東郁) 하사와 외곽 경계 중에 있던 오봉택 중사(이등상사)의 수색대 앞에 적병 8명이 나타나자 이들을 선제공격으로 적병 3인을 사살하고 도주하는 2인도 사살하였으며 투항(投降)하는 3인을 생포하는 전과를 올렸다.

이 작전이 결사 제11연대의 두 번째 작전이며, 전투로는 첫 전투로 기록된다.

여기까지 이르자 채명신 중령은 여러 차례의 훈시 때마다 강조하던

필사즉생(必死則生)

필생즉사(必生則死)를 간략하게 줄여

“**사중득생**(死中得生)” 을 강조하면서 앞날의 용맹과 사생관(死生觀)을 강조했다.

이것이 두 번째의 작전이고, 발포도 하진부리 이후 두 번째였다.

나는, 나름대로 병력배치, 행군코스 등을 계획·하달할 수 있게 되었으니, 의젓한 작전참모가 된 셈이다.

연대장(채 중령)은 자기를 대신해 전투에 임하는 자 하나쯤은 확보해야 하겠다는 생각을 했는지 !! 작전요무령 등을 교육하는 등 그 대상에 내가 걸려들은 것 같다.…… 나는 열심히 전투지휘에 관한 지도·교육을 받았다.

보광리에서 발포를 하였을 뿐 아니라 식량 확보도 곤란해 주둔할 가치가 없다고 판단되자 다음날인 1951년 2월 13일 06시경 이웃부락인 강원도 명주군 사천면 사기막리(沙器幕里)로 동북상(東北上)하였다.

대관령 → **보광리** → **사기막리** → **퇴곡리** → **삼산리** → **신배령** 을 잇는 특수 작전이 시작된 것이다.

1951. 2. 13. 먼동이 트는 새벽 6시경 명주군 사천면 사기막리(沙器幕里)에 도착했다.

이 마을은 비교적 부유한 고장으로 민가도 제법 많고, 주민도 많이 살고 있어, 식량조달에 많은 도움이 될 것으로 판단되었다.

종자용(種子用)으로 보관하고 있던, 벼를 거두어 맷돌에 갈고, 절구에 찧어 현미를 만든 다음 이를 다시 볶아 미숫가루를 만들었다.

소(牛)는 2~3명이 소의 고삐 끈을 잡고 있을 때 한 병사가 도끼 등 쪽으로 뿔과 뿔 사이를 세차게 때리니까 소는 신음소리와 함께 쓰러졌다. 곧 칼로 가죽을 벗기면서 소를 분해하는 것이 경험자와 같이 처리하는 병사도 있었다.

이와 같이 소(농우)를 잡아 얼리거나(냉동시킨다) 소금에 절이는 등 부산하게 비상식량을 준비했다.

냉동은 한 겨울철이라 밖에 놓아두면 단단하게 냉동되었다.

여기서, 쌀 20여 말과 소 3마리를 확보하니 360여 명이 먹을 수 있는 5일분 정도의 비상식량은 충분히 확보되었다.

이 부락에서 반공 여학생 최 모를 포함하여 3인의 자원입대자를 확보하기도 했다.

그 당시 동해안으로 북진하는 수도사단은 꽤나 빠른 속도로 진격해왔다.

2월 16일경에는 수도사단 1연대(한신 중령)가 우리 뒤를 바짝 쫓아왔다.

하루는 우리 병력이 배치된 북쪽산으로 남방의 아군쪽에서 박격포의 깃점 사격을 하는 것이 아닌가!

이것은 1연대 12중대(중화기 중대)가 사기막리 북쪽 산에 박격포 깃점사격을 하기에 아군이 이미 여기까지 진출한 사실을 알게 되었다.

나는 1.5km 쯤 후방인 1연대 3대대 12중대가 있는 260고지로 쫓아가서 중화기 중대장인 대위에게 엄중 항의한 뒤 돌아와 연대장에게 보고한 후, 이곳을 떠나야 할 것인지 ……

즉, 수도사단 제1연대가 사기막리 남쪽 능선에 배치되어 있었는데, 그분들은 이미 우리 유격대가 여기에 진주해 있음을 알았던지 북괴군복을 입은 나를 보고서도 아무런 말이 없었다.

나는 즉시 채명신 연대장에게 1연대의 조우 사실을 보고했다.

채대장은 한신(韓信) 중령(수도사단 1연대장)을 만나지 아니했다.

우리의 식량 사정, 탄약, 총포 등의 지원을 부탁할 수도 있었을 터인데 …… 어찌된 영문인지 알 수 없는 노릇이다.

대구에서 처음 봤을 때에는 용감하고 씩씩해 보인 그였으나 현역 중령답지 않게 아군과의 조우를 피하는 듯 했다.

“야! 작전참모! 출발준비를 하라.”

나는 부대 병력에게 출동준비 명령을 하달했다.

부대는 또다시 술렁이며 어디론가 떠나는 것을 원망(?)하면서, 그러나 그런 말을 하는 전우는 없었다.

어떻든, 여기서 전 병력이 먹을 5일분 상당의 식량을 확보한 것은 큰 도움이었다.

사기막리를 떠나 서북(西北)방 내륙(內陸)지방을 향해 운계봉(△530m)을 넘어

1951년 2월 17일 야음(夜陰)에는 **강원도 명주군 연곡면 퇴곡리**(退谷里)까지 서북상했다.

1951년 2월 17일 어둠이 가신 새벽 부락을 정찰하였던 바, 부락민도 건재하고 농우도 많아 비상식량을 충분히 확보 가능한 고장으로 판단되었다.

이 곳은 적군의 왕래도 없고, 연곡천을 사이에 두고 삼산리(三山里)까지 부락이 길게 산재된 자연부락으로 전란의 피해 흔적도 거의 없는 평화스러운 마을 같았다.

1951. 2. 17 강원도 명주군 연곡면 퇴곡리에 도착한 결사 제11연대 장병의 영상 모습 ⇒

소(牛)도 10여 마리가 건재하고 식량도 충분히 확보할 수 있을 만한 고장으로 판단되었다.

소(農牛)를 잡는 것은 "사기막리"에서 경험했기에 잘들 해냈다.

소를 잡은 친구들이 간(肝)을 채 대장에게 가져다 주었다.

이 부락은 동쪽 해안선으로부터 내륙에 이르는 진입로와 삼산리 방면, 그리고 북쪽은 눈이 쌓여 있어 자연방어가 잘 되어 있으므로 적의 침입이 없을 것으로 생각되었다.

채 대장은 1951년 2월 18일 작전참모(전인식 대위)와 정보참모(최윤식 대위)에게 결사 제11연대 소속 장교의 소양시험 실시를 명함과 동시에 전술(戰術)에 대한 시험문제는 자신이 직접 출제하였다.

이 시험결과 성적이 극히 불량한 대위 2명과 중위 1명, 소위 2명 등 5명이 보직해임과 동시에 강등처분 되었다.

참모장 겸 제1대대장이던 이태윤 군은 무능한 장교라고 보직해임 되는 등 4명의 강등과 보직이 박탈되었고 그 수만큼 현규정 보좌관을 임시 대위로 계급을 부여함과 동시에 1대대장에 보하고 윤철섭 중위를 대위로, 한갑수 소위를 중위로, 김홍복과 이명우 상사를 임시소위로, 수색소대장과 연락장교로 특임하는 등 진급자도 선발했다.

우리 장병들은 고산지대를 누비는 15일 이상의 강행군으로 여기까지 진출했으니, 휴식과 체력보강이 무엇보다도 긴요했고 지휘체계 확립 등 절박하던 때이기도 했다.

여기 퇴곡리까지 오는 동안 지역부락민이 스스로 유격대에 자원한 자(남, 녀) 4명과 퇴곡리에서 자원한 자 9인 등 민간인 자원자 13명을 확보하기도 했다.

이때 확보한 식량도 쌀밥을 지어 먹는 것도 아니고, 죽지 아니하리 만치 미숫가루 등으로 확보할 수밖에 도리가 없는 것이지만……

그런대로 전력은 보강된 셈이다.

요사이 이 전기(戰記)를 읽은 어느 대학생이, 군부대를 침투시켰으니 낙하산 보급이나 헬리콥터로 보급하면 될 것이 아닌가?

"라면" 도 없단 말인가? 라고 말하더란다.

그런 생각을 할 수도 있을 것이다……. 만약에 적지에 투입되어 있는 유격대에게 공중에서 보급품을 투하(投下)한다면, 적에게 아군의 위치가 폭로되므로 모두 다 죽게 되는 결과를 가져오는 것이 아닌가!

아군의 본부에서도 불쌍하다고 생각했을 것이지만, 작전명령에서와 같이 보급은 현지조달 또는 적의 보급소 등으로부터 충당하도록 …… 이것이 유격대의 기본이 아닌지 ……

현지 조달에 있으므로, 추가 보급을 기대할 수는 전혀 없는 노릇이었다.

특히 강원산간 부락에서는 식량조달이 극히 어렵고 또 봄이나 여름철이 아닌 겨울이라 소나무 껍질 등의 대용식도 전혀 기대할 수 없는 계절이었다.

젊은 20대의 장병들이 굶고, 허기지게 되었으니 큰 걱정이 아닐 수 없는데, 동해안으로 북진하는 수도사단이 꽤나 빠른 속도로 진격해 왔으므로, 우리는 결과적으로 아군 진영 전방에서 어른거리고 있는 꼴이 되어버린 것이다.

그래서 희생은 적었을 것이지만 …… *!!*

다시 북쪽으로 연곡천을 넘어 서북방인 중부지방으로 ……

즉, **강원도 명주군 연곡면 퇴곡리**로 진출하여 여기서 다시 최종 마무리 정비를 한 다음, 중북부 산악지대로 침투하기로 하였다.

※ 여기 퇴곡리(退谷里)에서는 육군본부 직할 결사 제 11, 12, 13연대 647명이 통합되어 백골병단(白骨兵團)이 창설된 고장이다.

▮ 결사 12연대의 참전 ▮

1951년 2월 18일 퇴곡리 부대 숙영지 부근에서 결사 제11연대 수색대가 중부지역을 수색 정찰하던 중, 결사 12연대원과 조우하였다.

결사 제12연대 병력은 당초 편성이 361명이었으나, 육군본부가 소규모 단위의 부대 즉 1개 대대급을 연대로 편성 투입하고자 결사 13연대로 임시장교 19인과 병사 12인 등 31명을 전출함으로써, (정보학교 기록으로 판명) 330명으로 편성한 것으로 알려졌으나 그 근거 등은 확인되지 않는다.

1951년 2월 7일 오후 10시경 강동지서 앞을 출발, 강릉 시내를 거쳐 2월 9일 구정(邱井)을 경유, 대관령 방면에서 평창군 도암지구로 서 북진 중 북괴군의 공격과 아군으로부터 적으로 오인되어 피해를 입었고, 공군기의 공습으로 후미 부대가 분산되었다고 하는 사실은 그 당시 수도사단 전면의 전투정보 보고(II급 비밀)에도 기술되어 있어 확인이 충분하다. 이때 분산된 170여명을 제외한 160여명의 병력만이 퇴곡리에 도착했다.

1951. 2. 7 강원도 명주군 강동면 지내에서 적 후방으로 출동하기 전
이극성 중령과 결사 제12연대 지휘부 일동의 기념촬영
右 2번 이두병 소령, 右 4번 이극성 중령, 右 7번 장철익 대위(다발총)(재미)

주7) 1951년 2월 7일 강원도 명주군 강동면 지내에서 육해공군 총참모장 정일권 소장(중앙)은 적·후방지역으로 침투할 결사 제12연대 출동장병 330명을 사열하고, 훈시를 통해 「**조국의 자유와 평화를 위해 최후의 1인까지 멸사보국할 것을 강조하고**, 귀관들이 임무를 완수하고 돌아오면 2계급 특진과 함께 최고 무공훈장을 줄 것이며, 희망하는 부대에 배치하고, 가족은 국가가 보호한다.」라고 역설한 뒤 장병을 사열하고 있다. 이 사진은 결사 제12연대 장병이 적 후방으로 침투한 사실을 웅변으로 증명한 것이다.

사진下 담배를 문 미군인은 한국 군사고문단의 정보수석고문관 하우스만 중령, 맨 앞은 정일권 참모총장, 송요찬 수도사단장, 이극성 중령(웃는 얼굴) 등도 보인다.

주8) 적진을 향해 출동할 장병 330명의 침투작전을 격려 · 지원하기 위해 최전방까지 출장한 육해공군 총참모장 정일권 소장과 미군사고문단 하우스만 중령, 제 1 군단장 김백일 장군, 수도사단장 송요찬 준장 등 지휘부, 정일권 총참모장의 훈시 광경 (上)

(下) 좌 털모자 김백일 군단장

<때 : 1951년 2월 7일, 곳 : 강원도 명주군 강동면 강동리에서>

※ 결사 제12연대의 편성은 당초 361명이였으나 31명을 결사 13연대 등에 전출하고 330(1951년 1월 육군정보학교 기록으로 확인됨)이 1951. 2. 5. 정보학교에서 출동한 뒤 1951. 2. 7. 14시경 강원도 명주군 강동면 지내에서 정일권 총참모장에게 출동신고를 하고 22시경 적 후방으로 출동하였다.

※ 제12연대의 출동 신고

결사 제12연대가 1951년 2월 4일 작전명령 제3호(추정)에 따라 대구 육군정보학교(육군제7훈련소)에서 간단한 환송식 후 1951년 2월 5일 트럭에 분승하고 경주→포항→울진→삼척→묵호(동해)로 진출, 1박하고 1951년 2월 6일 강원도 명주군 강동면 지내에서 대기중 1951년 2월 7일 14시경 강동면 강동지서 앞 눈을 치운 논바닥에 결사 제12연대 병력이 도열한 가운데

육해공군 총참모장 육군소장 정일권(후일 대장으로 진급)[주7)]

육군 제1군단장 육군소장 김백일(후일 전사 중장으로 추서)

수도 사단장 송요찬(후일 중장으로 진급)

주한 미8군 정보수석고문관 미육군중령 하우스만 등

육군의 최고 수뇌부를 포함한 미군 당국자가 참여한 가운데 결사 제12연대 장병의 출동신고에 이어 열병 의식이 거행되었다.[주8)]

당초 연대는 인제군－양구군－사명산－신고산－회양－통천(通川) 방면으로 진출하도록 임무가 부여되어 있었다고 하나, 작전명령문이 없어서 확인이 불가능하다.

이처럼 일개 결사대 출동에 국군 최고수뇌부가 직접 최전방까지 와서 참석·격려했다는 것과 임무를 미루어 볼 때 당시 국군과 유엔군 측에서 우리 결사대에 거는 기대가 얼마나 큰 것이었나를 미루어 짐작할 수 있다.[주9)]

주9) 결사 제12연대의 출동 자료는 1993. 9. 23. 육군본부 군사연구실이 한국전에서의 유격전사 집필을 위하여 발굴한 이극성 중령 제공 사진 7매를 필자에게 확인을 의뢰해 옴에 따라 생존자들의 얼굴이 뚜렷하여 비로소 **결사 제12연대 장병**의 **사열! 훈시** 한 사실이 확인되었다.

내가 발굴한 <한국전사> 제 39 장 동부전선 반격작전 강릉 부근 전투(1951. 2. 3 ~ 2. 7) p.447 에 의하면, "1951. 2. 7. 총참모장 정일권 소장과 군단장 김백일 준장이 사단 전방 지휘소인 묵호를 방문하여 송요찬 준장으로부터 강릉 탈환작전의 경과보고를 받은 바 있으며, 장병의 노고를 치하한 뒤 일선을 시찰하고 육군본부로 귀임한 바 있다" 라고 기록되어 있어, 결사 제12연대에 대한 출

정일권 총참모장의 훈시

① 귀관들 결사대 장병의 어깨에는 조국의 운명이 걸려있다. 최후의 1인까지 적을 섬멸하는데 최선을 다하라.
② 귀관들이 임무를 수행하고 돌아오면 모든 장병에게 2계급 특진과 동시에 희망하는 부대에 배치해 주겠으며, **빛나는 최고 무공훈장**이 기다리고 있을 것이다.
③ 귀관들의 가족은 국가가 책임지고 보호할 것이며, 식량 등의 원호를 할 것이니 안심하고 잘 싸워라.
④ 귀관들 중에서 만약 무기를 잃거나 적전 이탈 또는 낙오되면 무조건 총살에 처할 것이다. 고로 한 사람도 낙오되거나 부대를 이탈하지 말라!
⑤ 귀관들의 무운을 빈다.

라는 요지의 격려·훈시를 들었다고 알려지고 있다.

이들 결사 제12연대의 작전기록이 정리된 것이 없어 불분명하다.

결사 12연대 정찰수색 중 이등상사(중사) 박용주 등이 적 2인과 여군관 1인을 생포하였고, 고교지구에서 적의 매복에 걸려 고생하였는데, 그때 북괴 2군단의 공격과 아군 9사단으로부터 북괴군으로 오인 받아 공격을 받는 등 고군(孤軍) 중 아군 전투기의 폭격을 받아 후미 1개 대대가 분산되었다." 라는 증언은 앞에서 기술한 그 당시의 전투정보 보고와 관련이 된다. 주10)

정 격려사진 및 일정과 일치됨을 확인할 수 있다.

정일권 총참모장은 1951. 2. 7일 태극기를 앞에 세워 놓은 뒤 국민의례에 이어 출동신고를 받았다.

이때, 부대 전장병은 **"조국의 평화와 자유를 위하여 최후의 1인까지 싸워 이기자!"** 라는 굳은 선서를 하였다고 한다.

출전보고 및 선서에 이어 정일권 총참모장의 격려 훈시가 있은 뒤 부대를 사열(查閱)하였다.

주10) **내가 직접 발굴한 한국전쟁사료 정기정보보고 제77호** p#641에 의하면 국군 수도사단 정면의 기록에서 다음과 같은 기록(1951. 2. 16)이 있다. 「**아 유격 제12R(연대) 소속 귀환병 보고**에 의하면 유천 DS 6669를 향하여 행군 중 E(적)과 조우하여 교전하였고, 오대산에서는 약30분간 적과 교전하여 1명의 포로를 획득하여 아 CAV R(기갑연대)에 인계하였다 한다. 그 후 동 R(연대)는

1997. 6. 4. 발행 **"백골병단 전투상보"** pp.73~80에 의하면, 도암면 횡계리를 출발한 정찰조 9인이 적으로부터 공격을 받아 이재성 외 2인이 전사, 피해를 입었으나 분대장 이익재·안병희·송세용 조장 등의 반격으로 적 11명을 사살하였다는 기록은 상당한 신빙성이 있으나, 그 이외의 결사 제12연대 전공 일부 주장은 불확실한 점이 있으며, 일부 12연대 임시장교 출신 2명이 보상심의 조사 당시 어성전리 방면으로 일부 병력이 진출하였다고 주장하는 증언을 하였다고 하나, 이 또한 기억의 부실로 불확실한 것으로 판단된다.

▮ 결사 13연대의 참전 ▮

결사 제13연대에는 제12연대 작전참모 육군 임시보병대위 김한철을 결사 제13연대에 전출하여 연대장으로 보하고, 제12연대 장교 19명(대위 3, 중위 7, 소위 9명)(연대장 포함)을 결사 제13연대로 배속 함과 동시에 1951년 1월 21일 육군보충대에서 제2차로 선발된 220여 명 중 100여 명을 결사 제13연대 요원으로 충원하여 124명이란 설이 지배적이나 일부 136명이라는 설도 있으나 편성표 등 아무런 증거가 없어 불분명하고, 결사 제13연대는 1951년 2월 10일까지 교육을 실시하고 편성된 대원 3인의 소대 중 소대장을 장교가 아닌 일등중사(하사)로, 중대원 9인중 중대장을 이등상사(중사)로 보하고, 대대장을 대위가 아닌 중소위로 보임하는 등 결사 제13연대의 편성은 축소한 특수 편성을 한 것으로 판명되었다. (정보사 제공 자료에서 확인)

매봉산 DS 6191 부근에서 적으로 오인한 아군에게 사격을 받았고, 조개리 DS 5888 부근에서 아군 비행기에게 공격을 받아 분산되었다 한다.」라고 기록되어 있다. <國軍首都師團正面 기록 참조>

이 보고로 아 유격 제12연대의 병력 일부가 오대산 조개동 부근에서 분산되었음을 알 수 있고, 아군으로 부터의 공격사실과 아 공군기로 부터의 피격 등이 모두 증명되었다.

이것이 「도암지구 오대산 횡계방면, 상진부리 속사방면에서 적 군단 병력과 조우하여 교전 중 1개 대대가 분산되었다.」는 사실과 전투정보 기록이 일치한다.

결사 제13연대 장병은 교육을 마친 1951년 2월 11일 대구 육군정보학교를 떠나 열차로 부산항 제4부두에 도착하였으나 기상 상태(풍랑)가 극히 좋지 않아 승선하지 못하고

1951년 2월 13일 수송함정(L.S.T)에 승선하여 동해로 항진 1951년 2월 14일 야음에 강원도 묵호(동해)항에 도착했다고 한다.

1951년 2월 14일 육군본부 전방지휘소(강릉)의 지시에 따라 병력을 차량에 분승케 한 후 대관령을 넘어 평창군 횡계 방면으로 진출을 시도했으나, 대관령 중간부 7부능선 부근에 이르렀을 때 눈사태로 도로가 차단되자 도보로 대관령을 넘었다고 한다.

1951년 2월 15일 횡계리(橫溪里)에서 내륙 도암지구로 이동하여 월정사(月精寺) 방향으로 이동 중 적병 수명과 조우하게 되자 침투로를 변경하여 70리 무인고개를 넘어, 송천(松川) 광산촌을 지나 삼산리(三山里)로 진출하였다는 일부 주장이 있으나 확인이 불가능하다.

그들은 눈을 헤치면서 1951년 2월 18일 송천 광산촌에 도착한 뒤 그곳에서 1일간을 휴식하고 2월 19일 무사히 삼산리방면, 즉 퇴곡리 서쪽부락에 도착하였다고 한다.

이때 2월 초순 아군 9사단 전방지휘소(OP)인 정선읍 행매동에서 채명신 연대장의 명을 받고 대구로 출발(출장)했던 원응학 보좌관은 정보국의 지시문서를 휴대하고 제13연대 병력과 함께 부산-묵호를 경유하여 삼산리-퇴곡리에 도착했다.

이러한 어려운 임무를 성공적으로 수행한 "원 동지"의 공로에 대하여 일부 특수임무수행자 심사에서 이론(異論)을 제기하는 자들이 있는 것 같은데, 참으로 답답한 심경 금할 길 없다.

그 당시의 어려운 공훈(功勳)을 모르면 가만히나 있지 왈가왈부(曰可曰否)하는 꼴은 정녕 기분 나쁜 현상이다.

원 동지는 퇴곡리에 도착한 즉시, 육군본부의 지시문서를 채명신 연대장에게 보고하였다.

여기서 1951년 1월 30일 한국군 창군이래 최초로 출진한 결사 제11연대 병력과 1주일 뒤인 2월 7일 적진으로 출동한 결사 제12연대, 2월 14일 적진으로 침투한 결사 제13연대 등 3개 연대병력이 51년 2월 20일 퇴곡리에서 모두 합류한 것이다.

1994. 1. 25. 강원도 정선고등학교 교정에 마련된 결사 제13연대 출신 (고)고석휘, 김주섭, 나승교, 이운철의 위령비를 안내하는 배선호 동지, 필자와 황인모 장군과 김인태 전우가 함께했다.

육본 직할 결사대 침투 작전 요도

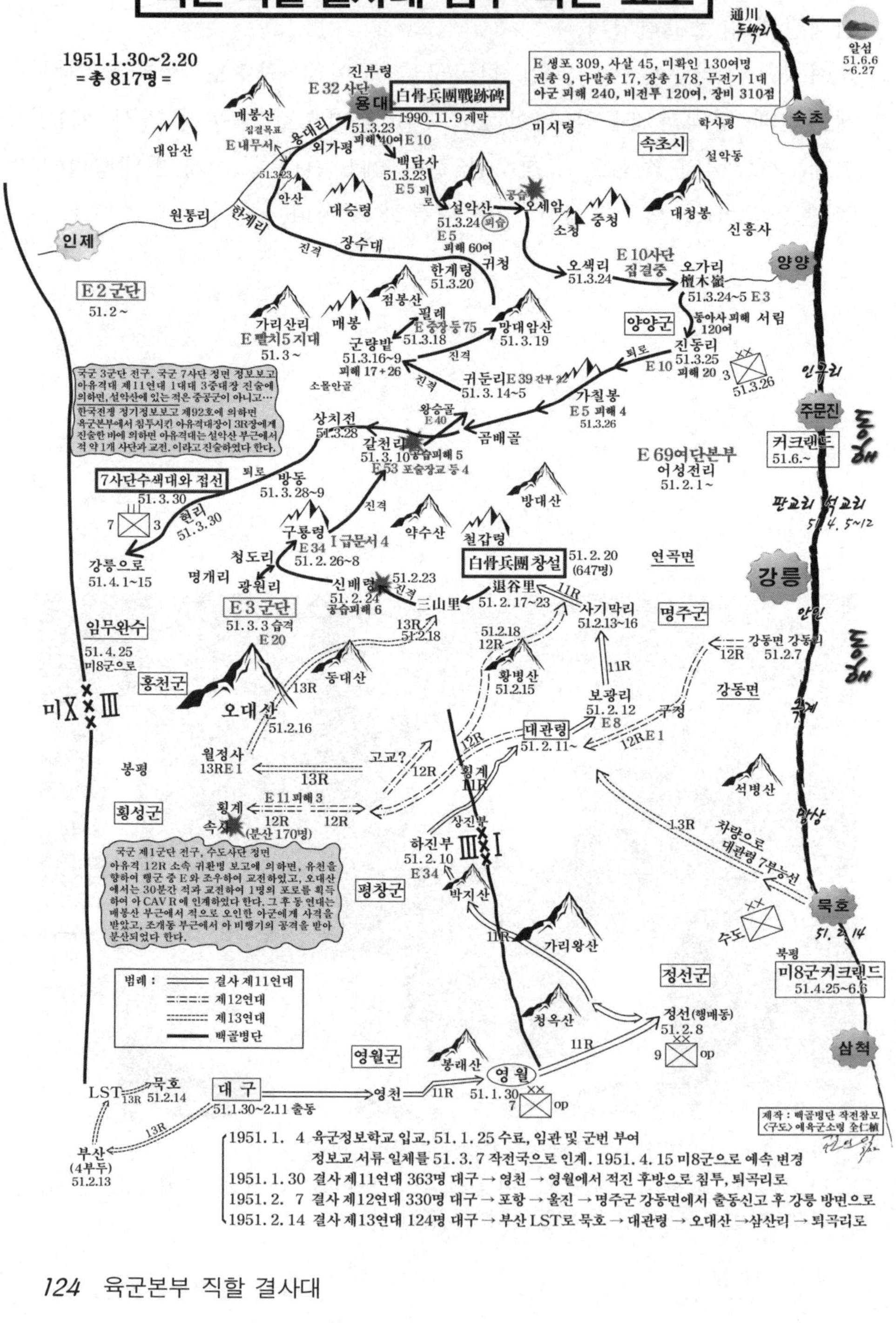

- 1951. 1. 4 육군정보학교 입교, 51. 1. 25 수료, 임관 및 군번 부여
  정보교 서류 일체를 51. 3. 7 작전국으로 인계. 1951. 4. 15 미8군으로 예속 변경
- 1951. 1. 30 결사 제11연대 363명 대구 → 영천 → 영월에서 적진 후방으로 침투, 퇴곡리로
- 1951. 2. 7 결사 제12연대 330명 대구 → 포항 → 울진 → 명주군 강동면에서 출동신고 후 강릉 방면으로
- 1951. 2. 14 결사 제13연대 124명 대구 → 부산 LST로 묵호 → 대관령 → 오대산 →삼산리 → 퇴곡리로

제2부 백골병단 창설

1. 백골병단 창설

1951년 2월 20일 여기, 「**강원도 명주군 연곡면 퇴곡리**」에 육군본부 직할 결사 제11연대와 제12, 13 연대 등 3개 부대가 통합되어 통상명칭 **"백골병단"**(白骨兵團)! 으로 창설되었다. 주11)

백골병단 창설에 관한 육군본부 당국의 일반명령이나 다른 아무런 지시도 없었던 것 같으나 적 후방지역이고, 또 채명신 중령은 현역장교로 최고위직인 육군중령이었으므로 대한민국의 국권이 미치지 못하는 지역에서 명령을 행사한 것으로 추정된다.

그는 이어서 다음과 같이 명령하였다.

① 오늘 이 시각부터 우리 부대를 "**백골병단**(白骨兵團)" 이라 칭한다.

② 사령관은 본인(채명신)이 취임한다.

③ 결사 제11연대장은 임시소령 이상섭으로,

④ 결사 제12연대장은 임시소령 이두병으로,

⑤ 결사 제13연대장은 임시대위 김한철이 임무를 계속 수행한다.

주11) 白骨兵團이란 명명(命名)은 행정 명령 등의 근거가 있는 것은 아니고 3개 연대가 통합되어 규모가 증강되었으므로 상급부대를 창설함에 있어, 그 명칭을 강렬하게 나타내고, 또 중공군의 군단급 이상의 상급부대인 병단으로 격상하여 병력이 강대함을 나타내기 위해 명명한 것일 뿐, 특별한 의미가 있거나 일반명령 등 다른 근거가 있었던 것은 아니다. (참전전우회 일동의 증언)

※ 채명신 중령은 육군본부 정보국의 지시와 작전명령 제8항의 통합지휘관에 따라 통합지휘의 지시를 받은 것이라고 주장하나, 그 근거는 불확실하고, 백골병단의 병력수는 647명인데, "M 채씨" 와 "다른 저자" 등은 200여명 또는 500여명이라 썼고, 창설지, 창설일자 등이 명시된 바 없다.

⑥ 백골병단 참모진은 결사 제11연대 참모진이 겸임한다.

⑦ 각 연대는 비상식량을 최대한 확보하고 장차 침투작전에 대비하라.

⑧ 출동일과 목표지역은 추후 하달한다. 이상이다.

이렇게 하여 백골병단이란 특수유격부대가 적 후방지역에서 창설된 것이다.

백골병단 편성인원은 결사 제11연대 363명(일부 사상자 포함)
결사 제12연대 160명(낙오병 170 제외)
결사 제13연대 124명 계 647명이다.

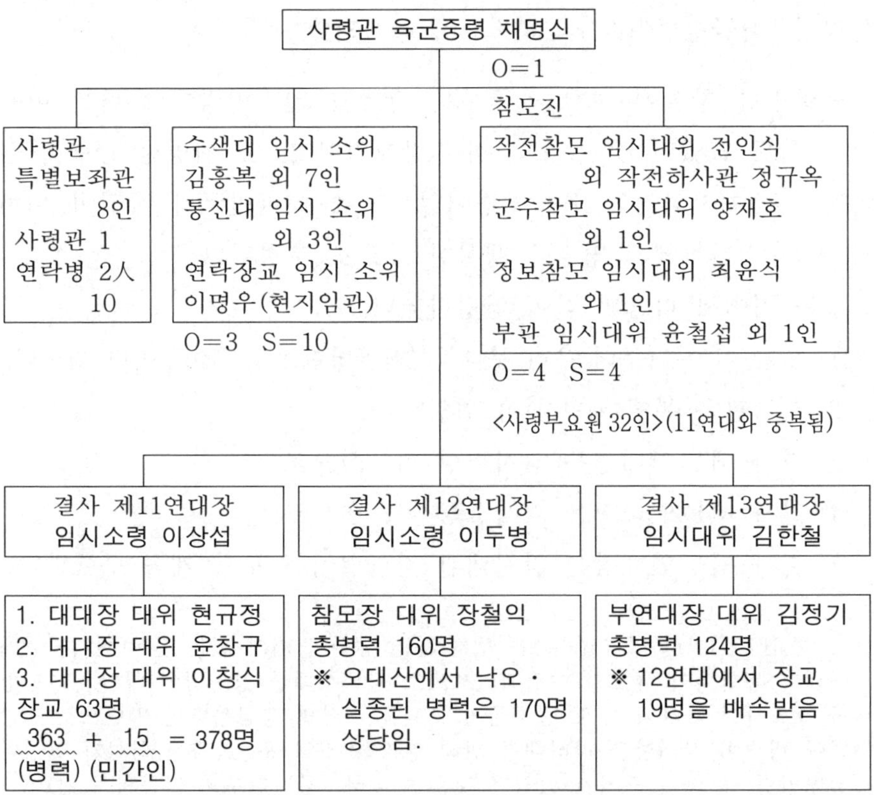

내가 1992. 6. 6. 白骨兵團 전몰장병의 합동 추모식 후,
내 승용차로 권 부회장과 함께 **41년 만에** 퇴곡리를 찾았다.

퇴곡리에 이르러 주변을 살펴보니 옛날에 있었던 물레방앗간 터에는 다른 건물이 들어서 있었고,

동리에 들어가 이곳 저곳을 둘러 보았으나 산천(山川)이 모두 바뀌어 정황을 잡기가 어려웠다.

그날(1992. 6.) 길 옆 평상에서 70~80세 가량(지금으로부터 23년 전)의 노인 세 분이 간식(소주)을 들고 있었으므로

이분들에게 6·25 전후에 이곳에서 살았는가를 물었더니

그 중 두 분이 1·4후퇴 때 까지도 여기서 살았다고 말하는 것이 아닌가.

나는 51년 2월 16~25일경으로 더 좁혀 물으니

그분은 **아군 유격대**가 여기 왔었다고 말하는 것이 아닌가!

그 중 박대수(朴大洙) 씨(당시 82세)는 자기 집에도 아군 유격대가 주둔했었다고 하면서 당시의 기억을 더듬었다.

그 세 분 중 피홍섭(皮興燮) 씨(당시 77세)는 당시 삼산리에서 살았는데, 그 곳에도 병력이 좀 있었으며, 삼산리에서 가마소를 거쳐 신배령 쪽으로 모두 넘어갔다고 확인해 주었다. 주12)

나는 "그때, 그들이 퇴곡리에서 소를 7~8마리를 잡아가지 않았습니까" 하고 물었더니,

"아마 10여 마리는 더 될 것이요" 라고, 이구동성으로 말하며, 우리들의 상황을 거의 정확히 말하는 것이 아닌가….

그때 우리를 따라 나섰던 부락 청장년과 지원한 여인 등 10여 명

주12) 「설날이 지난 며칠 뒤인 2월 중순경, 한 패의 인민군 복장을 한 대원이 들이닥쳐, 방 하나만 빌려 달라며 정중히 간청하기에 빈방을 하나 내 주었더니 신을 벗고 들어가더란다.

박 노인(대수 씨)은 인민군들이 들어갈 방을 빌려달라고 정중히 청하는 것도 이상하고 신을 벗고 들어가는 것은 더욱 의아스러워 자세히 말씨를 들으니 충청도 지방 말씨였기에 '어디서 오셨느냐' 고 조심스럽게 물어도 답변은 없었다고 한다.」

몰골과 옷 매무새를 보니 틀림없는 인민군인데 행동거지가 참으로 점잖아 이상하다고 생각하면서 우선 잘 대접했는데 이삼일쯤 지나 또 한 부대가 오고, 또다시 한 부대가 와 모두 세 부대가 며칠 묵다가 삼산리 쪽으로 갔다고 정확히 기억하는 것이었다.

은 돌아오지 않았다고 말했다.

나는 그분들에게 당시의 부득이했던 상황을 간단히 말하고, 정중히 사과드린 뒤, 빳빳한 새 돈 10만원을 좌상이신 박대수 영감에게 드리니 이것이 웬 돈이냐고 하면서 반가워 하며 세어보고 또 세어보았다.

이분들의 증언에 따라 먼저 11연대가 51. 2. 16 ~ 17일, 그 다음 12연대는 2. 18일 경, 13연대는 19일 경, 이곳에 도착했으니 그분들의 증언은 참으로 정확하고 또 유익한 것이었다.

이분들은 처음에는 "하두 오래된 일이라서 …" 하면서 망설이더니, 신들린 사람들 모양, 서로 확인하면서, 오히려 자랑스럽게 증언해주었다.

그분들 중 박영감님은 우리들이 떠난 뒤 3 ~ 4일 지나서, 밤중에 문을 두들기며, 우리는 폭격당한 뒤 고향으로 간다고 소리치며 몇 사람인지 돌아갔다고 말하면서 안타까워했다.

참으로 씁쓸한 뒷맛이었다.

※ 이때 퇴곡리에서 자원입대한 장정(壯丁) 10여명 중 살아 돌아온 전우 한 분을 2008년 9월 26일 필자가 상봉할 수 있었다. 이복규 씨(310205-)로서 삼산1리 5반 거주, 그 분과 사기막리에서 참전한 최 모 씨, 퇴곡리 출신 여성 등 세 사람이 생존자로 확인되었다.

여기서, 통합된 **백골병단** 병력의 **초도 작전은 1951년 2월 23일** 20시에 시작됐다.

어둠이 짙게 깔린 20시를 기해 여기 퇴곡리를 떠난 병단은 서북방의 홍천군 내면 방면으로 진출하여 오대산과 설악산의 경계 능선인 신배령을 넘어, 중부 이북 산악쪽으로 진출하고자 시도했다.

병단 작전참모인 나는, 주력 기간부대인 결사 제11연대를 선봉으로 삼고,

태백산맥 끝의 복룡산(1,014 고지)과 **오대산맥**의 두로봉(1,422 고지) 사이에 있는 험준한 신배령으로 진로를 결정한 다음,

예정대로 조개동 부락 쪽으로 진출하기로 했다.

이 지역의 민가는 여기 저기 1~2호씩 7호 정도가 산재되어 있어 일부의 숙영(宿營)은 가능하나 야영할 만한 침낭이나 모포 한 장 없는 장병이므로 부대는 옥수수 대 등 짚가리를 모아 덮는 야영을 할 수밖에 별 도리가 없었다.

인민군의 행색을 내기 위해서였는지 모포 한 장도 주지 않았으며 …….

담요나 침낭(寢囊) 같은 것은 더 더욱 지급해 주지 않았다.

퇴곡리를 떠난 白骨兵團!!

퇴곡리를 떠날 때 부락민들에게는 철갑령(△ 1,012m)과 복룡산(△ 1,014m)의 사이를 경유하여 동해방면인 어성전(漁成田)으로 퇴각하는 것으로 위장하였으나 부락민 중 노인들은 우리 결사대원의 언어, 태도 등으로 미루어 국군유격대임을 이미 알았던 것 같다. (1992년 6월 그곳 거주자 박대수, 피홍섭씨의 증언)

백골병단이 퇴곡리를 떠나 험준한 신배령을 넘어 서쪽에 전개되어 있는 널찍한 개활지에 도착한 뒤 이곳에서 야영(野營)하게 되었다.

이곳은 부락이라야 작은 집 서너 채가 여기저기 산재되어 있었고, 옥수수 저장 광(옥수수 대로 엮은 것)이 몇 개 있을 뿐이었으므로 부대는 야영할 수밖에 다른 방도는 없었다.

전 장병이 고생 고생하며 날을 밝혔다.

다음 날 아침, 출발준비를 하고 있던 10시쯤 기세 당당히 계곡으로 내려가 오대산 북방 홍천군 내면 청도리, 광원리 방면으로 이동하고자 준비 중에 있었다.

그 뒤에 안 일이지만 「광원리」 부근에는 인민군 3군단 지휘부가 분산 주둔 중에 있었으니 적정(敵情)을 전혀 알지 못하고 우리는 행동하였던 것이다.

아군 공군기의 오폭

1951년 2월 24일 10시경 신배령을 넘은 결사대원들이 아침을 먹고 출발준비 중인 때, 어디선가 나타난 아군 정찰기가 공중을 두 바퀴쯤 선회하였다.

우리들은 복룡산(伏龍山)(△ 1,014m)과 두로봉(頭老峰)(△ 1,422m) 사이에 있는 「신배령」을 넘어 넓은 개활지 화전(火田)지역에서 야영 후 휴식을 끝낼 무렵이다.

이 지역에는 인가(人家)가 1~2호(戶)씩 몇 집이 산재된 산간 오지의 마을이었다. 아군 항공기가 우리들의 주위를 선회하므로 대공표지판 [赤] [白] 을 잘 보이게 깔았더니 이것을 보았는지 그대로 돌아가고 약 30분 정도 지난 뒤 "그러먼 (Grumman)", "일명 구라망" 폭격기 3대가 또 다시 나타났다.

우리들은 아군이라고 안심하고 있었는데….

검은 "그러먼"(일명 구라망) 전폭기 3대는 우리에게 집중적인 기총소사를 가하는 것이 아닌가. 주13)

폭격기는 미군기(함재기) 같았다.

우리는 곧 대공 표지판을 꺼내 잘 보이는 곳에 다시 펴 깔고 그 날의 표지판 식별 모양도 재확인 했다.

그런데 대공표지판을 잘 펴 깔았는데,

오히려, 그 주위에 네이팜탄(화염탄)과 기총소사를 더욱 세차게 가격하는 것이 아닌가.

육군 본부가 준 **대공 표지판**과 그 식별법은 완전히 틀린 것이었다.

주13) 필자가 육군본부 군사연구실에 보존중인 1951년 2월 전투정보 보고서철 (Ⅱ급 비밀)을 본인이 직접 뒤져, 발굴한 자료에 의하면,
정기 전투정보 보고 : 국군 제3군단 제7사단 정면 DS 5633 부근에서 **공군**이 **'51. 2. 23 아침 약 700명의 적을 목격했다고 한다.** 라고 기록되어 있어, 우리들 「백골병단」 647명을 공군에서는 정확히 적으로 파악하였음을 확인할 수 있었다.

우리에게 준 대공표지판의 식별법과 표지판은 가짜이거나 엉터리인 것이다.

이런 고약한 양반(육군본부 정보국 고위 장교)들이 아닌가 !!

"그러면" 폭격기는 참으로 날쌘 놈 이었다.

시꺼먼 기체가 산 능선 위에 나타났는가 하면, 갈기고 치솟는데, 그 폭음이 온 천지를 진동시키는 것 같이 요란했다.

모두 엎드리고 숨고, 부대는 순식간에 아수라장이 됐다.

대공표지판도 즉각 걷어 치우고 모두가 대피 했다.

이 폭격으로 6명의 전우가 희생 되었다. 주14)

네이팜 탄을 맞으니 순식간에 사람이 새까맣게 타서 숯덩이 같이 되고, 모기 소리만한 작은 목소리로 살려달라고 애원하더니 곧 운명하고 말았다.

참으로 기가 막힌 일이 아닐 수 없었다.

육군본부 정보국의 작전명령이 잘못된 것임이 밝혀졌으나 어쩔 수 없었다.

아무리 "전시"라고 하더라도 이런 고의적인 실수?를 해서는 아니 된다고 강조한다.

이건 분명히 직접·간접 살인행위가 되는 것이 아닌가 ……

주14) 하진부리에서 용맹을 떨쳤던 안양(시흥) 출신의 이등중사(병장) 군번 G11087 권욱상(權旭相)이 여기서 약관 20세의 청춘을 나라에 바쳤다.

권 중사는 서울 양정중학교 6학년에 재학 중 입대한 전우로서 건강한 체력에 장래가 촉망되던 청년이었다.

그의 모친께서는 본 동지회의 주선으로 1989년에 이르러 비로소 전사확인을 받아 유족연금을 수혜 받았으나, 2001에 별세하시어 연금은 정지되었다. 그때 화상을 입은 인천출신의 이영하 소위는 화상정도가 경미하여 치료를 위해 아군지역으로 후송하였다. 그는 제대 후 미국에 이민하여 살다가 2002년에 사망했다고 한다. (홍금표 전우 확인)

실수를 한 것이 아니고, 적에게 노출될 것을 우려해 고의로 틀리게 지시한 것이 분명한 것이 아닌지 !!……

채명신 중령은 고급장교인데 어떻게…… 의심이 갈 정도였으나 그 분도 어쩔 도리가 없었다고 생각한다.

온갖 어려운 여건을 극복해 왔던 전우들이 적군도 아닌 아군 공군기의 오폭(誤爆)으로 억울하게 희생 되었다.

참으로 원통하고 분한 노릇이었다.

이 폭격으로 피신했던 결사 제12연대의 일부 병력이 삼산리(三山里), 퇴곡리 방면으로 다시 남하 이탈한 것이 뒷날 그 당시 부락에 거주한 박대수(朴大洙)씨 등의 증언이 있으나 병력수 기타를 제12연대 지휘부가 파악하지 못해 그 증언의 정확성은 불분명하다.

여기는 홍천군 내면 조개동 동북방 5 km 지점 편평한 능선 골짜기 !!

결사 제11연대의 희생은 여기서 처음 발생했다.

부대는 신속히 이동하여 재공습을 피하고자 조개동을 거쳐 청도리 방면으로 이동했다.

1992년 7월 15일 특공부대에서의 "안보 강연"을 위해 강원지방을 향하던 나와 권영철 전우 그리고 신건철 전우 3인은 영동고속도로 "속사" 이승복 기념관을 지나 계방산 옆 1,080 m의 운두령(雲頭嶺)을 넘어 한참 내려가니 홍천군 내면 사무소 입구에 이른다.

면사무소 앞을 지나 비포장도로로 23 km 쯤 달려 구룡령 고개 밑에서 계곡길로 접어들었다.

여기는 외청도리인데 ?!!

비는 부슬부슬 내리고 있는데 민가에 이르기에는 길이 아주 나빠

차량진입이 어려워 고민하고 있을 때, 구세주와 같은 노인 한 분이 나타났다.

맞은편에서 오는 70~80세 정도로 보이는 노인이 있기에 우선 차를 세우고,

그 노인에게 고향과 6·25전후의 거주 사실을 물으니 …

여기가 고향이고,

6·25 때도 여기서 계속 살았다고 말하므로 …

내가 저쪽 오대산 쪽 계곡 위를 손으로 가리키며, 저 작은 능선 뒤쪽에는 밭이 있고, 그 위쪽에 농가(집) 두세 채가 있지 않았느냐 라고 물으니, 지금도 두 집이 있다. 라고 하므로, 그 집 주인이 지금도 살고 있습니까? 라고 다시 물었다.

그 집의 주인은 바뀌었습니다만……,

6·25 당시는 제가(최 씨) 그 집에서 살았다고 하므로, 51년 2월 24~5일 경 그곳에 인민군 부대가 오지 아니했느냐 라고 다시 확인하니,

그 사람 "노인" 최태원씨(77세)는 아군 유격대가 왔었다고 말하는 것이 아닌가.

나는 그들이 왜 아군 유격대 입니까?!! 하고 그 사유를 다시 묻자,

그분은 우리들의 대화중에, 우리 대원(隊員)이라고 부르기에 이들은 인민군이 아니라고 곧 분간을 할 수 있었다고 한다.

자기 집에는 높은 사람이 있는 것 같았다면서 진짜 인민군도 수십명이 잡혀왔고, 지방악질들로서 피신해 있던 자들이 인민군으로 알고 해방되었다고 날뛰다가 "생목숨 끊었지요." 라고 말하는 것이 아닌가 !!

우리들 사령부(사령관의 위치)가 그분의 집에 있었음이 확인 된 것이다.

신배령을 넘은 뒤 우리들은 조개동 위 평평한 밭이 있었던 골짜기에서 폭격을 당한 사실도 "최태원 씨"는 알고 있었다.

내청도리 목맥동 산간부락 작은 민가에 **지휘소**를 설치 했다.

그 집이 최태원 씨의 집이었다. 주15)

우리는 오대산 정상인 비로봉(1,563고지) 북방 10여 km 상당에 진출해 있었으니,

결국 적군의 심장부 근처에 버티고 있었던 것이다.

부대는 다시 1951. 2. 25. 은밀한 잠행(潛行) 행군으로 6~7 km 상당을 산악과 계곡을 이용하면서 더 서북쪽으로 진출했다.

이곳의 지형은 오대산의 끝자락으로서 보통지형이 1,000 m 이상의 고산지대였고,

지형이나 지물 등도 모두 평야(平野)지대에서 볼 수 있는 그런 것들과는 많이 달라 보였다.

우리들은 영월에서부터 여기까지 산악을 타고 왔으므로 그동안에 단련이 되어, 무슨 산악특수부대 같이 잘 훈련된 다리를 가지게 된 듯하다.

구룡령을 장악하다

나는 1951년 2월 26일 하오 구룡령 진입로 주변을 완전히 장악하고 도로주변에 임시 검색팀을 구성했다.

검문·검색소라야 별다른 검문시설이 있는 것도 아니고 3인 1조씩 병력을 배치한 것 뿐이다.

구룡령은 용(龍) 아홉(9)마리가 꾸불 꾸불 도사리고 있는 듯한 영(嶺)

주15) 필자가 1992년 7월 15일 계방산 운두령을 넘어 홍천군 내면 외청도리(구룡령 입구)에 이른 때, 최태원 씨(당시 77세)를 만나게 되었는데 그 분의 말이 목맥동의 우리들 지휘소가 설치된 집이 바로 자기의 집이었다고 말하는 것이 아닌가. 나는 그 옛날 고마웠다고 하며 몇 만원을 사례하니 우중에 노상에서 이것이 웬 일이냐고 하며 고마워 했다.

이라는 험준한 고갯길이다.

구룡령 정상부 쪽에서 내려오는 오솔길에서 적병을 검문 검색하기 위한 것이다.

나는 북괴군과 똑같은 복장을 하고, 한달 가량이나 지났으며, 말씨도 황해도 사투리쯤을 "채중령"으로부터 배워 섞어 쓰고 있으니 피아(彼我)를 가리기 어렵게 변모되어 있었던 것 같다.

이곳은 삼팔(38) 선 이남지역 이지만 적이 장악하고 있고,
아군 전투지역으로부터 적 후방 30 km 이상이나 떨어진 지역이라
북괴 병사들은 마음 놓고 내왕하고 있었다.

도로변에 보초병을 세워, 내왕하는 북괴군을 검문 · 검색하는 척하고는 곧바로
생포하는 작전을 펼쳤다.
검문 · 검색이라야 별 것도 아니었다.
초소가 마련된 것도 아니고,

1951. 2. 26 구룡령 차단으로 노획한 인민군 69여단의 중요기밀문서를 확보하는 광경 재연 (左 1번 작전참모)

우리 병사 세 명을 3점, 즉 정삼각형(正三角形) 대형의 축을 이루어 배치하는 것 뿐이었다.

차단용 나무장대는 차량통행이 불가능한 곳이므로 가설할 필요가 없었고,

도로라야 겨우 사람이나 다닐 수 있는 소로였으며,

눈이 덮여 차량 통행은커녕 소로길 마저도 분간할 수 없을 정도로 눈이 쌓여 있었다.

※ 일부 구룡령의 실황을 기술한 사람 중에는 차량 수십 대가 헤드라이트를 켜고 왔기에 몇 대를 수류탄으로 폭파했다는 등으로 "소설"을 쓴 사람도 있으나, 그런 사실은 전혀 없었다. 주16)

주16) 결사 제11연대가 출동할 때 채명신 연대장은 적진후방에서 제12연대, 제13연대와 조우하면 이들 연대의 지휘관들은 모두 민간인 출신 임시장교이므로 현역인 귀관(채명신)이 통합 지휘 하라는 구두명령을 받았으나, 과연 적후방에서 이들 유격동지들을 만날 수 있을까? 하는 의문을 가졌다고 회고하였다.

그러나 이 말은 결사 12연대는 사명산을 경유, 통천방면으로 진출하게 명령되어 있고, 결사 13연대는 여운산(△1277)에 위치하게 명령되어 있으므로 각 연대의 침투 지점이 크게 달라 채 중령의 회고담은 증거의 뒷받침이 없는 한 의문으로 남는다.

M 채 씨는 그의 저서에서 결사 11연대의 출동병력을 200여 명이라고 기록했으나, 360여 명이 정당하고 동상자 및 심신허약자 등을 5~10명 단위로 오던 길로 되돌려 보냈다고 주장했으나 그런 일은 없었다. 그 이유는 적 후방에 침투할 때 낙오자, 부상자는 스스로 자결하도록 명령되어 있었기 때문이다.

2. 북괴 69여단의 궤멸

1951년 2월 28일 **나는** 청도리와 내청도리, 광원리를 잇는 구룡령 아래 도로변에 병력을 3인 1조씩 3개조를 배치하고 검문하는 시범을 보이고 있었다.

이때의 시범은 우리 연대 병사들이 전투경험이나 특수전 경험이 없었으므로 내가 직접 현지교육을 실시하지 않을 수 없었다.

"나는" 병력 배치 후 한가로이 낚시(?)를 드리우는 심정으로 기다리고 있는데,

큼직한 대어(大魚)가 걸려 들었다.

북괴군 69 여단의 **정치부 군관**(장교)인 총위(대위; 소성 4개)가 부하 3명(두 명은 중위와 특무장)을 거느리고 전투상보(戰鬪詳報)와 **1급 기밀문서**를 휴대하고, 상급부대인 북괴군 제3군단 본부(광원리 부근 소재)에 보고하러 가는 것을 생포한 것이다.

노획한 인민군 69여단의 중요기밀문서를 검토하는 채명신 중령, 左 작전참모의 추정도

그때 북괴군 3군단이 광원리 주변에 주둔해 있다는 것을 이놈들 덕분에 알게 되었다.

우리들은 적 군단 지휘부가 있는 근처인지도 모르고 활동한 꼴이 되었다.

잠복조 앞에 그들이 가까이 오자

"나는" "정지! 서라!"

명령한 뒤, 경계태세를 늦추지 않은 채 자연스럽게 접근했다.

"나" 는 보위부에서 나온 군관(장교)이외다.

〔정치보위부는 뒤에 사회안전성(社會安全省)이라고도 함〕

이 곳에 "남조선 괴뢰의 낙하산 부대가 투하(投下)되었다는 정보에 따라 놈들을 소탕하러 중앙에서 왔소!
동무들의 신분을 확인해야 겠수다!!"

나 : "증명서 좀 보여 주우다"

그들은 우리를 전혀 의심하지 않고,
모든 증명서와 당원증, 군관증 등을 꺼내 보였다.

나 : "잘 알겠수다.
"기런데 우리는 동무들이 제시한 증명만으로는 믿을 수 없으니"
"본부에 가서 무전으로 확인할 테니 따라 오기오!"

북괴 군관 : "우리는 지금 바빠서 아니되오."

나 : "잠깐이면 되오. 따라 오기오."

총위놈의 문서가방은 그대로 두고,
놈들의 권총과 따발총을 걷어치운 다음,
이들을 데리고 우리의 사령부 격(?)인 오두막집에 도착했다.
(주 15 의 최태원 씨의 집)
이렇게 간단히 네 놈을 생포한 것이다.

여기 구룡령 차단작전에서 적병 30여명(34 ?)을 생포하는 주훈이 있었고, 결사 제11연대 수색대로 편성된 이외에 추가로 투입된 지원 병력의 활동도 컸다.

이날, 연락병 등 인근 대로변에서 이와 비슷한 방법으로
오가는 북괴군 **모두를 생포**했다.

귀중한 문서와 무기 및 탄약은 물론, 볶은 콩과 미숫가루 등 그들이 가지고 있던 비상식량은 보통가치가 있는 것이 아니었다.

특히 그날 우리가 "적"군관으로부터 **노획한 문서는 최상급의 극비문서** 였다.

특수 공작원 ? 으로서는 확보하기 어려운 최고의 중요한 기밀문서들이었다.

그들의 보고서에 의하면,

인민군 69 여단은 양양군 인구리(仁邱里)에서 어성전리, 주문진 방면으로 포진되어 아군 수도사단의 진격을 저지할 목적으로 배치되어 있으며,

야포, 박격포, 중기관총, 경기관총, 소총 등과 탄약의 수량, 병력수 및 배치도 등이 상세히 기록된 전투상보(戰鬪詳報)로서 보급품의 부족, 탄약의 보충을 건의하는 내용 등도 포함되어 있었다.

이들 **여단의 병력은 5,403 명**이고,

그들의 본부는 인구리(仁邱里)에 있었다.

정치부장교인 총위는 적의 정치보위부 소속 군관(장교)으로 제법 똑똑한(?) 놈이었는데,

적의 군단본부 근처까지 우리가 진출해 있으리라고는 꿈에도 생각하지 못했을 것이다.

다른 장교와 졸개들은 별로 쓸모가 없었지만,

총위(대위)놈만은 커다란 수확임에 틀림이 없었다. 주17)

그러나 아군지역까지는 여기서 동남방으로 사기막 부근까지 가야하는데,

주17) 채명신 회고록 『死線을 넘고 넘어』 p.219~220에, 난 대원 10여명과 함께 적의 보급로 및 부근지역 정찰에 나섰다가, 적 5명(대위 1, 중위 2, 하사 2명)을 생포하였다고 기술하고, 그때 난 북괴군 중령 계급장을 달고 나타났다고 적었으나, 이는 독자의 상상에 ……

대체로 30km 상당은 될 것이라고 판단 되었다.

생포자 중 한 놈인 인민군 중위(최 모)는 살려달라고 애원까지 하는 것으로 보아 이놈은 얼치기 군관인 듯하여

증거물(포로)로 대동 남하 하기로 하였다.

그때의 북괴 중위는 지금 대한민국 어느 곳에선가 살고 있을 것이다.

생포된 특무장(特務長)은 8·15 해방 후 서울의 D대학에 다니다 월북한 빨갱이었는데, 나도 남반부 출신 대학생이라면서 살려달라고 애원했으나 6·25때 월북했거나 의용군으로 지원한 놈이 특무장(우리로 말하면 「상사」 급)까지 진급한 것을 보면, 이놈은 진짜 빨갱이가 틀림없어 보이니 살려 보낼 수는 없었다.

그들로부터 노획한 귀중한 문서와 포로는 연대장 보좌관으로 파견된 **강두성**(평북 영변 출신), **장인홍**(평양 출신) 동지 외 2인이 도보로 다시 남하하여 아군 진영에 신속히 전달하기로 했다.

이로써 **수도사단 전면의 적**은 전력과 위치가 샅샅이 노출되었으니 북괴군 69여단의 운명은 가히 짐작이 갈 만 했다.

그들은 우리 육·해·공군의 협동작전으로 거의 괴멸되었다고 들었다.

강두성 보좌관 일행은 북괴군 중위 놈과 69여단의 기밀문서를 아군 진영에 전달하기 위해, 우리들이 지나온 길을 참고로 다시 신배령을 넘고, 연곡천(連谷川) 상류쪽에서 계곡 남쪽인 산악으로 약 1주간 밤낮을 가리지 않고 잠행(潛行)하여 3월 6일경 무사히 아군지역에 도착할 수 있었다고 한다.

강릉 북쪽 지역에서 아군 수도사단 수색대에 노출되자 이들은 손짓으로 신호를 하여 무사히 수색대에 당도하여 귀중한 극비정보 문서를 「수도사단」에 인계했다. 고 한다. 주18)

주18) 필자가 발굴한 정보보고(기밀문서)에 의하면,
한국전쟁, 정보보고 제66호에 의하면, 국군 수도사단 정면의 적은 69여단(6 개

참으로 장(壯)한 "일" 을 해 낸 것이다.

우리는 청도리에서 광원리(廣院里)로 이르는 곳에 적 3 군단 본부가 있음을 알게 되었다.

적 3 군단장 유경수 중장(?)이란 놈은 김일성과 동서지간 이란 설이 있고, 6.25 남침 당시 제일 먼저 서울에 진출한 탱크사단장 출신이란 설도 있는 자이다.

1951 년 3 월 3 일경 채 중령은 광원리 소재 적 3 군단의 기습작전을 결사 11연대 2 대대장 윤창규 대위와 함께 감행 했다고 한다.

이놈들을 기습하여 혼란에 빠뜨리게 하고자 시도한 것이다.

이 기습작전은 채 대장이 직접 지휘했다고 한다.

나는 구룡령과 신배령 쪽에서 광원리로 진출하는 도로를 차단하고, 노상(路上) 검문의 임무를 계속 담당, 수행하였다.

노상 검문 검색을 하던 병력이 위급해질 때, 매복조가 불쑥 길가 양쪽에서 보강하는 것이다.

무장해제가 된 뒤에는 이들을 본부, 오두막으로 호송하는 그런 것이기에 3 인 1 조씩, 1 개소에 3 개조씩 잠복 또는 매복하는 것으로 편성 · 운용 하였다.

이런 임무는 대체로 지휘 계통이 조금도 흐트러지지 아니한 결사 제11연대가 거의 모두 전담했다.

적의 군단본부 습격을 기도했던 채 중령은 초소 3 개소를 박살내고는 더 이상 진출하지 못하고, 총성만 요란해졌으니 후퇴하여 되돌

대대로 편성) 본부는 인구리 DT 7801 에 위치하고 있다는 기록이 있고, **〈한국전쟁사〉 4 집 제 39 장 동부지구 반격작전 p. 638 에 의하면, 「수도사단」 "사단에서 노획된 적 문서에 따르면, 제 69 여단 병력은 2 월 20 일(확인 3. 10) 현재 5,403 명이며, 그 중 군관(장교) 536 명, 하사관 383 명, 전사(병졸)가 3,550 여 명으로 구성되어 있었다고 한다."** 라는 등으로 기술하였는바, 이는 필자가 직접 생포 · 노획한 적 69 여단의 전투상보를 수도사단에서 인계받아 기록한 것이 분명하다. 참으로 놀랍고 훌륭한 전과의 기록이다.

아 올 수밖에 없었다고 한다.

여기서, 초소병 20여 명을 처치한 다음, 놈들의 통신 시설을 파괴하는 것으로 적 3군단의 습격 작전은 끝났다.

부대는 구룡령을 올라가 약수산 인근에서 며칠간 대기 음폐하였는데 …… 그 이유는?!!

1951년 3월 4일 이후 3월 9일까지 5~6일간을 왜 산중에서 귀중한 식량만을 허비하며 숨어 있었는지 ….

그 이유는 지금도 알 수 없다.

겁이 나서였을까? 왜 그랬을까? ……

1951년 3월 10일경 인제군 기린면 갈천리(葛川里)로 이동한 부대는 휴식 중 보초근무 중이던 이운하(李雲河) 중사(병장)에 의하여 북한군 해군 포술장교(상위) 1인과 병사 3명을 생포하였으며, 부대는 재편성을 위해 비무장상태로 이동 중이던 북한군 53명을 생포하는 과정에서 총기를 휴대한 인솔자 같은 놈이 반항하자, 이를 사살하고 나머지를 모두 생포하였다.

1951년 3월 10일 14시경 갈천리 부락 근처에서 아군 제트기(쌕쌕이)의 공습을 또다시 받아 대원 5명이 희생되었다.

두 차례의 공습으로 억울하게 장병 11명의 사상자를 냈으나 전투 중 피해는 아직 없었다.

이때쯤, 나는 그동안의 실전경험 덕분으로 작전에 상당한 자신감도 생겼고, 지휘도 제법 잘해 날쌘 행동으로 따발총을 거꾸로 둘러메고(내가 둘러맨 따발총은 서울의 D대학에 재학중이라고 자칭하는 북괴군 특무장이 가지고 있던 것이다.) 용감하게 정찰과 지휘·독전을 하면서 돌아 다녔다.

나는 갈천리 왕승골 서북방 968고지 능선을 이용하여 북상, 양양군 서면 송천 황이리를 연결하는 북괴군의 제3군단 주 보급로를 피하여 조용히 북상하기로 했다.

18시경 왕승골 도로변을 정찰하던 제1대대 선임하사 홍금표(洪金杓) 등이 발견한 적병 3인을 지근거리까지 유도한 뒤, 앞에 있는 1명을 사살하고 2명을 생포하는 등, 여기서 40여 명을 생포할 수 있었다. 굵직한 장교급인 월척(越尺)은 없어도 심심치는 아니하였다.

졸개들은 모두 모아 두었다가 적당히 처치했는데, 이때에도 대원들의 사기(士氣)를 위하여 골고루 경험을 쌓을 수 있게 배려하였으니 ……

이 또한 동족상잔의 비극이 아닐 수 없다.

한 지역에서 오래 머무른다는 것은 극히 위험한 일이다. 되도록 빨리 신출귀몰한 민첩한 행동이 요구된다.

여기서, 인제군 기린면 진동리(鎭東里) 진흑동까지는 도상거리 18 km 정도를 순 산악으로만 행군해야 했고, 가칠봉(加漆峰 ; 1,164 고지)까지 4 km를 더 진출하는 22 km 이상의 긴 행군이었다.

그러나 38도선 이북인 귀둔리(貴屯里)에 이르면, 적의 내무서, 인민위원회 등 주요 행정부서가 있을 뿐 아니라 군사적 요충지(要衝地)로서 부락도 상당히 커 보급의 어려움은 없을 것이라고 대원들을 독려하면서 3일 동안 약 20여 km를 계속 행군을 강행(强行)하여 귀둔리에 진입했다.

※ 내가 1951년 2월 10일 하진부리 작전부터 대관령 경유, 보광리 → 사기막리 → 퇴곡리까지 2월 17일 내지 2월 20일까지의 전투지휘와 白骨兵團 창설을 했으니 ……

3. 감격의 38선 돌파

1951년 3월 14일 우리는 한국전쟁중 두번째, 즉 1950년 10월 1일 이후,

첫번째로 **38도선을 넘는** 영광을 기록하면서

무사히 인제군 인제면(지금은 인제읍) 귀둔리(貴屯里)로 진입했다.

즉, 우리들은 1951년 1·4후퇴 이후, 정규군보다 먼저 38도선을 다시 돌파한다는 감격을 안고 결사 제11연대 주력외 2개 부대 600여명의 대병력이 2열종대로

당당하게 귀둔리로 진입 했다.

1951년 2월 20일 퇴곡리에서 백골병단을 창설한 후 약 20여 일간 수많은 어려움을 견디어 낸 용감한 장병들은 38도선을 넘어 북한지역에 침투했다는 자긍심이 충천한 듯 했다.

적들은 우리들이 귀둔리 방면으로 진출할 것이라고는 감히 예상조차 할 수 없을 정도의 어려운 행군 코스였다.

산에서 마을을 내려다보니 꽤나 널찍한 분지형의 고장으로 강원도 산악지대에서는 좀처럼 볼 수 없는 풍요로운 고장 같았다.

3월 14일 아침 8시 인제군 인제면 귀둔리에 진입한 부대는 먼저 이 지방의 내무분주소(경찰지서 해당)요원, 인민위원장, 노동당 세포위원장 등을 모두 소집하고 부락 인민들의 협조를 당부했다.

위세 당당하게 큰소리를 치면서

각급 기관의 감시를 강화함과 동시에

리승만 괴뢰의 낙하산 부대가 투하되었다는 정보에 따라 중앙에서 놈들을 소탕하고자 급히 오는 바람에 보급이 말이 아니오!!

인민의 이름으로 식량지원을 요청 하오!!

이와 같이 공갈 · 협박했다.

여기서, 충분한 휴식을 취하고 난 다음, 이곳을 왕래하는 인민군을 국방군 낙하산부대 병사로 몰아 39명을 생포하고, 내무서원과 공산 악질분자 등은 떠나기 직전에 22명 모두를 체포했다.

여기, 귀둔리는 6 · 25 전 접적지역이어서 진짜 빨갱이들이 득실거리는 고장이었다.

우리는 되도록 점잖게 으스대면서

중앙에서 파견된 것을 강조 했다.

"**동무들!** 앞에서와 같이 우리가 중앙에서 비밀리에 왔음을 강조하면서…….

최대한 협조해 주우다.!!"

총칼로 무장한 600여 명의 대병력이 눈 앞에서 으스대면서 감시하고 있으니

아무리 수상쩍다 한들 동구 밖으로 빠져 나갈 수도 없었을 것이었다.

우리는 점령군으로 행세한 것이다.

우선 우리에게 적극적으로 협력하는 놈들은 일단 악질분자로 보아야 할 것이란 판단과,

우리의 작전 보안을 위해,

잘 협조하던 자들도 모두 중요 감시대상으로!!

지형이 광활하여 경계가 곤란한 지역이므로 감시를 소홀히 하다가는 큰 코를 다칠 염려가 있었다.

점령군으로 행세한 우리는 야음(夜陰)을 이용하여 남하하는 척 하다가 또다시 북상(北上) 방향으로 진로를 돌려 잡았다.

눈이 펄펄 내리는 날이었다.

우리의 발자취는 눈이 내리면서 모두 덮어 주었기 때문에 안성맞춤이었다.

이때, 그들로부터 보급을 충당 받고 잘 대접 받은 뒤 생포된 적병과 함께 내무서원 및 그 지방의 열성당원 등도 부대 이동과 동시에 모두 체포하였다.

무슨 염라대왕의 사자가 된 듯……

지겨운 일이었다.

우리는 밤새도록 쉬지 않고 걸어서 1951년 3월 16일 새벽 무렵에 **군량밭**(軍糧田)으로 진입할 수 있었다.

군량밭은 인제군 인제면 가리산리(현재는 인제읍 가리산리)의 자연부락으로 산간마을 치고는 제법 크고 아늑한 마을이었다.

산꼭대기(山頂)에서 내려다보니 새벽의 찬 공기 속이지만 밥 짓는 연기가 여기 저기서 모락 모락 피어 오르는 40~50호 가량의 부락이었다.

나 : '옳지, 제법 사람이 많이 사는구나.'

무슨 영화의 한 장면 같기도 했다.

1951. 3. 16 군량밭 지구를 접수하기 위한 선발대의 진주모습, 右 1 작전참모의 영상(재연)

우리들은 재빨리 움직였다.

세(3)방면으로 통하는 길목을 우선 차단·봉쇄하고, 수색조도 편성해야 하며,

선발대와 본대의 진주에 대한 계획도 세워야 했다.

먼동이 트는 새벽공기를 가르면서 눈길을 당당하게 진주(進駐)한 다음,

병단 본부(사령부)는 중앙에 있는 제법 큰 집으로 정하고,
각 연대 본부는 사령부에서 70~80 m 내외 정도의 거리에 두도록 배치했다.
군량밭(軍糧田)이라는 지명(地名)이 말해주듯, 식량이 그런대로 풍부하여 우리는 오랜만에 따뜻한 쌀 강냉이(옥수수) 밥을 먹을 수 있었다.

강냉이밥은 큰 솥에 넣고 불을 때면서 증기가 빠지지 않게 가마니를 물에 축여 덮으면 압력밥솥과 같이 부드러운 밥이 된다.
쌀밥과 다를 바 없이, 맛있는 밥이 되었다.

우리의 신분은 예와 같은 수법으로 …… 위장 했다.

그 당시, 북조선은 부락과 부락사이에 전신 · 전화 등 통신수단이 전혀 없어,
무슨 일이 생겼을 때의 보고나 통제를 위한 통신은,
부락에서 부락으로 사람이 "릴레이" 식으로 전달하고 있었다.

사령부는 각 연대에 명하여 부락 밖으로 나가거나 들어오는 사람은 모조리 잡아들이도록 엄명했다.
그들은 우리에게 음식도 제공하고, 토종꿀도 주었다.
우리는 민폐를 끼치지 않는다는 것을 보여주고 안심시키기 위해 토종꿀 한 말에 북쪽 화폐 300원, 소 한 마리는 3,000원씩 주고 사서 먹었다.

<소 한 마리에 붉은 화폐 3,000원, 5,000원 등 여러 설이 있으나 북괴 화폐라 생각나는 대로 지불한 까닭에 특히 기억 되지 않아 여러 설이 생긴 듯하다.>

부락의 외곽을 경계하던 결사 11연대 병력에 의하여 동구 밖으로 살며시 나가려던 소녀를 체포 했다.
이 소녀는 14 세 정도로서 8 · 15 해방될 때, 초등학교 1학년 정도

였으나 5년간의 북조선 빨갱이 교육으로 완전히 세뇌되어 있었다.

그 소녀는 곧 우리의 정체를 알게 되자

"남조선 괴뢰 들!
리승만 괴뢰!
미제의 앞잽이!" 등 온갖 욕설을 늘어 놓으면서,
어서 죽이라고 대들었다.

병단 사령부는 즉각 부락의 인민위원장과 세포위원장, 기타 책임자들과 부락민을 소집하여,

앞으로 우리의 지시를 위반할 때는 인민의 이름으로 처단한다고 협박하니 모두 복종하는 척 했다.

그 당시, 그 소녀는 검정치마와 버선에 검정 고무신을 신었으나,
다리 종아리는 양말도 못 신은 맨 종아리 여서,
우리들과 함께 이동하자니 서릿발 같은 눈발에 살이 찢겨 피가 흘러
다리에는 피가 검게 응고된 상태였으나,
그 애는 우리에게 "미제의 앞잽이!",
"남조선 괴뢰도당! 리승만 괴뢰놈 들!" 등 온갖 욕설을 계속 퍼붓던 소녀 였다.

8·15 해방당시 인민학교 1~2학년 정도였을 그 소녀가 5년 정도의 북괴 치하에서 붉은 교육을 받은 것만으로 이처럼 완벽하게 변할 수 있다고 생각하니
놈들의 반인륜적(反人倫的)인 교육과 세뇌사상 교육은
참으로 무서운 전염병처럼 느껴졌다.

전염병치고는 정말 지독한 병인 것 같았으나
그래도 잘 치료하면, 우리를 이해할 줄로 믿었는데,
그 믿음은 크게 빗나갔다.

요즈음 일부 몰지각(沒知覺)한 세대층에서는

북괴노선과 선전책동에 휘말려 **김일성의 주체사상**(主體思想)을 강습하고, 숭상하려는 좌파? 들도 제법 있다고 하니,

참으로 한심하기 이를 데 없다.

과연 14~15세 정도 되는 우리 청소년들이 북괴 치하에서 교육받은 저들 청소년들과 맞붙어 대항할만한

이념의 무장이 되어 있을까?

동포는 동포로되 그들의 정체를 똑바로 직시(直視)하지 않으면 안된다고 확신한다.

맹목적이고 환상적인 통일론자들은 북한 인민이 단순한 동족이며,

평화를 사랑하는 백의민족(白衣民族)이라고 생각하는 것 같으나 그 애 정도의 연령층이 지금은 70세 후반 정도가 되었다는 사실을 바로 보아야 한다.

텔레비전에서 간혹 방영되는 북한 실정의 소개에서

그들 유아원, 인민학교 어린이들의 기계적인 **김일성·김정일 우상화** 행동들을 보노라면, 참으로 기가 막힐 지경이다.

그때, 그곳 군량밭 **인민학교의 여교사**는 결혼 후 얼마 안 된 새아씨 였는데,

우리들의 정체를 눈치 채고

우리들에게 열성적으로 협력한 뒤

우리와 함께 망대암산 쪽을 경유하여 **용대-백담사, 설악**에 이르는 퇴각에 참여하여 박달재까지 철수한 반공 애국 여성이었는데 박달재에서 기진하여 뜻을 이루지 못하고 저 세상으로 갔다고 들었다.

참으로 기막힌 사연 들이다.

오늘날 우리들에게는 삐딱한 젊은 세대

일부 「**오렌지족**」으로 대변되는 그릇된 청소년들이 과연 저들과 맞서,

이념과 체제에 대한 논쟁에서 이겨낼 수 있을 것인지?!!

사상전에서, 과연, 이겨낼 수 있을 것인가 하는 의구심이 든다.

비록 빗나간 사상이고, 신념이긴 하지만…….

생포된 그 애의 놀랄만한 정신무장이 과연 우리에게도 적용될 수 있을지….

요사이에 와서는 남북 공동선언! 아니, 금강산관광……

남북 상호 방문!

동서에서 일부 기찻길의 이어짐!!

확 트인 동서(東西)의 넓은 포장도로!!

고속도로 인지도….

탱크와 장갑차가 거침없이 내려올 수도 있게 되었는데….

식량과 비료 등의 지원…….

많은 액수의 달러($) 지원,

예술단, 무슨 선수단 등 별의 별 단체의 교환 방문을 비롯한 행사!?

이산가족 상봉을 빙자한 흥정?!!….

그런데 쌀과 비료지원을 중단하자, 이산가족 상봉도 중단하고……

금강산의 육로관광!(그들의 외화벌이)과 그 댓가….

개성 공단의 기업(起業)과 급작스런 조업 중단과 별의별 요구 등

백두산 관광? 가능성은…… 정말 어처구니가 없다.

놈들은 더 나아가 우리 국가보안법의 폐지 주장을 일부 동조자의 입을 빌려 우리 국회에서까지 버젓이 떠들어대고 있는 판국이니…….

우리 대한민국이 **자유 민주주의 국가**로 존립할 수 있을런지,

우리 나라를 한방에 날릴 **미사일의 실험·발사!! 일부의 실전 배치!! 핵을 내세운 실험과 공갈!! 협박!!**

이렇게 이어지고 있으니
저으기 큰 걱정이 아닐 수 없다.
저들에게 세뇌된 자들에 의해,
우리 **태극기 조차 내 걸지 못하고**……. 무슨 **한반도 깃발은**……
태극기에 대한 경례를 거역하는 놈들 *!!*
참으로 구역질이 날 지경에 까지 이르렀으니…….

저들이 우리 대한민국을 대하는 적개심! 과 이용(利用)*!!*

이에 반해서 우리 전후세대의 맹목적인 통일관!
공산화가 되거나 말거나 하는 태도…….
김일성 부자와 그 손자 놈에 이르기까지 ……

그들의 세습은*?!!*
은혜를 원수로 아는 맹목적인 반미(反美)*!!*
우리의 지나친 방만과 좌향(左向)을 이대로 둘 수는 없는 것이 아닌가*!!*

그렇게도 그곳(북쪽)이 좋으면 **말로만 떠들지** 말고
그 낙원으로 모두 보내면 좋으련만…….

거기가 지상의 낙원(樂園) 이라니…….
공연히 시끄럽게 하지 말고…….
우리 동포니까 미사일 정도는 가져야 한다니…….
은근히 자유와 평화를 자극하니…… 기가 막힐 정도가 아닐 수 없다.

6·25 전쟁 세대를 일컬어
반 통일(反統一) **수구세력**(守舊勢力)
꼴통*!* 들이라고 몰아붙이고 있으니…….
이놈의 세상 어쩌려고*!!*

우리나라의 적화(赤化)가 눈앞으로 점점 다가오는 듯해, 지극히 걱정스럽다 아니할 수 없다.

은혜를 원수 대접하는 좌파! 맥아더 동상을 허물어야 한다면서 도끼를 들고 나섰다는 저명? 인사!!

이런 자들이 나라를……

이것이 **수구(守舊)반동 꼴통** 88세 노병의 푸념인가!!

6·25 한국전쟁 당시인 1951년 1월부터 그해 4월까지 다시 6월까지 적 후방지역에 침투하여 600여 명의 대병력이 집단적으로 유격 특수전을 감행한 육군본부 직할 결사대 일명 백골병단의 실전 실화의 한 토막이기에 **놈들에 대한** 용어의 구사에서 약간……

※ 퇴곡리까지에서 현지 입대자, 즉 지원 입대한 4인과 퇴곡리에서 자원한 9인 등 총 13인 중 살아돌아온 사람은 최옥○?라는 여성과 파마를 한 키가 작은 여성(퇴곡리 출신 여성은 서울 체부동에서 군고구마 장사를 했다함), 삼산리 거주자 1인 등 모두 3명이고, 10명은 생사를 알 수 없다.

제3부 적 인민군 중장의 생포

1. 인민군 중장(中將)의 생포

〔북괴 중장은 대성(大星) 2개임〕

우리 부대는 귀둔리를 떠나 밤새도록 쉬지 않고 동북진하여 하늘도 맑게 개이기 시작한 1951년 3월 16일 새벽 군량밭(軍糧田)으로 진입했다.

나는 재빨리 움직였다.

세(3)방면으로 통하는 길목을 우선 차단, 봉쇄하고 3월 16일 06시 군량밭에 진주한 백골병단은 서남방에 결사 제12연대를,

중앙에는 결사 제11연대, 동북방 계곡 쪽의 경계는 결사 제13연대가 각각 담당하게 하였다.

나는(전인식) 결사 제11연대 3대대를 선봉으로 그 부락을 완전히 포위했다.

먼동이 트는 새벽 공기를 가르면서 눈길로 당당하게 진주(進駐)했다.

군량밭에 진주한 지 이틀째인 3월 18일 결사 제11연대 1대대 2중대 소속 일등중사 이영진(李榮珍)과 분대원은 필례마을에서 내려오던 자위대원 2명을 체포하여 본부로 데려왔다.

같은 날, 군량밭 서남방 약 1.5km 지점까지 전진 배치되어 있던 제11연대 2대대는 군량밭 쪽으로 들어오는 내무서원 2명을 이봉구(李奉九) 중위 등이 생포하였다고 한다.

이곳 군량밭은 부락민도 많고, 식량도 넉넉해 지원을 잘 받고 있었으나, 동북방(필례 방면)에 위치한 결사 제13연대는 보급이 부실

하여 동북방 계곡 약 4~5 km 지점에 있는 「**필례(必禮)**」 마을로 식량조달 겸 수색정찰을 나서게 되었다.

수색대원과 보급조달 병력 등 10여 명을 연대 작전관이 인솔하여 3월 18일 13시경 목적지에 도착했다고 한다.

필례마을은 한계령에서 남쪽으로 펼쳐진 야트막한 작은 능선이 중앙에 있고, 그 능선을 중심으로 동쪽마을과 서쪽마을로 갈라져 있는데 그 북쪽은 **가리산↔한계령**이 된다.

동쪽마을은 서쪽마을보다 민가가 더 많고 제법 큰 집도 더러 있었는데, 동서 마을을 합치면 40~50호 정도 되는 제법 큰 마을이었다.

이 부락에는 약수터도 있고, 인민군에게 보급하던 "양조장(술)"도 있었다고 한다.

결사 제13연대 수색요원과 보급조달병 등은 먼저 서쪽마을을 정찰한 뒤, 동쪽마을로 들어갔는데, 부락 외딴집에 보초같은 한 놈이 서성대고 있는 것을 목격하고,

작전관은 보초가 서있는 그 집으로 접근하면서도 처음엔 별 볼일 없는 놈들이 있는 것으로 예상하고 ……

수색조장이 작은 초가집에 접근한 다음, 보초에게 의젓하게 말하기를 ……

"책임자 동지를 만나러 왔소!"

보초는 별다른 의심을 하지 않은 듯 ……

대원들의 몰골이 역전의 인민군 용사로 보였을 뿐만 아니라 그중 한 사람은 군관(장교) 계급장을 달고 있었으니까 ……

집안으로 들어선 수색팀은 다짜고짜로 방문을 열어 제치면서 ….

"**실례하오**. 우리는 남조선 괴뢰 도당의 낙하산 부대 놈들을 토벌하러 중앙에서 왔소."

“동무들의 신분을 확인해야겠수다!”

날쌘 동지 2명은 이미 방에 들어가 벽에 세워 둔 장총과 따발총을 순식간에 걷어 치웠다고 한다.

“이놈들, 이게 무슨 짓이냐?

내가 누군 줄 아냐?”

“우리는 중앙에서 왔소.

남조선 괴뢰도당의 낙하산 부대를 토벌하러 왔단 말이외다.

동무들은 신분을 확인할 때까지 잠자코 있소.”

방안에서 간단히 3명을 생포한 것이다.

이때 생포한 놈들은 약간 나이가 들어 보이는 병약자 1명, 여군관 1명, 14세 정도의 소년 1명과 보초병 등 4명이었다.

그들은 군복만 입었을 뿐 계급장 같은 것은 없었으나 권총이 있는 것으로 보아 군관쯤이 아닌가 했다고……

그 뒤, 보급품 조달 목적으로 출동한 병력에 의해 참모진과 무전병 등 7명이 모두 생포되었고, 무전기 1대도 노획하였다.

오른쪽 팔이 하나 없는 **외팔이 강칠성**(姜七星) **총좌**(중성 4개 대령급)와 소녀 1명도 정찰조에 의하여 생포됨으로써 모두 일당 13명 전원이 생포된 것이다.

생포된 놈들 13명을 김한철 대위가 백골병단 지휘부로 데려왔기에 나는 김 대위가 생포한 것으로 알았으나 김 대위는 그놈들을 데려온 것뿐이다. 사령관과 우리는 그들을 조사한 결과 깜짝 놀랐다.

※『여기에 기술한 길원팔(吉元八) 생포기록은 생포실행자가 그 뒤 모두 전사한 듯 정확하지 아니하여 구전(口傳)으로 내려오던 것을 참전자 총회의 확인을 거쳐 정리 · 재구성한 것이다.』

놈들의 문서에서 놀랄만한 것이 발견되었기 때문이다.

① 조선인민군 총사령부에서 전선사령관에게 보내는 지령문!!

② 북괴중앙당의 지령문서 등 특급 기밀문서들이 수두룩 했다.

이때 생포된 일당 중 의젓하게 누워 있다가 생포된 자는

소위 **「조선민주주의 인민공화국 중앙당 군사부 제2비서」 겸 「인민군 중장」「빨치산 제5지대장」 겸 「대남 빨치산 총사령관」 길원팔(吉元八)** 이였으며, 그는 군복만 입었을 뿐 계급장 같은 것은 달고 있지 않았다.

길원팔의 참모장으로 있던 외팔이는 인민군총좌(중성 4개 : 대령급)팔로군(八路軍) 출신이라 했다.

"강칠성"은 8·15 이전 일본군과의 전투에서 오른팔을 잃은 그는 왼손만으로도 권총의 명사수라 한다. 주19), 주20), 주21)

주19) 이태(李泰) 저 : 「남부군」 1988, 두례출판사, 서울, p#285~6에 의하면, 1951년 5월 중순경 송치골에서 남한 '6'도 도당위원장의 회의가 열렸는데 경남도당위원장이 남경우 였다고 적고 있다(남경우는 빨치산 제5지대 정치부지대장이었던 자이다). 따라서 「남경우」는 51년 3월에 길원팔 생포이후 김일성의 명령대로 계속 남파되어 암약 중인 자 였음이 간접 확인된다.

주20) 김한철 저 : <마지막 침투한 대북 유격>에 "① 11, 12연대는 그때 필례 지구에 주둔해 있었다. ② 빨치산 병력이 필례의 산간 능선에 배치돼 있었다. ③ 총좌놈이 누런 계급장을 달고 있었다. ④ 총좌가 자기(김한철)에게 경례를 붙였다. 그래서 그를 일단 돌려 보낸 뒤에 생포했다. ⑤ 필례지구에는 가옥이 여섯채 있었다" 등으로 기술하고 있으나, 그 당시 필례 마을에는 큰 양조장도 있었고, 40~50호의 큰 부락이었다.

특히, 백골병단 산하 3개 연대는 군량밭에 주둔 중에 있었고, 빨치산 5지대 주력은 가리산리에 주둔 중에 있었으며, 길원팔 중장이 군량밭에 주둔 중에 있었다는 M채 씨의 기술은 사실이 아니며, 길(吉)은 "장티푸스"에 걸려 필례 약수터 인근에서 요양중 거의 완쾌된 상태였다.

(<한국전쟁 사료 정기정보보고> 56호(p#89)에 의하면, "국군 3사단 전면에 "장티푸스" 가 만연되었다" 고 기록되어 있다).

아군 지역으로부터 40km 정도 북방에 위치하여 적군이 병력을 능선에 배치할 필요가 전혀 없었을 뿐 아니라 그 지역 산악 능선은 병력을 배치할 수 없는 험한 지역이고, 벙커같은 것은 더욱 설치할 수 없는 험준한 지형이며, 길원팔 중장 이하 모두가 계급장을 달고 있지 않았기에 김 모 씨의 주장은 사실과 전혀 다르다고 판단된다.

이들을 심문할 때 나는 중앙에서 왔음을 앞에서의 예와 같이 강조하며, 그들을 위압적으로 대하였다.

그러나 길원팔은 적장(敵將)답게 쉽게 넘어가지 않았다.

우리 백골병단은 이처럼 우연찮게 일당 13명 전원을 생포했으니 사기는 충천했다.[주22)]

누가 우리를 보고 급조한 유격대라고 말하겠는가!

제법 의젓한 비호(飛虎)가 되었고, 용(龍)이 된 것이다.

동서고금(東西古今)을 통하여 유격대가 적 후방지역에 침투하여 중장(中將)이란 거물을 단 한명의 희생자도 없이 생포한 예는 전쟁사(戰爭史)에 없다고 들었다.

그때, 길원팔이 방석 밑에 숨겨 두었던 소련제 때때 권총은 채 중령이 가지고 다녔다.

특히 김 씨는 결사 11, 12연대가 필례 마을에 주둔해 있었고, 길원팔(吉元八) 등 빨치산도 필례의 산 능선에 배치되어 있었다는 기술은 전혀 사실에 부합하지 않고 그의 주장 모두는 가상이다.

주21) 우리는 길원팔의 문서 중 김일성이 1950년 3월(6.25 발발 3개월 전) 전에 부산, 밀양지역까지 침투하여 철도, 비행장, 창고 등을 파괴하고 북한 정규군과 협동하라는 작전 침투명령서를 확보했다.

이 명령서는 1951년 4월 11일 채중령이 육군본부에 지참 보고 했는데, 이것이 한국전 당시의 주요 정보 보고서철에 편철된 것을 "정기정보보고" "1951. 4. 11 제101호" 육군정보국 G2 비밀문서창고에서 필자가 1993년 11월 18일(육군본부소장 비밀 문서고에서) 직접 발굴하였다.

주22) M 채 씨가 2007. 5. 9자 국방일보에 기고한 바에 의하면 적 유격대 사령관 길원팔 중장 생포시 "채 중령"은 우수한 대원 200명을 선발해 나(필자)와 김 대위(13연대장)에게 100명씩 지휘하도록 하고 군량밭을 포위하게 했다고 썼는데 이것은 ……

즉, 우리들의 주둔지가 군량밭이고 저놈들은 "필례약수터"에서 "장티푸스(열병)를 치료 · 요양 중에 있었으며, 보급품 조달을 위한 수색정찰병 10여명(중위지휘)에게 발견되어 집안에서 생포되었는데 생포 당시에는 계급도 알 수 없었으며 그 지역에서 적 100 여 명을 사살했다는 것도 가상적인 것이며, 길원팔의 권총에 실탄 1발을 넣어 자결하게 했다거나, 나무로 그의 묘비를 세워 주고 M 채 씨가 경례를 했다는 것은 엄동설한기 였기에 땅을 팔수도 없었으니, 이와 같은 기술은 독자의 상상에 맡긴다.

우리들의 임무는 국민의 생명과 재산의 안전을 보호함에 있는 것이다.

이들 대남 빨치산 지휘부의 전멸은 크나 큰 수확이고, 전과였다.

1951. 3. 19. 생포된 자 중에는 여 군관 중위 1명이 있었는데, 그녀는 38이남(전남지방?) 출신으로 서울의 H여대 4년 재학 중 월북한 공산당원이였다고 한다. 그녀는 옥수수광에 수감되어 있었는데, 새벽에 그녀가 탈출하는 불행한 사태가 생겨 아군의 정체가 폭로되어 버린 것이다.

적 빨치산 5지대 대병력의 포위 공격도 만만치 않아 그들과의 격전 과정에서 **총기, 탄약의 부족**으로 큰 어려움을 겪었다.

결사 제12연대에 지급된 아식 소총(소련제) 몇 자루는 격발공이가 제거된 것도 있었다 하니 총이 아니라 나무 몽둥이 만도 못한 것을 준 것이다.

북괴군 놈이 소총의 공이를 없애고 생포된 듯하다.

정말 어려운 곤경을 당해 퇴각을 해야겠는데

남쪽으로는 모두 적이 집중 방어를 하고 있고,
서남쪽도 공격이 지독하니
나는 양동(陽動)작전을 겸해 남쪽으로의 퇴각을 강력하게 위장하고
본대 주력은 **오히려 북쪽으로** 퇴각하기로 계획을 크게 변경했다.

뒷날 나에게 "길원팔"의 아들을 만나게 해달라는 전화가 있었기에 파악한바, **길원팔 중장**(북괴군)은 평북 덕천군 덕천면 덕천리 출생으로 철도 종사원의 1남 2녀 중 장남이며, 원자 · 원실은 그의 여동생이라 한다. (안산에 거주한다는 "길"의 친척 "이모" 씨의 증언으로 판명)

그는 향리에서 중학교를 졸업하고
일본에 유학, 스가모 고등상업학교를 졸업한 후 중앙대학(주오다

이가꾸)(中央大學)에 재학중

8 · 15 해방을 맞아 귀향,

조선 공산당에 입당한 자로서

6 · 25 사변 당시 인민 유격대로 개편된 제 5 유격지대장으로 활동했다.

이때 **"필례"에서** 생포된 **적장 길원팔 로부터 노획한 문서** 기타 중요 사항을 소개하면 다음과 같다.

우리는 **김일성이 1950 년 3 월**(6 · 25 발발 3 개월 전)에 이미 부산, 밀양 지역까지 침투하여 철도, 비행장, 군용창고 등을 파괴하고

북괴 정규군이 남침할 때 협동하라는 김일성이 **빨치산 제 5 지대장**에게 내린 **작전 침투 명령서**를 노획했다. 주23)

이 명령서는 51. 4. 12. 채 중령이 육군본부에 지참 보고 했는데, 이것이 한국전 당시의 주요 정보 보고서철에 편철된 것을 **필자가 1993. 12. 15. 육군 본부 군사연구실 비밀 문서고에서 찾아낸 것이다.**

주23) (한국전쟁, 정기정보보고, 제61호 pp.235~236 전투서열 부록 참조)

김일성의 지령 · 명령문의 내용은 다음과 같다.

(1) 제 5 유격지대 편성
  ① 길원팔 부대
  ② 단성(DQ 003), 산청(CQ 9819) 지구의 경남부대
  ③ 청도(DQ 7344) 지구의 독립유격중대

(2) **제 5 유격지대장** – 길원팔, 정치부지대장 – 남경우

(3) 활동 구역
  ① 제 1 거점 – 청도 운문산(EQ 0042)
  ② 제 2 거점 – 지리산(CQ 8519) **※ 좌표의 진실성은 의문임**
  ③ 제 3 거점 – 광요산
  ④ 청도, 울산, 동래, 밀양, 마산, 김해, 부산, 단성, 산청 지구에서 활동할 것.

(4) 전투 임무
  ① 지뢰매설, 교량파괴 및 부산 ↔ 청도, 부산 ↔ 경주(EQ 2067), 삼랑진(DQ 8525) ↔ 마산(CP 6095)간의 대도로 및 운수부대에 대한 습격.
  ② 부산에서 마산, 대구, 경주 간의 철도, 철교 파괴 및 군용열차 습격.
  ③ 청도(DQ 7344), **삼랑진 터널 파괴** 및 후방 보급물자의 소각 파괴.
  ④ **부산, 밀양**(DQ 7827), **경주, 대구, 청도, 창녕**(DQ 5534), 단성, 산청, 김해 등지의 지방 행정기관의 파괴.

⑤ 부산진 차량기관구, 부산 서면창고, 삼랑진↔마산간 낙동강 철교, 구포(EP 0095)↔김해(DP 9098)간 교량, 낙동강 철교, 밀양 무기창고 등의 파괴.

⑥ 습격조를 조직하여 김해, 울산 등의 **비행장 파괴**, 부산, 김해, 울산 등의 항만시설 파괴.

⑦ 아군 후퇴시에는 밀양, 창녕(DQ 5534), 울산(EQ 2934)을 점령하고 대도로 분기지점에는 매복조를 잠복시킬 것.

⑧ 정치 공작대를 파견하여 양민 포섭공작의 강화.

⑨ E의 주력부대가 남하 침입 접근시에는 상호배합하여 제1, 2, 3 (경북), 4 (전남북), 6 각 지대와 기민한 연락 구성.

(5) **각 유격지대장은 매일 2차씩 무전으로** 전황보고를 하고 1주일에 1차씩 **연락군관으로 서면 종합보고를 나(金日成)에게** 제출할 것.

(6) 제5지대 경남부대의 활동 구역.

① 산청, 단성, 진주일대 – 제1전투지구를 구성, 거점은 지리산

② 마산, 함안(DP 4798), 의령(DP 4829)에 두고 산청, 단성, 진주, 마산, 함안, 의령(DQ 8207), 창녕 지구에서 활동할 것.

(7) 제5지대 길원팔 직속부대장의 활동 구역.

청도, 밀양, 삼랑진 일대 – 제3전투지역으로 구성. 거점은 운문산(EQ 0042)

울산, 밀양(EQ 1235), 남창(EP 2519), 양산(EQ 0312) – 제4전투지구, 거점 – 고령산, 금방산

(8) 특수공작대 조직 파견에 관하여.

후방교란 및 준동 기타 목적으로 제5유격지대는 마산(CP 6095)에 9명, 진해(DP 7089)에 9명, 안하리에 3명, 김해(DP 9098)에 6명씩 각각 특수공작대를 잠입시킨다. 이상.

<육정 정기보고 61호> 참조.

(요도1) <김일성의 지령요도>

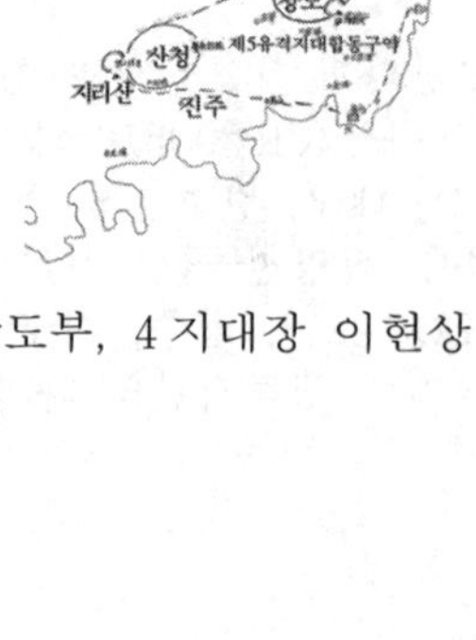

※ 당시 빨치산 제3지대장은 남도부, 4지대장 이현상 등으로 이들 모두는 대남 빨치산 사령관을 지냈다.

2. 적장(중장)의 처결

우리가 군량밭에 진주한 후 생포한 자는 길원팔 중장과 강칠성 대좌, 내무서원, 자위대원, 연락병 등 50여 명의 포로와 부락 인민위원장, 민청위원장, 세포위원장 등 민간 간부를 합해 모두 75명 상당이나 되는데, 이들 중 빨치산 5지대장의 심부름을 하던 소년을 제외한 70여명을 처치해야 할 실정이었다.

특히, 적 빨치산 제5지대 놈들은 그들의 사령관이 생포됐으니 악착같이 추격해올 것은 뻔한 일이었다. 주24)

우리부대는 밤이 되기를 기다려 철수하되, 철수로 개척은 결사 제11연대 주력이 담당하고, 제12, 13연대는 추격 저지 임무를 담당하도록 했다.

작전배치를 완료하고 사령부에 돌아온 나는 형식적인 약식군법회의에서 사형을 구형했고, 총살형이 언도되었다.

따라서 이들 70여명을 필례 방면의 계곡 약 200여m지점의 후미진 개천가에서 17시경 15명의 사수에 의하여 집행하였다.

집행에 앞서 그는(길원팔) 저급한 인간은 아닌 것 같았다.

공산주의자이기에 앞서 사회주의 성격을 강하게 풍겼다.

주24) 이태(李泰) 저 : 南部軍(상) p#263에 의하면, "길원팔(吉元八)은 6.25사변 초 경북 영덕 부근까지 내려왔다가 후퇴하게 된 김무정(金武亭)의 인민군 제2군단 낙오병 집단에 길원팔 부대 약 700명이 합류하여 큰 세력을 형성했었으나 길원팔 부대는 1951년 2월 중공군과 접촉한 뒤 북으로 복귀했다." 라고 적고 있으며, 동서 p#268~270에는 북한 인민군 최고사령관 김일성(金日成)은 1950년 12월과 1951년 1월 말경 최고 사령관의 지시로 남한지구 빨치산을 제3지대장에 남도부(南道富), 제4지대장에 이현상(李鉉相), 제5지대장에 길원팔(吉元八)로 개편하였으나 1951년 2월에 길원팔은 북으로 복귀한 뒤 병력을 증강하고 만주지방에서 빨치산으로 활약한 강칠성 총좌, 강만호 등을 보강하고 병력도 1,500여 명으로 증원하여 대남 적화 야욕을 충족하려 했던 것이다. 따라서 길원팔에게 중장의 계급과 국기훈장 1급을 달아주면서 격려, 남파했으나 그는 괴질에 걸려 요양 중 생포된 것이다.

나와 길원팔 중장과의 설전에서 조국통일의 기본에는 서로가 동의했으나 그 성취수단이 **자유민주주의 방식**과 **사회주의 방식의 통일**이라는 극한적인 대립에 그자도 동의했다.

그는 우리 자유민주주의 세력에 의해 잡혀있는 몸이라 서로는 헤어져야 함에도 고개를 끄덕였다.

그는 우리의 통일에 방해물인 것이다.

이렇게 해서 그는 저세상으로 잘 모셔졌다.주25)

총살직전에 숨기고 있던 김일성의 하사품인 괴중시계를 우리 정보참모 최윤식 대위에게 주고 갔다.

내가 처형하려던 때, 최 대위가 13세의 소년을 같은 "전주 최 씨„로 동생과 같으니 처형에서 제외해 달라고 부탁하기에 나는 어린 소년이므로 그 뜻을 받아들여 살려주기로 했다.

"최" 대위는 길원팔로부터 받은 시계를 귀환 후에도 잘 보관했으나 언젠가 이사를 할 때 그만 잃어버렸다고 한다.

"길원팔"은 처형장에서 그의 한을 못 풀어서 인지? 또는 다른 무슨 뜻인지는 모르나 남쪽을 바라보고 죽게 해 달라는 마지막 부탁을 했다.

집행관인 나는, 그의 소원을 들어주었다.

죽기 전 그는 조국통일 만세를 불렀다.

다른 졸개들은 김일세이 만세!

조선인민공화국 만세 등 가지각색이었는데 ……

주25) 채명신 저 : 사선을 넘고 넘어 ; 매일경제신문사, 1994, 서울, p# 229에서 채중령은 길원팔이 가지고 있던 때때권총에 총알 한 발을 넣어 그에게 건네주고 자결하라고 하였다고 적고, 그가 자결하자 길원팔을 잘 묻어주었다. 이때까지 무수한 적을 죽였지만 적의 시체를 묻어주긴 처음이었다. …… 그분은 吉의 무덤에 묘비까지 세워 주었다. 라고 회고하였다.

나무조각에 '吉元八之墓' 라고 써 무덤 앞에 세우고 죽은 그에게 난 경례를 붙였다. 라고 적었는데, …… 독자의 상상에 ……

그 자는 다른 놈들과 함께 집단처형장에서 처형되었다.

만약 이자들 일당이 무사히(?) 남쪽나라 대한민국에 침투하는데 성공(?) 했다면……

우리 국내 치안은 어떻게 되었을까……

그때만 해도 6·25 남침 후, 북쪽으로 미처 퇴각하지 못한 10만여 명이나 되는 많은 패잔병이 지리산, 태백산 등지에서 우리 후방을 얼마나 괴롭혀 왔는가를 우리는 너무나 잘 기억하고 있다.

그는 지극히 재수없는 놈이고, 반대로 우리는 행운을 만끽할 수 있는 그런 대조적인 입장이 되었다.

그는 저급한 인간은 아니었다.

처음에는 아무말도 하지 않고 버티면서……

일종의 아니꼬운 듯한, 그런 건방진 태도였다.

몹시도 씁쓸했을 것이리라……

그 뒤 처형에서 제외된 그 최 군은 채씨(蔡氏)로 개명하고 서울의 유명고등학교와 "S" 대학을 졸업한 뒤 석·박사 학위도 받은 우수한 학자로 대학교수를 역임하기도 했다하니, 사람 팔자 촌각이 이와 같이 크게 달라질 수도 있음을 보여주는 것이다.[주26)]

주26) 그때 처형에서 제외된 최준경?군은 평강군 세포 초급중학교 2학년 때 군 당지도부에 소환되어 길원팔의 양아들과 같이 심부름을 하며 참전하게 되었다고 한다.

그의 부친은 왜정시 그곳 초등학교 선생으로 인근 지방에서 신망이 두터운 교육자였는데 놈들에게 부모님이 끌려간 후 돌아오지 아니하여 고아 아닌 고아가 되었다고 한다.

그가 처형에서 제외된 것은 정보참모 최윤식 대위가 같은 전주 최 씨이고, 동생과 같다고 하면서 저애에게 무슨 잘못이 있는가 하는 간청이 받아들여졌기 때문으로 기억한다.

최군은 뒤에 인천에서 중학교를 마치고 서울에 와서 유명한 "S" 고등학교를 졸업한 다음, 명문 S대학을 나온 우수한 젊은 인재가 되었다.

그는 "S" 대학교에서 이학박사 학위도 받았고, 서울의 "H" 유명대학에서 교수를 역임했다고 알고 있다.

대한민국의 품안으로 들어 온 최 군은, 채 중령의 보살핌으로 성도 채씨(蔡氏)로, 이름도 모두 개명하여, 새 사람이 된 것으로 알려졌다.

나는 그들의 죽음을 확인하는 염라대왕의 사자 노릇을 했다.

그러나 오늘은 적어도 적장 중장이 내 앞에서 인생을 하직한 것이 아닌가…….

곧이어, 18시경부터 시작된 빨치산 제5지대 약 1,500명의 대규모 공격은 놈들의 두목이 생포되었으므로 악착같이 대항해와 칠흑같이 어두운 20시경까지 계속되었는데, 제13연대가 담당한 지역에서는 이를 효과적으로 제압하지 못해 많은 손실을 입었다.

적이 군량밭 서남방 715고지에서 656고지 방향으로 공격하였으므로 화력이 빈약한 13연대는 고전을 면치 못하게 된 것이다.

계곡에서는 내무서원 놈들의 합동공격이 또다시 개시되었다.

제12연대 강창희 중위와 연락병 이남훈(李南薰) 하사는 715고지 동쪽의 공격선에서 소몰안골 방면의 공격저지 임무수행을 위하여 이동 중, 적 내무서원 3명을 사살하고 본대의 후퇴작전을 지원했다.

병단사령부는 제12, 13연대 병력을 서남방면으로 집중시켜 대공격을 벌이면서 아군이 남하하려는 것 같이 양동(陽動)작전을 전개하고, 주력부대인 제11연대 1대대를 선봉으로 하여 망대암산(望對岩山 ; 1,236고지) 방면의 산악지대로 오히려 동북진(東北進)하기로 작전계획을 크게 변경했다.

그 이유는 적이 내무서원과 빨치산 5지대 주력과 합동하여 소몰안골과 남방 귀둔리방면을 봉쇄하고 있는 까닭에 여기서 제12연대와 제13연대가 치열한 접전을 하고 있음을 미루어 남쪽으로의 퇴출은 거의 불가능하다고 판단한데 따른 것이다.

이 친구에 대한 이야기를 자세히 쓰면 더 좋은 자료가 될 수 있을지 모르나 그는 성(姓)도 이름도 모두 바뀌었을 뿐 아니라 아들, 딸, 모두 훌륭하게 장성해 있고 또 그의 나이가 지금 80을 넘긴 정도가 되었을 것이기에 그에게는 너무 가혹한 것이 아닌가 해서 이만 줄인다.

따라서 아군은 병력이 적은 13연대의 지원을 위하여 제11연대 3대대를 증강 지원하고, 그 전면 작전에 내가 직접 최전방에서 보강 지원하였다.

결사 제11연대 1대대는 사령부요원과 함께 퇴로 개척의 선봉에 투입하기로 한 것이다.

아군은 작전계획대로 제13연대와 제11연대 3대대 병력 200여 명이 남하하려는 것같이 총 공격을 계속하고 있을 때, 지휘부는 망대암산 방향의 능선으로 우회하여 퇴각하기 시작했다.

제11연대 3대대는 제13연대를 지원하여 60여 명을 안전하게 퇴각할 수 있게 하였다.

1951. 3. 19 **백골병단이 군량밭에서 망대암산으로 동북진하고 있다.**

나는 결사 13연대의 독전 중 후퇴한 병력을 규합하여 너희 전우들이 저곳에서 적과 대치중이다.

계곡 후미진 곳에서 퇴각하는 장병을 붙들어 놓고 그들에게 역설하였다.

너희들이 고향에 가서 그 가족에게 무엇이라고 말하겠는가?

여기서 전우를 구하자.

"누구 없나… 없나…." 나지막히 힘주어 말했다.

밤하늘에 눈망울만은 유난히 반짝였다.

"제가 가겠습니다."

한 병사가 손을 들었다.

"또 없나…."

"저도 가겠습니다."

이렇게 해서 30명 정도의 결사대가 어둠을 뚫고 적진을 향해 전우를 구하고자 출동했다.

그들의 용기가 전우를 구원했다.

참으로 용감한 전우들이었다.

그 뒤에 그들은 어찌 되었는지 나는 알지 못한다.

이렇게 해서, **추격하는 적군 10여 명을 유인하여 지근거리에서 사살하는 등** 북괴병의 공격을 일단 저지하는데 성공했다.

3. 북쪽으로 퇴각

1951년 3월 20일 1시경 군량밭의 포위망을 완전히 돌파한 뒤,

나는 남쪽으로 향하는 척, 적을 유도하고, 반대 방향인 험준한 내설악의 능선을 이용하여 오히려 북상하는 모험을 감행했다.

이곳 전투에서 결사 제13연대 부연대장 김정기 대위와 결사 제12연대 권왕견 대위, 제13연대 작전관 김용구 중위 등을 포함하여 17명이 전사했다.

한편 결사 제12연대는 이두병 연대장과 작전관 강창희 중위 등이 가리산리에서 남진하는 북측 능선을 경계하고 있었으나 놈들의 대부대 공격에 직면했다.

제12연대 작전관 강 중위는 본대의 후퇴작전을 폈으나 총기조차 없거나 총이 있어도 실탄이 없는 병사들은 고지에서 육박전으로 대항하다가 결국 26명이 전사했다.

적 빨치산 제5지대 놈들도 중화기는 없었고, 경기관총(輕機關銃)과 소총, 수류탄 등으로 무장되어 있어 매우 다행이었다.

천신만고 끝에, 망대암산 능선에 도달할 수 있었다.

지금의 한계령(寒溪嶺) 서쪽 능선을 넘고, 대승령을 거쳐 설악의 서북부 방향 안산(鞍山)을 끼고, 북진하여 매봉산을 제1집결지로 정했다.

참으로 어처구니 없는 모험이요! 또 북진한다는 것도 지금 생각하면 잘한 것인지!! 잘못한 것인지!! 알 수 없다.

정말 어려운 코스였다.

산돼지, 노루나 다니는 그런 험준한 산악이 아니던가?!!

산악훈련은 여기까지 오는 도중 상당한 정도로 잘 되어 있었지만, 산악장비는 로프 한 가닥도 없었다.

백골병단은 적이 판단한 서남 방향의 정반대 방향인 동북 방향으로 포위망을 뚫고 빠져 나왔다.

3월 20일 05시경 도상거리 5.5km 상당을 일곱(7)시간 정도의 강행군 끝에 망대암산의 능선에 도착한 아군 유격대는 계속 북진하여 1157고지를 지나, 한계령 부근의 능선에 이르기 전에 무명 고지에서 계곡을 이용하여 장수대(將帥臺) 방면으로 퇴각하였다.

죽지 않으려면, 어떻든 이 산행(山行)으로 퇴각하지 않으면 아니 된다.

여기 저기, 쓰러진 고목이 늘어져 있고,

지금의 한계령을 우(右)로 끼고 계곡을 내려가 다시 대승령(大勝嶺) 쪽으로 ……

설악산의 겨울 절경은 정말 대단했다.

다시 볼 수 없는 설화(雪花)의 절경!

그 절경을 구경할 겨를 없이,

우리들은 원시림의 연속인 전인미답(前人未踏)의 이 험준한 지역을 택하여 계속 북상하였다.

눈이 새하얗게 덮고 있는 산을, 알래스카의 사향 노루떼와 같이 우리는 묵묵히 북진을 계속했다.

장수대에서 대승폭포를 지나 안산(1430고지)을 좌로 하여, 매봉(1208고지)을 거쳐 용대리 "당적곡", "구만이" 부락에서 개천을 건너 집결목표인 매봉산으로 향하려고 시도했으나, 이미 북괴 내무서원 병력이 배치되어 있어 이를 피하여 외가평 방면으로 우회하여 하천 쪽으로 동북진 하기로 진로를 즉각 변경했다.

우리 부대가 외가평을 지나 동북 방면으로 진출하여 3월 23일 04시경 용대 부락 앞 교량부근에 이르렀을 때, 적의 대부대가 남하(南下) 중에 있었다.

예상치 아니한 지역에서 야간에 적의 대병력과 조우하게 되었으니 더 이상 북진하여 제1집결지로 진출한다는 것은 불가능하게 된 것이다.

적은 강력한 대부대였다.

이 교전은 백골병단 결사 제11연대 제1대대〔대대장 현규정(보좌관출신 임시대위)〕가 담당하여 적에게 수 미상의 피해를 주었으나 이 견제작전에서 아군도 임시소위 윤 홍 등 40여 명이 전사하는 피해를 입었다. 주27)

〈요도 2〉 백골병단 용대 철수 작전 요도

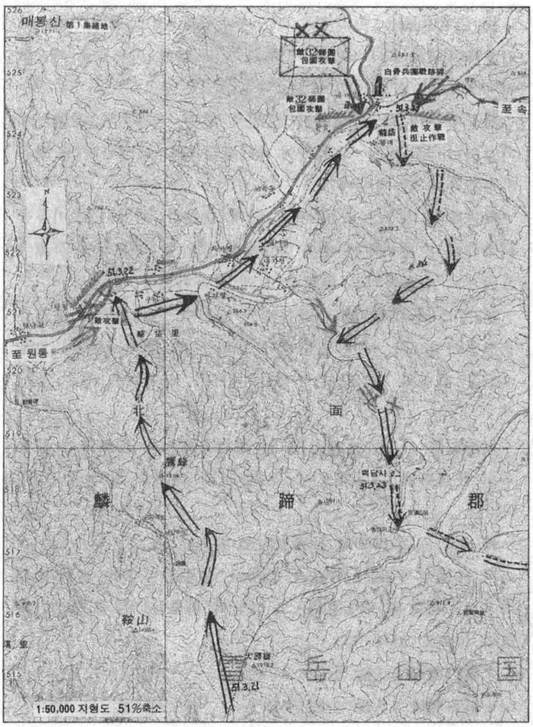

주27) 용대리에 진출했을 때 포위 공격을 가해 온 인민군(북한군)은 <한국전쟁사> 제4집 제39장 동부지구 반격작전(p#634) "1951년 3월 24일자 정보보고에서 적 제32사단이 함남 덕원부근에서 그들의 일선 증원차 남행중이라는 정보보고의 기록으로 미루어, 3월 23일 04시 놈들과 우리들 백골병단의 접전은 원산에서 통천→간성→인제 방면으로 남하중에 있던 적 32사단과 접전(接戰)된 것으로 판단된다.

이들 전우의 결사적인 항전의 틈을 이용해

우리는 백담사 입구 방면으로 퇴각하는데 일단 성공했다.

용대(龍垈)에서 남동방향의 산악으로 우회하여 백담사 경내까지 후퇴한 백골병단은 3월 23일 아침 9시경까지 급한 대로 퇴각을 완료하였다.

결사 제11연대 2대대장 **윤창규 대위**로 하여금 외가평에서 백담사로의 진입로를 차단하도록 하고, 백담사 서남방 약 1km 지점의 계곡에 매복케 한 다음 전 병력은 백담사 경내에서 휴식을 취하도록 했다.

적의 공세를 차단하던 중 윤창규 대위가 적병 10여명을 사살했으나, 지휘 중 대퇴부에 부상을 입었다. 윤 대위는 6.25 전에 국방경비대에 입대한 사람으로 충남예산출신이다. 그는 광원리 북괴 3군단 기습작전에서도 용맹을 날린 바 있는 용감한 군인이었다.

일부 전사(희생)한 전우의 시체도 수습할 겨를이 없었다.

채 중령의 호위 겸 보좌관의 「리더」 격인 **현규정 씨를 임시대위**로 특진과 동시에 결사 제11연대 제1대대장이 되어 부대를 지휘하게 한 것은 이미 밝힌 바 있다.

현규정 대위는 1951. 2. 20. 퇴곡리에서 임시대위 이태윤이 무능하다고 강등과 동시에 직위 박탈로 인하여 특진하여 부대를 지휘했는데,

이태윤 군은 살고(현재), 현규정 대대장은 용감히 전사하여 그 유골이 대전 현충원 장교묘역에 안장되어 있으니 사람 팔자 정말 알 수 없는 것이다.

나는 현규정 임시대위에게 2004년 이후 무공훈장수여를 계속 주장했으나 그동안 훈장수여가 되지 않고 있다가 2012년 6월 25일 현규정 대위가 전사한지 61년 3개월 만에 정부가 **충무무공훈장을 추서해 주시어** 용산 전쟁기념관 2층(6.25 전쟁관)에 훈장이 전시되어 있다.

우리들은 언제나 전투가 개시되면, 정규군 과는 달리 병력이나 화

력의 열세를 감당하여야 하는 까닭에 부득이 퇴각하지 아니하면 아니 되었다.

특히, 비정규전인 유격전은 신출귀몰한 민첩한 기동은 물론, 동쪽을 공격하는 척 하다가, 실제로는 서쪽으로 빠져야 하는데,

우리의 경우는 항상, 남쪽을 공격하여 퇴각하는 척 하며 집중공격을 하다가, 적의 판단과는 반대 방향인 북쪽으로 더욱 깊숙이 침투하는 수법을 써 왔으므로 전투 중에 희생된 동지의 영체를 안장할 겨를이 없었다.

더욱이 그 당시는 "혹한기" 였기에 땅을 팔 수도 없었으니 어쩔 도리도 없었다.

크고 작은 전투는 수를 헤아리기 어려우리만치 많이 했으나 그동안은 별로 큰 손실을 입지 아니했는데……,

여기, 용대리에서의 퇴각 작전에서 북괴군 제32사단이란 정규 사단과의 접전(接戰)은 큰 손실을 입게 된 것이다.

부대는 용대리 3리 앞 삼거리의 교량을 넘어 북진하려던 계획을 변경하여 용대리 남쪽 산악의 소로(小路)방면으로 우회하여 백담사 쪽으로 진입하고자 시도하였다.

서남방 계곡 외가평 방면으로 오던 길을 다시 내려가려던 계획은 적의 추격으로 불가능할 것이 예상되기 때문이다.

※ 육군본부에서 침투시킨 아 유격대장이 3R(연대)장에 진술한 바에 의하면, 아 유격대는 3월 24일경 설악산 DT5318 부근에서 E(적) 약 1개 사단과 교전 …… 등으로 미루어 아군 유격대의 작전이 1951년 3월 전투 정보 보고서로 확인된 것이다. 이 자료는 필자가 육군참모총장의 허가를 얻어 II급 비밀문서고에서 발굴한 것이다.

※ 이때 3R장은 7사단 3연대장 정진(鄭震) 대령을 말한다.

4. 백담사 계곡의 결투

백담사에는 작은 대웅전과 입구의 문만이 남았고 절간 뒤편에는 나무꿀통이 5~6개 정도 산재해 있었으며 승려(중)는 없고, 관리인도 절뚝거리는 상이군인 비슷한 자가 있었으나 그는 우리의 안내요구를 거절하는 등 돕지 아니했다.

우선 급한 대로 나무통을 들어 올려 토종꿀과 벌을 함께 씹어 먹어 기운을 돋구었다.

토종꿀은 조금만 먹어도 몸이 화끈거릴 정도로 귀중한 것이었다.

여기서 백담계곡으로 공격해오는 적을 방어하기 위해 출동한 결사 제11연대 제2대대 병력 대대장 윤창규(尹昌圭) 대위가 지휘 중 적의 공격으로 다리(허벅지)에 부상을 입어 들것에 실려 퇴각하게 되었다.

들것재료 조차 없어서 급조로 만든 들것에 실려 설악의 영봉방면으로 퇴각하게 되었다.

나는 백담사 서남방 방면의 적 배치상황을 정찰하기 위해 정규옥 상사와 함께 정찰 중,

우리 결사 제12연대 병력이 배치되어 있어야 할 능선 위쪽에서 우리 쪽을 향해 사격이 가해지는 것이 아닌가! 12연대가 능선 확보에 실패한 듯하다.

나는 의외의 기습에 놀라 우선 엎드렸고, 상황을 판단해보니 능선위 교통호(交通壕)에서는〔능선 남쪽인 배사면(背斜面)의 교통호〕 나의 노출 위치가 탄도(彈道)로 보아 사각지점(死角地點)일 것으로 판단 되었다.

"정 상사"와 나는 계곡 아래 쪽으로 뛰었다.

놈들의 기관총과 소총은 우리의 머리 위 암벽 쪽으로 떨어져 암편(岩片)과 먼지의 비산(飛散)만이 요란했다.

그때, 군량밭에서 아군에게 욕을 하던 그 소녀가 여기서 탈출하다가 적으로부터 총격을 받았는지? 죽어 있었다.

참으로 기분 나쁜 꼴을 본 것이다.

우리들은 총격을 피했으나……

우리들은 앞으로 더 전진하여 약간 넓은 개활지에서 북방의 골짜기로 빠지려고 하니, 그곳 부터는 더 이상 탈출할 수도 없게 노출되었다.

나를 향해 저격하는 놈이 있었기 때문이다.

그놈과 **나의 1 대 1 저격전**이 벌어졌다.

나는 한 아람 쯤이나 될 큰(전나무인지 무슨 큰 나무) 나무 뒤에 몸을 숨길 수 있었다.

나에게는 따발총 밖에 없었으므로 정규옥 상사의 장총을 던지라고 해서 그것을 받아 쥔 다음, 나를 저격하는 놈과 **1 대 1의 저격전**을 벌였다.

내가 머리를 약간 내밀면, 총알이 요란하게 귓전을 스친다.

나는 총알이 스친 뒤, 곧 머리를 다시 내밀고, 적병의 동향을 살펴 보았더니 …….

능선 위에 주먹 서너 개만 한 크기에 위장망으로 나뭇가지를 꽂았는지? 놈의 머리가 쏙 올라오고 좀 있다가 …….

내가 머리를 나무 뒤로 숨김과 동시에

그 순간 또 한 발이 날아 온다.

거리는 300 야드(YD)쯤 인 것 같다.

그는 아식 소총으로 1발씩 장진하는 소총으로 나를 겨냥하고 있음도 짐작 되었다.

그 놈의 위치도 정확히 알았다.

나는 총알이 스친 즉시, 지체 없이 사격준비를 하고 나무에 의지하면서 그놈을 정 조준 했다.

그놈의 머리가 또 올라 왔다!!

그놈도 나를 조준(照準)하고 있을 것이다.

서로 죽기를 사양하지 않는 서부활극 쯤의 상대가 된 것이다.

나는 서서히 차분한 마음으로,

그리고 조용히 …….

방아쇠를 당겼다!!

아무것도 생각할 겨를이 없었다.

그로부터 그의 총알은 다시 날아오지 않았다.

총을 쏜 뒤에는 의례히 쏙 들어가던 그의 머리가 살며시 뒤로 넘어간 것으로 보아 머리에 정통으로 맞은 것 같았다.

잠시 지났으나 다시는 그의 머리가 올라오지 아니 했다.

그자와 **나의 1대1 저격전**에서 내가 이긴 것이다.

아슬 아슬한 촌극이었다.

서부활극의 총잡이와 무엇이 다른가!

나와 정 상사는 뒤편 계곡으로 갈지(之) 자로 무작정 뛰었다. 그놈 외에 2명을 더 사살하고 퇴각했으나,

퇴출시 적의 탄환은 빗발치는데 우리를 피해주는 듯, 우리는 안전하게 30m 정도를 뛰어 커브를 돌았다.

계곡에서 작은 산 능선을 넘어, 한참이나 뛰다시피 해서 본부 쪽으

로 돌아오니, 이미 일부 후퇴를 시키면서 부상당한 제2대대장 윤창규 대위의 호송을 위한 들것 준비가 한창이었다.

설악산 정상 쪽으로 퇴로(退路)를 잡고 남하(南下)하는 것이다.

여기까지 우리들은 작전상 후퇴를 동북방으로 북진(北進)을 퇴로로 잡았으나,

이제부터는 방향을 남서방향으로 돌리지 않을 수 없도록 급박(急迫)한 상황이 된 것이다.

설악산으로 향하던 중, 오세암 못 미처 계곡에서 아군의 쌕쌕이(제트기)의 공습을 또 한 차례 받았으나, 깊은 계곡이라 그들도 어쩔 수 없었던지 희생은 없었다.

여기까지 아군 전투기의 공격도 세(3) 차례나 받았으므로 적들과 똑같이 원망스러웠다.

뒤에서는 북괴군의 추격이 있지요!!

이따금 하늘에서 공격을 받아야 하지요.

백골병단장병들이 백담사에서 대청봉 방면으로 철수하는 상황의 재현

자유가 무엇인지! 평화가 어느 뚱딴지 같은 것인지?!!

정말, 누구를 위하여 종(鍾)은 울리는 것인가?…… !!

백담사 쪽에서 설악산 소청봉(小靑峰) 쪽으로 방향을 설정한 "나"는 선봉에서 퇴로를 개설해 나아갔으나, 이따금 3~4m 상당의 암벽에 부딪치게 되어 그때마다 가능한 우회를 하되, 부득이한 때에는 윤창규(尹昌圭) 대위를 호송하는 들것의 새끼줄을 다시 꼬아 로프로 대용하기도 했다.

날쌘 대원으로 하여금 암벽을 기어 오르게 한 뒤, 새끼줄 로프를 나무에 묶고 기어 오르게도 하였다.

때로는 나무 뿌리가 뽑히면서 매 달렸던 대원들이 나 뒹구는 불행도 겪어야 했으나 눈이 많이 쌓여 있어, 부상자가 생기지 아니했으니, 한편 다행이었다.

그놈의 대공표지판 헝겊이라도 가지고 왔다면 이런 곳에서 요긴하게 쓸 수 있었으련만?!!

동계절 작전에 대병력을 투입하면서, 그 흔한 로프 한 가닥도 주지 아니했으니, 그 당시의 군부 지휘관은 산악전! 유격전의 경험은 전무한 상태일 뿐 아니라 생존성(生存性)이란 당초에 고려되지도 아니한 듯하다.

그 당시 우리 군부의 상층부 지휘관은 산악전이나 유격전의 경험이 거의 전무한 상태였기에 아무런 준비를 하지 못한 듯하다.

5. "충용" 윤창규 대위의 자결

여기 강원도 인제군 북면 용대리(龍垈里)가 우리들 **육군본부 직할 결사대 백골병단**의 북진 최종점(最終點)이 되었다. 주28)

나는 용대에서 북쪽으로 갈 수도 없고,

서남쪽도 불가능하니 남은 방향은 동쪽 뿐이므로

그 방향으로 빠졌다가 슬쩍 동남으로 방향을 돌려,

백담사 쪽으로 퇴각하는 것이 가장 안전할 것 같아

설악산을 서북쪽에서

남쪽으로 향하여 영봉(1,708 고지) 방향으로 퇴로를 잡기로 계획을 즉각 변경하였다.

채중령이 하지 않는 작전 계획을 왜 내가 설쳐댔는지 ….

1951년 3월 23일 아침 9시경까지 용대에서 산악으로 우회하여 백담사 입구까지 후퇴한 우리들은 일단 퇴각을 완료했다. 주29)

군량밭에서 확보한 식량은 이미 바닥이 났고,

무기와 탄약도 군량밭 전투에서 많이 소모하여 남은 탄약이라고는 1인당 5~6발 정도에 불과했다.

주28) 여기 용대리에 진출했을 때 포위 공격을 가해온 북괴군은 <한국 전쟁사> 제 4집 제 39장 동부지구 반격작전(p. 634)중 "51년 3월 24일자 정보보고에서 '적 제 32사단이 함남 덕원 부근에서 그들의 일선 증원차 남행중'이라는 정보 보고의 기록으로 미루어 볼 때, 3월 23일 04시 놈들과 결사대의 접전은 원산에서 통천→간성→인제 방면으로 남하중에 있던 적 32사단이 우리와 접전된 것이 분명하다."

주29) 「김한철 씨는 그의 저서에서 백담사 경내에 11연대 지휘부 놈들이 모여 있는 것을, 적으로 알고 모두 사살하기 직전에 담너머로 모여 있는 놈들을 살펴보니 그 중 최윤식 대위 같은 놈이 있어 나지막히 "최 대위" 하고 부르니까 그가 돌아보더란다. 그래서 그들을 몰살시키기 직전에 살려주었다. 운운 ……

이렇게 그는 우리 전우들을 형편없이 비하·매도하였다.

참으로 어처구니없는 기록을 그는 역사(?) 자료라고 자칭하고 있다.」

여기서 "최 대위"란 백골병단 정보참모 최윤식 대위를 말하는 것 같다.

결사 제11연대 2 대대장 윤창규 대위는 급조된 들것에 실려 함께 퇴각하기로 하고 병단의 전 장병은 긴급히 철수를 개시해,

대청봉(大靑峰) 방면을 향하여 계곡과 능선을 경유하여 계속 올라갔다.

나는 제11연대 3 대대 병력을 퇴로의 전면에 배치하여 전방을 뚫게 하고, 병력이 적고 고생한 제1 대대는 후미에 배치하여 적의 추격을 저지하도록 했다. 주30)

설악산 정상 쪽으로 퇴로를 잡아 이제부터는 남쪽으로 퇴각하는 것이다.

1951년 3 월 24 일 새벽 2 시경 천신만고 끝에 설악의 어느 능선 골짜기 까지 도착했다.

여기는 소청봉 옆의 **끝청**과 **귀떼기청**의 중간쯤이 아닌지…….

이 작은 능선의 남쪽, 칠흑같이 어두운 밤중이라 정확한 지형을 알 수도 없었으나 능선으로 통할 진입로는 한 사람이 겨우 지날 수 있는 정도의 좁고 가팔라서 추격병의 저지가 용이할 뿐만 아니라 넓은 개활지가 전개되어 있어 숙영하기도 좋을 것 같았다.

여기는 지금의 남설악! 어느 골짜기!!

때는 3 월 하순인데도 1,700m 상당의 고산지대여서 그런지 추위가 한 겨울 같이 대단했고, 모두가 꽁꽁 얼어붙어 있었다.

우리는 여기까지, 즉 용대리에서 부터 사상 유례없는 강추위와, 눈이 많았던 그 해, 눈 위에 솔가지를 꺾어 놓고, 잠시나마 눈을 붙일 수 있었다.

이런 정황은 사령관 이하 모두가 똑같으니, 병사의 경우는 더욱 어떠했으랴?!!……

주30) 이 작전 배치는 결사 제12연대 100 여 명은 무장과 전투경험 등에 문제가 있고, 특히 결사 제13연대는 나이 어린 학생이 대부분일 뿐 아니라 무기도 허술하기 때문에 전방 배치는 할 수 없었기 때문에 희생이 적었다.

우리들은 퇴곡리의 재침투 이후에 여기까지 양말은 단 두 켤레 밖에 지급받은 것이 없어, 겉과 속을 바꿔가면서 신었고, 단 하룻밤도 신발을 벗고 눈을 붙여본 적은 없었다.

어떤 친구는 아군이 북진하게 되니까 장가를 들어, 신혼 며칠 만에 피난길을 떠났다가 입대하였으니, 새색시 생각에 홀로 눈물짓는 등, 사기는 극도로 저하되기 시작했다.

개활지 비슷한 이곳은…… 뒤에 안 일이지만 작은 폭포 비슷한 낭떠러지의 위쪽에 자리한 약간 널찍한 개활지였다.

퇴로를 마련하지 아니한 채 안일한 생각으로 우선 다급하게 숙영지를 정한 것이 잘못이다.

여기까지 철수하는데 무척이나 고생이 많았고, 또 어려웠기에 우선 쉬어야 했다.

그들의 추격도 어렵지 아니할까 하는 안일한 생각을 한 것이고, 또 우리들이 노숙(露宿) 야영하기에는 우선 그런대로 안성맞춤의 지형이라고 잘못 판단한 것이다.

특히, 정상쪽에서 오는 길목은 대단히 좁아, 그 좁은 능선만을 단단히 지키고 있으면 무사할 만한 좋은 입지라고 속단한 것도 큰 잘못이었다.

백골병단 설악산 · 박달령 작전 요도

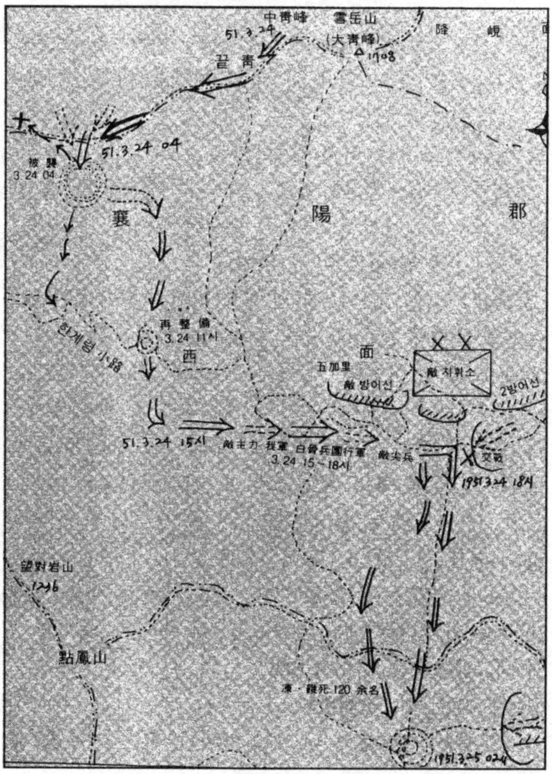

그때의 경계는 대대장의 후송만을 맡았던 11연대 2대대가 그래도 전투 손실이 적고 병력이 충실하므로, 작전관 이봉구(李奉九) 중위가 추격 저지 임무를 담당하게 하였다.

그러나 안일한 우리의 판단은 빗나간 것이다.

악착같은 북괴의 추격부대가 이곳까지 따라 붙었다.

그들은 길원팔 중장의 호송 임무를 맡고 있던, 빨치산 제5지대 놈들인 것 같았다.

사람의 능력에는 한계가 있다.

자기 혼자만의 퇴각도 어려운 조건인데 윤창규 대위의 호송까지 맡았던 2대대 병력도 어쩔 수 없었다.

굶고, 허기진 보초병이 그만 잠이 들은 것인지 ……

특히, 대대장급 이상의 장교들 옆에는 작은 모닥불까지 피웠으니, 적의 추격 부대는 우리의 위치를 쉽게 알 수 있게 된 것이 아닌가 *!!*

너무나 큰 잘못을 저지른 것이다.

너무 방심했던 것이다.

나는 평소와 같이 새벽 2~3시경 숙영지를 순찰했다.

보초병이 졸고 있기에 엄중히 경계할 것을 강력히 지시하고 돌아와 잠이 든 것 같았는데 ….

"따 쿵"

새벽 3~4시경 갑자기 밤의 정적을 깨뜨리는 총성이 매우 가까운 곳에서 들리더니,

연이어 **"따쿵"**, **"따쿵"** 하며 두세 발이 계속해서 울렸다.

나는 깜짝 놀라 황급히 일어났다.

즉각, 적의 기습부대가 추격해 왔구나 하는 생각이 들었다.

나는 오발(誤發)이냐 *!!* 하고 크게 …… 정신이 없었다.

그 답변은 「딱쿵 딱쿵」하며, 콩 볶듯하는 것이 아닌가?
바로 이때, 위쪽에 있던 병력이 우왕 좌왕 하더니,
노도와 같이 밀려내려 오기 시작했다.
나도 동시에 밀리기 시작했다!!
기습한 적의 병력은 그리 많은 병력은 아닌 듯 했으나,
이미 아군의 숙영지를 완전히 장악하고 있으니,

오직 한방향인 남서방향의 폭포 비슷한 계곡으로 후퇴할 방도 외에는 다른 방책도 없거니와 병력이 무작정 밀려 내려오니 어쩔 도리가 없었다.

지휘는 마비되고,
숙영지는 순식간에 아수라장으로 변했다.
적의 사격이나 고함 등으로 미루어 기습병력은 20~30명 정도인 듯 하나 칠흑같이 어두운 밤이고
기진맥진한 심신으로 막 첫잠에 빠졌으며,
내가 새벽에 순찰을 했을 때 경계 중에 있던 자가 방심하고 잠이 들었던 것 같다. 이러니,
어쩔 도리 없이 기습당하고 말았던 것이다.

경계보초의 태만이 부른 크나 큰 불상사 였다.

백골병단의 전작전기간 중 첫패전을 이렇듯 허망하게 기록하고 나니 오히려 실소(失笑)를 느꼈다.

산 위쪽 숙영지에서는 아직도 놈들이 수색을 벌리는 듯!
손 들엇! 하는 고함도 들리나……, 어쩔 수 없었다……
폭포 비슷한 이곳!
폭포 비슷한 낭떠러지의 높이는 약 10~20m 정도는 될 것이다.
그리 높지는 아니했고, 지도상에도 뚜렷하지 아니한 이름모를 그

런 고장 !!

한밤중이라 더욱 어지러웠다.

나도 이곳 지형을 정확히 판단하지 못했다.

숙영지 결정이전에 정찰을 당연히 했어야 했는데…… 아쉬운 후회가 막급하다.

병력이 폭포 쪽으로 밀려 내려오고 있을 때……

내 어깨 위를 어느 병사가 덮치는 바람에 팔이 부러질 것 같아 총을 벗어 던지니, 총도 없어지고, 순식간에 엉망인 수라장(修羅場)으로 변했다.

참으로 고소(苦笑)를 느낀다.

고소도 슬픔도 살아 있으니 나오는 것이 아닌가?!!

내 꼴이 이 모양이니 생포당한 동지도 제법 생겼다고 본다.

정확히 파악되지도 아니했다.

사격이 잠시 멈추더니 여기저기서 손을 들라고 북괴군 놈들이 고함을 치고 있다.

나는 전우들에게 밀려 내려오다가 폭포 상단부(上端部) 끝부분의 바위 틈 사이에 몸을 의지할 수 있었다.

나보다 1초의 몇 10분의 1인가 하는 순간에 먼저 그 홈이진 바위 사이에 끼어 든 동지가 하나 있었는데, 이 친구가 오돌오돌 떨기 시작하더니, 와들와들 흔들릴 정도로 떨고 있는 것이 아닌가.

그에게 꽉 껴 붙어 있는 나도 함께 흔들리면서 떨린다.

위에서 손 들엇!! 하는 고함이 여기저기서 들린다.

이때, **이 새끼들!**

내가 대대장이다!! 라고 윤대위가 고함을 지르자 즉시,

북괴놈, 저놈을 생포하라!! 어느 놈인가 외쳤다.

북괴놈들이 윤창규 대위에게 덤벼드는 듯 했다.

이때!

윤 대위가 간직한 수류탄이 작열 함과 동시에 북괴놈들의 외마디 비명도 들렸다. **때는 1951년 3월 24일 04시경이다.**

정말 훌륭하고 **장렬하게 생을 마감하는** 순간이었다. 주31)

윤대위의 장렬한 죽음 이후에 자결하고자 했으나

나는 총이 없어 죽을 수도 없었다.

나는 위쪽에 불쑥 나와 있는 총을 발견해 그 총으로 자결하려 했으나 실탄이 없었다.

죽을 수도 없게 된 나는 두 다리를 쭉 뻗고 고개를 앞으로 숙인 채 폭포를 미끄러져 내려갔다.

계속 하류 쪽으로 뛰었다.

위에서 총을 쏘는 소리가 들렸지만, 나는 앞만 보고 계속 뛰어 50~60m쯤 앞에 있는 커브를 돌아 적의 시계(視界)를 벗어났다. 주32)

주31) 윤창규 대위의 **살신성인(殺身成仁) 충용(忠勇)**의 "얼"을 영생토록 빛내기 위해 우리들 백골병단 전우회 회원 일동이 1,600여 만원을 헌성하고, 육군 제3군단의 전적비 부지 사용 승인을 받은 뒤, 국가보훈처의 협찬 지원 700만원을 얻어 총공사비 2,300만원으로 우리들의 전적비 옆 경내에 **충용비를 건립**하여 2006. 6. 5. 제막하였다.

한편 (고) 윤창규 대위에게 태극무공훈장의 추서를 건의했으나 수여되지 않고 있다가, 필자가 정부에 훈장수여를 신청한 것을 다시 심의한 뒤,

2012년 6월 25일에 이르러 **충무무공훈장**을 추서해 주시어 용산전쟁기념관 2층(6.25 기념관)에 전시하였다.

주32) 내가 발굴한 한국전쟁사료 정기정보보고 제93호 책 p#1050에 「국군 제7사단 정면」에 의하면,

1951. 04 02 15 30 **아 유격대 제11연대 제1대대 제3중대장의 진술에 의하면**, 설악산 DT5418에 있는 적은 중공군이 아니고 소속미상의 적 약 1개 사단이라고 하였다.

이 보고로서 아 유격대, 즉 육군본부 직할 결사유격 제11연대 제1대대 제3중대장의 신분이 뚜렷하게 밝혀졌다.

'이제는 살았다.'

희미한 안도감이 긴 한숨으로 배어 나왔다.
나는 계곡 하류 쪽으로 계속해서 더 뛰었다.
한참 가니까 퇴각하고 있던 우리 부대의 후미(後尾)가 나왔다.
맨 앞쪽으로 더 뛰어가 퇴각을 멈추게 한 후,

재편성을 시도했다.
1951년 3월 24일 10시경 이었다.
재편성을 시도해 보니 60여 명이나 되는 전우를 잃고 말았다.

여기까지 죽을 고생을 하면서 퇴각하던 윤창규 대위의 장렬한 전사는 말할 것도 없고, 주33)
온갖 고생을 참으면서
용감하게 싸웠던 낯익은 전우들도 보이지 않았다.

이처럼 백골병단의 전사에서 참담한 피습을 당한 원인을 살펴보면,

첫째, 백담사를 출발한 부대는 상상할 수 없는 험한 코스를 자그마치 14시간 이상 강행군 했을 뿐 아니라 3월 19일부터 24일 02시까지 5일 동안 잠을 자지 못했고,

둘째, 적 정규사단의 집중 포위공격을 받아 극도로 피로해진 심신과 장비의 부실을 들 수 있으며,

셋째, 산악에 투입할 부대에 대하여 그 흔한 로프 한 가닥 없는 등 산악장비가 전혀 지급되지 않았으며 산악전 훈련도 되어 있지 않았던 점,

---

주33) 윤 대위의 시신을 찾지 못한 채 필자가 1989년 전사확인을 신청, 관계당국의 추인으로 현재 국립묘지 현충탑 위패실(동작동)에 위패가 안치되어 있고, 충용비 건립 외에 5,000여만원의 기금을 우리들이 마련하여 해마다 거행되는 6월 현충행사시 부사관을 위한 **충용특공상**을 수여(2명, 각 50만원씩)하고 있다.

넷째, 소청봉에서 서남방향으로 이동(한계령 방향으로)하다가 능선부 부근의 평편한 개활지에서 숙영하려면 최소한 능선 진입선을 2중, 3중으로 완전히 차단해야 하고, 만약을 대비한 퇴로를 확보했어야 함에도 불구하고 이를 소홀히 한 점,

다섯째, 숙영지에서 새벽 3시경 직접 순찰로 확인했음에도 순찰이 지나간 뒤에 경계병이 방심(放心)하여 잠든 사이에 기습을 당한 것으로 추정된다.

특히 기습한 적의 병력이 20~30명에 불과한데도 이를 효과적으로 제압하지 못한 것은 지휘부의 큰 실책으로 지적된다.[주34)]

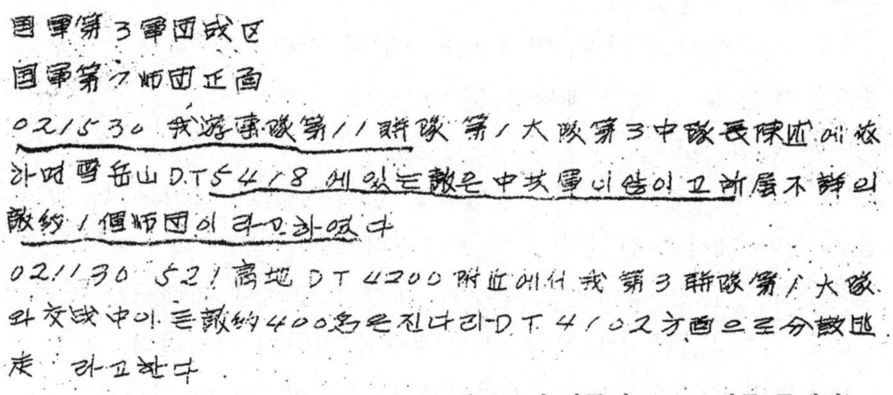
國軍第3軍團戰区
國軍第7師団正面
021530 我遊擊隊第11聯隊 第1大隊第3中隊長陳述에 依하면 雪岳山 D.T5418 에 있는 敵은 中共軍이 않이고 所屬不詳의 敵約 1個師団이 라고 하였다
021130 521高地 DT 4200 附近에서 我第3聯隊第1大隊와 交戰中이든 敵約400名은 진다리 D.T. 4102 方面으로 分散逃走 라고 한다.

(1951년 전투정보보고 원문 중에서)

주34) 1970년 초에 내가 전쟁기록을 쓰겠다고 하니까 채 중령께서 극력히 만류하였는데, 뒤에 알고 보니 그분은 이미 1956년에 「**사투만리**」 "채명신 유격대의 공적기"를 육군본부가 펴낸 책에 기고한 바 있었고, 그 뒤 1992년에는 매일경제신문의 「주간 매경(每徑)」, 「원로교우기」에 이어 "사선을 넘고 넘어"란 그 분의 회고록을 출판했다. 그런데 이 모두에서 가장 중요한 백골병단의 창설지와 날짜 등의 기록은 전혀 없고, 오직 적장 길원팔 생포기에 이를 희극적으로 묘사하여 우리들의 위상에 흠집을 남겼다.

내가 이 실화를 담은 글을 자신있게 쓸 수 있었던 것은, 크고 작은 많은 전투에 직접 참여했을 뿐 아니라, 전진 할 때는 맨 앞에 섰기에 잘 기억하고 또 그 당시의 아군정보 보고(Ⅱ급 비밀)를 육군본부 문서고에서 직접 발굴, 확인한 것을 포함하여 격전지 방문 등으로 기록을 20여년간 수집했기 때문이다.

6. 대낮에 적 진중 행군

나는 폭포 비슷한 낭떠러지에서 목을 뒤로 제치면서 깜짝할 사이에 미끄러져 내리니 눈이 가슴쪽까지 차올랐다. 스폰지와 같았다. 계곡의 커브를 도니 사계(射界)를 벗어났다. 그로부터 2~3시간 정도 더 내려가

도로 비슷한, 약간 평탄한 곳으로 진입하기 전에 부대의 선두를 정지시키고

재편성을 시도했다.

"정규옥" 상사는 이때, 밀려 내려오면서 작전지도 및 전투상보 등 중요문서가 들어 있는 배낭을 잃어버렸다.

이거 큰일 났다!

"정" 상사는 곧, 그 폭포 웅덩이로 다시 달려가 살펴본 뒤 그 배낭을 찾아 가지고 간신히 살아 돌아왔다.

폭포와 같은 낭떠러지는 경사가 대단히 급해서 위에서는 사격이 어려운 곳이라, 잘 살펴보니 그의 배낭이 떨어져 있더란다.

백골병단의 전투상보 등 기밀자료가 다시 확보된 것이다.

1951년 3월 24일 새벽 2~3시경 적으로부터 기습을 당하고

죽을힘을 다해 퇴각했으나,

그 곳이 어디쯤인지도 정확하게 판단되지 않았다.

다만, 지형으로 볼 때 지금의 남설악, 오색리(五色里) 온천골 계곡 부근이 아닌지 …….

약간 더 진출하면, 오색 약수터에 이르게 될 것이란 판단 아래, 원통(元通)리와 양양(襄陽)으로 통하는 도로(지금의 한계령을 넘는 도로로서 당시에는 등짐을 실은 소조차 다니기 어려운 험한 소로였음)에 진입할 수 있을 것이라고 판단되었다.

재편성을 하고자 했으나 모두가 기진 맥진하여 명령이 제대로 먹혀들지 않았다.

나는 우선 제11연대의 각 대대별로 10여 명씩 대오를 갖추게 하고 12·13 연대도 집합 시켰다.

여기까지 퇴각한 병력은 400여 명 상당이나 되었으나,
총이 없는 자
신발도 모자도
배낭도 없는 자 등
패잔병의 몰골들이었다.
그러나 기개만은 아직도 살아 있는 대한의 용사들이 아닌가!!

나는 외쳤다!!
여기서 주저앉으면 모두 죽거나 포로가 된다.
우리 모두는 살아서 고향으로 가자!!
부대를 따르지 않으면 모두 죽는다!!

고함을 지르니 대오가 정비되기 시작했다.
기습을 받은 부대의 사기는 극도로 저하되어 있었다.
생(生)과 사(死)의 고비를 맞고 있었기 때문이다.

여기서 부터는 적정(敵情)을 전혀 판단할 수 없는 터 라
정찰조를 앞 세워 행군 제대(梯隊) 그대로 진출하는 도리밖에 별 도리가 없었다.

나는 믿을만한 제11연대 제1대대 작전관 이만우(李萬雨)중위(경북 의성? 출신)를 맨 앞쪽에 배치하여 돌파토록 하되, 주력부대의 전방 20~30 m 거리에는 정찰 결사대를 배치하고 그 결사대 전면에 내가 나섰다.

행군 도중 전방에 장승 같은 놈 두 놈이 진눈깨비 속에 나타났다.
자세히 보니 외투를 잘 입은 장교(군관)같은 놈들인데 우의(비 옷)

를 입고 서 있는 것이 아닌가!!

여기까지 중앙에서 지휘하던 채 중령이 앞으로 나와 중국말로 "니하오마?"라고 인사할 때 이남학 소위 등 특공대가 그들 옆을 지나는 척하고 순식간에 놈들을 해치웠다.

3월 24일 15시경 적 진중의 행군은 3시간 뒤인 18시경까지 계속 이어졌다.

우리는 당당하게 적의 진중에서 동해 방면으로 계속 행군 했다.
이때도, 나는 최선두에서 지휘 했다.

약간 큰 소로길을 행군하고 있을 때,
뒤에서 갑자기 전달이 왔다.

"앞으로 전달! **파랑새 뒤로**…"
그날 나의 암호(暗号)가 「**파랑새**」였다.
뒤에서 무슨 변고가 생겼나 하고 뒤로 처 지니

또다시 **"파랑새 앞으로!"** 하는 전갈이 왔다.
나는 작전 보좌관 정규옥(丁奎玉) 상사와 함께 행군 제대의 앞뒤로 정신없이 뛰어다니면서 행군을 독려했다.

이때까지 백골병단의 총 병력은 410여명 상당이었다.
이 날은 눈과 비가 섞여 내리는 음산한 날씨 였다.

내가 선봉에서 지휘한 적 진중 행군은 4~5 km 정도 진행되어, 박달령〔단목령(檀木嶺)〕 입구 오가리(五加里) 쪽까지 이어졌다.

대낮에 적의 진중 한가운데로 4백명이 넘는 대병력을 이끌고 행군한다는 것은 동서고금(東西古今)을 통틀어 어느 전사(戰史)에서도 그 유례를 찾기 어렵지만 이것은 엄연한 진실이고, 또 실제의 상황이었다.

파랑새 뒤로!!

나는 급히 뒤로 뛰어가니, 우리들의 뒤를 따라, 북괴군의 대부대가 행군해 오고 있는데,

그 수가 엄청나게 많아 구불 구불 움직이고 있는 것이 아닌가!

설악산에서 기습을 받아 총과 배낭이 없는 자, 신발도 신지 못한 병사 등 정말 패잔병의 몰골들이었으나, 400여명의 병력을 맨 앞에서 선도하는 작전참모(전인식)는 정말 어렵고 힘든 일이었는데……

정말 큰일 날 뻔했던 것이다.

조금 전 길가에서 만난 중공군 두 놈을(무슨 고문관쯤 인 듯한 놈) 총으로 해치우지 않은 것 만도 천만 다행 이었다.

행군이 계속되고 있을 때

앞쪽 적의 벙커에서 적병으로부터

서라!! 하는 수하를 받았다.

적병이 나 에게

"서 라!

동무들!! 소속이 어디메오!!" 라는 강한 수하(誰何)를 받자

나는 무엇인가 말하는 것같이 "우물 우물" 하면서,

오히려 **으시대며,** 행군을 계속 했다.

무슨 대답인지 저놈들은 알 수 없었는데….

나는 죽기 아니면 까무라치기 아닌가….

적의 작전지역이라 우리가 행군 했던 길의 남사면(南斜面)에서는 적의 참호가 즐비하고,

일부는 계속해서 참호를 보수 중에 있었다.

잠시 후, 우리병력의 뒤쪽을 따르던 북괴군의 첨병(尖兵)은 외투를 잘 입고

장총에 착검까지 한 네놈이 2열로 대오를 맞추어

우리들 전방 정찰병력 옆으로 다가 왔다.

그들이 나의 옆을 스쳐 지나간 직후,

나는 놈들과 10m 이내의 거리를 확보하고 속보(速步)로 양양 방면으로 **놈들과 함께 행군**해 갔다.

우리부대 400여명을 이끌고 계속 행군해 갔던 것이다.

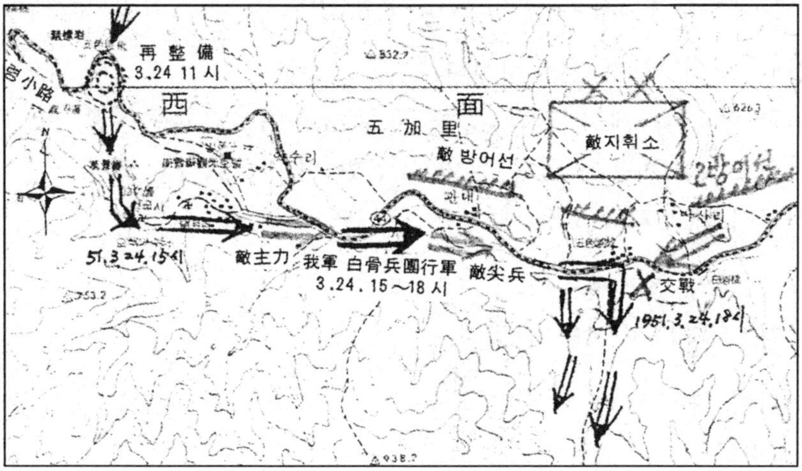

<양양군 서면 오색리 → 오가리 대낮의 적 진중 행군 요도>

대단한 배짱이었다.

얼마 동안 놈들을 앞세우고 행군한 뒤,

우리 부대의 후미를 보니

그 수를 알 수 없을 정도로 많은 북괴군 주력(主力)부대가 우리들의 뒤를 따라

행군해 오고 있는 것이 아닌가!

즉, 우리는 그때, 북괴군의 주력 부대와 척후병의 중간에 끼어 있었던 것이다. 주35)

주35) 필자가 그 뒤 조사 · 확인한 바에 의하면, 북괴 10사단은 아군 9사단에 의해 괴멸된 다음 그 일부가 오대산 동측의 노인봉 → 송천 → 철갑령으로 북상하

적의 첨병(尖兵)들은 18 ~ 19 세쯤 되는 애들인데, 우리 쪽을 이상한 듯 힐끔거리고 보았으나

놈들은 「워키토키」 등 비상통신(非常通信)수단이 전혀 없어

주력부대에 이런 상황을 전달할 수는 없었던 것이다.

맨 앞쪽에 선 내가 길 모퉁이를 돌아서니 앞에서 갑자기 또 **"서라!"** 하고 북괴병이 소리를 쳤다.

너무나 놀라고 당황했지만

침착하게 앞의 부대와 같다는 시늉을 하니까

의아해 하면서도 그대로 통과 되었다.

잠시 후, 공회당 인지 학교 인지 제법 큰집이 있는데

그들의 전방 무슨 본부 쯤 이었던 곳으로,

우리들 앞에 나간 첨병들이 그곳에 있는 보초에게 무어라고 말하더니,

안쪽으로 급히 뛰어 들어가는 것으로 보아

우리의 정체를 의심 했던 것 같았다.

그곳은 단목령 북쪽 편으로 우리들이 박달재에 진입할 수 있게 되었으나

개천에는 외나무 다리 한 개가 걸쳐져 있을 뿐이었다.

여 동해안의 적 69 여단과 합류하려던 자 들로서, 3 월 19 일 이전 병력은 약 4,000 여명이었으나 그 뒤 손실을 크게 입어 1,500 명 내외의 병력이 300 ~ 400 명씩 합류하여 북상했다.(한국 전쟁사 4 집 제39 장 동부전선 반격작전 p.634 참조) 이들이 이곳 단목령 북사면에 집결 포진 중에 있었던 것이다.

필자가 발굴한 바에 의하면,

<한국 전쟁, 제 3 사단 18 연대 정기정보보고> 제 92 호 p.984 및 p.1,024 에 의하면, "국군 제3 사단 전방에 북괴군 1개 사단이 오색리에 집결하고 …" 로 기록되어 있고, <한국 전쟁사> 4 집 제39장에도 북괴 제2군단의 이동 및 제69여단이 제3군단에 배속된 내용 등을 수록하고 있는 것으로 미루어, 이곳에 집결 중에 있던 놈들은 북괴 10 사단의 전방 지휘소쯤의 병력이 아니였나 추정된다.

여기까지 설악의 이름모를 폭포에서 퇴출(退出)한 부대가 오색리(五色里) 약수터에서 오가리(五加里) 국민학교 앞 단목령(檀木嶺) 입구까지 적의 진중(陣中)을 이열종대로 대낮(白晝)에 행군으로 퇴출했는데, 뒤에서는 대병력이 행군으로 뒤쫓아 오고 좌측(左側) 산비탈 벙커에서는 적 병력이 벙커를 보수·경계 중인 도로로 400여명의 병력을 최선두(最先頭)에서 지휘한 작전참모는……

제4부 박달재의 비극

1. 박달재의 비극

1951년 3월 24일 새벽 4시경 기습을 당한 뒤, 15시간 정도가 지난 오후 7시쯤이다.

"뒤로 전달! 일렬종대로 다리를 건너라!"

나는 상황이 급박하다고 느꼈으며,

일렬종대로 건널(외나무 다리) 것을 명령했지만,

겁에 질린 대원들에게 이 명령이 먹혀 들 리가 없었다.

도로를 따라 종대(縱隊)로 오던 대열이 갑자기 횡대(橫隊)로 바뀌면서 물과 얼음이 허벅지까지 차는 개천을 건너 박달재가 있는 남쪽 산으로 달라 붙게 되었다.

1951년 3월 24일 밤중에 강원도 양양군 서면 오가리에서 인제군 기린면 진동리 설피밭으로 넘는 고개

단목령(檀木嶺), 일명 **박달재**에서 일어난 비극은 끔찍한 사건으로 기록된다.

백골병단 전사(戰史) 중 가장 참혹한 비극이다.

강원 동북부의 산간 고지대

3월 하순임에도 불구하고,

강원 북부 산악지대라 저녁·밤에는 얼음이 얼어붙는 등 추위가 대단 했다.

우리들이 박달재 입구로 접어들자,

북괴 놈들도 우리의 정체를 알아 차린 것 같았다.

날은 이미 칠흑 같은 어둠이 깔리기 시작한 때였다.

맨 앞에서 부대를 지휘하던 나는 외나무 다리를 건너 모퉁이를 막 도는 순간

어깨에 전화선(電話線)을 둘러 맨 북괴군 세 놈과 맞닥 뜨렸다.

그놈들이 나를 보고 **"손들엇!"**

비와 눈이 섞여 내리는 어두운 밤중에….

나를 먼저 발견한 그들 중 한 녀석이 나에게 총구를 들이 댔다.

너무나 갑자기 당한 일이라 멈칫하며 손을 드는 척 하면서

힘차게 소리 쳤다.

"나는 군관이다.!"

그러자 다른 한 녀석이 미심쩍다는 듯 내 옆으로 와 머뭇거리더니

또다시 **"손들엇!"** 하고 외쳤다.

나는 손을 들기는 커녕

지체 없이 그놈을 쏘았고,

엎드리는 두 놈도 그대로 갈겼다.

삽시간에 세 놈을 해 치운 것이다.

이 총성에 부대원들은 모두 놀랐다.

나는 주위의 전우들을 따라 산 위쪽을 향해 뛰었는데, 한참을 뛰던 중 발을 잘못 디뎌 미끄러지면서 그만 물웅덩이에 빠지고 말았다.

웅덩이 속에서 간신히 헤어 나오니 곧바로 옷이 얼어붙기 시작 했다.

거기다가 왼쪽발에서는 쥐(마비)까지 나서 도저히 움직일 수 조차 없게 되었다.

이때, 옛날 스승의 말씀이 생각났다.

해방직후 내가 중학교에 다니던 시절 "정규택" 이라는 체육(수영)

선생님은 수영중 발에 쥐가 나면 물속에 가라앉아 다리를 쭉 뻗고 엄지발가락을 앞으로 잡아 당겨 꺾으면 응급조치가 된다고 가르쳐 주셨다.

나는 그 선생님 말씀대로 하려 했으나 누비바지의 끈이 미끈대면서 도저히 풀리지 않았다.

대검을 가진 전우를 찾아도 모두 정상쪽으로 퇴각하기 급해서 도움을 받을만한 전우가 없었다.

하는 수 없이 **"나는 파랑새 다!**

나를 따르라!" 하고 나지막히 외치자 곧이어 7~8명이 모였다.

나의 그날 "암호"가 "파랑새"였다.

그들의 도움으로 바지 가랭이 끈을 끊고 왼쪽 엄지발가락을 꺾으니 쥐가 멎고 괜찮은데, 또다시 오른발에 쥐가 올랐다.

하는 수 없이 두 발의 엄지발가락을 모두 꺾고 비비대는 마사지를 하여 간신히 죽을 고비를 우선 넘겼다

온몸이 얼어 붙기 시작해, 얼어 죽게 된 형국이었다.

나는 전우의 도움으로 겨우 살아난 뒤 산정(山頂)을 향해 뛰면서 전우를 모으기 시작했다.

"파랑새 여기다!

파랑새 여기다!

나를 따르라!" 나지막하게 힘주어 외치면서,

정상 쪽으로 대원을 이끌고 고개 위로 향 했다.

박달재 계곡의 개울은 눈 녹은 물이 흘러내리면서 곳곳에 웅덩이가 생겨 났다.

밤이 되면 개울마저 얼어붙어 잘못하면 물웅덩이로 미끄러지게 마련이다.

진눈깨비를 흠뻑 맞은 옷은 밤 10시경부터는 얼어붙기 시작했다.

어디선가 "능선으로 올라가라" 라는 고함소리가 들렸다.

모든 대원들은 계곡에서 벗어나 능선방향의 정상을 향하여 계속 올라갔다.

그런 위급한 때, 어디선가…….

"옥저야! 옥저야!"

누군가 옥저를 찾아 부르는 소리가 들렸다.

'옥저'란 이름의 여대원은 강릉 K여고 5학년에 재학중이던 여학생으로 매우 열렬한 반공 여학생이었다.

그녀는 사천냇가의 어느 부락에 제법 큰집에 피신해 있다가 우리에게 자원하여 함께 행동하게 되었다.

그녀는 퇴곡리의 백골병단 창설이후 여기까지 계속 함께하고 있어서 우리 대원 모두가 잘 알았다.

그러한 그녀의 이름을 크게 부르는 사람도 알만 했다. 이런 위급한 때……

자신의 위치를 우리들에게 알리려는 뜻이 포함되어 있으리라는 점도 쉽게 짐작할 수 있었다.

"파랑새 여기다!

파랑새 여기다! **나를 따르라!"**

나는 사령관이 계실법한 박달재의 정상쪽으로 대원을 이끌고 가면서, 고개위로 향 했다.

얼마 동안을 무작정 걸으니 정상 부근에 다다른 것 같다.

3월 하순이지만 일부 양지쪽을 제외하고는 잔설(殘雪)이 아직도 온 누리를 덮고 있었다.

추위에 떨고, 피로에 지친 장병들이 여기 저기 쓰러져 있었으나, 어느 누구 한사람 그들을 구하거나 부축할 힘도 없었다.

나는 정신없이 계속해서 걸었다.

한발 한발 걸을 때마다 쥐가 났던 다리는 바늘로 찌르는 듯한 통증이 오고

물웅덩이에 빠졌던 바지는 얼어붙어 사각 사각 소리를 냈다.

너무 힘에 겨운 나는 한참을 가다가 말고 그만 주저앉은 것 같았는데, 그 자리에서 잠이 들어버렸나 보다.

얼마동안의 시간이 흘렀는지도 모르는데 누군가 나를 흔들어 깨웠다.

정신을 겨우 차려보니

나를 따르던 전우들은 하나도 없었다.

칠흑 같은 밤이라 그들은 내가 주저앉은 것도 모른 채 모두 가버렸던 것이다.

"아니, 작전참모 아닙니까?" 이거 큰일 납니다.

"빨리 내려가야 합니다."

하면서, 부축해 주는 사람은 상사(上士)였다.

그는 나의 생명의 은인이다.

그가 나를 깨우지 않았더라면 나는 그대로 조용히 얼어 죽은, 즉 동사(凍死)하고 말았을 것이다.

나는 그들의 도움을 받아 일어나려 했으나,

무릎 아래쪽의 감각이 전혀 없었다.

그와 또 다른 전우 한명이 나를 양쪽에서 부축 해 주어

발을 질질 끌면서 한참을 갔는데도 감각은 되돌아 오지 않았다.

내 자신이 괴롭기도 하고 그들에게 미안하기도 해서 나를 그냥 내버려 두고 가라고 애원(?) 했으나,

그들은 나를 계속 부축하면서 내려 갔다.

나는 이름도 알 수 없는 두 명의 전우 덕분에 죽음의 문턱에까지 갔다가 되돌아 온 셈이다.

그날 밤 박달재에서 우리는 120 여명이나 되는 많은 전우를 잃었다.

여기서 나의 작전하사관인 정규옥(丁奎玉) 상사와 1대대 선임하사 박승록(朴勝錄) 중사가 합심하여 얼어 죽기직전의 전우 10여명을 구출하여 그들을 데리고 박달재를 넘은 숨은 공로가 있었다고 한다.

참으로 고귀한 전우애의 발로라고 생각한다.

빨치산은 굶어 죽고,

얼어 죽고,

맞아 죽는다고 하는데 이들의 전우애는 고전 화랑(花郞)의 귀감이 아니던가……

굶고 허기져 쓰러져, 많은 전우들이 얼어 죽었다.

참으로 기막힌 일 이다.

그 중에서도 10여명만이 살아남은 것이다.

적으로부터 공격을 받은 곳은 양양군 서면이요,

우리장병이 수없이 많이 **얼어 죽고, 굶어 죽은 곳은**

인제군 기린면 진동리 북방 박달재 고개 남쪽 편평한 **설피밭 삼거리** 부근이다.

그러나 그들은 모두 북괴군 복장이었기에 뒷날 아군 3사단(?)이 백골라인(일명 카이로 라인)인 이곳으로 진격해 왔을 때 북괴군으로 오인되어 발길로 걷어 차이는 등 또 한번 서러운 대접을 받았다고 들었다.

내가 전우의 도움을 입어, 간신히 부대의 뒤를 좇아 채 중령이 계신 설피밭 삼거리 부근에 이르렀다.

1951년 3월 25일, 먼동이 어슴프레 밝아오는 **여명의 새벽**, 채 중령이 계신 곳에 도착한 것이다. 주36)

이 곳은 인제군 기린면 진동리 설피밭 삼거리 38도선 접경지로서 작전상 요충지였으므로

6·25 이전에 부락민을 모두 다른 지방으로 이주(移住)시킨 듯 흙벽만 앙상하게 남아있는 제법 오래된 빈 집터 였다.

여기서 나(필자)보다 10여분 정도 뒤 진동리 삼거리에 도착한 보좌관 이덕일(李德鎰) 전우가 합류할 수 있었다.

이덕일 전우(사령관 보좌관)는 함북 청진(淸津) 출신의 서울대 법과대학(法大) 3학년에 재학 중인 엘리트로서 채 중령의 연락병으로부터 받은 미숫가루 죽을 작전참모가 나누어 주어 함께 먹었기에 살았다고 말하고 있다. 이 동지는 현재 뉴욕에 거주 중에 있으나 건강상 문제로 서울에는 오지 못하나 안부전화를 자주하는 열혈 참전전우이다.

주36) 필자가 조사 확인한 자료에 의하면,

<한국 전쟁사> 제4집 제39장 동부지구 반격 작전 p.635에는 "제1군단 및 제3군단은 1951. 3. 25~26일 양일간에 공격을 개시하여 담당지역 내의 카이로(Cairo) 선(동해안 양양으로부터 서쪽으로 영덕리 - 현리 - 어론리를 연하는 38°선 북쪽선)을 점령하라는 육군본부 작전명령 제263호 수정 작전 지시 제10호(51. 3. 25. 08:00)에 따라 수도사단은 카이로선 진출 및 양양을 공격하고, 제9사단은 그 서쪽을 방어하면서 점차적으로 진출하도록 군단장이 명하였다. 라고 기록되어 있고, 한편 북괴 2군단은 3월 24일 지휘소를 현리 부근인 궁동에서 다시 후퇴 북상시켜 인제 부근의 덕산리로 집결하고 있었다" 고 기록되어 있다.

또한 "수도사단은 51. 3. 25. 작전명령 제128호로 예하 제26연대에 대하여 주문진에 진출하여 양양을 공격 점령하라. 제1연대는 명지리선에서 좌일선으로 우암리 - 양양 서쪽을 점령 카이로선을 확보하라" 는 대목도 기록되어 있다.

이러한 때 백골병단은 적 제1, 2방어선의 축선상(軸線上), 즉 카이로선 북방에 위치했었음이 전사(戰史)에 의해 확인된다. 참으로 급박한 환경 이였음을 알 수 있다.

작전참모를 살리라는 지시에 따라 불을 피웠으며, 불빛을 거적 같은 것으로 가렸으나 적이 알았는지 소총탄의 공격이 날아와 황급히 불을 껐다.

이때의 동상이 60여년이 지난 지금에도 부었다 내렸다 하며 간지러우니 그 영향이 있는 것 같은데 그 옛날에는……

참으로 어려운 세월을 보낸 것 같다.

우리가 도착한 이곳은 북괴군의 최 전방인 주저항선(主抵抗線)과 박달재 넘어 오가리 부근의 제2 방어선 상 공간지대인 것 같았다.

동쪽으로는 1,136 m 의 높은 산이 있었지만 주위가 800 ~ 900 m 상당의 고산(高山)지대이므로 야산 정도로 밖에 보이지 않았으며,

능선 또한 대체로 평편 했다.

나는 작은 개울을 건너 가칠봉 쪽을 향하여 우회하는 수정된 계획대로 서남방으로 진출 했다.

여기서, 나는 **결사 제11연대 1대대장 현규정**(玄奎正) **대위**(보좌관 출신)에게 진동리 진흑동 방면을 정찰 **공격하는 척 하다가 돌아와** 본대와 함께 가칠봉 쪽으로 퇴출(退出)하도록 양공(陽攻)의 임무를 부여했는데, 현 대위는 어차피 죽을 바에야 놈들을 하나라도 더 처치하고 죽겠다고 마음 먹었는지 결사적으로 적의 대부대에 선제공격(先制攻擊)을 감행하여 적 10여명을 사살하였으나 1대대장이 여기서 전사하였다. 주37)

주37) 현규정 대위 등이 설피밭 삼거리를 떠날 때는 몹시 흐린 날씨였고 진눈깨비가 흩날리던 음산한 날이었다.

나와 전우들이 89 년 4 월 26 일 진동리에서 그 분이 전사한지 38 년 1개월이 되는 날 현지를 탐방하여 확인한 바, 당시 그는 설피밭에서 지금의 진동 2 리, 즉 38 선 남방 1 km 지점까지 4.5 km 상당을 진출한 것 같았다.

저녁 어둡기 직전에 이곳에 도달한 현 대위 일행 30 여명은 남쪽 진흑동 방면에서 북상(北上) 퇴각하는 북괴 3 군단 예하 정규군과 조우하자, 이쪽에서 먼저 사격을 가하였다고 한다. 곧이어 남쪽에서 올라오던 적군들이 일제히 반격을 시작하여 치열한 격전을 벌였다고 한다.(이는 그 당시 그곳에 거주했던 **이동균 씨의 증언**이다.)

이씨에 의하면 남루하고 피곤에 지친 몰골의 인민군들이 계곡을 통해 올라오던 많은 인민군들에게 먼저 사격을 가하여 남쪽에서 올라오던 인민군이 많

여기 전투에서 탄약의 부족과 누적된 심신의 피로, 엄폐물이 없는 개활지라는 지형적인 불리 등으로 대대장 자신과 이등상사 류동현(柳東鉉) 등 20여 명이 장렬하게 전사하는 비운을 맞았으며,

제1대대 대대장과 함께하던 선임하사 홍금표(洪金杓) 상사는 적의 공격을 제압하며 퇴각하였다고 한다.

이곳에서 치열한 전투가 벌어지자 지원 임무를 담당하고 뒤따르던 제11연대 본부중대장 김영돈(金榮敦) 중위 등 10여 명도 계곡 입구에서 다시 북상하여 간신히 돌아왔다.

이곳 진동리 설피밭, 대령재, 박달재의 전황은 기억하기조차 괴롭다.

22시경 현규정 대위 등 제1대대가 귀환할 수 없음을 파악한 나는 저들을 구출할 수도 없는 것으로 판단하고, 주력부대는 928고지의 북방계곡을 이용하여 남하 하기로 작전계획을 크게 변경 했다.

여기서 적정을 살펴보니, 가칠봉(1,164고지)과 동쪽 1,104고지를 연결하는 선이 적의 방어진지 라인 일 것으로 판단 되었다.

가칠봉 남동 방면에 이르니, 오히려 이곳이 완전한 적의 제2방어선과 주저항선 진중(진지 중심부) 이었다.

여기서 정찰팀을 자원으로 모집하여 8~9명을 확보했다.

이 죽었다고 한다.

날이 어두워지자 그들은 조명탄과 기관총을 쏘고 수류탄까지 던지면서 격전을 벌였다고 한다.

1989년 7월 12일(음 6월 10일) 결사 제11연대 제1대대 소속 특전용사의 유해 발굴에 참여한 필자 등 참전전우 18명과 803정찰대대 장병에 의하여 유해 발굴을 했는데 이날이 공교롭게도 **나의 환갑(還甲)날**이다.

세상사는 일이 왜 이다지도…….

나는 환갑까지 살아 있으니 **염라대왕**의 보살핌 인지도 ….

이 유골이 정녕 현규정 대위 것이었는지는 확실히 알 수 없었지만, 유골은 아무런 말이 없었다. DNA 고 뭐고 하는 따위는 요사이의 일이니까……

여기서 발굴한 유골에서 가장 뚜렷한 정황은 아군의 경찰관 복장 단추였다. 단추 속에 무궁화 무늬가 뚜렷했기 때문이다.

개인거리 5~6m씩 갈 지(之)자로 배치하여 지뢰탐지를 하게했다.

작은 계곡과 언덕을 2개쯤 넘었다.

총성도 제법 먼 뒤쪽에서 간간이 들릴 뿐이다.

맨 앞쪽에서 지뢰를 밟으면 그 폭발력으로 뒤따르던 두 번째까지는 다치게 마련이다.

지뢰가 폭발한 자리에는 직경 1.5m, 깊이 60~70cm 쯤의 웅덩이가 파졌는데, 그 곳에서 정세균(鄭世均) 중위가 폭사하고 말았다.[주38)]

우리는 갈갈히 찢겨진 그의 시신을 수습하여 지뢰폭발로 생겨난 웅덩이에 폭파된 흙과 눈으로 묻어 주었다.

정중위의 앞에 있던 김수창(金壽昌) 중사가 폭파된 흙덩어리, 시루떡과 같은 덩어리가 허리를 때려 부상을 입기도 했다.

이때 우리들은 모두 지쳐있고 그 동안 보급을 전혀 받지 못해 탄약도 거의 전무(1인당 5~6발 정도)해 참으로 큰일이 아닐 수 없었다.

※ 여기 진동리 설피밭에서 이등중사(병장) 차주찬이 적에게 포위되어 놈들에게 잡히고 말았다. 3~4명 정도의 전우가 잡혔다고 한다.

적의 진영도 혼란이 극심한 때, 새끼줄로 포박되어 있었으므로 포박을 풀고, 놈들이 다가오자 놈의 총을 빼앗아 그놈을 사살한 후, 다른 전우들과 함께 탈주할 때, 우족에 관통상 피해를 입었으나 계속 탈주하여 4월초 강릉으로 귀환한 뒤, 병원에 입원, 치료 후 귀향하였다고 한다.

주38) 고 정세균 중위는 학도병으로 출정하여 지구(地區) 미상에서 전사한 것으로 그의 부친께서 처리했으나, 「1989년 4월 권영철 부회장이 서울대 치과대학 학적부에서 본적지를 확인한 뒤 필자와 함께 육군본부에 전사확인 신청을 하여 군번 GO1010, 계급 중위로 전사 확인을 받은 다음 국립묘지(동작동)에 위패를 안치하였다.」

지뢰 폭발 시 그의 바로 앞에 가던, 김수창 중사는 허리를 다쳐 움직일 수 없으므로 내가 그 자리에서 "처치(안락사)" 하라고 지시했다는데, 그의 고향 출신인 임병훈 중위가 데려가겠다고 해서 살아 돌아왔다고 한다.

이 이야기는 88년 5월, 38년 만에 만난 김수창 동지가 나에게, 원수인 작전참모를 이제 만났다고 하면서, 섭섭해 하기에 덧붙인다. 내가 그 따위 사소한 것을 어떻게 기억할 수 있겠는가! 대를 위한 희생을 요구했던 것도 같다……아무튼 미안하게 생각한다.

전우의 유해발굴 및 위령제

1989년 4월 3일 예년과 같이 매년 4월 3일이면 이곳 박달령(檀木嶺)입구 아늑한 숲 속에서 분향의 향기가 온 영내(嶺內)에 퍼지는 속에서 전몰장병의 위령제가 거행된다. 위패를 합동으로 작성하여 병풍에 붙이고 제물을 준비한 다음 회장이 고사(告辭)를 읽고 있다. 모두 숙연하게 전몰동지의 넋을 위령하고 있다. 올해에는 이곳 주둔부대인 특공연대의 조화가 한층 돋보인다.

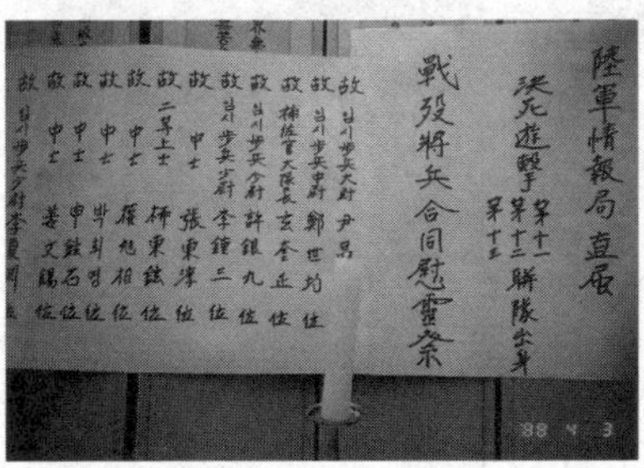

1989년 4월 25일 강원도 인제군 기린면 진동리 진동분교 인근 산 허리 지하 20cm에 방치된 유해 발굴 전 개토제와 첫 삽을 든 전우회장인 필자.

이날 발굴된 유해는 결사 제11연대 제1대대장 현규정 대위, 이하연 소위, 이완상 병장으로 밝혀졌다.

DNA라는 말이 없을 때인 1989년

부락민의 제보에 따라
◀ 유골을 발굴하는 필자와
인접부대 대대장 백행기 중령

유골의 발굴 개시 광경
▼

▲ 유골이 발견되었다. (1989년 4월 26일)

유골 옆에 또 다른 유골이 나왔다.
이 가시덤불 속 지하 20~25 cm에서!!
그대는 누구인가? 왜 말을 하지 아니하는가!!

이 유골이 우리 동지들의 것이건 인민군 놈들의 것이건 죽은 자에겐 이념이고 사상이고 그 무엇이 있겠는가?!! 이 산하는 우리 민족 모두의 것이고 그 책임은 바로 악랄한 북괴놈들에게 있는 것이 아닌가!!

현 대위는 경찰전문학교 출신 "경위„였기에 경찰관 단추는 그의 것이다. 우리들의 유골이 틀림없다. 군화도 현규정 대위의 것이 분명하다.

간단한 제례준비물을
차리고 있는
권영철 부회장과
필자

유골 발굴에 앞서
산신위령제(지신제)의
준비광경

1989년 4월 26일 강원도 인제군 기린면 진동리 산비탈에 묻혀져 있다는 동지들의 유골을 찾아 확인 발굴 전에 산신제를 지내고 있다. (上)

(下)는 유골이 묻혀져 있다고 하는 구역을 측정하는 필자와 백행기(白幸基)중령(특공연대4대대장)의 모습

결사유격 제11연대 제1대대장 현규정(玄奎正) 대위는 여기까지 특공대를 이끌고 진출, 적 3군단 후퇴주력에 대하여 선제공격을 가한 후 전사하였다.

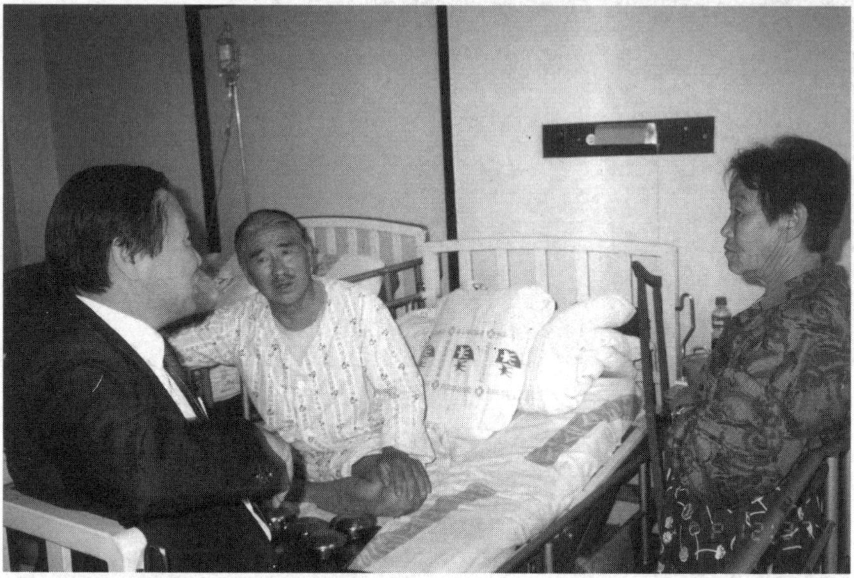

1989. 8. 4.

유골이 누구의 것인가? 우리 11연대 전우들의 것인가?

아니면, 북괴 놈들의 것과 섞여 있는 것인가? 알 수 없어 그 당시 그곳에서 지하 반공활동을 벌였다는 6.25 당시 거주자 최기식(생존자 2인 중 1인) 씨와 그 부인 주금녀 여사를 춘천시 한림대학 부속 병원 입원실에서 필자와 권영철 동지가 방문 증언을 들었다.

최 씨는 북쪽에서 내려오던 인민군이 남쪽으로부터 북으로 후퇴하던 대병력을 향하여 먼저 사격을 가하여 교전 중 아군 유격대가 전멸되었다고 말하는 것이 아닌가?!!

2. 흰 눈송이의 구원

박달재(단목령)를 넘어 인제군 기린면 진동리 설피밭에서 남쪽인 대동재 방면으로 퇴출을 시도했으나, 그 곳은 1대대장의 전사 등 북괴군의 대부대를 돌파해야 할 위험이 큰 것으로 판단되었다. 따라서 부대는 서남방(西南方)으로 우회 퇴출하여 가칠봉 인근의 무명산악에서 독립고지를 확보하여 적정(敵情)과 아군의 진격 동향을 살피고자 시도하였다.

나는 좌우(左右)에 있는 능선에 부대를 배치하고 중간부에 있는 독립고지에서 부대를 지휘할 수 있는 지휘·통제소를 마련하기 위해 정예(精銳) 병력 15명을 선발 했다.

나와 대원들이 북쪽에서부터 남쪽으로 말의 안장과 같이 생긴 능선의 교통호로 기도를 은폐하면서 살며시 그 독립고지에 접근하니 벙커가 있고,

그 벙커에서는 불빛이 새어 나오고 있었다.

지휘소 같은 "벙커" 안의 적병은 4~5명이 있는 듯 싶었다.

두런거리는 소리도 들렸다.

나는 11연대 본부 중대장 김영돈(金榮敦) 중위(화성군 출신)와 허은구(許銀九) 소위(경주 출신)에게 놈들을 수류탄으로 박살 내라고 지시했다.

그들은 살금살금 교통호를 통하여 벙커로 접근한 뒤, 수류탄의 안전핀을 뽑고 나서 1~2초쯤 지난 뒤 슬쩍 굴려 넣었다.

"꽝! 꽝!" 연이어 ….

외마디 소리조차 지르지 못하고 벙커는 곧 조용해 졌다.

내가 재빨리 벙커에 들어가 보니

벙커 안은 온통 화약 냄새와 피비린내가 진동 했다.

다섯(5) 놈이 순식간에 죽어 있었다.

살점이 벙커에 걸쳐 놓은 나무토막 여기 저기에 붙어 있는 정도였으니 처참한 죽음이 아닐 수 없었다.

그들은 우리가 습격 하리라고는 꿈에도 생각지 못했던 듯 손에 총을 잡고 있는 놈은 한 놈도 없었다.

우리는 그들을 벼랑 밑 계곡으로 굴려버린 다음 피가 낭자한 거적을 뒤집어 다시 깔고,

남쪽과 동, 서쪽 전방을 주시(注視) 경계 했다.

그들이 가지고 있던 총과 탄약도 요긴하게 쓸 수 있게 확보 됐을 뿐 아니라 굶주림에 지쳐있던 우리에게는 그들이 가지고 있던 볶은 콩과 미숫가루 등 비상식량은 정말 요긴 했다.

이때 갑자기 제11연대 3대대 이창식 대위가 점령해야할 능선과 제12연대 병력이 점령했어야 할 959 고지 쪽에서 우리가 방금 점령한 독립고지 쪽으로 사격을 가해오는 것이 아닌가.

무전기가 없어 정확한 상황을 알 수 없었으나 3 대대와 12 연대가 적의 고지 확보에 실패한 듯 했다.

날은 훤히 밝아 왔다.

우리는 독립고지에서 더 이상 버틸 수가 없게 된 것이다.

연락병을 보냈으나 아무런 소식이 없다.

세 번째 연락병을 보내도 아무런 소식이 없었다.

이제는 본대와의 연락은 도저히 기대할 수 없게 된 것이다.

나는 이곳을 자력으로 퇴출(退出)하지 않으면 안 되었다.

하늘은 우리를 끝내 버리지 않았다.

때마침, 하나 둘 흩날리기 시작하던 **눈발이 차츰 함박눈으로 변하더니 ……**

갑자기 앞을 분간하기 힘들 정도로 **휘몰아 치면서 퍼붓기 시작**했다.

3월 하순인데 전방 5~6m 정도도 분간할 수 없을 정도의 눈이 내렸다.

바로 **"이때 다.**

지금 철수 한다."

눈발이 적의 시계(視界)를 가리고 있을 때 철수해야 한다.

나는 2진으로 나누어 일부는 엄호사격을 하면서,

군가에 맞추어 **"양양한 땅**! …… **땅**!"

하는 식으로 일시에 실탄이 집중되게 사격을 하였다.

일부는 먼저 독립고지의 능선을 빠져 나가게 했다.

우리는 이곳 가칠봉 인근의 독립고지 점령과정에서 적 5명 외에 수 미상의 적을 사살했으나 아깝게 연락병 등 4명의 전우를 잃었고,

허은구 소위도 여기서 장렬하게 전사 했다. [주39)]

1951년 3 월 26 일 16 시경 이었다.

가까스로 본대가 있던 곳으로 돌아왔으나

주39) 독립고지 점령의 영웅 (고) 허은구 소위는 본인(저자)의 주선으로 1987 년 3 월에 이르러 비로소 전사 확인을 받고, 그의 모친께서 유족연금을 받았으나 1 년여 뒤 모친의 서거로 연금 수령이 겨우 1년 만에 지급 정지되었다.(위패 동작동 장교/14)

(고) 허은구 소위의 형님이신 '허재구' 씨는 1951년 8 월경 소속 중대장이던 정윤화 중위로부터 전사 소식을 들었으나 국방당국에 74 회에 걸친 전사확인 탄원도 받아들여지지 않았었는데 1987 년 2 월 못다핀 젊은 꽃(국방영화 3부작) 방영 이후 필자에게 연결되어 필자가 제공한 임관특명 사본 등의 증거를 보강하여 36 년여 만에 겨우 전사확인을 받게 되었다고 한다. 이것이 우리 육군본부 직할 결사대(일명 백골병단)의 전사확인 제1호로 기록되고 있다.

본대는 오간 데가 없었다.

사방을 두루 살피면서 주력부대가 퇴각했을 것으로 보이는 지형을 살펴 보았으나

함박눈 폭설이 5 ~ 6 cm 상당이나 쌓여 있어 확실한 판단이 서질 않았다.

'도대체 어느 방향으로 갔을까?'

북서 방향으로 제법 전진했으나 부대가 지나간 흔적을 전혀 찾을 길이 없었다.

나를 믿고 뒤 따라오는 부대원들을 보니 책임감이 무거웠다.

나는 불현듯 이쪽으로 가서는 안 되겠다는 생각이 들었다.

무엇이라 설명할 수 없는 예감 같은 것이었다.

오던 길로 되돌아 섰다.

거의 30 분 가량을 허비하면서 본대가 있던 곳으로 다시 되돌아와 서남방 쪽으로 방향을 돌려 잡았다.

부대원에게 사주경계(四周警戒)를 엄히 하라고 지시하면서

한참을 전진하니까

나뭇가지 하나가 꺾인 흔적이 발견 되었다.

병력이 지나간 흔적이 탐지된 것이다.

발자국 비슷한 것도 탐지되었다.

안도의 한숨이 저절로 나왔다.

우리들이 적의 전방지휘소를 점령하기 위해 전방에 나갔는데

아무런 연락도 없이

자기들 끼리만 살짝 이동했다는데 생각이 미치자 참으로 서운 했다.

얼마를 더 뒤 쫓아가니 부대의 후미를 따르는 낙오병이 보였다.

"야!"

우리 모두는 누가 먼저랄 것도 없이 나지막 하면서도 환희에 찬

환호성을 나지막히 질렀다.

우리가 그때 북서방향으로 계속 갔더라면 모두 죽었거나 포로가 되었을 것이다.

또 한차례 아찔한 고비를 넘긴 것이다.

이때 쯤에는 눈은 슬슬 멎고 있었다.

하늘이 우리를 도운 것이다.

어쨌든 나는 또 한번 살았다.

내 명(命)이 꽤나 길었는가 보다.

「조상의 묘가 명당(明堂)인지도 모른다.

남들이 명당에 내 증조부모님을 모셨다고들 했다.

우리 고향 만우리 산 "속칭" "비둘기 바위" 아래에 모셨다.

내가 6·25 피난길을 나갈 때, 내 조부께서 장손(長孫)인 나에게 족보를 가져갈 수는 없으니 집안의 소족보 같은 가승(家承)을 주셨다.

그 시절에는 비닐 포장지도 없던 때라, 양담뱃갑의 파라핀 종이로 몇 겹을 싸서 주신 것인데, 이것을 몸에 지니고 다녔다.

그때의 것을 적 후방에서 귀환한 뒤 현재까지도 잘 보존하고 있다.

내 조상이 보살펴 주신 것이라 나는 믿고 있다.」

어쨌든 나는 또 한 번 살았다.

내가 살아 돌아온 것을 본

채 중령은 나에게 **"작전참모 미안하다."** 라고 하면서,

수고 했다!! 라고 위로해 주었다.

아무래도 좋다.

섭섭이고 무엇이고 따질 겨를도 없었다.

나는 또다시 부대의 앞장에 섰다.

우선 전방의 진로를 개척할 만한 전우가 없기 때문이다.

전투경험이 그리 많지도 아니한 내가 왜 우쭐대면서 항시 앞장을 섰던지?!! 지금도 알 수 없다.

다른 연대장이나 대대장들도 다 있었는데…

왜 내가 꼭 앞장을 서야 했는지……

성격 탓 인지!!

무엇에 홀린 것인지?!! 앞장을 섰다.

뒷날 어느 현역군인이 말하기를 연대 참모가 대대장이나 다른 연대장까지 지휘했다니 말이 되나……

엉터리 같이 자기자랑을 하는 것이 아닌가?!! 하는 핀잔도 들었는데…….

이 말은 엄연한 사실임을 참전 장병 모두가 인정하는 것이니까……

당시의 정황을 모르면 가만히나 계시지……

3월 27일 10시까지 서남방면 인근의 탐색과

가칠봉 방면을 정찰한 나는 우리가 아군과 적의 주 저항 선상 공간지대에 진입해 있는 것으로 판단하고,

되도록 기도를 은폐한 뒤

밤이 되기를 기다려 20시경 서남방으로 출발 했다.

선불리 남쪽으로 가다가는 적과 마주칠 것 같아 서남방으로 향한 것이다.

또다시 부대의 맨 앞장에 선 나는 눈 덮인 산길을 헤치면서

계속 전진 했다.

그날 밤을 꼬박 새면서 계속 진출 했다.

지도 상에는 가옥 표시가 몇 개 있으므로 혹시나 하는 기대 때문이기도 했다.

3. 산간 오두막에서

부대의 맨앞장을 선, 나는 눈길을 헤치면서 서남방을 향하여 계속 전진했다.

여기쯤은 **38선 이남지역**으로 판단되는데, 이 험준한 산중에 있는 오두막집은 북괴 놈들도 남침 당시 전략상 별로 쓸모가 없는 고장으로 판단한 듯, 무슨 "정감록"에 나오는 피난처쯤이 아니겠는가 하는 생각도 들었다.

이제 부대병력은 완전히 녹초가 된 몰골이었으나 나는 독립고지에서 놈들을 처치한 뒤, 확보한 미숫가루와 콩볶은 것도 조금 먹었고, 또 약간 가지고 있기에 그런대로 생기를 유지할 수 있어 다행이었다.

10여 미터의 암벽이 병풍처럼 가려진 비탈을 천신만고끝에 간신히 도달한 곳에는 아늑하고 평편한 분지 비슷한 곳이 있는데, 집이 있는 것 같았다.

작은 집이 몇 채 있었으나 사람이 살고 있어야 할 텐데…….

유격대 "빨치산" 은 인민을 떠나서 살 수 없음은 마치 물고기가 물을 떠나서는 살 수 없는 것과 같다고 하는데…….

이런 말은 적 빨치산에만 적용되는 것이 아니고 우리들도 같은 것이 아닌지……

여기서, 식량보급이 되지 아니하면 우린 **모두 굶어 죽게 되어 있다.**

맨앞장을 선, 나에게는 그 만큼 막중한 사명과 임무가 주어진 것인데…….

하기야, 나 혼자만의 책임은 물론 아니지만! 우리 전우 모두는 일단 내 뒤를 따르고 있는 것이 아닌가?!!

별의 별 생각이 다 스쳐갔다.

바윗길을 돌아 더 이상은 진출하기 어려운 때, 한쪽 옆으로 겨우 진입할 수 있는 암벽길이 또 있는 것이 아닌가!

사람이 살고 있을 것으로 보이는 집이 몇 채 있었다.

부락이래야 겨우 오막살이집 3~4 호 가량이지만 거의 완벽한 것이 분명 사람이 살고 있을 것으로 판단 되었다.

때는 칠흑같이 어두운 밤 이였다.

1951년 3월 28일 02시 나는 인제군 기린면 방동리 북방 약 5 km 지점의 이름을 알 수 없는 고장에 도착한 것이다.

이곳은 38선 남방 3~4 km 정도의 가칠봉 서남쪽 상치전 부근이 아닌지……. 정확히는 알 수도 없는 고장이다.

높은 산으로 둘러싸인 분지 같은 고장인데, 민가에는 소(농우)도 있고 닭도 있었다.

워낙 깊은 산골이라 적군이나 아군들도 지나간 일이 전혀 없어 전쟁의 피해가 없는 고장 같았다.

1951년 3월 20일 강원도 인제군 인제면 가리산리 군량밭에서 강원도 인제군 북면 용대리 설악산, 박달재 등을 거쳐 여기까지 이르는 동안 일주일 정도나 굶어 허기에 지쳐있는 우리는 우선 소를 잡아 나누어 먹었다.

물론 주인에게 형식적인 양해를 구하기는 했지만 아무런 보상을 해 줄 수는 없었다.

이곳 부락민 들은 남녀 노소 모두 10여명이 한 가족처럼 단란하게 살고 있었다.

그 분들은 우리를 진정 따뜻하게 맞아 주었는데,

우리는 그 분들의 삶의 수단인 소를 잡아 먹었으니….

1995년 가을에 이곳을 다시 찾아 헤매었으나 무·배추를 추수한 잔재 이외에 집도 찾을 수 없었으며, 이 부근에도 사람이 살고 있지 않아 그 옛날 지은 죄를 사죄할 수도 없었다.

나는 그 분들에게 늘 미안하게 생각하고 있다.

이 부락은 너무 험준한 분지 지대로 저 멀리 앞쪽에는 현리 쪽으로 통하는 길이 있기는 하나

그 곳까지도 5~6 km 이상은 족히 험로를 내려가야 했다.

전쟁의 참화는 이 평화스러운 산간 오지의 마을에도 불똥이 튀긴 것이다.

나는 장병들에게 밥을 먹인 뒤, 모두 충분히 휴식을 취하도록 했다.

밥은 강냉이 쌀로 지었는데 쌀밥과 다를 바 없었다.

장병들이 모두 편안하게 잠든 것을 확인하고

나는 또다시 작전계획을 세워야 했다.

여기까지 이르는 동안 나는 수많은 접전(接戰)경험과 일선 지휘 등을 통해 제법 역전의 용사가 되었는지 …….

혼자서 작전계획도 세우고 적정(敵情)에 따라 임기응변 할 수 있을 만큼 성숙되어 있었던 것 같다.

그러나 안일하게 훈련받은 6·25 전쟁에도 참여하지 아니한 어느 장군께서는 나를 **대낮의 도깨비 소동**의 주동자로 매도하고 있는데 그 따위 어른?이 ……

내가 군대 정규과정을 이수하지 못한 임시장교였기 때문에 대낮의 도깨비가 되었는지도 모르겠다.

채 중령이 쓴 사투만리(死鬪萬里) 등 무용담을 각색한 소설 백골병단(白骨兵團)은 육군본부 군사 연구실이 군 예산으로 5,000부를 제작하여 부대 **"영구보존"** 이란 명시와 함께 전 육군부대에 배포한 것인데

이 책은 1956년경 채 중령이 쓴 전쟁수기 "사투만리" 를 정훈장교 이원복 중령(?)이 각색한 소설로서 "실전실화"와는 거리가 먼 단순한 군사 '소설'이었지만 6.25 한국전 당시 **육군본부 직할 결사대**(공식명칭) **백골병단**이란 유격부대를 육군본부가 편성하여 적후방에 침투시켰다는 사실이 전 육군 부대 내에 널리 알려진 것만은 사실이니 그런대로 고맙다.

비록 잘못된 내용뿐이지만 ……

북괴군 복장을 한 결사대(일명 백골병단) 장병의 모습 재연

어쨌든 정규군인이나 정규장교가 해낼 수 없을것 같은 전공을 세운 육군본부 직할 결사대 장병을 비하하는 사람들은 ……

다시 한 번 반성해야 할 것이다. 라고 힘주어 경고한다.

1951년 3월 28일 강원도 인제군 기린면 지내의 무명 부락인 산간 오두막에 숨어 지내고 있을 때,

채 중령이 나에게 철수를 명했으나 내가 그 지시를 이행하지 않았다. 뒤에 확인하였던 바, 채 중령이 지시한 그 시각에 적 제3군

단의 주력부대가 우리들이 숨어 지내고 있는 앞을 지나 철수하였음이 척후 정찰로 확인된 것이다.

즉, 현리에서 인제방면으로는 2군단이, 박달재와 서림리(西林里) 방면으로는 적 3군단이 각각 퇴각한 것이 판명된 것이다. 주40)

즉, 국군 수도사단은 '카이로 라인'의 양양 방면으로,
국군 9 사단과 임무 교대한 제3 사단은 단목령 방면으로,
그 좌측은 국군 7사단이 인제방면으로 각 공격을 개시하여
북괴 2 군단은 인제 방면으로,
북괴 3 군단과 69 여단은 속초 방면으로 각 패주(敗走)하였던 것이다.

만약 우리가 28 일 04 시에 방동(芳東) 방면으로 철수·이동 했다면 적의 철수로 전면(前面)을 가로질러야 했기 때문에 큰 희생을 입었을 가능성을 배제할 수 없었다.

무슨 미신같은 영감이 부대의 안전에 기여한 것이다.

어쨌든 나의 "명령불복종„이 부대 전체를 살려냈다.

즉, 나의 명령불복종 덕에 화(禍)를 면할 수 있었으니 어찌 보면 오히려 전화위복(轉禍爲福)이 되었는지도 모른다. 그래서 나는 명령불복종이란 중죄(重罪)를 면할 수 있었다.

여기는 북괴군의 주저항선(主抵抗線) 이남이고 아군의 공격선 전방으로 공간(空間)지대쯤이 아닌가 판단되는 지역이었다.

주40) 필자가 그 당시의 정보 보고서를 조사 확인하였던 바,
<한국 전쟁사> 및 정기 정보보고 84 호 p.864 ~ 5 및 86 호 p.885, 88 호 p.961 등에서 적 2, 3 군단 예하 주력부대 모두가 3 월 27 일 ~ 29 일 사이에 현리, 박달재, 서림리(西林里) 방면 등 3 방면으로 퇴각한 것이 판명되었다.

격전지 탐방

1989년 9월 23일 설악산,
계곡 이름 모를 폭포에서 희생된
60여명의 전우를 찾기 위해
계곡을 찾은 전우회장 전인식

1993년 8월 5일 42년여 만에
백담사를 찾은 전인식 회장과
권영철 부회장

1995년 9월 20일
백골병단 전적지 답사를
위해 백담계곡을 거쳐
대청봉에 오른 전우회
전인식 회장과 권영철
부회장, 류탁영 전우

제5부 감격의 개선

1. 영광의 개선

1951년 3월 30일 이곳, 깊은 산중 이름을 알 수 없는(상치전?) 부락에도 **여 명**(黎明)은 밝아 왔다.

병사들의 건강도 문제지만 이 곳은 휴식을 취하기가 비교적 좋은 지역이라 쉬고 있는데,

저 건너 바라보이는 7~8여 km 전방의 앞산에 오전 10시경 은빛 날개를 반짝이는

몸통 두개짜리 대형 수송기가 낙하산에 매단 **보급품을 투하하고** 있는 것이 목격(目擊)되었다.

"야! 이제 살았다."

우리는 모두 환호성을 질렀다.

그러나 나는 이럴 때 일수록 더욱 더 조심하라고 엄하게 지시했다.

여기는 매우 위험한 지역이었다.

아군의 수색대가 진출해 있거나 적병의 후속부대와 만나기 쉽기 때문이다.

경계를 철저히 해야 한다고 장병들을 다그쳤다.

나는 병력을 점검하면서 마무리 경계의 철저를 기하도록 지시하고 직접 개개인마다 확인했다.

주위 경계를 철저히 하지 않았다가는 자칫 아군의 공격을 받을 우려마저 있었다.

더욱 조심하면서 전방의 풀포기 하나, 나뭇잎 하나도 이상이 없는가를 잘 살펴야 했다.

아군과 접선할 때 우리의 신분을 확인시킬 인식표(認識票)와 태극기도 미리 준비했다.

최종 마무리가 무엇보다도 중요한 것이다.

북괴군은 이제 완전히 물러난 것 같았다.

우리는 아군과 북괴군의 중간 지대에 끼여 있는 것으로 판단 되었다.

오후 2시가 약간 지난 다음, 용감한 척후병 몇 명을 앞세우고 전방에 있는 아군 진영에 접선 시키기로 했다.

우리는 **이덕일**(李德鎰), **원응학**(元應學) 동지 등 채 중령의 보좌관과 **이만우**(李萬雨) 중위, 김흥복(金興福) 수색대장 등 12명을 편성하여 남쪽 분지마을로 출발 시켰다.

계곡을 따라 오솔길로 5~6km 가량 내려가니 약간 널찍한 개활지가 전개되었다.

방동(芳東), 현리(縣里) 방면으로 통하는 도로 가까이에 이른 것이다.

계곡 길을 거의 다 내려왔을 때 300~400m 전방에서

오후의 햇살을 받아 무엇인가가 움직이는 것이 서너개 보였다고 한다.

이 지역은 오늘 아침 공중보급을 받은 곳으로부터 2~3km 정도 북쪽이니까 필시 아군이 이 곳까지는 진출되어 있을 것 같았다.

본대 주력은 뒤쪽 계곡에 숨어 경계하고 수색대는 앞으로 약간 더 나아간 후

작은 언덕을 방패삼아

대기 엄폐 하였다고 한다.

자세히 살펴보니 틀림없는 아군이었다고 한다.

수색대원은 **장총(長銃)에 태극기를 매 달았다.**

그리고 **좌우로 서서히 크게 흔들었다.**

전방의 아군병사가 서서히 포복 전진하여 앞으로 나와
근접 지역에까지 와서는 크게 외쳤다.
"쏘지 마라"
"우리는 국군이다."
척후조로 나가 있던 우리 대원들이 덩달아 외쳤다.

"우리도 국군이다." 라고,

"알았다." 엎드려 있던 전방의 병사가 약간 일어나면서
손을 흔들었다.
참으로 감격적인 순간이었다.

전방에 있던 아군 본대가 모습을 드러내며 소리 쳤다.
"이제 손 들고 서서히 나오라"
우리 정찰대는 머리 위에 손을 얹고 아군 앞으로 나아갔다.

앞으로 포복해 나온 병사는 아군 7사단 3연대 수색대의 상사였다.
그는 매우 용감하고 판단이 빠른 병사(부사관)였다.
그의 침착한 기지(機智)로 우리는 교전 없이 개선(凱旋)할 수 있었다.
이 얼마나 감격스러운 일인가!

우리 7사단 제3연대 수색대원들과의 감격적인 포옹.

대원 모두가 감격에 겨워 눈시울만 붉힐 뿐 말을 잇지 못했다고 한다.[주41)]

주41) <육군 정기정보보고> 제 88 호(p. 932)에 의하면, "51. 3. 27. 8시 HID 보고에 의하면 방대산 DS 4394 에 적 500 명이 진지를 구축 중에 있고, 첩자의 보고에 의하면 3월 26일 16시 현재 '두무터' DT 1911에 적 1개 사단 병력 약 5,000 명이 방어진지를 구축 중에 있었으며, 3월 29일 11 : 30 하치전 DT 4801 에서 아군 3연대 1중대는 적 1개 중대와 교전 중이라 한다." 라는 기록이 있고, "백골병단은 쌍방이 대치중인 전선에서 1951. 3. 30. 제 7사단 제3연대 전투 전면으로 귀환한 것을 육군본부 소장 정보보고서철 92 호 1024 쪽에 주)" 와 같은 내용을 기록하고 있어 확인됨에도 "M 채씨" 관련저서 등에는 아군 3사단 또는 9사단지역으로 귀환한 것으로 기술하고 있는데, 왜 그랬을까?

감격의 뒤에는 아픔도 있기 마련이다.

출동 당시 647명(白骨兵團)이던 병력이 여기까지 살아 돌아온 전우는 겨우 260여명 뿐이었다.

2개월여 동안의 적 후방 전투에서 3분의 2에 가까운 전우를 잃은 것이다.

육군본부 직할 결사 제11, 제12, 제13연대 장병 260여명이 모두 강원도 인제군 기린면 방동 북방으로 개선한 시간은……

1951년 3월 30일 17시경 이었다.

적 진중을 퇴출하는 영상장면, 맨 앞은 필자(전인식 대위)

2. 거지꼴의 전쟁 영웅

한국군 최초의 정규 유격대 결사대 장병 647명은 1951년 1월부터 3월 30일까지 적진 배후지역에서 60일간 320km의 장정(長征)을 해낸 것이다.

그 이름도 요란한 육군본부 직할 결사대 제11, 12, 13연대 「백골병단」 장병들이 임무를 완수하고 개선한 것이다.主42)

개선 병력은 결사 제11연대(사령관 포함) 170여명, 제12연대 40여명, 제13연대 50여 명 등 모두 260여 명이다.

다음날, 우리는 육군본부 전방사령부(강릉)의 지시에 따라 1951년 4월 1일 강릉에 도착했다.

채 중령은 1951년 4월 3일경 우리를 강릉 북방에 남겨 두고, 측근인 최윤식 대위와 연락병, 생포한 최준결군(길원팔의 수행소년)을 데리고 작전참모가 작성·보관중인 전투관련 문서 등을 정리한 뒤 대구 육군본부로 떠났다.

강원도 강릉지방으로 개선하니, 그 당시 육군 제1군단과 제3군단을 지휘할 육군본부 전방지휘소가 강릉에 있었는데, 우리들이 적지로 출동할 때 육해공군 총참모장이던 정일권 소장이 육군중장으로 진급은 했으나, 이곳, 전방사령관으로 밀려 나와 있었다.

육군 제9사단에는 참모장으로 5·16군사 혁명 후 대통령을 지낸 박정희 대령도 이곳 강릉에 계셨다.

主42) 내가 발굴한 한국전쟁, 정기 정보보고 제92호 제3군단 전구, 국군 제7사단 정면, (p.1024)에 "**육군본부에서 침투시킨 아 유격대장이 3R장(3연대장)에게 진술한 바에 의하면,** 아 유격대는 3월 24일경 설악산 DT 5318 부근에서 'E(적)' 약 1개 사단과 교전하였다고 한다." 라는 기록이 '51. 4. 1. "정보보고" 에 기록되어 있어, **육군본부가 침투시킨 사실을 정확히 기록하고 있으며** 이는 용대리에서의 전투를 말하는 것 같다.

우리들 역전!?의 용사들은 강원도 인제군 지내로 퇴출(退出) 개선·귀환할 때 육군 제7사단 3연대장 정진 대령으로부터 극진한 환영을 받았으나, 여기 강릉시에 있는 육군본부 전방지휘소에서는 강릉 서쪽 대관령 입구쪽의 강릉도립병원 인근에 분산 숙영하라고 했다가 다시 동북방 석교리(石橋里) 방면 민가로 이동하여 적당히 분산(分散) 주둔하라는 것 뿐, 환대는커녕 냉랭하기 그지없었다.

전쟁영웅들은 슬펐다. 전공(戰功)은 어느 놈들이 차지했는지 알 수 없고, ……

저놈들이 죽지 않고 왜 살아 돌아왔어…. 하는 형편이다.

우리들은 육군본부 전방지휘소의 지시에 따라 민가를 찾아 각각 적당히 분산 주둔 했으나, 그 당시 보급의 대책이 전혀 없었으며 식량과 피복의 보급에 대한 대책도 세워주지 않아,

이집, 저집 거지모양, 밥 동냥질을 하지 않으면 연명(延命) 할 수 없게 되었다.

입고 있는 군복은 인민군복을 모방하여 만든 방한복(누비바지, 저고리) 뿐인데, 그 옷은 전쟁터에서 해져 너덜너덜하게 해졌으며, 내복도 한 벌 뿐이었으므로, 영락없는 거지꼴을 하고 있었다.

1951년 2월 7일 육군 수뇌부인 육해공군 총참모장 정일권 소장은 「유격대」의 출정식에서 『**귀관들이 임무를 완수하고 돌아오면 2계급씩 특진시켜 희망하는 부대에 배치해 주겠다**』고 한 약속은 모두 거짓말이었다.

관계 당국은 온갖 고생 끝에 생환한 전우들 모두에게 이등병의 대접조차도 해주지 않았다.

조국의 자유와 평화를 지키기 위하여 자신의 안일을 버리고 적진

후방지역에서 숱한 어려움을 겪은 대가가 무일푼이고 초라한 거지 신세가 된 것이다.

이와 같은 일련의 행위를 종합적으로 살펴볼 때, 당시 군 지휘부는 우리를 적 후방에 침투시켜 두면,

적 진중에서 이리 뛰고, 저리 뛰다가 모두 죽는 것 그 자체만으로도 적 후방 교란이 되는 것으로 판단한 듯……

우리에게 GO군번이란 임시 군번을 주고……

육군 임시보병장교라는 현역장병과 구분되는 엉터리? 임관사령장을 준 것이 아니었나 하는 생각이 든다.

1951년 4월 3일 대구 육군본부로 떠났던 채 중령은 4월 9일 석교리로 다시 돌아와 필자가 보관 중에 있던 전투상보를 글씨 잘 쓰는 한갑수 소위에게 정서(淨書)시켜 가지고 11일 또다시 대구로 떠나면서 고별(告別)의 말을 남겼다.

"여러분 참으로 미안하오. 본관은 최선을 다하여 귀관들의 용전분투한 노고를 상부에 건의하고 반영시키도록 최선을 다할 작정이오!"

현역 신분이었던 그 분은 이 말을 마지막으로 남기고 육군본부로 원대 복귀한 뒤 다시 돌아오지 않았다.

그 뒤 그분은 우리들과 영원히 결별한 꼴이 되었다.

우리들 결사대 장병 모두는 이등병(二等兵)도 되지 못했고,

전공(戰功) 또한 하나도 인정받지 못했다.

병역의무도 인정받지 못했다.

세상에 이럴수가……

채중령 혼자만이 곧 임시를 떼고 정식 중령이 되었으며, 그 뒤 승진 가도를 달려 장군까지 진급되었으니 우리들 모두의 것이 인정된 것인지 …… 한편으로는 다행스러운 일인지도 모른다.

그분의 **인사 기록상**에는 1951. 5. 13 까지 유격대 대장으로 5 개월간 근무한 것으로 기록되어 있지만 1951. 4. 11 육군본부로 복귀하면서 우리들 백골병단 개선 장병 260 여명과는 헤어진 뒤 다시는 돌아오지 않았다.

우리들 대부분은 참전사실이 전혀 인정되지 않아 거의 모두가 또 다시 징소집되어 군에 입대하여 병역 의무를 이행하지 않으면 안되었다.

우리는 **어미 잃은 병아리**와 같이 지휘관을 잃은 고아 아닌 고아가 되었던 것이다.

적지에서 혁혁한 전공을 세우고 생환한 개선 장병에 대한 환영은 커녕, 보급품 치고는 너무나 형편이 없었다.

보급품은 된장과 소금, 그리고 길쭉하고 찰기가 없는 군사지원물자인 안남미(安南米 : 월남 쌀) 약간 뿐이었다.

병사들은 인근 부락 민가를 찾아 다니며, 구걸(?)하는 등으로 연명하지 않으면 안되었다.
적 후방에 침투할 때 입은 북괴제 모방의 방한복도 찢어지고 해졌으며, 4월의 따사로운 햇빛에 어디서 나왔는지 쌀알톨 만한 ……

"이(蝨)" 가 득실 거리고 있어 서로 이를 잡아주는 진풍경(珍風景)이 연출되었다.

불과 2개월여에 불과함에도 불구하고
눈은 퀭 하게 패였고,
광대뼈는 툭 불거지고

어느 모로 보더라도
거지 중에서도 상거지 였지요.

너덜너덜한 북괴모방 군복을 갈아입을 군복조차 주지 않았습니다.

강릉으로 돌아온 며칠 뒤, 전선에서 분산 또는 낙오되었다가 구사일생으로 살아 돌아온 전우들이 합류하여 그 뒤 전체 생존자의 수는 283 명으로 불어났으나 환자가 40 ~ 50명이나 되었습니다.

최종 생환자 283 명도 백골병단으로 창설될 때의 647 명을 감안한다면 전체 생존율은 불과 43 % 에 지나지 않았다.

이중 사령부와 결사 제11연대가 179 명(생존율 49.3 %),

결사 제12연대 46 명(생존율 28.7 %) (평창지구에서 분산된 170명 제외)

결사 제13연대 58 명(생존율 46.7 %) 등이다.

열악한 장비, **부족한 탄약과 식량,**
혹한기, 백골병단 장병은, 태백산맥, 오대산맥, 설악산맥을 잇는 종횡(縱橫) **320km 우리 릿수로 800리의 대장정을**, 그것도 영하 20℃ 내지는 30℃를 오르내리는 혹한을 이겨내면서 단, 2주일분의 미숫가루(식량)만으로 60여일을 견뎌낸 장병들로,
전사(戰死) 또는 실종된 360여명의 고귀한 희생을 딛고, 혁혁한 무공을 세웠는데, 주43)

그 공은, 그 무훈(武勳)은 ! 어디로 갔는지 …….
무공 운운은 잠꼬대 같은 허공의 메아리에 지나지 않았다.

주43) 내가 발굴한 한국전쟁, 정기 정보보고 제93호 p.1050, 국군 제7사단 정면에서, '51. 4. 2. 15 시 30 분에 **아 유격대 제11연대 제1대대 제3중대장의 진술에 의하면,** 설악산 DT 5418 에 있는 적은 중공군이 아니고, 소속 미상의 적 약 1개 사단이라고 하였다. 라고 기록되어 있어 아군 유격대의 소속이 분명하게 확인 되었으며, 그때 판명된 적은 32 사단 또는 인민군 10 사 ? 가 아닌가 한다.

정말 개죽음을 한 것인가!

개죽음만도 못한 것이었나?

그러나 「백골병단」 장병 모두는 **투철한 국가관**과

자유와 평화를 지키려는

자유수호 투사로서의 사생관(死生觀)은 확고했다고 자부한다.

사람의 목숨은 참으로 끈질긴 것 같다.

이루 필설(筆舌)로는 다할 수 없는 고통과 어려움을 감내하고도 살아 돌아올 수 있었음에서

생명력의 끈질김을 새삼 느꼈다.

살아 보려고 이리저리 피하던 전우들은 전사 했고,

목숨을 내놓고 앞장서서 공격하던 투사들은 살아남는 것도 상식으로는 이해될 수 없는 부분이다.

강릉 서쪽 대관령 입구 쪽에 위치한 도립병원 부근으로 이동하여 민가에 분산 주둔할 때,

무료한 나날을 보내고 있을 즈음

1951년 4월초, 우리들 살아 돌아온 전우 모두가 **각 연대, 대대별로 기념 사진**을 남겼다.

뒷날을 기약하고자 해서 …… **65년의 기록이 될 줄이야!!**

나는 이때 채 중령의 원대 복귀로 공석과 같았고, 참모장 겸 이태윤 대위는 무보직 강등되었으므로 최선임자인 내가 사실상 제11연대의 연대장 직무대행을 하게 되었다.

그때 찍은 사진 원본을 내가 잘 소장하고 있다가 1994년 4월 용산에 있는 **전쟁기념관**에 한국전 자료로 기증하여 전시 중에 있다.

그때의 사진을 보면 복장도 가지가지요!

모자를 쓰지 못한 전우가 20% 정도는 되는 것 같고,

패잔병의 집단과 흡사했다.

이들 사진을 보노라면,

전우들의 얼굴 하나 하나가 새롭게 다가 온다.

<○표 필자>

사선을 돌파한 육본 직할 결사 제 11 연대 강릉집결기념 (1951.4.5) 강릉 : 구 도립병원광장

사진에 나타난 결사 제11연대 생환장병은 147 명이지만 뒷날 하나 둘 씩 돌아온 병력까지 모두 합쳐도 170 여명 뿐이므로 190 명 상당은 전사했다고 생각된다.

구사일생으로 살아 돌아온 전우들은 지금 어디에서 무엇을 하며 살고 있는지 ……

재차 군입대 후에 얼마나 또 희생되었는지 ……

살아 있는 것인지 …

내가 파악한 양면괴지 1장에 있는 참전 당시의 전우 20여명의 고향 면장과 지서장 등에게 공문으로 전우찾기를 시도하였으나 5명만이 겨우 확인되었을 뿐이다.

전우 모두를 찾을 길 없어 마냥 옛 추억만을 더듬고 있을 뿐이다.

대부분의 희생자는 11연대가 주축이 되어 담당했던 설악산과 박달재, 진동리 돌파 작전 등에서 였다.

이들의 고혼은 유택하나 없으니

내가 수십년간을 당국에 진정하는 등 노력한 끝에, 1990년 11월에야 겨우 전적비를 세웠지만……

안식을 찾지 못하고

구천(九泉)을 맴돌며 방황하고 있을지도 모를 것이다.

우리들 육군본부 직할 결사대 일명 「백골병단」은

북괴군의 인민군 중장과 크고 작은 적병의 생포·사살 등의 전과(戰果),

내무서원과 지방악질 등 **모두 309명을 생포하고 170 여명(미확인 130명 포함)을** 사살하는 등 혁혁한 전과를 기록했다.

또한 적 69여단의 전투상보 등 **중요 기밀문서**를 노획하여 아군 제1군단과 수도사단에 전달하여 작전 수행에 크게 기여 했고,

적진 후방에서 적의 연락병 등의 생포 처치, 통신선 절단 등 적을 혼란에 빠뜨리기도 했다.

그러나 우리 전우도 전사, 실종, 낙오 등 360 여명의 피해를 입었다.

그 중 첫 희생이 어처구니없게도 아군 폭격기에 의한 오폭이었고,

가장 많은 희생은 박달재에서 굶고 얼어 죽은 120 여명의 비전투 손실이 었으니

참으로 원통하고 분할 따름이다.

우리는 1951년 1 월 4 일 입대 후 1951년 1 월 30 일부터 4 월 중순까지 적지(敵地)에서 60 여일을 버텼다.

이 기간 중 **320 km의 대장정**(大長征)을 적진에서 해낸 것이다.

그것도 평시에는 엄두도 못 낼 열악한 장비와 영하 30도를 오르내리는 악조건과 싸워가면서 인적도 없는 고산지대를 누비고 다녔다.

그 중 퇴곡리(退谷里)로부터 기산하더라도 40일 정도는 적진 깊숙히 침투하여

때로는 아군 지역으로부터 60 km 이상이나 되는 북쪽으로 침투한 적 후방에서

부여된 임무를 훌륭히 완수하였고

기대 이상의 장한 성과를 올렸다.

1951년 1월 30일부터 2월 14일 사이에 3개 부대가 1주일 간격으로 적 후방으로 침투한 **817명 중** 강원도 평창군 도암지구에서 아군기의 오폭으로 분산 낙오된 170여명(12연대)을 제외한 647명이 그 해 4월에 개선할 때까지 **364명의 전사 또는 실종 등 피해**를 입었으며, 생환(生還)개선 장병은 283명으로 생존율은 34.6 %에 불과했다.

이와 같이 그들은 용감히

조국의 평화와 자유를 위한 전투에서 빛나는 **승전**(勝戰)을 하였다.

1951. 4. 25까지 개선한(살아 돌아온) 병력 283명에 대하여 **작전지휘권**이 유엔(UN) 군에게 이양된 뒤라는 이유 ? 로,

육군본부 작전국은 1951년 4월 15일 미8군 예하로 예속을 변경시켰다.

따라서 우리들 **육군본부 직할 결사대**는 1951년 4월 14일까지 존재한 것이 된다.

총상 기타 상이자 40여명을 묵호에 있던 59이동 외과병원과 부산에 있던 5육군병원에 입원시켰다.

미8군에 예속된 부대는 **8086기동부대** 「커크랜드 기지」 Task Force KIRKLAND부대였다.

미8군 마크를 단 키가 큰 중위와 「상사」 등이 G.M.C 트럭 6대를 인솔하고 강릉 도립병원 광장에 나타난 것은 1951년 4월 25일이다.

그러나 **우리들이 미8군에 이관된 날은 법적으로 1951년 4월 15일이므로 우리들 육군본부 직할 결사대(백골병단)는 2016년 4월 14일이 참전 65주년이 될 것이다.**

육군정보학교에서는 우리들의 모든 기록을 1951년 3월 7일 육군본부작전국에 서류일체를 이관했다고 한다.

그 뒤, 육군본부는 1951년 4월 15일 미8군 작전국에 우리들의 기록을 다시 이관한 듯하다.

이제 팔팔 미수(米壽)를 넘겼거나, 맞이하고 있는 참전 전우들도 몇 명 남아 있지 못하다.

얼마 남지 않은 여생(餘生)을 보다 값지게, 조국의 평화와 자유를, 그리고 모두의 안녕을 위하여 바치며 ……

제6부 미8군 예하 부대로

1. 역사적인 적전(敵前) 상륙

적전 상륙

1951년 4월 25일 강릉도립병원에 미군(美軍)이 가지고 온 G.M.C 트럭 6대에 승차시키고, 나는 지프차로 선도하여 묵호 읍내를 지나 북평리(北坪里) 북평 초등학교 운동장으로 진입하여 부대를 북평 초등학교 교실에 분산 수용케 했다.

다음날, 오전에는 미군 중위 2인과 「상사」, 「중사」 등 7~8명이 북평 초등학교에 또 왔다.

그 중, 키가 큰 중위(강릉에 왔던 장교)는 「윌리엄. 에스. 해리슨」(William. S. Harrison) 이라 했고, 그가 미 8군 작전참모부 지구전과 대령 「머기」(McGee) 의 지시로 여기에 부임했다고 했다.

키가 작은 편인 노랑 콧수염을 기른 장교(중위)는 「킹스톤. 엠. 윙게트」(Kingston. M. Winget) 라는 사람이다.

1951년 4월 15일 육군 본부가 우리들을 **미8군(유엔군)**에 예속 변경, 즉 인계한 것이다. 그 부대명은 「**태스크 포스 커크랜드**」 Task Force KIRKLAND Eight United State ARMY KOREA 였다.

이때쯤 박창암 육군 소령(동해안 보충대 사령관이라 지칭?)이 중위 "김석환"과 소위 "소주영"(이상 북괴 귀순장교) 등을 대동하고 나타났으나 그 분은 동상이 심하여 묵호 야전병원으로 통원치료를 하고 있었는데 미8군 해리슨 사령관과 지휘권 및 작전방향에 의견의 차가 생긴 것으로 알고 있다. 박 씨는 육군 제1군단 정훈공작대에서 활동하고 있던 "지창훈" 씨와 "이은재" 씨 등을 비롯하여 이혜숙 양, 홍덕애 양 등 함흥 교원대학 출신자들을 중용(重用)하여 대북 정훈 선무공작을 강화하려던 것 같았으나 해리손 사령관의 뜻은 달랐고, 특히 지휘권 문제로 **"하늘에 태양은 둘이 있을 수 없고 하나"** 라는 말로 박 소령에게 지휘권은 자기에게 있다고 주장하자, 며칠 뒤 박 소령은 어디론가로 떠나 버렸다. 따라서 정훈공작팀은 자동해산과 같게 되었다.

「해리손」은 또 어디서, 명(命) 받았는지 육군본부와의 협의는 했는지? 1951년 4 월 28 일 나를 **소령으로** 진급시키고 G=3 「**작전처장**」의 중임을 맡겼다.

육군본부와 어떤 협의가 있었는지 …… 그 내용도 알 수는 없었다.

전쟁 중이라 정말 알 수 없는 노릇이다. 지난 4 개월 동안 원망과 배신감, 그리고 모두를 어쩌고 싶은 충격과 고뇌의 나날을 보냈건만 ……. 때는 전시라, 일단은 명령에 따라 새 주인을 모실 수밖에 …….

나는 1951. 4. 30. 까지 부대의 재편성을 완료하고 교육 계획을 수립하게 되었다.

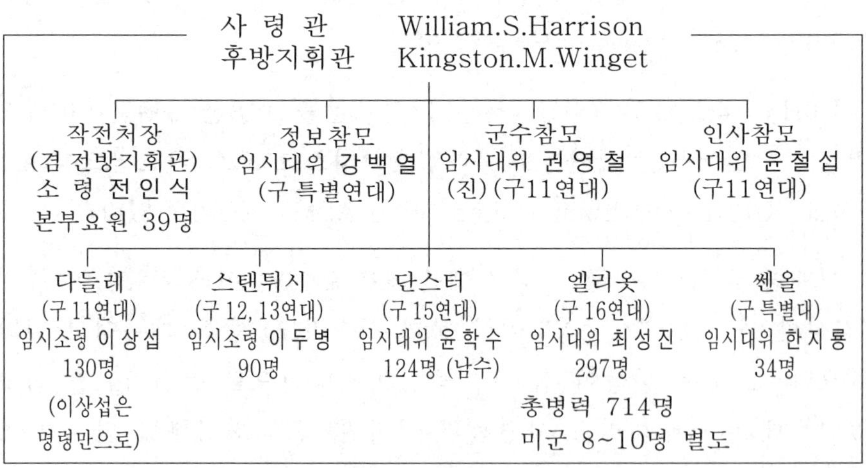

집체교육은 북평 초등학교 운동장에서 실시하고

총검술, 육박전에 관한 교육은 나의 당수(태권도) 실력으로 내가 담당하였고, 사격훈련도 실시했다.

미군은 최신형 무기인 야간 조준경이 부착된 박격포(60 mm)를 지급해주어 박격포의 사격훈련도 실시했다.

개인화기인 소총도 화력이 강한 기관단총과 M 2 칼빈 소총으로 무장이 새로워 졌다.

전투장비인 개인화기는 경량화 되었고, 화력의 강화 등으로 크게 새로워졌으나 식량보급은 여전히 엉망이었다.

1951 년 5 월 초에 이르자, 대구 육군 제 7 훈련소에서 훈련받은 우리들의 후배격인 결사 **제15연대**〔임시대위 윤학수(남수)〕 124 명이 속초지방에서 남하하여 북평에 왔고, 뒤이어 결사 **제16연대** 297 명(임시대위 최성진)과 **특별대** 34 명(임시대위 한지룡)도 대구에서 북평 초등학교에 도착했다.

따라서 백골병단 참전장병 259 명을 포함해 714 명의 대 병력이 된 것이다.

그러나 한국군이나 미군(美軍) 모두가 전쟁광(戰爭狂)들 같이, 미친 사람들로 보였다.

그 이유는, 보급이 형편없었을 뿐 아니라, 피복조차 군복상의(윗 저고리) 등판에 **P W** (Prisoner of War : 전쟁 포로라는 뜻)라는 흰 페인트로 크게 찍혀 있는 것을 보급품이라고 주었으니 ……

하는 수없이 나는 큰 가마솥 두 개를 묵호시장에서 구해 **검정 물감으로 염색**을 하여 입혔다.

모두가 제정신이 아닌 것 같았다.

그 복장 덕으로 묵호 지방에서는 검정색 상의(윗 저고리)를 입고 설치고 다니는 군인?의 행패도 제법 컸던 것으로 기억한다.

나는 그들을 제재(制裁)하지 않고 그대로 내버려 두라고 했다.

이들은 대부분이 15, 16 특별대 출신들이었다.

우리들 백골병단 출신 장병의 경우는 사지(死地)에서 **염라대왕의 은덕**으로 겨우 살아왔는데 또 언제 죽을지 알 수 없는 특공 임무 부대의 청년들은 오히려 얌전했다.

그 당시, 우리들에게 보급한 식량은 안남미(安南米 : 현 베트남 쌀)로 여간 큰 고생이 아니었으며, 특수작전 훈련인 상륙작전 훈련 약 1개월간은 실전과 방불할 정도로 실시한 뒤, 강원도 **통천군 두백리**라는 요충지에 상륙작전을 감행할 목표로 실시하였다.

보급품이 엉망인 때, 우리 부대의 군수참모가 된 권영철(진)대위는 속초와 홍천?의 두 보급소에 병력 일보를 2중으로 제출하여 보급을 받았으며, 미군으로부터 받은 보급까지 합하면 3중 보급이 되어 병사들에게 풍족하게 먹였다.

나는 먹고 남게 된 쌀을 묵호시장에서 처분해, 장병들이 외출할 때(초등학교 정문을 나갈 때) 100원씩을 주게 했다.

그때 100원이면 소주 1되(1.8ℓ) 값으로 3인이 합동하면, 안주 200원 어치와 술 1되로 취하도록 마실 수 있었다.

요사이에 이런 짓을 하면 형무소가 기다릴 것인데…….

정말, 알다가도 모를 일이 전쟁이 아닌가…… 한심한 생각이 든다.

짧다면 짧고 길다면 긴, 4주간의 훈련을 모두 끝내고 녹음이 우거지는 신록의 6월로 접어 들었다.

「해리손」과 나는 상륙작전 준비를 위해, 여러 차례 접촉했다.

그 당시 미 8군 작전국 신경전과장 "머기(John McGee)" 대령은 50세가 훨씬 넘은 것 같아 보였다.

2차 대전 당시 "필리핀" 정글에서 일본군과의 유격전에서 용맹을 날린 장교라고 한다.

한국전 참전 후 "준장" 으로 진급한 뒤 예편했다고 한다.

1951년 6월 3일 오후 7시경, 해가 서산(西山)에 기울 때 쯤, 우리들은 3열 종대(縱隊)로 정들었던 북평 초등학교를 뒤로 하고 묵호항을 향해 출동했다. 저녁 어두워졌을 때,

나는 상륙부대에 결사 제15연대 120여명은 연대장 윤학수 대위의 지휘능력이 의문스럽고, 또 훈련정도가 미심쩍어 제외하였다.

우리들은 간단한 군장인 총포, 화약, 실탄을 장비하고 미군 함정에 승선했다. (결사 제11연대 중심과 12, 13연대와 결사 제16연대 병력이다.)

미 해군 함정은 선수에 507이라 기억되는 함선번호가 새겨져 있었고, 승선해 보니 그리 크지 않은 함정이었는데도 함장(艦長)은 미 해군 중령이었다.

선수(船首)와 선미(船尾)에도 함포(艦砲)가 있고,

양 옆에는 기관포가 장착되어 있는 전투함? 또는 소해정 비슷한 군함 이었다.

함정에 승선한 후 곧 출항했다.

물보라를 일으키며 북쪽으로 항해 중 큰 물고기가 따라왔는데, 그 놈들이 아마 돌고래가 아니었는지 ……

이놈들의 전송을 받으며 적 후방으로 항해는 계속되었다.

「해리손」 사령관은 미국 하버드대학 사회학부를 졸업하고 2차대전 때에는 독일 전선에도 참전한 「엘리트」 였다고 한다.

나이도 나보다는 8~9세 정도 연상이었던 사람이다.

함상에서 미 해군 함장과 미 10군단의 정보 참모인 중령 그리고, 해리손 사령관과 내가 참여한 자리에서

나에게 지도상의 지점을 지적해 주었는데…….

그때 미 10군단의 정보참모(중령)가 이 함정에 승선한 것으로 미루어 동해안의 아군 작전과 직접 관련이 있는 듯 했다.

그 지점은 두백리(荳白里) 앞 솔섬(松島)이었다.

두백리는 통천(通川)에서 장전(長箭)으로 내려오는 동해 북부선상의 중간쯤에 있는 중요한 거점마을이다.

북쪽으로는 외호리(外湖里),
남쪽으로는 장용포리(長龍浦里)가 있고,
두백리 앞에는 소나무로 덮힌 무인도 세 개가 있는데
삼섬(三島) 또는 **솔섬**(松島) 이라고도 불렀다.
육지에서 불과 1.5~2km 남짓 떨어져 있어서
기관총이나 박격포 등의 사정(射程) 권내에 들기도 했다.

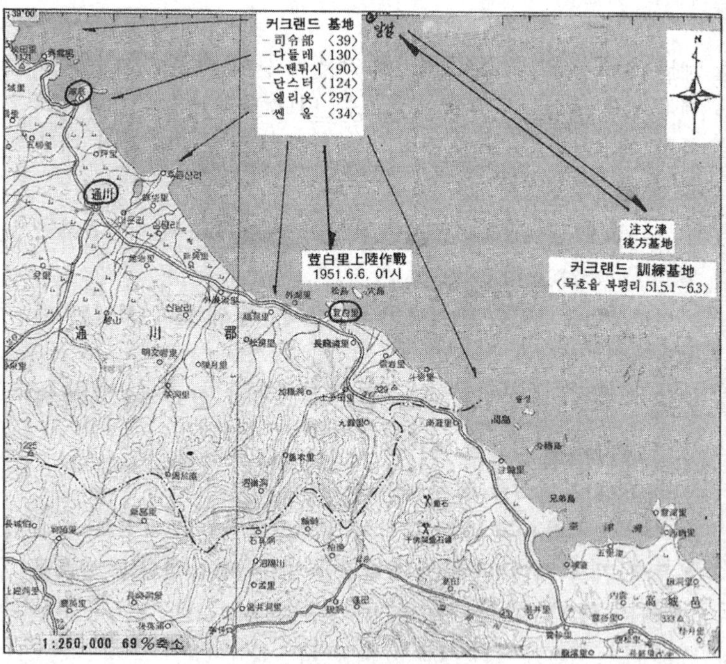

<커크랜드 작전 요도>

나는 이 함정으로는 직접 솔섬에 상륙할 수 없다고 말했다.
즉, 수심이 얕고, 기뢰(機雷) 부설의 위험성이 있으며,
적의 해안포대에 노출될 우려 등으로 원산(元山) 남쪽의 안변(安邊) 앞 18 km 상당의 먼 바다.
절해의 무인 고도(孤島)인 알섬(卯島)에 1차 상륙한 다음,
솔섬에 은밀히 접근하여 상륙하는 작전을 전개하기로 했다.
나는 6월 5일 새벽에 결사 11연대 출신 정예부대를 이끌고 알섬에서 솔섬으로 향했다.
솔섬까지는 15~16 km 상당으로 은밀히 상륙용 주정(舟艇)을 이용했다.

드디어 6월 6일 01시가 되었다.
우리들 상륙 주력부대에 앞서서,
미해병 특수요원 2인이 잠수복에 오리발을 신고,
간단한 전투장비만을 갖춘 채 살며시 물속으로 들어가
적지를 향해 헤엄쳐 갔다.

얼마 후, **물개 우는 소리**가 들려 왔다.

잠시 후, 또 다른 물개가 울었다.

안심이다. 미 해병대원의 **안전 신호** 였다.

나와 「해리손」, 미 육군 통신장교 등 미군 3명과 한국인 5명 등이 고무 보트에 몸을 실었다.
육지 쪽에서는 이따금 기관총이 불을 뿜고,
금강산 입구의 장전(長箭)방면에서는 써치 라이트가 번득이고 있는 가운데
우리는 은밀하게 육지로 접근했다.

드디어, 아무런 저항 없이 우리가 탄 보트가 해안 모래사장에 닿았다.

때는 **1951년 6월 6일 03시**경이다.

두백리에 상륙과 동시에 부락의 북쪽과 남쪽에 있는

적의 해안 경계초소와 포대를 박살내기 위해

2명을 1개조로 한

특공대 4명이 달려가 수류탄으로 적의 기관포대를 공격하여 일격에 잠재웠다.

기관총좌에서 전방(前方)을 경계하던 북괴 해안경비병들은

뒷쪽 교통호(交通壕)로 은밀히 침입한 우리 병사를 보는 순간 폭사된 것이다.

아침 5시가 되기 전에 상륙 작전은 모두 끝났다.

이 작전은 결사 제11연대가 주동이 되고 결사 제12·13연대의 지원으로 단 한명의 희생도 없이 적전 상륙을 성공한 것이다.

2. 두백리 사람들

두백리는 동해 북부선상의 작은 마을로, 지형이 평탄한 70~80 호 상당의 제법 큰 부락이었다.

내무분주소도 있어 내무서원 7 명은 불의의 습격을 받아 모두 생포되었다.

총성도 별로 없었으니 부락민들은 예와 다름없이 평화스럽게 아침밥 짓는 연기가 이곳 저 곳에서 아지랑이 같이 피어오르고 있었다.

이런 평화스럽고 전형적인 시골마을에 전쟁의 불씨가 다시 살아난 것이다.

6시경이 되자 부락민들이 이집, 저 집에서 하나 둘 나오기 시작했다.

그들은 놀랐을 것이다.

부락민 중에 50 세 가량의 장년(壯年) 한 분은 가슴에 **두문**(杜門)이라 쓴 꼬리표를 달고 있어, 그 사람을 불러 두문 꼬리표의 내력을 물었다.

그 사람의 말이,

자기는 '50년 10월 하순, 아군이 북진해 왔을 때, 한국군(남조선 괴뢰군)에 협력했다는 이유로 부락 인민재판에서 동구(洞口) 밖으로는 절대 나가지 못하게 하는 처벌을 받았다는 것이다.

그렇다면 이 사람들은 연령 면이나 사상(思想)면에서 우리를 도울 것이라고 판단한 나는 그런 처벌을 받은 사람들을 주축으로 진짜 공산당원 등을 색출하는데 활용하기로 했다.

"**여보시오**! 인민재판에서 "두문" 처분을 받은 사람이 몇 명이나 되오!"

"세(3) 사람입니다."

"그 사람들을 즉시 불러오시오."

잠시 후, 세 사람이 다 모였다.

"당신들 세 사람만 국방군(국군)에게 협력했단 말이요?!!"

"아닙니다!……"

"우리 치안대원은 모두 14명이었습니다."

"그 중 치안대장과 대원 2명은 남쪽으로 피난을 갔고, 여덟명(8명)은 인민재판에서 네 명이 처형되고 나머지는 놈들에게 끌려갔습니다만, 아마, 모두 처형되었을 겁니다."

동족상잔의 비극은 이 조용한 마을에도 피비린내를 풍긴 것이다.

나는 이들 세 명은 우리 편일 것이라고 판단했다.

그들의 협조를 받아 부락에 있던 지방공산당 간부들을 쉽게 모두 체포할 수 있었다.

이때 부락 인민위원장, 당 세포위원장, 민청위원장, 여성동맹위원장, 인민학교장 등 지방 간부들이 모두 체포 연행되었다.

그들은 우리가 체포할 때, 대부분 순순히 응했으나 인민학교 선생 겸 여성동맹위원장인 20대 초반쯤의 여성만은 앙칼지게 반항했다.

그녀의 나이가 20대 초반, 내 나이정도 쯤으로 보이는데, 8·15 해방당시 고작 16~17세 정도였을 것인데도 북괴치하의 5년 교육으로 이렇게 변할 수 있을까? 아무튼 그녀는 골수 공산당원 쯤으로 변한 것 같았다.

부락민들은, 학교에 매달려 있는 종으로 「두문」꼬리표를 달고 있는 영감을 시켜

「비상소집」을 알리는 종을 치게 하자 모두가 나왔다.

할머니, 할아버지, 어린애들 모두가 나왔다.

거동이 불편한 노인은 그 아들인 듯한 사람이 업고 나왔다.

거동이 불편한 노인은 그의 자식 둘이 8·15 해방 전에 경성(京城) "서울"로 가서 돌아오지 않고,

해방 후, 셋째 아들이 남반부(南半部)로 내려간 뒤 또 돌아오지 않아, 이것이 탄로되어

저놈들로부터 고문을 받아 병이 난 뒤 회복할 수 없어 그렇게 불구의 몸이 되었다는 것이다.

이념이고, 사상이고 따질 것 없이 이래서야 되겠는가! 라는 생각이 들었다.

곧, 인민학교 운동장에는 300명이 넘는 많은 남녀노소가 집합되었다.

우리 상륙부대 제1진은 동해 북부선의 북쪽, 통천 방면으로 통하는 도로의 교량과 철도교량을 폭파하기 위해 재빨리 부락 북쪽으로 출동했다.

교량을 경비 중이던 그 지방의 자위대원은 즉각 체포되었다.

"폭파조"는 교육받은 대로 주요 구조부에 티엔티(T.N.T)폭약 1파운드짜리 7~8개씩을 묶어 교각(다리)을 폭파하니 상판(床板)도 무너져 내렸다.

동구 밖 남쪽의 도로와 철교 등도 모두 폭파했다.

솔섬부근 해안에 떠다니며, 아군의 함정이나 상륙용 주정을 폭파할 목적으로 부설되어 있던 기뢰(機雷) 10여개는 아군함정의 안전을 위해, 모두 폭파, 제거시켰다.

기뢰가 폭파될 때의 폭음은 참으로 요란한 굉음이었고, 폭파 시 물기둥은 수십·수백미터(m)까지 치솟는 것 같았다.

시커먼 폭발재가 물기둥과 함께 온 섬을 뒤덮는 듯 했다.

굉장한 파괴력이었다.

우리들의 임무는 두백리에 상륙하여 적의 보급선을 차단하는 것이 주 임무 였으므로 여기서, 우물 쭈물할 필요는 없었다.

나는 그 부락 인민학교에 집합한 300 여명의 지방주민에게 연설을 했다.

「**우리는 조국 통일을 위해 싸우고 있는 대한민국 국군으로, 유엔군(UN軍) 산하 기동부대 장병들 입니다.**」

이제 안심하셔도 좋습니다.

여러분을 안전하게 대한민국으로 후송시켜 드리겠습니다.

여러분 각자는 우선 입을 옷가지와 식량 등 귀중품을 챙겨가지고 한 시간 이내에 해안가로 집합 하시오!

한 사람도 남아 있으면 안됩니다.

곧, 아군이 다시 진격해 올 것입니다만,

언제까지라고 장담할 수 없으니 꼭 필요한 것만 챙겨가지고 빨리 나오시오.

곧 행동하십시오. 이상!!

그분들은 **만세! 만세!** 를 연거푸 외치면서, 감격해 했다.

어떤 분은 울고 불고, 한바탕 야단법석이 난 뒤…….

그들은 삼삼오오 헤어져 자기 집으로 향했다.

부락 내외는 엄중히 경계 시켰다.

40~50분 쯤 지나니까 이불 보따리, 옷 보따리를 지고, 이고, 어깨에 멘 채 모여들기 시작했다.

암소와 송아지, 돼지까지 몰고 나오는 것이 아닌가!

고추장, 된장, 항아리까지 들고 나왔다.

이거 큰일 났군!

소와 돼지는 우리 선박에 실을 수 없습니다.

소의 주인 : 우리집 전재산이 이것 뿐입니다.
제발 데리고 가게 해주십시오.

간청이 사뭇 처절했다.

사람이 먼저 살아야 합니다. 미안합니다.

그러자 다른 노인이 나서서,

이 소와 돼지들은 당신들이 처리하십시오. 라고 우리에게 처분을 맡기는 것이 아닌가.

나는 감사합니다. 라고 인사했다.

북쪽에서 교량을 파괴하고 돌아온 장병의 보고에 의하면, 북쪽 통천 방면에서 남진(南進) 중에 있는 북괴군의 대규모 부대 선발대가 가까이 접근하고 있다는 보고였다.

나는 되도록 빨리 이들 지방 거주민 모두를 일단 솔섬으로 후송 대피시키고, 한편으로는 약간 큰 선박으로 알섬으로 후송하도록 조치했다.

양민 후송작전과 부대 철수작전은 동시에 계속되었다.

밤이 늦어진 때, 솔섬으로 박격포탄이 날아왔으나 피난민은 이미 알섬으로의 수송이 완료된 뒤이고,

아군은 참호를 완벽하게 축조한 뒤였기에 별다른 피해는 없었다.

북괴놈들, 사단급 규모의 주력부대가 밤이 되면서,

두백리에 도착한 듯 했다.

중차량과 장비의 움직임이 없었던 것으로 보아 놈들은 교량파괴로 상당한 타격을 입었을 것이다.

그만큼 아군작전에 도움을 준 것이다.

참으로 잘 해냈다.

먼 바다에서 초계 중이던 미 해군의 대형 함정 3~4 척은 우리들이 철수하자

통천 방면에서부터 차례 차례 "지그재그" 로 함포사격을 가해 북괴군의 남진(南進)을 저지하는 사격이 계속되고 있었다.

그 당시, 놈들은 대낮(주간)을 피해 야간(밤)에만 이동했는데,
차량은 불(헤드라이트)을 밝힐 수 없으므로
지방주민에게 흰옷을 입게 하여 도로에 배치한 뒤,
흰색 깃발을 흔들게 하여 운행하였으므로

지방민들은 교통안내 요원으로 철야(밤새워) 근무를 하는 때가 허다 했다고 한다.

이런 교통안내를 하던 중, 현기증이 생겨 쓰러진 주민을
그대로 차량이 지나가 즉사한 사건도 있었다고 한다.
전쟁이란 참으로 어이없는 일이 생기곤 했다.

우리들에게 처분권이 넘어온 소와 돼지는 도살하여 우리 장병과 피난민에게도 나누어 주어 우선 급한대로 포식할 수 있었다.

소와 돼지값으로 주인들에게는 얼마간의 돈과 식량을 나누어 주어 위로 했다.

1951년 6월 8일경 「알섬」에서는 부락 대표자격인 「**두문**」 꼬리표를 단 3인과 노인 2~3명으로 구성된 부락 대표자 회의가 열렸다.

북괴 치하에서 악질·반동 행위를 한 인민위원장이나 당세포위원장들을 그들 식인 인민재판(人民裁判)에 회부해야지 저놈들과 함께 남조선(대한민국)으로 갈 수는 없다는 것이다.

어찌된 영문인지 「해리슨」 등 미군측도 특별한 관심을 표명하지 않았다.

나는 피난민 대표들에게,

「**당신들이 알아서 처리하시오.**」

라고 인민재판을 사실상 승인해 주었다.

그들은 5~6명을 골라내고 총살을 하려는 것인지 ……

부락대표는 인민재판 후, 우리에게 총을 빌려 달라고 하나 총은 줄 수 없다고 했다.

이곳 알섬은 통천(通川)을 기선으로 약 18 km 쯤, 두백리에서는 약 16 km 쯤 거리인 동해상에 있는 무인 고도(孤島)로서 갈매기의 집단 서식지 이다.

섬의 높이는 70~80 m 쯤 이고, 정상부는 50~60 평쯤 되는 편평한 편이나 북쪽으로 기울어져 있고, 남쪽은 60~70 m의 절벽이었다.

북쪽으로는 40~50 m 의 절벽인데 비해 서쪽 즉, 육지를 바라보는 쪽은 밋밋하고 해안 쪽은 약간 널찍한 평지 비슷한 곳이 있어 **결사 16연대**(엘리옷) 290 여 명이 숙영 중에 있고,

동쪽, 즉 육지 쪽에서 본 후사면(後斜面)은 선박의 접안도 가능하고 400~500 명은 수용할 수 있을 만한 공간도 있어 이곳에 본부 요원과 다른 병력이 주둔하고,

민간인 피난민들도 이곳에 임시로 수용했다.

피난민들의 소위 인민재판 결과에 따라 골라낸 5 명은 알섬 정상부로 끌고가 제일 높은 남쪽 절벽으로 떠밀어 처형한 것으로 안다.

「알섬」 갈매기는 남쪽 절벽에 큰 서식지를 유지하고 있어, 갈매기의 수는 수만 아니, 수십만 마리로 큰 무리를 이루어, 갈매기 똥으로 온 절벽이 흰색으로 칠해져 있었고,

이따금 해안접선에서는 계속 물보라를 일으키고 있었다.

참으로 자연이란 오묘한 조화를 이루고 있는 것이 아닌지 …

나는 이들의 처형이나 재판에 전혀 관계하지 않고 그들에게 위임했다.

아무런 의견도 말하지 않았다.

그들은 두백리의 주민이고, 이웃에서 살던 이웃사촌이 아니던가.

괜한 오해를 살까 봐 두렵기도 했다.

부상을 당한 남자 아이(10세 정도)도 있었는데, 훗날 나는 그 소년을 주문진에서 만났으니, 그때 피난 온 사람들이 주문진 부근에 많이 살고 있었을 것이다.

지금쯤은 그 소년도 80살이 가까울 것이다.

동족상잔(同族相殘)의 비극

이것이, **김일성의 적화 야욕**(赤化野慾)이 빚은 민족의 슬픔이 아닌가!!

이것을 **6·25 자유, 수호 전쟁**이라 할 수 있을런지…….

6.25 전쟁을 일으킨 그 김일성(金日成)은 죽고, 그 아들놈을 지나 손자 놈에 이르기까지,

휴전 아닌 휴전선이 가로 막혀 이 민족의 발에 족쇄를 채우고,

그 **손자 놈에까지 대를 이어가고 준전시(準戰時)가 계속되고 있는 것**이 오늘이 아닌가!

저들을 무엇으로 달랠 수 있단 말인가!

지금이 전시(戰時)와 다른 게 무엇인가!!

북한 인민의 기아(飢餓)를 외면하는 놈들!!

부족한 식량을 주어도 …, 돈을 주어도 …,

잦은 NLL 해상 침범! **미사일의 발사! 핵 폭탄의 개발과 위협!!** 등이 지구상에서 가장 **음흉한 "망나니"** 들의 집단(集團)이 아닌가! …….

적 전에서 반란

여기, 알섬의 서쪽 면인 전사면(前斜面)에 배치된 결사 제16연대〔최성진(崔成鎭) 대위(안변 출신)〕가 단독으로 안변(安邊) 지방에 상륙(잠입)하겠다면서 **병력 수송용 선박을 제공하라! 주 부식의 급여를**

개선하라, 등을 요구하면서 반대 사면 쪽(본부 쪽)에 박격포 2발을 발사한 **적전 반란 사건**이 생겼다.

조사결과, 제16연대 쪽에서 발사한 것이 확인되었다.

적전 반란(敵前反亂)이 일어난 것이다.

「해리손」과 나는 깜짝 놀랐으며, 피해가 없는 것으로 보아 위협사격을 한 것 같았다.

아무리 위협사격이라 해도 실포탄(實砲彈)을 사령부 쪽을 향해 쏘아 댈 수는 없는 것이다.

나는 「최 대위」를 무전으로 불러내 알섬 정상부에서 담판(談判)을 하자고 했다.

나는 날쌔고 용감한 제11연대 출신 이만우 중위(경북의성출신) 등 3인을 대동하고 정상부에 올라갔다.

최 대위는 부연대장 강병조 등 4명을 거느리고 올라왔다.

여보! 최 대장!

주식과 부식은 미군 당국에서 보급하는 것인데, 우린들 어쩌겠오!!

나는 그의 상급자였지만, 그는 나보다 6~7년은 연상(年上)같았다.

결국 그를 달래는 수밖에 별도리가 없었다.

최 대위가 단독으로 안변지방으로 침투하려 해도 배가 없으니 미군의 도움이 없으면 불가능한 것이 아닌가!

최 대위 : 그러니까 미군에게 배를 달라고 하시오!

최 대위를 따라온 장병들은 내 뜻을 이해하는 듯 했다.

최 대위의 긴장이 풀릴 때를 눈치 챈 나는 날쌘 이 중위에게 신호하여 최 대위의 권총을 낚아챘다.

최성진 대위의 무장은 해제되었다.

다른 장병의 무장도 순순히 해제되었다.

모두 순순히 응해 주었다.

최 대위는 간단히 포박되어 사령부로 압송되었다.

사령부에서는 약식 회의가 열렸다.

적전 반란에, 박격포를 두발이나 쏘아댔으니 즉결처분감이다.

다음 날, 솔섬으로 압송되어 솔섬에 주둔중인 특별대에 인계되어 그곳에서 총살형이 집행되었다고 들었다.

최성진 대위는 집행관에게 한 방으로 죽게 해 달라는 마지막 말을 남겼다고 들었다.

참으로 서글픈 일이 아닐 수 없다.

최 대위의 본심이 무엇이었는지는 지금도 알 수 없다.

그는 북괴 치하에서 아군이 수복하기 이전에 무슨 기관인지는 몰라도 공직(公職) 비슷한 매점의 관리직으로 근무했다고 하니 혹시, 공산당 간부가 아닌가 하는 의심을 받게 되었다.

참으로 어처구니없는 일이 일어난 것이다.

이 일로 해서 16연대(엘리옷) 병력 모두는 원산부근과 안변지방에서 1.4 후퇴 당시 남하한 친구들이므로, 사상성(思想性)의 의문(?)과 실전의 경험부족, 그리고 믿음에 문제가 있어서 요주의 부대가 되었다.

이런 저런 돼 가는 꼴은 참으로 알다가도 모를……

6·25 직전 쯤과 같은 것이 아닌지……

이런 기막힌 사연과 모든 작전은 우리 전사(戰史)에도 기록되어 있지 않은 잊혀진 작전이다…….

해리손의 무훈

미 국방성(미국 대통령)은 미군 장교인 「해리손」에게 **은성**(銀星) **무공훈장**을 수여하였다고 하니 미국에서는 대단한 작전 성과로 꼽고 있는 듯 하다. 주44)

그만큼, 어렵고, 또 유익한 작전을 수행하면서 ……,
단 한명의 희생도 없이 완벽하게 성공하기란 정말 어려운 일이었다.

이 작전의 선봉에 섰던 결사유격 제11연대 등 「백골병단 출신 장병들은 많은 실전경력을 가지고 있었으므로 활약이 눈부신바 있었다.
불과 30여일의 훈련만으로 감행된 두백리 상륙작전은 육군정보학교에서 21일간의 훈련만으로 적지에 침투시킨 것과도 그 맥(脈)이 서로 상통(相通)하는 것이 아닌지 …….

그러나 저러나 세월은 덧없이 64년이란 오랜 세월이 흘렀다.
이제라도 늦었지만, 우리 전사(戰史)에 바르게 등재되어야 하고, 또 뒷날 솔섬(삼섬)을 지키다가 놈들의 집중포화(集中砲火)로 희생된 장병의 영령(英靈)에게도 신의 가호와 함께 명예선양이 되어야 할 것이 아닌가 …….

적 후방지역 작전공로 보상 관련법은 백골병단 작전에 한정하고 있어 결사 제15, 16, 특별대 참전자는 해당이 되지 못한 아쉬움이 있다.

이제 참전 전우 모두는 83세에서 최고 92세에 이르고 있는데 …….

오늘날 장전(長箭)항을 통해 많은 사람들이 이 정부의 햇볕정책과

주44) 「해리손」씨는 한국전쟁의 참전으로 미국 은성무공훈장(Silver Star and Legion of Merit Medals)을 수상한 것으로 국방성 자료로 확인되었다. 이는 이남표 교수(한양대 명예교수)께서 미 국방성에 조회하여 확인된 것이다.
해리손 씨는 "대위" 로 예편한 뒤, 로웰(Lowell) 대학교에서 교수로 재직하다가 정년퇴임한 후, 1997년 지병으로 세상을 떠났다고 한다.

현대그룹 (고) "정주영" 회장의 덕(?)인지 **김정일의 외화벌이**의 한 수작인지는 알 수 없으나 금강산 관광을 다녔다.

바닷길에서 육로(陸路)가 4~8차선의 탄탄대로가 닦여 졌다.

저놈들이 전쟁을 일으키면 땅굴이 아닌, 그 대로(大路)로 탱크, 장갑차, 트럭이 물밀 듯 거침없이 내려올 수 있게 되었다.

"장전" 항구보다 북쪽에 자리 잡은 두백리(荳白里)!

그 조용한 마을은 우리들의 기습, 상륙으로 모두 폐허가 되었다.

그 고장에 살고 있던 사람들 300여명 모두를 주문진항으로 강제 철수(피난) 했으니 재건(再建)할 사람들도 없었으리라…….

지금쯤 어떻게 변해 있을런지……. 지도상에도 부락이 없어진 것 같다.

그 곳이 수복되는 날, 나는 그 지방을 한번 가 보고 싶다.

내 나이 벌써 87를 넘기고 있으니 앞으로 5년 내에 혹시?!!

기대할 수 있을런지…….

욕심 인지도 모르지요…….

※ 미 8군 커크랜드 부대는 1951년 8월 중순 8240인지, 8250부대로 이관될 때까지 존속한 것으로 알려지고 있다. 주45)

1951. 6. 20경, 미 10군단 G-2 요원 30여명(지휘자는 한국군 대위)이 어선으로 위장한 선박을 몰고 알섬에 기항해왔다.

나는 그 선박을 반강제로 징발하여 부식용 고기도 잡고 잘 활용했는데, 그 친구들이 미 10군단에 이런 사실을 보고(타전) 한 듯 했다.

어느 날 헬기를 타고 바다 쪽에서 알섬으로 날아온 미군 중령이

주45) 채명신 장군은 2007. 5. 15 국방일보, 5면, 「역사를 넘어 시대를 넘어」 56쪽에 그 분은 1951. 4. 12일 최종적으로 결사 제11연대를 떠났음에도 불구하고 우리들이 51년 여름 북한 동북부 해안선에 상륙을 시도했다가 전멸하다시피 된 뒤 해체 됐다는 내용을 기술하였는데, 무엇 때문에 잘 알지 못하는 내용을 실었는지?

나에게 "고노후네가 다레노" 하는 일본말로 나에게 누구의 배냐고 하는… 책망으로 서로 권총을 빼들었으나 결투를 하지는 아니 했는데, 그는 "나까요쿠 구라시마쇼" 한다. 나도 OK 했다.

그 뒤, 그 중령은 이 사실을 미 8군에 보고한 듯, 나는 알섬을 떠나 후방 사령부인 주문진으로 돌아가게 되었다.

나의 유격대 생활은 여기서 종지부를 찍게 된 것이다.

다음날, 즉 1951.6.28. 윙게트 중위가 타자를 쳐서 나에게 제대증명을 발급해 주었다.

다음날 나는 연락병인 한 중사를 대동하고 대구로 내려갔다.

1951년 6월 6일 원산 남방 두백리 상륙작전 당시 사령관 William. S. Harrison 그는 대위로 예편한 후 Lowell 대학교에서 교수로 재직하다가 정년퇴임 후에 우리들이 초청하려고 시도했으나, 체재비 부담, 휠체어에 의존하는 문제 등으로 초청하지 못했는데, 1997년에 사망했다고 한다.

<휠체어에 앉은 생존시의 모습>

<special Operations Commander in Korean War
(Task Force Kirkland – Offensive Guerrilla Warfare)
Awarded Silver Star and Legion of Merit medals>

이 자료는 미국 국방성에서 이남표 박사가 입수한 것이다.

1951. 6. 28 미8군 기동부대 KIRKLAND(커크랜드)부대에서 MAJOR CHUN IN SIK(소령 전인식)에 대한 HONORABLY DISCHARGE(명예제대)를 증명하는 KINGSTON. M. WINGET(킹스턴 엠 윙게트)의 서명증서

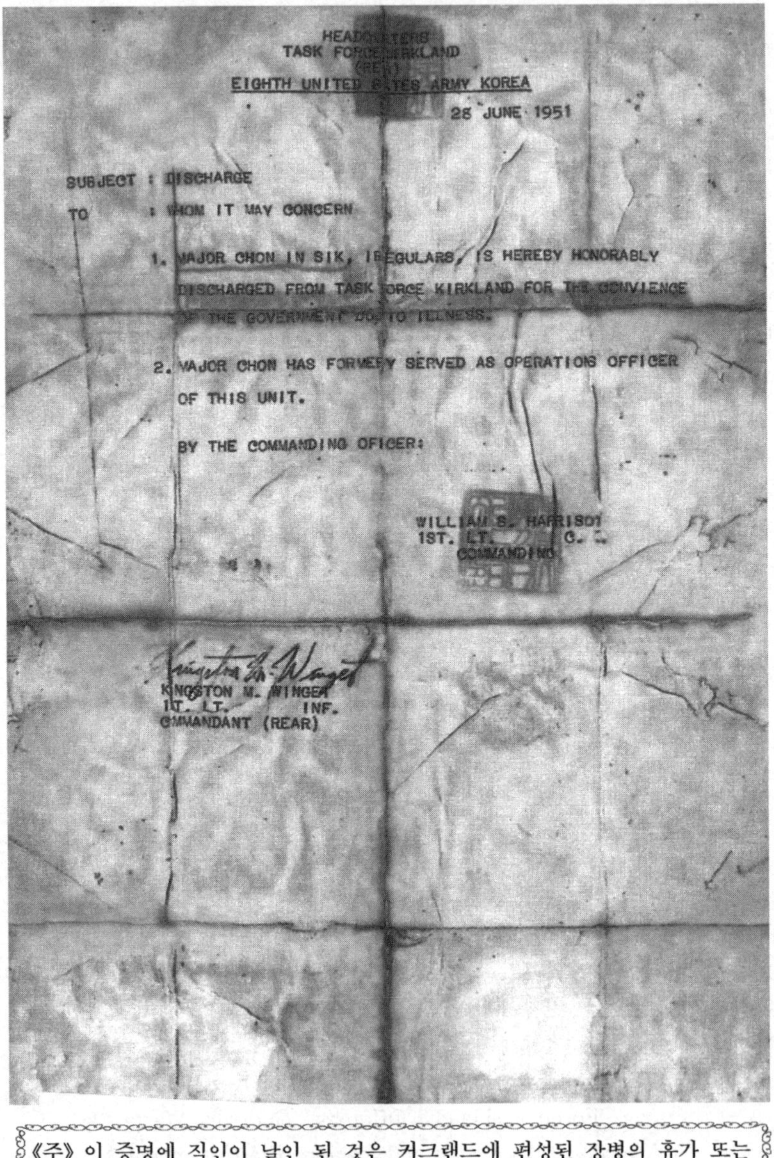

HEADQUARTERS
TASK FORCE KIRKLAND
(REAR)
EIGHTH UNITED STATES ARMY KOREA

28 JUNE 1951

SUBJECT : DISCHARGE

TO : WHOM IT MAY CONCERN

1. MAJOR CHON IN SIK, IRREGULARS, IS HEREBY HONORABLY DISCHARGED FROM TASK FORCE KIRKLAND FOR THE CONVIENCE OF THE GOVERNMENT DUE TO ILLNESS.

2. MAJOR CHON HAS FORMERY SERVED AS OPERATIONS OFFICER OF THIS UNIT.

BY THE COMMANDING OFICER:

WILLIAM S. HARRISON
1ST. LT. [illegible]
COMMANDING

KINGSTON M. WINGET
1T. LT. INF.
COMMANDANT (REAR)

《주》 이 증명에 직인이 날인 된 것은 커크랜드에 편성된 장병의 휴가 또는 귀향증 등에 날인하던 것을 윙게트의 서명 뒤에 찍은것이다. 원본은 용산 전쟁기념관 2층 6.25 관련 전시실에 전시되어 있다.

3. 제대증의 발행 거부

1951년 6월 28일 주문진에서 제대증명을 받은 나는 6월 30일경 대구로 내려갈 때 15연대 출신 한보근(韓寶根) 중사(하사)를 대동하고 육군 3사단에서 상사(上士)급 4인이 현지임관을 위해 대구 육군본부로 가는 스리쿼터(3/4톤)를 편승하여 삼척·묵호·울진까지 가서 1박한 후 대구로 갔다.

대구에서 며칠간 방황하던 나는 1951. 7. 13.경 육군본부 정보국과 작전국에 가서 정식 제대증의 교부를 요구했으나 정보국에서는 작전국으로 밀고, 작전국에서는 미 8군으로 소속이 변경되었다고 하면서 모든 기록이 미 8군으로 넘어 갔기 때문에 제대증을 발행해 줄 수 없다고 거절했다.

참으로 괘씸한 놈들이였다.

이때 박창암 소령과 북괴 귀순장교인 김석환 중위와 소주영(?) 소위 등을 대구에서 또 다시 만났다.

박 소령은 나에게 그가 103사단의 부연대장으로 부임하여 전북 진안지방에서 공비토벌을 하게 되었으니 함께 가서, 특별대대를 편성해 줄 터이니 대대장이 되어 달라고 말하기에

"정신 나간 놈" 같이 그의 말을 믿고, 전북 진안지방으로 갔다.

1951. 7. 27. 나의 23번째 생일날 이다.

당시 방위군 103사단 107연대에 대한 부대 부식도 형편이 없어서…….

물고기나 잡을까 해서 한보근 중사가 가지고 온 수류탄으로,

부대 인근의 마을 앞 유지(溜池)에서 고기잡이를 한 사건으로…….

그때의 (107연대 연대장) 양인석? 중령이 방위장교인 주번사령에

게 나를 연행·체포하도록 지시하여 주번사령과 옥신각신 시비를 하다가 양 중령과 정면으로 충돌한 사건으로 이리 지방의 헌병대에 하룻밤 유치되는 해프닝을 겪은 뒤, 나는 그곳을 떠났다.

1951년 8월초 고향으로 돌아 왔다.

한강 인도교의 통과는 미군 헌병이 나의 미 8군 커크랜드 발행 제대증명을 보자 경례까지 붙이면서 통과시켜 주었다.

나의 병적 확인 청원서

그 뒤 나는 제2국민병의 소집영장을 받고, 논산훈련소에 훈련병으로 다시 입대한 뒤, 또다시 광주 송정리의 육군보병학교를 경유하여 장교가 된 뒤, 1957년 11월에 예편하였으므로 군 병적확인 등이 불필요했으나, 1969년 경 북괴 124군 부대의 청와대 습격사건 이후 창설된 향토예비군 감사원 중대에서 나에게 소대장을 하라기에 나는 육군임시소령 출신이라고 주장했으나, 병적확인이 있어야 한다기에 병적 확인이 필요하게 되었다.

1970년 1월 19일 나는 국방부장관에게 1951. 1. 4부터 1951. 7. 21까지 육군본부 직할 결사 유격부대 작전참모(임시 육군소령)로 근무한 군 복무 사실의 확인(병력확인)을 요구하는 진정서를 보냈다. 그 청원서는 다음과 같다.

※ 제2국민병은 징병 연령을 초과한 청장년(靑壯年)생에게 병역의무를 전시에 부과한 제도였다.

병적 확인 청원서

1970. 1. 19

국방부장관 귀 하

국토방위에 진력하고 계신 각하의 건투와 영광이 함께 있기를 기원합니다.

본인은 현재 감사원에 근무 중인 부감사관으로서 이와 같은 청원을 드리게 된 것을 부끄럽게 생각하오나 한편으로는 영광스러운 날이 있었다는 것을 생각할 때 자위하며 이 청원을 드리오니 조치하여 주시기 바라나이다.

청원 취지……본인이 1951. 1. 4부터 1951. 7. 21 까지 사이에 육군본부 정보국 직할 결사 유격부대 작전참모로서 임시소령으로 근무한 군 복무 사실의 확인에 관한 사항입니다.

청원 사실 증명

1. 현재 2군 사령관 중장 채명신(당시, 부대장)의 확인증
2. 임관사령장 사본
3. 제대증명 사본
4. 국방부 특명 사본
5. 작전명령서 사본

본인은 1950. 11. 악랄한 중공군의 개입으로 북진통일대업이 정체되었고 전국이 위태롭게 되자 군은 적진에 무장군을 침투케하여 적의 후방교란과 군 기밀의 탐지로서 아군의 작전에 기여케 할 목적으로 대통령 동원령 제5호에 준한 국본 특별 명령(육)제22호로 설치된 결사유격대에 입대하여 대구, 달성초등학교(당시 정보학교)

<이하 생략>

이 청원서에 따라 다음(별면)과 같은 병적 확인을 받았다.

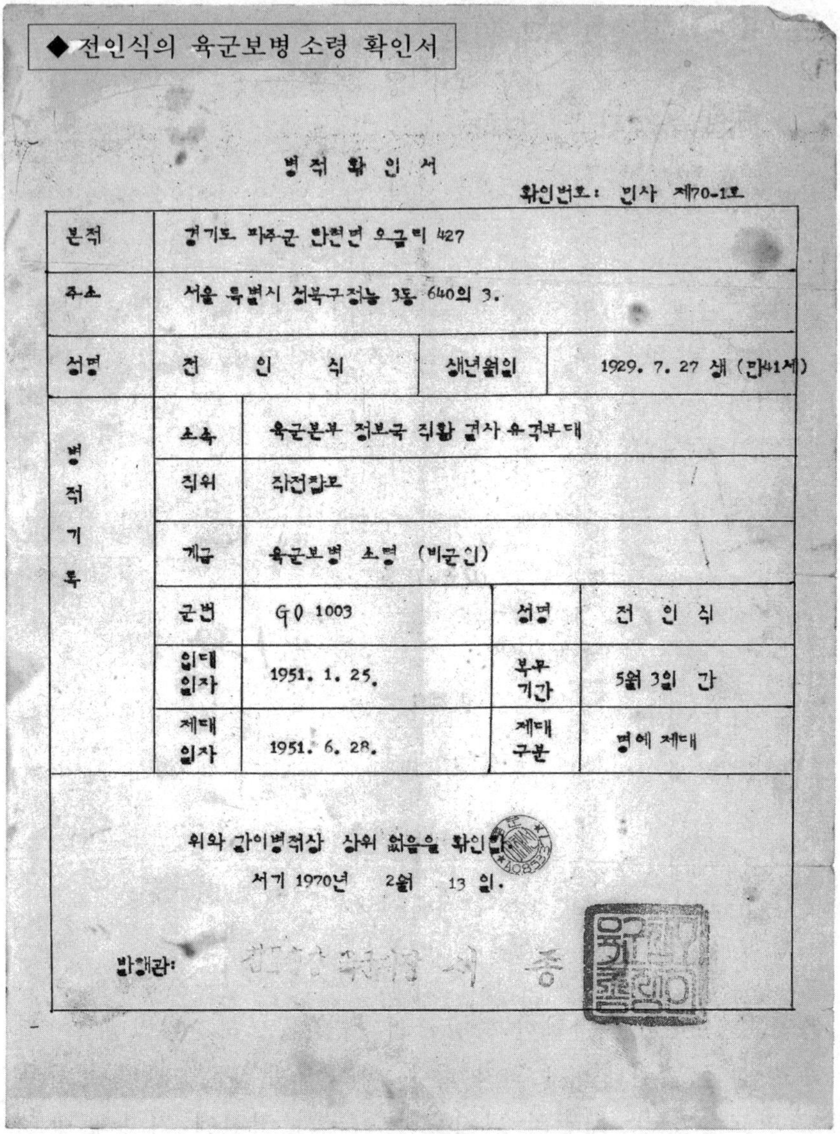

◆전인식의 육군보병 소령 확인서

병 적 확 인 서

확인번호: 민사 제70-1호

본적	경기도 파주군 탄현면 오금리 427			
주소	서울 특별시 성북구정릉 3동 640의 3.			
성명	전 인 식		생년월일	1929. 7. 27 생 (만41세)
병적기록	소속	육군본부 정보국 직할 결사 유격부대		
	직위	작전참모		
	계급	육군보병 소령 (비군인)		
	군번	GO 1003	성명	전 인 식
	입대일자	1951. 1. 25.	복무기간	5월 3일 간
	제대일자	1951. 6. 28.	제대구분	명예 제대

위와 같이 병적상 상위 없음을 확인함.

서기 1970년 2월 13 일.

발행관: 참모총장 육군대장 서 종

1970년 2월 13일 육군참모총장 육군대장 서종철이 전인식(全仁植)의 병적을 확인한 확인서
소속 : 육군본부 정보국 직할 결사유격부대
직위 : 작전참모
계급 : 육군보병소령(비군인) 군번 : GO1003
입대 : 1951. 1. 25 제대 : 1951. 6. 28로 확인되었다.

계급에 소령이면 소령이지 (비군인)이 무엇인지 ……

(발급번호 : 538-1)

참전사실확인서							
인적사항	성 명	전 인 식		주민등록번호	290727 - 102****		
	본 적	서울시 성북구 정능동 640-3					
	주 소	서울시 영등포구 여의도동 30-2 삼부(아) 10동 13호					
병역사항	소 속	□육군 □해군(해병) □공군 □기타(✓)					
	계 급(직급)	임시 소령	군 번	G0 1003		병 과	보 병
	입대(임용)일	'51. 1. 25		입대(임용)장소	육군정보학교		
	제대(퇴직)일	'51. 6. 28		복무(근무)기간	년 5 월		

참전사실	기 간	부 대 명	참 전 지 구	특기사항
	1951.1 ~ '51.6	백 골 병 단	강 원 설 악	유격부대
	※	※	※	※

참전군인등 지원에 관한 법률시행령 제2조제2항에 의거 위와 같이 참전사실을 확인합니다.

1995 년 3 월 16 일

국 방 부 장 관

귀 하

1995. 3. 16 국방부장관은 전인식이 유격부대 백골병단에서 임시소령으로 1951. 6. 28까지 근무했다는 참전 사실확인서를 발행하였다.

4. M채 씨와의 연(緣)

다시, 「M채(채명신) 씨」와의 사연으로 돌아 간다.

「채 중령」은 **1951. 4. 12.** 재차 **원대복귀후** 잠시 고등군사반?인지의 교육을 받은 뒤, 육군 제7사단 5연대 부연대장으로 부임했으나 그 시절 연대장 김용배(육사5기생) 대령의 전사로 임시 대령으로 진급과 동시에 5연대장이 된 뒤, 용감하게 제병을 잘 지휘하여 용맹을 날렸고, 20사단 60연대장, 3군단 작전참모, 논산 훈련소 참모장 등을 역임하면서 승승장구 했다.

그 뒤, 1956년경 「M채 씨」는 유격대의 공적기 **사투만리**(死鬪萬里)란 6·25 참전 당시 자신의 무용담(武勇談)을(육군 본부 훌병감실 발행) 세상에 공개하면서 여러 가지 기술 중, 잘못된 것도 없지 아니했으나, 우리들 결사대의 참전 사실이 널리 알려진 것만은 다행이었다. 그러나 우리들을 지나치게 과소평가한 부분이 많았으며, 우리들 모두는 그런 기록이 있는지도 전혀 모르고 있었는데, 1980년대 중반에 이르러 군사연구실을 통해서 알게 되었다.

그 당시 우리들은 임시 보병 장교란 엉터리? 장교였기에 어쩔 도리가 없었던 것이다.

다음은 사투만리의 한 부분이다.

(武)(勇)(談) (85年末 군사연구실에서 입수한 것임)

韓國最初의遊擊隊인 蔡命新遊擊隊의 功績記 (檀紀4284年2月3日부터 4個月間)

1. 遊擊隊長을 志願하기까지

이 이야기를 紹介함에 앞서 이 이야기의 主人公인 蔡命新中領(現大領)이 遊擊隊長을 志願하게된 心境과 經緯를 이에 紹介아니할수 없다

一.四後退當時 蔡中領은 我第八師團第二十一聯隊第一大隊長으로서 平北[illegible]東北方地點의 友軍右翼前線에 配置되어 陣地를 固守하고 있었다

1961. 5. 16. 박정희(朴正熙) 소장에 의한 군사혁명 당시 경기도 포천 지방에 주둔 중이던 육군 제5사단장인 "M 채 씨" 는 군사 혁명 지지 사단병력을 동원한 대규모 군사 행동으로 혁명이 성공하게 되자, 군사혁명 위원회 5인 위원중 1인의 위원이 되는 등 유명한 장군으로 활동하게 되자, 나와 우리들은 **명예 회복**을 위하여 **국가재건 최고회의 의장**(박정희)에게 진정하여 병역 기피자로 몰려 고생하는 옛 전우의 명예회복을 위해 일부 제대증을 받게 하여 공직에서 추방되지 않도록 노력했다.

나는 1961. 6 에는 고향에서 중학교 교사직을 사임하고, 군사 원호청(지금의 국가 보훈처) 창설 당시, 군 병력 약 20여명과 함께 민간인 7~8 명이 참여한 가운데 원호국을 창설하는데 참여하였다.

그때, 채 장군의 주선으로 을지로 3가에 있던 일식(日式)집 "새마을"에서 점심 대접을 받은 날,

1961. 8. 23. 나는 거창하게 「가칭」 **대한민국 유격군 참전 전우회**를 발기하는데 앞장을 섰다.

그러나 그때쯤 소위 반혁명(反革命) 사건(일명 아라스까 토벌 작전)으로 고급 장성들의 숙청이 있게 되자 채 장군도 38 이북 출신이라 걱정이 되었던지 우리들의 활동중지를 요구해와 우리들은 그분의 뜻을 받들어 아무런 활동을 하지 않고 몇 해가 흘렀다.

1965. 9. 29. 나는 더 이상 미루다가는 우리들의 기록이 영영 파묻히고 말 것이란 위기감이 생겨, 그 당시 공무원의 신분(사무관급 감사관)인 때였지만 설악동지회(雪岳同志會)란 이름으로 무슨 친목단체로 위장하고, 재발족하기까지 채 장군의 만류로 활동을 중단한 뒤 무려 4 년여의 세월을 허송하게 되었다.

그 뒤, 채 장군은 혁명 대열을 떠나 원대 복귀하여 육군본부 작전참모부장을 거쳐 옛날의 유격전 기록이 밑거름으로 인정된 듯 파월

(派越)되는 **맹호 부대장**을 거쳐 **주월 한국군**(육해 공군) **총 사령관**이란 어마어마한 권한을 갖게 되면서

육군 중장으로 진급하였다.

그 분은 자유 월남은 물론, 미국 등 자유 우방을 비롯한 전 세계적인 유명한 장군이 되었으나

무슨 이유에서인지 알 수는 없으나, 채 장군은 우리들 육군본부 직할 결사대의 일에 만은 관심을 전혀 보이지 않고 있던중,

육군 제 2 군 사령관(중장)에서 예편된 후 1975 년 경에는 자유 우방의 대사(大使)직을 수행하고 있을 때,

외국공관장 회의에 참석차 귀국한 그분을 나와 우리 참전전우 몇 명이 시청 앞 "프라자 호텔" 2 층에서 점심 대접을 받게 되었다.

이때까지 별 볼일 없던 나도 공무원의 신분에 교수 자격자인 감사관으로

너무 설쳐댄 까닭인지? 정치적 보복을 당해서였는지 알 수 없으나

유신(維新)으로 날벼락을 맞아 퇴출된 지도 어언 3~4 년이 지났기에 그분에게 우리들의 **"전적 위령비" 건립을 강력히 호소**하였더니,

채 장군께서는,

전 동지 !! 잘 알겠소 ! ……

그 비용이 10 만원이면 되겠지 !!

하는 것이 아닌가 ?!!

이분은 세상 물정을 너무도 모르는구나 !!

돈 이라곤 단돈 몇 천원도 가지고 다니지 않는 분이니 ……

물정을 알 까닭이 없지 !!

나는 몽둥이 하나를 깎아 세우려 해도 10 만원 가지고서는 부족하고 또 그 비석을 세울만한 땅이 단 한 평도 없는데

그 돈으로는 …… 안됩니다. 라고 말하였더니 …….

여보 ! 내가 돈이 어디 있어 ! ……

10만원도 외무장관이 준거야!!

라고 말하는 것이 아닌가…….

나는 그만 두십시요! 하고 그분의 제안을 거절했는데…….

그로부터 10여일이 지난날(1975년도) 양재학 씨(그분의 부관 비슷한 원사)가 10만원짜리 수표 한 장을 나에게 가져왔는데 권영철 동지는 그 돈을 왜 받았느냐면서 항의하기에 그대로 놓아둔 채 날짜만 자꾸 지나니 자동으로 이자를 물지 않을 수 없게 되었다.

돈을 받은 지 5년 만인 1980. 4. 10. 197,460원의 이자를 내가 부담하였고

그 뒤, 1984. 8. 28.에 이르러 또다시 172,000원의 이자를 물으니 나는 10만원의 돈을 보관만 하고 있다가 369,460원의 이자(利子)를 물어 넣기도 했다.

그러나 그때, 채 장군께서 보내준 10만원이 종자돈이 되어 우리 전우들의 활동과 구심(求心)에는 큰 도움이 되었을 것이라고 생각된다.

나는 우리들의 참전기록을 1965년부터 정리하기 시작해 10여년이 지난 1975년 경, 책으로 발행할 것을 채 장군에게 건의하였더니, "채 장군"께서는 "전사는 함부로 쓰는 것이 아니고, 모든 증거의 뒷받침이 있어야 한다고 하시면서 자기가 준비할 터이니 기다리라"고 해서 또 기다리기를 81년까지 기다린 뒤, 1981년 5월 나는 더 이상 참을 수 없다고 판단하고 **『나와 6.25』**, **『적 후방 300리의 血鬪』**라는 포켓판 작은 책을 발행(비매품)하여 참전전우들에게 5권씩 나누어 주어 보완자료로 활용하게 하였다.

1981. 8. 24에는 채 장군의 귀국 환영연도 우리들 전우 15명이 여의도의 중국 음식점에서 개최한 뒤, 그분은 다음날 미국 국무성 초청으로 하버드 대학?인지?로 연수차 떠났다.

세월은 또 흘러 그분은 1987년경에 미국에서의 연수를 끝내고 일본의 게이오 다이가꾸?(慶應大 : 경응대)에서 객원 연구생활을 하고 있을 때 나에게 구구절절한 증언성 편지 한 통을 등기로 보내주었다.

그분, 채 장군의 편지(A4용지 4장에 자필로 쓴 것) 한통은 우리들의 신분과 경위 등을 사실대로 밝힌 것이라고 생각하며, 그때 나를 **대낮에 도깨비 놀음**과 같다고 매도한 그자가 고위직을 지낸 유력한 자라고 하는 것도 ……

역사는 흐르고 또 흐를 것이다.
그분의 편지 사연을 보면서 불끈 쥐어지는 주먹…….
그 고위직에 있다는 자 등이 이 나라 정상부에 있었다니…….
기가 막힐 일이 아닐 수 없는 사연이었다.

참으로 기가 막힐 내용의 증언이었다.

그래도 이런 진심어린 채 장군의 고백성 실토는 참으로 오랜만이었다.
36년만의 증언이니까 !!
나는 그분의 필체를 잘 안다.

다음은 채 장군이 나에게 보낸 자필 편지 원문을 국한문이 섞여있는 것 그대로인 전문(全文) (pp. 272 ~ 276) 을 소개한다.

1961. 8. 23. 모임에서 9,000원을 모금한 내역(출연자 11명)과 1990년까지의 전우회원의 헌성금 내역을 다음에 참고로 싣는다.

이 기록을 보면, 전적비 건립을 추진하기 이전인 1986년도까지 참전전우회에 참여한 전우는 고작 23명일뿐이고, 연대장과 보좌관 6인 등 7명을 제외하면, 실제 참여한 참전전우는 16명에 불과했다.

전우회 창립 후 비용부담내역

성 명(연대)	1961 8.23 창립 (천원)	1975 (만원)	1980 (만원)	1981 8.24 채중령 환영 (만원)	1986 (만원)	1988 (전적비 건립기금) (만원)	1990 건립기금+ (준공 찬조)	합 계 (만원)
전인식(11)	1.6	20.8	15	18	120	1,284	130 (125)	1,712
권영철(11)					86	293	130 (125)	634
최윤우(11)	0.5		5	1	–	50	55 (25)	136
장지영(11)	–	0.5	6	2	–	10	10 (15)	43
이익재(12) ㉢						10	29 (15)	54
안병희(12)						30	39 (25)	94
김용필(12)						50	60	110
임병기(12)							14 (8)	22
고제화(13)						35	1	36
임동욱(11)						10	15 (10)	35
박승록(11)						15	20 (10)	45
하태희(11) ㉢							16 (10)	26
박용주(12)						10	14 (15)	39
장덕순(11) ㉢						10	14 (10)	34
강두성(11)	1.4	3	20	2	30	50	50	155
채명신(11) ㉢		10	(외국대사)				1,000	1,010
원응학(11)	1.0	1	10	1	10	40	61	123
최윤식(11) ㉢	0.5		5	1	10	80	50 (35)	181

성 명(연대)	1961 8.23 창립 (천원)	1975 (만원)	1980 (만원)	1981 8.24 채중령 환영 (만원)	1986 (만원)	1988 (전적비 건립기금) (만원)	1990 건립기금+ (준공 찬조)	합 계 (만원)
최인태(11) ㉢	0.5			1	–	–	10 (10)	21
이덕일(11) 미국	1.0		10	2	–	10		22
신효균(11) ㉢			10	12	30	45	67 (50)	214
최종민(13) ㉢					1	10	20 (15)	46
김수창(11) ㉢							15	15
류탁영(11) ㉢							35 (15)	50
김성형(11)			5					5
윤범용(11) ㉢						10	17 (8)	35
조병설(12) ㉢							10 (5)	15
허재구(11) (유) ㉢	(허은구 전사)					20	25 (15)	60
정규옥(11) ㉢	(정동진)		1			35	20 (10)	66
신건철(11) ㉢	(신미경)					20	39 (25)	84
조영택(12) ㉢						10	14 (15)	39
이명해(11) ㉢	(이동주)					20	25 (17)	62
장승현(11) ㉢	(장을순)					20	35 (15)	70
이남훈(12) ㉢	(허옥선)					10	28 (10)	48
오봉택(11) ㉢	(오덕록)						15 (16)	31
이운하(11) ㉢	(이관인)						5	5
한갑수(11) ㉢	(한상언)	0.3				1		1

성 명(연대)	1961 8.23 창립 (천원)	1975 (만원)	1980 (만원)	1981 8.24 채중령 환영 (만원)	1986 (만원)	1988 (전적비 건립기금) (만원)	1990 건립기금+ (준공 찬조)	합 계 (만원)
김한철 (13) (형철)	–	0.5		1				1
권일상(11) (유)(亡)	(권욱상 제)					20	24 (35)	79
이명우(11) (亡)	0.5	0.5		1	(81. 3. 13 30만 차용)	–		1
장인홍(11) (亡)	0.5	0.5	5	1				6
김흥복(11) (亡)	0.5							
김영돈(11) (亡)	1.0							
한보근(15) (亡)		0.3		1				1
김해원(11)			2	1				3
이창식(11) (亡)	(이상준)			1				1
이두병(12) (亡)	( )					10	1	11
장동설(11) (유)	(장동순 자)					20	23 (35)	78
김한인(11) (유)	(김주현 자)						13 (10)	23
박창영(12) (유)	(박종만 자)						13 (5)	18
정대균(11) (유)(亡)	(정세균 제)						16	16
원길상(11) (亡)	( )						10 (15)	25
조중숙(11) (유)	(조중용 매)						27	27
박정렬(11) (유)(亡)	(홍순기 처)						14 (10)	24
박종황(11) (亡)	(박창순 자)					15	–	15
계	9천원	37만 4천원	94만원	46만원	287만원	2,253 만원	2,229만원+ (764만원) 총 2,993만원	5,710 만원 (55)

채 장군의 편지 (親愛하는 全仁植 同志에게)

정말 오래간만 입니다. 그동안 全同志와 同志의 온 家族이 모다 평안 하신지요?

이곳 나와 나의 家族들은 모다 잘 있습니다.

全同志가 보내준 **"못다핀 젊은 꽃"** 冊子는 내가 세미나 등 관계로 外國旅行에서 돌아와 近間에야 겨우 읽었습니다.

實은 그 책자를 읽었다는 서울의 某人士(越南戰에도 參戰하고 現在도 有力한 位置에 있는)의 至毒한 批判과 酷評을 담은 書信을 받은 바 있는 바, 그 內容을 要約하면,

① 民間 青年에게 5~6個月의 軍事基礎訓鍊(完全한 施設과 教官 밑에서 計劃的이며, 獨自的인)을 받아야 겨우 一等兵의 資格을 付與할 수 있음은 世界各國의 거의 共通的인 現況임.

② 特히, 遊擊戰 같은 特殊戰은 上記 基礎訓鍊 外에 3~4個月의 特殊訓練을 받아야 겨우 末端의 遊擊戰 兵士로 參戰이 可能함도 거의 공통적인 世界的인 現況임.

③ 하물며 遊擊戰의 將校는 正規將校에게 3~6個月의 將校로서의 遊擊戰에서 必要한 特殊訓練을 받아야 되는 것이며, 이것도 世界的인 거의 共通性임.

④ 軍事經驗이 전혀없는 民間人에게 20餘日 訓練시켜 遊擊戰에 參戰시켰다는 것도 常識으로도 想像할 수도 없는 것이며, 더욱이 民間人에게 20日동안 訓練시켜 將校로서 遊擊戰에 參戰시켰다 함은, 정말 **황당무계!**

도대체 精神과 知覺의 有無가 의심스러운 것!

⑤ **작전참모(作戰 參謀)라는 직책도 우습지만, 더 教育받을 것이 없다고 壯談한 그 隊員이, 作戰 參謀 였다니** 白骨兵團의 戰記! 라는

것이 純全히 **造作된 白書의 도깨비 騷動!** 같은 것이 아니냐?

⑥ 先輩(나를 指稱함)가 육사의 校長이라면 4年制가 아니라 6個月 동안만 敎育하면, 현재의 中領級 程度의 수준의 將校를 育成할 수 있겠습니다.

⑦ 先輩가 아무리 遊擊戰에서 많은 經驗과 硏究를 하였다 해도 이러한 訓練도 돼있지 않은 **烏合之卒**을 指揮하여 敵後方 侵透는 勿論, 遊擊戰을 했다는 것은, 正常的인 軍의 經驗이 多少라도 있다면, 想像도 할 수 없는 것임.

大略 上記의 內容의 **酷評**과 **侮辱的**인 書信을 보내왔기에 도대체 어떠한 內容이기에 그랬는가? 궁금하였습니다.

內容은 내가 充分히 수긍할 수 있는 것이며, **全 同志가 自信의 묘사를 좀 誇張**했다고 느껴지는 句節도 있기는 하나 **그렇게까지 酷評의 對象은 아니라고** 생각했습니다.

그는 上記의 酷評의 結論에서 이는 軍人(現役과 豫備를 포함)의 專門性과 權威(特히 將校)에 對한 重大한 모독이다! 고 했습니다.

그 當時 遊擊隊 편성은 **UN군 司令官의 지시**에 의해 전혀 無責任하게 편성되었고, 軍部에서는 形式的으로 만들어서, 敵後方에 침투시키는 것! 으로 하고 **99.9% 失敗는 當然한 것으로 생각, 어차피 거의 全員이 消滅**될 것을 前提로 하여 가짜 將校任官을 시켜 死地로 보내려고 했습니다.

同志들은 遊擊戰이라는 用語조차 생소했겠지만, 任官後 계속 共匪討伐戰에 參加, 本格的인 것임을 잘 알고 있었습니다.

敵後方에서 活動하는 동안 黃海道 西部地域, 延白地區 等에서 그곳의 愛國靑年들이 3~400名, 또는 100餘名式 自生的인 게릴라 活動을 하고 있어, 나는 50名 程度의 精銳幹部 要員을 선발! 훈련하여 이른바 敵後方에서 2回나 自殺에 실패한 後는 生命에 對한

愛着은 完全히 없어졌기에, 敵後方 침투를 決意하고 있었던 것입니다.

그러나 軍部가 數百名을 敵陣에 侵透시켜 消滅시킬 計劃에 反撥하여 내가 指揮 하겠다고 志願한 것입니다.

2個月 訓練시켜 100名 程度만 選拔하여, 實戰訓練을 해가며, 나의 本來의 目的을 達成할 생각이었으나 이미 침투 게릴라 兵力의 規模는 이미 指示가 되어 있다고 해서, 내 건의가 却下되고,

2個月 訓練期間도 20日로 단축되어, 이러한 部隊로는 敵後方 침투는 勿論, 게릴라 전은 想像할 수 없다고 反撥하자, 國防長官이나 총장은 **게릴라 전은 기대 않으니 침투만 시키고**, 貴官은 無電으로 我軍 前方 지역에서 指揮하라! 는 命을 받았으나,

數百名의 愛國 靑年들이 侵透 中 또는 侵透 後 全滅할 것은 너무도 明白한데, 現役軍人이 한명도 없었다고 나중에 당신들이 困難할 터이니 당신들에게, 對國民弘報用의 口實을 주기 위해, 내가 直接 指揮하겠다! 고 激憤했던 것입니다.

정말 어처구니 없는 일이지만 當時의 眞相이 이러한데 그동안 同志들의 그토록 애타는 陳情 等이 軍部 自身의 치부와 非理를 감추기 위해서도 쉽게 받어 들이지 않었지요.

그러한 背景 등을 너무도 잘 알기 때문에, **나도 어떻게 도울 수도 없었고, 정말 딱하기 짝이 없었습니다.**

나는 白骨兵團의 戰鬪로 해서, 종이 조각이나 勳章 하나 받은 것 없고, 中領 진급도, 3個月 以上 大隊長을 하면 임시 中領 계급이 수여 되도록 돼 있든 當時의 制度에 따라, 내가 敵中 突破, 歸隊하자 陸本에서 手속이 取해지기 시작했든 것입니다.

다만, 白骨兵團, 後 **大邱에 돌아와서 戰死者를 現役의 戰死者와 同一하게 取扱할 것과, 生存隊員들이 軍服務(將校 계급 등, 임시 가짜 계급의 부활 등은 要請도 않하고, 다만 사병으로서 라도 軍服務**

한 것으로 取扱) 두가지 建議가 却下되자, 申性모를 죽이는 것이, 공산당 죽이는 것에 優先해야 될 것! 이라는 反抗과 暴言을 問題삼아 陸軍 中央징계위 回附 또는 軍法會議 回附까지 논의 됐으나 **敵後方에서 遊擊戰의 戰功(?)을 참작!** 無事한 것이 唯一의 공적 참작이였습니다.

동지들의 애타는 몸부림(돌아가신 戰友들을 爲한)에 對해 直接責任者로서 다만 未安하고, 죄송할 뿐입니다.

올바른 戰爭史의 裏面은 戰爭經過後 35~45年 後에야 밝혀지는 경우가 많습니다. (世界戰爭史의 通常的인 지금까지의 경험과 實行으로 보아) **白骨兵團의 경우도 언젠가는 軍部나 國家가 저지른 모든 過誤와 非理가 파헤쳐지고, 오직 愛國一念으로 敵地에서 散華한 전우들의 넋! 을 慰勞하게 될 날이 올 것이 確實합니다.**

아무쪼록 自重自愛 하시고 좀더 기다립시다.

年內로 歸國하면 반가운 再會를 기대합니다.

다른 同志들에게도 要傳安否 부탁, 안녕

白骨의 戰友 (亂筆로 용서)

이 사연은 原文에 좇아 그대로를 적은 것이다.

이 書信은 私信이기 보다는 그 당시 유격대의 最高 責任者로서 36年 이상이 지난날에 우리 同志들에게 한 증거능력(證據能力) 있는 資料인 점에서 여기에 그 全文을 收錄한 것이다. 주46)

그 당시 軍 또는 要職에 있었다는 者의 모욕적인 언동(言動)에 대해서는 그 者가 누구인지를 구태여 밝힐 필요조차 없고 일고(一顧)의 가치도 없는 내용이다.

그런 따위들이, 즉 안일하게 훈련받은 자들이 우리 군의 상층부에 있었고, 또 자유수호 6.25 전쟁에서는 총 한방 쏴보지도 못한 자가 (월남전 제외) 장군의 계급을 달고 있었으니 민주항쟁 등의 말썽도 일으킨 것이 아닌지…… 저으기 괘씸하고 인격이 의심스럽다.

따라서 그자들 덕택?!! 에 우리들의 전기(戰記)가, 명예와 진실(眞實)이 밝혀지지 못한 것이 아닌가 한다.

이 편지에서 볼 수 있는 것 같이 **채 장군**은 인정이 많고 자상한 분으로 책임을 느끼고 있는 것 같기도 하다.

나는 채 장군의 인격과 자상함을 늘 **존경**하였다.

이때쯤 채 장군은 전두환 당시 대통령에게는 무슨 일인지 모르나 밉 보였는지……. 국내에 들어올 수도(귀국할 수도) 없었다고 알려져 있다.

아마도 「브라질」 인가 하는 나라의 대사(大使)시절의 문제가 있어서…. 라는 항간의 이야기도 있고,

전두환 씨가 9 사단의 대대장으로 파월되어 채 장군의 휘하에 있을 때 무슨 일이 있었는지…….

주46)

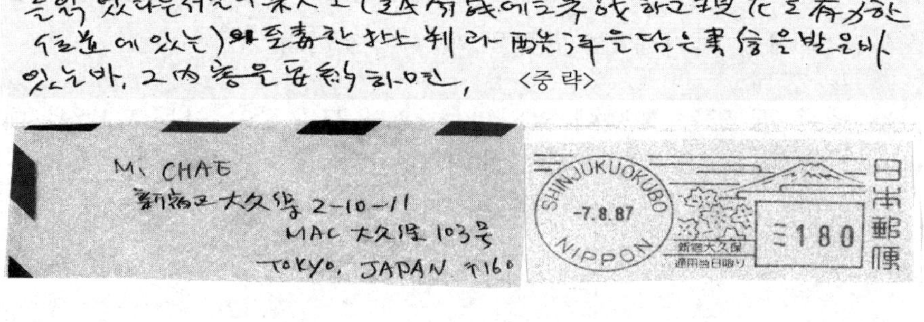
<채 장군의 친필 편지의 한 쪽에서>

親愛하는 金仁植 同志에게

정말 오래간만입니다. 그동안도 金同志와 同志의 家族이 모두 무고하시지요? 이곳 나와 나의 家族들도 모두 잘 있습니다.

[illegible]

<중략>

여기서는 잘 알지 못하므로 더 이상 언급하지 않는다.

해가 바뀌어 전두환 씨가 물러나고 노태우씨가 대통령이 되자, 즉시 채 장군은 일본에서 귀국했다.

나는 1988. 3. 14. 채 장군에게 귀국 인사를 겸해 그분을 방문하고, 우리들의 사업 경과와 전적비 건립이 거의 익어가는 내용 등 여러 가지 보고와 함께 1988. 4. 1 에는 나의 저서 **"백설의 장정**(白雪의 長征)**"** 출판기념회의 참석을 정중히 초청했다.

채 장군은 나의 초청에 응해 주었고, 참전 전우 60 여명과 내빈을 포함하여 200 여명이 시내 서교호텔 대연회장을 메운 가운데 화려하게 출판 기념회가 거행되었다.

이날 정일권 국회의장의 축하 화환, 육군 참모총장 박희도 대장께서 전 육군을 대표하여 대형 기념 축하화환을 보내주셨고, 그 외에 대학의 총장님, 사회단체장님 등 십 여명께서 축하화환과 함께 참석의 영광을 주셨다.

이 기회에 다시 한 번 감사드린다.

채 장군은 지난날 용감하게 조국의 자유와 평화를 위한 백골병단의 거룩한 기록을 출판한데 대한 찬사와 결사 제12연대장 이두병 씨㉰와 최윤식 교장(대위)㉰, 양재호 대위㉰, 신건철 중사㉰, 최종민 상사㉰, 장덕순 중사㉰, 조영택 중사㉰, 신영기 중사㉰, 차동원 소위㉰ 등 많은 전우를 오랜만에 접견 환담하는 등 우리들을 격려해 주셨다.

편지의 사연은 그분도, 나도, 잠시 잊고 즐겁고 또 한편으로는 훌륭하고 기록적인 출판을 자랑스럽게 여기는 하루가 되었다.

◆ 개선장병의 스냅

決死 第11聯隊 第1大隊 개선장병이 1951年 4月 강릉에서 기념사진을 남겼다.

	⑩ ⑪		⑫ ⑬ ⑭		
	⑥ ⑦ ⑧ ⑨				
⑤					
	① ② ③ ④				

① 신건철 二上 ② 元吉常 一中 ⑤ 장용문 소위(따발총)
⑧ 박종수 二中 ⑨ 이일형 二中 ⑩ 吳鳳鐸 二上
⑭ 박종황 소위(권총) <오봉택 제공>

決死 第11聯隊 第1大隊 凱旋將兵一同의 記念撮影, 1951年 4月, 江陵에서

⑰ ⑱ ⑲ ⑳ ㉑
⑨ ③ ⑭ ⑮ ⑯
⑩ ⑪ ⑫
⑤ ⑥ ⑦ ⑧
① ② ③ ④

① 이만우 중위 ② 박종황 소위 ④ 장용문 소위
⑤ 신건철 二上 ⑦ 원길상 一中 ⑨ 박종수 二中
⑫ 이일형 二中 ⑰ 오봉택 二上 ⑳ 하태희 二上
<사진 : 오봉택 제공>
일부 국군복은 강릉지방에서 구입한 것임.

결사 제11연대 제1, 제3대대 생환 장교

1951. 4. 12 강원도 명주군 사천면 석교리에 집결한 육군본부 직할 결사 유격 제11연대 장교의 한 "포즈", 뒷줄 좌로부터 이만우 중위, 건너 김용돈 중위, 류탁영 소위, 박종황 소위 등의 모습이 보이고, 맨 아래 오른쪽 수풀사이에는 북괴로부터 노획한 다발총이 세워져 있다.

1951. 4. 5 강원도 강릉시 강원도립병원 인근의 공터에서 육군본부 직할 결사유격 제11연대 제3대대 102명 중 생환·개선 장병 일동 45명이 적지에서 살아 돌아온 한 장의 기념사진을 남겼다. 전열 중앙 국군복장 좌에서 네 번째가 권영철 중위, 철모 이창식 대위(대대장), 한갑수 (진)중위(부관), 이남학 (진)중위(주번사관), 나명집 중위, (털모자) 그 외 임동욱 중사 등과 북괴군 복장에 누비 모자가 분명하다.

◆ 국립묘지 참배

1987년 3월 이후 백골병단 참전전우 일동은 동작동 국립현충원을 참배하여 전몰장병과 순국선열을 추모하였다. 〔헌화 분향하는 필자(전우회장)〕

백골병단 결사 제11연대 김원배 대위 외 5인의 전몰장병에 대한 위패를 전사한 지 49년 6개월만인 2000년 8월 7일 국립현충원(동작동국립묘지)에 봉안하고 참전전우 일동이 헌화 분향하였다.

(우) 의전관, 필자(회장), 이윤희 장군, 보훈처남부지청장

참전 전우회원의 찬조금 누계

<1961. 8. 23. ~ 2015. 11. 5. 현재>

성 명	찬조금 누계 (만원)	성 명	찬조금 누계 (만원)
전인식 전우회장	3억 3,934	전영도 (건)	617
권영철 전부회장 (건)	4,483	박용주 (건)	606
김용필 (건)	3,754	김중신 (건)	575
홍금표 위원	2,767	김항태	540
임동욱 감사	2,570	서인성	523
송세용 회원담당	2,558	㉢ 하태희	486
안병희 (건)	2,335	㉢ 김종호	469
장지영 위원	1,894	㉢ 이장복	412
최윤우 (건)	1,680	**박종선** 예·중장	410
차주찬 총무담당	1,659	고제화 (건)	397
권태종 위원	1,510	황태규 (건)	383
류해근 예·중장	1,352	오석현	353
㉢ 김인태	1,330	**이남표** 명예교수	338
이영구 (건)	1,050	㉢ 조시형	315
㉢ 이익재	1,017	㉢ 현재선	290
박승록 (건)	921	㉢ 호성진	195
㉢ 임병화	893	김성형 (건)	170
㉢ 배선호	764	㉢ 양원석	165
최희철 (건)	681	㉢ 오정섭	145
㉢ 이영진	670	장철익 (미국)	120
임병기 (건)	667	장동설 (유가족)	548
윤경준 위원	638	김한인 (유가족)	209
김송규 (건)	623	박창영 (유가족)	128
합 계	7억 8,144만원		

※ 회비는 찬조금에 계상하지 아니합니다.

(건) 건강 요주의자 15명 ㉢ 13명

위에서 참전 전우회원의 찬조금 누계와 같이, 1,000 만원 이상 2,000 만원 이하의 큰 금액을 찬조하신 회원과 예비역 장군님이 8명이고, 2,000 만원 이상 찬조하신 회원이 7 명이며, 500 만원 이상 1,000 만원 이하 찬조하신 회원이 13 명에 이르고 총 7 억 8,144 만원이 찬조되었습니다.

이와 같은 찬조는, 1961 년 8 월 23 일 참전 전우회 창립 발기 이후, 2015 년 11 월 까지이며, 2016 년 참전 65 주년 행사시의 찬조 등을 예상할 때, 보다 많은 찬조금이 있을 것으로 예상합니다.

제7부 고향에 돌아와

1. 귀향해서

고문으로 인사

1950년 12월 27일 고향을 떠난 나는 1951년 1월 3일 낯설은 타향 대구에서 육군정보학교에 입대한 뒤, 강원도 영월 북방 여러 곳의 전선(戰線)을 누비며 여러 가지 곡절(曲折)을 겪은 뒤, 1951년 8월 초 8개월여 만에 그리운 고향으로 돌아왔다.

그 당시 우리 고향은 한국군 제1사단 작전지역이고 민통선(民統線) 이북이라 출입도 자유스럽지 못했다.

내가 군대에 가서 임시장교지만 장교가 되었고, 계급도 소령까지 했다니 모두 놀라워하며 지난 이야기로 꽃을 피우기도 했다.

내가 주문진에서 떠날 때 15연대 출신 한보근 중사를 대동했는데, 한 중사는 기관단총을 가지고 왔으며, 나는 38권총(노획품)을 휴대하고 있었다.

내 조부께서는 한 중사의 총이나 내 권총을 경찰관서에 반납하라고 야단이셨다.

우리 집이 시골집치고는 제법 커서, 전쟁 중에는 군부대의 대대본부 또는 중대본부로 제공되는 등으로 협력했다고 하며, 놈들의 점령지하에서는 내 조부께서 놈들에게 협력하는 척 하시며, 부락 청소년들에게 피신할 것을 알려 주는 등으로 활동하셨다고 한다.

결국, 손자인 나는 그 시기에 적 후방에 침투하여 특수 · 유격전을 수행한 「육군본부 직할 결사대」 임시 장교로 활동하였고,

조부께서는 우리 청장년을 구한 훌륭한 반공 구국(反共救國)활동을 하신 것입니다.

그런 경험이 있는 할아버지께서는 느닷없이 육군소령 계급장을 달고 나타난 나를 보고 놀라지 않을 수 없었을 것입니다.

계급장도 떼고, 총은 경찰지서에 갖다 반납하라고 야단이셨다.

집에 돌아온 나는 피곤도 하고, 옛 친구 친지들이 찾아와 지난 이야기로 꽃을 피우고 있을 때, 고향 "박희천" 이란 친구가 장단(長端)에는 "나철호" 부대 라는 첩보대가 있는데 운영이 어려워 그 부대를 내가 인수하면, 잘 될 듯 하다는 말에 귀가 솔깃해졌다.

다음날 나는 그 친구와 한중사 등 3인이 임진강을 건너 봉동(鳳東)방면에 있는 그 첩보대를 방문했다.

그 친구들은 한국군 제1사단(5816부대?) 정보처(G-2)의 지원을 받고 있는

H.I.D 격의 전투 전면을 넘나드는 피스톤 첩자들을 운영하고 있는 듯이 보였다.

별다른 소득 없이 다시 임진강을 건너 집으로 돌아왔는데 ….

저녁때쯤에 일이 생겼다.

내가 집으로 돌아온 뒤 1시간쯤 지난 때,

군복을 입은 청년 둘이 나타나더니 그들이 나를 보자는 것이다.

왜 그러느냐고 하니까,

본부에 가서 이야기 하자는 것이었다.

그들은 내 방을 수색하여

① 5만분의 1 작전지도〔동해안 속초, 양양에서 인제, 강릉, 홍천 등 중 동부(中東部)전선의 지도〕,

② 채중령이 1951년 4월 12일 육군본부에 보고한 전투상보, 전투결과 보고서의 원고,
③ 결사 제11연대 장병의 명단(출신 고향과 연령 등)과 전사망자의 명단 등을 비롯한 결사 제12, 13연대의 기록
④ 내 권총과 한중사의 기관단총 등 무기류까지 모두 압수되었다.

문서류 중에는
① 영광스러운? 내 임관사령장,
② 미 8군(커크랜드)에서 받은 제대증,
③ 각종 사진류 등이 모두 있었다.

그날 저녁 나는 그들이 타고 온 짚차를 타고
경기도 **고양군 원당면**? "속칭" **벽제관**에 있던

한국군 **제1사단 특무대**(C.I.C)에 붙들려 간 것이다.

체포영장이고 뭐고, 아무것도 없다. 그 시절은 전시였으니까 !!

그들은 나를 **가짜 소령**이라고 했다.

우선, 초저녁부터 밤새도록 인사로 "매" 부터 얻어 맞았다.

아침이 되자, 키가 작고 똥똥한 소령 한분이 나타나더니,
나를 취조하던 놈들이 그에게 경례를 붙이자
그 소령 나으리가 말하기를
어제 잡아온 놈이 이놈이야?!!
이때 나는 대장님 !! 저는 간첩이 아닙니다.
가짜 소령도 아닙니다.
증명서들을 보십시오! 라고 애원하니까
그 놈 참 뻔뻔하군!
철저히 조사해 봐 !! 하며, 나갔다.

저 따위 놈이 육군소령에 사단 특무대장이란 말인가….
그 놈 덕분에 본격적인 고문이 시작 되었다.

신성모 국방장관 명의의 임관사령장도 있는데……,

국방부장관의 직인이 찍혀 있을 뿐 아니라

발행 대장 과의 계인도 찍혀있는 엄연한 임관 사령장 이다.

계급 : 육군임시보병대위 **(이것이 좀 어정쩡 한 것도 같지만…)**
군번 : GO1003
그런 따위의 계급은 없고,
군번도 그런 군번은 없다고 하면서, 바로 실토하라고……. 다그쳤다.
나는 이한림 정보국장에 대한 말도 했고,

육군중령 채명신(육사 5기생)이 **나의 연대장**이라고
애걸 복걸 했으나, 전혀 받아들여지지 않았다.

가짜를 만들어 첩자에게 주려면 진짜 비슷하게 만들어 주어야 할 것이 아닌가……

우리들을 교육시켜 적지에 침투시킨 사람은 육군준장 **이한림**(중장 예편)
육해공군 총참모장 육군소장 **정일권**(대장 예편) (사망)
정보국 3과장 육군중령 **이극성**(준장 예편) (2013년 사망)
육군 중령 **채명신**(중장 예편) (2013년 사망) 이들 중 채 중령은 우리들과 비슷한 처지의 희생을 당한 장교였다고 볼 수 있으나…….

어찌 됐든 간에 저놈들과 한패거리(?)가 되어 우리들 임시장병을 속인 것이 아닌지 ……
우리들을 죽음의 긴 터널 속, 사지(死地)로 밀어 넣은 원흉들과 동참한 것이 아닌지 ……

나에 대한 놈들의 고문과정에서 그 윤곽과 마각(馬脚)이 확연히 들어나기 시작했다.

혹독한 전기 고문

매를 실컷 두들겨 맞았다.

저녁에 신체 건장한 40대 초반쯤 되어 봄직한 놈이 … 나타났다.

나보다는 10여년 정도 연상(年上)인 듯한 놈이 나를 회유하다가 간첩이란 실토를 하지 않자,

두들겨 패는데,

매를 맞다가 기절을 하면,

가마니를 덮고

버킷(양동이)으로 물을 부으면 또 깨어나니 ….

죽이지는 않으려는 듯, 고문을 계속했다.

영창인, 그 곳 민가의 부엌 감방(영창)에 돌려보낸 뒤,

다음날 새벽 2~3시경쯤 되면,

매 맞은 자리가 퉁퉁 부어 올랐을 때

그때, 또다시 불러낸 다음, 퉁퉁 부어오른 허벅지와 엉덩이를 벗기고,

가는 회초리로 때리면서

긁어 잡아 당기면

퉁퉁 부어오른 살을 톱으로 썰어 저미는 것 같은 그런 아픔이다.

정말로, 정말로 참기 어려운 고통이었다.

매도 맞아본 놈이 그 아픔을 아는 것이다.

거꾸로 매달고

큰 주전자에 **고춧가루를 풀고,**

입과 코에 슬금슬금 부으니

숨을 쉴 수도 없고….

숨을 쉬면, 고춧가루 물이 코와 입을 통해

머리와 "폐"(肺)까지 들어가는 듯 했다.

차라리 매를 맞는 것이 좀 나은 것도 같은데….

까닭 없이 3~4 일간 아침, 저녁, 밤중, 새벽, 때 없이 매 맞는 일과만을 겪던 중

이놈들이 하루는 **전기고문을 시작하려는 듯했다.**

나무 의자에 반대방향으로 앉히더니
손을 양쪽으로 벌려 묶은 뒤,
큰 주전자에 물을 퍼다가 손에 뿌린 다음,
야전 전화기인 EE-8 전화기(손으로 돌려 신호를 보내는 군용 전화기)

전선코드를 손에 감고,

반 바퀴쯤 "드르륵" 하고 돌렸다.

현기증이 나면서, **뼈마디가 분해되는 그런 느낌**이었다.

이 새끼 바로 불어 *!!*

이놈들!! 뭣을 불어 ……

너 이게 뭔지 알아….
또다시 한 바퀴쯤 드르륵 *!* 돌렸다.

이 새끼 *!* 거기다 감을까?

한 놈이 말하니
다른 놈이 그것까지 해야 하나 …. 하니까,

그러지 ! 하고 양보 아닌 양보를 했다.

거기가 어딘가 하면,

뒤에 안 일이지만 **"생식기"** 를 말하는 것인데

거기다 감고 전기고문을 하면,

정충(精虫)의 씨가 말라,

생식기의 기능을 다하지 못한다고 한다.

뼈마디가 모두 분해되는 그런 느낌 !!
정말 죽을 맛이 따로 없었다.

매 위에 장사는 없는 것 같다.
횡설수설 되는 대로 묻는 대로 그렇다고 대답했다.
전기고문을 받아본 놈이 아니면,
이 기분을,
그 괴로움을 알 수 없고 말할 수도 없을 것이다.
그래서인지 나는 성적(性的)으로, 제대로 발달되지 못한 것 같다.
그렇게 고문을 당하고 있을 때, 백(白) 씨라고 기억되는 놈,
정보학교에서 알게 된 놈이 나를 보고 아는 척 하기에 ….
당신이 말 좀 해달라고 하니까

그 뒤 그놈은 모르는 척하고 피해간 뒤 다시는 나타나지 않았다.

※ 결사 제11연대장 보좌관으로 나와 함께 참전한 백영제(白英濟) 같은데
이놈이 특무대 장교가 되었는지 …… 처음에는 아는 척을 하더니 ……

세상에 이런 고약한 놈들도 …

그 "白" 군은 소위 인지 중위 인지 아무튼 장교 같았는데 …….

90년대 후반 경, 미아리 근처에 살았다고 들었다.

놈들은 그 모진 고문을 가격(加擊)하면서도 심문 조서를 제대로 작성할 수 없었던지 …

주위가 어두운 그믐밤 뒷산(野山)으로 데리고 가더니 산위로 올라 가라는 것이 아닌가 ….

나를 이제 죽이는 구나 하는 생각이 들어,

차분히 산으로 올라가니,

발 뒤꿈치 쪽에 대고, 권총을 두발이나 쏘는 것이 아닌가 ….

순간적으로 주저앉으면 죽고,

뛰면 더 더욱 죽게 되니 그대로 차분히 올라갔다.

그랬더니 …….

이 새끼는 진짜 간첩 이야 !

밀봉교육을 단단히 받은 놈 이군 하면서 ….

다시 끌려 내려온 뒤에 또 매를 맞았다.

나는 "네번" ? 이나 거적을 썼다.

기절 후 살아 돌아올 때의 기분 ! 느낌도 잘 알 수 있게 경험 했다.

기절하고 보니,

천당도 지옥도 따로 없는 것 같았다.

예수님도 부처님도 안 계셨다.

모두 외출하셨는지 …….

어디 가셨나 보다

그저 온 누리가 그리고, 아득히 먼 …

아득히 먼 …

온 세상이 누리끼리한 계란색이 천지를 뒤덮고 있는데,
그런 희미한 누리에서 무슨 소리인가 들리는 것 같은데….

그 소리가 점점 가까이 … 앞으로 다가와….
영상도 점점 뚜렷해지는 듯….
그리고 무엇인가 칙칙한 느낌!,

머리를 절레절레 흔들 때,

놈들이 양동이로 물을 부은 때가 아닌가….
이때 나는 살아난 것이다.

그런 뒤에도, 그 놈들은 나를 또 때렸다.
육군 제1사단 특무대(방첩대)에서, **왜정하에 애국지사에게 모진 고문을 자행하던**
그 **고등계 형사 출신 놈들**의 고문기법 시연장(試演場)에 끌려간 나였다.
도수장의 어린 양(羊)인 나는 죽음의 고비에서 하늘을 우러러 애원했다.

그 소원은 이루어졌습니다.

전기고문을 심하게 받고 있던 나에게 그 영창(감방) 동기생인(함께 있는) 60세쯤 되는 노인 간첩(진짜 남파간첩)이
전기고문을 받을 때에는, 양쪽 손을 어떻게 하던 합선 시키거나,
그렇지 않으면
머리나 아무데나 모서리에 부딪쳐
피가 나게 하면, 그곳으로 누전(漏電)이 되니까
그 다음부터는 엄살만 똑같이 하라는 것이었다.

내가 그대로 실시해 보았더니, 사실로 효험이 있었다.

나는 그 뒤 노인에게 고맙다는 인사를 했다.

그 노인은 내가 군사재판을 받던 그 날 군법회의에서 사형이 언도되었고

그 다음날쯤 총살형이 집행된 것 같다.

나나 그분은 모두 과거사! 의문사(?) 쯤이 아닌지 모르겠다.

그때에는 미결구금을 9일간으로 하고, 2~3일 정도 연장할 수 있었던 때 같은데

어느날 나를 1사단 헌병대로 넘겼다.

헌병대에서도 특무대에서 넘어온 기소(起訴)의견을 무시할 수는 없었던지 체포된 지 22일만에

나는 **육군 제1사단 고등 군법회의**(군사 재판)에 회부 되었다.

그때는 사단에서 1, 2심 재판을 처리한 듯하다.

내가 헌병대로 넘어온 뒤 2~3일 후, 그러니까 13~15일 만에 나의 연락병으로 함께 조사를 당하던, "한보근"(韓寶根) 중사는 풀려났다.

"한 중사"에게도 놈들은 지독한 고문이 가해졌으나 "간첩"이 아닌데 간첩이라고 할 수는 없는 것이 아닌가.

한중사가 내 고향집으로 가서야 내가 잡혀있는 이곳을 알게 된 우리 집에서는

자식이 무엇인지

내 어머니는 관절이 좋지 않으시고 허리도 불편하신 몸이신데도 60리 길인 이곳 벽제관까지

새벽에 떠나셔서 오후 2~3시경 면회를 오셨다.

참외 몇 개를 싸가지고 오셨는데, 매 맞은 덕분에 이가 덜렁거려

먹을 수 조차 없었다.

이놈들은 내 어머님의 면회를 곧 허락하지도 않았다.
어머니가 울면서 통사정하니 겨우 면회가 허가 되었다.

나는 어머니에게 **어머님 안심하세요.**
안심하시라는 말 이외에 달리 위로할 말도 없었다.
속으로 울었다.

곧 헤어지게 되었으나 또 60리 길을 걸어야 할 내 어머니 *!!*

이 **불효자식을 용서해** 주세요 *!!*

그 불편한 몸과 다리로 하루 120리 길을 걸으실 어머니 *!!*

죽일 놈들은 따로 있었는데…….

나의 불효는 이루 정리하기 조차 괴로운 심정이다.

그 뒤에도 불효막심(不孝莫甚)한 이 자식은 어머님을 편안히 모시지도 못하고
자식 새끼 셋까지 떠 맡긴 채
1989년 81세로 한(恨) 많으신 이 세상을 버리셨다.

무엇으로 사죄를 해야 하오리까 *!!*

어머니 *!!*……
참으로 한(恨)스럽습니다……. 죄송합니다.

이때의 모진 매로 입은…….
나의 왼쪽 치아(齒牙)는 모두 상해서(함몰되어) 의치(義齒)에 의존하고 있으니 이것도 피해를 입은 것이지요.

그 상해 배상을 어느 놈으로 부터 받아야 할 것인지…….

내 어머니께서는 눈물을 훔치시면서도
집안 걱정이랑 말고 몸성히 있다가 오라고 하셨다.

참으로 기가 막힌 모자(母子)의 상봉이였지요…….

오 오… 내 나라, 내 조국이여!!
내 사랑하는 부모·형제·자매여!!

어머니!! 불쌍한 내 어머니!!……

그대들을 누가 보호하고 지킬 것인가!!
이 나라 젊은이 들이여!
진정 김일성(金日成) 부자(父子)놈들이 그대들의 조상이던가.
그 옛날 그대들의 선배·할아버지들이 못나서, 그리고 심심해서 총을 잡았던가.
깊이 되새겨 보아야 할 것이 아닌가….
짐승만도 못한 사이비 특무대? 놈들을 싹 쓸어내야 진정 이 나라에도 자유가,
민주주의 꽃이 피울 수 있으련만……

그 뒤 여러 고문치사 사건 등도 생긴 것으로 아는데 이때 나에게 가하던 고문기법 등이 전수(傳受)되어 온 것이 아닌지……

나도 그 고문의 피해자쯤이 되는 것은 아닌지……

(그 뒷날에 육군 제1사단 법무관실에 1950년 당시의 기록을 공문으로 요청했더니, 1954년 이전의 재판기록은 보관되어 있지 않다는 회답이었으니, 나는 매만 죽도록 얻어맞았는데 그 증거는 영영 밝힐 수 없게 된 것은 아닌지……)

2. 주님의 은총

나는 조국의 자유와 평화! 그리고 내 이웃을 지키려 싸웠을 뿐 나는 분명히 빨갱이가 아닌데….

이런 지독한 고문을 나에게 가(加) 했다.

아마 그 당시에 할 수 있었던, 그리고 고등계 형사 출신 놈들이 경험해본 고문의 종류는 모두 실험했던 것 같았다.

그런 모진 고문을 받고 있던 때,

내가 갇혀 있는 감방(監房)에 연세가 많은 분으로 계급장도 표지도 없지만 군목(軍牧)께서 찾아와 설교를 해 주셨다.

그 당시 그 분은 접어서, 들고 다니는 야전용 오르간과

마태복음,

마가복음,

요한복음,

누가복음 등을 각 낱개로 인쇄된 것을 가지고 오셔서,

수감자에게 나누어 주면서, 설교를 하셨다.

그때, 그 분께서는

"죄가 있어서 들어와 있는 사람도 있을 것이고, 죄가 없는데도 억울한 누명을 쓰고 들어와 있는 사람도 있을 것이나, 이 모두는 주님의 뜻대로 가려질 것입니다."

라는 요지의 말씀이 계셨다.

나는 그 목사님의 구구절절한 설교말씀에 감동되어, 복음전서 4권을 모두 똘똘 외우다시피 심취하였고, 그 모진 고문을 받을 때에도

주여!! 이 불쌍한 종자를 굽어 살펴 주옵소서!

이 모든 것이 주님의 뜻대로 될 지어다! 하면서, 복음 네 권을 똘똘 외었다.

주님을 믿고 따르는 종자(從者)가 된 것이다.

매를 맞으면서도,

이렇게 열심히 기도를 드리면,
놈들의 온갖 고문과 그 지독한 매가
조금도 아픔을 느낄 수 없었다.

그때, 의지할 곳이 아무데도 없었으니, 나의 믿음은 참으로 대단했던 것 같다.

내가 진실로 하느님에게 의지하고,

심령으로 주님을 섬겼기에
그 모진 고문을 견뎌내게 해 주신 것이라고 회상한다.

주님의 뜻대로 총살형도 면하게 되었고,
그 많은 나의 친구! 360여 전몰 전우! 모두의 보살핌으로 해서였는지….
죽지 않고 살아 났다.
아직도 내가 할 일이 남아있는 듯….

먼저 간 전우 360여 명이 **염라대왕**의 경호실에 근무하고 있다고 나는 늘 자랑했다.
그 친구들이 염라대왕에게 간청해서
내가 살아난 듯…….
나는 깊은 생각에 잠기기도 했다.

나는 이 억울한 사연을 딛고, 우리 **모두의 명예를 찾을 때까지** 최선을 다해야 한다는 굳은 각오를 다짐하기도 했다.

고등 군사재판

나는 가짜소령에, 국제고등간첩이 틀림없다고 하면서, 사단 고등 군법회의(군사재판)에 회부되었다.

나의 죄명은 국방경비법 제 32 조**(이적 행위)**,
국방경비법 제 33 조**(간첩)**,
국방경비법 제 48 조**(가짜소령 · 개활범)** 위반
이라고 했다.

어마 어마한 죄명이었다.
전시라 꼼짝없이 총살감이다.
이 어인 일인가.

그 누구도 해내기 어려운 적진 후방지역에서의 사투!
그리고 혁혁한 무공의 대가가 고작 이것이란 말인가?!!

전사자의 명단, 위치가 표시된
작전지도 등을 가져온 것이 큰 화근이 되었다.
야속하고 원망스럽기까지 했다.

그 당시 육군 제 1 사단 고등군법회의 설치장관은 사단장이고,

재 판 장: **김동빈 대령** (제 11 연대장) (중장예편) (사망)
검 찰 관: 오재옥 중위 (대령예편, 법무차감 역임) (사망)
법무부장: 노재필 중령 (사망)
법 무 사: 원 모 중위 (용산 어느 곳에서 변호사 개업 중이라고 들었다.) (함경도 출신)
변 호 사: 임 모 중위 (생사 미상)

고등군법회의는 24 인용 야전천막에 테이블 1 개가 앞에 놓여있고, 그 바로 아래 의자에는 피고인석이 있었다.

참관인석은 따로 없고, 참관인도 없었다.

나는 검찰관의 인정심문부터 언쟁을 벌이게 되었다.

나의 임관사령장,

제대증,

5만분의 1지도에 그려진 전투 개황,

전사자의 위치 표시

모두가 무죄의 증거로 충분한 것이라고 항변 하고, 또 역설 했다.

죽기 아니면 까무러치기 아닌가….

세상에 이런 억울한 일이 또 어디 있겠는가….

누구를 위하여 충성을 바쳤는가…. 이게 어인 일인고….

울면서 호소했다.

그리고 나는 지난날의 모든 사실을 사실대로 고(告)하고, 역설 했다.

죽지 않으면 살 것이 아닌가!

배짱도 생겼다.

검찰관인 오 중위의 법정 인정심문부터 나는 적지에서의 혈투사실 등을 역설하는 공방 설전(舌戰)이 전개되었다.

나는 **대한민국 국방부장관이 준 임관사령장**을 이렇게 가지고 있다.

비록 임시 대위 지만 군번도 있다.

육사 5기생인 채명신 중령의 휘하에서 작전 참모를 했다.

임관사령장에 묻은 "인주"와 "계인" 도 보십시오.

정말로 정말로 억울합니다.

길원팔 중장의 생포사실도 역설했다.

이 광경을 지켜보고 있던, 재판장 "김동빈" 대령께서

갑자기 벌떡 일어나시더니,

「재판장」 대한민국에서 훈장을 수백 개 주어도 아깝지 않을 사람을 잡아다 놓고 이게 무슨 짓이야 !!

당장 석방하라 라고 명령하셨다.

천막안에서의 나에 대한 군사재판은 끝난 것이다.

사필귀정(事必歸正) 이란 말은 이런 때 써야 하는 글귀 이리라.

나는 가짜가 아닌 진짜였던 것이다.

재판장께서도 인정하신 것이지요.

나는 하염없이 눈물을 흘렸다.

다음날 나는 방면(放免)되었다.
그 덕에 얻은 것은 골병뿐이다.
김동빈 재판장(대령)님은 나의 생명의 은인이시다.

나는 다음날 오재옥 중위 방에서
오 검찰관이
이 서류나 지도 등을 가지고 다니면, 또 당할 염려가 있으니 여기에 두고 가시지요. 하고
점잖게 충고해 주었다.
나는 그렇게 하겠다고 동의하면서,

내 개인의 **임관사령장,**
미군이 발행한 **제대증,**
사진 등 개인 소장품만은 가지고 가겠다고 해,
그것들을 받아가지고 고향으로 돌아가게 되었다.

이것들이 오늘날 우리 모두의 명예회복을 위한 움직일 수 없는 산증거물이 될 줄은 상상도 못했다.

고양군 벽제관에서 파주 탄현 약산골(피난시절의 임시거처)까지는 22 ~ 25 km 정도 되는데 그때에는 버스도 없고,
기차도 택시도 없던 때라 걸어서 가야만 했다.

가다가 주저앉아 쉬고, 또 쉬면서,
그날 밤중에 겨우 시골 천막집에 돌아왔다.
약도 없고,
병원도 없던 전시 !
그것도 최전방이니, 먹을 것도 시원치 않고, 영양보충(榮養補充) 할 것도 없었다.

한 달 이상이나 꼼짝 못하고 덜덜 떨면서
송장이 다 된 놈이 목숨을 이으려고,
매 맞은 태독(笞毒)을 빼려고,
똥물(人糞)을 먹어야 된다기에 **멀건 똥물도 두(2)사발이나** 마셔야 했다.

그때 가지고 나온 **임관사령장**과 **제대증 원본**은 지금 용산 전쟁기념관에 기증되어 전시 중에 있고, 커크랜드 기록물 작성 자료도 그때 가지고 왔기에 유일(唯一)의 증거가 되고 있다.

한스럽고, 이 나라에 태어난 것 자체가 원망스럽고…….

이런 억울한 일을 겪은 것이 한(恨)이 되어, 지난 50여 년간 나는 나와 함께 싸운 억울한 전우들을 위해 이(齒)를 갈면서 투쟁해 왔다!! 주47)

주47) 2004. 9. 10 나는 제 1 사단장(참조 법무참모)앞으로 1951. 8 월 하순부터 9월 상순 사이에 나에 대한 군법회의 기록을 요청하였던 바 2004. 10. 13 법무 19800-040151 호 로 공판기록이 보존되어 있지 않으며, 육군본부에도 1954년도 이전의 판결문은 없다는 회신이었다.

이 글을 쓰면서도 눈물이 앞을 가린다.

이것이 도대체 누구의 잘못이며 …… 또, 누구의 장난인가!
국가의 사기극 이었나….
수사관 놈들 조차 인정하지 않는 "임관 사령장"을 만들어 준 놈 들!

나는 **가짜가 아님이 군법회의에서 밝혀졌는데,**

그런데 최근 2005년 12월 서울 **민사지방법원** 합의 18부의 판단도 그 **임관사령장을 믿을 수 없다고** 부정하고 있으니 이자들의 판결을 믿어야 할 것인지 ……

모두가 제정신 인지 …….

신성하다는 법의 판단도 못 믿을 형편이 아닌지 !!…….

김동빈 재판장의 말씀과 같이

훈장 수백 개를 받아 우리 전우들에게 한 개씩 나누어 주었으면… 오죽이나 좋겠는가…….

그때 나를 고문하던 놈들은 빨갱이 보다 더 나쁜 놈들이 아닌가!!

64년이 지난 요사이에 와서도 그런 임관 사령장은 없다면서도 **"전쟁기념관"**에서는 왜 **자랑스럽게 전시**하고 있는지 ….

전사자는 국립묘지에 위패를 모실 때, "임시"를 떼어낸 바로, **육군 소위 …… 대위, 육군병장으로 위패 안치**하고 있는데 ……

대전 국립묘지에 3위를 안장(安葬)할 때에도 비명에는, 진동리 돌파 작전의 지휘관 결사 제11연대 제1대대장 (故) **육군대위 玄奎正之墓**, 라고 비문에 적었다.

결국, 이것은 "과거사" 문제로 재조사해야 할 일이 아닌지 …….
바꿔 말하면, 나는 매만 죽도록 얻어맞았을 뿐 그 증거는 영영 찾을 길이 없다는 것으로 2005년 재판에서도 이에 대한 인정을 받지 못했다.

이하연은 육군 소위로, 이완상은 육군 병장으로 묘비에 기록해 주었는데…….

정말 기가 막힐 일이었다.

우군(友軍)의 하는 짓거리가 빨갱이들 보다도 엄청나고,
더러운 꼴이 되었다고 할 밖에…….
고향집에 돌아와 한 달 이상이나 병고(病苦)에 시달렸으니……

슬프고 가슴 아픈 옛 이야기로 돌리기에는 너무나 어처구니 없고…….
전쟁터에서 죽어야 할 놈들이…… 왜 살아왔는지 !!
전공에 따른 **훈장은 커녕** ?!!

그때부터 나는 이를 갈면서……

내가 죽기 전에 우리 모두의 명예회복을 꼭 해야 겠다고 마음 속으로 다짐했다.

그 오기(傲氣)로 버티고 있는 것이 지금까지도 이어지고 있는 것인지도 모른다.

김동빈 재판장의 말씀대로
훈장을 수백 개 주어도 아깝지 않을 사람을 잡아다 놓고…….
훈장을 수백 개를 받아, 우리 전우에게 한 개씩 나눠주었으면…….
오죽이나 좋겠는가.

그렇게 해야겠으나 겨우 아홉 개(9개) 밖에 못 받았기에 억울한 생각이 들어 2명을 더 추가해 달라고 신청했더니, 약 1년 뒤인 2015. 7. 27에 이르러 정부는 화랑무공훈장 2개를 더 주셨다.

이것이 내가 명예회복을 위한 활동의 결과라고 생각한다.

나는 1961. 8. 23 "가칭" 대한민국 유격군 참전전우회 발기인으로 이 전우회의 발기를 주도한 뒤, 채명신 중령(그는 육군소장이 되어 있었다)의 만류를 뿌리치고 4년 뒤인 1965. 9. 29에 이르러 **설악 동지회**

를 재결성하고, 회장이 되었다. 그 뒤, 오늘까지 54여년 간 회장감투를 벗어던지지 못하고 있다.

1961년, 5 · 16 군사혁명 후 군복무를 하지 않은 전우들의 공직취임이 불가하던 시절, 우리 전우 몇 명에게 병적을 새로 만들어 주면서(군번 0788000 사고군번) 이등병의 계급을 겨우 받아내는 데에도 앞장을 서기도 했으나 참으로 서글픈 일이 아닐 수 없다.

1981년 5월 나는 6년간 다듬어 온 참전수기를 "채 중령"의 만류를 무릅쓰고 **「나와 6·25」**「적후방 300리의 혈투」란「참전수기」를 발간한 이후

「못다핀 젊은 꽃」의 발간과 함께 국방영화 3부작의 제작과 KBS, MBC TV 방영에 기여 하였다.

이 책이 "M 채 씨"에게 지독한 혹평을 가한 유력한 인사가 보았다는 책이다.

1987. 12. 20 에는 **"설악 동지회"** 를 **대한유격참전동지회**로 개칭하고,「육군소위 허은구」의 전사확인을 시작으로 60명의 전사확인과 동작동 국립현충원 현충탑에 위패 안치한 57위 국립묘지(대전) 안장 3위 등 전우의 명예회복에 열중했다.

1988. 4. 1 나는 **「백설의 장정」**이란 저술과 출판기념회도 성대히 가진 뒤 이 수기(手記)까지 자그마치 **37 권의 수기**를 발행했다.

나는 참전 전우회의 회장이 된 뒤 50 여년 동안 오늘날과 같은 위상을 겨우 세웠다고 생각한다. 주48)

주48) 2006. 6. 국방부의 지시에 따라 육군본부 내에 있는 **병적과** (042-550-7356)에서 6 · 25 특수 공로자인 나에게 **군번 51-00008 육군대위,** 계급과 군번을 56년 만에 다시 부여해 주었다.

나는 1951. 1. GO1003 임시대위 → **임시소령** 이던 자 였는데,
1952. 11. 9354X0X 육군 훈련병(이등병)
1953. 5. 126444 육군소위 → **중위** 로 제대한 뒤
2006. 6. 51-00008 또 다시 **육군대위**가 되었다.

군번도 자그마치 4 개의 사나이가 된 것이다.

1961년 8월에 육군본부 직할 유격군 참전 전우회를 발기(發起)할 때 20여명의 명단을 겨우 확보한 나는 구전(口傳)으로 알려진 전우의 성명을 식사 중에도 그 이름을 담배갑 같은 종이에 적어두고, 다른 전우를 만났을 때 이를 확인하는 등, 명단확보에도 온갖 열과 성의를 다했다고 생각한다.

국방일보

2015년 3월 26일 목요일 (음력 2월 7일)

육군본부 직할 결사대 전우회의 전인식(왼쪽에서 넷째) 전우회장과 회원들이 지난 24일 고 윤창규 대위 64주기 추모행사를 마친 뒤 추모비 앞에서 기념촬영하고 있다. 전우회 제공

전우 희생 잊지 않는다

고 윤창규 대위 64주기 추모식
육군본부 직할 결사대 전우회

육군본부 직할 결사대(일명 백골병단·회장 전인식) 전우회는 지난 24일 강원도 인제군 북면 용대리 소재 백골병단 전적비에서 지역기관단체장과, 육군3군단 예하 특공연대 장병, 전우회원들이 참석한 가운데 '고 윤창규 대위 64주기 추모식'를 가졌다.

고 윤창규 대위는 6·25 전쟁 당시 육군본부 직할 결사대 11연대 2대대장으로 참전, 적진 깊은 곳에서 혁혁한 전공을 세웠다. 그러나 1951년 3월 23일 작전 수행 중 백담사 지구 전투 때 적 사단 규모의 포위 공격을 받고 적탄에 피격, 부상당한 몸을 이끌고 퇴각하는 과정에서 자신의 신분을 고의로 드러내며 적을 유인해 수류탄으로 함께 자폭, 전사함으로써 아군의 퇴출에 크게 기여했다.

전우회는 고 윤 대위의 살신성인을 후배 장병들에게 널리 알리기 위해 지난 2006년 6월 '충용 추모비'를 백골병단 전적비 근처에 건립하고 추모행사를 열고 있다.

전인식(87) 전우회장은 추모행사를 주관한 자리에서 "고 윤 대위는 전우이자 가까운 친구로 참전 당시 누구보다 용감했고 책임감도 투철했다"면서 "충용특공상 기금을 조성해 해마다 부사관 2명을 선발, 시상하는 것으로 고인의 숭고한 충용 살신성인을 추모하고 있다"고 말했다.

백골병단은 1951년 1·4 후퇴 당시 적의 정보수집을 위한 유격대의 필요성을 절감한 육군본부에 의해 창설된 한국군 최초의 유격대로, 혁혁한 전공을 세웠다. 전우회는 1990년 11월 전적비를 건립하고 매년 6월 임무 수행 중 산화한 전우들의 넋을 기리고 있다. 이영선 기자

2012. 6. 25. 이명박 대통령은 **대한민국 헌법**에 따라
육군소령 전인식에게 충무무공훈장을 주셨다.
2012. 6. 25. 대통령으로부터 받은 **"충무무공훈장증서" 에는 육군소령**으로 명시되어 있으니 내가 소령이 된 것인지?!!

2004. 3. 22. 법률 제7200호 제정·공포와 관련된 대 정부 및 국회 관련 노력과 군번, 계급인정 및 적 후방 작전 중 받지 못한 계급별 봉급의 수령, 2010년에 육군본부 광장에서의 전역식, 2012년에 정부로부터 받은 훈장 등 모든 명예회복은 필자(전우회장)가 주동하여 이룩된 결과였다고 생각한다.

3. 그 뒷날

나는 그 모진 고문에도 불구하고 어느 정도 회복이 되었으나, 아직도 기력이 부족한 1951 년 10 월 초순,

강원도 양구 전투지구인 7 사단 5 연대로 채 중령을 찾아갔다.

나는 간첩에다 가짜 소령으로 몰려 죽을 뻔했던 억울한 지난날의 이야기를 했더니,

그는 몹시 흥분하기도 했으나 달리 뾰족한 수는 없었던 것 같았다.

내가 1951년 3월 30일 인제군 기린면 지내로 개선할 때, 7사단 3연대 수색대전면이었는데, 6.25 전쟁이 막바지인 1952년에 소집영장에 따라 재입대하여 육군 소위가 되어 배속된 부대가 공교롭게도 7사단에 부임하였으니, 참으로 기이(奇異)한 인연 같기도 했다.

채 장군은 그 뒤에도 많은 역경을 잘 극복하였으며, 상당한 전공과 진급의 운(運)도 뒤따라 승진가도를 달렸다.

그런 그분이 월남전 참전 단체에서 보여준 열과 성(誠)과 달리 왜 우리들의 일에 대해서만은 무관심인지 ?!!, 무성의인지 ?!! 불과 2 개월의 짧은 기간이고, 또 한편으로는 창피한 것도 같아서인지 ?!! 적극성을 띄지 아니하고 있는지 ? 풀리지 않는 수수께끼로 섭섭한 생각을 지울 수 없다.

개인적으로 옛날 이야기를 할 때면, 의례히 그분은 나에게

"자네가 따발총을 거꾸로 울러메고 전선에서 뛰던 것을 생각하면 **참 대단 했어 ! "** 칭찬이겠지 하면서, 칭찬인지? 비웃음인지 알 수 없는 말을 자주 했다.

그분이 1956 년도에 **사투만리**(死鬪萬里)란 전쟁수기(무용담)를 저술한 것이 우리들 결사대를 모두 오합지졸(烏合之卒)로 표시한 까닭에

채 중령은 영웅이 되었는지 모르나, 우리 모두는 참으로 서글픈 결과를 초래케 되었고, 더 나아가 「13연대 김한철」 군의 정신나간 배신의 투서성 진정서 때문에 우리 전우회원 모두는 더 큰 서글픔을 견뎌야 했다.

어디 그 뿐인가…. 유가족 중 허재구 씨(亡)와 권일상 교장 등 몇 분은 전사확인을 받으려고 채 중령을 여러 차례 육본과 자택을 방문했으나 끝내 면회조차 거절 당했다면서 흥분하고 있으니, 그분의 의중(意中)을 헤아릴 길은 없다.

어떻든 육군본부 직할 결사 제11연대장, 일명 백골병단 사령관, 최고 책임 지휘관으로서 전공도 세웠고, 임무를 완수하였으므로 그 임무를 수행하다가 전사한 360여 명의 명예회복은 그분이 꼭 해야 할 책무자가 아니던가 *!!*

그분이 이 기록을 정확히, 그리고 영구보존 되게 했어야 할 책무 있는 사람으로서 이 일을 하지 아니하니, 1961년 이후 내가 이 일을 해야 할 것이 아닌가 *!!* 해서 오늘날까지 이 일을 계속하고 있다.

나는 그 기록의 유지, 보존, 발전을 위하여 이 글을 쓰고 있는 것이며, 다른 아무 생각도 없다.

비군인(임시 장교) 또는 임시 병사로 전투에 참여했다는 말은 성립될 수 없음이 법률로 증명되었다.

첫째 : **군번과 계급을 부여받고,**
둘째 : **총기를 들고,**
셋째 : **전장(戰場)에 나가서 용감히 전투를 했으니** …….
그가 비군인 인가? **진짜 군인과** 무엇이 다르단 말인가 *!!*

6·25 당시 용전분투한 선배를 이해할 줄도 알아야 하는데 …

요즘 **젊은 장교님들 왜 이러십니까 !!**

무슨 잠꼬대 같은 소리인가……. **나를 대낮에 도깨비 같이** ……란다. 하지만 **정부가 법률로 인정받은 것을 ……**

잘못 판단한 것이겠지요 *!!*

참으로 **괘씸한 자** 들이라 하지 않을 수 없지요.

특히, 그 당시는 극도로 혼란했던 때였기에,

군 당국은 그 후속 조치를 잘못한 어리석음(愚)을 저질러,

참전 장병 모두에게 병역상 아무런 예우를 하지 아니했다.

개선(생환) 장병 모두를 병역 기피자 내지는 불이행자로,

대접 아닌 대접을 했으나 이제 모두 지나간 일이다.

그러나 아무리 혼란했다고 하더라도, 정신만은 바싹 차렸어야 했을 것인데…….

하는 아쉬움이 왜 지워지지 않는가?*!!*

그러나 저러나, 세월은 흘러 36년*!!*이 지난 뒤에 이르러,

나의 끈질긴 청원이 1987년 3월 28일 드디어 …… 결실되기 시작했다.

육군본부는 민민 제3330호로

제11연대 제1대대

계급 : 임시少尉, **군번 : GO 1039**, **성명 : 許銀九**(28. 9. 16 일생)

1951년 4월 3일 **설악산 지구에서 전사**하였노라 하며,

삼가고인의 명복을 빕니다.

라는 육군 참모총장 직인 의 전사 확인 통지서를 교부받게 되었다.

그 뒤 계속해서 참전 전우회(회장 전인식)가 발굴하여 신청한 수십 명의 전우가 인우보증 · 확인 방법으로

모두 전사확인을 받아
호적을 바르게 정정할 수 있게 되었다.

늦었지만, 다행하다.

그러나 참전장병 모두의 명단도 없고, 또 전사한 동지의 고향, 즉 본적지는 더 더욱 알 수 없었으며,
요즘말로 주민등록번호가 있었던 시절도 아니니,
기록의 보존이 정말 어려웠다.

아무튼 만시지탄(晩時之歎)을 금할 길은 없으나, 이제라도 그 당시의 혁혁한 무공을 세우고 산화한 애국 장병에게 합당한 예우를 해주신 육군본부 전공사상 심의위원회 위원 여러분과 **육군참모총장에게 정말, 감사합니다.**

라는 경의를 표해 마지 않게 되었다.
어쩌면 너무나 당연한 것인데도 말씀이외다…….

조국이 백척간두 누란의 위기에 처해 있을 때,
스스로, 자유와 평화를 위하여,
나라를 지키기 위하여,
국민의 생명과 재산을 보호하기 위하여,
참전한 것이 어찌 자랑이 될 수 있을 것인가!
너무나 당연한 의무를 이행한것 뿐이 아닌가!

다만, 그 의무이행 과정이 힘들고, 지겹도록 고생했다고 해서, 자랑이 될 것도 아니라는 것 쯤을 누가 모르겠는가 만은,

그 고생의 대가, 그 죽음의 대가는 어느 형태로든지 꼭 정부가 책임을 져야 했었다는 점을 다시 한 번, 강조해 둔다.

2004. 3. 22. 법률 제7200호(특별법)로 명예는 일부 회복되었다.

4. 명예회복

▌6. 25 참전용사 증서 ▌

1997. 3. 5.에 이르러 정부는 우리들 참전자에게 6.25 참전 유공자의 증서를 주셨다.

나는 누가 시킨 것도 아닌데 계속 명예회복을 부르짖어왔다. 그 결과 대통령명의의 국가유공자 증서를 또 받게 되었다.

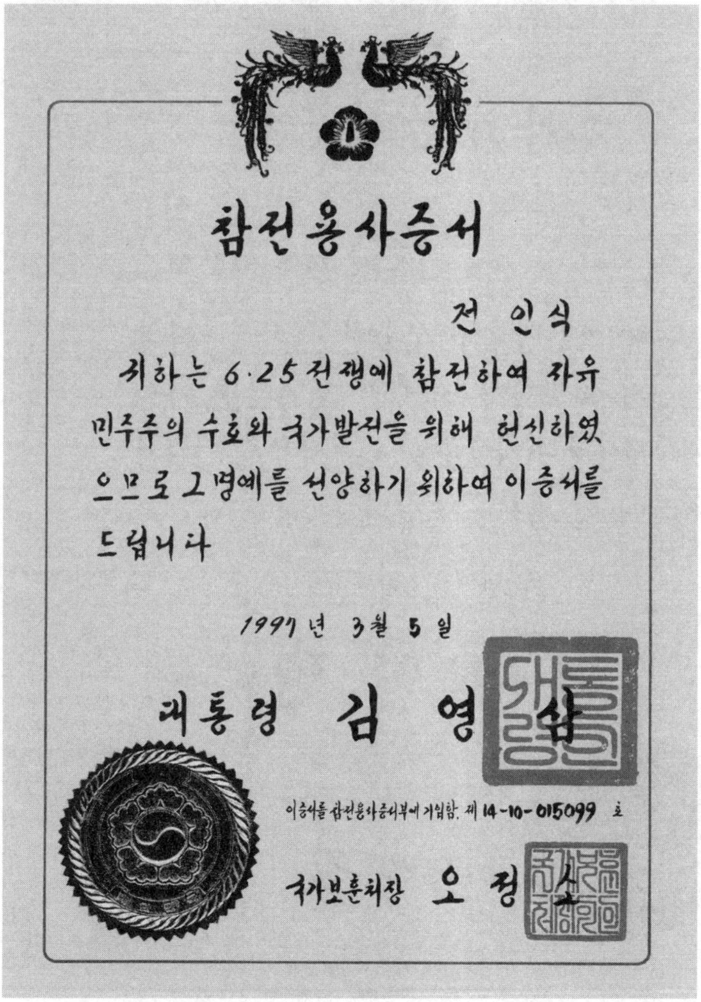

참전용사증서

전 인식

귀하는 6·25 전쟁에 참전하여 자유 민주주의 수호와 국가발전을 위해 헌신하였으므로 그 명예를 선양하기 위하여 이 증서를 드립니다

1997년 3월 5일

대통령 김 영 삼

이증서를 참전용사증서부에 기입함. 제 14-10-015099 호

국가보훈처장 오 정 소

▌국가유공자 증서▐

2008년 9월 29일 대한민국 정부로부터 우리들 육군본부 직할 결사대(일명 백골병단) 참전장병 모두는 국가유공자 증서를 받았다.

〈백골병단 참전장병은 모두 국가유공자가 된 것이다.〉

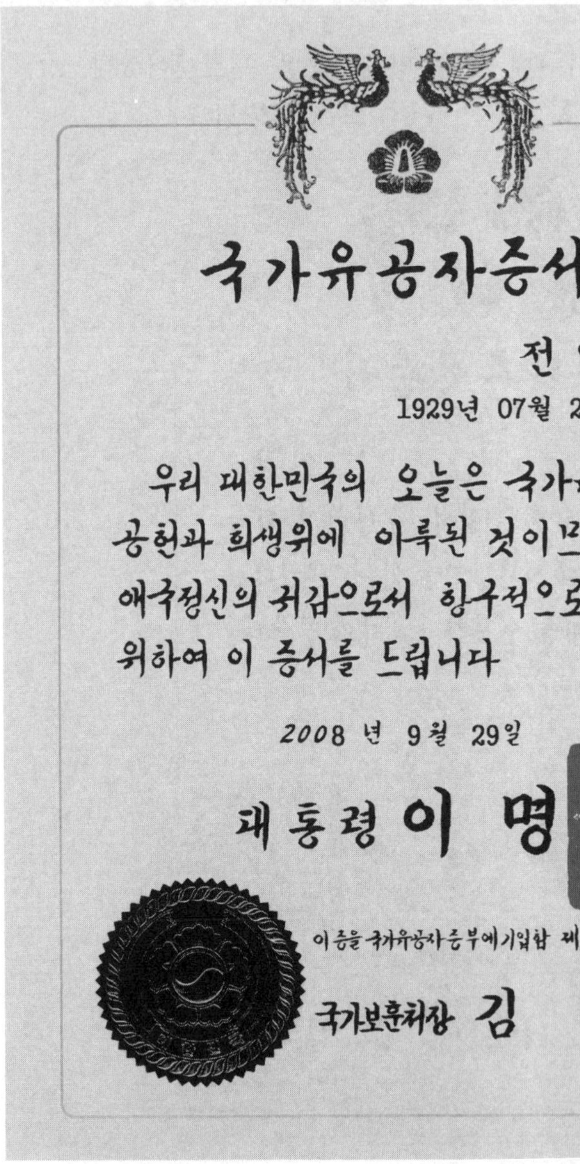

국가유공자증서

전 인 식

1929년 07월 27일 생

우리 대한민국의 오늘은 국가유공자의 공헌과 희생위에 이룩된 것이므로 이를 애국정신의 귀감으로서 항구적으로 기리기 위하여 이 증서를 드립니다

2008 년 9월 29일

대 통 령 이 명

이 증을 국가유공자증부에 기입함 제

국가보훈처장 김

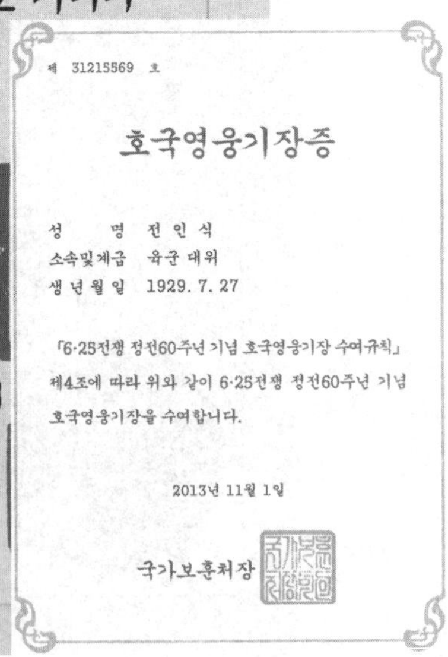

제 31215569 호

호국영웅기장증

성 명 전 인 식

소속및계급 육군 대위

생 년 월 일 1929. 7. 27

「6·25전쟁 정전60주년 기념 호국영웅기장 수여규칙」 제4조에 따라 위와 같이 6·25전쟁 정전60주년 기념 호국영웅기장을 수여합니다.

2013년 11월 1일

국가보훈처장

위와 같이 국가유공자 등이 되는 등 명예가 일부 회복되기도 했다.

여기서 섭섭한 지난 넋두리를 아니할 수 없다.

필자가 1965 년에 참전전우회를 재발족(再發足)한 설악동지회(雪岳同志會) 회장으로 피선(被選)된 뒤, 2004 년 3 월 우리들의 특별법을 제정하기까지 그 많은 진정 · 청원 등으로 명예회복을 하기까지 아무도 도움을 주지 않은 고군분투(孤軍奮鬪) 였습니다.

남들과 같이 현역고급장교나 장군(將軍)의 도움이 있었으면 그토록 오랜 세월이 걸리지 아니했을 것이라고 한탄하면서 ……

우리들을 지휘하신 분은 세계적으로 유명하신

주월한국군총사령관(駐越韓國軍總司令官)을 역임하신 육군중장 채명신(蔡命新) 장군이셨습니다만, 그분께서는 한국전에서의 유일한 유격전 부대, 속칭 "백골병단"(白骨兵團) 사령관을 역임하신 것만을 자랑으로 내세우시고 계시나, 전투 중 전사 또는 실종된 장병 360 여명과 구사일생(九死一生)으로 살아 돌아온 283명(부상자 50여명)에 대한 병적(이등병) 등 군복무인정 등에 대한 의견이나 건의 등을 전혀 하지 않았고, 1986년 이후 계속된 현충 위령제에도 꽃 한송이 바치지 않아, 참전전우 모두에게 섭섭한 감회를 안겨주신 분인데, 월남전에서 전사한 사병을 아끼는 뜻에서인지 당연한 쉼터인 국립묘지 장군묘역을 마다하시고, 2013 년 11 월 25 일 동작동 국립현충원 월남전 참전전사자 사병묘역을 택하시고 함께 영면하시었다.

그곳 영겁의 나라에서 옛날 전사한 우리들 백골병단 참전전우 360여명의 고혼을 만나시면 그들에게 참으로 오랜만이라고 반가워 하실지 궁금하기도 ……

전인식의 참전 전우 찾기

1986.6.26 관련 면(읍)동장에게 전의면사무소 등 19개 자치단체장(읍면장)에게 박종황, 정학문, 강옥진 등을 확인코자 하는 설악동지 회장 전인식의 의뢰 공문

설 악 동 지 회

(324-4996)

설 악 : 86-6-2 1986. 6.26

수 신 : 면(읍) 동장

참 조 : 호적·주민등록 담당관

제 목 : 인적사항 확 인 의 뢰

1. 1951년도 당시의 거주자 인적사항 및 그 가족사항 확인 의뢰에 관한 일 입니다.

2. 폐회는 1951.1월~4월까지 사이에 육군본부 정보국 소속 특수부대의 생환자 모임 단체로서 귀 시, 읍(면), 동에 거주하던 다음 사람의 현주소를 알고자 합니다. 다음 사람이 타소로 이전하였을 때에는 그 이전 주소를 알려 주시면 고맙겠읍니다.

※ 거주 주소는 1951.5월경 자료에 의한 것이므로 크게 번거로우시겠아오나 찾으셔서 알려 주시면 감사 하겠읍니다.

※ 연령은 대체로 54세 이상, 63세 정도의 범위 입니다.

찾는 사람

주소 성명 (한자)

3. 공사 다망하신 중에 옛날 문서를 찾으시도록 부탁 드려서 대단히 죄송 합니다.

4. 위 인적사항을 찾으셨거나 불가능한 때에는 그 뜻을 반신봉투로 회시하여 주심을 바랍니다.(반신봉투 우표 동봉 함). 끝.

※ 폐회에 대한 기록은 86. 6.24일자 경향신문에 소상히 보도된 바 있으며, 86. 6.25일 아침 7시40분 KBS 제1라디오와 MBC라디오 6.25일 아침 7:00에 각각 방송된 바 있읍니다.

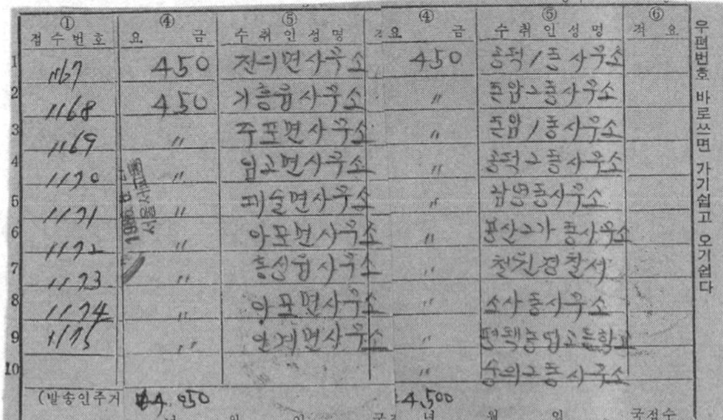

서교동 466의 9

기술 내

전 인 식

⇐ 참전 전우 찾기 등기우편 기록

5. 설악동지회(가칭) 설립준비

1959년 가을에 참전전우 중 연락이 가능한 19명이 전우회인 설악동지회를 설립하기 위해 필자가 명단을 정리했다. 이 중 李奉九 동지는 이미 사망하여 ㉡으로 처리되어 있다.

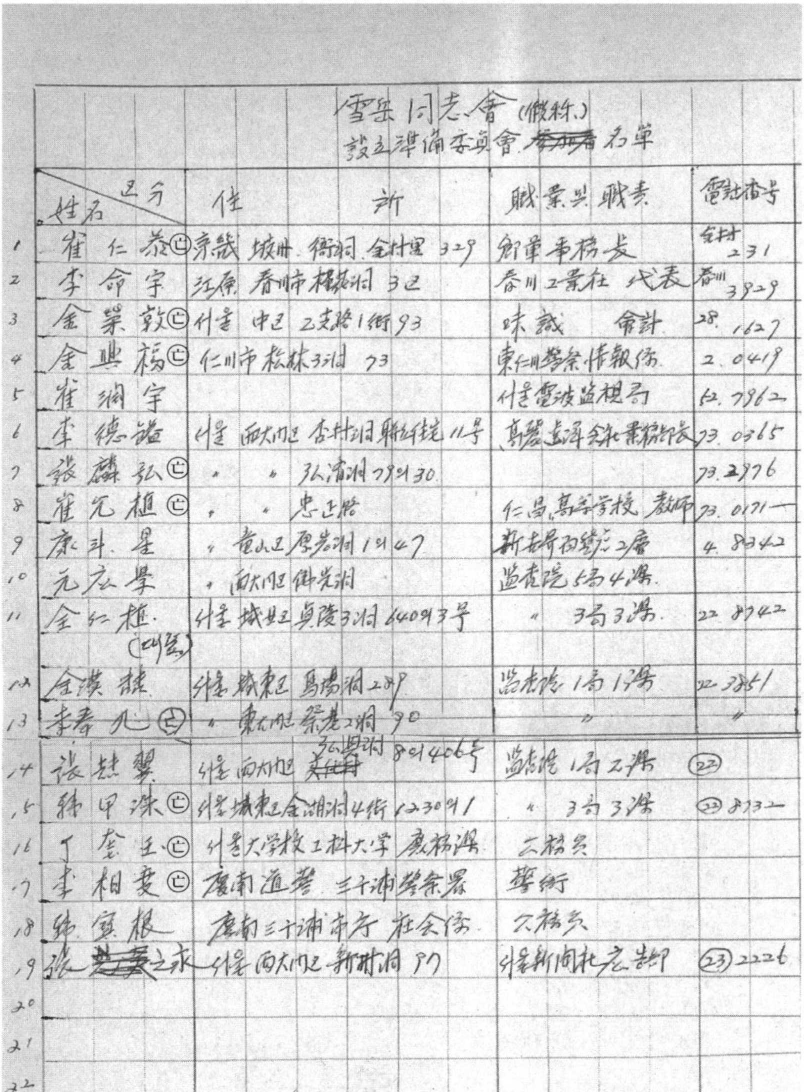
雪岳同志會(假稱)
設立準備委員會 名單

	區分 / 姓名	住所	職業및職責	電話番號
1	崔仁[illegible] ㉡	京畿 坡州 [illegible]洞 金村里 329	[illegible]	金村 231
2	李命宇	江原 春川市 [illegible]洞 3區	春川工業社 代表	春川 3829
3	金[illegible]敦 ㉡	서울 中區 乙支路1街 93	味識 會計	28. 1627
4	金興[illegible] ㉡	仁川市 松林3洞 73	東仁川警察 情報係	2. 0419
5	崔[illegible]宇		서울電波監視局	52. 7962
6	李德[illegible]	서울 西大門區 [illegible] 11號	[illegible]	73. 0365
7	張麟弘 ㉡	〃 〃 弘濟洞 79의30		73. 2976
8	崔元植 ㉡	〃 〃 忠正路	仁昌高等學校 教師	73. 0171
9	康斗星	〃 龍山區 [illegible]洞 1의47	[illegible] 2層	4. 8342
10	元[illegible]學	〃 西大門區 [illegible]洞	監査院 5局4課	
11	金仁植 ([illegible])	서울 城北區 貞陵3洞 640의3號	〃 3局3課	22. 8742
12	金漢[illegible]	서울 城東區 [illegible]洞 289	監査院 1局1課	22. 3851
13	~~李奉九~~ ㉡	〃 東大門區 祭基2洞 90	〃	〃
14	張[illegible]	서울 西大門區 弘恩洞 8의406號	監査院 1局2課	㉒
15	[illegible]甲[illegible] ㉡	서울 城東區 金湖洞4街 1230의1	〃 3局3課	㉒ 8732
16	丁[illegible] ㉡	서울大學校 工科大學 [illegible]	公務員	
17	李相[illegible] ㉡	慶南道警 三千浦警察署	警衛	
18	[illegible]根	慶南 三千浦市廳 社會係	公務員	
19	張[illegible]之永	서울 西大門區 新村洞 97	서울新聞社 廣告部	㉓ 2226
20				
21				
22				

※ 雪岳同志會 第1次 決算書

1975年 채명신사령관이 전적비 건립비 10만원을 주었는데 이 돈을 왜 받았느냐는 항의도 있어 전인식이 보관중 1980. 4. 15까지 이자 197,460원을 전인식이 부담한 내역과 김형철이 公金으로 利子놀이 해서 86,000원, 기타 利子 103,537원이 생긴 내역 등이 기록된 결산서. 대출금 650,000원 중 이명우씨에게 대출한 300,000원(80.3.13)은 미제로 있다.

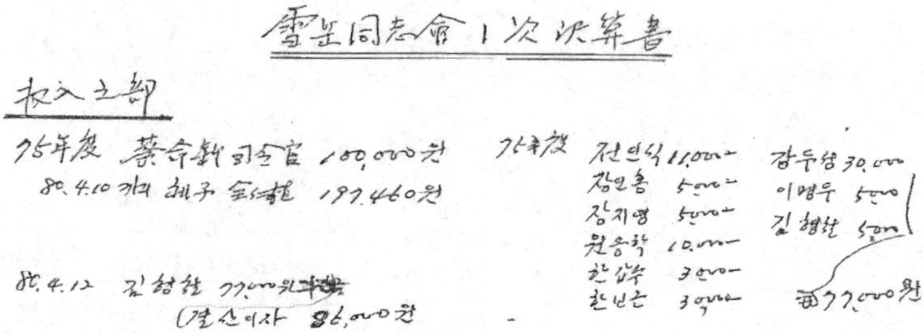
雪岳同志會 1次 決算書

收入之部

75年度 蔡命新 司令官 100,000원

80.4.10 까지 利子 全仁植 197,460원

80.4.12 김형철 77,000원

결산이자 86,000원

전인식 11,000 장인홍 5,000 장지영 5,000 원응학 10,000

강두성 30,000 이명우 5,000 김형철 5,000

77,000원

80.4.12	동지일동모금		101,500원	8/25	대출이자	9.000원
5/29	참전패 찬조	최윤우	50,000원	9/6	〃	10,500원
5/31	〃	장지영	60,000원	10/2	은행이자	11,146원
6/2	〃	李德溢	100,000원		대출이자	8,250원
6/21	〃	김성형	50,000원		〃	10,300원
6/24	〃	김해원	20,000원		〃	17,000원
7/14	〃	康斗星	200,000원		〃	1,700원
7/16	〃	최윤식	50,000원		은행이자	10,375원
8/19	〃	장인홍	50,000원		대출이자	4,400원
10/23	〃	元應學	100,000원		〃	6,800원
81.1.12	〃	全仁植	150,000원		은행이자	4,315원
1/19	〃	정규옥	10,000원		대출이자	3,500원
3/30	〃	申孝均	100,000원		소계	103,537원
	은행이자		6,251원			

合計 1,605,497원

支出 之部

80.4/12	안내장 인쇄비	7,000원	5/19 참전패 대금	300,000원
	식사대	76,300원	5/20 회식비	107,000원
	2차식대	60,000원	〃 오정흠 찬조	20,000원
	금전출납부	100원	이봉구 딸 결혼 축의	20,000원
	이명우, 김흥복 패 발송비	960원	이두병 딸 결혼 축의	20,000원
	윤철섭 권영철 〃 〃	780원	참전패 대금	40,000원
	강두성 축의금	20,000원	이덕일 딸 축의	20,000원
	오정흠 찬조금	30,000원	3/19 한갑수	50,000원
대출금	3/4 200,000(여운)		3/20 〃	50,000원
	3/17 50,000(〃)		4/1 〃	100,000원
	4/11 100,000(〃)		4/28 〃	30,000원
	3/13 이명우 300,000원			

小計 1,602,140원

잔액 통장 3,357원

설악동지회 소집 통지

설 악 동 지 회
(266) 2117

설동지 제 / 호　　　　　　　　　　　　　　　　　　1981. 8. 22
수 신　　　　　　　동지
제 목 : 친목 및 회비

1. 친목회 개최 및 회비납부통지에 관한 일입니다.

2. 81년도 정기 모임 (6. 27)에서 보고한 바와 같이 회비의 집행 잔액은 843,357원 (대출금 650,000원 포함)이오며 그 재원중 찬조금을 주신 회원은 다음과 같습니다. (단위 천원) (무순)

최윤우 50　장지영 60　이덕일 100　김성형 50　김해원 20
강두성 200　최윤식 50　장인홍 50　원용학 100　전인식 150
정규옥 10　신효균 100　**계 940,000원**

3. 본회의 건전한 발전을 위하여 회비의 자발적인 협찬을 바라오며 각 회원에게 회비의 차등부과를 하오니 협조하여 주셔서 뜻있는 사업과 모임이 되도록 하여 주심을 바랍니다.

귀하에게는 81년도 회비를　　　　원으로 책정하였읍니다.

4. 본회 고문이신 채명신사령관께서 81. 7. 외국에서의 업무를 마치시고 귀국하셨는바 동 환영회겸 모임을 다음과 같이 갖고자 하오니 많은 참석있으시기 바랍니다.

일 시 : 1981. 8.26 19.00 시
장 소 : 여의도 소재 홍우빌딩 3층 열빈 (중화요식집)
회 비 : 10,000원 내외

끝으로 귀하와 귀하의 가정에 행운이 함께 하시기를 빕니다.

설 악 동 지 회　회장　전 인 식

참전전우 일동 국립묘지 참배

白骨兵團 參戰 戰友 一同이 36年만에 國立墓地(동작동) 顯忠塔을 參拜하고 한 장의 記念 寫眞을 남겼다.

내 戰友들의 位牌를 아직까지 安置하지 못한 것을 못내 섭섭하게 생각하고 허탈해 했으나 그로부터 2年 뒤, 戰死確認이 된 모두의 戰歿將兵이 여기에 位牌 安置 되었으니 이날의 모임은 결코 헛되지 아니하였다.

때 : 1987년 3月 2日

前列 右부터 朴用周, 朴鍾瑝, 趙榮澤, 丁奎玉, 全仁植, 元應學, 申健徹, 崔允植, 安秉熙, 장덕순, 張之永

뒷줄 右부터 조병설, 서병환, 이남훈, 최인태, 신영기, 최종민, 이두병, 신효균, 이희용, 강두성, 원봉재, 박승록, 고제화, 김학균, 김용필, 이명해, 이익재, 장승현, 김인수, 권영철, 박광선 同志 등이다.

1989년도 전우회

1989년 1월 23일 촬영

1989년 1월 23일 백골병단 전적탑 건립계획의 보고와 기타를 위한 참전동지회의 총회 석상에서 당시의 사령관이던 채명신(蔡命新)장군은 동지들 앞에서 옛날을 회상하며 그 당시를 회고하고 있다. 그가 쥔 두 주먹은 단결과 화합과 성공을 함께 기구(祈求)하고 있다. 그분께서도 자신이 피해자였다고 술회하고 있다.

= 전적비 건립지역 탐방 =

1988년 9월 11일 촬영

강원도 인제군 북면 용대리

여기는 진부령과 미시령의 갈림길! 용산(龍山) 바로 아래에 육군본부 직할 결사유격대 통칭 백골병단(白骨兵團)의 전적탑이 세워질 곳이다.

1950년 3월 23일 이곳까지 진격한 백골병단 용사를 토벌하기 위하여 북괴는 사단급 병력으로 세 방향에서 협공(挾攻)하였다.

여기 용대리(龍垈里)는 이루지 못한 전몰장병 360여 동지의 넋을 달래기에 충분한 고장이라 여겨진다.

1988년 9월 11일 촬영. 전적비가 세워질 위치를 전인식 회장이 결정하다.

1989년 3월 4일 산악군단 공병여단의 불도저가 전적비 건립 부지의 정리를 위하여 투입되었다. 백설이 온누리를 덮고 있는 가운데 불도저의 힘찬 굉음은 전몰장병 360여명의 넋을 달래줄 수 있는 서곡이 될 것이다. 국민 모두 다 함께 기쁘게 생각한다.

이날 지신제가 거행되었다.

6. 참전전우회의 지난 발자취를 찾아서

1951년 1월 30일 대구 소재 육군 제7훈련소(정보학교)에서 훈련을 마친 육군 본부 직할 결사유격 제11연대 장병 363명은 강원도 영월군 영월읍내에 있는 양조장자리(당시 육군 제7사단 O.P)에서 출동명령을 받고, 같은 날 22시 출발, 뒤에 보이는 봉래산을 우(右)로 끼고 계곡을 통하여 사진에서 보는 구름낀 곳을 거쳐 적진 후방으로 침투하였다.

이 사진은 1989년 5월 13일 육군 제1군 야전군사령부를 방문하고 이곳을 38여년 만에 다시 찾아와 한 장의 기념사진을 남겼다. 옛날의 모습이 아련하게 떠오른다.

군량발 분교 앞에서

1988년 9월 12일 촬영

1951년 3월 16일부터 3월 20일까지 사이에 이곳 인제군 인제면 가리산리(군량발)에서 유격전을 전개하였던 고장이다.

1951년 3월 18일에는 이곳보다 동북방에 위치한 필례마을에 주둔중에 있던 대남 빨치산 총사령관 북괴군 중장(中將) 길원팔(吉元八)과 참모장 강칠성(姜七星)총좌(總佐) 등 일당

13명 전원을 생포하여 북쪽의 작은 계곡에서 적 70여명 모두를 대한민국의 이름으로 처치한 고장이기도 하다.

산세(山勢)는 옛날과 다를 바 없으나 지금은 인제초등학교 군량밭 분교(分校)가 자리하고 입구의 꽃향기 또한 매우 인상적이다.

1989년 4월 3일 촬영

멀리 보이는 산악의 능선은 오대산맥이다.

인제에서 평창으로 넘는 이 능선 길은 해발(海拔) 1,200m를 넘는 척추와 같은 산길이다.

지금은 훤히 트인 포장도로가 있고 이곳에서 남동쪽으로 내려가면 이승복군의 기념관이 있다.

나는 공산당이 싫어요!

이 얼마나 순진한 한마디인가.

필자는 여기서 무엇을 상념(想念)하고 있는 것인지!

전적탑(戰跡塔) 하나 제대로 세울 수조차 없는 현실이 너무나 안타깝고 누구를 위하여 우리 동지들 360여 명이 희생되었는가?!!

1989. 1. 23. **좌 1 이두병(12연대장), 좌 2 채명신, 그 옆 필자**

이때만 해도 "M 채 씨"는 우리들의 우상이고 희망이었다.

조선일보 90년 11월 10일 (13면)

白骨兵団 38년만에 功勞 인정

군번없는 유격대 전적비 제막

한국군 최초의 정규 유격부대로 6·25전쟁에서 혁혁한 무공을 세웠던 백골병단이 전후 38년이 흐른 다음에야 비로소 그 존재와 공로를 인정받게 됐다. 9일 오후 3시 강원도 인제군 북면 용대3리 백담사 입구에서 6·25 당시 홍안의 지원병이었던 백골병단 참전동지회원 90명과 유가족 12명 李鎭三 육군참모총장을 비롯한 군 관계자 등이 참석한 가운데 백골병단 전적비 제막식이 열렸다. 백발이 성성한 참전 용사들은 『이제야 설악산과 태백산맥의 원혼으로 떠돌아다닐 전우들에게 부족하나마 면목을 세울 수 있을것같다』면서 회한의 눈물을 흘렸다.

백골병단이 창설된 것은 51년 1월25일. 중공군이 한국전에 참가해 물밀듯 내려오던 시절이었다. 한국군 수뇌부는 우리도 북한처럼 유격대를 구성해 후방교란작전을 펼쳐야 한다는 필요성에 따라 지원병을 모집, 6백40명으로 육군본부 직할 유격부대를 편성했다. 부대원 가운데 현역 군인은 부대장 채명신중령 한사람이었으며 나머지는 거의가 전쟁으로 대학을 중퇴했거나 공직을 떠난 젊은이들이었다. 대구에서 2주일간의 특수 훈련을 마친 부대원들은 계급도 군번도 미처 받지 못한 상태에서 후퇴하는 국군의 행로를 거슬러 태백산맥을 타고 강원도 북방으로 진출했다.

90여일간의 게릴라전에서 대남 빨치산 사령관 길원팔중장등 고위 군관 13명을 생포한 것을 비롯해 무수한 전과를 올리는동안 전사한 3백60명 가운데 1백20명은 추위와 굶주림으로 동사했다.

그러나 이들이 작전을 마치고 그해 4월 강릉으로 생환하자, 육본은 부대를 해체해 버렸다. 육본은 이들이 생환하지 못할 것으로 판단하고 명단조차 보관하고있지 않았다.

부대원중 일부는 미8군예하 유격부대로 전속되어 근무했으나, 대부분은 허탈과 분노만을 곱씹으며 귀향했다. 한 부대원은 『아마도 우리의 전과를 인정하면 자신들의 잘못이 드러날 것이 두려워서 그러지않았겠느냐』고 했다. 육군은 88년 말쯤에야 이 부대의 전공을 인정, 전적비 건립 계획을 세웠다.

백골병단 전우회인 대한유격 참전동지회원 金仁植씨(당시 임시대위)는 『이제와서 누구를 원망할 마음은 없다. 다만 전사에 우리 부대의 전공과 전사한 동지들에 관한 기록이 올바르게 되고 또 평가받기를 바랄 뿐』이라고 했다. 〈金孝在기자〉

전인식의 공적비

육본직할 결사대 전우회 회장 吾平 전인식씨가 1961. 8월부터 2002년 10월까지 전우회원의 위상 바로 세우기 등의 공적이 현저하여 전우회원 및 유가족 일동이 공적비를 전적비 경내 아래쪽(주차장 북쪽)에 세워 공적을 기리고 있다.

강원도 인제군 북면 용대리 산 250-2 **白骨兵團戰跡碑**
경내 입구 주차장 옆에 건립된 **吾平 全仁植**의 **功績碑**

전인식의 공적기

백골병단 참전전우회

회장 전인식(全仁植) 동지 의 공적

첫째 : 全 동지는 1961년 8월 전우회를 발기한 이래, 40여년 동안 참전전우회 회장으로서,

1. 전국에 흩어진 참전전우의 발굴 · 규합에 앞장 서, 전우회원을 결속하였다.
2. 국방 당국에 군복무 사실인정에 관한 청원 등 수십통을 작성 · 제기하여 명예회복선양에 기여하였다.
3. 참전 당시의 전투정보 보고 및 관련 기록을 수집 하여 전례(戰例) 자료로 활용하고, 여러 부대를 방문하여 안보 강연을 하는 등 전우회 발전과 군 의 사기진작에 기여하였다.

둘째 : 全동지는 1981년 5월 전쟁수기 「나와 6·25」 발간 이후 「못다핀 젊은 꽃」등 2001년까지 13종의 참전 기록서를 저술 · 발간하는외에 영화 「못다핀 젊은 꽃」, 「박달령의 침묵」, 「이한몸 다 바쳐」 등 안보 영화 의 "원고 "집필 등으로 참전전우의 자긍심 고양과 유대강화에 기여 하였다.

셋째 : 全동지는 적진후방에서 전투중 전사한 전우에 대하여,

1. 1987년 3월 "고 "허은구 소위의 전사 확인을 위시하여 60명의 전사 확인을 받아냈다.
2. 유가족에게 국가보훈 혜택을 받을 수 있게 하였다.
3. 1989년 8월 "고 "윤창규 대위 등 57위는 국립현충원(동작동)에 위패를, 1990년 8월 격전지에서 발굴한 "고 "현규정대위등 3인의 유해는 대전 현충원에 안장하는 등 전몰장병의 명예를 선양하였다.
4. 1995년 3월이후, 참전·개선 장병에게 "대통령 명의 "의 참전증서를 교부받게 하여 참전전우의 위상 바로세우기에 기여 하였다.

넷째 : 全동지는 1986년 6월부터 전적 · 위령비 건립을 추진하는 한편, 설계를 직접 작성함과 동시에 전적비의 구도(構圖), 비문의 작성 등 전적비 건립에 적극기여헌신 하므로써 1990년 11월 9일 「**백골병단 전적비**」를 준공제막할 수 있게 하였다.

다섯째 : 全동지는 1994년 2월 전쟁기념관 일부를 할애 받아, 자신의 임관사령장 원본과 제대증, 참전당시의 각종 기록사진, 작전명령 등 관련자료를 전시할 수 있게 하였으며, 전우회 관련 제반 기록을 수집보존 관리하는 등 참전전우 및 유가족에게 희망을 준 숭고한 전우사랑 정신과 빛나는 공을 오래도록 기리고자 이 비를 세우다.

2002. 10. 15.

全仁植 동지 공적비 건립 추진 위원회 위원 및 회원 · 유가족 일동

글 : 김응섭

건　립　기

吾平 전인식(全仁植) 참전 전우회장은 1951년 1월 4일, 육군정보학교(육군 제7훈련소)에 입교, 1951년 1월 25일까지 무장첩보 등 특수교육을 이수하고, 임시 대위로 임관과 동시에 결사 제11연대 작전참모 로 명 받고, '51년 1월 30일 강원도 영월 북방, 적진 후방으로 침투하여,

1. '51년 2월 10일 하진부리 초도 작전을 성공적으로 수행하였다.

2. '51년 2월 20일 백골병단(白骨兵團) 창단 후, 병단 작전참모 로서, '51년 2월 28일 인민군 69여단의 정치군관으로부터 노획한 적의 전투상보 등 기밀서류를 아군 수도사단 에 전달케 하여, 적에게 막대한 타격을 가 하게 하였다.

3. '51년 3월 19일 인제군 인제읍 가리산리 군량발 지구 작전에서 주도 면밀한 판단으로 적 에게 결정적인 타격을 가 하는 공 을 세웠다.

4. '51년 3월 24일 오색에서 단목령(박달재)까지의 백주(白晝) 철수작전에서 인민군 사단 병력이 방어진지를 구축 중인 전면의 도로에서 적의 척후병을 아군 행군부대 앞에 세우고, 410 여명의 병력을 최선봉에서 지휘하여 부대 안전・퇴출에 기여 하였다.

5. 적의 전방으로 연결된 통신선을 수거·폐기하여 적으로 하여금 혼란을 유도케 하는 한편, 적병을 처치하는 등 많은 전공을 세우고, '51년 4월 초순, 영광의 개선(凱旋)까지, 적진 800리, 60여일간의 특수작전을 성공적으로 수행 하였다.

6. '61년 8월, 참전 전우회를 발기한 이래, 지난 40여년간 전우회의 발전과 전우 모두의 위상 바로 세우기와 전우나라 사랑 에 헌신기여한 공을 높이 칭송 한다.

2002. 10. 15

全仁植 동지 공적비 건립추진위원회 위원 및 회원유가족 일동

權寧哲 金容弼 安秉熙 // 高悌和 宋世鏞 李永九 張之永 崔潤宇 崔仁泰 //
康斗星 權泰鍾 金重信 尹範容 李南杓 李翊宰 林炳基 林炳華 曺奎喆 趙炳偰
張東說 //姜五馨 金道中 金壽昌 金鍾根 柳卓永 朴勝祿 朴用周 朴鍾云 徐聖礎
宋景熙 申孝均 吳東洙 尹慶俊 李丙錫 李榮珍 李義宰 李興昌 林東郁 全永燾
鄭海相 車周燦 崔鍾敏 崔熙哲 權一相 金漢璘 朴昌永 //黃泰圭 金宋奎 李南薰
李長福 趙詩衡 河泰熙 李貞子 // 安光睦 安光燮 崔聖畯, 申周娟 申仙子 裵善浩
張德淳

子 : 全 熹哲 庠郁 惠燕 惠貞 美順 垠奏

吾平 全仁植의 공적비
(2002. 10. 15 제막)

2002.10.15 육군본부 직할 "白骨兵團" 참전전우회 회원·유가족 등 61인이 吾平 全仁植 會長의 功績碑 건립을 위하여 913만원을 협찬하였으며(전회철 부담 268만원), 합계 1,181만원으로 제막하다. <사진> 군단직할 연대장들과 전우·내빈 여러분

 전인식의 공적비

제8부 그 뒷날의 그들

1. 제2국민병으로 재입대

1952년 11월 늦가을 나는 **제2국민병의 소집 영장**을 받고 논산 육군 제2훈련소의 훈련병으로 재입대하였다.

군대의 재복무(再服務)가 시작된 것이다.

제2국민병(나이가 많아 징병 연령이 지난 자의 소집)의 소집 영장에 따라

1952. 11. 23. 논산(論山) 훈련소에 **훈련병(2등병)**으로 입대한 것이다.

군번 9354853(?) 이라고 기억되는 훈련병 군번을 받았으니 이 군번은

두 번째의 군번이 된다.

논산 훈련소에서는 중대장(대위)이 나의 과거 경력을 알았는지 훈련에는 내보내지 않고

내무반 감시로 남게 하더니, 1주일 정도 지난

1952년 12월초 나에게 배낭과 소지품을 챙겨가지고 나오라고 했다.

충남 강경(江景)역에서 광주 송정리 행 열차에 태워 나를 육군 보병학교에 보냈다.

갑종 간부 제44기로 자동 입교되어 사관 후보생의 훈련을 받았다.

그때의 사관 후보생 교육과정은 휴전회담이 막바지에 이른 때라

주야로 지독한 기합을 받는 것이 훈련의 대부분인 듯 기합이 심했다.

휴전 전이므로 한 치의 땅이라도 더 뺏으려는 듯, 전쟁이 극심한 때였기에 훈련도 지독했다.

그 당시 일선에 나간 **육군 소위는** 신고와 동시에 부임 도중에 **전사**하는 등 **소모 소위**라 하여 어려움이 많았기에 보병병과는?

그때 갑종 44기 병과는 "의정"과 "포병" 그리고 병기병과 였는데, 나는 내 고향친구(동창생)이며, 훈련소의 통솔법 교관인 우종림 중위(소장예편 고인)의 도움이었는지는 알 수 없으나

고향친구들이 병기병과로 많이 분류됐다.

다음 해인 **1953 년 5 월 17일**, 나는 부산 동래 중학교에 있던 육군 병기학교(병기 12기)에서 임관하였다.

군번 26444 라는 **장교 군번을 또 한 개 더 받고**

육군 소위가 되었다. (p. 347 에 임관사령장)

자그마치 **군번이 세 개**가 된 것이다.

GO 1003, 어쩌구 하는 그런 군번은 물론 아니었다.

임시 보병장교라는 임시 자(字)가 붙은 것도 아니요,

곧바로 **육군 소위** 였다.

그때의 엉성한 현역 임관사령장도 지금 잘 간직하고 있다.

임관 사령장과 군번, 계급을 국가가 준 것이니까 앞의 것도 모두가 진짜일 것이 아닌가.

1953년 7월 27일 3년이나 끌던 휴전회담이 성사 될 때까지 7 사단에서 양구, 화천 등지를 옮겨 다니며,

중공군의 인해(人海)전술에 끝까지 항전하는 대 격전지에 수류탄 3만 발을 추진 보급하는 등

내 할 일을 잘 해냈다고 생각한다.

김용배 사단장(소장)(대장 예편)이 훈장을 준다고 했으나 휴전이 되고나니 흐지부지 되었나 보다. 그때는 훈장이 무슨 영예인지 별로 관심도 없던 시절이다. 살아남는 것 만이 최고의 바람이었다.

적 후방에 침투한 1951년 1월 30일도 육군 7사단(칠성 부대) 전방이었고,

1951년 3월 30일 아군지역으로 개선할 때도 7사단 3연대 수색대 전방이었는데…….

현역 첫 근무지 또한 7사단이니

칠성 부대와 나는 무슨 인연이라도 있는 것인지….

채 중령도 7사단 5연대에서 1계급 특진(대령)이 되었다.

나의 동료들은 **소위 딱지**(밥풀 한 개)를 달고 있는 나를 보고

"전 소령"이라고 불러주기도 했다.

씁쓸한 추억들이다.

얼마 후 휴전이 된 뒤에도, 나는 이따금 친형님과 같은 「**채 대장**」을 찾아가 옛날 이야기로 꽃을 피웠는데, 그때, 내가 알지 못하는 숨은 여러 가지 이야기도 들을 수 있어, 그와 나는 참으로 가깝게 의형제(義兄弟)와 같은 우의를 다져왔고 이는 그 뒤에도 계속 이어져 왔다.

그와 나의 이런 오랜 전우애!

우정은 그 뒤에도 계속되었었다.

중공군 최후 저지를 위해 수류탄 3만 발을 긴급 보급하다

나는 육군소위 계급장을 단지 며칠 되지 아니한 1953년 6월 초순경 "화천지구" 중부전선 지원 차 부대를 따라 이동한 때, 사단장 김용배 소장이 귀관이 탄약장교인가!, 네!! 육군소위 전인식 하니까, 중공군의 최후 총공격을 격퇴하기 위한 전투지원용 수류탄 삼(3)만 발을 수

령해 오라 !! 사단장 김용배 소장의 강력한 명령을 수행하기 위해 탄약 보급소(ASP)에서 불출전표를 작성하고 그 승인을 받기 위해 미 10군단 군수처(G 4) 미군중령에게 권총을 들이대며 탄약 불출전표에 승인 서명할 것을 강력히 요구하여 300발도 받기 어려운 때 3만 발을 수령하여 트럭의 "헤드라이트"를 모두 소등한 채 보닛 위에 올라타고 흰수건을 흔들며 G.M.C 4대를 몰고 격전 중 이따금 포탄이 떨어지는 7사단 8연대 최전방 대대 전투 전방까지 추진보급을 해낸 것은 초임 육군소위로서는 정말 기록적인 일을 해낸 것이다. 이때의 공방전에서 7사단이 승리하였다고 알고 있다.

육군에서 최초로 타자병 교육대를 창설하였다

나는 1955년 육군중위 였는데, 병기기지보급창 대위보직인 교육과장 자리에 앉아, 부대 내 50여 명의 타자수(여직원)가 영외 거주하기 때문에 군원물자가 야간에 항구에 도착하면 수입전표를 타이핑할 수 없어 업무에 지장이 막심하므로 육군에서 처음으로 중학교 이상의 학력자를 차출하여 「**타자병 교육대**」를 창설하였다.

교육용 타자기는 고장난 것 100여 대를 모두 수거하여 수리업자에게 주어 50여 대를 재생시켜 활용하는 등 병기기지 보급창 교육 장교로 별난 교육을 다 시켜 활용했다.

운전병 교육대의 창설로 수송능력을 배가하다

한편으로 **운전병 교육대**를 창설하여 운전병을 자체교육으로 충당하는 등 현역 위관 장교로 근무하는 기간, 옛날의 기를 살려 잘 해낸 것도 같았다.

이렇게 만 5년의 군복무를 마치고 제대를 하기 전에 전시군인연합대학 1기 2차, 전후 학기에서 48학점씩 96학점을 벌었으나 대학에 복학(復學)을 하지 못하였기에 학위를 얻지 못하고 말았다.

그래서 나는 아직까지 학위가 없는 신세가 된 것이다. 이것도 6·25의 상처라면 상처라 할 수 있을 것이다.

그 당시 나는 "M 채" 씨에게 **전사자가 많으니** 전사 확인을 해주어야 하지 않겠습니까? 라는 의견을 냈으나,

야! 내가 고작 대령인데, 어떻게 하니 ……. (그는 논산훈련소 참모장이었다.)

좀 더 기다려 보자! …….

지금 형편으로 할 수 있냐!

알았습니다 …….

나는 최고 지휘관이 그런 태도이니 어쩔 도리가 없었다.

만 5년의 복무 후 제대를 했으나 부산에서 장가를 들어 처자식이 있으니 취직을 해야 하겠는데 취직하기가 하늘의 별을 따기보다도 어려운 시기였다.

심적으로나 육체적으로 여간 큰 고통이 아닐 수 없었다.

신문이라야 구문(舊聞)이 다 된 종이를 뒤적여, 모집광고를 찾아 이력서를 몇 곳에 보내 보았으나 쓸만한 직장에서는 통지가 없고, 어떤 곳에서는 보증금(保證金)을 가지고 오라는 전갈이 왔으나 보증금을 낼 돈도 없거니와 그런 곳에 가면 보증금만 날리는 것이 그 시절의 사회상이 아니였나 !!

고향 탄현에서 금촌읍까지 30리를 걸어가서 이력서를 등기우편으로 넣고, 다시 30리 길을 걸어야 했던 지난날이 어찌보면 낭만이 아니였나?!! 되씹게 된다.

별의별 일을 다 해 봤다.

두 번째 군대 생활에서 받은 전역 여비는 9천 몇 백원이었는데,

모자 하나를 사려고 동대문 시장에 나가서 필그림 중절모(나까우리)를 사려니까 1만 몇 천원 이라 했다.

5년간의 장교 전역금 여비 전부에 몇 백원을 더 얹어, 모자 하나를 겨우 얻어 쓰고 씁쓸히 고향으로 다시 돌아 갔다. 주49)

제대 직후에는 고향의 문전 옥답 2,000 여 평(지금은 평당 50 ~ 80 만원 정도인데, 그때는 500원 정도 였다.)을 처분해 주셔서 그 돈 중 일부는 군복무시절의 외상술값부터 우선 갚고,

남은 돈으로 금촌 시장입구에 양장점(美花 양재)을 개업하여 학창 복귀를 하면 1년간만 다녀도 전시군인연합대학에서 3학년 과정의 학점을 이수했으니 대학을 마칠 것이란 생각에서 내 처의 양재기술을 활용하려는 속셈으로……

그러나 이것은 큰 잘못이었다.

첫 단추를 잘못 끼운 것이다.

1956년경 "잉그리드 버그만" 주연의 서부영화를 본 나는 특별한 재주도 없고, 또 농사(農事) 일도 제대로 할 수 없으니 대학이라도 마쳐야겠다는 생각으로 부산 서면(西面) 부대 인근에서 양장점을 운영하고 있는 여성에게 접근하여 그 여성(정 양 K)과 결혼을 하면 "서로 돕게 되는 것이 아닌가?!!" 라는 생각을 하였다.

잘못된 생각이었다. 이 첫 단추가 잘못 끼워진 것이다.

사필귀정(事必歸正)인지, 인과응보(因果應報)인지 모른다.

될대로 돼라 *!!* "케이세라세라"가 그 당시 유행어(流行語)였던 것

주49) 2005. 7. 15. 법이 개정되어 6.25 전쟁 중 퇴직금을 받지 못한 장교에 대하여 퇴직금을 준다고 하기에 신청했더니, 2005. 11. 9. 내 통장에 761,700원이 지급되었다. 늦었지만 감사드린다.

같으니 나에게 꼭 들어맞는 말 같기도 했다.

그 뒤 두 번째 단추도 잘못 끼워진 것은 모두 첫 단추 때문인지도 모른다 *!!* ……

이제 내 나이 88이 다 될 때까지도 그 원인(遠因)을 아직도 깨닫지 못하고 아리송해 하니 저 세상에 가서야 깨닫게 될 성 싶다.

이것이 나의 숙명(宿命)이 아닌지 ……
나는 반성 아닌 반성을 하면서 말년(末年)을 맞이하고 있다.

사람 팔자(八字) 알 수 없다고들 말한다. 알다가도 모를 팔자가 "사람팔자„라고 하지 않던가*?!!*

자식들한테도 부끄럽고, 벌어놓은 재산도 없으니, 공수래 공수거(空手來空手去)가 아닌가 ……

그래도 무공훈장을 수상한 덕에 국립묘지 한 구석은 얻어 놓은 것 같고, 가족 납골묘(納骨墓)도 마련해 두었으니 …… 갈 곳은 있는 것 같은데 ……

손(孫)이 나의 대(代)에서 끊길 듯하니 나의 육신(肉身)을 남길 필요 조차 느끼지 못한다.

1959년 들어 나는 숙부께서 경영하시는 건설회사(경남 진해 해군기지 안의 공사판)에 가서 감독 보조원으로 일하게 되었다.

이때 배운 토목·건축 현장 경험 덕으로 토목공학에 눈을 뜨고, 심취한 나는 열심히 독학으로 공부하는 한편,
향리에서 중학교 설립에 참여한 뒤
그 학교의 교사 노릇을 하고 있을 때 5.16 군사혁명이 일어났다.

1961년 7 월초 **군사 원호청**(지금의 국가보훈처)이 창설되어 그곳

원호국을 이명근 선생(예 대령, 중학교 교장)과 단둘이서 창설했으나, 군사 원호청이 당초 약속한 대로의 직급(사무관)을 주지 않자

채명신 씨가 위원장으로 있는

감찰위원회로 도망치듯 전관(轉官)을 했다.

물론 「M 채 씨」 협조의 덕이었다.

그 기관에 가보니 이미 12 연대 참모장 장철익 대위(미국 · 목사),
총무과 이봉구 중위(사망),
김한철 대위(생사불명),
원응학 보좌관(비서관) 등이 있었고

필경사로 15 연대 윤학수(남수)(사망) 씨와
한갑수 소위(종로구청에서 전관)(사망)가 나보다 뒤에 합류하는 등 옛날의 전우들이 있었다.

1961년 8월 23일 「M 채 씨」의 초청으로 옛 전우 10여명이 초대를 받아 모인 그날 "오찬"을 대접받고 난 뒤, 우리들은 전우회를 발기하였다. (을지로 3가에 있던 일식 "새마을" 이란 식당에서 오찬)

내가 앞장을 섰고, 원응학 보좌관, 장철익 대위, 한갑수 소위 등이 공동 발기인이 되었다.

사무실은 원응학 씨가 근무 중인 종로 5가 소재 부국빌딩(버스회사) 5층에 임시사무소를 설치하였다.

그때, 참여한 전우는 필자와 강두성, 장인홍, 신효균, 이덕일, 원응학 보좌관 / 이상섭 소령 / 장철익, 김한철, 최윤식 대위 / 김영돈, 이봉구 중위 / 최인태, 김홍복, 이명우, 한갑수 소위, 정규옥, 장지영 상사 / 한보근, 최윤우 중사 등 20명으로 기억한다.

2. 영광의 감사관 생활

시골에 잠시 있을 때 어머님의 성화에 못 이겨 장가를 들었는데 이 여인이 하루는 느닷없이 서울로 올라 왔다.

단돈 몇 만원(요즘 돈 몇 10 만원)도 없는 내가
삭월세 방 조차 구할 수 없어 걱정을 하고 있을 때

옛날 전우들 중 한갑수 씨 등이 5 만원(현 500 만원 정도)을 모아 주어
방 한 칸을 **삭월세**로 겨우 얻었으나

머리와 발가락이 서로 닿아서 대각선으로 자야만 했다.

이 작은 셋방에서 감찰 위원회 조사관이 된 뒤에도 생활하면서
1962년 7월 이세(二世)인 아들 놈을 얻게 되었다.
그 뒤, 방이 조금 큰 셋방으로 이사한 뒤
딸을 또 얻어,

정릉(3동) 배 밭골이란 산 중턱에 있는
무허가 방 1 칸과 부엌이 딸린 집을 샀는데(국유지 불하된 것의 권리 매매 취득)
누워서 천장을 바라보면, 하늘에 별들이 보였는데도 비는 새지 않았다.

참으로 기막힌 사연이다.

열심히 대지 안에 있는 암반과 같이 단단한 마사토(眞砂土)를 파낸 뒤,
월급을 받으면, 양회(시멘트) 3 ~ 4 포대를 사서 등짐으로 가져와
그 흙(마사토)과 섞어서
작은 4 인치와 6 인치 시멘트 블록을 열심히 찍었다.

퇴근 후에는 매일 집에 와서 중노동을 한 보람으로 집도 없는데 우선 1면을 제외한 3 면의 담장부터 쌓았다.

정말 고생길이었으나 주변머리가 없어서 …….

고생 고생하면서 …….

손이 부르텄고… 얼굴이 까맣게 탔다.

동네 아이들이 **저 집이 감사원 집 이래!!** 하는 소리를 들었다.

창피하기도 했다.

이런 고약한 주거환경이라 내 자식 놈은 이웃의 어린애들과 어울려 매일 흙장난이나 하고 공부를 멀리해 애간장을 태우기도 했다.

뛰 놀다가 팔이 두 번이나 부러지고 …….

어디 그 뿐인가…. 그런 집에도 도둑이 들었고, 유명한 독일산 개 한 마리를 기증받은 것이 연탄가스 중독으로 폐사하는 등도 겪어야 했다.

그런 어려운 가운데에도 나는 계속해서 열심히 시멘트 블록을 찍어 이제 10여 평 짜리 집을 지을 만하게 되자, 자전거, 리어카 조차 다닐 수 없는 험한 산중턱에 14 평 짜리 반 양옥집(작은 방만 세 개)을 지었다.

그 집이 그 동네에서는 **처음으로 건축허가를 받아** 지은 첫 번째 집이었다.

지난날을 회고해 본다.

1962년 국가재건 최고회의 의장의 특명조사단 제1조장(심계원, 검찰, 농림부 등 합동팀)으로 서울, 경기, 강원 지방의 조사반을 이끌고 한국은행을 상대로 수표를 발행하는 등 제법 막강한 권한과 중책을 담당하며 지방을 돌아 다녔다.

내가 이때 처음으로 토목공사의 설계·시공에 대한 감찰 조사를 하게 되었는데, 그 실, 아는 것이 없었을 뿐 아니라 전문기술 용어 조차도 알지 못하였으니 어리둥절할 수밖에 다른 뾰족한 수는 없었다.

나는 부정이라고 적발되면, 즉시 현장과 설계도를 직접 대사(對査) 확인하면서 연구하고 공부했다.

그렇게 3개월쯤이 지나니 현장과 설계의 합치여부를 약간은 가릴 줄 알게 되었다. 이것이 나의 인생을 가름하는 전기(轉機)가 된 것이다.

계속해서 열심히 공부한 보람으로 실지조사 6개월 상당부터 제법 많은 것을 알게 되어, 내 임무를 성공적으로 완수하였다고 자부한다.

이 과정에서 나는 토목, 건축공학 분야 중 적산(積算)(공사비를 계산하고 공정계획관리를 하는 학문) 분야가 학문분야에서 사각지(死角地) 임을 알게 되었다.

이 분야의 전문연구자가 따로 없고, 또 대학에는 교과도 없으니 전공교수도 없음을 알게 되었다.

나는 그 뒤 이 적산분야의 개척・개발을 위해 외국서적도 많이 탐독하면서 우리나라 제도의 개선점을 찾아내는 등 박차를 가하여 1968년까지 많은 것을 수집・연구・분석했다.

이때, 우리나라에서는 적산에 관한 전문연구서적도 전혀 없던 때라 1969년에 이르러 그동안 6년여 동안 집성한 자료와 원고를 정리하여 처녀작 "**실용 건설공사의 설계표준과 검사**(實用 建設工事의 設計標準과 檢査)"란 책을 출판했다. 책을 아무나 쓰는 것이 아니라는 것도 잘 안다. 그러나 이 분야의 저서가 국내에는 전혀 없는 상황이었기에 감히 출판할 수 있었던 것 같다.

그때 책 한 권에 1,500원의 정가를 매겼는데, 이 책이 날개 돋친 듯 팔려, 4회의 중판으로 10,000권을 돌파했으니 여간 큰 돈을 번 것이 아니다.

그 많은 돈 때문에 어찌나 많이 마셔댔는지 세 차례나 입원을 해야 했다. 남은 것은 한 닢도 없었으나 매명(賣名)은 썩 잘 되었다.

= 대학교수가 되다 =

나는 계속 연구하고 원고를 썼다. 1971년까지 대학과 대학원 교재 등 자그마치 다섯권의 책을 썼다.

대학에의 출강은 1970년 4월 대학교수자격 심사위원회에서 대학 **토목공학과 조교수자격**을 인정받았기 때문이다.

대학졸업장도 없는 내가 대학 강당에서 강의를 맡게 된 것이다.

어찌 보면 이것도 유격대 식으로 해낸 것이 아닌지……

1970년부터 1996년까지 26년간 서울의 유명대학과 대학원 및 국공립교육원 등에 출강했다.

그 당시 내가 근무하던 감사원에서는 전 직원 300여명은 물론 과거에도 재직 공무원 중에서 대학교수 자격자가 없었다고 하면서 건설공사분야의 명 감사관으로 군림했다.

내가 감사원에 근무하던 기간 중 담당부서는 농림부, 건설부, 서울특별시 등이었는데 내가 감사를 나가면 기술공무원들이 진땀을 뺐다고 한다.

기술자도 아닌 내가 구적(求積)기를 돌리면서 설계도면을 직접 심사하지 않나, 현장에 나가면 레벨측량을 하지 않나, 기술자를 빰칠 정도였다고들 했다.

주요공사의 감사실적을 들어보면, ① 동진강 수리간척 사업, ② 남강댐 공사, ③ 경인 고속도로 공사, ④ 경부 고속도로 공사(전 구간), ⑤ 여의도 개발 당시 제일 먼저 모래 위에 집을 지은 시범아파트 공사, ⑥ 지하철 공사, ⑦ 울산 공업단지 조성공사, ⑧ 한강지구 개발공사, ⑨ 국립보건원 공사 등 제법 많은 공사에서 이름(惡名)을 날렸다.

어느 때는 10월 초에 물속에 들어가 측량 폴(Pole)대를 잡기도 했으니 독종이란 별명도 들었다.

경부 고속도로 공사의 다짐(輾壓) 공법에 있어서는 이론과 실제의 문제를 제기해서 그 당시 설계의 불합리를 시정한 사건은 엄청난 큰 국고손실방지에 기여하여 대통령 표창도 받았다.

그런저런 일 때문에 나는 4년 이상의 오랜 동안 건설부 전담 감사관이 되었다.

그 기간 동안의 감사활동은 내 학문연구에 크게 보탬이 되었다.

어느 해인가는 한강지구개발 종합수리사업을 박대통령께서 깊은 관심을 가지고 공사 진척을 일일이 보고를 받는 중대한 사업이었는데 철근을 빼먹는 큰 부실공사를 시공 중에 적발하여 그 큰 업체가 간판을 내리게 될 운명에 처하게 되었는데 이를 별도로 보강하면 구조물에는 영향이 없다고 보고하여 그 회사가 죽지 않고 살아남은 일도 있었다. 그때 그 회사는 10대 재벌쯤에 들어 있었다.

겁도 없이 원리 원칙대로 나라를 위해 봉사했으나 그럴수록 적이 자꾸 많아지게 되었는가 보다.

지금 요란한 거물들도 나와의 대화에서 나를 이기지는 못했으니까 ……

그 유명세(有名稅) 때문에? 나는 1971년 8월, 타의 반, 자의 반으로 수석감사관직(首席監査官職)을 끝으로 교수자격의 프리미엄을 간직한 채 퇴임할 수밖에 없었다.

유신정부와 그 추종자(P 씨 등)에 의해 나는 내몰린 것이다.

"떠날 때는 말없이"란 유행가가 있다.

연금법의 혜택도 없던터라, 퇴직금 60여만원과 시재금 36만원 밖에 없던 나는 처자식들과 살길이 막막하여, 한편으로 강의요청을 모두 받아들여 동(東)으로 서로 뛰었다. 1주에 7~8개 기관, 즉 대학·대학원(주·야)·국공립교육원·새마을지도자연수원 등 닥치는 대로

글 보따리 행상을 다녔다. 그러니 제자의 수가 년 수천을 헤아리게 되었다.

그 많은 제자분들이 내 책의 고객이 된 것이다.

책을 많이 썼다.

내 책 덕분에 감사(監査)시 처벌을 면할 수 있었다고 하는 감사(感謝)의 서신과 격려 등도 많이 받았다.

이런저런 책의 출판으로 지금까지 자식들과 함께 겨우 체면을 유지하면서 닥쳐올 말년을 대비하고 있다.

줄잡아 100여권, 이 "자서전기"와 "59년만에 전역", "저하늘 너머에는", "눈 덮인 山野" 등 30여권과 많은 기술서적을 발간했으니 여간 뜻있고 기쁨이 충만한 것이 아니다.

더욱이, 그동안의 발행 총수도 수백만 권은 넘는다고들 한다.

학술관계서적 백만 권은 적은 수는 아닐 것이다. 참으로 많은 매명을 하였다.

그러니 국립중앙도서관에서 다작가(多作家) 100인 중에 내가 끼어 있다면서 별도의 서가(書架)를 준비한다고도 했다. 소설도 아닌 학술서적 60여종과 전쟁수기 30여권이다. 이것도 창피한 것인지, 영광인지 아직도 모르겠다.

다작가(多作家) 100인의 영광 !!

1991. 9. 9. 국립중앙도서관에서 필자에게 다작가 100인의 개인별 저작목록이 발송되어 왔다. <정리 25621-781호>

중앙도서관에서는 소장중인 도서관 자료를 기준으로 다작가 100인을 선정하여 개인별 저작목록을 작성하고 이를 보내면서, 저술 작품 중에 미소장분이 있으면 영구보존토록 기증해 달라는 것이었다.

중앙도서관에서 보내온 작품은 최신 건설기계화 시공 등 42종이었고, 추가되어야 할 도서는 실용 건설공사의 설계표준과 검사 (1969년) 등 57종을 추가 전시용으로 보냈으며, 이미 절판되어 재고가 없는 도서가 10종임을 통보했다.

따라서 필자는 42권과 57종으로 총 99종과 절판 10종 등 총 109권을 저술했다는 것이다.

이것이 영광인지? 잘 모르겠다. ……

관 인 생 략

국 립 중 앙 도 서 관

정리 25621-781 (535 4142) 1991. 9. 9.

수신 전인식 님

제목 다작가 100인 개인별 저작 목록 발송

1. 귀하의 발전을 축원합니다.

2. 당관에서는 당관 소장 도서관자료를 기준으로 다작가 100인을 선정, 개인별 저작 목록을 작성하고 이를 송부하오니 목록을 참고하시어 고견이 있으시면 알려주시고, 저술하신 작품중 당관 미소장분이 있으면 도서관에 영구보존될 수 있도록 기증해 주시기 바랍니다.

첨부 : 1. 개인별 목록 1부. 끝.

발송 1991. 9. 9. 국립중앙도서관

국 립 중 앙 도 서 관 장

<전인식 저서 42종 명세 생략>

국립중앙도서관에 등록 누락된

다 작가 100인 저자 목록 추가 분

저자명 : 전인식　　　　정리 25621-781 (1991.9.9) 관련

번호	서 명／ 저자사항	출 판 사 항	형 태 사 항
1	實用建設工事의 設計標準과 檢査 /全仁植 著	서울·南文閣·1969	A5·462 面·1,500 원
2	建設工事의 設計와 施工 / 全仁植 著	서울·南文閣·1970	A5·414 面·2,000 원
3	工事管理 / 全仁植 著	서울·南文閣·1970	A5·240 面· 900 원
4	增補 土木施工管理 / 全仁植 著	서울·韓國理工學社·1971	B5·378 面·2,500 원
5	不動産開發技術論 / 全仁植 著	서울·韓國理工學社·1971	A5·308 面·1,700 원
6	새마을 건설기술 / 全仁植 著	서울·建設研究社·1976	B6·271 面· 800 원
7	建設材料 I / 全仁植 編	서울·建設研究社·1977	B6·756 面·5,800 원
8	檢査例分析評價를 中心으로 工事의 檢査 / 全仁植 著	서울·韓國理工學社·1971	A5·593 面·2,800 원
9	監査事例의 分析 工事檢査의 實務 / 全仁植 著	서울·建設研究社·1981	A5·467 面·6,000 원
10	建設經營과 新工程管理 / 全仁植 著	서울·建設研究社·1973	A5·272 面·2,000 원
11	PERT 理論과 實際 / 全仁植 著	서울·建設研究社·1986	A5·200 面·3,000 원
12	生産管理를 위한 I·E理論과 實際 / 全仁植 編著	서울·韓國積算研究所·1987	A5·218 面·4,500 원
13	航空寫眞測量 / 全仁植 編著	서울·建設研究社·1976	A5·244 面·2,300 원
14	揚水機械의 理論과 實際 펌프工學 / 全仁植 編著	서울·建設研究社·1976	A5·173 面·1,500 원
15	머리말과 세월 建設有感 / 全仁植 著	서울·建設研究社·1980	A5·407 面·6,500 원
16	建設安全 / 全仁植 編著	서울·建設研究社·1981	B6·283 面·3,800 원
17	工事計劃管理 / 全仁植 著	서울·建設研究社·1981	A5·258 面·6,000 원
⑱	參戰手記 나와 6·25 / 全仁植 著	서울·建設研究社·1981	3×6 判·171 面 비매품
19	技術 2 部 不動産測量論 / 全仁植 著	서울·建設研究社·1982	A5· 92 面·2,500 원
⑳	못다핀 젊은 꽃 / 全仁植 著	서울·建設研究社·1986	B6·257 面·1,800 원
21	假設거푸집工法 / 全仁植 監修	서울·建設研究社·1987	A5·386 面·8,000 원
22	砂防工學 / 全仁植 編	서울·建設研究社·1973	A5·214 面· 1,500 원
23	開發技術研究 建築設計의 評價 / 全仁植 著	서울·建設研究社·1974	A5·193 面· 2,000 원
24	建築法規 解說 / 全仁植 編著	서울·建設研究社·1983	A5·612 面· 7,000 원
25	不動産 문제의 해결은? / 全仁植 監修	서울·建設研究社·1984	B6·313 面· 3,800 원
㉖	임진강에서 내설악까지 / 全仁植 著	서울·建設研究社·1991	A5·336 面· 4,500 원

번호	서 명／ 저자사항	출 판 사 항	형 태 사 항
27	建設用語大辭典 / 全仁植 編	서울·建設硏究社 · 1991	A5 · 1186 面· 35,000 원
28	콘크리트機械 施工 / 全仁植 · 權瑛洙 共著	서울·建設硏究社 · 1985	A5 · 299 面· 6,000 원
29	建設標準積算實務 / 全仁植 編著	서울·建設硏究社 · 1990	B5 · 698 面· 36,000 원
30	1974 年度 增補 改訂版 建設工事 設計標準 (標準품셈) / 全仁植 監修	서울·建設硏究社 · 1974	3×6 判 · 672 面 2,600 원
31	1975 年度 建設標準품셈 / 全仁植 監修	서울·建設硏究社 · 1975	〃 · 702 面· 2,800 원
32	1976 年度 建設標準품셈 / 全仁植 監修	서울·建設硏究社 · 1976	〃 · 718 面· 3,000 원
33	1977 年度 建設標準품셈 / 全仁植 監修	서울·建設硏究社 · 1977	〃 · 706 面· 3,500 원
34	1978 年度 建設標準품셈 / 全仁植 監修	서울·建設硏究社 · 1978	〃 · 796 面· 4,300 원
35	1979 年度 建設標準품셈 / 全仁植 監修	서울·建設硏究社 · 1979	〃 · 760 面· 5,500 원
36	1981 年度 建設標準품셈 / 全仁植 監修	서울·建設硏究社 · 1981	〃 · 798 面· 9,500 원
37	1982 年度 建設標準품셈 / 全仁植 監修	서울·建設硏究社 · 1982	B6 · 789 面· 12,000 원
38	83 年 電氣·通信 標準품셈 / 全仁植 監修	서울·建設硏究社 · 1983	A5 · 380 面· 7,500 원
39	84 年 土建標準품셈 / 全仁植 編著	서울·韓國積算硏究所 · 1984	3×6 判 · 746 面 ·10,000 원
40	84 年 機械設備 標準품셈 / 全仁植 編	서울·韓國積算硏究所 · 1984	A5 · 242 面· 5,000 원
41	建設積算學 / 金圭泰 · 全仁植 共著	서울·技術公社 · 1977	A5 · 299 面· 2,800 원
42	建設機械化施工 / 全仁植 著	서울·建設硏究社 · 1972	B5 · 405 面· 5,000 원
43	增補 建設經營과 新工程管理 /全仁植 著	서울·建設硏究社 · 1978	A5 · 272 面· 3,000 원
44	土木標準품셈 / 全仁植 校閱	서울·韓國積算硏究所 1986	B6 · 702 面· 8,000 원
45	建築標準품셈 / 全仁植 校閱	서울·韓國積算硏究所 1986	B6 · 578 面· 7,000 원
46	機械 · 設備 標準품셈 / 全仁植 校閱	서울·韓國積算硏究所 1986	B6 · 350 面· 5,000 원
47	電氣 · 通信 標準품셈 / 全仁植 校閱	서울·韓國積算硏究所 1986	B6 · 450 面· 7,000 원
48	機械 · 設備 標準품셈 / 全仁植 校閱	서울·韓國積算硏究所 · 1988	B6 · 435 面· 7,000 원
49	電氣 · 通信 標準품셈 / 全仁植 校閱	서울·韓國積算硏究所 · 1988	B6 · 510 面· 9,000 원
50	土木標準품셈 / 全仁植 校閱	서울·韓國積算硏究所 · 1989	B6 · 748 面· 14,000 원
51	建築標準품셈 / 全仁植 校閱	서울·韓國積算硏究所 · 1989	B6 · 624 面· 12,000 원
52	機械 · 設備 標準품셈 / 全仁植 校閱	서울·韓國積算硏究所 · 1989	B6 · 435 面· 8,000 원
53	電氣 · 通信 標準품셈 / 全仁植 校閱	서울·韓國積算硏究所 · 1989	B6 · 510 面· 10,000 원
54	土木標準품셈 / 全仁植 校閱	서울·韓國積算硏究所 · 1990	B6 · 810 面· 16,000 원
55	建築標準품셈 / 全仁植 校閱	서울·韓國積算硏究所 · 1990	B6 · 684 面· 14,000 원
56	機械 · 設備 標準품셈 / 全仁植 校閱	서울·韓國積算硏究所 · 1990	B6 · 488 面· 10,000 원
57	電氣 · 通信 標準품셈 / 全仁植 校閱	서울·韓國積算硏究所 · 1990	B6 · 552 面· 12,000 원

인 수 증

상기 57종 도서는 정히 인수함.

1991. 10. 2

수서과 검토

인수자 : 정 대휴

1990년도 이후의 저작물은 여기에 수록되지 않았다.
다작가(多作家)의 칭호도 별로 달갑지 않다.

필자가 쓴 전쟁관련 수기

도 서 명	발행일	쪽수	판형	정가	출 판 사
○ 나와 六·二五(적 후방 300리의 혈전)	1981. 5.	174	3×6	비매품	건설연구사
○ 못다핀 젊은 꽃 (파랑새)	1986. 6.	208	B6	1,500원	설악동지회
○ 못다핀 젊은 꽃 (파랑새) 1951년 3월 "개정"	1986. 8.	258	〃	1,800원	건설연구사
○ 못다핀 젊은 꽃 (파랑새) (최종판)	1986.10.	258	〃	〃	〃
○ 다큐멘터리 "적후방300리의 혈투" 白雪의 長征	1988. 3.	278	A5	3,700원	〃
○ 다큐멘터리 "적후방300리의 혈투" **白骨兵團**	1988.10.	308	〃	3,800원	대한유격 참전동지회
○ 적후방300리의 혈투 **"결사11연대"**	1989. 8.	242	〃	3,800원	건설연구사
○ 결사11연대 부록 **"戰跡碑 落穗"**	1991. 5.	204	〃	비매품	〃
○ 임진강에서 내설악까지	1991. 5.	338	〃	4,500원	〃
영광의 얼 (임진강에서 내설악까지)	1992.10.	392	〃	비매품	〃
陸軍本部 直轄 遊擊部隊 白骨兵團 戰史	1993. 7.	260	〃	비매품	대한유격 참전전우회
白骨兵團 戰史 추록 Ⅰ, Ⅱ	1993.11.	36	〃	〃	〃
"한국전쟁수기" **설악의 최후**	1994. 7.	318	〃	4,500원	전영문화사
한국군 최초의 정규유격대「백골병단 전투상보」	1997. 6.	252	〃	비매품	한국적산연구소
(잊혀진 전쟁실화) 누구를 위한 적진 800리의 혈투인가	1999. 8.	200	〃 한정	5,000원	㈜건설연구사
(잊혀진 원산 남방상륙작전) 알섬의 갈매기는 왜 우는가	1999. 8.	212	〃	5,000원	〃
6.25 참전 실화 **적진 800리의 혈투** (초판)	1999. 8.	240	A5	3,500원	〃
육군본부 직할 백골병단 적진 800리의 혈투	2002. 6.	104	〃	3,000원	〃
"6.25 참전 실화" 적진 800리의 혈투 (증보)	2002.10.	302	〃	4,500원	〃
"6.25 참전 실화" 적진 800리의 혈투 (최종판)	2003. 4.	304	〃	6,500원	〃
아픈상처를 어루만지며	2004. 8.	304	〃	13,000원	〃
한 많은 오십삼년	2004. 9.	192	〃	9,000원	〃
백골병단의 실체「오십사년을 기다렸다」	2005. 2.	224	〃	12,000원	〃
개정 18판「한 맺힌 오십사년」	2006. 1.	288	〃	15,000원	육본 직할 백골병단 기념사업회
여명의 아침 吾平 全仁植의 옛이야기	2006. 4.	124	〃	비매품	㈜건설연구사
설악의 영봉은 알고 있다! (군번 세 개의 사나이)	2006. 4.	284	〃	17,000원	〃
육이오의 회한 그리고 영광	2006. 8.	364	〃	15,000원	〃
영광의 세월 (한국전 참전 노병의 외침)	2007. 7.	344	〃	16,000원	㈜건설연구사
陸本 直轄 決死隊(白骨兵團) 60年史	2010. 1.	814	B5	38,000원	육본 직할 결사대 전우회
陸本 直轄 決死隊(白骨兵團) 60年史 追錄 Ⅰ	2010. 8.	224	〃	13,000원	〃
陸本 直轄 決死隊(白骨兵團) 60年史 追錄 Ⅱ	2011. 8.	214	〃	13,000원	〃
"6.25 전쟁 실화" **백골병단의 발자취** (61년을 기다린 영광)	2012. 9.	912	〃	40,000원	〃
저 하늘 너머에는 (육본 직할 결사대에 얽힌 사연들)	2013. 7.	190	〃	8,000원	〃
59년만에 전역 = 적 후방 800리의 혈투를 감행한 작전참모의 수기 =	2013.10.	600	A5	23,000원	㈜건설연구사
59년만에 전역 "증보재판" 〃 〃	2013.12.	600	〃	23,000원	〃
눈 덮인 山野 = 육군본부 직할 결사대 360여 전몰장병의 명복을 빌며 =	2014. 4.	790	〃	28,000원	〃
"증보" 눈 덮인 **山野** 〃 〃	2014.10.	832	〃	28,000원	〃

○ 표는 중복된 것

이제 내 나이도 60을 넘긴지 27년이 지났으니 책을 더 쓸 기력도 이젠 쇠퇴해 지는 것 같다.

그동안 인생살이도 고달팠다.

파경의 쓰라린 경험도 했고, 자식농사도 변변치 못한 것이 아닌지 ……

이제 잃은 것도 찾을 것도, 남은 것도 아무 것도 없는 것 같다.

유격대 인생도 64년이 지났으니 이제는 이것도 모두 잊어야지 ……

이것이 노병(老兵)의 독백(獨白)인가?!!

어쩌다 보니 여기까지 꼬여 온 것 같다.

내가 작가도 아니고, 문장표현도 흥미있게 쓸 줄도 모른다.

이제 이것으로 단원(單元)을 끝내고자 한다. 더 쓸 기력도 없고, 이제는 더 새로운 자료의 발굴도 없을 것이기 때문이다.

—·—·—·—·—·—·—·—·—·

내가 건축한 그 오두막집에서 1971년 8월 감사원 수석 감사관을 끝으로 퇴출(退出) 될 때까지 살았다.

사표를 내도 받지 못하겠다던 분들 …….

벌벌 떨던 사람들도
이제는 다 별 볼일 없는 듯하다.
모두 다 타계(他系) 하셨다.

나를 꼭 형무소에 보내려던 유신의 주구(走狗)들도 ……

치안국 등에 압력을 가하던 박 모 비서관(국회의원 3선을 지냄)도 모두 세상을 떴다.

마음을 잘 써야지 …….
돈은 없지만 사상만은 건전하고
사돈의 8촌까지 부역한 사람도 없고 …….

내가 가진 재산 중 부동산이라고는 14평짜리 집 한 채 뿐이니…….

그 친구들이 나를 잡아 넣을 수는 없었을 것이다.
참으로 괘씸한 자들이었다.

그 오막살이집에 어느 날 새벽 요즘말로 재벌급의 오너가 용케도 걸어서 찾아왔다.

큰 "케이크" 상자를 가져와 내 앞으로 내밀기에 애들을 불러 케이크 상자를 갖다 먹으라고 하자

그분이 케이크 상자를 자기 앞으로 다시 잡아 당기는 것이 아닌가 *!!*

나는 이것이 과자가 아니였군요 *!* 했더니,

그분은 빙그레 웃으며 말이 없었다.
우리나라 건설회사 도급순위 10위 안에 드는 큰 회사의 오너였다.

이런 서글픈 일도 그 오막살이집에서 생겼다.
그때 그 케이크 상자의 뇌물(?)을 받아 먹었다면 꼼짝없이 형무소에 가는 것인데…….

1970. 3. 20. 대통령 표창을 (감사원장 이주일 씨로부터) 전수받는 필자

대통령 표창을 받은 뒤 감사원 직원과 함께 기념촬영

문화공보부

우량도서선정증

도서명 : 새마을 가꾸기를 위한 건설기술

저 자 : 金 仁 植

발행소 : 建設研究社

위의 도서는 1972년도 우량도서로 선정되였기 이에 그 증을 교부함.

1972년 12월 7일

문화공보부장관 윤주영

1962. 6. 격전지 미시령을 다시 찾아 옛날을 회상하면서 ……

1963. 3. 21. 감찰위원회 폐청식 후에 제1국 직원 일동

건설공무원교육원 행정반 제3기 수료기념 1969. 10. 25.
앞줄 우 1번 필자

건국대학교 낙원동
교사에서 개최한
건설기술연구세미나

건설기술연구세미나에서
영예를 받은 연구생에게
증표를 수여하는 필자

연수세미나를 마친 강사진과 함께 左 1 김문한 박사, 문제길 박사, 진병익 박사, 김명년 서울시 부시장 등이 보인다.

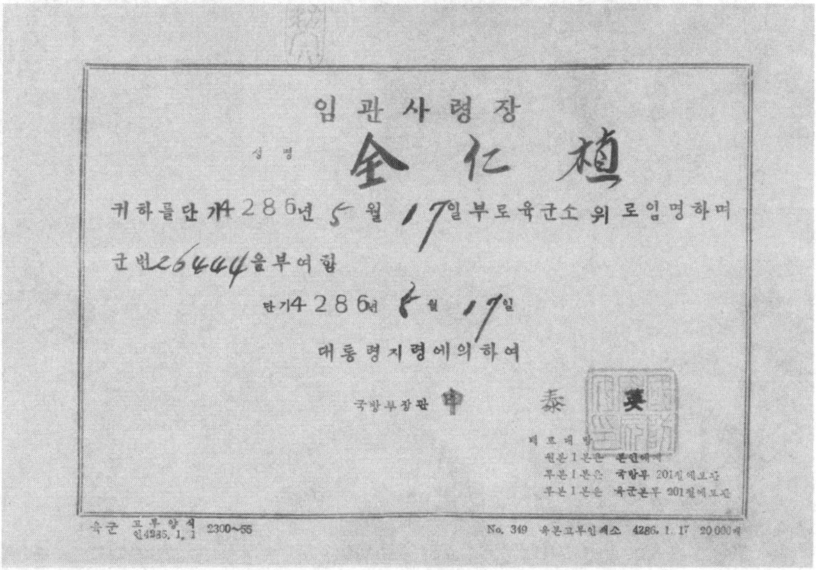

임관사령장

성명 金仁植

귀하를 단기4286년 5월 17일부로 육군소위로 임명하며

군번 26444을 부여함

단기4286년 5월 17일

대통령지령에 의하여

국방부장관 申泰英

원본1본은 본인에게
부본1본은 국방부 201철에보존
부본1본은 육군본부 201철에보존

육군 고무양식 2300~55

No. 349 4286. 1. 17 20,000매

1953년 5월 17일 두 번째의 임관사령장

1953. 5. 17. 병기학교에서
육군소위 임관기념 26444
당초 : 육군임시대위 GO1003
육군소령 진급 1951. 4. 28.
의 역사 속에서

못다핀 젊은 꽃 출판회 저자 全仁植

1986. 8. 8. 프레스센터 20층 국제회의장에서

3. 이런 저런 일

내가 그 유명한 박창암 소령과 대면한 것은 1951년 4월 중순이다.

그분은 함경도 출신 북괴 귀순 장교 두 분과 함께 커크랜드 기지에 왔기에 상봉하게 되었다.

그들은 약 1주일 인지 며칠쯤 박 소령의 동상 치료를 끝내고 미8군 "해리손" 사령관과의 의견 불일치로 아무 말없이 어디론가 떠났다.

두 번째의 만남은 1951. 7. 13. 내가 육군본부를 방문하여 정식 제대증을 해달라고 찾아 갔을 때 대구시내에서 우연히 박 소령을 또다시 만났다.

그 뒤, 그분이 육군 대령이 되어 5·16 군사혁명 당시 육군사관학교 생도 대장 인가를 할 때,

박정희 소장의 혁명을 지지하는 사관학교 학생들의 시가 행진을 한 보람으로 혁명 검찰부장이 된 때,

혁명 검찰부 직원이 된 오정흠 중위(사망)(특별 R, 함경도 출신)의 결혼식 주례를 선 박 대령과 피로연 석상에서 세 번째 만났는데

그가 나에게 전인식 씨 미안해 *!!* 하기에

나는 그의 화해(和解)라고 일단 받아들였다.

그 뒤, 1970년쯤에 치러진 국회의원 선거 입후보자 중에 내 고향 사람인 **박 M근 비서관**이 내가 고향에서 어느 정도 고급공무원 신분에 청년들 사이에서는 중·고등학교 후배가 많아 영향력이 있는 유력자라고 판단한 것인지 박창암 씨에게 나의 도움이 필요하니 협조를 구해달라는 부탁을 해서 그 부탁을 받은 박창암 씨가 나에게 명동의 한 한정식 집으로 나오라는 것이 아닌가…….

그곳에 가서야 중대한 박 씨 등과 얽힌 사연을 알게 되었다.

박 모 비서관의 백부는 만주국의 **군관학교 출신 대위**로서,

특무병과의 장교였기에 박정희 중위와는 **선후배** 사이였다고 한다.

그 백부는 8.15 직전 조국광복과 연관되어 체포직전에 피신한 뒤, 해방이 되자 북조선으로 가서 조선 인민군 창설자가 되어 박창암 씨와 함께 인민군 창설에 참여 하였다고 한다.

특무병과 대위인 박 씨의 백부는 자식(子息)이 없었는데

남쪽에 조카가 하나 있으니

언젠가는 그 조카를 보살펴 달라고 박정희 중위(대통령 역임)에게 생전에 부탁을 했다고 하는데

그가 바로 경제기획원에서 청와대에 파견되어 있는 박 M근 비서관이란다.

이번 선거에 내 고향 파주에서 입후보 했으니 적극적으로 도와 달라는 것이 아닌가.

(박정희 대통령께서 헬기로 선거구인 문산까지 와서 찬조 연설까지 했으니 그 시절 당선 확률은 보나마나 였다.)

그때 내 고향에는 과거 학생운동 시절부터 내가 잘 아는

내 고향 선배 황인○ 씨(민주당)가 국회의원에 입후보 했으니

나는 중립을 지키겠다고 말하고 헤어졌는데

선거 막바지에 그 황인○ 씨가 나를 찾아와

무교동 입구 다방에서 옛날 땅 문서 3~4건을 보자기에 싸 가지고 온 것을 내 앞에 내 놓으며 실탄(선거 자금) 공급을 요청했다.

나는 돈이 없다면서 일단 거절 했는데 ….

다음 날 가만히 생각해보니,

학생운동 !!

고향 선배 !!

여러모로 보아 도와야겠다고 생각하고 은행에 예금된 책 서너 권을 판 돈을 몽땅 현금으로 찾아

목침(토막) 2개 만한 크기의 돈을 신문지에 둘둘 말아

황 씨의 아들이 내가 근무하던 감사원에 있었기에

내가 준 것이란 말을 절대 하지 말라고 부탁하면서

야당(민주당)의원 입후보자에게 선거자금을 보냈다.

그분은 **이 돈은 감사원 전인식 씨가 준 것**이라는 것까지 자랑을 했을 것이고,

특히 그 사실이 당시 지방신문에까지 대서특필(大書特筆)로 보도 되었다고 하니

내가 살아 남을 수 있겠는가…….

그 황 씨는 낙선됐고, 박 모 비서관은 당연히 당선됐으며(공화당), 당선 후 그는 자유당 시절 심계원에 근무한 경력을 이유로, 감사원에 인사차 방문했을 때 내가 근무 중인 방까지 찾아와

도와주어 고마워*!!* 하며 비아냥 거렸다.

그 친구는 원래 지독한 사람이라 나는 살아남을 수 없게 된 것이다.

그때가 3월쯤 인데 그때부터 나에게 박해(迫害)가 가(加)해지기 시작 되었다.

먼저는 중앙정보부 수사관 두 놈(나중에 알았다)

그 두 놈은 내 고향 후배들이었는데, 박 M근 씨(당선자)의 부탁을 받은 듯 했다.

그들은 뒷날 내가 자기들 선배라는 사실을 몰랐다고 고백했다.

박창암 씨는 1989년 내가 추진 중에 있던 백골병단 전적비 건립 건에 관하여 나에게 존경한다면서 벌떡 일어나 큰 예까지 표시하였는데, 다음날 또다시 배신하는 등

참으로 여러 번에 걸친 악연이 있었다.

나는 두 박 씨가 그렇게 설쳐대니 내가 공직에 계속 몸 담을 수는 없다고 판단했고,

살아남을 방법도 궁리했으나 떠오르지 않았다.

1960년 후반기부터 감사원에서는 건설 분야에서 제법 능력 있는 감사관으로 행세하였고

그 기관에 근무 중 나는 기술 서적을 다섯 권이나 출판했다.

◉ 실용 건설공사의 설계표준과 검사(4 판) 15,000 권 정도

◉ 건설공사의 설계와 시공

◉ 부동산 개발 기술론(대학원 교재)(3 판 발행)

◉ 토목 시공 관리 4 판 발행

◉ 공사관리(대학 교재) 등이 있으니 유명할 밖에 없었다.

책 판 돈을 황 씨에게 드렸으니 나는 또 무일푼이 되었다.

나는 퇴직 당할 준비를 하기 시작했다.

사직서를 내도 감사원 총무과장이나 사무총장이 받지 아니했다.
꼭 형무소 감인가 보다.
감사원을 퇴직하기 4 개월 전쯤부터 물러날 준비를 하기 시작했다.

즉, 과거 10 년 간 감사원의 공사 관련 판례와 처분 사례 등 관계되는 사건기록 3,000여 건을 관련 국(局) · 과(課)의 협조를 얻어 수집했다.
이것을 분석한 책이 **"공사의 감사"** 부제 : 「감사 사례의 분석평가를 중심으로」 란 책이다.

감사원 퇴직 시 내가 가지고 있는 전 재산 이라고는 36 만원이 은행에 있었을 뿐이고,

퇴직금 60여만원을 받은것이 총 재산인데(연금제도 정착이전) 그 자산(자본금)으로 무엇을 할까?

부모님, 처와 자식 셋 그리고 나 까지

이 많은 식솔을 살리기에는 정말 어려운 형편이었다.

다행히 **공사의 감사란 책은** 그 당시 책 1권에 2,800원(요즘 돈으로는 7~8만원 정도?)인데 3판을 찍어 8,000권 이상이 팔려 나갔다.

단번에 벼락부자가 된 것이다.

큰 건설회사에서는 나를 불쌍히 여겨 2~300권도 사주었으니….

그 시절 집 한 채가 3~4백만원이었으니까

요즘 돈으로 집 4~5채, 즉 몇 억대의 돈을 벌은 것이다.

내 친구나 선후배들은 내가 공직에 몸담고 있을 때 돈을 번 것으로 알고 있으나….

전혀 틀린 생각들이다.

홧김에 술만 퍼 마시다가 또 입원까지 해야 했다.

이와 같이 곤궁할 때, 내 후배 한성희 씨가 나를 도와주었다.

참으로 고마운 친구다.

그 친구는 내가 현역 장교로 근무할 때에도 나의 후배였으며 감사원 근무 시에도 후배였다.

그 분은 그 뒤, 복직 비슷하게 국영기업체에 특채되어 오랫동안 재복무하기도 했다.

참으로 의리 있는 고마운 친구였다.

감사원에서는 경부고속도로 다짐공법의 설계기준 제정 등 개선으로 수십억 원의 공사비 예산을 절약할 수 있었다고 해서 대통령 표창을 받기도 했다.

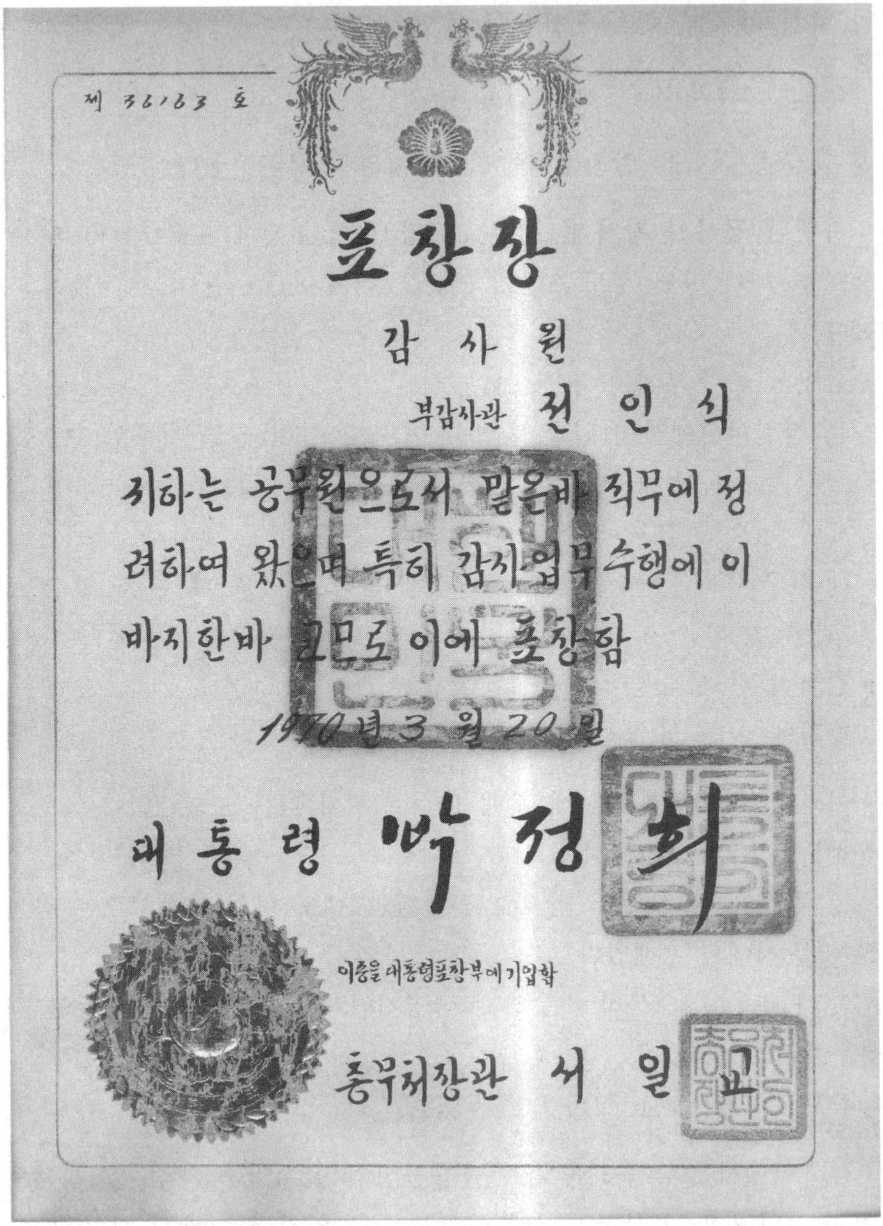
제 36163 호

표창장

감사원

부감사관 전인식

귀하는 공무원으로서 맡은바 직무에 정려하여 왔으며 특히 감사업무수행에 이바지한바 크므로 이에 표창함

1970년 3월 20일

대통령 박정희

이증을 대통령표창부에 기입함

총무처장관 서일교

4. 영광의 대학교수

1962년 4월 감찰위원회 제1국감찰과 조사관이던 나는 국가최고회의 박정희 의장의 특별명령으로 과거정부의 전국 농지개량조합(수리조합) 부정조사를 담당할 특명조사반의 제1조장이 되어 공사(토목 · 건축)와 인연을 맺게 되면서 토목 · 건축분야의 연구를 개시한 이래 6년여의 연구 끝에 1969년 5월 31일 전29장 462쪽(A5, 양장)의 처녀작인 『實用建設工事의 設計標準과 檢査』를 발간하고 곧이어 8월 1일에 재판을 발행하였다.

이때 출판기념회를 그 당시 유명한 반도호텔 "다이너스티룸"(지금의 롯데호텔자리)에서 200여 교수님과 기술자 여러분을 모시고 출판모임을 가졌는데, 그때 교수자격 이야기가 나와 문교부교수자격심사위원회가 있음을 알게 되어 논문과 함께 대학교수자격인정신청을 하게 되었다.

1970년 4월 18일 교수자격인정심사결과 나는 문교부(교육인적자원부) 대학교수자격심사위원장으로부터 **대학토목공학과 조교수** 자격의 인정통지서를 받게 되었다. 실로 감개무량했다.

그 뒤, 1972년 8월에 나는 **대학 부교수 자격**을 다시 얻는 영광을 또 입었다.

이렇게 공과대학 문턱에도 가보지 못한 내가 대학 토목공학과 교수자격자가 된 뒤 영광스럽게 건국대학교 · 행정대학원과 한양대학교 공과대학 토목공학과 4학년생 강단에 서게 되었으니 ……

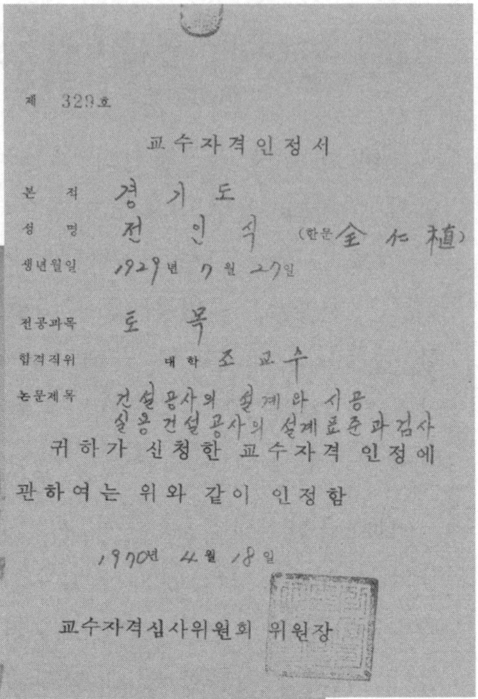
제 329호

교수자격인정서

본 적 경기도

성 명 전 인 식 (한문 全仁植)

생년월일 1929년 7월 27일

전공과목 토목

합격직위 대학 조교수

논문제목 건설공사의 설계와 시공
실용건설공사의 설계표준과 검사

귀하가 신청한 교수자격 인정에 관하여는 위와 같이 인정함

1970년 4월 18일

교수자격심사위원회 위원장

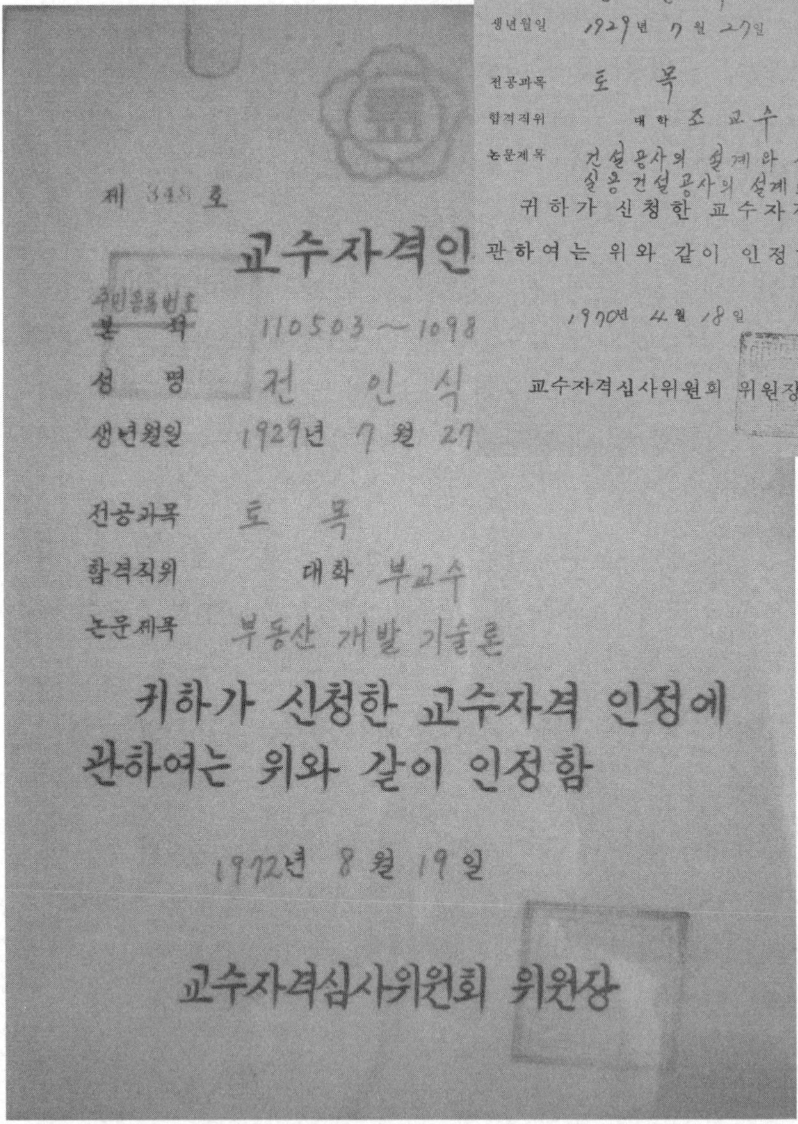
제 348 호

교수자격인

주민등록번호 110503－1098

성 명 전 인 식

생년월일 1929년 7월 27

전공과목 토 목

합격직위 대학 부교수

논문제목 부동산 개발 기술론

귀하가 신청한 교수자격 인정에 관하여는 위와 같이 인정함

1972년 8월 19일

교수자격심사위원회 위원장

招 請 狀

貴下를 모시고 全仁植著 "實用建設工事의 設計標準과 檢査" 出版을 祝賀記念 하기 爲하여 小宴을 베풀고자 하오니 부디 參席하시어 이자리를 빛나게 하여 주시기 바랍니다.

때 : 1969. 6. 12 19 : 00~21 : 00
곳 : 半島호텔 다이나스티 룸 (1층)

1969년 6월 일

建國大學校 行政大學院 同窓會

貴 下
同 令 夫 人

참석여부통지 ㉒0625
㉒9581

출판기념회에서

招 請 狀

今般 當學會 會員 助敎授 全仁植先生 (監査院監査官)의 著書 "土木施工管理"의 出版을 記念하고 先生의 硏究를 激勵하는 뜻에서 아래와 같이 出版記念會를 베풀고저 하오니 부디 오셔서 이자리를 빛내어 주시기 바랍니다.

日時 1971年 4月 24日 (土) 午後 7時
場所 半 島 호 텔 다이나스티룸

大 韓 土 木 學 會 會

참석여부통지
전화 22-5866
22-8265

토목시공관리 연구에 도움을 준 한양공대 4년생과 함께

출판기념회에서

▲ 출판기념회에서
(1988. 4. 1)

1996. 6. 27. 오끼나와를 탐방한 필자와 친지들

국가기술자격 "土木施工技術士" 시험위원이 되다

1975. 6. 27 과학기술처장관으로부터 제12회 기술사 자격 검정 토목분야 **시공기술사** 시험위원으로 위촉된 것을 비롯해 1976년도, 1977년도(제14회), 1978년도(제15회) 등 기술사 시험위원을 역임하였고,

한국산업안전공단의 **"건설안전 기준제정위원회"** 위원(위원장)으로 건설안전분야 기준 제정에도 여러 해 동안 참여한 바 있었다.

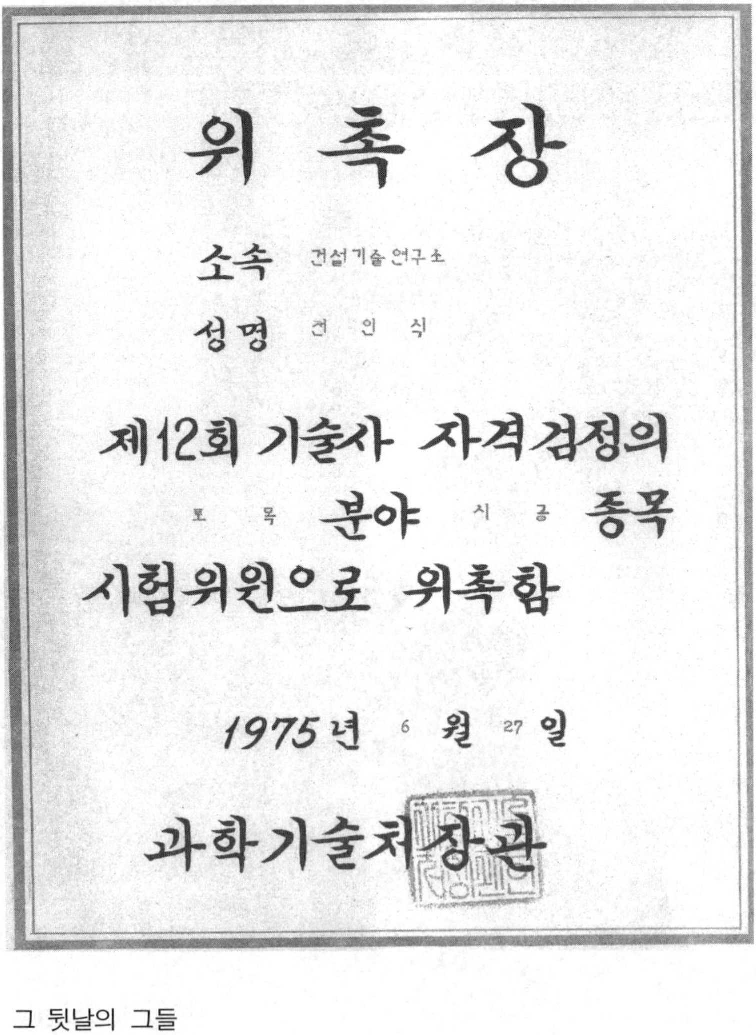
위 촉 장

소속 건설기술연구소

성명 전 인 식

제12회 기술사 자격검정의 토목 분야 시공 종목 시험위원으로 위촉함

1975년 6월 27일

과학기술처장관

1971년 늦가을 실업자가 된 어느 날 "한국일보" 신문에 소개된 **"새마을 운동"**의 사진을 보니 돌쌓기가 곧 허물어질 것 같아 새마을 운동 자료를 내무부에 문의하였더니 특별한 교본이 없다고 해서 나는 「**새마을 건설 기술**」에 관한 원고를 쓰기 시작해 몇 달 만에 4·6판의 책(272쪽, 값 500원)을 만들어 보급하였다.

출판사도 마땅한 곳이 없어서 급히 만들어야 하겠기에 「**건설연구사**」라고 이름 짓고 출판을 했으나 보급할 줄 몰라 고민하고 있을 때, 경기도청에서 4,500권을 긴급히 구입한 것을 시작으로 전국 시장·군수들의 주문으로 20여만 권 이상이나 보급되어 "청와대 비서실장"으로부터 **감사서신**을 받았고, "문화공보부장관"으로부터 **"우량도서 저작상"**을 받기도 했다.

참으로 감격스러웠다.

이에 힘을 얻은 나는 열심히 계속 연구하고 저술에도 노력을 더 했다.

그런 결과 이미 앞에서 소개한 바와 같이 1972년 8월에는 독학생인 내가 대학 부교수(토목공학과) 자격을 얻은 것이다.

2015년 현재까지도 볼펜 자루를 내려 놓지 못하는 저술인 현역이다.

1970년 이후 나는 1996년까지 다리에 종소리가 요란할 만큼 1주에 4~5개 기관·학교의 강의를 소화할 정도로 뛰었다.

그 덕에 제자는 많아 졌으나 이제는 모두…….

서울의 유명한 한양 대학교, 건국 대학교, 성균관 대학교, 휘경동 산업 대학교, 충북 대학교 등 대학과 일부 대학원·국가 및 지방자치 단체·국영기업체, 교육원 등에서 20여년간 강의하는 영광도 얻을 수 있었다. (공무원은 10년에 불과해 연금은 꿈도 못 꿨다)

그런 반면, 책을 쓰다 보니 번역도 했고, 여러 권을 출판하자니 자금이 없어, 여기 저기서 고리대금을 빌렸다.

단돈 10만원이나 20만원을 빌릴 때에도 차용(빌리는데) **약속어음**을 쓰고, 7~8푼의 선 이자를 뗀 고리대금을 얻어서

출판용 용지(종이)를 구입하는 등 어려움을 겪기도 했다.

출판사에는 전화를 받는 자 외에는 직원도 없었다.

한양대 공대 4년생 1, 2부 학생들의 도움을 많이 받았다. 그때의 문하생 4인은 모두 대학교수(박사)를 역임하였다.

저녁 8시쯤이나 9시쯤 퇴근할 때면 허기진 배를 안고

사무실을 나서면 (명보극장 뒤) 바로 앞에 튀김집들이 줄지어 있었는데 기름 냄새가 코를 진동하고 회가 동했다.

한(1) 접시 100원짜리와 소주 1병 20원(?)도 없어서 못 먹었으니,

참으로 곤궁한 생활을 했다.

사람 팔자 정말 알 수 없는 일이다.

이런 저런 고생을 한 나에게도 ….

햇볕이 쨍 했는지 …….

많은 책을 썼고,

많은 제자들의 도움으로

먹고 사는 데는 큰 지장이 없었다.

그래서 나는 옛날 유격대 참전 관련 기록 발굴에 열을 올렸다.

고향에서 모진 고문을 받은 것이 억울하고 분해서, 죽기 전에 꼭 명예를 회복하고 끝장을 보아야겠다는 생각이 간절했기 때문에 50여년을 투쟁하고 있는 것이다.

요사이에 와서 일부 군부에서는 옛날의 특수전을 상기하여서인지 군(軍)당국자들이 많은 도움을 주고 있다.

미안해서 인지 ….

진실규명 차원인지 알 수 없으나
그 당시의 기록을 찾으려는 것도 같은데……,
그 귀중한 인사기록 등 족보(族譜)는 아직도 찾지 못하고 있는 것 같다.
찾고 있는 것인지?　　아니 찾는 것인지!　　없는 것인지?
도대체 알 수 없다.

뒤에 발굴 확인된 여러 증거만으로도…….
신분(身分)은 분명한데……
군인으로서 전투에 참전했는데

그 귀중한 **인사기록 등 증거를 원고인 참전장병들 보고 제시하라는 1심 재판의 판결**도 있었으니……

재판도 못 믿을 형편이다.

출동 당시 군번을 적은 판때기를 가슴에 대고 사진을 찍었는데, 사진 찍는 시늉만(셔터만 누르는 척) 한 것 같고,
손톱, 발톱을 잘라 봉투에 넣은 것은 모두 어디 갔는지.

모두 쓰레기통에 버렸단 말인지!
'51년 1월달 봉급같은 것을 주었는데,
그 뒤 월급은 어찌되었는지…….

2005년에 가서야 보상금 명목으로
그때의 **"월급"**을 계산해 주겠다는데….
물가상승과 화폐개혁을 계산하니 육군대위 월급이 2만 3천 몇 백원이고, 8개월분이 18만 몇 천원 이란다.
참으로 고약한…….
임관 사령장(任官辭令狀)에 찍혀 있는 장관의 도장은
진짜 직인(職印)이 틀림없는 것 같은데,
그 도장도 **믿을 수 없단다!!**

그렇다면 내가 새겨서 찍었단 말인가….

우리들 임시 장교들이 어찌, 그 자신의 신분이 어정쩡한….
또는 일회용 소모품이었다고,
짐작이나 할 수 있었겠는가?!
그때나, 지금이나, 감히, 상상조차 할 수 없는
그런 일이 아니었나, 라고 회상된다.

그 당시 군부의 잘못은, 역사 앞에 어떻든, 큰 죄인이 아닐 수 없다.

나는 이 사실을 고발하고 법에 호소하고 있는데

그놈의 법도 못 믿겠다.

우리들은 그 뒤 뿔뿔이 흩어졌으며,
그 누구도, 그때의 일을 기억조차 하기 싫어했으나,

나는 **군법회의에서 무죄로 방면될 때,** 내 개인의 소장품인,
임관 사령장,
각종 사진,
제대증명 등을 가지고 풀려 났기에
오늘날, 몇 가지 중요한, 움직일 수 없는 증거를 제시할 수 있게 되어 전사 확인 등에도 큰 도움이 되었기에 한편으론 다행하다는 생각이 들지만 재판에서는 인정을 못 받았다.

친애하는 독자 여러분 !

젊은 20대의 청년 학생 여러분 !
여러분은, 우리들의 지난 그런 일을 해낼 수 있다고 장담할 수 있나요 ?

이제 그런 일은 없겠지만……
요즘 돈 많고, 권력 있는 자들의 자식들이 병역을 기피하게 된 것

도 역사적인 배경은……

법(法)도 못 믿겠어요 !! 세월 탓만 해서 무엇 합니까 !
모두가 반성해야 합니다.

우리들을 보고 모자라는 놈들이었다고 생각할지도 모릅니다.
그러나 이 기록은 진실입니다.

6·25 국난을 알아야 하지요.

먼저 간 우리 전우들의 넋을 위로하기 위해서도, 이 기록은
발굴·재평가 되지 않으면 안 되지요.

그간 강산도 많이 변했습니다.
홍안 소년과 같던 새파란 청년 전우들이
이제 모두 최소 83세 이상 92세가 되었습니다.
누구를 원망할 필요도 없고, 또 해서 무엇 하겠습니까?

어쨌든 그들의 **명예는 반드시 회복되어야 하고,** 특히, 참전 중 **전사자에게는 합당한 예우인 훈·포장이 「추서」 되어야** 하는 것입니다.

우리들의 소청을 강력히, 그리고 **힘주어 주창**(主唱)**합니다.**

원산 앞바다의 외딴섬 알섬의 갈매기는 남쪽을 그리면서 힘찬 나래를 펴고,
남·북을 오고 가면서……
그 무엇인가 외치고 있습니다.

그것이 무엇이겠습니까 !!
지난날의 기상을…….

오늘도 구성지게 울고 있소이다.

그날, 그들은 용감히 싸웠다고 …….

아무런 대가 없이 목숨을 조국의 자유와 평화를 위해 바쳤노라고 외치고 있는 것은 아닌지 ……

노병들은 해마다 2~3명씩 낙엽되어 떨어져 가고, 이제 남은 홍엽(紅葉)도 모두 떨어질 날이 …….

얼마 남지 않았소이다.

더 늦기 전에,

저들의 소망이 이루어지도록 도와 주소서 …….

민족의 화합!

정의의 구현!

나라에 충성!

타도 빨갱이 세상을 위해!

1988. 12. 8. 결사 유격대 참전동지의 모임인 대한유격참전동지회 회원 일동이 마련한 위문품 (정육 450kg)을 산악군단 특공연대장 양계탁 대령에게 전달하였다. 右 2 권영철 중위, 양계탁 대령(연대장), 필자, 최윤식 대위, 건너 장승현 하사, 건너 정규옥 상사, 이명해 전우

5. 장안 20층에서의 첫 분향

1986년 8월 8일, 내가 쓴 전기(戰記) 『**못다 핀 젊은 꽃**』의 출판을 기념하고, 20대의 꽃다운 나이에 **조국의 수호신으로 산화한 의혈(義血) 동지들**의 넋을 위로할 모임을 겸한, 자축연(自祝宴)을 가지면서 **"첫 분향"** 을 우리들끼리 올리게 되었다.

그곳은 서울 태평로 **프레스 센터** 20층 대 연회장이다.

다른 출판기념회 같으면 의례히 책에 대한 이야기로 꽃을 피우게 마련이고, 거창한 의식은 따로 하지 아니하는 것이 상례인데…

나는 몇 차례 거창한 출판기념회를 가진 경험이 있다.

옛날 서울에서 제일 큰 호텔인 반도호텔 "다이너스티 룸"에서 2회, 여의도 전경련 회관의 대 회의실에서 1회 등 출판기념 연회를 가진 경험도 있다.

그러나 이번 출판기념회는 그 책, **"실전"**, **"실화"**, **"전기"** 를 널리 소개하고, 흩어져 소식을 알 수 없었던 전우들이 여러 명 새로 만나게 되니까 우리들 끼리 만이라도 간단히 분향소를 마련하여 분향을 올려야 되겠다고 생각하여 가장 큰 행사로 정한 것이다.

출판기념회가 아니라, 무슨 위령제로, 둔갑한 꼴이 될 것이란 예상도 하면서…….

그런데 막상 분향을 하려고 하니, 위패(位牌)가 문제가 되었다.

누구 누구라고 정할 수도 없고, 숫자도 정확히 알 수 없으니, 우선 대체로 추정된 전사자 321여 위(位)(364를 잘못 기록하였음)에 대한 합동 분향소를 마련하기로 했다.

어떻든, 기념식장의 상석(국기 게양대) 좌측 망북(望北) 쪽에 「**육군 본부 정보국 직할 결사 유격대 전몰장병 삼백이십일 위 합동 분향소**」

라는 팻말과 함께 합동 분향소를 마련한 것이다.

국민의례에 이어 합동분향이 개시 되었다.

어떻든, 분향은 "삼백이십일 위" 라고 하였으나 앞에서 말한 대로 정확한 것은 물론 아니다.

우리들이, 즉 내가 주동이 되어 몇 동지가 모여 이리 따져 보고, 저리 검토 했을 때, 대체로 그런 숫자가 집계 되었기 때문이다.

그들의 수가 그보다 많거나 적거나 하는 것이 문제가 되는 것이 아니고 "**36 년이 지난날에 이르러 첫 분향을** 우리들끼리 올렸다." 라고 하는 것이 보다 중요한 의의가 되는 것 아닌가 *!!*

이들의 분향을 어떤, 한 곳에 마련되어 있는 **"위령탑"** 이나 **"전적비"** 앞에서 매년 택일하여 올릴 수 있으면 얼마나 좋을까 *?!!*

쓸쓸하고, 아무도 찾아주지 아니한 그런 이름 모를 산골짜기에서 …… 또는 능선에서, 그들의 혼이 이리저리 방황하다가, 오늘 유서 깊은 프레스 센터 20 층 거창한 방 한 쪽에서 그들 앞에, 우리들 생환자 40여 명이 경건하게, 그리고 H대학 4중주악단의 주악 속에 향불이 은은히 …….

그리고 그 향불 연기는 온 장안으로 …….

서서히 …….

유유히 …….

그리고 하늘거리면서 흩어져 저 멀리, 멀리, 영겁(永劫)의 나라로 사라져 갔을 것이니 …….

내빈, 기타 여러분은 숙연해졌다.

경애하는, 존경하는 **국민 여러분** !! 하고 그 무엇인가를 크게, 더 크게, 외치고 싶은 충동 이었다.

쨍 하는 햇살이 밝아오기를 기다리는 마음 왠지 조급하기만 하다. 그 까닭은, 내 나이도 자꾸만 많아지니 ……

우리는 분명! 반공을 떠나서 살 수 없고, 우리의 국체를, 민족의 “얼”을, 그리고 자유를 누릴 수 없는 것이다.

책임과 의무, 권리, 명예, 이들을 섞어 놓으면 어느 것의 색깔이 두드러질 것인가?

육군본부 직할 결사유격대 장병!

그들은…….

“못다 핀 젊은 꽃”, 20대의 반공 애국청년 또는 학생의 신분이 대부분으로, 한참 피어나는, 즉 성숙 되어가기 시작하는 젊고 생기찬, 한 송이의 꽃이었으나,

이 꽃이 봄이 되어도 4월이 되어도, 피지 못하고,

그 옛날, 백설 위에 붉은 피로 꽃을 피운 것이다.

이 꽃이 햇살을 받으면서 곧 사라졌으므로, 그 꽃을 본 사람은 아무도 없다.

꽃이 피면 열매를 맺거나 잎새가 있어야 함에도, 이들 꽃은 피다가,

또 피어도,

잎새도 없고,

그 아무것도 남은 것이 없는 피우다가 못다 핀 꽃인데……

그러나 그 꽃은 찬란한 빛을 영원히 간직할 수 있고, 또 그 열매는 조국의 안녕(安寧)으로, 길이 길이 이어져 남게 된 것이다.

이제 그들은, 그 열매가 익어가기 시작했다.

우리들의 전기(戰記)를 담을 전사(戰史)에도 그 발자취가 남겨지게 될 것을 믿어 의심치 아니한다.

또 일부 미진한 우리들의 **“실화 다큐멘터리”** 그 전모가 다시 바뀌게 될 것이기 때문이다.

그런 저런 뜻에서 우리들은 참으로 멋진 “플레이”를 한 것이다.

우리들은 우리들이 살기 위해서 적 후방에, 그 죽을 고장에 쳐들어 간 것은 결코 아니었다.

자기 **일신상의 안일**을 꾀했다면, 그런 엄청난 여건 속에서 인간의 체력 한계를 느끼면서,

어떻게 조국의 자유와 나라를 위하여 신명을 바칠 수 있었겠나?

조국이 누란의 위기에 백척간두에 처해 있을 때…….

나라와,

자유와,

젊은이의 책무를 다하기 위하여 참전 하였고,

용감히 맡은바 임무를 충실히 수행하다 산화한 360여 동지의 위령탑을 겸한 "전승탑" 을 어찌 우리들끼리 처량하게 세워야 한다는 말인가?

푸념은 자꾸만……. 이어지는데…….

※ **못다핀 젊은 꽃**은 국방 홍보원에서 3부작 **"다큐멘터리"** 영화로 제작되어 KBS Ⅰ Ⅱ, MBC에서 방영된 바 있다.

배달의기수
〈단막극 3부작〉

실록〈백골병단〉

못다핀 젊은 꽃

■원작 **전인식**
■각본 **이찬규**

제작 : 국 방 부
국군홍보관리소

▮ 그 뒷날의 푸념 ▮

적장 길원팔(吉元八) **중장의 처형은** 적이지만 **장군의 예우로** 약식 군법회의에서 총살형이 언도, 집행되었음은 이미 앞에서 언급한 바 있다.

길원팔 중장은 김일성의 싸인이 들어있는 금딱지 회중시계를 처형장에서 결사 제11연대 정보참모 최윤식 대위에게 유물로 남겼다.

길원팔은 생포된 후 최윤식 대위가 잘 보살펴 준데 대한 마지막 인사인 듯 했다.

그날의 처형은 필자의 지휘에 따라 생포자 수십 명과 함께 결사 제11연대 병력의 사수(射手)에 의하여 군량밭에서 필례로 가는 길목 후미진 개천 옆에서 집행했다.

길원팔(吉元八)을 잡은 것이 무슨 큰 자랑인양,

결사 제12연대장 「이두병 씨」, 13연대장 김한철 대위, 「M채 씨」도 모두 자기들이 직접 잡았다고들 하니……

참으로 한심한 작태들이라 아니할 수 없다.

「김한철」 군은 결사 제13연대는 백골병단 산하에서 작전한 것이 아니라 독립된 부대로 독립작전을 수행 했다고 주장하는 등 참으로 어처구니가 없는 친구다.

특히 金군은 대구에서 교육을 받지 않고, **일본 후지산**(富士山) 중턱에서 2개월 이상 훈련을 받은 뒤, 공수되었다고 주장하는 등……

참으로 답답한 사람이라고 그의 소속부대원들도 말하는 실정이다.

세월도 많이 흘렀으니 이제 모두 제정신으로 돌아올 때도 되었건만….

「길원팔」의 생포는 보급 조달 병력 7~8명이 우연히 이룩한 사건인데…….

나는 13연대장 "김한철 씨"가 놈들을 병단사령부에 데려왔기에 그가 잡아온 것으로 잘못 알았었다.

사령부에서 놈들을 조사하기 전에는 그놈들의 신분을 전혀 알 수조차 없었다. 계급장이 없었으니까……

조사 후에야 그들이 거물(巨物)임을 알 수 있었다.

어쨌든 **백골병단 = 길원팔 중장의 생포**는 아니고,

적의 후방교란과 **69 여단의 괴멸**로 동해안과 중동부 작전에 기여한 **유격전과 종심전투**(縱深戰鬪)의 감행이란 개념이 더 큰 것이다.

1988. 4. 3. 설악산 박달재의 위령제 참가차 이곳 용대리 용대교에서 한 장의 기념사진을 남겼다.

합동 추도식 1989. 12. 13. 14시

前. 陸軍本部직할 유격대, 白骨兵團 決死 第11聯隊 소속

고 임시대위 현 규 정
고 임시소위 이 하 연
고 이등중사 이 완 상

= 합동 추도식 순 =

일시 : 1989년 12월 13일 14시
장소 : 강원도 인제군 기린면 현리소재 기린병원
(3군단소속)

Ⅰ. 주 악 (육군군악대)

Ⅰ. 개식사 (집전장교)

Ⅰ. 조 악 (악대)

Ⅰ. 식 사 (703특공연대장 류해근 대령)

Ⅰ. 고인의 약력보고(고 현규정대위의 약력보고, 동지회)

Ⅰ. 조 사 (참전동지 · 대한유격참전 동지회 회장)

Ⅰ. 헌화 및 분향 (참전인사 및 조객)

Ⅰ. 조총발사 (의장대)

Ⅰ. 고인에 대한 경례

Ⅰ. 조 악

Ⅰ. 폐식사

이상과 같이 합동 추도식을 거행 합니다.

육군제703특공연대 연대장, 대령 류해근
대한유격참전동지회 회장 전 인 식

첨부 : 弔辭原文 1부

弔　　辭

故 臨時大尉 玄奎正 同志에게!!

公은 일찍이, 1947年, 공산도당의 北韓侵攻으로 情든 故鄕, 그리고 父母 兄弟를 뒤로하고, 單身 越南, 自由大韓에 오셔서, 그 當時 左右의 對立속에 混迷한 政局을 보다못해, 反共靑年 活動에, 自由를 守護하는 靑年으로 한때, 活躍하시다가 1948年 大韓民國 政府가 樹立되자, 治安確保를 위하여 警察專門學校에 入校, 1949年 警察幹部로서, 首都의 治安을 擔當하는 首都 警察廳에 服務中 6.25가 勃發하자, 공산도당을 擊退하기 위하여, 陸軍情報學校 特殊班에 自進入隊 하시어 情報將校 要員의 敎育을 履修한 快傑, 義血 靑年이 셨습니다.

公의 毫放하고, 힘찬 雄辨은 구렛나루가 잘 생긴 모습과 어울려, 우리들의 부러움을 사기도 했습니다.

決死 第11聯隊長의 補佐官으로 赴任한 아홉명 同志中, 리이더格이 었던 公은, 크고 작은 많은 接戰에서도 우리들 모두의 同志들을 激勵해 주셨고, 白骨兵團으로 增强 編成된 1951年 2月 20日부터는, 決死 第11聯隊 第1大隊長으로 拔擢 補任되면서, 部隊의 人和와 團結에, 그리고 敵 後方의 特殊戰 要員임을 部隊全將兵 모두에게 恒時 자상하게 敎育, 指導하여 白骨兵團 全 兵力中, 가장 優秀한 大隊로 育成함과 同時에 將兵모두를 굳게 뭉치게 하셨습니다.

그런까닭에 廣院里의 生捕作戰, 貴屯里, 軍糧밭作戰 等에서 진한 平安道 사투리의 德으로 檢問 檢索에서 恒常 先峰將이 되셨던 同志는, 단 한치의 흐트러짐 없이 成功裡에 저들 100수십名을 不審檢問끝에 모두 生捕할 수 있었습니다.

이는 平素, 勝共, 愛國 愛族의 피끓는 精華로 비롯되는 憂國忠節이 였다고 믿습니다.

1951年3月26日 궂은 날씨에 最戰線 앞에있는 敵을 背後에서 攻擊하는 척 하다가 回軍하는 陽攻作戰 任務를 賦與받은 玄公께서는, 놈들을 싹 쓸어내고 部隊를 救해야겠다는 一念으로 攻擊을 敢行하여 놈들과 肉迫戰을 벌이며, 싸웠으나 衆寡不敵으로 마침내, 스물다섯이란, 꽃다운 靑春을 一期로 勇敢히 散華하신 것입니다.

우리들 살아돌아온 同志들은 玄 公이 敵陣을 向하여 떠난지 얼마되지 아니하여, 수류탄이 작렬하고, 銃聲이 요란해지자 곧 돌아올 것을 기다렸으나, 돌아오지 아니 하기에 豫定된 進出코오스인 加漆峰 西南方으로 進出한 것이 였습니다.

이 얼마나 無責任한 짓이였나 하는것을 되새기면서, 恨없는 自責을 하고 있습니다 만, 戰場이란 冷酷한 것이고, 또 命令에 따르지 않으면 아니되는 것이기 때문에, 우리들은 大를 위하여 公의 特攻隊 支援을 抛棄하지 않으면 아니 되었습니다.

그로부터 歲月은 덧없이 흘러 30餘年이 지났습니다만 해마다 찾아온 이곳 雪岳의 기슭에 이르면, 玄 公을 包含한, 모든 同志들의 追念이 왜 없었겠습니까?

지난 1988年 10月 7日, 이사람과 權寧哲 同志, 그리고 豫備役 將軍이신 우리 同志會의 黃仁模 顧問과 셋이 鎭東里를 찾아 探聞하였던바, 그곳 居住 崔정식을 通하여 我軍 遊擊隊員의 무덤이 山中에 있다는 提報를 받아 確認하려 했으나 危險標識가 있어 되돌아 온뒤, 그 事實의 確認을 지난 88年 11月 12日 軍團에 要請한 바도 있었습니다.

1989年 4月 3日에는 박달령入口에서 例年과 같이 慰靈祭를 올리고 89年 4月 15日, 遺骨發掘을 特攻聯隊 當時 梁啓卓 聯隊長님에게 附託하여, 1989年 4月 21日 墓 2基의 確認을 위하여, 戰友一同이 參加하였으나 山中에서 火葬의 흔적만을 發見하였을 뿐이였습니다.

繼續된 探聞確認에 나선 特攻聯隊 白幸基 中領의 努力으로 1989年 4月 26日 玄 公 一行이 묻혀있는, 鎭東 2里 7番地 옆 산비탈 우거진 숲 속에서, 불과 1삽의 깊이인 地下 30cm 程度에서 公의 遺骨을 發見하게 되었습니다.

이事實 確認을 위하여 春川大學病院에 入院中이던 그當時 그곳 住民 최기식氏와 그 婦人 주금녀女史, 김동찬氏 등의 證言을 確認 한다음, 1989年 7月13日 現地에서 玄公 一行의 遺骨을 正式으로 發掘 確認하기에 이르렀던것입니다.

정말 크게 잘못 했습니다. 歲月은 덧없이 흘러, 지금으로 부터 38年 9個月이나 흘렀으니 ……………………………

무슨 말씀으로 公 들을 위로 할 수 있으리요.!!

玄公이 祖國의 自由를 위하여 肉身을 내던진 그날 부터 3日뒤인 51년 3月 29日, 우리들은 我軍 地域으로 모두 無事히 生還할 수 있었습니다.
이는 오로지 玄公이 指揮하신 第1大隊 特攻勇士 40餘名의 犧牲위에서 만이 可能했던 것입니다. 따라서 우리들 生還者 모두는 玄公의 殺身報國으로 살아 돌아올수 있었던 것이 아닌가 생각 합니다.
公을 陽地바른 쪽에 가지런히 묻어주지도 못했고, 또 標石하나 세우지도 못한 우리들을 戰友라고 여길수 없는 卑怯者라고 말씀 하시더라도 아무런 말을 할 수는 없는 노릇 입니다.

그러나 玄公은 아실 것 이외다.
우리에게 남아있는 食糧이 있었습니까? 彈藥이 充分 했습니까? 最少 5日以上을 굶고, 허기지고, 추위에 시달리는, 우리 모두를 公은 잘 알고 계셨을 것입니다. 그러나 우리들은 祖國의 自由와 平和를 위하여 굳건히 敵과 對敵 할수 있었고, 또 勇敢히 肉迫戰을 敢行할 수도 있었던 것이 아닙니까?
1962年 以來 우리들 同志의 모임을 만들어, 그 會長의 자리에 앉아, 나름대로는 온갖 努力을 다한 끝에, 當時의 軍番과 階級으로 戰死 確認을 받아내게 된 것도 1987年 부터 이오며, 1988年에는 現 第1軍 司令官이신 李鎭三 大將님의 보살핌으로 해서, 龍垈里에 700餘坪의 戰跡碑 建立 敷地作業도 모두 마치고, 來年에는 塔을 建立할수 있도록 萬般의 準備와 協助를 다하고 있는 中입니다.
晩時之歎이 왜 없겠습니까 만 이곳 軍團長이신 朴益淳 中將님과 參謀長님外 여러 參謀님, 그리고 工兵旅團長 金秀雄 大領님 特攻聯隊의 柳海槿 大領님 정찰大隊長 白幸基 中領님 等 여러분 高位 將星의 도움으로 오늘 이와같이 玄公을 비롯한 李夏淵 少尉와 이완상 中士의 永訣式을 38年餘만에 擧行하게 되었습니다.

앞에 말씀드린 여러분과 參席해주신 吊客! 그리고 參戰同志會員 모두에게 感謝한 말씀을 드립니다.
玄公!! 平安南道 价川으로, 公의 靈은 저 世上에서 統一되어, 自由스러히 往來하고 계실 것입니다.

北녘을 바라 보면서, 언제나 父母兄弟 자매의 安否를 물으면서, 호탕하게 웃던公의 그 執念이 이제 서서히 풀려가는 느낌도 없지 아니 합니다만, 無分別한 환상적인 統一論議는 걸림돌이 되어, 國力의 分裂을 招來케 하려는 一部 不純分子가 없지는 아니하나, 그런 따위는 問題가 되는것이 못된다고 생각 합니다.

우리모두의 國民은 반드시 玄公이 이르지 못한 祖國의 統一을 成就하여 公의 恨을 말끔히 풀어 드릴 것이며, 우리모두는 그럴 覺悟로 充滿되어 있습니다.

有備無患의 되새김, 그리고 언제나 勝共으로 불타는 우리들 모두와 後輩들의 강인한 統一慾求는 곧 成就될 것이오며, 그 때에는 玄公의 靈과 肉身이 모두 故鄕으로 平和스럽게 돌아 갈수있게 될것을 믿어 確信하는바 입니다.

玄公이여!! 고히 잠드시라!! 오늘 이 榮光스러운 永訣式은 自由를 지키고, 國土를 保衛하는 우리軍 中에서 가장 强力한 山岳軍團의 뜰에서 이룩됨을 公과 우리 모두는 자랑스럽게 여기면서 死中得生의 戰場哲學을 우리 다함께 되새겨 봅니다.

우리들도 이제 멀지 아니하여 公의 곁으로 함께 하게될 것입니다。

그때 다시 만나 옛 이야기를 함께 나누면서 우리를 꾸짖어 주십시요.

安寧히! 그리고 고이 잠 드시라!!

1989年 12月 13日

前 白骨兵團·決死 第11聯隊 作戰參謀

大韓遊擊參戰 同志會 長 全 仁 植

(고) 현규정 대위 유해발굴 및 영결식

전사자 유골발굴 경위서

1. 인 적 사 항

계급 임시대위 군번 GO1125 성명 현규정 (玄奎正)

생년월일 1926. 8. 11 병과 : 보병 소속 : 백골병단 결사제 11 연대

본적(주소) 평남 개천군 조양면 군우리 251 유가족 : 없음

2. 경 위 서

1950년(일자미상) 대통령 동원령제5호에 의거, 1951.1.4 국본특(육)제22호로 편성된 육군본부직할유격대 장병 364명은 1951.1.25 국본특(육)제22호 추가1로 각각 군번 및 계급을 부여받고, 1951.1.28 작전명령제2호에 따라 1951.1.30 강원도 영월군 영월읍에서부터 적지에 침투. 작전임무를 수행하던중 1951.2.20 부대병력의 통합·증강편성되어 "백골병단"을 창설(결사제11연대 제12연대 제13연대 병력 643명)하고, 계속 유격작전 임무를 수행하였다.

1951.3.20 북괴군 중장 길원팔과 참모진 13명 전원을 생포 처치하므로서 부대의 기도가 노출되자 귀환작전중 1951.3.26 18시경 강원도 인제군 기린면 진동리 속칭 설피밭부근(DT 588044)에서 적과 교전중 사망, 위 사람이 가매장(지하 20~30cm)되어 있다가 1989. 4. 24 당시의 참전 전우(생존자)인 전인식(참전당시 대위 병단작전참모) 권영철(참전당시 중위 군수장교)등과 703특공연대 장병·지역주민등의 합동작전으로 1989.4.26 유해를 발굴 확인하게됨.

※ 확인물증 : 백골병단요원중 많은 장병이 의용경찰관 출신이었기에 속에 입고있던 경찰복의 경찰관단추 수점, 위장 인민군모표 1점, 아군군용외투 단추 수점, 칼빙소총 탄창 및 실탄, 아군용 세열수류탄, 당시의 군용화 등. 〈최종확인 89.7.13. 참전생환전우 18명의 입회확인〉

상기 사실을 확인 함.

참전당시 백골병단 작전참모 임시대위 전 인 식

〃 〃 군수장교 중 위 권 영 철

위 확인 함.

참전당시 백골병단 사령관 육군중령 채 명 신
〈예비역 중장〉

위에 의거 확인 함.

제 703 특공연대 대 령 류 해 근

1989. 6 임시대위 현규정, 임시소위 이하연, 이등중사 이완상의 유골 발굴과 안장에 관하여 사실확인과 함께 국립묘지 안장을 신청했는데, 그 유가족이 전인식으로 되어있다. 참으로 우여곡절 끝에 어렵게 안장할 수 있었다.
개장 신고증. 인제군수에게 1990.6.28, 전사통지서 1989.7.29, 유해발굴일자 1989.7.13 영결식 1989.12.13 육군제3군단 703특공연대(연대장 대령 류해근)

임시 육군대위 (고) 현규정 외 2인의 영결식

1951년 3월 25일 설피밭 퇴출 작전에 투입된 결사 제11연대 제1대대장 현규정 대위 등 30여 명의 장병 중 희생된 장병의 유해 3구를 전사한지 38년만인 1989년 4월 25일 발굴했다. 1989년 12월 13일 3군단 기린병원에서 703특공연대장 류해근 대령 주재하에 많은 전우회원이 참석한 가운데 영결식을 거행하고, 1990년 8월 30일 대전국립현충원에 현규정 대위와 이하연 소위는 장교묘역(744, 745호)에, 이완상 병장은 사병묘역(4591호)에 각 안장되었다.

<육군대위 (고)현규정은 필자가 신청한 서훈 요구를 심사한 뒤 2012년 6월 25일 **충무무공 훈장**을 추서해 주시어 용산 전쟁기념관 2층 6.25전쟁관에 훈장증이 영구 전시 중에 있다.>

격전지(단목령) 전우의 유골을 찾아서

(1989. 4.22 ~ 23 인제군 기린면 진동리에서)

(상) 단목령(인제군 기린면 진동리 설피밭 야산에서 유골탐방 개토제에서 전인식 회장의 조사
(중) 개토제에 백행기 중령(대대장의 헌주)제관은 권영철 부회장
(하) 유골탐방 개토광경(현규정 대위, 이하연 소위, 이완상 병장이 이곳에서)

발굴 영현 안장 청원

발굴영현 이장 및 위패안치 신청서

수　신 : 육군 참모총장　　　　　　　　　　　　　　　　　　　1990. 3. 5.

참 조 : 민사심리전 참모부장, 군수 참모부장

제　목 : 발굴영현 이장 및 위패안치 신청(민원)

1. 1951년도 6.25 동란 당시 참전하여 적 후방지역에서 혁혁한 무공을 세우고 전사하신 육군본부 직할 결사유격대(백골병단) 전우의 발굴 영현 3구(고 임시대위 현규정, 고 임시소위 이하연, 고 이등중사 이완상)에 대한 영현의 국립묘지 이장과 1987년 2월부터 1990년 2월까지 사이에 귀 군에서 전사를 확인해 주신 임시소위 허은구 외 24위의 전몰장병에 대한 위패안치 신청에 관한 청원입니다.

2. 육군본부 직할 결사유격 제11연대, 제12연대, 제13연대는 1951. 2. 20. 백골병단으로 통합 증강 편성되어 오대산·설악산 등지에서 혁혁한 전공을 세우고, 1951. 3. 29. 주력부대가 강원도 인제군 기린면 방동방면으로 임무를 완수하고 철수 하였음은 모두 잘 아는 6.25 당시의 정규 유격군 기록입니다.

3. 부대의 편성근거 기타

1950년도 발령된 대통령동원령(전 국민의 비상 동원령 해당)

1951. 1. 국본 특(육) 제22호에 의거 편성

1951. 1. 25. 국본 특(육) 제22호 추가 1로 소정의 교육 후 임시보병 소위에서 임시소령(2명)까지 124명을 임관함.

작명 2호 : 1951. 1. 30. 결사제11연대 : 강원도 영월지역에서 적지로 침투(360여명)

작명 3호 : 1951. 2. 5. 결사제12연대 : 강원도 명주군 강동지역에서 침투(240여명)

착명 4호 : 1951. 2. 14. 결사제13연대 : 강원도 묵호에서 대관령 방면으로 침투(130여명)

1951. 2. 20. 강원도 명주군 연곡면 퇴곡리에서 백골병단으로 통합(640여명)

1951. 3. 18. 인제군 기린면 굴량밭, 필례 등지에서 적군중장 외 13인의 생포 등 적병 700여명의 생포 처치 등의 전과를 수립함.

1951. 3. 23. 인제군 북면 용대리까지 북진(용대리에 백골병단 전적탑 건립지)

1951. 3. 26. 인제군 기린면 진동리 설피밭 철수작전 개시

1951. 3. 29. 아군과 접선 280여명 귀환(희생 360여명)

4. 위 3항과 같이 대통령 동원령 및 육군본부의 작전명령에 따라 현역 육군중령인 채명신이 결사제11연대장겸 백골병단 사령관으로 적지에서 특수유격전을 전개하여 아군의 북진에 기여케한 대한민국 최초의 정규 유격특수전을 국방부장관의 명령으로 실시하였음을 위 특명 등을 미루어 판단할 수 있습니다.

5. 조국이 누란의 위기에 처한 때, 자신의 안일을 돌보지 아니하고 북한괴뢰의 남침야욕을 불사르기 위하여 그 혹한기에 장비의 허술함, 추가보급의 전무상태에서 오직 나라와 겨레, 그리고 자유·민주·통일의 일념만으로 적과 용전분투하다 20대의 꽃다운 젊음을 나라를 위하여 바친 360여 동지의 넋을 달래주고 또 자라나는 2세 국민, 특히 6.25를 체험하지 못한 젊은 세대에게 애국하는 마음 가짐과 일단 유사시에는 스스로 목숨을 나라에 바치겠다는 굳건한 국가관을 심어주어야 하겠다는 것이 본 동지회 회원 모두의 한결같은 바램이고, 또 그 일을 위한 징표(전적탑 건립) 만들기에 여념이 없습니다.

6. 본 동지회에서는 1987. 2월이후 육군본부에서 확인해 주신 전사확인을 귀군으로부터 받은바 있사오나 유가족이 없거나 찾을길이 없고 또 유골을 발굴할 수 조차 없었는데 1988.10.7~9 인제군 기린면 진동리 방면을 조사한 본 동지회에서 고 현규정 대위 등 10여명의 영현은 찾을 수도 있을 것 같다는 희망에 따라 현지주둔 703 특공연대에 그 조사를 의뢰하였고 1988. 11. 17. 육군 제3군단장에게도 그 뜻을 신청한 뒤 703 특공연대에서 1989. 4. 3, 89. 4.15, 89. 4. 19. 등을 거쳐 1989. 4. 24에 비로소 영현 3구를 확인하게 되었습니다.

동 유골은 1951. 3. 26. 동지역으로 출동한 현규정 대위(1대대장)만이 부대원중에서 군화를 신었고, 신장이 장대하였으며 이하연 소위와 이완상 중사가 동행하였고, 그뒤에 다른 장병이 후속으로 뒤를 따랐는데 그들은 철수하는 적병과 이웃에 있으면서 총격전이 벌

어졌다는 그 당시의 주민의 목격담으로 미루어 고 현규정 대위 일행임을 알 수 있었고, 1989. 7. 13. 국방부 홍보관리소 영화 3과 촬영반과 합동으로 유골을 발굴(89. 7. 30. 10시 40분 KBSⅡ TV 박달령의 침묵으로 생생하게 방영됨)할 때 유류품으로 아군쪽 경찰관 단추(의용경찰 출신이었음) 칼빙탄창(실탄이 들어있음) 세열 수류탄 미군복 단추 등으로 미루어 주민의 증언과 일치하여 이를 가매장후 1989. 12. 13. 제1군사령관님이신 이진삼 대장님의 각별하신 보살핌으로 703특공연대장 류해근 대령을 위원장으로 고 현규정 대위, 고 이하연 소위, 고 이완상 중사의 영결식을 거행한 바 있습니다.(1989. 12. 13. 14:00 제3군단소속 기린병원 연병장에서)

동일 동 발굴유골은 13병참 중대에 인계되었고 화장 후 국립묘지(동작동)로 인계 되었습니다만 발굴영현의 이장명령이 없어 그 안장처리가 아직까지 실현되지 못하고 대기중에 있습니다.

7. 존경하는 참모총장님!

이들 영현이 말을 할 수는 없는 것이 아닙니까?

경찰관 복장을 북괴놈이 입고 있었던 것이 아닌지?

미군복장을 그놈들이 빼앗아 입은 것은 또 아닌가 하는 등의 의문도 할 수 있을 것입니다만 40년이 된 지금 그런 따위가 왜 문제가 될 것이오며, 또 해서는 무엇하겠습니까!

정작! 믿을 수 없는 유골이면 차라리 김일성이 놈에게 판문점을 통해서 보내야 합니까? 그럴수도 저럴수도 없는 것이 오늘의 실상이 아니겠습니까.

그당시 국방부는 인식표를 주시지 아니하였으니 정확히 확인할 길은 솔직히 없아오나 그때 고 현규정 대위를 수행한 특공대 중의 선봉특공조가 그들이였다는 점에서 그들의 영현이라고 판단하는 것입니다.

그리고 이들에게는 1951. 3. 26. 진동리(발굴지점)에서 전사했다는 전사 통지서가 있기 때문에 더 이상의 개념은 시대착오적인 것이라고 생각됩니다.

고 임시대위 현 규 정

고 임시소위 이 하 연

고 이등중사 이 완 상은 그들의 구국전선에서의 용전에 상응하도록 국립묘지에 안장되어야 합니다. 그리고 전사확인은 되었으나 유골이 없는 다음 전우등에 대하여는 위패안치를 승인해 주시기 바랍니다.

이것이 노병들의 친목단체인 참전동지회가 바라는 가장 큰 소망입니다.

8. 위패안치를 위망하는 전우

소 속	계 급	군 번	성 명	전사확인일	기 타
백골병단	임시소위	GO1039	허은구	87. 3. 28.	
〃	일등중사	G11312	장동순	88. 6. 30.	
〃	〃	G11313	신현석	〃	
〃	이등중사	G11087	권욱상	88. 8.	
〃	임시중위	GO1010	정세균	89. 5. 3.	
〃	이등상사	G11061	류동현	〃	
〃	이등중사	G11327	이상욱	89. 7. 29.	
〃	〃	G11206	김윤수	89. 5. 3.	
〃	〃		홍순기	89. 7. 29.	
〃	임시대위	GO1007	윤창규	〃	
〃	임시소위	GO1034	이종삼	〃	
〃	〃	GO1053	윤 홍	〃	
〃	일등중사		홍승선	〃	
백골병단	일등중사		서일택	89. 7. 29.	
〃	이등중사		류동식	〃	
〃	일등중사	G11039	박종만	〃	
〃	이등중사		박희영	〃	
〃	〃	G11215	강문석	〃	
〃	〃		이영업	〃	
〃	〃		서두생	〃	
〃	〃		이정구	〃	
〃	〃		김양환	〃	
〃	〃		김주현	〃	
〃	임시소위	GO1096	박만순	90. 2.	

9. 6.25가 지난지 40년! 아직도 그 전흔과 상흔이 가시지 않고 있는 때에 무분별한 환상적인 통일논의는 국론의 분열만을 가중케하고 있는 것입니다.

제4땅굴이 왜 놈들은 필요했겠습니까!!

우리 모두는 6.25를 재조명해야 합니다. 그리고 유비무환의 정신을 국민모두에게 재확인 해주셔야 합니다. 이것은 당시 참전한 우리 전우의 간절한 바램이며, 이제 60이 다 넘은 노병들 입니다만 일단 유사시에는 조국과 민족 그리고 자유를 위하여 모두 몸바칠 것을 다짐드리면서 간절한 위 청원을 거두어 주실 것을 바라나이다.

추신 : 귀 군에서 전사확인을 해주신 위의 전우 이외의 전우에 대하여서도 함께 위패안치를 할 수 있도록 도와 주시기 바랍니다.

첨부 : 박달령의 침묵 테이프, 영결식 광경 각 1개.

끝

서울특별시 마포구 서교동 466-9

대한유격참전(백골병단) 동지회 회 장 전 인 식

연 락 처 : (02) 333-5213, 5214, 2381

2000. 2. 25.
정기총회 광경

2000. 12. 15.
연말 송년회의 광경

2000. 7. 9. 런던에서 필자

2001. 6. 23. 한양대학교 공과대학 토목공학과 사은회에서

사은회에서
필자

1987년 단목령 숲속을 찾아 1987. 4. 4. 오색리 약수터를 찾은

1987. 8. 14. 대청봉에 오른 필자와 막내 상욱

1987년 단목령 숲속을 찾아

1987. 4. 4. 오색리 약수터를 찾은
백골병단 설악동지회 일동

1995. 9. 26. 사단법인 건설기술연구회 사무국직원 야유회(오대산)에서

1995. 9. 26. 사단법인 건설기술연구회 사무국직원 야유회(오대산)에서

제9부 白骨兵團 전적비

1. 충효장군

나는 국방당국과 국회 등에 계속해서 명예회복을 위한 진정, 청원을 계속하면서 우리들의 위상(位相) 바로세우기를 위해 진력하던 중

1988년 6월초 우리들 참전전우 일동은 **육군 특수전 사령부** 서완수(徐完秀) 사령관의 **초청을 받아** 참전 전우들과 함께 사령부를 방문하는 차 안에서 우연히 강원도 인제지방에 있는 어느 육군특수부대에 우리들의 기록이 있다는 말을 전해 듣게 되었다.

그러나 그 부대명도! 정확한 위치도 알 수 없었다.

그래도! **혹시!**… 하는 기대감이 있어,

나는 나의 고향후배인 예비역 장군 황인모(黃仁模) 씨에게

강원도 인제지방에 잘 아는 사람(군인)이 있어요?!! 하고 물었더니

네! 있습니다!! 그곳 군단장이 제가 잘 아는 동기생 입니다.

하는 것이 아닌가……

나는 그분을 소개해 줄 수 있는가를 물었더니 제 집에 아직까지 군용 전화기가 있으니 곧 알아보겠습니다. 하는 것이 아닌가!

이렇게 해서 1988. 6. 29. 인제군 기린면 지내에 있는 육군 제3군단(山嶽 軍團) 군단장 육군중장 이진삼(李鎭三) 씨를 방문하게 되었다.

우리는 그날 새벽공기를 가르면서 양평과 홍천을 거쳐 중동부(中東部) 방면으로 향했다.

수려한 강산과 나무들의 싱그러움을 만끽하면서 목적지 부대에 도착하니 **군단장 이진삼**(李鎭三) 장군께서는 벌써 현관에 직접 나와 계신 것이 아닌가.

참으로 고마운 한편, 송구스럽기 그지 없었다.

이곳을 방문하기 전에 나는 강원도 영월 지방으로부터 중동부전선 인제, 간성까지의 5만분의 1지도에 작전상황(作戰狀況)을 자세히 기록한 지도를 미리 준비해 가지고 갔다.

지도는 큰 테이블 3~4개를 합한 크기만한 것인데 이 지도(地圖)는 3~4회 수정한 경험이 있어 지도를 펼쳐가면서 옛날의 작전 상황과 우리들이 치렀던 전투상황을 자세히 설명했다. (지금도 잘 보관하고 있다.)

그분은 지도를 일일이 보시면서 깊은 관심을 표하고,

그 지방 몇 곳의 지형을 묻기에 나는 기억나는대로 자세히 말씀드렸더니 어떻게 지형까지 자세히 기억하십니까 !! 하며,

감격해하시는 한편, 나에게 유격대의 임무와

침투방법,

무장, 통신,

겨울철이므로 방한대책,

생존성(生存性) 등에 대해서 자세히 묻기도 했다.

내가 겪은 사실대로 자세히 설명하니 그분도 당시의 통신과 장비사정, 그리고 1·4후퇴 직후인 점 등을 미루어 납득하는 것 같았다.

나는 지도에 따른 전투 회고담과 1962년도 이후 관계당국에 꾸준히 청원했으나 위정자(爲政者)들이 무성의와 냉대(冷待)로 일관하여 아직까지 전적비조차 세우지 못한 이야기 등 그동안의 상황까지 이야기했다.

나는 식사시간 장군식당에서 **여러 고위 장성들 앞에서 6·25 가 누구를 위한 싸움이었고,**

무엇을 위하여 우리 전우들이 360여명이나 희생되었는가를 역설(力說)하고

이들의 충혼(忠魂)은 반드시 기려져야 한다고 강조 했다.

정예 산악 군단장인 **이진삼 장군**은 무엇인가 느끼는 것이 있는 것 같았다.

그분은 감동(感動)된 것인지, 동정(同情)이 되었던 것인지 알 수는 없으나

"선배님들과 같이 우국 충정(憂國衷情)으로 용감히 적을 섬멸하신 분들이 계셨기에 오늘날 우리들이 안주(安住)할 수 있고, 세계 속의 한국으로 도약할 수 있었다고 생각합니다."

또 다시 전쟁이 발발한다면 나는 꼭 특전부대 지휘관을 자원하여 적으로 하여금 전쟁도발이 얼마나 무모한 짓인가를 깨닫게 해 줄 것입니다.

참으로 다부진 분이셨다.

특수전 수행이야말로 나의 주특기(主特技)라는 사실을 항상 병사들에게 강조하고 있던 차에,

6·25 당시 형편없는 화력과 장비로 험준한 산악에서 엄청난 희생을 무릅쓰고 적을 섬멸한 백골병단(白骨兵團) 선배님들의 혈전(血戰)을 들으니 참으로 자랑스럽고 감명스러웠습니다.

"전적비는 우리들 후배의 손으로 꼭 세워 드리겠습니다." 라고 힘주어 말하는 것이 아닌가.

나는 감격스러워 ……. 벌떡 일어나 큰 절을 올리며,

감사합니다 !!

감사합니다 !! 를 연발하며,

하염없는 눈물을 흘렸다.

이것이 웬일인가. 내가 커크랜드를 떠난 1951. 6. 28 부터 자그마치 **37 년 하루 만에 일어난 기적**(奇蹟)이 아닌가 …….

이진삼 장군은 매우 강한 의지의 표현과 결심으로 우리의 뜻을 받아들이고,

그 자리에서 바로, **전적비의 건립 위치선정,**

규모, 전투경과 작전도판(圖板)**의 제작,**

사후관리 등을 휘하의 작전참모인 김명세 대령(예비역 소장)**과 양계탁 대령**(예편)**에게 각별한 지시를 하기도 했다.**

나는 너무나 감격스러워 가슴이 메이고 눈시울마저 붉어졌다.
이는 동지들이 산화한지 38 년만의 일이고,

나와 참전 전우, 유가족 등이 51 년 이후 30 여 년간을 노력해 왔으나 결실을 거두지 못하고 있었던 염원이었기에 다리마저 후들후들 떨려옴을 느낄 수 있었다.

'결사유격대 전몰 360 여 장병들의 영혼(靈魂)이시여 !

이제, 그대들의 영원한 안식처를 마련하게 되었다네.

왕년에 그대들이 누비고 다녔던 바로 그 고장에 그대들의 장(壯)함이 새겨진 탑(塔)이 하늘을 찌를 듯 우뚝 솟아 오르게 되었다네 …….

이제부터는 편안히 잠드소서.' !! …….

이 부대는 산악군단(山嶽軍團)이란 이름 그대로 옛날 우리들이 누볐던 심산준령(深山峻嶺)을 벗하는 부대였기에, 우리들의 우국충정이 통했는가 보다.

「부모님 나를 낳으시고
스승님 나를 가르치셔
나라님 총칼 주셨으니
길이 길이 닦아
이 나라 지키리라」

충효 이진삼 장군의 시구이다.

그분의 곧고 강인한 정신이 엿보인다.

군단장의 따뜻한 전송을 받으며, 돌아오는 길이 왜 이다지도 뿌듯하고 감격스러웠던지 *!!*

이제 동해(東海)방면으로 여행하는 모든 사람들은 **미시령과 진부령을** 가르는 **용대리(龍垈里) 삼거리**를 지날 때,

그 앞에 세워질 높다란 전적비와 전황(戰況)을 담은 상황도판을 볼 때,

자유와 나라를 지키기 위하여 목숨을 바쳐 충성을 다했던 백골병단(白骨兵團) 전우들을 기억하게 될 것이다.

그로부터 20여일간 나는 전적비 건립에 관한 문안(文案) 정리와 설계도를 직접 구상하는 한편,

내가 한양대학교에 대학강사로 출강할 때 학과장이셨던 김규태(金圭泰) 교수(가야 기술단 고문)에게 주탑(主塔)의 구조계산을 의뢰하는 등 친지 여러분으로부터 협조를 받으면서

군단을 또다시 수차 방문하여 공병여단장 반웅식(潘雄植) 장군과 협의 후, 설계도서를 육군본부에 제출하게 되었다.

우리 참전 전우들도 성금을 모아 전적비 건립에 보태도록 해야 더욱 뜻이 있는 것이 아니냐 하는데 모두 뜻을 같이하고,

어려운 여건임에도 십시일반으로 모은 성금 1,000만원(그 당시는 큰 돈이었다)을 후임 군단장 박익순(朴益淳) 장군에게 전적비 건립 협찬금으로 전달하기도 했다.

나는 황 장군과 함께 그 지방을 방문하는 길에 공병 여단장과 함께 협의 중, 우선 착공이라도 먼저 해둡시다.

내일 아침 장비를 투입하자고 제안했다.

한참이나 망설이던 여단장의 동의로

1989년 3월 4일, 눈발이 이따금씩 흩날리는 가운데, 인제군 북면 용대리 산250번지의 전적비 건립 현장에 포크레인(백호)과 불도저를 투입하고 공사 착공을 알리는 지신제(地神祭)가 거행되었다.

눈이 허벅지까지 빠지는 그런 산비탈에서….

백지(白紙) 위에 인제시장에서 마련한 제물을 차려놓고…….

지신제에는 나와 권 동지, 황 장군, 그리고 공병의 참모장교와 대대장 이상원(李尙原) 중령 등 장병 50여 명도 함께 했다.

잔설(殘雪)이 허벅지까지 빠지는 속에서 첫 삽을 대는 불도저 운전병(병장)이 먼저 제례(祭禮)를 올리고, 그 다음으로 내가 이어 받았다.

지신제를 지낼 때 밝힌 향불 연기가 용대리 계곡으로 널리 퍼져 나가는 속에 불도저가 힘찬 굉음을 내며 첫 삽이 눈 섞인 대지를 깎아 냈다.

감격, 바로 그것이었다.

그날 밤 양양군 서면 오색리에 가서 쉬었는데 그 밤에 3월인데도 불구하고 온누리를 새하얗게 덮는 큰 눈이 1미터20 cm 가량이나 내렸다.

여관의 현관문을 열고 밖으로 나갈 수도 없게 많은 눈이 내렸다.

먼저 간 우리 동지들이 38년 만에 전적비의 착공(着工)을 보게 된 것이 너무나 기뻐서 였는지 …….

포근한 이불솜으로 대지를 덮어 준 것인가?!!

2. 백골병단 전적비 기공

1989. 3. 4 용대리 현지에서

<불도저 굴토 정지 광경>

<장비투입 광경>

기공(지신제)
준비광경
앞 전인식 회장

나와 백골병단 참전용사 모두가 38년간이나 그렇게도 애태우며 간절하게 바라던 전적비를 세우도록 도와주신 **이진삼 장군**과 많은 장병들에게 진심으로 감사 드린다.

그 뒤, 위치(位置) 선정은 물론 설계도, 조감도, 공사 시방서, 설계 내역서 등은 나의 작전 하사관이던 **정규옥**(丁圭玉) 상사의 각별한 협력이 지대하였으며, 부군단장 민병선(閔丙璇) 장군, 공병 여단장 반웅식(潘雄植) 장군, 작전 참모 김명세(金明世) 장군(소장 예편) 703특공연대 양계탁 대령과 류해근(柳海槿) 장군(중장 예편) 등 많은 분들의 도움을 얻었다.

전적비 건립 위치를 여기 저기 찾아 헤매다가 지금의 전적비부지위로 올라가 전망을 바라보니

바로, 여기다!! 하는 탄성이 저절로 나왔다.

즉시, 그곳 지적도와 등기를 살펴보니 재무부 소관 국유림이 아닌가! 이것은 권영철 부회장이 잘 확인 했다.

나는 그곳으로 위치를 정하고 토목적인 지형을 조사 했다.
이때까지는 무척 잘 진행되었다.

해가 바뀌어 1990년으로 접어 들었다.
우리들이 1951년 1월 25일 대구 육군정보학교에서 교육을 받은 후, 임관하고, 군번(軍番)도 받았으니, 1990년 1월 25일은 만 40년째가 되는 날이 아닌가.

이진삼 장군은 1988. 6. 30. 육군 참모차장으로 영전되신 뒤에는 더욱 열과 성을 다하여, 우리들의 전적비 건립에 적극적으로 지원해주셨다.
그런데, 그 당시 620사업(육군본부의 이전 사업?)이란 것이 있었

는데 젊은 장군들 중에는 6·25가 지난지 몇 십 년인데….
지금에 와서 …… 무슨 놈의 전적비 …….

620 사업에도 예산이 모자라는데 전적비는 …… 하는 장교들이 생긴 듯하다.

이때 육군본부 군사연구 실장이던 조 모 준장(대장 예편)도 마땅치 않게 여겼기에 이진삼 참모차장으로부터 꾸중 섞인 호통을 당하기도 했다.
그 뒤, 이진삼 장군은 육군 대장(大將)으로 진급과 동시에 **육군 제 1 야전군 사령관으로 영진과 영전**(榮進과 榮轉)하게 되었다.

참으로 고맙고 기뻤다.
우리들 모두가 진급한 그런 기분이었다.

나는 우리 360여 전몰장병 염원(念願)의 덕이라고 생각했다.

나는 1군 사령관으로 영전한 이진삼 대장에게 새해 인사 겸 방문의 뜻을 알렸던바, 우리들의 방문일자가 1월 24일 10시 30분으로 결정되었다.

참전 전우 10명 내외의 방문이므로 지방출신을 제외하고 서울 지방에서 인선을 해야겠기에 19일 나는 방문할 전우의 명단을 마련하고 전화로 「**M 채 씨**」에게 알렸다.
「M 채 씨」는 참석자의 인선(人選)에서, 우리 전우회에는 전혀 참여 하지도 않고, 오히려 불평과 훼방이나 하는 「김한철 군」 등 2~3명을 인선하려 했기 때문에 의견 충돌이 생겼다.
이 장군의 '방문은 내가 주선했는데 이 분이 왜 이러시는가' 하는 서운한 감정마저 들어 나는 그 분이 추천하는 인사의 참여를 거절했다.

그날의 방문에 우리들이 위문품의 준비도 못했기에 돈 몇 만원씩을 갹출하여 이를 전달하자고 영동고속도로의 휴게소에서 합의하여 이를 봉투에 넣었다.

이때, 이명우 군의 협찬금은 「M 채 씨」가 대납해 주었다.

내가 그 봉투에 우리들 전우회 일동이라고 쓰려고 하니까 「M 채 씨」는 아무것도 쓰지 말고
그 봉투를 나에게 주시오! 하는 것이 아닌가….

우리들 모두의 성금인데…
아무것도 쓰지 말고 달라니…

무슨 뜻인지 …… 나는 지금도 잘 모르겠다.

이런저런 일은 1개월 뒤인 1990년 동지회 정기총회(1990. 2. 20)에서 「M 채 씨」가 회장직을 맡고 있는 내가 그동안 사비(私費)를 들여 행동한 전적비 건립 추진 **"못다핀 젊은 꽃"** 3부작 영화제작을 추진한 것 등을 두고 그분들은 회비 또는 찬조금 등 한 푼도 내지 않은 사람들인데 무슨 염치로 공금(공금은 없었다)유용이라면서 나에 대한 인신공격성 발언을 강하게 표출하였다.

그로부터 2개월 뒤에는 「M 채 씨」와 「이두병」, 「김한철」 군 등 3인이 괴(怪) 문서인 소위 **'합의 각서'** 와 **진정서** 등을 만들어 관련기관에 제출하여 전적비 건립을 방해하는 파동으로 이어졌다.

우리 모두가 생사고락(生死苦樂)을 함께 하며, 적과 싸웠던 동지들로 한마음으로 똘똘 뭉쳐야 명예회복이나 전적비 건립 등을 할 수 있을 법 한 것인데 40여 년이나 지난 이쯤에 와서, 전적비 건립이 무슨 잇권(利權)이라도 되는 것처럼 이들이 자기들의 공훈인양 훼방을 하니 여간 씁쓸한 심정이 아니었다.

백골병단 전적비 건립지원

88년 3군단에서 건의한 사업으로서, 육본에서 89년 예산으로 지원토록 총장님이 재가하였으나 620사업 추가예산소요로 지원이 이를 재검토한 결과보고입니다.

전 적 개 요

○ 백골병단 유격전

. 국군 최초의 유격전으로 1951.1~3월간 백골병단 유격대를 오대산-설악산 일대의 적진 후방에 투입

. 총병력 640명중 380명이 전사하는 혈전을 거듭하면서 적사살 800명, 북괴군 유격대장 상장 김원팔 생포 등의 전과 획득

○ 한석산 - 매봉산 전투

. 1951.5월 중동부 전선의 3군단, 적의 1차 춘계공세후 반격 개시

. 예하 9사단 30연대, 주야 혈전끝에 인제 동측의 매봉산-한석산 점령

. 적사살 900명, 총포노획 342점(주공대대 전원 1계급 특진)

추진경과

- 백골병단 출신 친목회(회장: 전인식)및 30연대 출신 친목회(회장: 예 소장 손희선), 3군단 및 육본에 전적비 건립지원 요청
  - . 회원 모금액 1,240만원 3군단에 기탁
  - . 전적비 건립지원 청원서 제출(국방부장관, 참모총장)
- 3군단 전적비 건립추진

(만원)

구 분	계	백골병단	한 석 산
위 치		인제군 용대리 (내설악입구)	인제군 하추리 (인제-현리간)
총소요예산	17,710	12,730	4,980
회원 모금	4,440	4,200	240
군단 지원	2,930	2,110	820
육본지원요청	10,340	6,420	3,920

- 88.11.23 육본, 지원결정(일반참모회의 검토 및 총장재가)
- 각 친목회 및 3군단에 총장재가 결과 통보
- 89년 620사업 추가예산 소요로 지원중지 및 90년도 재검토 결정
- 3군단, 부지정리 및 배수로 작업 완료(89년)

백골병단 전적비 기공식

1989년 3월 4일 강원도 인제군 북면 용대리 산 250 번지에서는 온 산야가 새하얗게 눈 덮인 대지 위에 전적비 건립부지의 불도저 투입에 앞서 지신제(地神祭)를 준비하고 있다.

김한철 군의 "괴 합의 각서" 파동으로 공사중단 후 40여일 만에 정식으로 1990년 6월 13일 백골병단 전적비 기공식을 거행한 후 한 장의 기념사진을 남겼다. 임석관은 제12사단장 오영우 소장(예 대장)이였다. (박익순 군단장은 휴가 중)

백골병단 전적비 건립부지 정지와 준비에 노고가 지대한 703 특공연대장 "류해근" 대령에게 감사패를 증정하고 있다.

3. 참전전우회 회의

1990. 2 전적비 건립관련

總會 會議錄

日時: 1990年 2月 20日 13時 30分

場所: 서울 麻浦区 西橋洞 "嘉會"
Tel (02) 332-4264

案件: 第1号 1989年 歲入 歲出 決算報告.
第2号 戰跡塔 建立 出捐報告.
第3号 會則 改正 案
第4号 相助會 設立 同意案
第5号 任員改選 . 其他

總會開催通知는 90年 2月 5日字 葉書로 다음 人員에게 發送하다.

總會 通知者 68名 — 참석자 28人 ◎長期不參者 16人
…… 위임자 1人

蔡命新	丁奎玉	◎趙南顯	◎朴光錫
惠仁模	張之永	◎李亨求	朴用周
梁啓卓 大領	申健澈	◎宋景熙	安秉熙
柳海模 〃	朴勝錄	◎林南玉	李南薰
白幸基 中領	金正鎬	吳鳳澤	◎徐丙煥
韓相鎬 少領	張德淳	◎羅明集	李熙用
崔允植	河泰熙	許在九	李翊宰
梁在昊	◎權知弘	張東說	金仁壽
◎康斗星	高永相	權[illegible]相	申永基
◎元應學	崔瀾宇	柳卓永	金永高
申孝均	林東郁	金壽昌	尹範容
權寧哲	張永鉉	金仁植	權斗植
崔仁燕	◎金永模	李斗炳	高悌和
◎韓甲洙	李明海	金容卿	崔鍾敏
朴鍾理	金永燕	趙炳傑	吳楨欽
◎車東元	李雲河	◎金益煥	金容福
李命宇	◎金海遠	趙榮澤	◎朴濟珉

總會會議錄

會長：本会의 總会는 出席会员으로 成會되므로 成會됨을 宣布하다.
이어 不參者로서 會의 發展을 바라는 書信과 함께 會費를 送金한 朴勝錄 同志의 書信公開와 白雲善 中領의 祝電을 朗讀하다.

會長：蔡司令官에게 人事하실것을 請했으나 會議終了後에 하시겠다는 뜻을 받아드려 續開會議를 宣布하다.

會長：議案第1号 1988年度歲入歲出 決算案을 上程하다.
李命宇会员：나는 會費 한푼 내지 않은 사람이지만 한마디 해 두어야 겠소.
會長이 혼자서 獨走하고 있다는 會员의 말이 많은데 會長团의 相議없이 執行한것은 不当하다고 생각합니다.

會長：우선 出印物의 決算報告를 하고 따질것은 따지도록 하십시다.

會長：收入 23,166,286원, 支出 22,974,580원, 이월 191,706원의 決算書 各項目을 朗讀하다.

蔡命新：나도 越南參戰同志會 등 많은 會에 関係하여 이것저것 많이 보았는데 이거 인쇄 기타 經費와 영화관계 제비는 무엇이오.

會長：인세 기타 經費 100만원은 秘資金支出이고, 영화관계 비용 120여만원은 34報 영화제작관련 비용이나 그 支出은 모두 本人과 權同志의 贊助金에서 支出된 計定上의 金額일뿐 입니다.

蔡命新 : 図書製作費는 또 무엇이오.

會長 : 決死11聯隊 冊의 製作実費 1,865,000 원으로서 本人의 贊助金 360여만원 중에 포함된것으로 會員의 会費와는 無関한것 입니다.

張之永 : 會費도 내바 없는데 이렇게 運營하였으니 原案대로 接受할것을 同意하다.

蔡命新 : 나도 會員資格으로 말하는것이오 民主主義인데 할말이 있으면 모두다 해야 한다고 말하다.

崔命守 : 그 支出이 會長 単独으로 한것이 아닌가요. 會에게도 機構가 있는것으로 알고 있는데····

會長 : 1962年부터 30年 가까히 내가 혼자 이會를 만들고 오로지 戰死한 戰友의 넋을 달래주기 위하여 私費로 權寧哲 同志의 支援을 받아가며 여기까지 끌고 왔는데 내돈 내놓고 이렇쿵 저러쿵 무슨 말들이 그리 많으냐!! 누가 會長 하고 싶어 하는줄 아느냐!! 맘대로 해보라! 公金을 내가 不当히 引出 한것이 있다면 弁償하고 그 費途는 절대 밝힐수 없다. 왜들 추궁조로 말을 하는가!!

朴用雨 : 會長이 權会長과 같이 여지껏 애를 쓰고 있는것을 모두 다 아는데 그냥 넘어가자고 하다.

蔡命新 : 民主主義인데 알고 넘어가야 할것이 아닌가 金會長이 너무 興奮한것 같다. 차분히 따지고 넘어가자.

會長 : 더 以上의 質問이 있는가를 묻다.

崔潤宇 : 原案通過를 提案하다.

一同 : 賛同 하다.

蔡命新 : 民主主義인데 왜들 그래요

會長 : 1989年 歲入歲出 決算案이 原案대로 通過되었음을 宣布하다.

議案 第2号 戰跡塔 建立出捐 報告의 件.

會長 : 決算書에 添付된 것으로 参考事項이니 油印物로 代替할것을 提案하다.

一同 : 異議없음을 告하다.

會長 : 建立基金出捐報告를 接受하였음을 宣布하다.

議案 第3号 會則改正案을 上程하다.

李命宇 : 会의 名稱을 널리 알려진 白骨兵団 同志會로 하는것이 어떤지요

會長 : 上程內容說明도 아니했는데 왜그리 性急하시요

蔡命新 : 大韓遊擊參戰同志會하면 西海岸, 東海岸을 비롯해 내가 알기만도 數많은 遊擊同志會가 있는데 혼돈되는것이 아닌가?

會長 : 1961年8月23日 大韓民国遊擊軍參戰同志會의 設立準備가 있었고, 1962年4月에는 決死遊擊軍出身同志會로, 그뒤 1962年8月에는 雪岳同志會로 發足하여 오다가 1987年 12月 現在의 名稱으로 改稱하여 왔습니다 白骨兵団하면 무슨 테러集団이 모두 白骨団이라 불려오고 있어 혐오감도 있고 나이 60이 넘은 사람들의 親睦団体가 白骨어쩌구 해서는 困難하다고 말하다.

蔡命新 : 차라리 雪岳同志會도 좋을것 같군

李命宇 : 널리 알려진 白骨兵団 同志會로 하는것이 좋겠다.

會長 : 다른 同志의 意見을 묻다.

一同 : 그대로 두자고 하다.

會長 : 總意에 따라 名稱을 그대로 두자고 하다.

蔡命新 : 會員中 遺家族을 빼자. 유가족과 그 子女까지 会員이 돼서야 되겠는가?

會長 : 우리同志会의 가장큰 뜻이 親睦도 있겠지만 戰死한 同志의 넋을 달래주는 戰跡碑建立이 1962年以來의 바램인데 그 核心이 되는 遺族을 빼면 困難하다고 하다.

蔡命新 : 遺家族과 그 子女가 모두 會員이 되면 정작 參戰戰友보다 遺家族이 더 많아질수도 있는것이 아닌가?

會長 : 現在의 遺家族은 6~7名以内에 不過하니 그렇지 않다고 告하다.

蔡命新 : 參與會員도 많아지면 되겠는가?

會長 : 독지가가 있다면 그 분들을 받아드릴수 있는 길은 열어 두어야 한다는 뜻임을 말하다.

蔡命新 : 名譽會員을 現役과 予備役中에서 두면 数百 数千이 될수도 있는데 싸우지도 않은 사람이 會員이 되는것이 아닌가?

會長 : 現在 네분의 名譽會員이 있는데 이분들은 703特攻聯隊長으로서 또는 大隊長으로서 우리同志들의 遺骨探査, 永訣式의 執典등으로 우리同志會 会員들 보다도 더 아끼고 사랑하는 분 들이며 그 분들은 우리가 해내지 못한것을 다 하신 분들 입니다.

蔡命新 : 그 사람들은 1年半이면 다른데로 가게되어 있다.

會長 : 다른데로 가면 우리의 일을 하지못하게된 사람은 그냥두고 새로와서 ~~[illegible]~~ 協助해주는 사람을 모시면 될것이 아닙니까!

蔡命新 : 그것 좀 어색한데 .....

[illegible]命[illegible] : 副會長을 2人으로 합시다.

會長 : 모두20~30名도 제대로 모이지 않고 通知를 68人에게 했다고 하나 名譽會員4人과 長期間不出席者 또는 한번도 나오지 않은 同志등이 모두 16人이나 되니 68-(4+16) = 40名에 不過하고 (그중 유족이 3분임) 오늘 28人이 出席한 정도다.
언제 모이게 해서 그때마다 發生하는 事態에 対備하겠는가 잡두를 줄여야 한다.

申健澈 : 原案대로 1人으로 합시다.
崔仁泰 : 原案에 贊同하다.
會長 : 다른 意見이 없는가를 묻다.
一同 : 贊成함을 告하다.
崔潤宇 : 새로 構成되는 會長團과 任員에게 모두 一任하고 字句를 가지고 時間을 끌지 맙시다.
崔仁泰 : 새로 選任되는 理事會에 넘깁시다.
朴用周 : 贊同하다.
張之永 : 3唱
會長 : 改議가 없는가를 묻다.
一同 : 없다고 告하다.
會長 : 會則改正案은 基本骨格을 原案대로 두고 新任 會長團과 理事会가 修正加除하도록 모두를 委任하였음을 可決宣布하다.

議案 第4號 相助會設立案을 上程하다.
會長 : 이 案은 高悌和 同志와 李命宇 同志 등이 發議하여 推進하던中 保留된 것이지만 이것도 案이나 만큼 손질하여 上程하는것 임을 說明하고 案全文을 朗讀하고, 이 機構는 2元組織이 될것 같다는 意見을 添加하다.
高悌和 : 왜 2元的인가 反問하고 相助会는 親睦会든 돈이 있어야 團結이 되고 돈이 관계돼야 모두 잘 参加하게 되는것이 아니냐는 뜻을 告하다.
會長 : 會費를 낼 形便이 못되는 同志에게 問題가 된다는 뜻임을 말하다.
蔡命新 : 親睦團体이니까 그 뜻은 좋은것 같다.
權寧哲 : 會費를 年10萬원씩 낼 사람이 몇이나 되겠는가 參加者와 不參者가 갈라지게 되는것이 아닌가.

崔潤宇: 二元化하지 말고 會則에 넣으면 어떤가

會長: 社团法人의 定款性格으로 본다면 純粹한 親睦目的으로는 社团法人이 될수없음을 說明하다.

高悌和: 會則에 特別會計式으로 処理하면 어떨까요.

會長: 會則을 손질할때 이것도 新任 會長团에게 넘기도록 하자고 提案하다.

一同: 좋다고 告하다.

會長: 相助會規程은 會則에 適切히 加筆하여 処理할수 있는 權限을 新任 會長团에게 委任한것을 條件으로 通過됨을 宣布하다.

議案第5号 任員의 改選을 上程하다.

會長: 우리 從前의 會則에 依하면 任期가 來年8月까지가 되는것 같은데 오늘 條件附 通過된 會則의 附則 第4條에 따라 任員인 會長 1人과 副會長 1人, 理事5人, 監事1人을 選出해야 함을 提案하면서 書記에게 投票用紙 28枚의 準備를 指示하다.
우리 會가 直接選挙를 通하여 會長团을 投票하기는 1962年以來처음임을 說明하다.

李命宇: 名誉會長도 選挙해야 할것이 아닌가?

會長: 名誉會長과 顧問은 모시는것이지 選出하는것은 아닙니다 뻔한것을 가지고 왜 그러시오.

李命宇: 副會長을 2人으로 합시다.

會長: 會則審議에서 通過된것이니 再論마시오

蔡命新: 오늘 任員選出은 할수없는것이 아니요

會長 : 왜 않됩니가 오늘 成會宣布후 심의를 모두 마쳤고 總 68人에게 通知를 했으나 會議에 잘 나오지아니하거나 한번도 나오지 아니한 同志등 16人을 呼名하면서 會员모두 에게 어떤가를 묻다.

趙榮澤 : 李熙用은 은전에도 平澤會議에서 맞났는데……

會長 : 京畿支會에는 나오고 總會에는 잘 나오지 않는 모양 이군요.

會長 : 68人中 名譽會员 4人, 长期不參者 16 計 20人 이면, 48人中 오늘 參加者가 28人으로 過半數이고 우리會는 參加者로 成员하는것이 慣例, 数十年間 의 慣例임을 說明하다.

會長 : 記票를 會長 副會長 名1人과 理事 5人 监事 1人을 連記名으로 하자고 하다.

崔仁兼 : 會長과 副會長만을 뽑고 理事는 會長团이 指名하는것이 좋겠다고 하다.

會長 : 监事는 直接뽑아야 한다고 말하다.

一同 : 會長과 副會長만을 뽑자고 하다.

會長 : 그러면 會長1人, 副會長1人을 記名하여 投票 하기로 하다.

張之永 : 鑑票者가 있어야 하는것이 아닌가요

會長 : 張之永同志가 集票하여 鑑票하시오. 그 앞의 申健澈 同志가 集計하도록 하라고 指定하다.

投票開始 함.

蔡命新 : 나는 投票하지 않겠다.

黃仁模 : 나도 會员이 아니니까 投票하지 않겠다.

許在九 : 유가족은 會员이 아니니까 投票하지 않겠다.

會長 : 許先生이야 말로 投票하실 当当한 權利가 있습니다. 한말씀 하십시오

許佐九(故許銀九少尉의 兄) : 政府側의 지난날 無誠意를 고집다. 過去 70余차례의 陳情 등을 할때 많은 고충을 말하다.

會長 : 지난 한 해의 業務報告를 하다.

投票結果를 發表하다 張之永 同志

總投票紙 25枚, 기권 3人
會長 : 金仁植 22票, 蔡命新 2票, 權寧哲 1票, 計 25票
副會長 : 權寧哲 11票, 高悌和 7票, 崔允植 3票, 金仁植 2票, 安秉熙 1票, 趙榮澤 1票, 計 25票
會長에 金仁植 22票로 當選을 宣布하다.
副會長에 權寧哲 11票로 當選을 宣布하다.

一同 拍手

金仁植 일어나서 앞으로는 오늘을 教訓삼아 予算의 범위以外는 一切行動하지 않겠으며, 會費制度를 導入하고, 總意에 따라 會務를 処理할것을 간략히 人事하다.

權寧哲 会長을 도와 最善을 다하겠다고 말하다.

이어 會長과 副會長은 合意下에 理事에 高悌和, 安秉熙, 崔潤宇, 申健澈, 崔允植 을 監事에 崔仁泰를 指名하여 滿場의 拍手를 받다.

蔡命新 : 오늘 4時半에 記者會見이 있어 곧 가야 겠기에 人事말을 하겠다고 하다.

會長 : 좋습니다.

蔡命新 : 일어서서 一同에게 人事말을 한뒤 金 會長이 意態的으로 일은 많이 했으나 試行錯誤도 있는것 같고 그야말로 独走하는 印象도

없지 않다. 特히 우리 白骨兵團이 널리 알려진것은 鄭호용將軍의 德이 큰데 그분을 욕하는 金會長의 태도는 크게 잘못된 점이다.

吉元八을 제가 잡았다고 月刊잡지에 쓴것이 있는데 그건 말도 안된다. 증거도 가지고 있다. 내 옛 部下였거나 副官을 지낸사람들中 高位將星들이 많이 있는데 그분들이 金會長이 警司令官을 헐뜯고 있습니다 라는 말들을 내가 들었다. 섭섭하지만 모두지나간 일들이고 앞으로는 잘 協助해서 모두 남은 余生을 화목하게 지내자 라는 要旨의 發言을 하고 곧 退會하다.

黃仁模: 나도 일이 있어 가야겠다고 하고 退會하다.

會費收入 260,000 원
食代支出 260,000 원 (음료수는 써비스 받음)
殘 額 — 원

이날 會費를 納付하지 아니한 會員은 蔡命新, 李命宇 두 同志였음.

늦은 食事를 하면서 간담회에서 앞으로는 잘 協助하기로 意見을 모은뒤 散會하다 <17時 15分>

위와 같이 總会를 開催하였음을 記하기 위하여 다음 사람이 記名捺印하다.

이사. 전인석
" 권영철
" 신건철
" 최용우
감사 崔仁壽
최윤석

4. 두 번째의 사열

1990년 1월 24일. 우리들 일행은 육군 제1야전군 사령부에 10여 분이나 늦게 도착했다.

그날은 혹독한 영하 30도의 강추위였다.

연병장에는 의장대와 군악대가 도열해 있고,

사열대 위에는 군 고위 장성 수십 명이 도열하고 있었다.

이 모든 준비가 순전히 우리 일행을 환영하기 위한 행사임을 알고 우리 모두는 깜짝 놀랐다.

야전군 사령관이신 이진삼 대장께서는 지독하게 차가운 날씨에도 불구하고 군악대의 환영 연주가 울려 퍼지는 가운데 우리를 반갑게 맞이해 주셨다.

1990. 1. 24. 정예 야전군 사령부를 방문한 백골병단 작전참모 전인식 대위(전우회장)가 야전군 사령부 의장대를 사열하였다. (옆은 예비역 황인모 장군)

곧이어, 무개 세단 사열차에 「M 채 씨」와 이 사령관이 승차하게 되었는데, 비서실장 구재L 대령께서 나에게도 장갑을 권하면서, 뒤이은

사열차에 올라 사열을 받으라고 하는 것이 아닌가.

나는 88년 6월초, **특수전 사령관** 서완수 장군과 함께 특전사령부 사열차에 올라 사열을 받은 경험이 있었지만 여기는 육군의 정예 제1야전군 사령부가 아닌가.

사열차에 오르게 된 나는 매우 당황했으나, 우물쭈물할 수도 없었다.

나는 사열차에 올라 정예 제1야전군 사령부에서 사열을 받는 영광을 얻었다.

나에 대한 이 파격적인 예우는 두말할 나위 없이 옛날 유격전을 벌였던 전우 모두에 대한 경의의 표시이리라.

나는 동지들을 대표해서 영광을 받은 것이라고 생각하면서, 뒤이은 분열을 거쳐

군사기밀에 속하는 브리핑 등도 들었는데, 이는 우리들 참전전우 일동을 얼마나 믿고 있다는 것을 입증하고도 남는 사례라 하겠다.

영하 30도를 오르내리는 휴전선 경계를 담당하고 있는 야전군의 피나는 노력과 사명감으로 뭉친 후배 장병들의 철통같은 국토방위 태세는 한마디로 믿음과 감격, 그것이었다.

융숭한 오찬 대접까지 받은 우리 일행은 조그만 기념품 하나 준비해 가지 못했음에 죄송스러운 생각을 지울 수 없었다.

「**M채 씨**」는 나에게 전적비 건립에 관해서는 우리 쪽에서 먼저 말을 꺼내지 말라는 지시가 있었는데 그 뜻을 지금까지도 헤아리기 어렵다.

왜 이진삼 장군에게 전적비 건립에 대해 고맙다는 말 한마디를 하지 말라는 것인지…….

그때까지는 전적비 건립과 관계되는 일이 잘되는 듯 했는데 육군본부에서 "채 장군"이 동의·서명한 김한철 군의 진정서 때문인지 알 수 없으나, 동 사업을 중지한다는 날 벼락같은 통지가 날아왔다.

세상 참으로 기가 막힐 일이 아닐 수 없었다.

어쩔 도리 없이 원주(原州) 야전군 사령부로 이진삼 사령관을 만나러 그곳을 몇 차례 또 들락거렸다.

그분을 계속 찾아다녔으니……. 참으로 괴로우셨을 것이라고 생각한다.

권영철 전우회 부회장이 바쁘면 신건철(申健澈) 동지, 황 장군 등 가리지 않고 함께 원주와 인제군을 들락거렸다.

나의 생업인 출판 사업은 거의 걷어치웠다.

그 때문에 돈 문제로 아내와의 대립의 골(谷)은 점점 깊어만 갔다.

이 장군께서는 이때 약간 화가 나셔서 공병 참모인 장군에게 양회 2,000 포대와 철근 20 ton 을 긴급 배정하도록 지시하셔서 3 군단에 추진 보급이 되었는데 후임 공병 여단장(金秀雄 대령)이나 박익순 장군(군단장)이 움직이지 아니해 여간 고충이 아니었다.

이를 어찌 필설(筆舌)로 다 하겠는가.

참으로 고난(苦難)의 세월이었다.

군단, 공병 여단을 부지런히 찾아 다니며, 사정 사정해야 했다.

마지못해 부지의 절토(切土) 작업이 진행되게 되었다.

불도저가 다시 투입되어 기초 공사가 진행되는 동안 나는 강원도 인제 지방을 이웃집 드나들 듯 했다.

새벽 4시에 여의도를 출발해 8시까지 현장에 도착해야 했다.

그때 공병 대대장 이상원(李尙原) 중령은 미국 워싱톤 주립대학에 유학하여 그 대학에서 공학박사 학위를 받은 유능한 장교였다.

그분은 내가 대학에서 토목공학과 관리공학을 강의하는 교수 출신이란 사실을 알고 있어서 서로 잘 협력이 되었다.

우리 전적비 건립을 방해하는 친구 세 어른? "M 채 씨", "이두병 12연대장", "김한철 군" 등 때문에 기공식이 중지 되었었으나, 우리들의 강력한 항의와 M 채 씨의 해명서로 당국의 오해가 풀려

한 달여 만인 1990년 6월 13일 우여곡절 끝에 길일(吉日)을 택해,

12사단장 오영우 장군(대장 예편)과 우리 참전전우회의 전우 및 유가족, 그리고 인접기관장, 인접부대장 등 군·관·민 200 여 명이 참석한 가운데 역사적인 슬픈 기공식(정식)이 거행되었다.

사실은 두 번째였지만……

(그동안 우리들이 모금한 전적비 건립 헌금 일천만원을 추가로 전달하기도 했다.)

전적비가 들어설 **강원도 인제군 북면 용대리 산 250－2** (4,928 m²) (약 1,500 평 상당)의 부지는 이미 정지가 되었고,

그 위에 3 각 6 괘 16.4 m 의 웅장한 전적비가 세워지는 것이다.

군악대의 연주 속에 국민의례가 있고 나서, 기공식사(式辭)를 한 나는 너무나 감격스러워 식사(式辭) 도중 솟구치는 눈물을 주체할 수가 없었다.

말 하다가 울고 또 울었다.

전적비는 미시령과 진부령 방면으로 나뉘는 삼거리에 위치한 좌청룡 우백호의 명당이었다.

이 자리는 고총(古塚) 하나 없고, 바로 위는 용이 깃털을 세우고 있는 형상의 큰 암석이 병풍을 이루고 있는 험준한 산악인데도 불구하고 바위는커녕 큰 돌 하나 없는 좋은 토질이었으니,

우리 전우들의 전적비를 위해 태고(太古)적 부터 마련되어 있었던 것도 같았다.

공사가 진행되는 동안 나는 73차례나 인제지구의 험로를 방문했다.

그 덕에 그 당시 최고급 승용차량인 "로얄싸롱" 승용차가 망가지기도 했다.

공사중에는 단 한사람의 조그만 부상자 하나 없이 완성될 수 있었음은 매우 다행스럽고 또 뜻있는 일이 아닐 수 없었다.

1989. 7. 4. 전적비 부지 조성공사 현장을 공병여단장 **김수웅 대령**과 필자가 현지에서 협의하는 광경

1989. 7. 4. 백골병단 전적비 공사 추진계획 안내 설명판 옆에 선 **권영철** 동지의 모습

5. 白骨兵團戰跡碑

(1990. 11. 9. 제막된 백골병단 전적비의 위용)
곳 : 강원도 인제군 북면 용대리 산 250-2

白骨兵團 戰跡碑는 1951. 1. 4.부터 1. 25까지 유격특수훈련을 받은 결사유격 제11연대 363명이 1951. 1. 30. 강원도 영월군 영월읍에서 적후방으로 침투한 이후 결사유격 제12, 13연대가 강원도 명주군 연곡면 퇴곡리에서 백골병단으로 통합(647명)하고, 1951. 4. 3 ~ 25까지 사이에 개선한 장병 280여 명의 염원과 필자의 노력으로 육군본부의 예산지원과 참전전우회원의 성금 그리고 육군 제3군단 공병여단과 육군 제703특공연대 장병의 지원으로 건립되었다.

세 뿔은 **자유, 평화, 통일**을 각 상징하고 결사 **제11연대** 동 **12연대** 동 **13연대**를 주탑 높이 11 m (기초포함 16.4 m) **공사계획 · 설계 일체는 전우회장인 필자(全仁植)의 작품으로 공사 감리를 겸했다.**

백골병단 전적비 비문

碑　　文

서기 1951년 1월 국본특(육)제22호로 편성된 육군본부 직할 결사 제11연대와 제12 · 13연대 장병 647명을 1951년 2월 20일 육군중령 채명신이 통합 "白骨兵團"을 창설하고, 퇴곡리에서 오대산 북방 중부내륙 청도리 방면으로 진출, 적의 배후를 유린하였다.

1951년 2월 27일 적69여단 소속 정치군관으로부터 노획한 전투상보 · 작전배치 상황 등을 아군 수도사단에 속보하여 적을 괴멸시켰고, 광원리 인근 적3군단 지휘소의 습격, 적후방에서 내왕하는 연락장병의 생포 · 사살 등 적의 후방을 교란하였으며

1951년 3월 18일 군량발 지구 "필례"에서 남침준비중이던 "대남 빨치산" 사령관 인민군 중장 길원팔과 참모장 등 고위간부 13명 전원을 생포하므로서 대남 빨치산 지휘부를 전멸시켰다.

1951년 3월 19일 가리산리에 진출해 있던 적 빨치산 5지대의 대규모 공격을 받은 "백골병단"은 남하를 위장하다가 다시 북상, 대승령 경유, 용대리방면으로 진출하였으나 적의 포위공격으로 부득이 설악산 중청봉을 경유하여 오색리 단목령(일명 박달재) 진동리 방면으로 퇴출, 적의 주저항선을 배후에서 돌파 1951년 3월 30일인제군 기린면 방동지역으로 철수 · 개선하였다.

이 유격특수작전은 적후방지역 320킬로미터를 영하30도의 혹한을 무릅쓰고, 종횡무진, 적의 지휘통신시설 파괴, 보급로의 차단, 빨치산 지휘부 섬멸, 적 연락장병 등 309명의 생포, 사살 170여명 등 적후방지역을 교란함으로서 아군 작전에 크게 기여하는 전공을 세웠다.

이 작전기간 중 "조국의 자유와 평화를 수호하기 위하여" 용감하게 싸우다 순국 산화하신 장병의 명복을 빌고, 백골병단 장병이 이룩한 충용의 정신을 후세에 전하고, 귀감으로 삼고자 이 비를 세우다. **비문 : 전인식 짓고 씀**

서기 1990년 11월 9일

白骨兵團 參戰 戰友會 會員一同

會 長 : 全仁植,　副 會長 : 權寧哲

顧　問 : 예비역 육군중장　채명신

理 事 : 崔允植 · 申健澈 · 崔潤宇 · 安秉熙 · 申孝均 · 權一相

監 事 : 崔仁泰(主塔 揮毫)

護國의 軍神으로 散華하신
戰歿將兵

陸軍大尉 尹昌圭·玄奎正
陸軍中尉 鄭世均
陸軍少尉 許銀九·尹泓·李鍾三
朴萬淳·李夏淵
二等上士 柳東鉉
一等中士 張東淳·申鉉石·洪勝先
朴鍾萬·서일택
二等中士 權旭相·姜文錫·金潤秀
洪淳基·李完相·李相旭
金周鉉·류동식·박희영
鄭閏哲·김양환·이영업
趙重用·서두생·이석순
황경덕

(이상 1990年 10月 현재)

<以上 碑에 刻字>

《註》白骨兵團 參戰 將兵中 戰死 및 失踪將兵의 數는 360名 相當에 이르고 있으나 陸軍本部로부터 戰死確認이 된 將兵은 위에 揭記한 30名에 不過합니다. 참으로 안타까운 일입니다.
이분들도 1987年 3月 故 許銀九 少尉로부터 그 當時의 軍番과 階級으로 戰死確認을 받을 수 있게 되었습니다.
故 許銀九 少尉의 伯氏이신 許在九씨는 76차례에 걸친 陳情을 하였으나 그때마다 軍籍이 없다는 이유로 拒絶 되었다고 합니다.
故 許少尉는 1951年 3月 敵의 獨立高地 벙커를 쳐부수는 殊勳을 세우고 壯烈히 戰死하신 戰友입니다.
參戰 同志會의 確認과 特命寫本 등을 根據로 겨우 戶籍을 整理할 수 있었고, 그 뒤부터 다른 戰友들도 戰死確認을 받게 되었으나 遺家族 中 軍事援護를 받을 수 있는 분은 大部分 이미 死亡하셨고, 子女는 長成하여 나라에서 베푸는 惠澤은 거의 받지 못하고 있는 實情입니다.
遺子女는 말합니다. 아버지가 없어 苦生한 것은 좋으나, 빨갱이 자식이란 소리를 들은 것과 배우지 못하여 社會에서 바닥을 헤매이는 것이 恨 스럽다고……

獻詩

조국의 자유와 통일 위하여
출진한 백골병단육백사십용사!
오대·설악을 넘고 또 넘어
혁혁한 전공을 세운 그들!
장하고 거룩한 겨레의 횃불
오! 그 영과 청사에—
길이— 빛나리

參戰戰友 全仁植 지음

이 한수를 동지의 영전에 바치노라!!

<以上 碑에 刻字>

백설이 흩날리는 51년 3월
유난히도 추웠고 지리했던 해
거지도 새옷 입는 눈 오는 날
더없이 즐거운 강아지 마냥
오대산도 설악산도 뛰어 넘고 또 넘어
청춘도 사랑도 못 다 이룬 젊은 그들
이름모를 폭포를 손오공 같이 몸 날렸네
설악의 영봉은 아는가 모르는가.

몰골은 내동포로되 옷매무새가 붉은 이리
다시한번 죽음 당하고 걷어차였네
그 한 어찌 구슬피 울지 않으리
그대들의 거룩한 발자취 여기 남았네
밝은 3월의 햇살이 더 찬란히 빛나리
그대들은 조국과 민족의 안녕 위하여
한알의 밀알 되어 영원한 삶을 누리리
3월의 흰 눈송이 그대를 포근히 안으리.

=못다핀 젊은 꽃에서=

박달재를 넘고서야 허기지니
앉았다 다리펴고 그만 잠 들었네
어느새 동태되어 그 넋이 저 하늘로
젊음이 호국신으로 산화했네
포성도 총알도 없었으니 그 누가
전사했다 하겠는고 호국신이라 했겠나
그대들은 조국을 위하여 몸 바쳤네
사랑도 버렸네 청춘도 다 버렸다네.

따사로운 햇살받아 꽃피우고
이름모를 산새와 벗되어
즐거운 교향곡을 홍얼거릴세
한 맺힌 박달령에 흰눈이 다시 내려
그대들의 포근한 이불솜 되려니
장하고 거룩한 겨레의 등대되었네
결사의 백골병단 용사들이 잠든 곳
그 한은 이제 영원 불멸하리라.

파 랑 새 (全 仁 植)

建立趣旨文

조국을 위해 적진 후방으로 침투하여
혁혁한 전공을 세우고,
호국의 군 신으로 산화하신 백골병단
유격장병의 숭고한 희생정신과
빛나는 위훈을 기리고,

우리 후손들에게 오로지 임무완수를
위해 종심전투를 감행 승리한 교훈을
길이 전하고자 여기에 기념비를 세우다.

1990년 11월 9일

육군참모총장 대장 李 鎭 三

=別途 建立=

《註》이 戰跡碑는 陸軍大將 李鎭三 將軍께서 1988年 6月 29日 精銳 第3軍團長으로 在職하실 때, 參戰同志會長 全仁植과 顧問 黃仁模 將軍(豫備役) 副會長 權寧哲 同志가 訪問하여, 그 當時의 作戰狀況을 說明하고 戰跡碑조차 建立하지 못한 것을 呼訴하자, 그분께서 戰跡碑의 建立 當爲性을 認定하시고 決心해 주셨으며, 곧 이를 上部에 建議하시어, 그해 11月 總長님의 裁可를 받게 해주셨고, 第1軍司令官으로 榮轉하신 뒤에도 계속 支援해 주셨습니다.

全仁植 同志는 1962年 參戰 同志會를 結成할 때부터 산파역을 맡았으며 오늘날까지 28年間을 同志會員의 結束과 그 活躍相을 世上에 알리고자 "나와 6.25 [敵 後方 300里의 血鬪]" "못다핀 젊은 꽃" "白雪의 長征" "白骨兵團" "결사11연대" 등 5卷의 冊을 펴내면서 各界에 呼訴·陳情 數百通을 냈습니다만……

우리들 參戰戰友 一同은 勿論 遺家族, 그리고 特攻, 特戰勇士 모두의 산 敎育場과 國民安保 意識鼓吹 向上에 크게 이바지 할 記念碑가 될 것입니다.

거듭 感謝 드립니다.

建立에 도움을 주신 분

육군참모총장	대장	李鎭三
제1군사령관	대장	李文錫
제3군단장 (前)	중장	朴益淳
제3군단장	중장	片將圓
보병제12사단장	소장	吳榮祐
제3공병여단장 (前)	준장	潘雄植
제3공병여단장	대령	金秀雄
제3군단 작전참모 (前)	대령	金明世
제3군단 작전참모	대령	白南煥
703특공연대장 (前)	대령	梁啓卓
703특공연대장	대령	柳海槿
제125공병대대장	중령	李尙原
공병여단시설처장	중령	金周伯
육군제703특공연대 대대장	중령	朴鍾善
육군제703특공연대 대대장	중령	全岱石
803정찰대대장	중령	白幸基
육군본부민사심리전참모부	중령	蘇秉成
設計 (주)가야기술단	대표	金圭泰

白骨兵團 戰跡碑 建立에 도움을 주신 분에게 參戰 戰友와 遺家族 모두를 代表하여 感謝 드립니다.

1990. 11. 9

大韓遊擊參戰同志會
會員一同

=別途建立=

《註》 위에 揭記한 도움을 주신 분 외에도 육군본부 군사연구실 관계관, 민사 심리전참모부 소속 전사확인 담당관, 제1군사령부 공병참모부 담당관, 제3군단 관련 참모 등 여러분과 시공대대의 장병 여러분의 도움이 있었습니다.
이 뜻을 여러분에게 鄭重히 感謝한 뜻을 바칩니다. 대단히 감사합니다

建立誠金 寄託者

蔡命新, 全仁植, 權寧哲, 康斗星, 元應學, 申孝均, 崔允植, 金容弼, 申健徹, 安秉熙, 崔潤宇, 李翊宰, 丁圭玉, 張承鉉, 李明海, 高悌和, 柳卓永, 朴勝錄, 元吉常, 張德淳, 朴鍾瑝, 張之永, 趙榮澤, 朴用周, 李南薰, 林東郁, 崔仁泰, 金永卨, 李雲河, 吳鳳鐸, 林南玉, 金壽昌, 崔鍾敏, 河泰熙, 尹範容, 趙炳僎, 林炳基, 李熙用

(이상 백골병단 참전 전우)

許在九(고 허은구 소위), 權一相(고 권욱상 중사), 張東說 · 金丁任(고 장동순 중사), 朴貞烈(고 홍순기 중사), 鄭大均(고 정세균 중위), 朴昌永(고 박종만 중사), 金漢璘(고 김주현 중사), 朴明緖(고 박만순 소위), 柳周鉉(고 류동현 상사), 趙重淑(고 조중용 중사). (이상 유가족)

徐元景, 車在翊, 梁啓卓, 柳海槿, 朴鍾善, 全岱石, 白幸基

(이상 명예회원)

= 以上 碑에 刻字 =

《註》 戰跡碑 建立을 陸軍本部가 決定하고 支援함에, 우리들 參戰戰友一同도 이에 協贊하여 戰歿戰友에게 吊儀를 바치는 뜻으로 誠金으로 모아, 1次로 壹千萬원을, 2次로 參百萬원을 施工部隊인 第3軍團에 傳達하였습니다. 여기에는 參戰戰友의 뜻에 呼應한 遺家族의 同參도 있었고, 名譽會員도 함께 하였습니다.

큰 戰跡碑에 比하여 적은 誠意 입니다만, 우리 戰友들 一同의 뜻이 여기 함께 담겨 永遠히 숨쉴 것이란 自負心 또한 크다는 것을 밝혀 둡니다.

※ 故 車在翊 준장(前 2대 703특공연대장, 現 중앙군사 학교교육훈련처장), 梁啓卓 대령(前 703특공연대장), 柳海槿 대령(現 703 특공연대장), 朴鍾善 중령, 全岱石 중령(703 특공연대 제1,2대대장, 시공지원), 白幸基 중령(803 정찰대대장)

建 立 槪 要

○위　　치 : 강원도 인제군 북면 용대3리 산250
○건립기간 : 1990. 6. 13 ~ 11. 7
○시공부대 : 제3공병여단
○후　　원 : 육군본부 군사연구실

○**전적비 해설**

•주탑세뿔 : 자유 · 평화 · 호국
결사유격 제11, 12, 13연대를 각 상징.

•세 개의 주기둥이 상단 정점에서 일치 : 통일염원.

•비의 받침 280센치미터 : 임무완수 개선한 장병의 수.

•각 기둥의 폭 120 센치미터씩 3개 360센치미터 : 작전 중
호국의 군신으로 산화하신 전몰장병의 수.

•백색 : 고결한 얼이 담긴 멸사보국 · 사중득생
유격 특공장병을 상징함.

•진입 입구계단 : 36단

•설계구상 : 참전동지회 회장 전인식과 정규옥

○설계 구조계산 : (주) 가야기술단 金圭泰. (교수)

=別途建立=

《註》이 碑는 전적비 겸 위령탑의 성격을 동시에 표상하고 있습니다. 우리들 살아남은 280명은 전사하신 360여명의 동지가 있었기에 오늘을 살 수 있는 것입니다. 따라서 세뿔 360cm와 280cm(즉 280명)는 떼어낼 수 없는 것입니다. 高潔한 얼, 그리고 白骨, 白色은 永遠한 特攻을 상징하는 滅死報國을 나타내는 生動하는 未來 指向의 碑가 될 것입니다.

白骨兵團 將兵名單

육군중령 : 채명신　　　　임시소령 : 이상섭 · 이두병

임시대위 : **전인식**, 양재호, 최윤식, 김원배, 윤창규, 이창식, **장철익**, 김한철, 김정기, 김일제, 권왕견, 김형순, 『현규정』, 이태윤

임시중위 : 최두수, 정세균, 정학문, 임병훈, 이봉구, 박창환, 이문혁, 홍순태, **권영철**, 김영돈, 정윤화, 이만우, 김인태, 윤철섭, 백제호, 이창남, 권상홍, 나명집, 이병석, 정대현, 채원석, 최이택, 김정근, 최기혁, 김용구, **고제화**, 신정돈, 김진배, 편무정, 강창희, 전용식, 이점수, 이주창, 이명구, 박성종

임시소위 : 이채용, 박용수, 유대근, 이은수, 최용달, 최인태, 이남학, 이종삼, 박정봉, 장용문, 이인녕, 전봉규, 허은구, 조시형, 류탁영, **오석현**, 홍순하, 박종환, 이하연, **권태종**, 안홍준, **황태규**, 한갑수, 임계수, 김의덕, 유치홍, 윤　홍, 이영하, 김덕균, 이정근, 김응권, 김중식, 김혁기, 최상규, 차동원, 이명왕, 선우단, 김발림, 김종한, 김성규, 박진수, 박홍남, 조대일, 박만순, 박부서, 김용남, 김석배, 이재관, 신현옥, 송창섭, 서상윤, 박만선, 이상우, 김동진, 차복길, 김전경, 조병설, **김용필**, 황무연, 한기훈, 함태용, 황병석, 황관현, 최순룡, 김익환, 김윤태, 이돈석, 이재봉, 윤종렬, 이충규, 안창순, 신의순, 『이명우』『김홍복』　　　(이상 군번순) 『 』현지 임관.

특별보좌관 : **강두성**, **원응학**, 신효균, **이덕일**, 장인홍, 정남일, **원치명**, 백영제, 『현규정』 대위로

이 등 상 사 : 정규옥, **장지영**, 신건철, **박승록**, 조영택, 장덕순, **박용주**, 류동현, 오봉택, 김정종, 최종민, 신영기, 원봉재, 박광석, 오정섭, 권처홍, 이병수, 안순철, 조차원, 황규진, 박광선, 정연진, 김옥석, 이창홍, 김용복

일 등 중 사 : **최윤우**, **안병희**, 이익재, 장동순, 신현석, 장승현, 이명해, 이운하, **임동욱**, 김수창, 윤범용, 박종만, 원길상, 하태희, 김인수, 함만동, 김차곤, 박종운, 김현기, 김장성, 조영배, 김창옥, 홍승선, 서일택, 장국환, **전영도**, **김성형**, 심인구, 김도중, 조명식, 이대섭, **김중신**, 김재묵, 김종각, 장철호, 김현갑, 전영모, 고영상, 안창호, 도한팔

이등중사 : 권욱상, 홍순기, 김주현, **임병기**, 이남훈, 임남옥, 류동식, 박희영, 정윤철, 강문석, 김윤수, 이완상, 이영업, 서두생, 이희용, 김영설, 최두성, 권두식, 이재성, 황경덕, 김양환, 심구복, 조규정, 장지홍, 서석기, 류종수, 이귀정, 이규재, 신락균, 김태봉, 이순영, 강옥진, 조남현, 김해원, 송경희, 이태희, 강호영, 김현길, 이형구, 서병환, 이정구, 김윤태, 이석순, 박기석, 서현택, 천봉균, 안병철, 김철구, 김명규, 현 제, 이일형, 이충구, 임경업, 이상옥, 조중용, 강윤희, 김병칠, 윤동익, 박종수 외 382명 (1990. 10. 10 현재)

= 以上 碑 刻字 =

※ 1990년까지 필자가 파악한 참전장병의 명단을 수록한 것이다. 임시장교는 전원이고, 부사관 및 병의 성명은 그때까지 파악된 명단이다.

《註》臨時將校의 任官階級은 陸軍臨時步兵大尉 · 中尉 · 少尉 등으로 正規軍(現役) 將校와 區分한 것 같고, 軍番은 GO1003 등으로 賦與하였습니다. "GO" 은 게릴라 장교(Guerrilla officer)를 뜻하는 유격대 계급이 아니였나! 라고 생각 됩니다만 任官辭令狀에는 大統領指令에 依하야 國防部長官 申性模로 長官의 職印과 契印까지 엄연히 찍혀 있습니다.(正本保管中 전쟁기념관 전시)
또 任官辭令狀을 받아본 同志도 없었고, 그 當時는 戰時였으므로, 3週日間의 短期訓練만으로 戰線에 投入되던때 였고, 激戰中에는 中上士를 現地에서 任官시키던 때라, 우리들도 將校 또는 士兵이 된 것으로 알았습니다.
그뿐 아니라 當時 階級章을 달아 주시던 분 들이 有名한 將軍이셨고 高級將校들이였습니다. (士兵의 경우도 "G" 를 앞에 붙인 것은 역시 "게릴라" 를 뜻하는 것으로 추정됩니다.) 戰歿將兵으로서 國立墓地(동작동) 顯忠塔 안의 位牌室에 位牌安置된 將兵 모두는 "임시" 가 아닌 階級으로 禮遇해 주었습니다.
參戰 將兵의 名單中 未確認 382名은 名單을 찾을 수 없어, 여기 揭記하지 못한 것을 매우 안타깝게 생각합니다.

白骨兵團 作戰概要

◎ 일반명령 : 대통령동원령 제 5 호(1950), 국방부특명(육) 제22호(1951)
◎ 작전명령 : 제 1 호, 제 2 호, 제 3 호(1951.1~2)
작전기간 : 1951. 1. 25 ~ 3. 30 (65일간) (임관일 기준)
임　　무 : 1. 연락장교 생포 · 사살
2. 지휘소 습격 및 간부 생포 · 사살
3. 비밀문서노획 · 애국청년 포섭 · 첩보망 구성
4. 무장강화 · 후방교란 · 보급로 및 생산기관 파괴
5. 사병에 대한 귀순공작 · 민중조직 강화 · 확대
병　　력 : 640명(11R : 360, 12R : 160, 13R : 120) 1개분대 3명으로 편성
장　　비 : 소련제 구식 장총 및 단총 · 수류탄
SCR 300 무전기 2대
보　　급 : 피복-적군 복장으로 위장, 식량-2주일 분의 미숫가루
◎ 전　　과 : 1. 적 69여단 1급 기밀서류 노획 · 아군에 속보
2. 69여단 괴멸로 아군의 북진작전에 기여
3. 적 군단 지휘부의 기습 감행
4. 적 중장외 고위장병 300여명 생포 및 사살 170여명
5. 남파 빨치산 지휘부의 전멸로 남침을 제어
6. 통신시설파괴, 보급로 파괴
7. 적 병력 분산유도 및 지휘교란 · 전의상실에 기여
8. 민심교란 및 경제 교란 유도

《註》 SCR 300 무전기는 산악지대에서 통달거리 4 km 에도 미치지 못할 뿐 아니라, 그 무게가 무거워 통신병의 고초는 이루 형언할 수 없었다.
대공표지판은 오히려 아군 공군기의 표적이 되어, 2회의 피 폭격으로 11명의 희생을 당하기도 했다. 따라서 2회째의 피습부터는 대공표지판을 깔지 아니하여 피해를 줄일 수 있었다. 아군의 피해는 전투손실 보다도 동사 및 아사자 등 비전투 손실 120여명을 포함한 360명(실종포함) 상당이었다.

유해 대전 국립묘지 안장

1990년 8월 30일 대전 국립현충원 장교묘역과 사병묘역에 고 현규정 대위와 고 이하연 소위, 고 이완상 병장이 참전전우 일동이 묵념하는 가운데 각 안장되었다.

1993년 11월 18일 대전국립현충원을 예방한 전인식 회장과 권영철 부회장이 고 이완상 병장의 묘소를 참배하고 있다.

10 2012년 6월 7일 목요일 기 획 국방일보

"자신의 존재는 국가가 온전할 때 인정받아"

호국보훈의 달에 만난 사람 ③

육군본부 직할 결사대(일명 백골병단) 전우회 전인식 회장

"전우여! 우리가 왔네. 편히 쉬게나."

5일 오전 11시 강원도 인제군 북면 용대3리 산 250-2, 백골병단전적비. 이날 현지에서는 육군본부 직할 결사대(일명 백골병단) 추모행사가 육군3군단이 주관하고 국방부와 국가보훈처, 대한민국 재향군인회가 후원한 가운데 거행됐다.

행사에는 전우회 전인식(84·사진) 회장을 비롯한 회원들과 지역주민, 육군3군단 한동주 군단장과 육군12사단장, 소속 부대 장병 등 200여 명이 참석했다.

김관진 국방부장관은 이날 한 군단장이 대독한 추모사를 통해 "불굴의 군인정신으로 나라를 지켜내신 선배님들이야말로 진정 이 땅의 영웅"이라며 "대한민국을 위해 목숨을 아끼지 않으셨던 6·25참전용사 여러분께 깊은 경의를 표한다"고 전쟁 당시 육군본부 직할 특수작전 부대로 유격전에 참가해 산화한 백골병단의 넋을 기렸다. 전 회장을 행사장에서 만나 올해 달라진 추모행사의 면면을 들어봤다.

장학사업·경로잔치 펼쳐 지역사회 후원

현역에 격려금… 백골병단 전우회가 유일

-지역사회 경로잔치·장학사업과 연계한 추모행사를 열어 남다른 평가를 받고 있다. 올해도 행사가 하나 더 늘었다고 들었다.

백골병단 윤창규 대위의 살신성인을 기리며 세운 충용상.

"지역 내 용대초등학생들을 위한 장학사업은 6년째고, 경로잔치는 4회째다. 추모행사와 곁들인 이 같은 장학사업·경로잔치는 백골병단을 잊지 말아달라는 당부의 의미와 함께 전적비를 잘 돌봐 달라는 부탁의 뜻도 담겨 있다. 올해는 첫 '충용특공상'을 제정, 육군3군단 예하 703특공연대 소속 모범 부사관 2명에게 각각 50만 원의 격려금을 전달했다. 해마다 전적비 관리를 위해 애쓰는 특공연대 부사관들에게 지금까지 아무런 예의를 표한 바 없어 전우회 일동이 뜻을 모아 충용특공상을 만들어 해마다 2명을 부대에서 선정하면 6월 현충 행사 때 상장과 상금을 주며 격려하고 부대는 2박 3일의 공로 휴가를 주는 것으로 했다. 2400여만 원의 기금을 조성한 상태다. 원금을 이자율이 높은 군인공제회에 맡겨 해마다 원금과 이자를 더하면 지급하는 데 아무런 문제가 없다. 오랜 전통으로 이 충용특공상이 유지되길 바란다. 상장 수여는 1990년 11월 당시 특공연대장이 있던 류해근 전 특전사령관(예비역 중장)이 수여하는 것으로 했다. 예비역이 현역을 위한 상장과 상금 수여는 아마도 우리 전우회가 유일할 것이다. 물론 전우회 차원에서 지역사회 장학금과 경로잔치도 백골병단 전우회가 처음인 것으로 안다. 이제 가는 세내지만 나름대로 나라사랑이자 애국정신으로 이해해 주면 고마울 따름이다."

-국군 최초의 유격전 수행 특수부대로서 전우회의 6월은 남다를 수밖에 없다.

"1951년 1월 창설된 한국군 최초의 유격대로서 느끼는 긍지와 자부심은 말로 형언하기 어려울 정도다. 이를 인정받기 위한 각고의 노력도 추모행사 때마다 주마등처럼 떠올라 먼저 간 전우들에게 면목이 선다. 우리 백골병단은 창설 직후 오대산과 설악산 일대 고산준령과 동계 혹한에도 변변한 장비 지원없이 320㎞를 이동하며 적 500여 명을 생포·사살했으며, 적 후방지역 교란과 첩보수집 임무를 완벽하게 수행했다. 그러나 각종 작전 간 이름모를 산하에서 361명의 전우가 유명을 달리했다. 이들의 넋을 위로하기 위해 전적비를 세우고 추모행사를 열고 있는 것이다. 그러나 할 일이 더 남았다. 현재 전우회 회원 가운데 훈장을 받지 못한 16명에 대한 훈장을 신청한 상태다. 2명은 불가능할 것 같다는 통보를 받았고 14명은 긍정적이다. 6·25전쟁 62주년 행사 때나 10월 1일 국군의 날 즈음해 정식 통보를 해올 것으로 기대한다. 우리 행사에 특전사도 많은 관심과 성원을 해 주고 있다. 올해는 특히 특전사 교육단의 비정규전과 담당관 2명이 60여 년 전 당시 우리 백골병단의 퇴각로를 그대로 답습한다는 연락을 해 왔다. 대승령에서 용대리까지 17㎞를 4일부터 5일까지 1박 2일간 선배의 길을 밟겠다는 얘기를 듣고 처음엔 말렸다. 녹음이 우거지고 길이 험한 지역이다. 그래도 강행하겠다는 의지를 듣고 너무 기쁘고 고맙게 생각했다. 오늘 행사장에서 그 2명의 특전사 요원을 봤다. 고맙다는 인사도 전했다."

-국군 장병들에게 전하고 싶은 말씀이 있다면

"국가, 조국이 뭔지를 가슴에 손을 얹고 생각해 주길 바란다. 자신의 존재가치는 국가가 온전할 때 비로소 인정받을 수 있다. 그 국가를 지키는 것이 군인의 본분이다. 지금의 안보 현실, 답답한 마음으로 보고 있다는 게 솔직한 심정이다. 정신 똑바로 차리고 엄연한 북한의 실체를 봐야 한다. 만약 내 조국, 대한민국에 적의 위협이 가해지면 주저없이 우리 백골병단이 다시 일어설 각오도 돼 있다."

글·사진=유호상 기자
hosang61@dema.mil.kr

■ 편집=남기선 기자

국방일보 대한민국 수호자 우리국군 2012년 6월 26일 화요일 3

군인정신 강화·전투형 군대 확립 의지 다져

국직·육·해·공군 각급부대 6·25 상기 행사

과거에서 배우지 못하는 민족은 똑같은 비극을 반복한다고 했다. 우리 민족의 최대 비극인 6·25전쟁 62주년을 맞아 전군 각 부대는 다양한 행사를 시행했다. 그날의 치욕을 잊지 않고 다시는 우리를 넘볼 수 없게 하겠다는 군은 각오를 다졌다. 62년 전 우리를 위해 목숨 바치신 호국영령들에 대한 감사의 마음도 잊지 않았다.

김용우(가운데) 육군9사단장이 육군본부 직할결사대(일명 백골병단) 전인식(왼쪽 다섯 번째) 회장 등 백골병단 참전용사들을 초청해 무공훈장 수여식을 가진 후 기념촬영하고 있다. 사단은 훈장 수여식 후 '6·25전쟁 62주년 상기 전투형부대 정착을 위한 결의대회'를 가졌다. 부대제공

국방부는 25일 부재원 인사복지실장 주관으로 전쟁기념관을 방문, 전문요원의 안내하에 전시물들을 관심 깊게 견학하며 6·25전쟁을 상기하고 안보의식을 고취했다.

국군지휘통신사령부는 지난 22일 지역 6·25전쟁 및 베트남전 참전용사, 보훈단체장 등 40여 명이 참석한 가운데 '노병과 현역의 만남'의 시간을 갖는 뜻 깊은 행사를 개최했다.

국군대전병원과 국군부산병원은 6·25 참전용사 및 참전가족 대상 의료봉사와 참전용사들에 대한 성금을 전달하며 선배 전우들에 대한 감사의 마음을 전했다.

육군10전군사령부는 지난 20일 6·25 참전용사 및 보훈가족, 보훈기관 관계관 등 300여 명을 부대로 초청해 명예를 선양하는 시간을 마련했다.

군 교육기관도 6·25 상기 행사에 동참했다.

육군부사관학교는 지역 내 6·25 참전용사를 초청해 부사관 교육생들에게 살아 있는 군인정신의 표본으로 삼는 기회를 가졌다. 합동군사대학교도 지난 23일 합동대 복무 병사들의 부모 78명을 모시고 '부모님 초청 병영생활 체험 및 안보견학'을 실시했다.

저 멀리 이국땅에서도 6·25 상기 행사가 펼쳐졌다. 레바논 평화유지군 소속 동명부대는 지난 21일 레바논에서 평화유지군으로 활동하고 있는 국가 중 레바논을 포함해 과거 6·25전쟁에 참전 또는 지원했던 14개 국가의 대표를 초청해 기념행사를 가졌다.

해군은 부대별 기념행사를 통해 참전용

참전 용사·보훈가족 등 초청 '호국음악회' 개최

순국선열·호국영령의 숭고한 희생정신 되새겨

대한해협해전 참전용사 및 유가족들이 25일 대한해협해전이 치러진 울산 동방해역 격전지를 찾아 해상헌화하고 있다. 부대제공

6. 투서로 전적비 건립 방해

다음은 「金漢喆」 군이 쓰고 당국에 제출한 「괴 합의 각서」와 「진정서」로 백골병단 전적비 건립이 방해를 받아 공사가 중단된 사연이다.

본건 제목 중 추천서를 첨기 수정한 것은 채명신 연대장의 제안에 따른 것으로서 3인 대표에 13연대장을 추천하고, 추진 사항 일절을 동인(金亨哲)에게 위임 처리케 한다는 취지임. ― 이 쪽지는 **합의각서** 위에 따로 첨부되어 있던 것으로 金亨哲이 대표임을 밝히기 위한 것으로 추정된다.

다음 기술은 원문 일부를 그대로 초록한 것이다.

M채씨, 李斗炳, 金漢喆(亨哲)이 90. 4. 1 우리 同志會와 관계없이 몰래 會同하여 **合意覺書**란 것을 作成 署名 하고, 위의 쪽지와 같이 代表를 金漢喆(亨哲)로 추천 하였다고 적었다.

이들의 合意에 의하면, **우리 同志會는 消滅 함**. 이라고 明示되어 있을 뿐만 아니라 **會員에게도 效力 있음**. 이란 그들끼리 임의(괴)합의함에 따라 김형철이 대표로서 90년 5월 12~3일경 3군단장, 제1군 사령관 등에게 보낸 별첨 서신형의 진정(투)서(공사 중지 등) 때문에 육군본부로부터 90. 5.14 군연수 제4508호로 백골병단 전적비 건립사업비의 집행이 **중지**에 이르게 되었으므로 우리 동지회는 90. 5. 20 긴급 총회를 개최하고,

「M채씨」로부터 **해명 및 진정 취하원**을 받기로 결의하고, 당일 「M채씨」로부터 90년 5월 20일 19시경 별첨과 같은 취하원을 받았으나 김형철 군의 취하가 없어 1990. 5. 29까지 공사의 착공이 중단된 뒤,

1990. 6. 13에 이르러 공사 재개와 동시에 기공식을 거행하는 웃지 못할 괴사건이 생긴 것이다.

채 장군의 진정 해명·취하

解明 및 陳情取下願

受 信 : 國防部長官.　陸軍參謀總長

陸軍第 1 軍 司令官.　陸軍第 3 軍團長

經濟企劃院長官.　財務部長官. 交通部長官

大韓遊擊參戰同志會長外 會員一同

題 目 : 合意覺書및 陳情書 取下願과 解明

①本人이 1990 年 4 月 1 日 추천서 및 합의서에 서명한것은 事實입니다. 그러나 本人은 그 內容을 미리 써왔으므로 자세히 보지못하고 서명한것 뿐이므로 本人의 眞意가 아님을 분명히 밝혀둡니다.

②진정서 형식의 金亨哲명의의 투서서신은 現동지회(會長金[illegible])가 추진하고 있는것이 不可하게 될때의 代案으로 각 3개연대장이 앞장서 협동하고자 하는 내용의 것이 였는데 金亨哲이 本人의 뜻과 다른내용을 적어보내 本人의 意思가 잘못 傳達 되었습니다.

③白骨兵團은 결사유격 제 11 연대와 제 12 연대, 제 13 연대의 통합부대명칭으로서 전적탑건립계획은 변경이 불필요하며, 전적탑건립위치, 명칭등에도 아무런 異議가 없습니다.

④진정서 형식의 金亨哲 제출문서와 합의각서는 없었던 것으로, 모두 取下하오니 되돌려주시기 바라며, 그간의 노고에 감사드리고, 심려를 끼친점에 대하여 모두에게 유감으로 생각합니다.

1990 年　5 月　20 日

住 所 : 서울특별시 용산구 후암동 55 번지의 16 호

姓 名 蔡命新 (印)

진정 형식의 金亨哲 명의의 투서 서신은 본인의 뜻과 다르며, 백골병단의 통합 명칭이나 전적탑 건립 위치, 명칭 등 모두가 정당하다는 친필 서명 날인된 것(7 개 기관장을 수신으로 하고 있다)이 해명과 진정 취하서로 전적비 건립중단 29 일 만에 겨우 일단락되었다.

추천서 및 합의서

合意覺書

陸軍本部 直轄 決死遊擊 3個聯隊와 關聯된 事案推進을 爲하여 參戰當時의 各 聯隊長 3人이 다음 事案에 合意함.

1. 基本事項

위 聯隊의 所屬員으로서 實地遊擊戰에 參戰한 戰友의 모임體를 "陸軍本部 直轄 遊擊戰友會"라 하고 對政府意思表示(表記, 表現)에 있어 同呼稱을 活用함.(前의 雪岳同志會, 白骨兵團 參戰親睦會, 大韓遊擊 參戰同志會 等 稱號는 消滅함)

2. 推進事項(對政府)

(음영은 김 군이 쓴 원문임)

가. 國防戰史(陸軍戰史) 登載
나. 陸軍展示舘 割與 및 戰蹟碑 建立
다. 犧牲者에 對한 禮遇
라. 特別功勞者에 對한 褒賞 및 禮遇
마. 書籍 等 刊行物 納品制裁

3. 合意覺書의 處理

有關機關(國防部 및 陸本, 企劃院, 財務部, 文通部, 其他 等)에 通報 公認促求

4. 代表者 및 效力

合意人 3人이 代表者 1人을 互選하고 同 代表는 對外機關 및 會員에게 效力있음.

위 事項에 合意하고 曙名함.

西紀 1990年 4月 1日

合意人

1. 決死 遊擊 第11聯隊長 臨時步兵 陸軍 中領 (豫:中將) 채 명 신 (채)
1. 決死 遊擊 第12聯隊長 臨時步兵 陸軍 少領 李 斗 柄 (印)
1. 決死 遊擊 第13聯隊長 臨時步兵 陸軍 大尉 金 漢 喆 (亨)
(判決에 依據 改名 現 金亨哲)

※ 이는 합의서 전문입니다.

전적비문 고증 요청

1990.8.24 대한유격참전동지회는 수신 : 국방부장관, 참조 : 국방부전사편찬위원회 위원장에게 백골병단 전적비 비문의 고증 검토요청을 하였다.
이에 대하여 국방부 전사 편찬 위원회는 1990.8.31 전편 184-218호로 귀 유격대의 활동 사항은 이미 육군본부 군사연구실에서 인정하고 있어 고증이 필요치 않다는 회답을 보내와 비문 기타는 당초 계획대로 집행하였다.

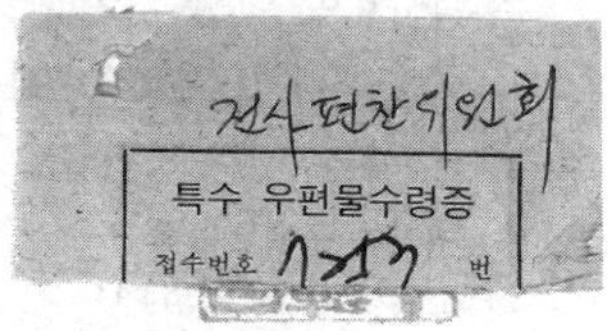

대 한 유 격 참 전 동 지 회
(02) 333 - 5213, 4

유격참전 90 - 8 -3 　　　　　　　　　　1990. 8. 24.

수　신 : 국방부장관

참　조 : 국방부 전사 편찬위원회 위원장

제　목 : 전적비 비문 검토(고증) 요청

1. 백골병단 전적비 건립 비문의 고증 등 검토 요청에 관한 일입니다.

2. 백골병단은 1951. 1. 4. 대구 소재 육군정보학교(제7훈련소, 달성국민학교자리)로 소집 편성되어 소정의 교육을 이수하고 1951. 1. 30. 영월에서 적지로 침투한 결사유격 제11연대와 51. 2. 5. 강동에서 침투한 결사유격 제12연대, 51. 2. 14. 묵호항에서 오대산 방면으로 침투한 결사유격 제13연대가 1951. 2. 20. 강원도 명주군 연곡면 퇴곡리에서 조우·집결되자 11연대장 육군중령 채명신은 3개부대를 통합 백골병단이라 명명하고, 적후방에서 혁혁한 유격전을 감행, 1951. 3. 30. 인제군 기린면 지역으로 철수 개선한 결사 유격부대로서

(1) 한국군 최초의 종심 전투를 감행한 특공부대였다는 점.
　가. 임관 사령장 교부, 나. 군번 부여, 다. 계급 부여, 라. 특수교육 실시, 마. 부대편성 등 민간 자생 반공유격대와는 다름.

(2) 적군 중장의 고위장교 등의 생포 처치와 69여단의 기밀문서를 아군에 전달하여 작전에 크게 기여함.

(3) 적장병 및 내무서원, 지방 악질 공산당원 등 300여명의 생포와 사살 500여명의 전과수립.

(4) 정규군인인 육군중령 채명신이 직접지휘함.

(5) 특명 및 작전명령에 따라 작전을 수행함. 등으로 특공 유격장병의 귀감이 될 뿐만 아니라 자유와 평화를 위하고 국민의 생명과 재산을 보위할 군인으로서 빈약한 장비, 열악한 보급, 통신수단의 결여 등 온갖 악조건을 극복한 백골병단 용사의 전공을 후세에 길이 밝혀 투철한 충성심의 고양·임무완수를 위한 상징의 비가 될 수 있게 하고자 1962. 4. 23. 부터 관계당국에 청원하였으나 그 뜻을 이루지 못하다가 1988. 6. 29. 제3군단장 중장 이진삼에 의하여 건의, 1988. 11. 23. 육군 참모총장의 재가를 얻어 1990. 5. 14. 육군본부의 지원 6,420만원과 3군단의 지원 2,110만원 계 8,530만원(자재 및 자금)의 재투자 지원을 받고, 참전동지일동이 모금한 1,300만원 계 9,830만원의 예산 및 기타 지원으로 침투작전 종점인 강원도 인제군 북면 용대리에 전적비를 건립, 1990. 9. 28. 준공목표로 공사 중에 있습니다.

3. 위와 같은 백골병단의 전적취지를 비문에 담아 특공장병 뿐만 아니라 국민 모두에게 길이 남겨야 함에 만에 하나라도 뒷날 잘못되는 일이 있어서는 아니되겠기에 귀 전사편찬 위원회가 백골병단 관계자료 또는 결사유격 제11, 12, 13연대 관련자료를 소장중에 있으시면 이를 저희들 참전동지회에 사본을 송부해 주시어 적정하고 영원 불멸하게 작성 보완할 수 있게 도와주시기 바랍니다.

아울러 1. 전적비 비문 2. 전사자 명단(육본의 전사확인을 받고 국립묘지 현충탑에 위패안치 또는 국립묘지에 유골이 안장된 자에 한하여 전사자로 했음) 3. 참전자 명단(참전전우의 증언과 사진 등 자료에 의하여 확보한 것) 4. 작전 주요일자(참전동지회에서 3차에 걸친 총회에서 확정한 것) 등을 참고로 송부 합니다.

4. 위 비문 기타는 시공청의 사정에 따라 1990. 9. 5. 까지는 완결 송부해야 할 시간상의 긴박성이 있사오니 이를 참고하여 협조·지원·교시 바라오며, 가능한한 빠른 시일안에 자료유무 기타 등을 전화 통지문으로 보내주심을 바랍니다. 죄송합니다.

(현재까지 저희들은 20여년간 자료를 찾았으나 아직 근거문서를 화보하지 못하고 있음을 아울러 첨신합니다. 대단히 죄송합니다. 지나치게 번거롭게 해 드린 것 같습니다. 귀하와 귀 위원회 모든 분에게 신의 가호와 건강과 행운을 기원합니다.)

첨부 : 1. 백골병단 전적비 비문 1부.

2. 전사자 명단 1부.

3. 참전자 명단 1부.

4. 건립기 1부

5. 비 설명문 1부

6. 헌시 1부

7. 백골병단 주요 작전일지 1부

8. 나와 6.25 참전수기 1981. 소책자 1권
(동지들에게 나누어 기록보정을 위한 비매품)

9. 못다핀 젊은 꽃(참전수기) 1권

10. 백설의 장정(참전수기) 1권 (위 도서의 증보판)

11. 백골병단(참전수기) 1권 (〃)

12. 결사11연대(참전수기) 1권 (〃)

※ 관련문서 기타 기증자료 등은 폐회 사무소에서 보존중에 있으나 그 양이 방대(큰 문서철 6권) 하여 함께 송부해 드리지 못합니다.

서울특별시 마포구 서교동 466-9
사단법인 건 설 산 업 연 구 소 내
대 한 유 격 참 전 동 지 회
회 장 전 인 식

1989. 4. 22. 박달재에서 유골발굴에 앞서 지신제의 모습

국방부 전사편찬위원회에 전적비 비문 검토를 요청한 것에 대한 회신

국방부전사편찬위원회

전편184-218 (국7461) 1990. 8. 31.

수신 대한 유격 참전 동지회장

제목 전적비 비문 검토(고증)요청 회신

1. 관련근거 : 유격참전 90-8-3('90.8.24) "전적비 비문 검토(고증)요청"

2. 위 근거에 의하여 당 위원회에서 여러가지 방법으로 검토하여본 결과 아래와 같은 사유로 인하여 고증이 불가한것으로 사료되어 통보하니 참고 하시기 바랍니다.

-아 래-

가. 검토,고증에 필요한 귀 유격대의 작전에 관한 1차 자료(계획,지시,활동,결과 보고등 문서자료)가 없으며 이들 자료를 수집하기 위하여는 상당한 시간이 소요되어 귀회의 요구일에 맞출수 없음.

나. 귀 유격대의 활동사항에 관하여는 이미 육군본부(귀 부대가 속한 군본부)군사 연구실에서 인정하여 책자로 출판 되었으므로 새로운 검토와 고증이 필요없을것으로 사료됨.

3. 정규군이 적을 유린 또는 교란,파괴의 목적을 두고 적 후방을 침투하여 작전한건은 자료의 획득 등 어려움이 있어 전사로 편찬은 하지 못하지만 귀유격대의 크나큰 공적과 희생을 뒷받침 할수 있는 자료 수집에 귀 회와 함께 노력할것을 약속드리며 귀회의 무궁한 발전을 기원합니다. 끝.

국 방 부 전 사 편 찬 위 원 장

7. 전적비 제막 사연

내가 백골병단 전적비의 건립을 추진한 것은 1962년 8월부터 였으니 28년의 세월이 흐른 것이다.

그동안 우리들은 모두 한마음, 한뜻으로 뭉쳐, 누구하나 알아주지도 아니한,

그리고 돌아오지 않는 메아리를 원망하면서도…….

꾸준히 희망을 가지고 위령비 건립을 추진했는데,

참으로 요망(妖妄)하고, 미묘한 훼방사건이 돌출하여

정식 기공(起工)이 늦어지게 되었다.

그 까닭은, 이미 앞에서 기술한 바와 같이 채명신 씨와 이두병, 김한철 등 3인이 합의한 것이라는 괴이한 **'합의 각서'** 때문이었다.

이 투서성 합의 각서에 채명신 장군이 동조한 서명(署名)을 한 것이 군부에서는 신임하는 듯했다.

채 장군은 합의 각서의 내용을 보지도 못했는데 서명 하십시오. 하기에 서명한 것뿐이라는 것이 뒷날 밝혀졌다.

채 장군의 서명은 군부에서 상당한 영향을 주었을 뿐만 아니라 이것을 전적으로 신임하고 공사 중지가 된 것이다.

그 뒤, 나는 김한철 씨의 전화 한 통화나 얼굴 한번 보지 못했는데, **내가 추진한** 특별법 덕분에 **6·25 참전 공로자?** 가 되어? **공로 보상금을 잽싸게 받아간** 것이 뒷날 확인되었으니 체면도 염치도 없는 그런 사람이 아닌지……

그 친구는 우리들 참전전우 모두에게 몹쓸 짓을 한 반역자와 같은 사람인데 무슨 공로자 라고……

정말 알 수 없는 사람이라고 생각된다.

돈은 필요했던 것 같다.

가만히 지켜보고만 있었어도 채 대장께서는 영웅대접을 받을 수 있었을 터인데….

이 일로 해서 채 장군도 김한철 군과 똑같이 형편없는 사람이 돼 버린 것이 아닌지…….

정의는 반드시 승리하는 법이다.

전적비는 **미시령과 진부령**으로 나뉘는 삼거리에…….

우리들의 전적비는 태고(太古)시절부터 이 자리는 이미 마련되어 있었던 것도 같았다.

나는 몇 번이고 되 뇌였다.

공사도중 하천에서 수집한 석괴를 본 「편장원 군단장」께서 자연석이 아닌 하천석을 쓸 수 없다고 해,

전적비 공사 중 큰 자연석을 구해온 703 특공연대 류해근(柳海槿) 연대장(중장 예편)의 노고가 지대하였다.

한송(韓松) 104그루의 식재도 적극적으로 지원해 주셨다. 감사 드린다.

제막식이 있은 1990 년 11 월 9 일은 새벽 1 시경부터 비가 내렸다.

가을비 치고는 제법 굵은 빗줄기 였다.

주최 측인 군단 고위 장교들의 말에 의하면, 제막식 날은 초속 30 m의 강풍을 동반한 50 ~ 60 mm 의 강우가 있을 것이라는 기상대의 예보가 있었다고 했다.

그런 궂은 날씨인데도 나는 제막식이 거행되는 오후 3 시 전후에는 절대로 비가 오지 않을 것이라고 장담을 했는데…….

무슨 예언자 처럼…….

아니나 다를까,

그날 오후 1시반까지도 세차게 내리던 비가 슬슬 멎기 시작하더니 제막식 50분전 쯤에는 햇살까지 잠시 비칠 정도로 개이기 시작했으나, 바람만은 계속 세찼다.

제막식 도중에는 모든 사람들을 주목시킬 만한 기이한 미신 같은 일도 일어났다.

독립고지 벙커의 적을 박살낸 뒤 전사한 고 허은구(許銀九) 소위의 형님이신 허재구(許在九) 씨께서 분향대 앞에 서니,

어디선가 날아와 지켜보고 있던
「까치」 한 마리가 나지막이

"깍! 깍!" 하고 두세 번 울더니, 그분이 분향 후 돌아서신 뒤에는

더욱 크게 **"깍! 깍! 깍!"** 하면서 울던 실황이 행사 비디오를 통해 확인되었다.

그 까치는 그 뒤, 다른 분향객이 분향을 마칠 때까지 다시는 울지 않고 어디론가 날아가 버렸다.

용대리는 워낙 바람이 세기 때문에 까치가 거의 없다고 한다.
그리고 직전의 행사에서는 수십 명이 일제히 조총을 발사했고, 군악대의 계속된 주악이 연주되었는데도 웬 까치 한 마리가 용감히(?) 날아 들었던 것이다.

허은구 소위가 까치로 변해 형님에게 안부를 알린 것일까.
참으로 기이한 일이 아닐 수 없었다.

'동지들이시여! 이제는 고이 잠드시라!

여기는 동지들의 유택 아닌 유택 일세!'

나는 속으로 나지막이 중얼거렸다.

안주(安住)할 곳이 없어 구천(九泉)을 떠돌았을 전우들의 넋이 이제야 비로소 영면(永眠)할 곳을 갖게 된 것이다.

도로에서 보면 10여m 산 위쪽 중턱, 그 뒤로는 용(龍)바위가 깃털을 세우고 있는 형상의 바위 능선이 아래로 뻗어 있어 참으로 아늑하고 잘 생긴 터이다.

그 길지(吉地)에 16.4m 높이의 **백색 삼각주**(三角柱) 모양의 탑이 우뚝 섰으니, 평지에서 볼 때에는 30여m 이상의 큰 탑처럼 보인다.

시공 도중 주탑이 워낙 높아 시공부대의 어려움도 매우 컸다.

그 당시에는 콘크리트 펌프카(car)의 성능이 요사이와 같이 잘 발달되어 있지 아니하여 삼각의 뿔 속을 비워(空胴으로) 하중(荷重)도 줄이고 시공도 완벽하게 하고자, 드럼통을 세워 그 세 뿔 속에 넣는 설계변경을 시도했다.

나는 이 설계변경에 동의해주었다.
주탑이 완성되었다.

탑 위의 정면에는 90cm 각의 검은 오석에 새겨진 **〈백골병단 전적비(白骨兵團 戰跡碑)〉**의 글씨가 새겨졌다.

이 대형 비문(글씨)은 결사 제11연대 2대대 1중대 1소대장이었던 **최인태 소위(진)중위** ㉶가 썼고,

비문과 **작전상황 도판**,
헌시 등 모두는 필자가 짓고 쓴 것이다.

비문 등 역사적인 기록은 모두 육군본부 및 군단과 전사 편찬위원회 등 관계 당국의 감수를 거친 것임은 두말할 나위가 없다.

흰색의 제막천을 16m 위로부터 벗겨 내리니 선명하게 나타난 비문과 비(碑)의 위용은 정말 멋진 예술품 그 자체였다.

전적비 건립비는 외형상 우리 전우회의 성금 약 4,000여 만원과 육군의 예산 8,000여 만 원 정도의 예산이 소요되었지만, 그 많은 기암 괴석과 잘 생긴 소나무, 기타 조경과 주탑의 공사비 등을 외주(外注)로 발주했더라면 3~5억원은 훨씬 넘었을 거대한 전적비다.

"백설이 흩날리는 오십일년 일월……."

이렇게 시작되는 시구(詩句) 아닌 외침은 백골병단 장병들의 용감무쌍했던 기개와 호국을 위해 목숨을 초개(草芥)와 같이 바쳤던 우국충정을 잘 표현해 주고 있다.

이 전적비로 인해 **잊혀질 뻔 했던 육군본부 직할 결사대 일명 백골병단 장병들의 우국충정과 얼**, 그리고 정신을 모두가 영원히 기억하게 될 것이다.

그리고 **'설악의 영웅들'** 은 자유와 평화를 위해 영원한 횃불 되어 이 강산을 지켜나갈 것이다.

1990. 11. 9. 14시 드디어 역사적인 白骨兵團 戰跡碑가
참전 개선 40년 만에 북진 최종점에 건립 · 제막 되었다.

강원도 인제군 북면 용대 3리 산 250-2 4,928 m^2 의 대지 위에
높이 16.4 m 의 거대하고, 장엄한 전적비가 건립된 것이다.

〈나(全仁植)의 설계〉

탑의 세뿔은 결사 11, 12 13 연대와 자유, 평화, 호국을 각각 상징하고 위쪽 하나의 정점에서 모인 것은 통일과 3개 연대의 통합, 백골병단을 각 뜻하고,

주탑 길이 11 m 아래 280 cm는 생환장병의 수를, 세뿔을 6으로 나눈 3각과 6괘는 360 전몰장병의 수를 각 상징하며, 계단의 수도 36으로 설계했다.

이 전적비는 1951. 1. 초부터 1990. 11. 까지 였으니 강산(江山)이 "네"번 바뀌기를, 즉 39년 하고 11개월 5일 만에 이룩된 역사(役事)였다.

1987년부터 양양군 서면 오색 약수터에서 큰 밥상을 빌려 오고,

버스에 실어온 병풍에

고 육군대위 윤창규 외에, 50여 명의 위패를 써 붙이고

단목령(박달재) 잡목(雜木)의 숲을 헤치고

제사(祭祀)를 지냈으나 이제부터는 여기 전적위령비가 건립되었으니 그 수고는 덜 수 있게 되었다.

현충행사는 군 "의전 절차"에 따라야 하기 때문에 제사를 지내는 그런 행사는 여간 어려운 것이 아니었다.

따라서 전적비에 각인된 전사자의 명판 아래쪽에 제사상을 차려 놓고

유교식 제물은 내가 집에서 마련했다. 내가 자식노릇을 한 것이다.

유교식 제사는 유자녀(遺子女), 미망인을 위한 제사였는데 준비 기타가 어려운 일이고 또 군대의 의전(儀典) 절차에 없는 일 이었으므로,

몇 번 계속 하다가 참여도가 적어 중단 했다.

나는 무슨 제주(祭主)인양, 제사음식을 준비하는데 큰 어려움은 전을 부치는 것과 나물류의 장만, 쇠고기 적을 마련하는 일도 큰 일이었다.

어느 해에는 사무실 여직원의 어머니에게 부탁하는 일까지 생겨, 여간 미안한 것이 아니었다.

그래서 몇 해 계속 하다가 중지하게 되었다.

채명신 씨나 김한철 군은 위령행사에 단 한 번도 참여한 바 없고, 꽃 한 송이 준비도 없는 사람들이였다.

雜木의 숲 속에 마련한 **합동 위령제의 모습!!**

육군 본부 정보국 직할 결사 유격 제 11,12,13 연대 출신 **전몰 장병 합동 위령제**의 글귀는 몹시도 처량하다. 故 임시 보병대위 尹昌圭, 중위 정세균으로 이어지는 이들 전몰장병은 360여명 중 확인된 23위에 대한 명단 만이 위패 안치되어 있고, 나머지 337位는 위패조차 안치하지 못하고 있다.

1986年 8月 8日 太平路 프레스 센터에서 첫 분향이 있었고, 1987.4.3과 88.4.3일에도 이곳에서 합동 위령제가 봉행되었다.

이제 60에서 70세를 넘긴 이들의 가슴과 가슴으로 이어지는 그 恨은 언제나 풀릴런지? 이곳 박달령(檀木嶺) 입구 아늑한 산 기슭에서는 때마침 비둘기의 울음소리가 처량하게 메아리 쳤다.

1993年 6月. 白骨兵團 戰跡碑앞 廣場에서의 合同 慰靈祭 擧行에 앞서 司會者의 開會 宣言光景.
主管：陸軍 第 3 軍團，管理：陸軍 第 5689 部隊． 右에서 5번(中央) 필자.

그 뒤, 유자녀들 몇 명이 우리들 모두의 현충 행사에도 불참하는 어처구니 없는 일이 생겨

나에게 크고 무거운 충격을 주기도 했다.

이 녀석들이 우리의 뜻을 너무나 모르는 것 같았다.
누가 애써서 전사 확인을 해주어,
국가 유공자가 되었는데, 사소한 일들로 ……

참으로 섭섭했다.

이 녀석들 중 1~2명을 제외하고는 우리행사에 동참하지 않는다.
괘씸한 녀석들이다.

강산이 변하고, 인심이 변하더라도 백골병단 전우들의 충절(忠節)만은 영원히 변하지 않을 것이다.

백골병단 전적비(白骨兵團 戰跡碑)! (강원도에는 여러 개의 전적비가 있다고 한다. 그러나 자치단체에는 전적비 관리 예산이 없어, 사실상 관리를 하지 못하고 있다 하며, 이들 전적비들이 우리들 참전자들이 손을 놓으면 곧 폐허화될 운명에 처하는 것은 아닌지?!!

우리 전적비는 다행히 인근에 703 특공연대가 주둔 중에 있고, 육군 제3군단장께서 각별한 관심을 가지고 도와주시기에 안심(安心)이 됩니다만, 예산이 필요한 경우 국가보훈처는 국가현충시설로 지정되어 있으므로 예산을 확보해 자치단체에 교부하거나 관리기관에 배정해 주어야 할 것임을 강력히 촉구 제안합니다.

1997년 2월 초순 이곳에 내린 160 cm의 폭설로 계단 일부가 침하·파손되어 우리 전우회 회원들이 공사비로 **1,380 만원**을 각출하여 전면 재시공(1997. 5) 한 뒤, 2002. 4. 25. 전적비 주탑 시설을 1,760 만원으로 다시 보수하는 등 그 뒤에도 큰 보수공사를 했다.

그러나 이제는 참전전우들이 모두가 늙고 병들어 더 이상 관여하기도 어렵게 되었다.

옛날의 기개를 살려야 할 터인데…….

2014년에는 모두가 어렵지만 비 예산사업으로 국기게양대와 전적비를 조망할 수 있도록 조명투광시설을 설치하기 위한 찬조금 모금을 실시하였더니 많은 찬조금이 모였고, 국기게양대는 이미 인제군에서 2013년 11월에 건설해 주셔서 큰 도움이 되었다.

조명투광시설은 2014년 4월에 시공하였다.

그 영광(榮光)과 그 웅좌(雄座) 그 서기(瑞氣)여,

이 땅위에 영원하라!

여기 白骨兵團 360여 勇士들이 이름 석자를 남기지 못했으나……

이 추모비와 함께 永生토록 빛날지어다.

<내가 죽으면, 유골 일부를 가져다가 여기에 적당히 뿌려 마지막 길을 함께 할 수 있었으면……>

백골병단 전몰장병 합동위령제에서 편장원 중장이 전우회장과 무엇인가 협의하고 있다.
좌 1 : 12사단장 오영우 장군 우 3 : 황인모 장군, 권영철, 원응학 동지

전적비 제막 인사

1990.11.9 백골병단 전적비 제막식에서 대한유격참전동지회 회장 전인식이 인사말씀(전문)과 전적비 비문 등의 배치 상황을 소개한 개요

人 事 말 씀

오늘, 이 榮光스러운 白骨兵團 戰跡碑의 除幕式典에 먼저 이 사람이 人事말씀을 드리게 된 것을 無限한 榮光으로 생각하면서, 우리들과 함께 參戰中 護國의 軍神으로 散華하신 많은 戰歿將兵, 同志 앞에 서 있는 것 그 自體를 한편으로 부끄럽게 생각합니다.

戰友가 무엇입니까? 戰場에서 敵과 함께 싸우고, 戰友가 負傷을 입으면 상처를 감싸주고, 죽음에 이르면 그 屍身을 거두어 주고, 名譽를 回復해 주는 것이 戰友인데, 나는 그대들의 屍身을 거두어 주지도 못했고, 傷處를 어루만져 주지도 못한 者이고, 또 指揮官도 아닌 한 個의 作戰參謀에 不過했던 사람이였습니다. 그러나, 이 사람은 언제나 公들과 함께 苦樂을 나눈 參戰同志, 그리고 戰友였기에, 그대들의 名譽를 위하여 30餘年間 꾸준히 鬪爭하면서 오늘에 이른 것이올시다.

적어도 一抹의 良心은 있어서, 오늘날까지 公들의 戰跡·慰靈塔 建立을 推進해 온 結果로, 오늘 이 歷史的인 除幕을 보게된 것으로써, 살아남은者의 道理中 一部分만은 다한 것이 아닌가 하는 생각을 하면서 오로지 容恕를 빌 뿐입니다.

도리켜 지난날을 回顧해 봅니다.

1950年 6月 25日, 平和스러운 日曜日 새벽, 놈들은 소련製 탱크를 앞 세우고, 大擧·奇襲·南侵·이른바, 6.25 戰爭을 일으켜, 未曾有의 大量 殺傷과 破壞, 그리고 同族相殘이란 稀代의 慘變을 挑發했습니다.

우리들 愛國青年·學生 600餘名은 奮然히 일어나, 내 兄弟·姉妹, 그리고 이웃 모두를 지키고, 不法 南侵한 敵을 응징하기 위하여 1951年 1月 陸軍情報學校에 自進 入隊한 決死 遊擊將兵들이였습니다.

戰局은 中共軍의 뜻하지 아니한 대거介入·參戰으로 不利한 때라, 3週間의 短期訓練만으로, 敵軍의 服裝과 武器로 僞裝하고, 미숫가루 2週日分의 非常食糧만을 携帶한채, 江原道 寧越 北方으로부터 太白山·五臺山·雪嶽山脈을 잇는 險山峻嶺을 零下 30度의 酷寒을 견뎌내면서 敵陣 背後 깊숙이 320km, 그러니까 우리 里數로 800里를 我軍의 支援없이 單獨으로 進擊하면서

○敵 1 個 旅團의 壞滅에 寄與하였을 뿐만아니라
○敵 3軍團本部의 습격
○南派準備中에 있던 對南 빨치산 司令官 吉元八 中將 外 高位參謀 등 13名 全員의 生捕를 비롯하여
○敵陣 後方을 來往하는 連絡將兵 等 300餘名의 生捕
○敵 射殺 500餘名 等의 戰果로 我軍의 統一作戰에 크게 寄與하고, 1951年 3月 30日 인제군 기린面 地內로 任務 完遂·개선한 國軍 최초의 정규 유격대「白骨兵團」으로, 그 血鬪事實은 이미 널리 알려진 바대로입니다.

우리들 白骨兵團 參戰 生還將兵一同은 뜻을 함께하여 1962年부터 戰跡碑의 建立을 꾸준히 推進해 왔습니다만, 그 뜻을 이루지 못하고 있던 中, 1988年 6月, 이 地域 駐屯 精銳山岳軍團長이셨던 李鎭三 將軍께서 戰跡碑 建立의 當爲性을 認定하시고, 戰跡碑의 建立을 決心, 이를 陸軍本部에 建議해 주셨으며, 第1軍司令官으로 榮轉하신 뒤에도 繼續 支援해 주셔서, 1990年 5月 陸軍本部의 資材 및 資金支援을 받게 되었습니다.

우리들 參戰同志會 會員一同도 戰歿將兵인 戰友에게 적은 뜻이나마 보태어 戰勝紀念塔의 建立에 모두 協贊하기로 하고, 1次로 1,000萬원과 2次 300萬원 등의 協贊金을 보태어 不足한 財源을 바탕으로 工事를 着工하게 되었습니다.

工事所要 예산의 不足은 施工部隊의 어려움이 至大하였으나 그분들은 矜持와 自負心으로, 工兵旅團長의 一線 指揮와 탁월한 土木知識을 가진 大隊長 李尙原 中領(工學博士)의 努力·인접 第12師團長 吳榮祐 將軍, 우리 後輩인 703特功聯隊長 柳海權 大領, 이 地域 保安部隊長 金聖洙 大領님 等 많은 將兵의 支援과 協力으로 遊擊將兵의 투혼과 忠·勇, 그리고 우리들 후배 特攻將兵의 龜鑑이 될 수 있는 큰 戰跡碑를 完成하게 된 것입니다.

다시 한번 지난 날을 回顧해 볼 때, 39年 8個月이란 오랜 歲月이 덧없이 흘렀습니다.

6.25가 지난지 30餘年인데, 이제와서 무슨 戰跡碑를 세운단 말인가? 라는 妄發을 하는 사람도 없지 아니합니다.

어떤 精神나간 애 들은, 우리가 北侵 했다는 얼토 당토 않은 말을 하는 沒知覺한 靑少年도 있는 것으로 알고 있습니다.

이런 世態下에서 戰跡碑를 세운다는 것은 정말 어려움이 많았습니다.

우리들이 왜 歷史를 工夫합니까?!!

歷史는 되돌려지는 것은 아니지만, 그 歷史 속에서 우리들은 未來 指向的인 새 歷史를 創造해 나아가는 것이 오늘을 사는 우리의 使命이고, 또 宿命이라

고 생각할 때, 지난 6.25를 우리 모두가 再照明하고, 有備無患만이 나라와 겨레를, 그리고, 내 家族과 이웃을 지킬 수 있다는 所信을 다시 한번 굳건히 다져야 할 것 이라고 確信하는 바입니다.

때 늦은 感, 왜 없겠습니까? 한때, 섭섭한 마음도 간절했습니다. 그러나 이제 모두 눈녹듯 다 녹아 내렸습니다.

이 碑의 雄壯함, 그리고 高潔함, 그리고 精氣어린 瑞光이 여기 龍垈里 明堂으로부터 山을 넘고, 들을 건너, 四海로 뻗어나아가 우리를 지켜주고, 보살펴줄 것이라고 믿고, 또 바라며, 우리들 後輩 特攻將兵 모두에게도 忠·勇 任務完遂·勝利만이 있다는 確信이 우리들 모두의 가슴과 가슴으로 이어져 **自由, 平和, 護國**의 念願이 반드시 이룩된다는 自信을 다시 한번 굳게 함에, 이곳이 그 始發이 되어야 한다는 것을 強調하는 바 입니다.

公私間 바쁘신데도 不拘하시고, 貴한 時間을 내주시어 여기 먼곳까지 찾아주신 貴賓여러분과 戰歿將兵의 遺家族 그리고 많은 參戰同志와 그 家族, 親知여러분에게 鄭重히 感謝드리면서 人事말씀에 가름하고자 합니다.

거듭 이 碑의 建立으로 이제 한껏 나래를 펼 수 있게 된 많은 戰歿將兵에게 永遠한 빛을 안겨주신 陸軍參謀總長 李鎭三 將軍과 그분의 揮下 將兵 및 그분의 家庭에 主님의 恩寵이 充滿하시기를 간절히 바라나이다.

대단히 感謝합니다.

1990년 11월 9일

大韓遊擊參戰同志會

會長 全仁植 外會員 一同

백골병단 합동추모식

분향하는 전인식 회장(필자)

추모식에 참석한 군관민 전우회원들

백골병단 참전장병 647명 중 전몰장병은 360여명이나 전사확인이 된 장병은 60명뿐이고, 아직도 303명의 명단을 확보하지 못하고, 해마다 6월이 되면 전적비 앞 광장에서 육군 제3군단의 지원으로 현충추모제례가 집전되고 있다.

중앙 : 김석재중장(제3군단장), 12사단장, 인제군수, 특공연대장, 안병희, 조병설
중앙 좌 : 전인식 회장, 권영철 부회장, 신건철 이사, 최인태 감사, 이익재씨

국 방 일 보 1993년 6월13일 일요일

韓國최초 유격대 白骨兵團 좌담회

敵陣교란 我軍 大공세 轉機

敵기습등 隊員 3백60여명 장렬히 散華

빨치산지휘부섬멸 혁혁한 戰果

참석자

◆전인식(65) ◆신진호(61)
◆안병희(63) ◆송세용(62)
◆장승현(65) ◆최윤식(67)
<참전용사>

◆일 시:93년 6월 6일
◆장 소:강원도 인제군 북면 용대리 백골병단 전적비앞
◆사회·기록:정 남 철 기자

◆대한유격참전동지회 회원들이 지난 6일 백골병단 전적비를 찾아 6·25전시 산화한 동료전우들의 넋을 위로한후 비문을 살펴보고 있다.

"오직 救國一念으로 태백산맥 高山峻嶺누벼"

1993년 6월 6일 강원도 인제군 북면 용대리 백골병단 전적비 앞 제단에서는 1993년도 현충 추모의식이 거행되었으며, 참전용사 중 전인식, 최윤식, 장승현, 안병희, 송세용, 신진호 제씨가 좌담회를 갖고 한국군 최초의 정규 유격대(결사대)의 활약상을 증언하고 있다.

1991년 6월 6일 제36회 현충일에 백골병단 전적비 앞 광장에서 행한 제40회 추모식에서 회장 全仁植의 추도사 전문

追悼辭

오늘 大韓民國 建國 以後 36번째 맞는 顯忠日에 즈음하여 이곳 山岳 軍團長이신 片將圓 中將님과 隣接 機關長님, 貴賓, 그리고 이곳 地域 駐屯 將兵 여러분과 住民·學生 여러분을 모신 자리에서 우리들과 이미 幽明을 달리하신 故 尹昌圭 大尉 外 360餘 戰歿將兵에 對한 合同 追悼式을 嚴修함에 있어, 이 사람이 追悼辭를 올리게 된 것을 無限한 光榮으로 생각하면서 한편으로는 송구스럽게 생각 합니다.

지난날을 回顧해 볼때 우리들의 첫 만남은 1951年 1月 4日 大邱 陸軍情報學校에서 였습니다.

눈코뜰새 없이 바쁜 訓練속에서 3週間이 지난 뒤에는 우리들中 決死遊擊 第11聯隊 363名이 1951年 1月 30日 作戰出動 하였고, 뒤이은 2月 5日과 2月 12日에는 第12,13聯隊가 各各 敵陣 背後를 向하여 侵透했습니다.

下珍富里, 橫溪, 普光里, 등 地區의 作戰과 五臺山, 黃柄山 등지의 作戰을 거쳐 51年 2月 20日 白骨兵團으로 統合한 우리들 640名은 가마소, 신배령, 조개동, 청도리, 廣院里, 九龍嶺, 葛川里, 貴屯里, 군량밭, 필례 等地에서 혁혁한 武功을 세웠으나 놈들의 악착같은 추격을 감당할 수 없어 不得已 망대암산, 대승령, 외가평, 龍垈里에 이르는 險山峻嶺을 零下 30度의 酷寒을 견디면서, 오로지 祖國의 自由와 平和 그리고 護國의 一念만을 불태우며, 닥치는 대로 敵을 쳐부수었습니다. 우리들 모두는 내 父母, 내 子息, 그리고 사랑하는 아내와 이웃 모두를 지키는 것이 곧 내가 사는 길이고, 더 나아가 祖國의 安寧을 지킬수 있다는 至極히 素朴하면서, 또, 至極히 當然한 것으로 알고, 身命을 다 바쳐 싸웠습니다.

遊擊隊의 戰訓! "死中得生"이 우리들에게 주어진 戰訓이자 戰場哲學이었습니다.

洪川郡 內面 조개동 入口 이름모를 산골짜기 아늑한 고장에서 지친 다리를 쉬고 있을때, 나타난 美軍 空軍機의 誤爆으로 희생은 發生 되었습니다.

下珍富里 등지에서 勇敢히 敵兵을 生捕함에 큰 功을 세운바 있는 權旭相 同志가 若冠 20歲의 젊음을 나라에 바친것이 바로 그것 입니다.

그뒤 우리들, 白骨兵團 勇士! 아니 大韓民國 陸軍本部 情報局 直轄 決死遊擊 11,12 13聯隊 將兵은 敵 生捕 300餘, 射殺 500餘名을 헤아리는 큰 戰功을 세웠으며, 그 中에는 人民軍 中將 吉元八과 大佐 姜七星 등을 爲始하여 高級 軍官놈만도 數10을 헤아리는 큰 武功을 세웠습니다만 사람이 먹지못하고, 추위는 지독하게 엄습하니, 어찌 그

命을 維持할 수 있었겠습니까!

51年 3月 20日부터 27日까지 사이에 적어도 5日以上을 굶어 허기진 다리를 질질 끌며, 檀木嶺 박달재를 넘을 때에는 추위와 굶주림으로 해서, 120名의 同志가 그만 얼어서 護國의 軍神으로 散華한 것 입니다.

여기 龍垈里까지는 그런대로 추위를 잘 참으면서 이 험준한 內雪岳을 훨훨 날고 누비던 그 同志들이 말 입니다.

同志들이시어! 이 못난 作戰參謀를 꾸짖어 주시고 혼을내 주십시요. 이 모두가 그 누구 탓입니까? 오직 내 잘못에 있다고 이 사람은 믿고 있소이다.

내가 보다 똑똑했다면 指揮官인 蔡司令官에게 보다 좋은 計劃을 建議했다면? 公들의 犧牲이 없었거나 적어질수 있었을 것이 아닌가 하는 自責이 앞 섭니다.

그러나 이 사람도 公들과 똑같은 水準의 訓練밖에는 받은것이 없었으니 어쩔 道理도 없었던것이 率直한 告白 입니다.

戰跡·慰靈碑 조차 세워드리지 못했고, 戰死者로 法律上 處遇조차 해드리지 못한채 30餘年이란 오랜 歲月을 放置아닌 放置를 해, 九泉을 맴 돌았을 公들을 생각하면 참으로 죄송하고 살아남은 者로서 부끄럽기 이를데 없었습니다.

그러나 正義는 언젠가는 반드시 勝利하는 法 입니다.

公들의 戰死確認이 政府로부터 公式으로 認定받게 되어 名譽가 回復되고 있을 때, 우리들에게는 神의 加護로 훌륭한 義理의 勇將"李鎭三將軍"이 우리들의 일을 마무리 해 주셨기 때문 입니다.

陸軍參謀總長 이신 李鎭三 大將께서 그 어려운 與件을 克服하시고 그 누구도 알아주려 하지않고 챙기려 하지않는 우리들의 戰功을 새긴 이 巨大한, 莊嚴한, 白骨兵團戰跡碑의 建立을 積極推進해 주셔서 公들이 잘 아시는 바와같이, 지난해 11月 9日 歷史的인 除幕을 이곳에서 嚴修하였고, 오늘 그 첫번째 追悼行事를 갖게 된 것 입니다.

잊어서는 아니될 6.25 戰爭! 그러나, 이제 忘却의 地帶로 잊어지려는 때에, 새로운 活力을 불어 넣어, 자라나는 우리 後世에게 龜鑑으로 남겨야 할 戰跡碑! 그 戰跡碑를 세우는데도 왜 이런일, 저런 고약스런 일이 있어야 했는지 公들이 合意, 심판해 주시고 그들도 깨우쳐 주시기 바랍니다.

그리고 이곳을 오고 가는 많은 젊은世代, 뜻이 흔들리고 있는 많은 百姓들을 꾸짖고 다시 환기케 해 주시기 바랍니다.

公들께서 이룩하신 壯한 業績, 그리고 그대들의 죽음이 누구를 위한 것이 였나요! 公들 스스로를 위한 죽음은 정녕 아닐진대, 그 죽음을 헛되이, 왜 이다지도 世上이 시끌버끌 해 져야 하는 것 입니까!

두말할 必要도 없이 살아남은 우리들의 잘못이 무엇보다도 더 큰 것이라고 自責하고 있소이다.

6.25를 體驗한 우리들이 헛口號인 反共만을 외쳐왔기에 우리들의 後孫은 그것이 무슨 소리 인지를 옳게 判別할 수 없게 만들어 버렸습니다.

우리들의 잘못 입니다.

이제라도 우리들은 똑바른 史觀을 우리 後孫에게 물려 주어야 할 責務를 느끼고 여기 선 것입니다.

公들이여! 公들의 高貴한 犧牲의 代價를 우리들이 合心해서, 반드시 치르고 또 받아내야 하겠습니다.

이제 老兵은 하나 둘 落葉이 되어 一葉片舟 흐르는 강물따라 흘러가고 있으니, 더 늦기 前에 公들께서 이룩하신 殺身成仁의 큰 뜻을 여기 龍(岱)山 기슭 明堂으로부터 四海로 그 瑞氣를 뻗어 나아가게 해, 이나라 自由와 平和를 지키는 守護將臺로서 횃불의 "심지"되어 밝혀질 것을 바라면서, 滿 40年이 지난날에야 겨우 그 첫 追悼式典을 마련한 우리의 못났음을 너그럽게 赦해 주실것을 바라면서 …… 이만 줄입니다.

이곳 먼곳까지 찾아와 주시고 參拜·決議를 새롭게 해주신 많은 貴賓과 臨席 軍團長 片將圓 將軍님 ○○○外 많은 將兵여러분, 住民, 學生 여러분에게 感謝한 말씀을 主催者를 代表하는 사람으로서 鄭重히 드리는 바 입니다.

거듭, 대단히 感謝 합니다.

1991年 6月 6日

前 白骨兵團 作戰參謀

祭主 : 大韓遊擊參戰同志會 會長 全 仁 植

外 參戰將兵과 遺家族一同

1993. 8. 6 육군 제3군단(군단장 金鍾培 중장)을 예방한 全仁植 회장과 權寧哲 부회장

1993. 10. 5 여의도 일식 "이어" 에서 미8군 정보연락장교단 단장 육군중령 이극성(준장예편) 장군이 1951. 2. 7 강원도 명주군 강동면 강동리에서 결사 제12연대 장병의 출동신고(육해공군 총참모장 육군소장 정일권 임석) 사진 7매를 군사연구실에 주고, 빨치산 5지대 참모장 인민군 대좌 강칠성의 국기훈장 3급을 전우회에 내놓고 참전 당시의 증언을 겸한 모임. 우(右)로부터 이남표 교수, 이극성 장군, 안병희 하사, 이익재 하사, 전인식(필자), 권영철 중위, 이영구 중사, 이장군이 준 사진과 국기훈장은 전쟁기념관 2층 **백골병단 부스에 전시되어 있다.**

1994. 6. 4 白骨兵團 戰跡碑 앞 광장에서 행한 제43회 추모식에서 회장 全仁植의 追悼辭

追 悼 辭

〈1994. 6. 4. 白骨兵團戰跡碑 앞에서〉

尊敬하는 軍團長 李圭煥 將軍님! 인제군 　　　　님! 그리고, 本會 顧問이신 黃仁模, 將軍님! 白骨兵團 參戰 遺家族과 會員 여러분! 家族 親知여러분! 地域 軍 部隊 將兵여러분과 住民 여러분을 모신 자리에서 第39回 顯忠日과 凱旋 44周年 記念 合同追悼式을 奉行하게 된것을 무척 고맙게 생각합니다.

돌이켜 지난날을 回顧할 때, 1950年 6月 25日 새벽 3時, 北韓 金日成 徒黨이 挑發한 南侵 戰爭으로 因하여, 우리 大韓民國의 國權이 風前燈火와 같이 되었으며, 나라의 命運이 百尺竿頭에 있을때, 우리들 젊은 學生, 義勇警察 등 愛國青年은 自身의 安逸을 버리고, 나라와 내 이웃을 지키기 위하여, 勇躍! 軍門에 入隊하여, 單 1퍼센트의 生存性 保障도 없는 敵 後方地域 作戰인 特殊任務 遊擊部隊에 參戰, 3個聯隊 817名이 1951年 1月 부터 2月까지 사이에 中東部戰線에 侵透하여 各隊別로 作戰中, 51年 2月 20日 江原道 溟州郡 連谷面 退谷里에서 3個聯隊가「白骨兵團」으로 統合하고, 640餘名의 大兵力이 五臺山 北方 洪川郡 內面 九龍嶺方面의 敵 第3軍團 背後地域을 거쳐 38度線을 突破하고, 그해 3月 18日에는 人民軍 中將 兼 對南 빨치산 司令官 外 參謀陣 一黨 13名 全員을 生捕한 것을 비롯하여 敵 指揮所의 습격, 通信線 파괴, 人民委員會 等 行政組織의 파괴, 良民의 歸順工作 등 부여된 任務를 遂行하는 한편 敵兵의 生捕 射殺 490餘名 등의 戰果를 올려 中東部戰線의 北進 作戰에 크게 寄與했습니다.

아시다시피 그 當時는 極度로 混亂했던 時期였으므로 裝備도 쏘련製長銃과 日製九九式銃에 수류탄 몇 發이 고작이였고, 食糧은 미숫가루 2週日分만이 支給되었으며, 通信裝備라고는 通達距離 4～5km에 不過한 SCR 300 뿐이였음에도 60餘日間을 견디면서 師團規模의 敵에게 包圍되는 惡戰苦鬪가 連續되어 아까운 靑春인 이나라 靑年·學生 360餘 戰友가 幽明을 달리하는 悲痛함을 겪어야 했으며, 280餘 將兵이 간신히 살아돌아왔으나 그뒤 여러 戰友가 他界하고 살아남은 89名中 오늘 老兵 몇 名이 이자리에 섰습니다.

이제 그들의 나이가 벌써 最小 63歲에서 73歲에 이르렀습니다. 참으로 가슴 아프고 또, 그 무엇이라고 形言하기 어려운 쓰라림. 그리고, 살아남은 者의 道理를 다 하지 못한 죄송함을 무슨 말로 慰勞해드려야 할지 오직 죄스러울 뿐입니다.

우리들 살아돌아온 生還將兵은 그동안 兵役上 아무런 惠澤을 받은 바 없었으며 이 사람의 경우는 그 당시 11聯隊의 作戰地圖와 記錄文書를 가지고 있던것이 禍

根이 되어 큰 고초를 겪은 뒤에 비로소 放免되는 억울함을 당했으니 다른 戰友 모두의 고초가 얼마나 컸겠는가 함을 짐작할 수 있을 것이라고 생각됩니다.

戰歿將兵의 戰死確認도 그 當時 指揮官 들의 無責任으로 아무런 惠澤을 받은 바 없었으며, 遺子女 몇 名은 "빨갱이 子息"이란 汚名을 쓰고 살다가 1987年 以後 本 參戰同志會가 그 當時의 階級과 軍番으로 겨우 30名에게 名譽를 回復해 드렸을 뿐입니다.

참으로 痛嘆과 悲痛함을 禁할길 없습니다. 여기 세워진 戰跡碑!「白骨兵團 戰跡碑」의 建立도 62年 부터 請願하고 陳情했습니다만 6.25가 지난지 얼마인데 이제와서 무슨 소리냐? 하는 조롱만 받아왔습니다 만, 1988年 6月 이곳 軍團長이셨던 李鎭三 將軍께서 決心해주시어 90年 11月 9日, 비로소 參戰 40年만에 이 碑를 세우고 除幕할 수 있었습니다.

이 機會에 參戰將兵一同과 遺家族 모두를 代表해서 李鎭三 將軍과 物心兩面으로 도와주신 有關人士 모두에게 感謝드리고, 또 적은 軍의 豫算을 쪼개서 支援해주신 陸軍本部 當局者와 建立에 애써주신 많은 將兵에게 깊은 感謝의 말씀을 올립니다.

尊敬하는 貴賓님과 來賓여러분!

오늘날 國內外 情勢는 참으로 複雜 多樣할 뿐 아니라 "한치"의 앞을 내다보기도 어려운 時局이고, 安保의 緊要性 또한 더말할 나위가 없는 그런 形便입니다.

特히 北韓 金日成 徒黨의 南侵用 땅굴! 核을 武器로 한 위협! "서울불바다" 云云의 好戰性 妄言과 行爲는 그 어느때 보다도 우리 모두에게 有備無患을 일깨워주는 重大한 時期라 아니할 수 없습니다. 어디 그뿐입니까? 最近에는 잠잠하던 우리 戰後世代 一剋에서 6.25를 北侵이라고 하지 않습니까!

金日成集團을 지아비 인양 主體의 宗主로 착각하는 一部 不純한 애들이 있어 結集되어야할 國力에 흠을 만들지 않을까 저으기 걱정됩니다.

그러나 우리 軍은 北傀의 好戰性과 奇襲戰略 등을 잘 알고 있으므로 이에 充分히 對應할 萬般의 態勢를 갖추고 있을 것으로 確信합니다.

우리들 모두도 有事時에 同參할 覺悟와 精神武裝으로 오늘을 對備하는 슬기를 간직해야 한다고 생각 합니다.

오늘, 해마다 찾아오는 顯忠 報勳의 달에 우리는 먼저 가신 戰友中 國立墓地 位牌 建立과 安葬 등 모두 30位 外에 아직도 330餘位의 無名勇士를 모시지 못하고 또다시 合同追悼 行事를 奉行해야 하는 가슴찢어지는 아픔을 되씹으며, 앞으로 이름모를 無名勇士에 對한 身元을 더욱 發掘하여 그들의 名譽를 回復해드리기 위해 남은 生涯를 바칠 覺悟로 서로 協力을 다하고 있습니다.

그 다음에 우리들 모두의 名譽回復을 위하여 最善을 다 할것이며, 여기 서있는 「白骨兵團戰跡碑」가 나라를 위하여 젊은 목숨을 草芥와 같이 버리고 死中得生하는 特攻將兵의 龜鑑이 되고, 國民모두에게 安保의 緊要性이 얼마나 큰 것인가 하는 것을 일깨워주는 道場의 始發點으로, 그리고 여기서 이 溪谷을 거쳐, 四海로, 그 雄姿가 뻗어 나아가 그 슬기가 널리~ 널리~ 펴져 나아갈 수 있도록 最善을 다할 作定입니다.

여기 名山, 雪嶽에 세워진 白色 3角 6卦의 碑가 지닌 榮光이 永遠하시기를 빌며, 統一의 그날에 다시 단장되는 날이 어서 빨리 오기를 손꼽아 期待합니다.

이름없는 山河에서 祖國의 自由와 平和를 지키다 저 永劫의 彼岸으로 사라져간 戰友에게 神의 加護가 늘 함께 하시기를 간절히 빕니다.

오늘 公私多忙하신 가운데에도 이자리를 빛내주시기 위하여 參席해주신 貴賓님과 來賓여러분! 그리고 오늘의 行事를 榮光되게 支援해주신 우리 第 3軍團 將兵 및 隷下 703特攻聯隊 將兵과 隣接 部隊 將兵 모두에게 武運이 長久하시고 健康하시며, 國民의 軍隊로서 榮光있으시기를 간절히 바라면서 追悼辭에 가름합니다.

대단히 감사합니다.

1994年 6月 4日

大韓遊擊參戰同志會 會長 全 仁 植
외 참전장병 및 유가족 일동

參戰同志會員 51名
(遺族(準會員) 12名)
(名譽會員 9名)
小 計 72名
住所不明 21名(國外 3포함)
其他 17名
小 計 38名
참전장병 : 51+38=89名

국 방 일 보 1994년 6월11일 토요일

6·25특집 老兵의 소리 〈1〉

"빨갱이 잡는데 「人權」 필요 없어요"

『우리가 무엇을 위해, 누구때문에 고귀한 생명을 바쳐가며 싸웠는데 역사의 교훈이 잊혀져 가는것만 같아 마음이 편치 않습니다. 앞서간 전우들을 대할 면목도 서지 않구요.』「참전 노병(老兵)」을 만났다. 대한유격참전동지회(백골병단) 전인식회장(65·건설산업연구소 이사장).

민족사에 최대의 오점을 기록한 시련과 비극을 몸으로 부딪히며 사선(死線)을 넘나 들어야했던 「슬픈 역사」의 산증인인 전회장은 『웬지 마음이 편치 않다』며 착잡한 심정으로 다시맞은 6월을 회상한다.

왜·누구를 위해 우리가 싸웠는데 세월에 묻혀 「과거」 잊혀질까 두려워

「애국심」만이 이나라 살리는 길

대한유격참전동지회 全仁植 회장

◆6월을 다시 맞으면서 백골병단 전적비를 찾아 앞서간 전우들의 영령을 추모하는 전회장은 좌경과 용공의 말이 떠도는 6월의 안보현실이 참전노병의 마음을 편치않게 한다며 착잡한 심정을 들려준다.

"일부 학생들 「좌경·용공」 더욱 가슴아파"

【金應燮 기자】

1994년 6월 현충행사 관련 국방일보의 기사 "노병의 소리" 빨갱이 잡는데 무슨 인권이……
일부 학생들의 태도 가슴아프다고……
1994. 6. 4. 대한유격참전동지회 전인식 회장의 분향모습, 백골병단 전적비 제단에서

국 방 일 보 | 기 획 | 1996년 6월28일 금요일 (4)

학생신분 구국일념 유격대 자원

나는 이렇게 싸웠다 「6·25」특집

대한 유격 참전 동지회 全仁植 회장

◆6월을 맞아 다시 백골병단 전적비를 찾은 전인식회장. 그는 여생의 할일도 통일을 향한 국가의 안보를 키우는데 기여하는것 뿐이라면서 참전세대의 강한 집념을 나타냈다.

최초 유격대 백골병단으로 參戰

『그때 그날이후 무려 46년이라는 길고긴 세월이 흘렀음에도 다시 6월을 맞이하게 되면 어쩔 수 없는 회한(悔恨)이 몰려와 마음은 마치 천만근인양 무거워 집니다』

호국보훈의 달 6월이 열리고 현충일을 하루 앞둔 지난 5일 대한유격참전동지회(육군본부결사유격부대, 백골병단) 전인식회장(68)은 조국이 가장 큰 위기에 처했던 시절 생사를 같이한 40여명의 영원한 동지 및 유가족들과 함께 백골병단전투전적비를 찾았다.

강원도 인제군 북면 용대리 산2백50번지, 「조국의 자유와 통일을 위하여 출전한 백골병단(중략) 그 영광 청사에 길이 빛나리라는 헌시를 강인하게 각인한채 전쟁의 교훈을 말없이 전해주고 있는 전적비앞에서 전회장일행은 한국군 최초 대북정규유격대의 활약을 반추하며 호국의 군신으로 산화한 젊은 꽃들의 숭고한 넋을 기렸다.

전쟁이 휴전으로 일단락된지도 어느새 43개의 성상이 흘러갔고 고희를 눈앞에 둔 노장의 경륜이 마치 세상사를 달관한듯한 인상마저 느끼게 함에도 전회장은 「마냥 고통스럽다」는 말로 6월의 소감을 함축한다.

그의 6월이 고통스러운것은 몇가지 이유에서 비롯된다.

그 첫번째 원인은 아직도 남북의 무력대치가 이어지고 있는 분단조국의 현실—.

『조국이 누란의 위기에 처했을때 오직 민족의 자유와 평화를 수호한다는 일념만으로 싸우다 장렬히 산화한 동지들의 유훈은 단 하나 조국의 통일이었다』는 전회장은 『하지만 아직도 분단의 현실을 살아가고 있다는 사실이 살아남은 사람으로서의 할일과 도리를 다하지 못한것 같아 늘 커다란 두려움을 느끼고 있다』며 씁쓸한 여운을 남긴다.

그리고 또하나는 백골병단 모두의 진정한 명예회복.

전회장은 휴전이 되고 나라가 안정을 되찾은 이후부터 마치 「맹목적을 지닌 독불장군」이 되어 백골병단원 모두의 명예회복을 위해 고군분투했으나 3백60여명의 순직전우중 55명의 명예회복만을 성사시켰고 이러한 현실적 여건은 전회장에게 또하나의 통한으로 남아 있다.

또한 조국은 분명 또다른 전쟁의 위협성을 안고 있는데도 자신을 비롯한 참전세대들의 희생이 일구어 낸 풍요의 과실을 먹고 성장한 젊은 세대들의 대북관이 점차 약화되고 있는 것도 죽음을 머리에 이고 싸워야 했던 그의 심기를 불편하게 하는 요인으로 작용하고 있는 것이다.

백골병단은 북한의 불법남침으로 조국의 운명이 백척간두에 처했을때 최초로 편성된 육군본부 직할유격대.

대부분이 학생의 신분으로 있다가 조국과 민족을 위한 구국일념으로 기꺼이 유격대에 지원한 6백47명의 애국청년들은 1951년1월부터 4월까지 적후방작전지역인 중동부전선에 침투, 태백산·오대산·설악산등 심산준령을 누비면서 특수유격활동을 전개, 국군의 작전에 지대한 공헌을 세웠다.

육군정보학교에 입교, 고작 21일간의 유격전 특수교육을 수료한후 게릴라와 장교를 의미하는 「GO 군번」과 임시 계급을 부여받고 제11、12、13연대로 편성된 백골병단은 곧바로 적후방교관의 임무를 띠고 적진에 투입됐다.

오대산 북방 구룡령방면에 위치해 있던 적군단 배후지역을 거쳐 38선을 돌파하면서 본격적 임무수행에 돌입한 백골병단은 이후 3개월동안 「적진속의 사선」을 넘나들며 적지휘소습격, 통신선파괴, 인민위원회 등의 행정조직 파괴 등 부여된 임무를 성공적으로 수행하며 백골병단의 기개를 높였다.

이들은 특히 1951년3월16일부터 23일까지 강원도 인제군 북면일대에서 제3기 작전을 전개하던중 대남 빨치산 활동을 위해 필례지역에 머무르고 있던 북한대남유격대 총사령관 길원팔중장과 참모진 등 일당 13명 전원을 생포、사살함으로써 빨치산 수뇌부를 완전 궤멸시키는 대전과를 수립했다.

백골병단은 이외에도 인민군 69여단의 1급 기밀서류를 노획、아군작전에 기여했으며 인민군3군단 지휘소 습격작전에서는 완강하게 저항하는 북한군 1백50여명을 사살하고 무려 3백34명을 생포하는 혁혁한 전공을 이루었으나 작전이 종료된후에는 아무런 대가(?)도 없이 해체됐다.

임시계급장 붙이고 적진후방 교란
사선 넘나들며 통신 파괴등 맹활약

51년 北 대남유격대 빨치산수뇌부 완전궤멸 혁혁한 戰功

『영하 30도를 밑도는 혹한이 계속돼 내몸 하나도 마음대로 할 수 없는 악전고투의 연속이었지요。장비는 말할 것도 없고 겨우 2주일분의 미숫가루만으로 60여일을 버텼습니다。조국과 민족이 없었다면 도저히 불가능한 현실들을 우리 백골병단은 끝내 이겨낸 것이지요。』

눈(雪)만 집어 먹다가 허기져서 그리고 추위를 견디지 못해 숨을 거둔 비운의 전우만도 1백20여명이나 된다며 노안가득 비통함을 감추지 못하는 전회장은 임무를 수행하다 장렬히 산화한 전우 등 모두 3백60여 전우의 값진 희생이 있었기에 백골병단은 대한국군 최초의 유격대로서 정규군보다 월등한 전공을 수립할 수 있었다고 힘주어 말한다.

지금도 그때의 악전을 회상할때마다 죄스러움과 비통함을 가슴 가득 느끼고 있다는 전회장은 남은 여생도 「두가지 할일」에 모든 힘을 쏟아붓겠다며 단호한 의지를 나타냈다.

하나는 전후세대들의 올바른 안보의식 확립에의 기여이며 다른 하나는 백골병단의 완전 명예회복.

전회장은 그의 두가지 할일 모두가 결코 쉬운일이 아니며 또 그에게 어떠한 대가도 주어지지 않을 것임을 누구보다도 분명히 알고 있다. 그럼에도 전회장이 고희를 목전에 두고 있는 지금에까지 집념을 보이는 것은 그길만이 전쟁을 경험한 세대로서 또 수많은 전우를 앞서 보내야 했던 「사지의 군인」의 한사람으로서 반드시 이루어야 할 책임과 사명임을 분명하게 견지하고 있기 때문이다.

『휴전은 결코 종전이 아니며 평화는 더더욱 아닙니다. 그런데 우리의 전후세대들은 이러한 현실을 다소 망각하고 있는 것같아 안타까움을 넘어 비통스러움 마저 금치 못하고 있습니다』

1996년 6월의 결론을 「비통스럽다」는 말로 대신하는 전회장이지만 당시를 회상하는 그의 노안에는 마치 사선을 넘나들던 그때의 투혼이 되살아난듯 결연한 의지만이 가득 서려 있었다.

【김용섭 기자】

1996. 6. 28 국방일보 6.25 특집 나는 이렇게 싸웠다(7단 기사)는 대한유격참전동지회(현 육군본부 직할 결사대 전우회) 회장 전인식씨의 증언

기획시리즈

장군의 비망록〈5〉

蔡命新장군편⑤

「뉴스피플」 1994. 2. 4. 106호

강원도 인제군 북면 용대리에서 적과 접전, 다수의 희생자를 낸 백골병단 장병들이 전우의 시체를 뒤로 하고 蔡命新사령관의 지휘아래 51년 3월23일 백담사에 집결했을 때 당초 630여명이던 병력은 480명으로 줄어들었다.

주린 배 부여잡고 눈으로 허기 채워

51년 2월20일 명주군 퇴곡리에서 백골병단이 창설된 뒤 한달남짓만에 150여명의 피끓는 젊은이들이 산설고 물선 이름모를 전선에서 조국을 위해 싸우다 장렬히 산화한 것이다.

백골병단이 주둔한 백담사는 '5공청산'과정에서 全斗煥전대통령이 현대판 '귀양살이'를 해 일약 명성을 얻은 사찰.

지난 81년 5월 브라질대사를 끝으로 5공내내 해외에서 '망명 아닌 망명'생활을 해야 했던 蔡命新씨가 유격대사령관으로 적진인 백담사에 진주할 당시 全전대통령은 육사생도였다.

이같은 기연이 있었기에 全전대통령이 백담사에 머물 때 蔡씨는 누구보다 '그때 그 시절'을 회상하며 착잡한 감회에 젖을 수밖에 없었다.

蔡사령관은 경계병들을 백담사 외곽에 매복시킨 다음 나머지 병력은 백담사 경내에서 우선 충분한 휴식을 취하도록 조치했다. 그러나 쉴 겨를도 없이 곧 적이 출몰, 경계병들과 교전이 벌어지면서 蔡사령관은 장병들을 이끌고 다시 설악산 소청봉을 향해 백담사를 떠났다.

백담사에서 소청봉까지의 퇴각은 14시간이 소요되었다. 3월19일 군량전에서 철수한 이래 24일 이곳까지 오는 5일동안 장병들은 적과 접전을 벌이며 거의 뜬눈으로 밤을 하얗게 지샜다. 거기에다 먹을 것이 없어 너나없이 눈을 집어먹는 등 그야말로 지칠 대로 지쳐 있었다.

장병들이 더 이상 행군할 수 없을 정도로 기진맥진하자 蔡사령관은 대오를 점검한 뒤 눈위에서 휴식을 취하도록 명령했다.

장병들이 정신없이 잠에 떨어진지 두시간도 안돼 갑자기 적의 따발총 소리가 요란하게 계곡을 흔드는 바람에 진중은 아수라장이 됐다.

기습을 당한 장병들은 적과 사투를 벌이며 다시 퇴각했다.

"열댓명의 병사들과 함께 퇴각하는 중 따발총탄을 세발 맞았으나 거리가 멀어서인지 큰 충격은 없었습니다. 오히려 벙커에 있는 적병 3명을 사살하고 그곳에 숨어 있다가 적이 철수하면서 겨우 빠져나와 본대와 합류했지요"

당시 11연대 2대대 5중대장으로 참전했던 金寅泰씨(67)의 회고다. 탈진상태에서 기습을 받고 퇴각하는 과정에서 백

인민군과 동행한

위장한 군복 똑같아 자기편인 줄 착각-무리지어 따라와

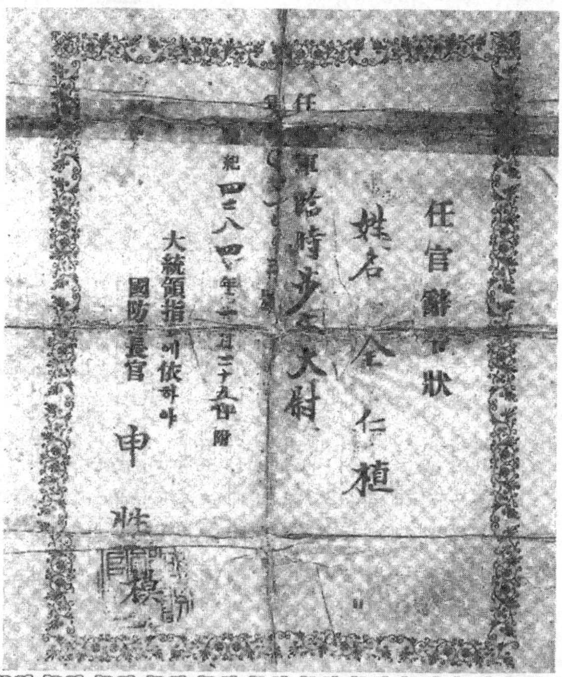

▶백골병단 11연대 작전참모 임시보병 대위 全仁植의 임관 사령장.

72

위 사진 임관사령장의 원본(原本)은 육군임시보병대위 전인식(全仁植)씨가 적후방작전 60일 동안 임관사령장을 가슴에 품고 모든 작전에 임한 뒤 귀환하여 본 회에 기증된 것.
현재 : 서울 용산소재 전쟁기념관 2층 전시실에 전시되어있음.
임관일자 : 1951년 1월 25일　군번 : GO1003 국방부장관 신성모
이 임관사령장은 현역장교와 구분되도록 특수장교로 임관시킨 듯 함.

골병단은 60여명의 병력손실을 입었다.

계곡을 따라 철수한 장병들은 오색리에서 합류, 대오를 정비하여 오색에서 양양에 이르는 도로를 2열종대로 행군했다.

4.5㎞거리 8시간 걸려 퇴각

정찰대를 선두로 400명이 넘는 병력이 이판사판 적진의 도로를 백주에 행군한지 얼마되지 않아 4명의 인민군이 행군대열을 앞질러가고 대열후미에는 수백명의 인민군이 뒤따라 오는 것이 목격됐다.

말하자면 앞뒤에 적을두고 행군한 셈

▲7사단 5연대장시절의 蔡命新대령과(왼쪽) 빨치산출신 소년 蔡命俊.

이판사판 대낮 행군

이다. 강원도 양양군 서면 오가리의 오색약수터와 박달령(檀木嶺)사이에서 벌어진 행군은 전사상 전무후무한 기록이다.

더 이상 행군할 경우 정체가 탄로날 것을 우려한 蔡사령관은 도로에서 벗어나 박달령입구로 접어들었다.

입구에서 적 3명과 조우한 용사들이 이들을 순식간에 처치하고 산 정상을 향해 어느 정도 올라갔을 때 갑자기 후미에서 따발총 소리가 들리면서 장병들이 우왕좌왕, 부대가 혼란에 빠졌다.

그날따라 봄비에 젖은 방한복이 저마다 얼어붙어 누구나 할 것 없이 혹한과 허기로 최악의 상태가 되었지만 장병들은 蔡사령관의 명령에 따라 사력을 다해 정상을 넘은 뒤 3월25일 새벽 인제군 기린면 진동리의 속칭 설피밭 삼거리로 진출했다.

박달령입구에서 표고 500m의 산을 넘어 삼거리까지는 직선거리가 4.5㎞에 불과하지만 퇴각하는데는 무려 8시간이나 걸려 장병들에겐 '사투만리'의 대장정이나 다름없는 악전고투의 이동이었다.

이 철수작전에서 120여명의 꽃다운 장병들이 혹한의 눈속에서 희생되어 백골병단으로서는 가장 한많고 처참한 퇴각작전이기도 했다.

"적과 전투하다 전사했다면 그래도 다행이지요. 혹독한 추위에 굶주린 장병들이 흡사 고목나무 쓰러지듯 힘없이 넘어져 드러누우면 그대로 죽었으니 굶어죽은 것인지 얼어 죽은 것인지 구분이 안됐습니다"

철수작전에 살아남은 참전용사들의 한결같은 증언이다. 당시 빨치산 활동을 하다 생포돼 전향한 뒤 백골병단을 따라다닌 蔡命俊씨(58 본명 崔俊景)는 "몇번씩이나 대열을 놓치고 길을 잃었으나 그때마다 병사들의 시체를 따라 백골병단의 뒤를 좇아갔다"고 증언할 만큼 장병들의 희생이 컸다는 것을 알 수 있다.

동사자와 아사자가 속출했지만 蔡사령관으로서도 어찌할 도리가 없을 만큼 급박한 상황의 연속이었다.

동사자 아사자 속출

蔡사령관은 긴급 작전참모회의를 소집, "적의 배후에서 최전선을 뚫고 나가면 국군을 만날 수 있다"고 장병들을 격려하며 남방의 가칠봉쪽으로 남진하도록 작전명령을 하달했다.

부대가 3월25일 새벽 설피밭 삼거리를 출발한지 얼마되지 않아 적과 접전, 또 다시 30여명이 전사하는 피해를 입었다.

날이 밝으면서 설피밭 삼거리로 되돌아온 장병들은 날이 어두워지기를 기다렸다가 작전을 개시, 서남진했다. 도중에 적과 소규모 전투를 벌이며 28일 상오 2시 인제군 기린면 방동리 북방 5㎞의 이름없는 마을에 진입할 수 있었다.

모두 7가구에 불과한 작은 마을에 들어선 장병들은 우선 소부터 징발, 도살한 뒤 생간은 사령관에게 상납하고 오랜만에 쇠고기로 허기를 채웠다.

식량보급차원에서 여러 차례 소를 잡을 때마다 蔡사령관은 특히 김이 무럭무럭 나는 생간을 즐겨 먹었다는 것이 작전에 참가했던 역전의 용사들의 얘기다.

38도선 접경 이남에 위치한 이 마을까지 무사히 도착한 장병은 260여명에 불과했다.

어느 정도 식량을 확보한 부대는 날이 새기 전에 남쪽으로 출발하려 했으나 정찰병들이 적정을 살핀 결과 아군에 밀린 인민군들이 대거 북으로 퇴각중인 것을 발견하고 적이 사라질 때까지 이틀간 더

73

마을에 흩어져 머물렀다.

여기서 아군 수송기가 남쪽 멀리 보급품을 투하하는 광경이 목격돼 장병들을 흥분시켰다.

蔡사령관은 환호하는 대원들에게 경계를 더욱 철저히 할 것을 엄명하는 한편 전방 척후겸 아군과의 접선을 위해 장교와 사병들로 구성된 10여명의 병력을 남쪽으로 내려보냈다.

적후방 침투 두달만에 원대복귀

蔡사령관은 이들을 파견하기 전 태극기와 헝겊으로 된 아군 접선용 인식표를 확인했다. 출정전 중위급이상 장교들만이 지급받은 인식표는 팬티끈속에 돌돌 말아 끼워넣고 있었던 것으로 "이 표를 가진 자를 발견하면 즉시 상급사령부에 인도하라"는 글에 국군총사령관의 직인이 찍혀 있었다.

蔡사령관의 명령을 받고 남쪽으로 떠난 척후연락조가 3월30일 하오 3시경 국군 7사단 3연대 수색대와의 접선에 성공한데 이어 나머지 백골병단 장병들은 그날밤 10시경 현리방면의 7사단 전방지휘소에 도착, 보무도 당당히 개선했다.

1월30일 혹한을 뚫고 한국군 최초로 유격부대 백골병단의 주력부대인 육본 직할 결사 11연대 장병들이 영월 7사단 전방지휘소를 떠나 적후방에 침투한지 꼬박 두달만에 감격적으로 7사단 전방지휘소로 원대복귀한 것이다.

"제3연대 방면을 출발한 그들은(백골병단 장병) 지금 다시 바로 제3연대 정면에 와서 닿았다. 3연대장 鄭震대령의 따뜻한 환대를 받으며 대원들과 같이 C레이션을 나누어 먹는 蔡命新중령은 눈에서 샘솟듯 흐르는 두줄기 눈물을 어찌할 줄 몰랐다"

지난 56년 육본 정훈감실에서 펴낸 백골병단 蔡命新사령관의 무용담을 기록한 유격대 전사 '死鬪萬里'의 개선 스케치다.

두달동안 백골병단 장병들은 蔡사령관의 진두지휘하에 △적 490여명 생포및 사살 △인민군 3군단 지휘소 습격, 파괴 △인민군 3군단 69여단 기밀문서및 빨치산사령관 기밀문서 획득 △적후방 320㎞ 교란 등의 혁혁한 전과를 올렸다.

이밖에도 장병들은 권총 9정, 따발총 178정, 장총 178정을 비롯, 빨치산사령관 吉元八이 金日成으로부터 받은 것으로 알려진 국기훈장 등 상당수의 물품을 노획했다.

작전이 종료된 후 육본으로 복귀한 蔡사령관이 육본 정보국에 증거물로 제출한 주요 전리품중 吉元八의 국기훈장은 당시 유격대 담당관이던 정보3과장 李極星중령(예비역 준장)이 지금까지 기념품으로 보관해 오다 최근 대한유격참전동지회(회장 全仁植)에 기증, 감동을 자아내게 한 바 있다.

이 작전에서 아군의 피해도 컸다. 백골병단 창설 당시 총병력 630여명중(현지 자원입대자 제외) 낙오병을 포함, 마지막까지 구사일생으로 살아 돌아온 장병은 불과 280여명에 지나지 않았다.

특진약속 온데 간데 없고 수모만

7사단에서 휴식을 취한 개선장병들이 4월1일 육본 전방지휘소가 있는 강릉에 도착했을 때 기다리는 것은 빛나는 훈장과 2계급 특진이 아니라 싸늘한 찬밥이었다.

강릉 석교리 민가에 분산, 수용된 장병들에게 지급된 보급품이라곤 쌀 약간뿐이어서 배가 고픈 병사들은 인근마을을 찾아 구걸하며 연명했다. 출정시 입은 인민군 군복은 그나마 이가 득실득실하고 너덜너덜 해어져 외출한 사병들이 헌병에게 붙잡혀 취조를 당하는 등 수모를 겪었다.

출정당시 "귀관들이 임무를 완수하고 돌아오면 훈장을 주고 2계급씩 특진시켜 희망부대에 배치시켜 준다"고 한 국군총사령관 丁一權장군 등 육군수뇌부의 약속이 새빨간 거짓말로 드러남에 따라 장병들은 배신감에 분노의 치를 떨었다.

강릉에 도착한 다음날 전황보고차 대

◀ 강원도 인제군 북면 용대리에 세워진 백골병단 전적비.

구 육본으로 떠났던 蔡사령관은 4월9일 다시 강릉으로 와 며칠간 더 머문뒤 생포한 빨치산 소년 등을 데리고 대구의 육본으로 원대복귀했다.

한편 백골병단에 대한 작전지휘권은 4월하순 육본 정보국직할에서 미8군으로 넘어가 장병들은 묵호에 있는 '미8군 커크랜드 기동부대'에 배치돼 한번더 적진 침투작전을 벌인 뒤 51년말 부대가 해체되기에 이르러 뿔뿔이 흩어진다.

유격대에 편성된 장병들에겐 엄연히 국방부장관 명의의 임시군번과 계급이 부여됐고 조국을 위해 빛나는 전적을 쌓았건만 군번과 계급이 인정되지 않아 이들은 재차 징집되어 군복무를 하는 해프닝이 벌어지기도 했다.

62년부터 뜻을 함께 하는 참전장병들은 전몰장병에 대한 합당한 예우와 참전사실 확인, 그리고 무공장병에 대한 서훈을 관계요로에 진정하고 탄원했으나 그때마다 당시의 기록이 없다는 이유로 거절됐다.

유격대의 침투작전 명령권자인 李極星씨는 얼마전 참전장병들과의 모임에서 "백골병단의 무공은 익히 알고 있는 사안이었지만 전국이 워낙 급박하게 돌아간 데다 육본정보국 과장에서 보직이 변경, 전보되는 바람에 장병들의 신분에 관한 후속조치가 어떻게 됐는지 몰랐다"고 증언한 바 있다.

유격대출신들 재징집 해프닝

백골병단의 신화적인 무공에 대해 5공때까지만 해도 일부에서는 "민간인신분으로 유격대 운운"하면서 6·25당시의 유격작전행위 자체조차 믿을 수 없다는 반응을 보일 정도로 대접을 받지 못한 것이 사실이다.

이런 가운데 장병들의 명예가 조금씩 회복되기 시작한 것은 6공때부터.

일부 참전장병들과 전몰장병 유족들의 끈질긴 청원을 당국에서 받아들여 뒤늦게 개별적으로 전사확인을 받는가 하면 일부 전몰장병의 유해가 국립묘지에 안장되고 백골병단 전적비가 육본의 협조를 얻어 건립되기도 했다.

그동안 당국에서 백골병단의 관련자료가 없다고 부인한 것과는 달리 육본이 소장하고 있는 한국전쟁 사료와 정기 적정보고서에는 유격대의 활약상이 눈부신 것으로 최근 밝혀졌다.

▶89년 4월 수많은 장병이 쓰러져간 박달령에서 전몰장병의 원혼을 달래기 위해 참전했던 역전의 용사들이 합동위령제를 지내고 있다.

작전이 끝나고 생환한 280명의 장병가운데 현재까지 생존하고 있는 장병은 90여명. 그러나 이들은 지금까지 참전장병으로서 신분을 인정받지 못해 훈장은 커녕 6·25참전 종군기장조차 못받고 있는 실정이다.

백골병단의 사령관으로 부대원들과 생사를 함께 한 蔡命新중령이 육본에 원대복귀한 뒤 장병들의 전공을 상부에 보고하며 합당한 예우를 해줄 것을 건의했지만 급박한 전황으로 미처 받아들여지지 않은 것으로 알려졌다.

蔡중령의 건의를 당연히 받아들여 응분의 조치를 취했어야 할 당시 육·해·공군총사령관 丁一權중장, 육본정보국장 李翰林준장(전임 白仁燁준장) 등 관련 장성들의 책임도 무시할 수 없다는 것이 생존 장병들의 말이다.

육본에서 또 다른 보직명령을 기다리던 蔡중령은 한달뒤 강원도 양구에 있는 전방 7사단 5연대 부연대장으로 자리를 옮겼다.

6共 들어 본격 명예회복 시작돼

권총에 화약냄새가 채 가시기도 전에 또 다시 전선으로 향한 것이다. 유격대 사령관으로 죽을 고비를 무수히 넘긴 蔡중령은 진급운도 따라 그해 대령으로 진급, 연대장이 되는 등 승승장구를 거듭해 휴전후 제2훈련소 참모장, 1군사령부 작전참모 등을 거쳐 동기들중에 선두그룹으로 59년 별을 달고 사단장이 되었다.

원주예비사단장을 거쳐 5사단장을 맡고 있던 蔡장군은 61년 병력을 이끌고 朴正熙소장이 주동한 5·16혁명에 가담, 혁명주체로 각광을 받았다.

"당시의 혼란상황이 군인이 아니면 수습할 수 없다고 판단, 혁명에 가담했지요. 동기는 순수했습니다. 혁명공약에 나타났듯이 사회가 소기의 목적대로 안정됐다고 판단되어 저는 군으로 복귀했지요. 원래 정치하고 싶은 생각이 없었으니까"

혁명이 성공하면서 감찰위원장의 중책을 맡은 蔡준장은 곧 소장으로 진급한 뒤 3관구사령관과 육본작전참모부장 등을 역임하고 65년 초대 주월한국군사령관겸 맹호부대장으로 월남전에 참전, 전쟁영웅으로 화려한 명성을 날린다.

게릴라전의 맹장이란 수식어가 따라다닌 蔡장군이 주월한국군사령관이 된 것은 백골병단 사령관을 역임한 것이 큰 밑거름이 된 것은 물론이다.

한국군 최초의 해외파병이라는 점에서 내외의 이목을 집중시킨 주월한국군사령관 내정은 蔡장군의 전력으로 볼 때 당연하다고 볼 수 있지만 경쟁상대가 없는 것은 아니었다.

그때만 해도 군부는 이북출신 장군들이 득세할 때여서 누가 적임자인가를 놓고 고심하는 朴正熙대통령이 蔡장군을 해외파병 전투사단장겸 사령관으로 임명하는 데는 金炯旭중앙정보부장이 결정적 역할을 했다고 전해진다. 뉴스피플

金哲鎬기자

8. 국립묘지 위패 봉안

2000. 8. 10 전사한지 49년여만에 국립현충원에 위패가 봉안된 사연과 함께 국립현충원을 참전전우회원 일동이 참배하는 내용을 요로에 알리고 있다. 뒷면 전사 확인장병 60위

전사한지 49년 6개월만에

국립묘지(현충원)에 위패 봉안 되다!!

전 육군본부직할 결사유격 제11연대 소속 "임시대위 金元培" 외 4인의 병장이 1951. 3. 26 강원 인제지구에서 전사!

결사유격 제13연대 소속 병장 천영식이 1951. 3. 19 역시 강원 인제지구에서 전사한 전사확인서가 2000. 4. 27 육군참모총장으로부터 발급된 뒤, 국립현충원(동작동 국립묘지)이 2000. 9. 7 위패를 봉안하게 되어 전사한지 49년 6개월만에 비로소 위패만이라도 봉안할 수있게 되었습니다. 이에 본회는 다음과 같이 위패 봉안 추모행사를 갖고자 합니다.

다　　음

1. **행사 일시** : 2000년 9월 7일 11시 국립현충원 현충문 앞 집합 완료
2. **행사 내용** : 2000년 9월 7일 11시 15분 행사장 입구 정렬 및 백골병단기 입장
   국립현충원 행사 병력 정 위치
   11시 20분 현충문 통과
   헌화, 분향, 묵념, 위패위치 확인, 참배 및 화환 증정
3. 이미 봉안된 전우의 위패 52위 참배
4. 국립 현충원의 협조사항
   헌화, 분향, 묵념시의 조총 및 조곡 연주 협조
   신규 위패위치 안내 및 기 봉안된 52위의 위패 위치 안내 협조(별첨 기 봉안위패 명단)
5. 보도기관 및 관련기관의 협조
   조국의 자유와 평화를 위해 자신의 안일을 돌보지 않고 적·후방으로 침투하여 단 2주일분의 미숫가루만으로 60여일 동안 종횡 800리(320km), 적 3군단 배후의 습격, 적69여단의 괴멸에 기여, 적 대남 빨치산총사령관 인민군중장 吉元八과 참모장 대좌 姜七星 등 지휘부 13명 전원의 생포 처리로 대남 지휘부를 전멸케한 특공의 빛나는 위훈을 남기고 산화하신 분들의 명복을 빌고 그 명예가 이 땅위에 영생토록 우리 모두는 힘을 다함께 해야 한다고 주창합니다.
6. 참고사항 : 703특공 2대대장은 보관 관리중인 "백골병단기"를 2000년 9월 6일 이전까지 본회의 탁송하거나, 9월 7일 11시 정각까지 기수병사를 국립현충원에 출장토록 조치해 주실 것.

이와 같이 안내 및 협조를 부탁드립니다.

2000. 8. 10

대한유격참전동지회 회 장

수신 : 배포처 참조

戰死 確認 (位牌 · 安葬) 將兵

소 속	계 급	군 번	성 명	출신지	비 고
결사 11 연대	육군대위	GO 1007	尹 昌 圭	충남 예산	동작동 위패 장교/17 구역
〃	육군소위	GO 1034	李 鍾 三	충남 청양	동작동 위패 장교/17 구역
〃	육군대위	미 상	玄 奎 正	평북 개천	대전 장교묘역 2-744호 안장
〃	육군중위	GO 1010	鄭 世 均	서울 만리동	동작동 위패 장교/14 구역(유가족)
〃	육군소위	GO 1053	尹 泓	경기	동작동 위패 장교/14 구역
결사 11 연대	육군소위	GO 1039	許 銀 九	경북 경주	동작동 위패 장교/14 구역(유가족)
결사 13 연대	〃	GO 1096	朴 萬 淳	경기 시흥	동작동 위패 장교/14 구역(유가족)
결사 11 연대	〃	GO 1045	李 夏 淵	충남 청양	대전 장교묘역 2-745호 안장
결사 12 연대	〃	GO 1114	黃 炳 錫	경기 파주	동작동 위패 48-4-001(유가족)
결사 11 연대	이등상사	G 11061	柳 東 鉉	경기 시흥	동작동 위패 28/5 구역(유가족)
결사 11 연대	일등중사	G 11312	張 東 淳	경기 시흥	동작동 위패 28/6 구역(유가족)
〃	〃	G 11313	申 鉉 石	경기 시흥	동작동 위패 28/6 구역
〃	〃	G 11039	朴 鍾 萬	경기 파주	동작동 위패 28/6 구역(유가족)
〃	이등중사	G 11087	權 旭 相	경기 안양	동작동 위패 28/6 구역(유가족)
〃	〃	미 상	洪 淳 基	충남 연기	동작동 위패 28/6 구역(유가족)
결사 11 연대	이등중사	미 상	金 周 鉉	경기 파주	동작동 위패 28/6 구역(유가족)
〃	〃	G 11206	김 윤 수	충남 부여	동작동 위패 28/6 구역
〃	〃	미 상	李 相 旭	대전	동작동 위패 28/6 구역
〃	〃	〃	趙 重 用	경기 시흥	동작동 위패 46-3-214(유가족)
〃	〃	〃	鄭 聞 晳	경기 시흥	동작동 위패 46-3-215(유가족)
결사 11 연대	이등중사	미 상	이 석 순	대전	동작동 위패 46-3-216
결사 12 연대	〃	〃	황 경 덕	경기 평택	동작동 위패 46-3-217
결사 11 연대	육군병장	G 11317	李 完 相	충남 청양	대전 사병묘역 11-4591호 안장
결사 13 연대	육군대위	GO 1067	金 貞 起	충남 연기	동작동 위패 48-3-269
결사 12 연대	〃	GO 1069	權 王 堅	불명	동작동 위패 48-3-270
결사 12 연대	육군중위	GO 1083	姜 昌 熙	불명	동작동 위패 48-3-271
결사 13 연대	〃	GO 1078	金 溶 九	서울	동작동 위패 48-3-272
결사 11 연대	이등중사	G 11215	姜 文 錫	충남 서산	동작동 위패 13/18 구역(유가족)
〃	〃	미 상	유 동 식	불 명	동작동 위패 13/18 구역
〃	〃	〃	박 희 영	불 명	동작동 위패 13/18 구역

소 속	계 급	군 번	성 명	출신지	비 고
결사 11 연대	이등중사	미 상	이 영 업	불 명	동작동 위패 13/18 구역
〃	〃	〃	서 두 생	불 명	동작동 위패 13/18 구역
〃	〃	〃	김 양 환	충남 부여	동작동 위패 13/18 구역
〃	일등중사	〃	洪 勝 先	불명	동작동 위패 27/4 구역
〃	〃	〃	徐 一 澤	경기 시흥	동작동 위패 27/4 구역
결사 11 연대	일등중사	미 상	장 국 환	충북 옥천	동작동 위패 46-2-183
〃	〃	〃	안 희 일	불명	동작동 위패 46-2-184
결사 12 연대	이등중사	〃	이 재 성	경기 시흥	동작동 위패 46-2-185
결사 11 연대	〃	〃	윤 동 익	경기 시흥	동작동 위패 46-2-186
결사 13 연대	〃	〃	고 석 휘	강원 정선	동작동 위패 46-2-187
결사 13 연대	이등중사	미 상	나 승 교	강원 정선	동작동 위패 46-2-188
〃	〃	〃	김 주 섭	강원 정선	동작동 위패 46-2-189
〃	〃	〃	이 운 철	강원 정선	동작동 위패 46-2-190
결사 11 연대	〃	〃	김 윤 태	경기 시흥	동작동 위패 46-2-191
〃	〃	〃	천 봉 균	경기 시흥	동작동 위패 46-2-192
결사 11 연대	이등중사	미 상	안 병 철	경기 시흥	동작동 위패 46-2-193
〃	〃	〃	김 철 구	충남 연기	동작동 위패 46-2-194
〃	〃	〃	김 명 규	경기 시흥	동작동 위패 46-2-195
〃	〃	〃	현 제	강원 인제	동작동 위패 46-2-196
〃	〃	〃	구 기 덕	충남 서천	동작동 위패 46-2-197
결사 11 연대	이등중사	미 상	안 성 호	경기 시흥	동작동 위패 46-2-198
결사 13 연대	〃	〃	姜 昌 煥	불명	동작동 위패 46-2-200
결사 11 연대	〃	〃	이 정 구	충남	동작동 위패 46-2-201
〃	〃	〃	黃 忠 淵	충남 서천	동작동 위패 46-2-202
결사 11 연대	육군대위	GO 1006	金 元 培		동작동 위패 48-4-104
〃	병 장		박 종 수		동작동 위패 46-5-043
〃	〃		이 충 구		동작동 위패 46-5-044
〃	〃		박 기 석		동작동 위패 46-5-045
〃	〃		임 경 섭		동작동 위패 46-5-046
결사 13 연대	〃		천 영 식	화성군	동작동 위패 46-5-047
60名					(안장 3, 위패 57)

국내 외 소식

'호국의 군신'이여 영원하라

대한유격참전동지회 백골병단 추모 개선 기념식

「조국의 자유와 통일 위하여 출진한 백골병단 육백사십용사. 오대·설악을 넘고 또 넘어 혁혁한 전공을 세운 그들ㅡ. 장하고 거룩한 겨레의 횃불. 오, 그 영광 청사에 길이 빛나리ㅡ.」

◆대한유격참전동지회원들과 육군산악·을지부대장등 주요지휘관들이 백골병단 합동 추모행사에서 묵념을 올리며 호국 영령들의 넋을 기리고 있다.

한국전 참전영웅들이 호국보훈의 달 6월을 맞아 다시 격전지에 모여 호국의 군신으로 산화한 전우들의 넋을 기리며 안보의 긴요성을 더욱 공고히 하는 추모행사를 가졌다. 대한유격참전동지회(회장·전인식)는 5일 강원도 인제군 북면 용대리에 위치한 백골병단 전적비 앞에서 제43회 현충·추모 및 개선 47주년 기념행사를 가졌다.

전국 각지에서 올라온 40여명의 생존용사를 비롯해 유가족과 육군산악·을지부대장 등 주요지휘관 및 장병, 지역기관장, 주민 등 3백여명이 참가한 가운데 봉행된 이날 추모행사는 비가 내리는 가운데에서도 국민의례, 행사의의 보고, 헌화 및 분향, 묵념, 유격참전동지회장의 추모사 순으로 엄숙히 거행됐다.

이 자리에서 전인식회장은 추모사를 통해 『백골병단의 숭고한 전투사를 담고 있는 백골병단 전적비가 나라를 위해 젊은 목숨을 초개와 같이 버린 백골병단 용사들의 위훈을 기리는 동시에 국민 모두에게 안보의 긴요성을 일깨워주는 호국 도장의 시발점이 되기를 바란다』면서 『백골병단의 생존회원들은 앞으로 남은 여생도 통일을 대비하는 첨병으로 최선을 다하면서 명예와 전통을 계승해 나갈 것』이라고 강조했다. 또한 이날 추모행사에 참석키 위해 먼길을 마다않고 달려온 백발의 참전용사들은 한국전쟁 당시 특수 유격대원으로서 혁혁한 전공을 세웠던 당시의 처절한 활약상을 상기하면서 지금도 조국이 부른다면 즉각 뛰어 나가겠다며 노익장을 과시하기도 했다.

백골병단은 1951년 2월20일 국군창설 이후 최초로 편성된 정규 유격부대(부대장·채명신 중령)로 40여일의 작전기간동안 적후방 작전지역인 태백산·오대산·설악산 등지의 심산준령을 종횡무진 누비면서 특수유격활동을 수행, 국군의 작전에 크게 기여했다. 【김용섭 기자】

전우여!! 전우여!!

두만강에서 북녘땅을 바라보며

2002.9.4. 전우회장인 전인식은 백두산 탐방후 중국 도문에서 한중국경선 경계에서 남쪽 북한을 배경으로 기념사진을 남겼다. 조국이 38선으로 갈라진 뒤 3년여 동안 피나는 동족상잔의 전쟁에 중공이 끼어들어,
통일의 꿈이 사라진 뒤,
종전 아닌 휴전선으로,
또다시 가로 막힌 피어린 강산을 그리워하며,
큰 시름에 잠겼다.

전인식 회장의 뒤쪽 산야가
그리운 조국(북한)땅이다.

해외 관광 일정(베트남)

참전개선 54주년 기념

= 친 목 회 해외관광 일정 =

2005년 4월 22일 출발
17시까지 仁川 공항으로

◉ 기본 일정

< 인천/하노이(2), 닌빈 호아루(1), 하롱베이(1), 하노이-기내(1)/인천 >

① **준비물 : 여권(전우회 보관중), 간단한 세면도구, 선글라스, 선크림, 모자, 상비약, 우산(양산), 긴팔여벌옷 등**

② **[인천공항] 사무실 TEL : 032)7433-114 / B 카운터 : 019)6737-114 / L카운터 : 019)4978-114**
[담 당 자] 김기봉 TEL : 02)3455-8921 / FAX : 02)777-7372 (대표) 02)3455-8888

◉ 상세 일정 (자유 여행사 제공)

일차	도 시	교통편	시 간	일 정 내 역	식 사
4/22 (금) 1일	인 천 **하노이**	집 합 출 발 OZ 733 (아시아나)	17:00 19:30 22:30	인천공항 3층 B와 C 사이 4번 테이블에서 미 팅 <공항긴급연락 : 019-6737-114> 인천국제공항 출발 // 하노이 향발 (4시간 30분 소요) **하노이 노바이 국제공항 도착** <현지 도착후 **"자유여행사"** 피켓을 찾아주세요!> 호텔 투숙 및 휴식 HOTEL : KIMLIEN HOTEL 또는 동급 (1급)	 기내식
4/23 (토) 2일	하노이 **닌 빈** 하노이	전용버스 유람선		조식 후 육지의 하롱베이라 일컫는 "닌빈 호아루"로 2인승 삼판배를 타고 2km의 수로를 따라 주위의 자연경관 및 지하수 종동굴, 석류동굴, 요정샘 등 기암괴석 관광 (3 ~ 4시간 정도 소요)하노이로 귀환 석식 후 호텔 투숙 및 휴식 HOTEL : KIMLIEN HOTEL 또는 동급 (1급)	조 식 중 식 석 식
4/24 (일) 3일	하노이 **하롱베이**	전용버스 차 량		호텔 조식 후 **호치민 영묘, 호치민 박물관, 운묘, 생가, 한기둥 사원 및 시내 관광** 중식후 "하롱베이"로 이동(도자기마을, 수공예 공장견학) (이동시간 - 3시간 30분 정도 소요) 석식 후 호텔 투숙 및 휴식 HOTEL : VANHAI HOTEL 또는 동급 (1급)	조 식 중 식 석 식
4/25 (월) 4	**하롱베이** 하노이	**전용버스** **유람선** OZ 734	 23:30	호텔 조식 후 유네스코 지정의 세계적 자연경관인 **하롱베이 3,000여개의 환상적인 섬 관광** 및 석회동굴 답사 (천궁동굴 - 하늘문, 용형석, 용좌, 폭포, 선녀목욕탕 등) (영화 "인도차이나"의 주요 촬영지) **선상 해물중식 후** 하노이로 이동 석식 후 베트남 전통 수상인형극 관람(또는 씨클로 탑승) 하노이 공항으로 이동 하노이 공항 출발 // 인천 향발	조 식 중 식 석 식
4/26 (화) 5	인 천		05:50	**인천 국제공항 도착** 대합실 집합, 커피 한잔 후 (해산)	

9. 무명용사 추모비 · 충용비

전적비 주탑 우측(右側)에는 **2003. 6. 5.** 이름조차 알 수 없는 303위(位)와 민간인으로 자원 입대한 13명 등의 **무명용사 추모비**(無名勇士 追慕碑)가 참전 전우회원의 성금과 일부 국가보훈처의 지원으로 건립되었다.

우리들은 2003. 3. 15. 참전 전우회 확대 회의에서,

무명용사 303명과 민간인 참전 희생자 13명 계 316명의
무명용사 합동 추모비 건립을 결의하고,

2003년 3월 18일 이 뜻을 관계기관에 호소한 뒤, 3월 28일 필자가 만든 설계도와 함께 구체적인 사항을 또 다시 건의했다.

나는 국가 보훈처에 설계도와 사업계획서를 보내는 등으로 추진하는 한편,
2003. 4. 12. 건립 추진위원회를 개최하고, 협찬금을 모금하여

2003. 6. 5. 현충행사와 함께 예정대로 준공 제막 했다.

무용가 "김영아" 교수의 진혼무(鎭魂舞) 춤사위는 정말 대단했고, 눈시울이 붉어졌다.

백골병단 무명용사 303위와 민간희생자 13명의 무명용사 추모비 제막!!

2003. 6. 5.
백골병단 전우회
국가보훈처 지원으로
제막함.

無名勇士 追慕碑

白骨兵團 303 무명용사 추모비

나라를 위해 출진한 군인이 왜 무명용사가 되었단 말이냐?!!

2003. 4. 12 무명용사 추모비 건립 추진위원회 결성
2003. 6. 5 무명용사 추모비 제막식 거행

白骨兵團

無名勇士 追慕碑

이 비는 1950년 북한군의 기습·남침으로 조국 대한민국의 국운이 풍전등화(風前燈火), 누란(累卵)의 위기에 처해 있을 때, 자신의 안일(安逸)을 버리고, 나라의 부름에 따라, 육군정보학교에 입교한 장병 647명이 유격 특수전교육을 이수하고, 중동부 전선 적진 후방에서 용전분투(勇戰奮鬪) 했으나, 영하 30도를 오르내리는 혹한과 2주일분의 미숫가루 만으로 60여일을 견뎌야 하는 악전고투(惡戰苦鬪)로 참전장병중 364명과 민간지원 참전 13명이 아까운 청춘을 조국의 평화와 민족의 자유를 위해 바쳤다.

1961년에 결성된 참전전우회에서는 전몰장병의 신원확인을 위해, 여러해에 걸쳐 노력했으나 그 중 60명(국립현충원 위패 안치 57위, 안장 3위) 만을 확인했을 뿐, 전몰장병 303 명과 민간 참전용사 13명의 이름조차 확인하지 못하고 52주년을 맞는 비통함을 억누를 수 없게 되었다.

이에, 살아남은 참전 전우회원 일동이 뜻을 모아 이 추모비를 건립하여, 조국의 평화와 자유를 지키기 위하여, 젊음을 초개(草芥)와 같이 버리고 산화(散華)하신, 전우의 영원한 안식과 위훈(偉勳)이 영생(永生)토록 빛나게 하기 위해 참전 전우회원의 성금과 관계 기관의 협찬, 참여 및 나라의 지원금으로 이 비를 세우다.

<글 : 전인식>

백골병단 참전·개선 52주년

2003년 6월 5일

무명용사 추모비 건립

주　체 : 백골병단 참전전우회

협　찬 : 대한민국 재향군인회

지　원 : 국 가 보 훈 처

2003. 6. 5 무명용사 추모비를 제막하는 전우회장과 각급 기관장들

2003. 6. 5. 백골병단 참전·개선 52주년을 맞아 그동안 찾을 수 없었던 전사망 추정자 360여명 중 60위는 국립묘지(동작동)에 위패(57) 및 안장(3)하고, 이름을 찾지 못한 303명과 민간참여 희생자 13명의 무명용사 추모비 제막식에서 무용가 김영아 교수가 진혼 춤사위와 제례를 준비했다.

이 추모비는 백골병단 참전 전우회 부담 1,072만원 국가보훈처 지원 500만원, 재향군인회 지원 100만원 등 1,672만원으로 건립되었다.

<설계 · 비문 全仁植>

백골병단 무명용사 303위와 민간희생자 13명의 무명용사 추모비 제막 !!

2003. 6. 5.
백골병단 전우회 주관
국가보훈처 지원으로
제막함.

2003. 6. 5. 11시
제48회 현충 추모식
과 제52회 참전개선
추모식장과 주변
전경!!

추모식 후
추모사를 낭독하는
전인식 회장

2003. 6. 5 현충추모식에서 전몰장병에 묵념하는 참석자들

2003. 6. 5. 강원도 인제군 북면 용대리 백골병단 전적비 앞에서
육군 제12사단장, 전인식 회장, 권영철 부회장 등이 묵념하고 있다.

<2003. 6. 5. 백골병단 참전 개선 제52주년 현충추모식 후 기념 촬영>

참전 개선 54주년(05. 4. 13) 기념식, 국방회관에서

2005. 4. 13 국방회관에서 참전개선 54주년 기념식에서 회장 전인식의 인사말

2005. 4. 13 참전개선 54주년 기념 행사!! 현수막이 이채롭다.

▮ 살신성인 충용비 건립 ▮

주탑의 좌측(左側)에는 **살신성인**(殺身成仁) **고 윤창규**(尹昌圭) 대위의 **충용비**(忠勇碑)를 2006. 6. 5. 우리들이 건립하여 백골병단 전적비 경내를 빛내주고 있다. 주50)

주50) **〈전적비 건립 및 보수 관련 기록〉**

2006. 7. 20. 현재

일 자	주 요 기 사	소요예산 및 집행	비 고
1990. 11. 9	**白骨兵團 戰跡碑 건립 제막**	1억 2,730만원 (회원모금 4,200만원)	육군 예산 8,530만원
1995. 1. 13	전적비 부지 4,928 m^2(약 1,490평)	재무부 소관에서 국방부 소관으로 관리 환	
1996. 5. 18	진입로 계단 보수	500,000원 (회원 회비에서)	
1997. 4. 8	전적비 주위 조경 보수 공사	500,000원 (회원 회비에서)	
1997. 4. 21	전적비 보수 계약 집행	13,800,000원 (회원 회비에서)	
1999. 6. 5	헌성록비 동판 제작 및 석조물비	1,600,000원 (회원 회비에서)	
2002. 4. 25	전적비 주탑 계단 보수공사	17,600,000원 (회원 회비에서)	
2002. 5. 28	스테인리스 안내판 제작비	1,550,000원 (회원 회비에서)	
2002. 9. 11	주탑 도장 공사비	3,700,000원 (회원 회비에서)	
2003. 6. 5	**무명용사 추모비 건립**	16,720,000원 (본회 1,072만원)	국가보훈처 지원 500만원 재향군인회 100만원
2003. 9. 16	주탑 진입 주차장 포장공사	670,000원 (회원 회비에서)	
2004. 5. 13	전적비 주탑 둘레 및 바닥 블록교체 공사	32,900,000원 (본회 1,790만원)	국가보훈처 지원 1,500만원
2006. 6. 5	**살신성인 忠勇비 건립**	23,000,000원 (본회 1,600만원)	국가보훈처 지원 700만원
2011. 12. 8	전적비 낙석방어벽 부조 공사비	43,450,000원 (전인식 2,530만원 찬조)	
2014. 3. 4	전적비 조명투광기 설치 및 도로안내판 설치	3,000,000원 (전우회 부담)	
합 계		본회부담 1억 7,299만원	국가보훈처 지원 2,700만원

관리번호 : 16-2-24

현충시설지정서

명　칭 : 백골병단전적비

소재지 : 강원도 인제군 북면 용대리 산250-2

내　용 : 비석

국가유공자등 예우 및 지원에 관한 법률 제74조의2 제1항의 규정에 의하여 위와 같이 현충시설로 지정합니다.

2008 년　9 월　5 일

국 가 보 훈 처 장

10. 전우회원 국내외 탐방

(1) 격전지를 찾아서 〈참전전우 25인 2박 3일〉

〈2004. 11. 29〉 영월 · 평창 · 대관령 · 강릉 · 삼산리 · 사기막리 · 퇴곡리 · 오색리 · 용대리까지 320km를 탐방하다.

적 후방으로 침투한 1951. 1. 30. 영월을 다시 찾은 참전전우 일동

정선 강원랜드에서

1951. 2. 15. 적 후방 사기막리를 다시 찾아

퇴곡리 백골병단 창설지(1951. 2. 20.)를 다시 방문한 전우회원

단목령(박달재) 입구에서

2004. 11. 30 오색초등학교 앞에서
단목령 입구의 상황을 설명하는 전우회장

단목령(박달재) 입구 숲에서

용대리 종착지에서 무사귀환
제례를 올리며

종점인 용대리 전적비까지
320 km 귀환 후
제례를 올리며

울릉도 · 독도 탐방 〈전우회원 8명〉

(2004. 7. 26 ~ 29)

권영철, 필자, 장지영, 이의재 장군, 권태종, 임병화, 홍금표, 최윤우

(2) 베트남 하노이 탐방

= 2005년도 춘계수련회 =

2005. 4. 춘계수련회에 참가한 전우들 베트남 하노이 "호치민" 영묘 앞 광장에서

2005. 4. 25 베트남 하롱베이 유네스코지정 세계적 자연경광. 수상전망대 표석 앞에서
앞줄(좌) 김인태, 임병화, 홍금표, 윤경준, 송세용, 황태규
(뒤) 이익재, 최희철, 이영진, 김용필, 이영구, 전인식, 김중신, 고제화, 장지영

(3) 일본 규슈(九州) 한국인 강제 노역장 아소탄광

(2005.12.12)

차주찬, 송세용
임동욱, 장지영 ⇒
안병희

필자, 송세용, 임동욱, 차주찬, 안병희, 장지영

(4) 자유중국(대만) 방문

2006. 2. 24 ~ 26(2박3일간) 자유중국(대만관광).
참전전우회원 14인이 함께 했다.

장개석 총통묘에서

좌 뒷줄 필자,
장지영, 김종호,
김중신, 배선호,
⇐임병화, 박승록,
최희철, 권태종
앞 임동욱, 송세용,
김용필, 차주찬,
안병희

(5) 충남 전남북 지방 연수

2006年 夏季硏修會 에서

2006. 7. 26 ~ 28 충남, 전남북지방 연수

<진도에서>

<남원 광한루에서>

앞 송세용, 임병화, 이영진, 전영도, 임동욱, 오석현, 안병희

⇐ 뒤 김송규, 박승록, 전인식, 이의재 장군, 김용필, 황태규, 김중신, 차주찬, 권태종, 장지영, 최희철

<땅끝 마을에서>

하계연수회에 참가한 회원들

2006. 7. 27 전인식(필자)의 생일 축하 회식(右 3번째) 구례에서

(6) 용대 백골장학회 창립

때 : 2006. 9. 19 11시
곳 : 용대초등학교 교장실

2006. 9. 19 용대 백골장학회
참석자 상견례 광경

2006. 9. 19 용대 백골장학회
전인식 회장의 취지 설명 광경

2006. 9. 19 용대 백골장학회
전인식 회장의 취지 설명 청취
(심교호 상사, 원종문 면장, 학교 교감)

2006. 9. 19 용대 백골장학회
회칙 심의광경(용대 3리 이장)

2006. 9. 19 용대 백골장학회
회칙 심의광경 원종문 면장 발언광경

2006. 9. 19 용대 백골장학회
운영 협의 광경

용대 백골장학회 인

용대 백골장학 회장 인

(7) 민족의 영산 백두산을 찾아 <2007. 4. 29>

전우회원 17인과 가족, 오녀산성에서

두만강에서 북한땅을 응시하는(필자)

2007년도 춘계 해외연수 고구려 · 발해 유적지에서

2007. 4. 30

2007.4.30 옛 고구려의 광개토대왕비를 배경으로 한 회원과 가족들

2007.4.30 옛 발해국을 탐방 고분을 배경으로 한 전우회원들

중국은 백두산을 장백산으로 이름지었다.

2007. 5. 1
눈 덮인 백두산야

오녀산성 입구에서
전우회원 일동

(8) 용대 백골장학회가 수여한 장학생과 함께

2007. 6. 5 육군본부 직할 결사대(백골병단) 전우회가 참전지역 어린이를 위해 참전개선56주년 및 제52회 현충추모식후 이 지역 학생의 장학사업으로 2006년 용대백골장학회를 설립하여 참전전우회가 2,000만원을 헌성하고, 참전장병의 헌성금 3,200만원과 추가지원 300만원 등 총 6,400만원으로 운영하고 있다.

제1회 장학금을 지급하고 기념촬영을 하였다.

이 장학금은 전우회장 전인식(필자)이 삼성생명보험사에 6,400만원 전액을 2023년까지 (10년간) 장기로 예치하고 있다. (년 이자 150만원 상당)

용대 백골장학회 헌성비 제막

2007. 6. 23 제막 전인식 회장, 정해상 명예회원, 북면면장 등

용대백골장학회 기금 6,400만원의 내역 등 경과를 보고하는 차주찬 장학위원과 보충설명하는 전인식 회장, 전우회원 21명과 관·군·민 인사 등 60여명이 헌성비 제막식에 참석했다.

장학기금 헌성비 제막

2007. 6. 23.
인제군 북면 용대3리

장학금 헌성비 제막 광경

헌성비를 설명하는 전인식 회장

헌성비 제막 후 인사한
인제 북면 면장 원종문 씨

헌성비 관련 장학회 연혁을
보고하는 차주찬 이사

헌성비를 둘러보는 전우회원들

헌성비 제막 후 참석자들의 기념촬영

용대 백골 장학생에게

용대초등학교 학생에게 해마다 6월 현충일에 지급하는 용대백골장학회가 제5회 장학 학생에게 장학회 회장 전인식(본 전우회 회장)이 다음과 같은 격려 서신과 함께 장학금(금일봉)을 지급했다. =2011. 6. 3.=

장학생 에게 *!!*

학생의 건강과 가정에 행복이 충만하시기를 기원합니다. 평소 학업에 충실함은 물론이고 부모님과 선생님을 비롯한 어른의 말씀을 깊이 새겨 듣고 언제나 바른 일을 행하는 어린이가 되어 동리에서도 칭찬이 자자한 학생이 되어 줄 것을 기대합니다.

교장선생님과 담임선생님 그리고 지도해 주시는 선생님 모두에게 씩씩하고 자랑스러운 우리 학교 어린이(학생)가 되기를 바랍니다.

건강하세요.

용대백골장학회 회장 전 인 식

(9) 현충추모식 및 장학금 수여

2008. 6. 5. 11:00

2008. 6. 5. 강원도 인제군 북면 용대리 에서(백골병단 개선 제57주년에서) 국기에 대한 경례를 하고 있다.

참전개선 57주년 및 제53회 현충추모식에 임석한 육군 제3군단장 육군중장 金日生 장군을 영접하는 전인식 회장

2008. 6. 5. 11:30 현충추모 행사에 이어 용대 백골장학회가 제2회 용대리 거주 학생 9명에게 장학증서와 장학금을 주고 격려하고 있다.

2008. 6. 5 육군본부 직할 결사대(白骨兵團) 전우회 주관 제57주년
현충추모식에서 헌화 분향 후 경례하는 전인식 회장

제57주년
현충추모식에서
헌화 분향 후
묵념하는
예비역 육군중장
류해근 장군

육본 직할 결사대
참전 개선 제57주년
현충추모식 후
오찬을 함께하며
"자유와 평화를
위하여" 건배 하는
회원 및
내빈 여러분!!

2008. 6. 국방저널에 실린 인터뷰 기사

호국보훈의 달 기획 특집 전적비는 외롭다

인터뷰 육군본부 직할 결사대(백골병단) 전우회 **전인식** 회장

"피로 지킨 조국, 번영 이뤄지기를…"

"나라가 없으면 자유도 없고 생존도 없다. 지금 젊은이들, 굳이 반공까지는 말하고 싶지 않지만 국가관이 다소 많이 부족한 것 같아 안타깝다."

6·25전쟁 당시 최초의 유격대로 기록되고 있는 육군본부 직할 결사대(일명 백골병단) 전우회 전인식(79·사진) 회장은 6월 호국보훈의 달을 앞두고 5월 26일 전우회 사무실에서 만난 자리에서 이 같은 말로 잊혀져 가는 '6·25'에 대한 섭섭함을 토로했다.

전 회장은 매년 6월 4일이나 5일 강원도 인제군 북면 용대3리 산 250-2에 4950㎡(1500여 평) 규모로 건립돼 있는 백골병단 전적비를 참전 전우들과 함께 찾고 있다. 이 전적비는 1990년 11월 9일 제막됐다. 이 전적비는 특이하게도 3개의 비가 함께 들어서 있다.

당시 참전해 전사한 300여 명의 무명용사들의 넋을 위로하기 위한 추모비(2003. 6.5 건립)와 당시 작전에서 수류탄을 온몸으로 막아 전우들을 살린 살신성인의 표본인 윤창규 대위를 위한 충용비(2006. 6.5 건립)도 있다. 그리고 최근에 세워진 전 회장의 공적비가 전적비터 일부 작은 자리를 차지하고 있다.

전 회장은 해마다 현충 행사를 이곳에서 용대리 마을 관계자들이 참석한 가운데 갖고 있다.

참전 노병들이 자신이 싸우고 전우들이 희생된 전적비를 찾는 이유가 다 같듯이 전 회장 등 참전 전우들이 전적비를 찾는 이유는 오직 한 가지.

국가가 위기에 처했을 때 아무런 대가 없이 오직 국가를 살리는 데 자신의 목숨을 기꺼이 바친 명예를 영원히 간직하고 싶다는 것. 그리고 먼저 간 전우들의 넋을 위로하고 달래면서 미력하나마 잊혀져 가는 '6·25전쟁의 교훈'을 전후 세대들에게 전하고 싶은 일종의 사명감에서도 현충 행사를 굳이 이곳에서 하고 있는 것.

6월 호국보훈의 달을 맞아 전 회장을 만나 당시 유비무환의 불고의 진리를 일깨워 준 6·25전쟁의 교훈을 들어 봤다.

– 6월은 호국보훈의 달로 그 어느 달보다 크고 높게 순국선열의 숭고한 애국 애족 정신을 기리고 추모하는 달입니다. 6·25전쟁 참전 최초의 유격대원으로서 당시의 전황과 참전 의미를 들려주십시오.

"누란의 위기 속에서 1950년 12월 26일경 국민총동원령이 발령돼 방위군설치법이 됩니다. 이에 따라 만 17세 이상 40세 미만까지 총동원령이 내려집니다. 이후 대구에 많은 젊은이들이 집결하게 되고 1951년 1월 육군정보국에서 특수 임무를 수행할 대원 700여 명을 선발, 당시 달성국민학교에 있던 정보학교에서 특수군사 훈련을 받게 됩니다. 3주간의 특수군사훈련을 받은 뒤 국방부장관으로부터 임시로 장교·부사관·병의 계급과 군번을 부여받고 육군본부 직할 결사대(일명 백골병단) 소속이 됩니다. 저는 당시 22세로 건국대학교 재학 중 이 부대에 배치됐으며 적 후방 교란과 적 연락장교 생포, 지휘소 습격, 적 치안 시설 습격 파괴 등의 특수 임무 수행에 필요한 교육을 받고 38선 이북 지역에 침투했습니다. 우리 부대는 그 임무에서 첩보부대와는 성격이 달랐습니다. 적 정보를 얻는 것을 포함해 전투 임무까지 수행했으니까요. 특이한 점은 당시 640여 명 전 대원이 동시에 움직였다는 점입니다. 동에 번쩍, 서에 번쩍했습니다. 하루에 20~30km씩 강행군을 했다면 믿겠습니까. 결사 11, 12, 13연대로 편성돼 설악산과 오대산 등 태백산맥 일대의 험산 준령을 넘나들며 유격특수전을 수행했습

니다. 저는 당시 대위 계급을 부여받고 작전참모의 중책을 수행했습니다. 2주일분의 미숫가루만으로 60여 일간 전투를 치렀지요. 지금의 젊은이들은 상상조차 하지 못할 그런 여건 속에서 사지를 넘나들었던 것입니다."

– 부대 창설에서부터 해체 때까지 불과 60여 일 정도밖에 되지 않는 가운데서도 혁혁한 전과를 올린 것으로 알려져 있습니다. 숱한 전투 가운데 가장 기억에 남는 작전이 있다면.

"1951년 3월 18일 강원도 인제군 인제읍 가리산리 한계령 부근의 필례 마을에서 인민군 대남 유격대 총사령관이자 인민군 중앙당 제2비서실 5지대장인 길원팔 중장을 생포한 일입니다. 당시 그는 이곳에서 요양하던 중이었으며 참모장 강칠성 대좌 등 고급 간부 13명도 생포하는 빛나는 전공을 세웠습니다. 이 밖에 적 69여단의 전투 상보 등 기밀 문서 노획과 적 초소 파괴, 통신선 차단 등 적진 후방을 교란하는 작전을 벌였죠. 불과 두 달 만에 생포한 적군이 300여 명에 달했으니 대단한 전과지요. 하지만 우리의 피해도 컸어요. 적진 깊숙이 들어갔다가 후퇴하는 과정에서 많은 희생이 있었지요. 특히 야간 화력이 적보다 절대 열세였습니다. 한계령 쪽으로 우회 후퇴하는 과정에서 인민군32사단과 맞닥뜨려 백담사 쪽으로 방향을 틀어 1951년 3월 24일 백담사로 들어갔습니다. 3월 19일부터 24일까지 닷새간의 후퇴작전 때 아무것도 먹지 못했으며 이 과정에서 60여 명의 전우들이 전사하고 용대리로 들어와서도 다시 40여 명의 고귀한 희생이 있었습니다. 추위와 굶주림에 지쳐 쓰러지는 전우를 볼 때 참담한 심정은 형언할 수 없었지요. 대원들 모두가 학생이거나 의용경찰 등 반공사상이 투철한 애국 청년들이었고 일거수일투족을 함께 생활했기 때문에 그 어느 전선, 어느 부대 소속 대원들보다 각별하고 처절하며 고귀한 전우애가 있었습니다. 3월 28일 적 중앙 지역을 뚫고 가까스로 국군7사단 3연대 수색대와 접선에 성공해 인제군 기린면으로 개선했습니다. 이때 목숨을 건져 살아온 전우는 불과 283명이었습니다. 절반이 넘는 전우들이 호국의 군신으로 산화했지요. 이후 4월 25일 강릉 지역으로 재집결해 전열을 가다듬었으며 26일 '미8군 커크랜드 기동부대' 로 예속되면서 명칭도 변경, 백골병단은 전설로 남게 됩니다. 일부는 6월 28일까지 백골병단의 이름으로 작전을 수행하기도 했지만 정확하게는 4월 25일까지를 결사 11, 12, 13연대로 구성된 백골병단으로 봐야 합니다. 이후 대원들은 뿔뿔이 흩어졌고 휴전을 맞게 됐지요."

– 6 · 25 참전 전우회 중 유일하게 전적비가 있는 지역에서 장학 사업도 하고 있는 것으로 알고 있습니다.

"2006년 9월 2일 우리 전우회는 용대백골장학회 설립을 의결하고 회비 9100만 원 중 우선 2000만 원을 장학 기금으로 출연하고 전우회원들이 추가로 900만 원과 2200만 원을 헌성하는 등 모두 5000여만 원으로 장학회를 만들어 2007년 6월 5일 처음으로 용대초등학교 학생 10여 명에게 100만 원의 장학금 전달식을 가졌습니다. 올해도 6월 5일 100만 원의 장학금 전달식을 현지에서 가질 예정입니다. 내년까지 100만 원의 장학 기금을 전달하고 그 이후부터는 장학회의 재량에 맞게 장학금 지급과 대상 등을 늘리거나 줄인다는 계획입니다. 작전 최종점이자 정점인 용대리에 전적비를 세우고 그 작전 지역을 위해 장학기금을 만들었다는 것은 대한민국 6 · 25전쟁 참전 전우회 가운데 우리가 유일합니다."

– 후세대들에게 꼭 전하고 싶은 말씀이 있으시다면.

강원도 인제군 북면 용대3리 소재 백골병단전적비

"대한민국의 정체성을 제대로 알지 못하는 세대들이 늘고 있는 것이 안타깝습니다. 오늘의 발전과 반만년 유구한 역사의 계속성은 반세기 전 6 · 25전쟁 때 아무 대가 없이 전장에 뛰어들었던 그 당시 젊음의 희생 때문이라고 말씀드립니다. 참전 용사들은 정치를 모릅니다.

단, 자신들이 목숨 걸고 싸워 지킨 이 나라가 영구적으로 자유와 평화를 누릴 수 있기만을 바랄 뿐이지요. 튼튼한 안보와 강력한 군사력만이 오늘과 내일, 아니 미래의 한반도 평화를 보장해 준다는 점을 결코 잊어서는 안 됩니다. 우리의 희생을 알아 달라는 말이 절대 아닙니다. 우리가 지켜 낸 대한민국을 온전하게 바르게 계속 지켜 달라는 말씀도 아울러 당부드리고 싶습니다." Defense

(10) 용대백골장학회와 용대장학회가 공동 주최한 용대리 경노잔치가 열렸다

때 : 2008. 7. 25
장소 : 용대3리
참석인원 : 180여명
용대백골장학회 : 6,400만원(육직 결사대 전우회 주관)
용대리장학회에 전우회 전인식 1,000만원 희사

용대백골장학회원 일동과 용대장학회 임원의 기념촬영

용대백골장학회와 지역 용대장학회 합동경노잔치를 지원하는 부녀회장단과 지역군수 및 경노 노인들과 전인식 회장(앞)

경노 오찬 식장의 모습

참전전투지구 경노인에 대한 오찬

경노행사에 앞서 인사하는 인제군수

경노행사에서

경노행사에서

경노행사에 앞서 인사하는 전인식 회장

경노행사에서

(11) 중국 장가계 · 원가계 수련회

2008년도 춘계 수련회에 참가한 회원들
<중국 장가계에서>

2008. 4. 11 ~ 15(4박 5일) 중국 북경, 천안문, 만리장성, 장가계, 원가계, 천자산 등 수련회에 참석한 전우 및 명예회원 일동

(12) 2008년 하계 수련회

홍도 · 흑산도 · 비금도 · 도초도에서

2008. 7. 11 육본 직할 결사대(백골병단) 전우회 2008년도 하계수련회
홍도, 흑산도, 비금도, 도초도에서

회원 6인의 8순 합동 축하연

2008. 7. 12 신안군 도초면 갈매리에서 80세가 되는 6인의 합동 팔순잔치가 열렸다. 80세 팔순 자 ; 필자, 임동욱, 박승록, 오석현, 권태종, 이익재 (6인)

홍도 · 흑산도 · 비금도 탐방 (2008. 7. 11.)

흑산도 선착장에서(2008. 7. 12)

(13) 군부대 위문 703 특공부대 백골병단의 발자취를 찾아 1,000리 행군을 격려하다

2008. 9. 20 육군 제3군단 703특공연대 장병이 백골병단의 옛 격전지를 찾아 1,000리행군을 하는 현장(강원도 명주군 연곡면 삼산리)을 찾아 전인식 전우회장이 부대 장병을 위문하고 있다.

2008. 9. 20 육군 제3군단 703특공연대 장병이 백골병단의 옛 격전지를 찾아 1,000리행군을 하는 현장.
필자가 장병들 앞에서 옛날의 격전을 설명하고 있다.

2008. 9. 20 육군 제3군단 703특공연대 장병이 백골병단의 옛 격전지를 찾아 1,000리 행군을 하는 현장.
부대장병에게 위문품을 나누어 주는 임동욱 감사

(14) 2008. 9. 27. 산악군단을 방문하다

2008. 9. 27. 백골병단 정신을 계승한 특공부대 천리행군으로 강한 전사 강한 군대상을 홍보하고 6.25 전쟁 당시 백골병단의 침투·작전 경로를 따라 천리 행군을 실시함에 이 훈련을 기획한 육군 제3군단(정예산악군단) 군단장 육군 중장 김일생 장군을 예방한 자리에서

(15) 육군사관학교를 방문하다 (2008. 10. 17)

白骨兵團 참전전우일동이 육군사관학교 교장 김현석 장군, 간부장군 일동과 대표 화랑생도와 함께 기념사진을 남겼다.

만찬을 마치고 육사 버스에 탑승 전 작별의 인사를 하는 全仁植 회장과 申萬澤 장군

육군본부 직할 결사대(결사유격 제11연대, 동 12, 13연대 일명 백골병단) 출신 전우회원 일동이 꿈에도 그리던 **호국 간성의 요람**인 **육군사관학교**를 방문하여 분에 넘치는 환대를 받았다. 이 초청행사는 백골병단 참전자의 명예회복을 위한 최초의 공로자 申萬澤 중령(당시)이 육군사관학교 생도대장으로 영진 재직 중 이루어진 환대였다.

(16) 해외 독립운동 유적지 (상해) 탐방

2009. 1. 18 중국 상해
대한민국임시정부 구청사(유적지)

매헌 윤봉길 의사의 의거현장에서 =2009. 1. 18 전우회 유적지 탐방=
전열 : 안병희, 송세용, 이영진, 장지영
후열 : 박승록, 윤경준, 김중신, 임동욱, 필자, 오석현, 김용필, 류해근 장군, 임병화

앞줄 : 안병희, 임동욱, 윤경준, 이영진
뒷줄 : 류해근 장군, 장지영, 김중신, 송세용, 오석현, 필자, 박승록, 김용필, 임병화

대한민국 임시 정부 청사(구)를 방문한 뒤 윤봉길 의사(義士)의 의거 기념비를 참배하다.

(17) 현충추모식과 장학금 수여

일시 : 2009. 6. 5. 11:00~11:50

장소 : 강원도 인제군 북면 용대3리 산 250-2

주최 : 육본 직할 결사대(백골병단) 전우회

참전전우 일동 육군 제3군단장 육군 제12사단장 일동 경례

육군 제3군단장 육군중장 이성호 장군의 헌화 분향 후 묵념

육본 직할 결사대 참전 전우일동의 합동 분향 경례의 모습

참전전우 일동의 분향 후 묵념하는 광경

참전전우회장 전인식의 추모사 낭독 광경
국방부장관,육군참모총장,국가보훈처장,재향군인회장
제1야전군사령관, 특수전사령관, 육군부사관학교장 등 많은 고위직의 추모 화환 10여개

참전전우 일동이 헌성한 용대백골장학회가 제3회 장학금을 지급 격려하고 있다.

용대백골장학회의 장학금 지급

2009. 6. 5.

2009. 6. 5. 11:00
강원도 인제군 북면 용대3리 백골병단 전적비 앞 광장에서 추모사를 하는 참전전우회 전인식 회장

용대백골장학회를 대표한 참전전우회 회장 전인식씨가 장학증서와 장학금을 주고 있다.

육군본부 직할 결사대 (백골병단) 전우회가 2,000만원을, 참전전우 일동이 3,300만원을 헌성한 재원으로 설립한 장학회로서 2009년도 제3회 장학금을 교부하고 있다.

(2013. 12. 현재 장학기금 6,400만원을 10년 장기로 삼성생명에 예치했다.)

2009. 6. 5. 12:00 오찬장에서 전인식 회장의 인사

이성호 군단장의 답사(격려 광경)

용대 백골장학생에 대한 장학금 지급

헌화 후 경례하는 류해근(예)중장

2009. 6. 5. 11:30
용대백골 장학생
에 대한 장학금
수여(제3회)
용대초등학교
학생 5명
(각 20만원씩)

2009.6.4. 16:00 동해최북단 717 OP 견학 및 위문

= 위문품 전달 =

2009. 6. 4. 16:00 북한쪽 상황을 DMZ 관리 중대장으로부터 설명을 듣고 있다.

2009. 6. 4. 16:20 북쪽을 그리며 기념촬영하고 있다.

(18) 중국 곤명·석림에서

2010. 3.31
~4.4
중국 곤명
석림에서

곤명
석림에서
류해근 장군
내외

이BK 장군,
정JM 장군
내외,
류해근 장군
내외

박승록, 송세용, 차주찬, 임동욱 전우

류해근 장군 내외와 전인식 회장

우 3번 필자, 박승록, 임동욱, 차주찬, 권태종, 송세용, 장지영 전우

(19) 용대 백골 장학금 교부 및 경노 잔치

용대 백골장학생 6명에 대한 장학증서 및 장학금 수여

전적비 입구에서 현충 행사 후

용대 노인회 경노잔치에서 인사하는 전인식 전우회장

인제군 북면 용대 노인회 오찬 광경

육군본부 직할 결사대 60년사 발간 축하회
2010. 2. 19. 국방회관 태극홀에서

「60年史」 발간 축하 개회인사를 하는 전우회 회장 전인식

전열 예비역장군 여러분과 회원들의 국기에 대한 경례!!

참석자를 소개하는 필자(전인식 회장)

순국선열 및 육본 직할 결사대 전몰장병에 대하여 묵념하는 참석자들

참석자 여러분의 국기에 대한 경례

참전 전우(홍금표 동지)에게 공로패를 수여하는 광경

국방일보 예비역 광장 2010년 2월 23일 화요일 17

냉대 속 박달재에 스러진 위대한 전설들

향군 지금은

■ '백골병단' 60년사 출판기념회

이름없는 백골병단, 그들의 피와 눈물이 오롯이 담긴 육본직할결사대 60년사.

강원 인제군 북면 용대3리에 있는 백골병단 전적비.

북한군 위장 혁혁한 전공
적후방 침투 사선넘어 귀대
박달재에서 아사자 속출

2계급 특진 등 약속 물거품
명예회복에만 30년 걸려
'나라위한 헌신' 잊지 말아야

게리슨 유격대. 제2차 세계대전 당시 독일군 후방에 침투해 교란작전을 펼쳤던 연합군 소속 유격대다.

백골병단. 6·25전쟁 때 북한군 점령지역에 침투해 군사작전을 감행했던 대한민국 유격대 이름이다.

유격대의 성격은 유사하지만 게리슨 유격대는 영화 속의 픽션이고 백골병단은 역사 속 사실이었다는 데 큰 차이가 있다.

1951년 2월 압록강까지 반격을 개시했던 국군과 유엔군은 갑자기 밀어닥친 중공군의 인해전술에 봉착했다. 인간의 목숨을 총알 한 발보다 더 값싸게 여기는 중공군의 인해전술 앞에서 우리 군은 후퇴할 수밖에 없었다.

모름지기 전쟁의 승패는 '정보'에 의해 좌우되는데 후퇴하는 상황에서 적에 대한 정확한 정보 획득이 절실하게 필요했다.

이때 육군수뇌부는 유격대 투입을 결정했다. 그리고 반공·애국사상이 투철한 200여 명을 엄선해 11연대를 편성했다.

유격대장에는 유격대 경험이 많은 채명신 중령을 임명했다. 이들에게는 임관사령장과 계급장이 주어졌다. 나라의 운명이 백척간두의 위기에 몰려 있는 상황에서 유격대원들은 불타는 적개심으로 적진에 침투했다.

이들은 북한군 복장으로 위장했다. 스스로 '백골병단'을 자칭했다. 결코 죽음을 두려워하지 않는 강한 부대라는 뜻이다.

하지만 이들을 기다리고 있는 것은 영하 20도를 오르내리는 혹한의 추위, 1m가 넘는 적설, 배고픔, 언제 공격해 올지 모르는 적의 위협이었다. 적 후방에 투입되는 과정에서 동사자와 낙오자가 속출했다. 출발 당시 200여 대원은 118명으로 줄었다. 그렇다고 전장의 추위와 악조건이 유격대원들의 불굴의 전투의지를 꺾을 수는 없었다.

구룡령 계곡에 매복 중인 북한군 연락군관단 5명을 생포했다. 이들로부터 상급부대에 발송되는 중요 문서를 노획했다. 이 정보는 아군이 적 2군단 사령부와 주요 시설을 정확히 인지하고 폭격하는 단서가 됐다

이어서 행군 중인 적 50여 명을 생포했다. 길원팔(중장) 빨치산 5지대장을 사로잡았다. 육군본부에서 펴낸 전장사례연구 제4집에 보면 이들의 전과는 적 사살만 174명이라고 기록하고 있다.

"천신만고 끝에 죽음의 사선을 넘고 넘어 귀대한 이들에게 기다리고 있는 것은 형편없는 냉대였다. 당시 육·해·공군 참모총장 정일권 소장이 귀관들이 임무를 완수하고 돌아오면 2계급씩 특진시켜 주고, 희망부대에 배치시켜 주겠다고 한 약속은 거짓말이었다. 관계 당국은 생환한 전우들에게 이등병 대접조차 해 주지 않았다. 무공훈장은커녕, 그 흔한 6·25 종군기장조차 줄 수 없다고 했다."(백골병단 60년사 128쪽)

1961년 8월 23일 살아남은 10명의 백골병단 전우들이 대한민국유격군참전전우회를 발족했다. 그 후 수차례의 개칭 과정을 거쳐 2008년 6월 5일 이래 육군본부직할 결사대(백골병단) 전우회로 활동해 오고 있다. 이들은 먼저 가신 백골병단전우들의 명예를 회복하고, 살아남은 자들의 권익을 되찾기 위해 백방으로 뛰어다녔다. 그 결과 1987년 3월 첫 전사통지서를 받았다.

2004년 11월 6·25전쟁 중 후방지역 작전 수행 공로자에 대한 군 복무 인정과 보상 등에 관한 법률시행령이 공포됨에 따라 43명의 대원들이 새로운 군번과 계급장을 받았다.

전인식 회장은 참전수기를 통해 절규했다.

"많은 희생자는 설악산과 박달재에서 발생했다. 이들의 고혼(孤魂)은 아직도 안식을 찾지 못하고 방황하고 있는지 모른다. 가장 많은 희생은 무엇 무엇 해도 박달재에서 굶고 얼어죽은 것이다. 이때는 보통 4일 이상 5~6일쯤은 모두 굶었다고 기억된다.

이제 돌이켜 지난날을 회고해 볼 때 1951년 1월 30일부터 3월 30일까지 적지에서 60일간을 보낸 것이다. 그중에서 퇴곡리로부터 기산하면 적어도 30여 일간을 적진 깊숙이 그것도 아군 지역으로부터 적어도 100㎞상의 북방 깊숙이 침투해 부여된 임무를 100% 이상, 1000% 그 이상의 성과를 올렸다고 본다.

적거나 많거나 단 한 푼의 봉급도 받은 바 없고 오직 받은 것이 있다면 북괴제 소총, 일제구구식 장총, 누비바지, 미숫가루, 가짜 북의 돈 외에는 없다. 그 외에 대구에서 영광스럽게(?) 받아 준 임관사령장이 있었고 계급장도 있었으며 북괴군의 계급장도 있었다. 우리들 가짜들은 진짜가 할 수 없는 그런 일들을 해 냈다. 조국의 통일을 위해 젊은 피는 뿌려졌다. 한 맺힌 설악산, 박달재!

그곳을 거닐고 있는 등산객은 우리 동지들이 흘린 피를 밑거름으로 자란 나뭇가지를 움켜잡으면서 아무런 감회도 없이 미낭다벽하기만 하리라.

이를 지켜보고 있는 내 동지들이여.

그러나 말없이 이름 모를 풀과 나무들은 증언하고 있으리라.

그 누가 무어라 해도 우리는 조국과 민족을 위해 붉은 이리떼들과 결판을 내는 싸움을 했고, 우리는 이겼노라고 외치고 싶다.

나는 그간 30년 간을 허섭스레기같이 지낸 것이 천스러워서도 이 사실을 내 나름대로 기억을 더듬으면서 역사 앞에 밝혀두고자 하는 것이다."

'백골병단' 전우회가 지난 19일 서울 용산 국방회관에서 육본직할결사대 60년사 출판기념회를 열었다. 6·25전쟁 60년의 교훈과 의미를 되새겼다. 전 회장과 회원들은 6·25전쟁 60주년을 맞아 후배들에게 생생한 전쟁 교훈과 나라를 위한 헌신이 무엇인지를 전할 것을 다짐했다.

이름모를 골짜기, 이 산하 저 계곡에 뿌려진 님들의 피와 눈물이 있었기에 오늘의 대한민국이 있고, 지금의 우리가 있다. 고개 숙여 님들의 고귀한 헌신에 경의를 표한다.

이정호 재향군인회 공보관
jungho511842@hanmail.net

■ 편집=심정구 기자

= 인 사 말 씀 =

육군본부 직할 결사대 전우회 주최 경노행사

일 시 : 2010. 6. 4. 12시
장 소 : 인제군 북면 용대3리

존경하는 용대리 경노회 회원 여러분!!

오늘 현충 보훈의 달을 맞아 이곳 격전지 정점 부락에 거주하시는 노인 여러분께서 참석해 주셔서 주최자의 한사람으로서 대단히 고맙다는 인사를 드립니다.

오늘 우리 참전전우회가 6.25 60주년을 맞아 뜻 있는 행사를 위해 **용대리 경노행사**를 하기로 했습니다. 이곳 지역의 인제군수님과 군 의회 의장님 그리고 지역의원님을 비롯하여 이 지역 군부대인 육군제3군단장님과 제12사단장님 외 많은 귀빈님을 모시고 이 같은 행사를 갖게 된 것을 자랑스럽고 또 한편으로는 영광스럽게 생각합니다.

돌이켜 지난날을 회고 할 때, 우리들이 6.25 전쟁 다음해인 1951.3.24 이곳 용대리까지 진격한 육군본부 직할 결사대(백골병단) 장병들이 적의 포위 공격으로 더 이상 북진하지 못하고 백담계곡을 거쳐 설악산 영봉방향으로 퇴각한 고장으로 우리들의 북진이 여기서 좌절 되어 더 없는 한(恨)도 많은 고장입니다.

벌써 59년의 세월이 지났으니 그때 12살 정도의 소년이 지금은 70을 넘긴 노인이 되어 오늘 이 자리에도 오셨을 것이라 여겨집니다.

세월은 정말 유수와 같이 흘러갔습니다. 여러 어르신들도 지난 힘겨운 날이 계셨을 것이고 또 희망도 있으셨으리라고 생각합니다.

그러나 무엇 무엇해도 건강이 최고지요, 그 다음이 적당히 쓸만한 돈이 있어야하고 자식들도 잘 돼야 하며, 이웃과의 정의도 두터워야하지요.

세상 모두 다 행복하면 행복이란 놈이 시샘하여 어느 하나를 빼앗아 간다고들 합니다.

여러분 어느 하나를 양보하더라도 꼭 건강만은 지켜야 합니다. 너무 긴 말씀을 드려 죄송합니다.

오늘 여기 온 우리들은 최소 나이가 79세이상 85세까지입니다.

이들의 성의를 잘 봐 주시고 우리가 세운, 이 나라에서 세운 저 **백골병단 전적비**는 우리들이 아니더라도 여러 어른께서 잘 보존되게 힘써주시고, 잡풀 하나라도 뽑아 주십시오.

간절한 부탁입니다.

정말 감사드리고, 오늘 임석의 영광을 주신 군단장님과 지역군수님과 예비역 중장 류해근 장군님 내외분과 정중민 장군 내외분, 이병길 장군을 비롯한 귀빈 여러분에게 다시 한번 감사드립니다.

여러분 건강하세요. 다 같이 건배합시다.

2010. 6. 4

육군본부 직할 결사대 전우회장 전 인 식

2004. 4. 13. 백골병단 참전 개선 53주년 기념에서 축사를 하는 필자

참전 개선 53주년 기념식에 처음 참석한 채명신 중령(예중장)과 내빈들의 국민의례

백골병단 참전 개선 53주년에 입석하신 신만택 중령(예 육군소장)이 내빈에게 인사하고 있다.

(20) 전적지 탐방 및 순례 (2박 3일)

전우회 전적지 답사 투어 !!

2010년도 하계 연수 및 전적지 순례행사를 계획한 전인식 전우회장은 2박3일 전용전세버스(리무진)로 전우회원 10명(본인제외)과 예비역 장성 등 16명이 강원도 영월군 영월읍(결사제11연대 출동지)과 강원도 명주군 강동면 강동리(결사제12연대 출동지)와 강원도 묵호(동해시)(결사제13연대 하선 출동지) 등과 강원도 명주군 연곡면 퇴곡리 백골병단 창설지 등을 경유하여 강원도 인제군 북면 용대리 백골병단 전적비 참배와 참여 장병에 대한 안보 · 국가관 교육을 끝으로 행사를 마쳤다.

일자 : 2010년 7월 19일 08:30분 ~ 7월21일 18:30분(2박3일)

<참가자> 전인식, 차주찬, 송세용, 임동욱, 장지영, 권태종, 윤경준, 박승록, 김송규, 김중신 ⑩

<특별초청> 류해근 장군 내외, 정장군 내외, 이장군, 100년전우 PD 이진석 외 2인 ⑧, 기사 1인 별도 ①

7月 19日

① 서울(08:30) → 영등포 신세계 앞(08:50) → 죽전 정류장(09:25) → 원주 → 제천 → 영월(11R 점심) → 정선 → 사북 → 태백 → 삼척(석식만찬) → 동해 → 강릉 (숙박)

7月 20日

② 강릉(초당) → 강동면(12R) → 퇴곡리(백골병단) → 양양 → 오색리(퇴출) → 속초(만찬 · 숙박)

7月 21日

③ 속초(순두부) → 용대리(전적비 참배)(안보강연) → 인제 → 홍천 → 구리(일부해산) → 일산(만찬) → 영등포 해산(18:50분)

※ 예산대 집행 내역

구 분	예 산 액	집행액(전인식 전액 부담)
차량비	1,400,000원+50,000+30,000 =1,750,000	1,400,000×1.1%+50,000+30,000 =1,890,000원
숙박비	(7실 2일) 630,000원	(7실 2일) 710,000원
식 대	952,000원(17인×8,000×7식)	(19인) 984,900원
특 식	17인 1,020,000원	(19인)1,585,000원
	소계 4,352,000원	**소계 5,169,900원**

차량 02)544-4333 대경투어(27인승 리무진 버스) (보험료 별도)

국내 여행 소식 일정

회 원 통 신

2011. 3. 4

육직결사 11-03-01호

수 신 : 제주 여행 회 원(18인) 제 위

제 목 : 국내 여행(제주도) 일정표 안내

※ 귀하의 건강과 가족 모두의 평안을 기원하며, 여행 일정을 안내 드립니다.

※ 일 정 : 2011년 3월 24일 ~ 26일 (2박 3일)

숙 박 지	제주 서울관광호텔	포함사항	호텔2박,호텔조식2회, 중식2회, 석식2회, 3일 전용 버스투어
현지연락처	제주 아이앤디 투어 (TEL : 064-743-3710)		

◆ 일 정 표 ◆

일 자	지역	시 간	주 요 일 정
제1일 (3월 24일)	김포	탑승 1시간전	김포공항 국내선 데스크에 11시까지 도착하여 티켓 수령
		12:55	김포공항 출발
		14:00	제주공항 도착
			◉ 서귀포 잠수함 체험
			[석식] 해물뚝배기
제2일 (3월 25일)	제주		호텔 조식 후 투어 출발
			* 한라산 약수 시음
			* 휴애리 자연생활공원
			* 석부작 테마공원(한라산 특용작물 재배농원)
			* 퍼시픽랜드
			[중식] 한식뷔페
			◉ 마라도일주
			* [선택관광]더마파트(15,000원)
			[석식] 흑돼지모듬구이 + 토종된장찌개
제3일 (3월 26일)	제주		호텔 조식 후 투어 출발
			* 승마체험
			* 에코랜드(궤도열차)
			[중식] 토종돼지불고기+좁쌀막걸리
			◉ 우도관광(우도8경)
		16:40분	제주공항으로 이동 - 제주공항 출발
	김포	17시 45분	김포공항 도착 ※ 해단식 18시 10분 ~

이상 알려드립니다.

육본 직할 결사대 전우회 회 장

※ **재향군인회**에서는 향군장학기금 모금을 하고 있습니다.
우리 전우회에서는 지난 2009. 12. 10 35인×10,000원=35만원과 전인식 개인이 200만원을 헌금했습니다만 뜻이 있는 회원께서는 다음 계좌로 추가 헌금하시되 **육결사 아무개**라고 꼭 적어주시기 바랍니다.

예금주 : 대한민국재향군인회 1006-701-324955 우리은행
801701-04-175504 국민은행
301-0046-8517-01 농 협

※ 문의 · 담당자 : 복지부장 박석태(02-417-5255)

※ 3.1절행사 참가자 : 전인식, 송세용, 권태종, 장지영, 김송규, 오석현, 최희철, 박승록 제씨입니다.
(주식은 권태종 위원이 부담해주었습니다. 감사드립니다.)

(21) 제주 43사건현장과 훈련소 기행

2011년도 춘계 제주 여행

<2011. 3. 24 ~ 26 (2박 3일) 제주행>

제주도 육군제1훈련소와 제주 43사건 현장 탐방으로 역사적 사실을 음미하며 ……

[제주 4. 3 사건은 남로당 계열 공산폭도들이 일으킨 폭동이었다.]

2011. 3.25 제주도 모슬포 구 육군제1훈련소를 방문한 참전전우회원 일행. 탑위에 육군모표가 선명하다.

2011.3.25 제주 전쟁역사 박물관에서 일본군이 만든 지하갱도를 탐방하는 전우회 방문단

2011.3.25 전쟁역사 박물관 탐방에서 맨 왼쪽에 계신 분이 자비로 평화 박물관 사업을 하는 이영근 관장

2011.3.26 왜곡된 기념비 제주43사건? 기념비가 멀리 보인다.

2011.3.24 제주를 방문하여 육군제1훈련소자리와 4.3사건을 바로 잡기 위해, 그 정당성 평가를 위하여

동경, 시즈오카 여행

10~13인 단체 성인 : 449,000원(유류할증료 60,000원 별도)

– 가이드&기사 팁 1인당 전일정 ¥3,000엔씩

2월 22일(수)	07:30 인천공항 3층 M 카운터 3~4번 집결 인솔자 동행
(1일)	09:50 인천공항 출발 아시아나 OZ126
시즈오카	11:45 일본 시즈오카 국제 공항 도착
	지천회유식정원[일본 녹차]
동경	동경으로 이동(약 3시간 30분 소요)
	신주쿠 신도청 전망대 관광(높이 202m)
	오다이바, 비너스포트 관광
	나혼바시 빌라 호텔 또는 동급 투숙 중식:기내식, 석식:현지식
2월 23일(목)	전 일정 자유일정 <환율¥100 = 1,350원>
(2일) 동경	선택관광 : 동경 시내 관광
	– 1인당(¥11,000), 최소 6인 이상 가능
	– 중,석식, 입장료, 버스 포함
	– 하라주쿠, 오모테산도 / 메이지신궁, 록폰기힐즈,
	아사쿠사관음사 / 긴자거리
2월 24일(금)	08:00 호텔 조식 후 황거 관광
(3일) 요코하마	요코하마 항(약 2시간 소요) & 차이나 타운 관광
하코네	하코네국립공원 이동(약 1시간 30분 소요)
	– 아시호수 유람선 탑승(30분) & 오와쿠다니 유황 계곡
시즈오카	시즈오카(녹차와 후지산도시) 이동
	쿠레다케인 키쿠가와 호텔 또는 동급 투숙 – 온천욕 ♨ 대욕장
2월 25일(토)	시즈오카 조식 후 대나무숲 관광
(4일)	시즈오카 국제공항 이동
	12:45 시즈오카 OZ125 공항 출발(간단한 기내식)
	15:05 인천공항 도착
	16:30 인천공항 해단식
	18:00 해산

(22) ★★★ 陸軍士官學校 校長(제49대) 就任

朴 鍾 善 중장 2011. 5. 3

육군사관학교 제49대 학교장으로 本會 명예회원이신 박종선 장군이 취임하셨다.

본 회는 全仁植 회장과 金寅泰, 權泰鍾, 張之永, 宋世鏞, 車周燦 회원(연령순)이 축하객으로 참석하였다.

이날 메인 테이블에 계셨던 吳榮祐(예)대장(육사총동창회장)과 吉亨寶(예)대장(전 육군참모총장)을 비롯하여 김상기 육군참모총장님과 이봉원 중장님(제48대 육사교장으로 이임하신 분) 등 고위인사 여러분이 계신 자리에서 全仁植 회장이 육군사관학교 발전기금 金一封을 朴鍾善 교장에 전달하여 學校長 취임을 축하하였다.

<사진은 행사장과 연회장에서>

이 취임식장에서 장지영, 김인태, 송세용, 차주찬, 권태종 회원

육사에 발전기금을

재단법인
육사 발전기금

전인식 백골병단 참전전우회 회장님께

육사의 발전을 위해 관심과 성원을 보내주시는 회장님과 회원님들께 깊은 경의를 표하며, 특히 육사를 사랑하는 마음으로 육사발전기금을 출연해 주신데 대해 진심어린 감사의 말씀을 드립니다. 회장님과 회원님들의 지속적인 성원에 보답하기 위해 학교의 전 간부와 직원들은 정보과학화 시대에 맞는 첨단화된 생도 교육환경을 조성하는 데에 최선의 노력을 경주하고 있습니다. 이런 노력들이 누적된다면, 조만간 육사는 세계적인 사관학교로 우뚝 서리라고 믿습니다.

잘 아시는 바와 같이 육사발전기금은 생도교육과 학교발전에 꼭 필요한 사업을 추진하기위한 재원으로, 회장님과 회원님들을 비롯한 육사 발전을 기원하시는 분들의 적극적인 참여와 후원 덕분에 173억원이 넘는 기금을 조성하게 되었습니다. 현재 학교에서는 원금은 보존하고 이자수익만으로 지원사업을 편성하여 추진하는 등 기금을 효율적으로 사용하기 위해 노력하고 있으며, 이러한 기금 사용을 통해 생도들의 해외견학 기회 확대, 우수 인재 확보를 위한 홍보사업 전개, 국제 학술교류 활성화 등 육사의 교육 환경과 여건 개선에 큰 성과를 거두고 있습니다.

이번에 출연해주신 기금(100만원/누적 300만원)은 원금으로 적립하여 규정에 따라 관리할 것입니다. 또한 회장님과 회원님들께 감사와 존경을 표하는 마음에서 육사신보 '11년 5월 530호의 특별출연자내역에 공지할 예정입니다.

다시 한번 육사발전기금 조성 사업에 뜻을 함께 해주신 회장님과 회원님들께 깊은 감사를 드립니다. 앞으로도 모교에 대한 변함없는 성원과 관심을 보내주실 것을 부탁드리며, 회장님과 회원님들의 가정에 평안과 축복이 함께 하시기를 기원합니다.

2011. 05. 24.

육사발전기금 조성위원장
육군사관학교장 중장 박 종 선

2011년의 추모사

오늘 陸軍本部 直轄 決死隊(白骨兵團) 參戰 凱旋 60周年과 第56回 顯忠 追慕式을 奉行함에 즈음하여 陸軍 第3軍團 軍團長님과 第12師團長님 그리고 麟蹄郡守님과 各 級 機關長 · 報勳 團體長 여러분을 모신 자리에서 殉國先烈과 護國英靈을 追慕하고 白骨兵團 소속 戰歿將兵 360餘位의 偉勳을 기리는 感激스러운 追慕 儀式을 奉行함에 無限한 敬意와 感謝의 人事를 드리는 바 입니다.

돌이켜 지난날을 回顧할 때,

1950年 6月 金日成 徒黨에 依하여 勃發한 南侵 戰爭은 3年餘의 期間동안 참으로 暗鬱하고 悽慘한 戰爭을 堪當하지 않을 수 없었습니다.

우리들 決死隊員들이 祖國의 自由와 平和, 그리고 내 이웃과 父母兄弟를 지킨다는 一念만으로 이름 그대로 決死隊員이 되어 太白, 五臺, 雪嶽을 잇는 險山峻嶺에서 零下 30도를 오르내리는 惡條件에서 2週日分의 미숫가루만으로 60餘日間 피나는 血鬪를 敢行하여 敵 人民軍 中將 1名과 大佐 등 고위 幹部 등 敵 生捕 300餘 未確認 射殺 포함 170餘名 등의 戰果를 올렸습니다만, 이 戰鬪 中 우리 戰友 중 故 尹昌圭 대위 外 59位와 無名勇士 303名 등 360餘名이 犧牲을 입었습니다.

이와같이 많은 犧牲은 3週間이란 짧은 敎育 · 訓練과 裝備의 缺陷 및 實彈射擊조차 하지 못한 것과 山嶽作戰用 로프조차 支給하지 않은데 있으며 굶고 허기져 凍 · 餓死한 非戰鬪 損失 120餘名이 이에 包含 되어 있기 때문이라고 回顧됩니다.

살아남은 우리들 280餘名은 10年이 지난 1961年 우리 戰友들이 뜻을 함께 하여 名譽回復을 위해 盡力했습니다만 그 뒤 30年이 지난 1990年 11月에 이르러 비로소 여기 「**白骨兵團 戰跡碑**」가 陸軍의 豫算支援과 參戰 戰友의 誠金을 財源으로 3軍團 工兵旅團과 703特攻聯隊의 支援으로 建立되어 해마다 6月이 되면 여기서 追慕儀式을 奉行해 왔습니다.

우리 決死隊員들은 2004年 3月 22日 法律 第7,200호 「**6.25 전쟁중 적후방 지역 작전 수행 공로자에 대한 군복무인정 및 보상 등에 관한 법률**」을 制定 · 建議하여 法令에 따라 現役 軍人의 階級認定과 同時에 若干의 報償

金 · 敵後方에 있었기에 받지 못한 俸給도 受領하였고, 2010年 6月 25日에는 參戰 凱旋 59周年만에 陸軍本部 廣場에서 創軍以來 처음으로 59年만에 轉役式을 擧行한 바 있었으며, 陸軍本部 內 名譽의 殿堂에도 60 故人의 名碑를 顯刻하였고, 2011年 4月에는 용산 戰爭記念館 內 戰死者 名碑에도 戰歿將兵 60位를 顯刻하는 등 名譽을 回復하였습니다만, 아직도 無名勇士 303人의 姓名조차 찾지 못한 아쉬움과 鬱憤은 禁할길 없습니다.

우리 모두는 떨쳐 일어나야 합니다. 저놈들은 20代의 젊은 애숭이에게 大將이란 呼稱을 주고 世襲王朝를 劃策하고 있습니다. 이런때 北녁 2천만 同胞들은 굶주린배를 움켜쥐고 쌀밥과 自由를 목매어 애타게 渴求하고 있음을 우리 모두는 直視해야 합니다.

우리 모두는 떨쳐 일어서야 합니다!! 그리고 膺懲해야 합니다. 이것이 延坪島의 爆擊과 天安艦 被擊!! 그리고 核으로 威脅하는 것에 對한 우리의 正當한 對應이라고 確信하는바 입니다.

끝으로 公私多忙하신 가운데에도 不拘하시고 鄭重하신 追慕 花環을 주시고, 追慕 激勵해 주신 ~~國防部長官님~~, 合同參謀本部 議長님, 陸軍參謀總長님, 第1野戰軍司令官님과 行事 豫算을 支援해 주시고 激勵해 주신 國家報勳處長님과 陸軍第3軍團長님, 第12師團長님과 共同主催해 주신 麟蹄郡守님 有關 機關長님, 報勳團體長님, 703特攻聯隊長님 외 行事 兵力 여러분!! 그리고 地域 敬老人 여러분과 學生 諸君에게도 感謝의 人事를 드리는바 입니다.

대단히 감사합니다.

2011년 6월 3일

육본직할 결사대 전우회 회장 全 仁 植

2011년의 현충 추모식

전우회장 전인식의 헌화 후 경례

제3군단장 이용광 중장의 헌화 모습

예비역 중장 류해근 장군의 헌화

인제군수와 군의회 의장 등의 헌화

제3군단장 이용광 중장의 추모사

전우회 전인식 회장의 인사말씀

국방일보 　　　　　기 획　　　　　2011년 11월 14일 월요일 9

지난 11월 11시에 제막식을 가진 백골병단 전적비 보호벽.

6·25 활약상 확인할 수 있는 '작은 역사관'

육본직할결사대전우회, 전적비 보호벽 제막

참전 전우 생존자·전사자 등 한글로 기록해

전인식(맨 오른쪽) 육본직할 결사대 전우회 회장이 제막식을 마친 뒤 육군12사단장 등 행사 참석자들에게 보호벽 설치 배경과 의미를 설명하고 있다.

"이제 우리의 표상이자 상징인 백골병단 전적비가 어떤 위해가 생기더라도 안전하게 보호될 수 있을 것이라고 믿고 안심하고 두 다리를 쭉 뻗고 잠잘 수 있게 됐습니다."

떨어져 가는 가을의 아쉬움을 달래주는 이슬비가 새벽녘에 내려 을씨년스러운 기운이 감돈 지난 11일 오전 11시 강원 인제군 북면 용대3리 산 250-2, 백골병단 전적비 앞. 육군본부 직할 결사대(일명 백골병단) 전우회 전인식(81) 회장은 전적비 앞에 모인 전우회원과 육군12사단장·부대장병, 용대리 마을 주민 등 150여 명을 향해 남다른 의미의 제막 행사를 주관하고 있었다.

이날 행사는 전적비 뒷면의 급경사지에서 일어날 수 있는 낙석 사고에 대비해 보호벽을 건립, 준공식을 갖는 행사.

행사를 주관한 전 회장은 이날 보호벽 설치의 의미를 "백골병단의 역사를 지역 주민은 물론 지역을 찾는 모든 분에게 쉽고 편하게 설명해 줄 수 있는 공간이 마련됐다"며 "이 공간은 단순히 보호벽을 넘어 6·25 전쟁 당시 백골병단의 활약상을 한눈에 확인할 수 있는 작은 역사관"이라고 설명했다.

이날 준공해 제막식을 가진 보호벽은 모두 3개.

급경사지 가장 안쪽의 전적비 보호벽은 높이 180cm에 두께 1m, 길이 5m에 달한다. 1차 보호벽인 만큼 높고 넓으며 길다.

그 앞으로 나란히 있는 보호벽은 왼쪽은 공적기, 오른쪽은 4명의 부조를 넣은 전훈기로 높이 150cm에 길이 422cm다.

1차 보호벽에는 전면 왼쪽편에 결사대 참전전우회원과 관련인사를 계급별로 생존자와 전사자 등을 한글로 기록해 놓고 오른쪽에는 관련 저서류를 기록해 놨다.

앞쪽 왼편의 보호벽에는 백골병단의 전투작전 개요와 전적비 건립 유공인사를, 오른쪽 보호벽에는 4명의 부조와 전투 당시의 공적 내용을 상세히 담고 있다.

3개 보호벽 모두 땅속 1m 깊이의 대리석을 버팀목으로 해 겉보기보다 훨씬 견고하다는 게 보호벽을 제작한 고재춘 조각가의 설명이다.

보호벽을 만드는 데 들어간 비용은 4000여만 원.

당초 국가보훈처에 전적비 보호벽 설치를 요청했지만 기간이 너무 오래 걸려 전우회 회원들이 자발적으로 성금을 모아 이날 뜻깊은 제막행사를 갖게 된 것이다.

전 회장은 "올해만 해도 벌써 3명의 전우가 유명을 달리했다. 우리에게 2~3년의 기간은 너무 멀고 길다"며 "어차피 우리 전우들을 위한 사업인 만큼 더 늦기 전에 우리 스스로 하자는 데 의견 일치를 보고 보호벽을 자발적으로 만들게 됐다"고 말했다.

인제군수를 대신해 참석한 안호열 인제군 기획감사실장은 환영사를 통해 이번 보호벽 설치에 감사의 뜻을 표명했다.

안 실장은 "우리 지역에 이렇게 큰 의미의 전적비가 있다는 자체가 6·25전쟁의 큰 교훈"이라며 "보호벽 설치로 호국영령의 넋을 기리는 전적비가 인제군의 명소로 더욱 빛날 것"이라고 말했다.

보호벽 설치 행사 일정을 모두 마친 참석자들은 전적비 인근 식당으로 자리를 옮겨 전우회가 준비한 오찬을 함께 하며 지난 6월 4일에 제대로 나누지 못한 회포를 푸는 시간을 가졌다.

주민 박성환(56) 씨는 "올해 벌써 두 번이나 마을 잔치를 열어줘 뭐라 감사해야 할지 모른다"며 "지역을 찾아 주시는 전우회 어르신들의 모습이 자꾸 줄어들어 가슴이 아프다. 시간 나는 대로 전적비를 둘러보면서 정화활동하는 것으로 이분들에게 보답하고 있다"고 말했다.

백골병단은 1951년 1월 3주간의 유격특수전 교육을 이수하고 임시장교와 부사관으로 임명된 장병들이 적진 후방에 침투해 북한군 요인 생포와 정보 취득 등 혁혁한 전과를 세운 대한민국 최초의 유격부대를 말한다.

글·사진=유호상 기자
hosang61@dema.kr

2011년 11월 11일 완공한 **백골병단 전적비 방호벽** 및 **전적비 상세도판** 일체는 총사업비 4,550만원으로 준공 제막하였다.

이 방호벽과 전적기록은 **모두 3개 3단**으로 완성되어 정상부에 있는 용바위가 언젠가 부식되어 낙석하더라도 1차 방어와 2차로 방어하여 전적비 본체에 위해를 가할 수 없게 설계하였으며, 전적비 건립 유공자, 참전자 명판, 무공수훈자 명판, 각종 저서 류, 기타 육군본부 직할결사대 관련 자료가 모두 기록된 **작은 역사관**과 같은 기능을 다하고 있다. (이 행사에 필자는 2,550만원을 헌성하였다.)

(23) 국내여행 안내 (진도 · 보길도)

다도해 일주 3일 (진도/보길도)

여행기간 : 2012. 5. 8(화) ~ 10(목) 여행경비 450,000원

전일정 특1급 호텔(목포 현대호텔) 5성급, 가이드 동승

일정 요약 : 서울-진도-목포(1)-해남-보길도-목포(1)-고창-서울

[승차] 08:00 지하철 1호선 종각역(3-1번) 70m 전방 하나투어 본사 앞
08:30 지하철 3호선 압구정역 6번 현대백화점 공영주차장
08:50 죽전정류장, 09:00 신갈정류장도 탑승 가능

5월 8일 (조식) 간식 제공
[1일] (중식) 해물찜 목포출발-진도로 이동
(우수영국민관광지, 용장산성, 진돗개 사업소, 운림산방)
(석식) 회정식
목포 영암호반 현대호텔 체크인후 자유시간

5월 9일 호텔 조식
[2일] F1 경기장, 해남도착, 땅끝마을, 달마산/미황사 관광
(중식) 해남 해물탕
보길도로 이동(버스와 함께), 부용동원림, 세연정 관광
(석식) 남도 한정식(30종 이상)
목포 현대호텔 투숙

5월 10일 목포→고창→서울(서울 도착 18:00 예정) (중식) 남도향토상
[3일] 유달산, 판소리 박물관, 고창, 선운사/도솔천

※ 37인승버스 선계약 입금순 좌석배정함. 연령 불고려(3월 부터 시행함)
보험 : 80세 이상 불가
※ **총 45만원 중 10만원은 필자가 각각 지원하고,** 잔액 350,000원은 본인 부담
입금계좌 : 국민은행 006-01-0785-549 하나투어
입금자명 표시 하실 것. 350,000원 김○○

이상 안내 합니다. **(참가희망자는 빠른 시일 내에 전우회에 신청하실 것)**
예약금의 취소는 국내 여행 표준약관에 따릅니다.

4월 17일 현재 참가 신청자 : 전인식, 이의재 장군, 류해근 장군, 류장군 부인,
송세용, 권태종, 장지영 전우 등 (7명)

전라 우수영에서

전라도에서 평화를 기원하며

전라도 광주 무등산에서

전우회원 국립묘지 참배

참전전우와 유가족이 국립현충원을 참배하기 위해 현충문을 들어가고 있다.
(전열 右에서 2번 전우회장, 左 2번 권영철 부회장)

대통령의 격려 서신 (60년사 발간에 붙여)

전인식 님 안녕하십니까?

올해로 6·25전쟁이 일어난 지 어느덧 60년이 되었습니다. 두 세대라는 긴 시간이 흘렀지만, 우리 국민들은 조국과 자유를 수호하기 위해 흘린 참전용사들의 피를 결코 잊지 않을 것입니다.

참전용사들이 사선을 넘나들며 지키시던 이 산하에는 용사들이 흘린 피와 땀이 거름이 되어 근대화와 민주화의 꽃이 만개했습니다. 전우가 총탄에 쓰러지며 마지막으로 외쳐 부르던 우리 대한민국은 세계 10위권의 경제대국으로 성장했고 세계에서 가장 자유로운 민주주의 국가의 하나가 되었습니다. 나아가 우리 대한민국은 G20 정상회의, 핵안보 정상회의와 같은 세계 최고위급 국제회의를 주최하는 등 높은 국격을 지닌 나라로 발돋움했습니다. 이제 전쟁의 잿더미 위에서 선진일류국가의 서막이 활짝 열리고 있습니다. 이에 저는 대한민국 국군 통수권자로서 여러분이 후대에게 명한 임무를 훌륭히 완수해 나가고 있음을 자랑스럽게 보고 드립니다.

우리에게 6·25전쟁은 아직 끝나지 않은 전쟁입니다. 천안함의 침몰 뒤에는 냉엄한 분단의 현실이 자리하고 있습니다. 저는 천안함 장병들의 죽음에 가슴을 에는 비통함을 느꼈으며, 이 깊은 슬픔 속에서 통일에의 염원이 형언할 수 없이 뜨겁고 강하게 솟아오름을 느꼈습니다. 참전용사 여러분 모두 저와 똑같은 심정이라고 믿습니다. 60년 전 이름 모를 벌판과 산골에서 조국을 지켜주셨듯이, 이제 국가의 원로로서 6·25전쟁의 마지막 임무, 통일을 위해 다시 한 번 지혜와 경륜을 나누어 주십시오.

정부는 국가를 위해 헌신한 분들의 명예를 높이는 데도 더욱 힘쓸 것입니다. 젊은 세대에게 자유민주주의 대한민국이 어떻게 지켜졌는지 분명히 가르치겠습니다.
저 역시 대한민국의 영토와 대한국민의 생명을 지키는 대통령으로서, 다시는 6·25와 같은 비극이 일어나지 않도록 국토방위를 확실히 하고 통일을 앞당기는 데 혼신의 힘을 다하겠습니다.

6·25전쟁 60주년을 맞아 거듭 존경과 감사의 말씀을 드리며, 가정에 건강과 평안이 함께하길 기원합니다.

2010 년 6 월 일
대 통 령 이 명 박

2012년 현충 추모식

전우회원들의 입장 모습

추모식 입장 행렬

제3군단장 한동주 중장의 입장 모습

한동주 군단장을 영접하는 필자

식장에 자리한 전우회원

식장에 정렬한 참배객

식장에서 경례하는 참배객

헌화하는 필자

분향하는 필자

분향 후 묵념하는 필자

헌화하는 한동주 중장

분향하는 군단장

분향후 경례하는 군단장,
12사단장, 포병여단장, 공병여단장

군단장 이하 참모장교의 경례

참모장교 일동의 합동 분향

류해근 (예)중장의 헌화

류해근(예) 중장과
이의재 장군의 헌화

이순선 인제군수의
헌화 분향

인제군 기관장 일동의 헌화 분향 경례

전우회원 일동의 분향 후 경례

김종원, 이남표 박사
정해상 회장, 윤창주 박사의
헌화 분향 후 경례

참전전우 일동의 헌화 후 묵념

국방부장관의 추념사를
대독하는 한동주 군단장

전인식 회장을 인도하는 안내장교

전인식 전우회장의 인사말

전우회장의 인사말씀을 격려하다

제6회 용대백골장학회 장학금 지급 광경

장학금 지급 광경

제1회 충용특공상 수여 광경

제1회 충용특공상 수상자를 격려하는 (예)중장 류해근 장군

〔이 충용특공상은 참전 전우일동이 성금 2,445만원 (전인식 1,700만원)으로 조성한 것임〕

추모 식후의 담소 군단장, 류해근, 전인식, 이순선 인제군수

전우와 함께
(중앙 한동주 중장)

특전교육단 비정규전
팀장이 61년전 작전로를
탐방후 도착하다.

멀리 특전사령부에서 추모식에
참석하신 내빈

특전의 영웅들을 영접하며

전적비의 경내를 돌아보며

내빈과의 감사 인사(강원도 재향군인회장)

군악의장병들과 함께

2012.6.5 6.25 62주년 백골병단 개선 61주년 행사장, 제4회 용대경노 오찬에 이순선 인제군수의 격려 인사

2012.6.5 전우회 초청 제4회 용대 경노 오찬 행사 모습(280여명 참석)

(24) 육군교육사령부 예방 (2012년 6월 26일)

大韓民國 陸軍教育司令部
ROK ARMY TRADOC

육군교육사령관 황인무 중장을 예방한 전인식 회장

육군교육사령부를 방문한 참전 전우 일동과 신만택 장군

육군교육사령부에서 참전전우 일동과 사령부 간부

(25) 2012년 7월의 모임에서

필자의 84회 생일을 축하해 준

참석하신 분 : 송세용, 차주찬, 권태종, 장지영, 박승록, 홍금표, 안병희, 김종호, 김중신, 윤경준, 오석현, 류해근 장군, 이의재 장군, 회사직원 2인
감사드립니다.

축하모임에 참석한 일동

축하 모임 개식에 앞서 인사

축하 모임에서 촛불을 끄는 필자

2012년 10월 24일 용산 전쟁기념관 그랜드볼룸에서 **백골병단의 발자취** = 육십일년을 기다린 영광 = B5 912쪽, **출판기념모임이 열렸다.**

= 조선일보 A31면 =

조선일보 제28558호 2012년 10월 25일 목요일 A31

"나라 위해 싸운 백골병단 기억해줬으면…"

'백골병단 발자취' 출판 기념회
생존 대원 등 100여명 참석

이태경 기자

24일 서울 용산구 전쟁기념관에서 열린 '백골병단의 발자취' 출판기념회에서 전인식(가운데) 전우회 회장과 회원들이 기념 떡을 자르고 있다. 작은 사진은 6·25전쟁 당시 백골병단 대원들 모습.

"국가를 위해 전쟁에서 싸웠던 걸 인정받는 데 61년 걸렸습니다. 22세였던 저도 83세가 됐고, 647명이던 전우도 25명 남았지요. 자신의 존재는 국가가 온전할 때 인정받는 것입니다. 잊혀서는 안 될 우리의 역사를 남기기 위해 이 책을 만들었습니다."

전인식(83) 육본직할결사대전우회 회장은 24일 서울 용산구 전쟁기념관에서 열린 '백골병단의 발자취' 출판기념회장에서 이같이 말했다.

육본직할결사대는 백골병단의 정식 명칭이다. 한국군 최초의 특수 유격부대인 백골병단은 1951년 각 지역에서 뽑힌 20대 청년 700여명으로 구성돼 북한의 빨치산 작전처럼 전쟁을 치렀다. 하지만 복귀 후 그 경력을 인정받지 못하고 잊혀 제대로 된 군번이나 참전 기록도 없이 60여년을 살아야만 했다. 이 책은 6·25전쟁 참전기와 그 경력을 인정받기 위해 발로 뛴 60여년의 세월을 기록한 것이다.

이날 출판기념회에는 6·25 참전 장성 10여명과 육군 특전사 소속 현역 장교 10여명 등 100여명이 참석했다. 전 회장은 "전쟁터에서 싸웠다는 것을 인정받기 위해 대통령과 국방부 앞으로 보낸 '병적 확인 요청 탄원서'만 200여통에 이른다"며 "이제 정식 군번도 받았고, 전역식도 했고, 6·25참전유공자증서도 받았고, 훈장도 받아 마지막 한을 풀었으니 이것들을 기록으로 남기고 싶었다"고 말했다.

군번조차 없던 최초 유격부대 북한군 1급 기밀문서 빼내고 지도부 13명 생포도 했지만… 61년간 공로 인정 안 돼

책에는 백골병단 설립과 활약상 등이 담겨 있다. 1951년 1월 결성된 백골병단은 20일간의 특별 교육 기간에 북한군 침투 활동에 필요한 북한군의 군사 노선과 이북 사투리까지 배웠다. 전 회장은 "급하게 배운 이북 사투리로 북한군을 속여 1급 기밀문서를 빼낸 적도 있다"고 했다. 이들은 북한군 지도부 13명을 생포하기도 했다. 이런 전투 속에서 부대원 364명이 죽고 283명만 남았다.

하지만 귀환한 이들에게 영광과 명예는 없었다. 창설 당시 유격부대라는 특성상 군은 이들에게 임시 군번만 부여했고, 정식 기록을 남기지 않았기 때문이다. 이 때문에 일부 대원들은 군대도 두 번 가야 했고, 한 대원은 간첩으로 몰리는 수모를 겪기도 했다. 살아남은 대원들은 자신들의 군 경력을 증명하기 위해 수많은 6·25전쟁 기록을 검토하며 자신들이 나온 부분을 찾아야 했다.

군 생활을 두 번 한 차중찬(79)씨는 "인정받지 못한다는 사실이 불명예스럽고 억울하긴 했지만 '왜 내가 군대를 두 번 가야 하느냐' 고 불평한 적은 없었다. 당시 젊은이들 사이에서는 '나라가 부르면 언제든 간다' 는 인식이 있었다"고 말했다.

백골병단 출신인 송세용(80)씨는 "국민이 나라를 위해 싸우도록 하기 위해서는 나라도 국민의 명예를 지켜줘야 한다. 책 부제가 '61년을 기다린 영광' 이다. 우리를 교훈 삼아 앞으로는 나라를 위해 희생한 국민을 국가가 먼저 기억해줬으면 한다"고 말했다.

윤동빈 기자

(26) 베트남 다낭 호이안 후예에서

월남전이 한창이던 옛 고장을 찾아서 <2013. 3. 20 ~ 24>

(27) 저 하늘 너머에는……

<출판기념 및 필자의 85회 생일> <2013. 7. 27>

2013년은 참전개선 62주년이며 필자의 85회 생일이다.

이날 용산역전에 있는 **"용사의 집"** 2층 태극홀에서는 **"저 하늘 너머에는"** 제하의 출판기념 연회가 열렸다.

= 이날 참석하신 내빈 중에는 예비역 중장 : 정중민 장군, 예비역 중장 : 류해근 장군 내외분과 육해공군해병대영관장교연합회 권오강 회장, 공군 : 이의재 장군, 출판계 원로 정해상 회장, 참전전우회 회원, 가족 친지 등 50여명이 참석해 주셨다. =

개식에서 국기에 대한 경례 (중앙 필자)

오찬 전 좌정한 내빈들

"유격활동상 영화의 한 장면 같아"

백골병단 순직 추모행사

전인식(오른쪽) 백골병단전우회 회장과 한동주 육군3군단장이 추모행사를 마친 뒤 전적비 앞에서 담소를 나누고 있다.

용대장학금 전달·충용특공상 시상
美 전국 일간지 'USA TODAY' 취재
"유격대원들 구국 의지 가슴 뭉클"

육군본부 직할 결사대(일명 백골병단) 전우회(회장 전인식)는 5일 강원도 인제군 용대리 백골병단 전적비에서 한국군 최초의 공식 유격부대로 6·25전쟁 당시 유격전에 참가했다 산화한 백골병단의 넋을 기리기 위한 추모행사를 열었다.

행사에는 전 회장을 비롯한 전우회 회원 20여 명과 한동주 육군3군단장과 군단장병, 이순선 인제군수와 인제군민·지역 학생 등 250여 명이 참석해 조국을 위해 목숨 바친 백골병단 용사들의 넋을 기렸다.

전 회장은 인사말을 통해 1951년 1월부터 그해 4월까지 백골병단의 유격활동상과 전과 등을 일일이 소개한 뒤 3대째 북한주민을 절망의 구렁텅이로 몰아넣고 있는 북한 김씨 왕조의 허구성과 위협을 지적하고 철저한 국민안보 의식을 당부했다.

김관진 국방부장관도 이날 근조화환을 보내고 백골병단의 숭고한 희생정신을 기렸다.

김 장관은 또 한동주 3군단장이 대독한 추모사를 통해 "생사를 넘나드는 극한 상황 속에서도 불굴의 군인정신으로 나라를 지켜내신 선배님들을 이 땅의 영웅으로 부르고 있다"면서 "우리 군은 백골병단 용사들의 승리의 정신을 계승해 국민이 안심할 수 있는 안보태세를 이어가도록 최선을 다할 것"이라고 약속했다.

추모행사에는 또 지난 2007년 국군 창군 이래 전적지 주변 학생에 대한 첫 장학사업인 '용대백골장학금' 수여식도 열려 용대초교 학생 5명에게 각각 20만 원씩의 장학금을 전 회장이 전달하며 격려했다.

이와 함께 지난해 처음 제정한 충용특공상 수여식을 거행해 육군703특공연대 소속 2명의 부사관이 50만 원씩의 상금을 받았다.

이날 행사는 또 미국 유일의 전국 종합 일간지인 'USA TODAY' 기자가 정전협정 60주년 기획 특집으로 백골병단을 집중 취재해 관심을 끌었다.

현장 취재를 벌인 베이징 주재 칼럼 맥클라우드 기자는 "백골병단의 유격활동상은 마치 영화의 한 장면 같았다"며 "영하 30도를 오르내리는 혹한 속에서 단 14일분의 미숫가루만을 지닌 채 60여 일간 전투를 벌이고 경이적인 전과를 올린 백골병단 장병들의 구국 의지에 깊은 경의를 표한다"고 밝혔다.

맥클라우드 기자는 또 "굶주림에다 얼어죽은 유격대원들의 희생을 들었을 때 너무 숙연해지고 가슴 뭉클해진다"며 "전 회장의 명예회복을 위한 노력도 들었다. 6·25전쟁의 살아있는 전설처럼 느껴졌다"고 말했다.

추모행사는 예년처럼 지역 용대리 주민을 위한 경로잔치를 끝으로 공식적인 행사 일정을 성공적으로 마무리했다.

글·사진=유호상 기자
hosang61@dema.mil.kr

2013년 현충행사

입장하는 전우회원

입장하는 춘천 보훈 지청장과 필자

내빈과 인사를 나누는 필자

군악대 연주

인사를 나누는 한동주 군단장

식장에 정렬한 민·군·관 참배객

장학금을 수여하는 필자

학생들을 격려하는
전인식 전우회 회장

충용특공상을 수여하는 류해근 장군

군단장과 기념촬영

장학금 수여학생과 함께 기념촬영

제4회 용대 경노오찬 행사

2013년 현충 추모식에서
人 事 말 씀

오늘 참전 62주년, 제58회 호국보훈의 달을 맞아 이곳 龍垈까지 찾아주신 貴賓님과 來賓 그리고, 이 地域 敬老人 여러분과 先後輩 將兵 여러분 참으로 고맙습니다.

그리고 이 莊嚴한 儀式을 主管해 주신 山嶽軍團長님과 12師團長님, 그리고 直轄部隊長님을 비롯한 여러 參謀將兵과 이순선 麟蹄 郡守님, 인제군教育長님, 報勳團體長여러분! 고맙습니다.

아울러, 國家報勳處長님, 大韓民國 在鄕軍人會長님의 後援과 國防部長官님, 合同參謀本部 議長님, 陸軍參謀總長님과 여러 貴賓님의 정성어린 追慕 화환과 國防部長官님의 紀念辭와 激勵에 對하여서도 깊은 感謝를 鄭重히 드리는 바입니다.

돌이켜, 지난날을 回顧할 때, 6.25戰爭은 우리 民族의 슬픔 그 自體였습니다.

北韓 傀儡集團의 頭目인 金日成이 蘇聯 스탈린에 빌붙어 T-34重탱크 400餘臺와 各種 野砲 및 銃器와 YAK전투기의 支援을 받고, 한편으로는 中共의 毛澤東과 朝中 相互 防衛條約이란 동맹을 맺고 國共戰鬪에 參戰했던 朝鮮族 약 6萬名 中 3萬6千餘名을 朝鮮人民軍으로 編入·支援 받고, 軍事訓練을 强化한 끝에 1950年 6月 22日 朝鮮人民軍 總司令官 作戰命令 第1号를 發令하여 北韓地域內 全 兵力을 38線에 集中 配置 한 뒤, 6月 25日 04時를 期해 一齊히 奇襲 南侵한 事件이 바로, 6.25 南侵 戰爭인 것입니다.

아무런 防備가 없던 우리는 開戰 3日만에 서울이 被占되었고, 漢江 人道橋의 爆破로 數萬名이 犧牲됨을 비롯해 全國土의 90% 以上이 焦土化되었습니다.

나라의 命運이 百尺竿頭에 있을 때, 맥아더司令官에 依한 仁川 上陸作戰의 成功으로 9.28 서울이 收復된 뒤, 우리 軍은 10月 1日 38線을 突破하고 北進을 繼續하여 10月 19日에는 赤都 平壤에 進入하였고, 압록강 沿岸까지 進擊하여 統一의 눈앞까지 이르렀으나, 이때 中共軍 60餘萬名이 몰래 숨어 들어와 있다가 10月 25日 一齊히 人海戰術로 我軍을 奇襲攻擊하여 統一을 위해 北進中인 UN軍이 包圍孤立되어 큰 被害를 입게 되었습니다.

이에 美8軍司令官은 50年 12月 2日 撤收 命令을 下達하였는바, 이것이 1.4後退의 開始로 이어지게 된 것입니다.

이런 國難의 危急한 때, 우리들 愛國 青年·學生 등 모두가 일어나 나라를 지키기 위한 救國隊列에 나서게 되었습니다.

裝備도 없고, 訓練施設도 전혀 없으며, 먹을 것도, 입을 것도 없던 避難살이 時節이라 銃도 彈藥도 없어, 人民軍으로부터 빼앗은 딱콩銃과 총알 若干, 그리고 軍服 도 없으니 누비바지 저고리를 急하게 만들어 입힌 것이 모양새가 北傀軍과 똑 같아졌던 것입니다.

이들이 바로 우리들 입니다.

3週日間의 基礎훈련을 받은 우리들 3個部隊 817名이 1951年 1月 육군본부 직할 決死 第11·12·13聯隊로 編成 되어 作戰中 647명이 1951年2月 20日 退谷里 敵陣中에서 白骨兵團으로 再編成 되었습니다.

이들은 1951年 1月부터 그해 4月까지 사이에 太白, 五臺, 雪嶽을 잇는 險山峻嶺에서 영하 30°度를 오르내리는 酷寒속에서, 縱橫 800里를 2週日分의 미숫가루만으로 60餘日間 굶주림을 견디며 여러 戰鬪에서 北傀軍 69旅團에 致命的인 打擊과 對南 빨치산 司令官 인민군 中將 吉元八과 참모장 姜七星 大佐 등 指揮部 13名 全員의 生捕를 비롯하여 敵將兵 生捕 309名, 射殺 170여명(미확인 포함) 등 많은 戰果를 올렸습니다만 우리들도 360여명의 被害를 입었습니다. 그 中 120餘名은 굶고 허기져 얼어 죽었습니다. 참으로 悲慘했습니다.

그분들 중 (고) 尹昌圭 대위 外 59人은 戰死가 確認되어 國立墓地에 位牌 57位와 安葬 3位를 하였고, 그 나머지 303名은 姓名을 알 수 없어 無名勇士가 되었고 民間人 參與者 13名을 包含하여 이옆에 세워져 있는 無名勇士 追慕碑로 오늘 우리 모두를 지키고 있습니다.

그나마 살아남은 우리들은 50餘年이 흐른 뒤 2004年에 法律에 따라 參戰 當時의 階級을 그대로 認定받고, 敵 後方에 있었기에 받지 못한 階級別 俸給과 보상금도 받았으며, 2010年에는 參戰 59年만에 陸軍本部 內 넓은 廣場에서 榮光의 轉役式도 가졌으며 2012年에는 武功勳章을 受章하는 榮光을 입었습니다. 참으로 感激스럽고 나라에 고마운 마음이 크게 刻印되었습니다.

우리 모두는 잊지 말아야 합니다.

저놈들은 代를 잇다가 이제는 그 孫子새끼에 까지 이어가 繼續 우리를 威脅하고 있습니다.

로켓砲도 모자라, 核폭탄 云云과 天安艦의 爆沈! 延坪島의 砲擊!! 서울 불바다!! 核攻擊 등 온갖 脅迫과 망나니 짓을 다 하고 있으며,

우리나라 內部에서는 북괴를 追從, 從北 左派란 놈들이 활개치고 國家를 뒤흔들고 있으며, 마침내는 이놈들이 國會에 까지 入城?하는 事態로까지 發展한 것은 마치 6.25 前, **"제주 43사건"**과 **"여수 順天반란사건"**, 金若水 등 南勞党**의 國會 뿌락치事件**이 再演되는 事態를 보는것과 매우 恰似하니 우리모두는 精神을 바짝 차리지 않으면 第2의 6.25와 같은 參變을 免할 수 없다는 嚴然한 事實을 直視해야 합니다.

정말 큰일입니다.

이런 무리들과 함께 숨을 쉰다는 것 自體가 여간 역겨운 것이 아닙니다.

우리 모두는 大悟 覺醒해야 합니다.

나라가 百尺竿頭에 있을 때 우리 모두가 奮然히 일어난 것을 되새겨 다시한번 覺悟를 새롭게 하십시다.

이대로는 정말 아니 됩니다.

올해는 特히 護國安保의 重要性이 恪別한 때 입니다. 몇 번을 强調 해도 끝이 없습니다.

이제 우리 모두는 하나되어, **祖國의 自由와 平和를 위해 尖兵이 되어 爲國獻身의 精神을 가다듬고 앞으로 精進해 나아갑시다.** 라는 말씀으로 제 人事를 代身 합니다.

아래 황태 食堂에 午餐을 마련하였사오니 한분도 빠짐없이 모두 함께 하셔서 지난날을 回顧하시고, 앞으로 우리모두가 一致團結하여 붉은 이릿대와 그 追從者 들을 모두 몰아내고 바르게 살아갈 수 있도록 다함께 努力합시다. 라는 乾杯를 하십시다.

감사합니다.

2013. 6. 5.

육군본부 직할 결사대 전우회장 全 仁 植

= 조 국 의 자 유 와 평 화 =

육본 직할 결사대 전우회

문서번호 : 육직 결사 13-06-02호

시행일자 : 2013. 06. 10.

수 신 : 수신처 참조

선결			지시		
접수	일자 시간		결재·공람		
	번호				
처 리 과					
담 당 자					

제 목 : 참전개선 62주년 및 제 58회 현충 추모식 행사 보고

1. 귀하의 건강과 하시는 모든 일이 잘 이룩되시기를 기원드립니다.

2. 육본직할결사대(일명 백골병단) 참전장병의 개선 62주년과 제 58회 현충추모식에 참석해 주시어 호국영령의 추모와 백골병단 360여 전몰장병을 추모해 주신 것에 감사드립니다.

3. 이날 국방부장관님께서 기념사를 주시어 육군 제3군단장 한동주 중장께서 대신 읽어주셨고, 국방부장관님의 추모화, 합동참모회의의장님, 육군참모총장님, 제1야전군사령관님, 제3야전군사령관님, 국가보훈처장님, 육군제3군단장님, 육군특수전사령관님, 대한민국 재향군인회장님, 갑종장교단 중앙회장님, 육군부사관 학교장님, 303 기무부대장님, 육해공군 예비역 영관장교연합회 회장님, 파주장교출신 장우회장 외 6인, 인제군 통합협회장님, 사단법인 건설산업연구소 이사장님, 파주 탄현친목회장님 외 5인 등 여러분께서 정중히 추모화환을 보내주시고 참석하시어 백골병단 전몰장병을 추모해 주신 것에 대해 거듭 감사드립니다.

이날 인제군수님, 인제군의회 의장님, 춘천보훈지청장님 그리고 강원도 재향군인회장님과 향군단체장님, 인제군 보훈단체장 여러분과 용대초등학교 교장선생님과 학생 및 학부모님, 용대리 경로인 여러분과 지방유지, 청년회원 등 여러분께서 참석하시어 추모해 주신 것을 감사드립니다.

이날 전우회장 전인식은 양쪽 눈을 수술해 시력이 회복되지 않아 인사 말씀으로 인쇄된 것을 읽을 수 조차 없어 즉석 인사 말씀으로, 우리 모두는 6.25의 원흉인 김일성의 손자놈이 미사일과 핵으로 위협하는 이때 우리 국회는 종북(從北)놈들이 입성해 있어, 마치 6.25 전야와 흡사하니 우리 모두는 제2의 6.25를 단단히 경계해야 한다고 역설하였습니다.

4. 이날 참석하신 300여 명 중 오찬에 참석하신 250여 명의 오찬대 250만원 중 군단에서 80만원의 지원과 군단장님께서 정성어린 기념품을 주셨으며 국가보훈처 지

원금 300만원과 파주 장교출신 장우회가 10만원을, 병기장교 모임인 병기동우회가 10만원을, 참전전우회 회원담당위원장인 송세용 전우가 50만원을, 참전전우회장 전인식이 오찬대 잔액 170만원 전액을 각 찬조해 주시어 총 710여만원의 경비에 많은 도움이 되었고, 군단장님의 뜻 깊은 기념품은 참석하신 모든 분들에게 감사의 뜻을 새겨 주셨습니다.

5. 이날 예년과는 달리, 1951년 6.25 당시 6세의 어린 나이에 부친 김주현 중사와 헤어진 "유자" 김한인 군이 참석해 주었고, 1951. 2. 20 백골병단 창설지 강원도 명주군 연곡면 퇴곡리에서 현지 자원입대한 민간인 11명 중 유일한 생존자 「이복규」 씨(1931년생)와 결사대 13연대 이등중사 출신 서인성(徐仁星)전우가 62년 만에 참석해 주었으며, 특별찬조금 200만원을 보내 주셨습니다. 참으로 고맙습니다.

6. 우리 참전전우회는 18명이 참석했습니다만 이제 80세 이상의 노구이므로 유사치매환자가 4인, 기타 보행이 불가능한 전우와 신체의 이상으로 참가할 수 없는 회원이 7명 등 11명의 유고로 참석하지 못했습니다. 앞으로 참가자의 수가 점차 줄어들 것이 예상되어 큰 걱정입니다. 이에 군단장께서 걱정하지 말라고 격려해 주시어 큰 희망이 되었습니다.

7. 용대초등학교 학생 5명에 대한 장학사업은 해마다 추진할 것이며, 기금 6,000여만 원은 장기로(10년간) 예치 관리하고 있으며, 매년 부사관 2명에 대한 충용특공상 시상기금 4,000여만원은 703 특공연대에서 관리하도록 기금을 모두 인계했습니다.

8. 전우회의 기금은 따로 없고, 해마다 해야 할 현충행사시 국가보훈처 지원이 있습니다만 따로 지원금이 없어 앞으로 경로행사는 격년으로 모시거나 따로 계획을 수립할 형편임을 보고 드립니다.

이상 보고 드립니다.

수신처 : 국방부장관, 합동참모회의장, 육군참모총장, 제1야전군사령관, 제3야전군사령관, 국가보훈처장, 대한민국재향군인회장, 육군제3군단장, 육군제12사단장, 육군부사관학교장, 303기무부대장, 육해공군 예비역 영관장교연합회장, 인제군수, 춘천보훈지청장, 강원도 재향군인회장, 인제군통합방위협회장, 병기동우회장, 파주장우회장, 한양대 천병식박사, 탄포친목회장, 용대초등학교장, 용대리 청년회장, 인제보훈단체장,참전전우회원 기타 제위

육군본부 직할 결사대 전우회 회장

담당: 조 규 정 운영위원장(총무) 차 주 찬 회 장 전 인 식
시 행 : 육본직할 결사대 전우회 제13-06-02호(2013.06.10.) 접 수 ( )
우 121-894 서울특별시 마포구 잔다리로 65(서교동) 2층 http://www.beackgol.co.kr
전화 02) 325-4896(직), 02) 333-2381~2 전송 02) 338-1153

(28) 중국 산동성 청도를 탐방하다

전우회 간부와 감사 등 4인 <2013. 9. 25 ~ 27 2박3일간>

⇐ 청도를 방문한 전우회 회장, 임동욱 감사, 송세용 회원담당 차주찬 총무위원장

⇐ 전인식, 송세용, 임동욱, 차주찬 청도 전망대에서

(29) 내 나라 여행 (하나투어)

출　　발 : 2013. 11. 25(월)
도　　착 : 2013. 11. 28(목)
경　　비 : 1인당 650,000원

(전인식, 차주찬, 송세용
권태종, 이의재, 서인성(6인))

여행일정 : 서울/진주/부산①/경주/대구①안동/평창①속초/서울
전지역 특급호텔(3박) 부산, 대구, 평창(특1급)

출　　발 : 08:00 1호선 종각역 3번출구 하나투어 본사(차량대기·출발)

※여행 일정※

11.25 [1]	아침식사 간단한 간식제공 **중식**(진주비빔밥) 진주성/촉석루–부산도착 **석식** 해운대 동백섬 해운대 정식(언양불고기)부산 UN평화공원 해운대 노보텔 호텔숙박
11.26 [2]	**조식**(호텔식) 달맞이언덕넘어→울산도착 영암의 해금강 대왕암/ 부산~울산 울산현대중공업견학 경주도착 **중식**(채과약선정식) →불국사관광 →경주박물관견학→대릉원/천마총관광 경주출발→대구도착 **석식** 한정식 호텔투숙/자유시간 노보텔. 대구(특1급호텔)
11.27 [3]	**조식**(호텔식) 대구출발 - 안동으로 이동 안동 화회마을 **중식** 안동양반상 원주로 이동 원주한지 테마파크 평창 대관령으로 이동 **석식** 오대산 산채정식 호텔투숙 알팬시아 리조트 (대관령 인터콘티넨탈 호텔)
11.28 [4]	**조식**(호텔식) 평창 동계올림픽 경기장관광 속초 설악산국립공원도착 권금성케이블카 탑승 동명항으로 이동 **중식 :** 회정식 동명항 수산시장→**서울도착 18:00예정**

※ 날씨가 차가울터이니 내복과 방한에 유의하세요
※ 간단한 세면도구를 지참하세요

※ 총경비 650,000원 중 **전인식 지원 200,000원** 각 개인부담 450,000원입니다.
우리은행 128-07-040590 전인식에게 송금 부탁합니다. (2013.11.15. 까지)

※ 자세한 일정이 필요하신 분은 1577-1212 내나라 여행팀(동부권일주) 또는02)3417-0257
이영호씨에게 문의하세요

⇐천년의 고도 불국사에서
권태종, 이장군, 전인식,
송세용, 차주찬, 서인성
전우

진주 촉성문에서

(30) 2014 甲午年 신년 교례회

육군본부 직할 결사대 전우회 <2014. 1. 14>

곳 : 용산 역전 용사의집 태극홀에서

신년모임을 축하하며,
⇐ 류해근 장군, 이의재 장군,
인사사령부 서기관과 회원

⇐신년모임에 참석한
703 특공연대 원사와
각 대대 주임 상사단

육군본부 직할 결사대 전우회 신년 교례회가 **"용사의 집"** 에서 열렸다.

밀리터리 | 국방일보 2014년 1월 15일 수요일 6

대한민국 수호자 우리국군 - 신나는 병영

국방일보

Kookbang.dema.kr 2014년 1월 15일 수요일

전인식 백골병단 전우회 회장과 회원, 류해근 전 특전사령관 등이 14일 서울 용산 용사의 집에서 2014년 신년 교례회 겸 정기총회를 열고 기념촬영 하고 있다.

"목숨 걸고 지킨 조국 목숨 걸고 지키자"

육군본부 직할 결사대 전우회, 새해 첫 정기 총회

〈백골병단〉

육군본부 직할 결사대 전우회(일명 백골병단·회장 전인식)는 14일 서울 용산 용사의 집 2층 태극홀에서 2014년 신년 교례회 겸 정기총회를 열고 갑오년 청마의 해를 힘차게 열었다.

행사에는 전인식 회장을 비롯한 20여 명의 전우회 회원과 류해근 전 특전사령관과 육군특전교육단 간부, 육군7군단 특공연대 장병 등이 참석했다.

먼저 지난해 결산 보고를 가진 뒤 올해 예산안을 논의해 1500여만 원의 예산 추진 방향을 집중 논의했다.

행사에서는 또 일부 회칙 개정안을 논의해 참전자 자녀(손) 중 1인을 회원으로 받아들이기로 결정했다.

전 회장은 "전우들이 워낙 연세가 많아 별세하거나 건강악화로 참석하지 못해 해마다 참석자가 줄어들어 안타깝다"며 "그래서 참전전우와 유족들만의 회원 가입을 넘어 자녀와 손자까지 본인의 의사에 따라 회원으로 받아들이기로 오늘 최종 결정해 부칙을 변경, 시행한다"고 밝혔다.

전 회장은 이날 또 2012년 회원 9명이 무공훈장을 받아 그 영향으로 해·공군 참전용사 5명이 무공훈장을 받은 사실을 알리면서 지난 34년여간 백방으로 뛰며 전우회의 공적을 육군본부와 국방부에 알린 사연을 상세히 알렸다.

행사에 참석한 회원들은 오찬을 함께하면서 최근의 국민 안보의식에 깊은 우려의 뜻을 드러냈다.

회원들은 "자라나는 새싹들인 학생들에게 왜곡된 좌편향적 역사의식을 주입하는 일부의 교육관이 너무 걱정스럽다"며 "기성세대들이 정신 똑바로 차려야 한다. 늙은이라고 뒷짐만 지고 뒤로 물러나 있어서는 절대 안 된다. 목숨 걸고 지켜낸 내 조국을 숨이 넘어갈 때까지 똑바로 보고 지켜내야 한다"고 같은 생각을 털어놨다.

전우회는 이날 또 올해 현충행사를 오는 6월 5일 오전 11시 강원도 인제군 북면 용대리 백골병단 전적비 앞에서 거행하기로 결정했다.

글·사진=유호상 기자

▮편집=박상훈 기자

국방일보는 2014. 1. 16 육군본부 직할 결사대 전우회의 새해 정기총회를 비중 있게 보도했다.

(31) 남규슈 패키지여행

가고시마 - 사꾸라지마 <2014. 2. 27 ~ 3. 1 (2박 3일)>

류 장군 내외
정 장군 내외
이 장군, 필자
6인

11. 충용특공상 제정

▮ 지역 부대 부사관에 대한 충용상 제정 ▮

육본 직할 결사대 전우회

문서번호 : 육직 결사 12-03-01호

시행일자 : 2012. 03. 05.

수 신 자 : 회 원 제 위

선결			지시		
접수	일자 시간		결재·공람		
	번호				
처리과					
담당자					

제 목 : **충용 특공상 제정**

---

1. 귀하의 건강과 가족 모두의 균안 및 소망하시는 모든 일이 잘되시기를 기원 합니다.

2. 우리 참전전우 모두는 1951년 1월부터 참전 62주년을 맞게되었습니다. 그동안 1961년 8월 23일 참전전우회를 발기한 이후 1990.11.9에 이르러 白骨兵團 戰跡碑 建立에 이어 무명용사 추모비 건립, 충용 尹昌圭 대위의 충용비 건립, 전적비의 영구 보존 관리를 위한 전적비 보호벽체 및 안내 표지 설치를 비롯하여 용대백골장학회 설립으로 용대리 거주 소학교 학생에게 해마다 장학금을 지급·격려하고, 경노 애향잔치(소연)를 베푸는 등 전적비 관리 보존과 나라사랑 및 특공 유격 장병의 명예 선양에 기여해 왔습니다.

3. 해마다 전적비의 관리를 위해 703특공연대 부사관 일동이 모두 뜻을 함께하여 전적비 관리를 위해 수고하고 있으나, 우리 참전전우 일동은 부사관단에게 아무런 예의를 표한바 없었습니다.

4. 우리들 참전 전우일동은 전적비 유지·관리를 담당한 703특공연대 부사관단의 큰 뜻을 받들어 충용특공상을 제정하여 해마다 2명을 부대에서 선정하시면 6월 현충행사시 상장과 상금을 주어 격려하고 부대에서는 2박3일정도의 공로휴가를 주는 등으로 격려하고자 합니다.

5. 우리 전우회는 위 4항의 상금재원으로 2,300~2,500만원의 충용 특공상 기금을 마련하여 영구히 존속케 하고자 합니다.

이 기금조성을 위해 전인식 전우가 먼저 1,500만원을 출연하여 최초 기금으로 하고, 우리 전우회원은 모두가 30만원이상을 출연하여 충용특공상 제정의 발기인이 되고자 제안하는 것입니다. (수신자 참조)

① 이 기금 관리는 703특공연대장 또는 연대 주임원사가 관리하게 합니다.
② 충용특공상 수상자의 선정은 703특공연대에서 선정(가능한한 2대대 부사관 1명 포함) 합니다.
③ 충용특공상 시상은 해마다 6월 현충행사시 장학금 지급과 동시에 시상하되 시상 명의는 충용특공상 제정 위원장 명의로 수여하고자 합니다.
④ 기금의 관리는 은행금리가 좋은 곳에 예치하되 통장과 인장은 703특공연대에서 관리합니다.
⑤ 기타 필요한 사항은 703특공연대 부사관단의 합의로 처리 합니다.

첨부 : 충용특공상 기금관리 견적(안) 1부 (2032년도까지)
충용특공상 상장(안) 1부

이상과 같이 안내드립니다.

참여 회원의 송금 계좌 : 우리은행 1002-630-802054 전우회 또는 전인식
납부자 : ○○○ 이름 뒤에 특공이라고 꼭 표시 해주십시오.
<2012. 5月 말 이전까지 부탁합니다.>

수신자 : 권태종, 김송규, 김용필, 김종호, 김중신, 김항태, 박승록, 박용주, 배선호, 송세용, 안병희, 오석현, 윤경준, 임동욱, 장지영, 전영도, 전인식, 차주찬, 최희철, 현재선, 홍금표, 황태규 (가나다순)

육본직할 결사대 전우회 회 장

담당: 과장 송미정 운영위원장(총무) 차주찬 회 장 전인식
시 행 : 육본직할 결사대 전우회 제12-03-01호(2012.03.05.) 접 수 ( )
우 121-894 서울특별시 마포구 잔다리로 65(서교동) 2층 http://www.beackgol.co.kr
전화 02) 325-4896(직), 02) 333-2381~2 전송 02) 338-1153

충용특공상 제정기

전 육군본부직할결사대 제11연대 제2대대 대대장 윤창규 대위님이 1951. 3. 23. 강원도 인제군 북면 용대리 백담사지구 전투에서 대퇴부에 총상을 입고 철수 중, 1951. 3. 24. 03경 설악산 끝청 서남방에서 적의 기습을 받게 되자, "내가 대대장이다." 라고 고함을 질러, 체포하려고 달려든 적병 수명을 붙들고, 자폭 전사함으로써 아군의 퇴출작전에 기여한 "살신성인" 정신을 빛내기 위하여 참전 전우 일동이 충용비 건립을 추진, 2006. 6. 5. 충용비를 건립·제막하였다.

그 뒤, 2012. 3. 5. 忠勇特攻賞 제정을 발의하고, 참전전우 일동이 1차로 모금한 2,345만원과 추가 2,655만원을 더한 5,000만원을 기금으로 2012년부터 해마다 6월 현충 추모시 703특공연대 부사관 2명에게 상장과 격려금 각 50만원씩을 지급하고 있다. 글 : 전인식

〈대한민국은 2012. 6. 25. 육군대위 (고)윤창규 님에게 「충무 무공훈장」을 추서하였다.〉

다음은 충용특공상 기금 헌성자와 그 내역이다. (단위 : 만원)

대위(소령) **전인식 3,540**, 예·중장 **류해근 100**, 예·중장 **박종선 50**
커크 박사 **이남표 30**, 중사 **송세용 100**, 중사 **장지영 100**, 하사 **임동욱 90**
소위 **권태종 80**, 중사 **홍금표 80**, 하사 **안병희 80**, 병장 **차주찬 60**
중사 **김중신 60**, 하사 **김송규 60**, 하사 **김항태 60**, 하사 **윤경준 55**
중사 **김종호 50**, 중사 **박승록 50**, 중위 **김인태 50**, 병장 **서인성 50**
소위 **김용필 30**, 중사 **박용주 30**, 하사 **전영도 30**, 병장 **배선호 30**
병장 **최희철 30**, 소위 **황태규 30**, 소위 **오석현 25**, 유족 **박창영 30**
유족 **김한인 20** **합 계 5,000만원**

<**2014. 11. 28.** 특공상 기금 추가(금리·세금 등 대비) 헌성 내역> (단위 : 만원)
예·중장 **류해근 30**, 예·중장 **박종선 20**, 예·소장 **신만택 20**
대위(소령) **전인식 348**, 박사 **이남표 20**, 병장 **서인성 50**, 중사 **송세용 40**,
병장 **차주찬 30**, 하사 **임동욱 30**, 소위 **권태종 30**, 하사 **안병희 30**,
중사 **장지영 30**, 중사 **홍금표 30**, 하사 **윤경준 20**, 하사 **김항태 10**,
중사 **김중신 10**, 하사 **김송규 10**, **합계** 758만원 **총계 : 5,758만원**

육군본부직할 결사대 전우회 회 장 전 인 식
충용특공상 운영기관 : 육 군 제 5689 부대장

위와 같이 우리 전우일동은 1961년 이후 유대를 강화해 왔으며 2005년부터 2015년까지 국내외를 여행하는 등 친목을 돈독히 하는 한편, 우리들 참전전우 일동은 해마다 6월 초에 대형버스로 이곳 전적비가 건립된 용대리를 찾아 전우(고인)의 넋을 추모하고 있는데

「M채씨」나 김한철군 등은 이 행사에 1987년 이후 2013년까지 단 한 번도 참여하지 않아 매우 섭섭한 마음 지울 수 없다.

이 현충추모식을 공동주관하는 산악군단장과 지역 을지부대 사단장 이하 많은 장병에게도 참으로 부끄러운 생각을 지울 수 없었다.

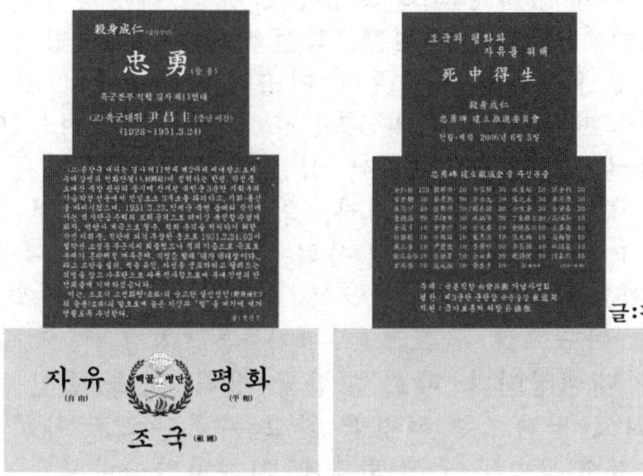

글:필자

1951. 3. 24 육군본부 직할 결사 제11연대 제2대대장 윤창규 대위가 전사한지 50여 년만인 2006. 6. 5 고인의 충용비가 국가보훈처의 일부 지원을 받아 참전 전우회 일동의 성금으로 건립·제막되었다.

필자가 신청한 (고)윤창규 대위에 대한 무공훈장을 정부는 2012년 6월 25일 충무무공훈장을 추서해 주셨으나 수상자가 없어 대리 수상 후 동작동 국립현충원의 위패 앞에 봉정 후 전쟁기념관 2층 백골병단부스에 전시하고 있다.

殺身成仁
살신성인

忠 勇
충 용

고 육군대위 尹昌圭 (충남 예산)
(1928 ~ 1951. 3. 24)

(고) 윤창규 대위는 1951. 1. 25. 육군본부 직할 결사 제11연대 제2대대 대대장으로 보임된 이래 부대장병의 인화단결(人和團結)에 진력하는 한편, 작전 중 오대산 북방 광원리에 있던 북한군 3군단 지휘부의 기습작전 선봉에서 진입초소 3개소를 파괴하고, 지휘·통신을 마비시켰으며, 1951. 3. 23. 인제군 북면 용대리에서 적 사단 주력의 포위 공격으로 더 이상 북진할 수 없게 되자, 백담사 계곡으로 철수, 적의 추격을 저지하기 위한 작전 지휘 중 적탄에 피격 부상한 몸으로 1951. 3. 24. 03시 설악산 소청봉 부근까지 퇴출했으나 적의 기습으로 극도로 부대가 혼란해진 때, 적병을 **향해 내가 대대장이다.** 라고 고함을 질러, 적을 유인, 자신을 생포하려고 달려드는 적병을 잡고 수류탄으로 자폭 전사함으로써 부대 장병의 안전 퇴출에 기여하였습니다.

이는, 오로지 고전 화랑(花郞)의 숭고한 살신성인(殺身成仁) 충용(忠勇)의 발로로써 높은 기상과 "얼 "을 여기에 새겨 영원토록 추념 한다.

글 : 全 仁 植

2006. 6. 5.

주 체 : 육본직할 白骨兵團 기념사업회
협 찬 : 육군 제 2307부대
지 원 : 국 가 보 훈 처

충용특공상의 시상을 육군 제3군단장이

= 조 국 의 자 유 와 평 화 =

육본 직할 결사대 전우회

문서번호: 육직 결사 14-03-06호

시행일자: 2014. 03. 25.

수 신 : 육군 제2307부대장

참 조 : 인사처장

<table>
<tr><td>선결</td><td colspan="2"></td><td></td><td>지시</td><td colspan="2"></td></tr>
<tr><td rowspan="2">접수</td><td>일자
시간</td><td colspan="2"></td><td rowspan="4">결재·공람</td><td></td><td></td></tr>
<tr><td>번호</td><td colspan="2"></td><td></td><td></td></tr>
<tr><td colspan="2">처 리 과</td><td colspan="2"></td><td></td><td></td></tr>
<tr><td colspan="2">담 당 자</td><td colspan="2"></td><td></td><td></td></tr>
</table>

제 목: 충용특공상 시상

1. 군단장님의 강녕하심과 예하 전 장병과 함께 무운장구하심을 기원드립니다.

2. 폐 전우회에서는 1951. 3. 24 설악산에서 적병을 붙들고 아군의 퇴출을 돕기 위해 수류탄으로 자폭, 전사하신 (고)임시대위 윤창규 님의 충용을 기리기 위해 2006 년 6 월 5 일 살신성인 (고)윤창규 대위의 충용비를 국가보훈처 지원(700만원)과 본회 예산으로 건립 제막하였습니다.

3. 우리 전우회에서는 2011. 3. (고)윤창규 대위의 충용을 기리기 위해 충용 특공상을 제정하기 위한 기금을 모금(헌성)하기 시작하여 총 5,000만원을 마련한 후 이 기금을 육군 제703특공연대에 관리 · 위탁하고 2012 년부터 703특공연대 복무중인 부사관 2명을 선발하여 상금(50만원)과 함께 충용특공상을 해마다 6월 현충추모식 후에 옛날 703특공연대장을 역임하신 예비역 중장 류해근 장군이 시상해 왔습니다.

4. 2014년부터는 육군 제703특공연대소속 부사관 2명 내지 3명에게 충용특공상을 군단장님 명의로 직접 6월 현충행사시에 시상해 주시면 우리들 전우회로서는 더 큰 영광이 아닐 수 없어 이를 건의드립니다.

5. 육군의 의전이나 군단의 상훈 등 사정이 있을 것으로 생각하오나 충용특공상은 뜻이 있는 것이고, 군단장님 명의로 표창하시면 부사관의 사기진작에도 큰 뜻이 있을 것이라고 생각해서 건의하오니 용납해 주심을 바랍니다.

육군본부 직할 결사대 전우회 회 장

담당: 주임 이 은 호 　 운영위원장(총무) 차 주 찬 　 회 장 전 인 식

시 행 : 육본직할 결사대 전우회 제14-03-06호(2014.03.25.) 　 접 수 　 (　)

우 121-894 서울특별시 마포구 잔다리로 65(서교동 377-2) 2층 　 http://www.beackgol.co.kr

전화 02) 325-4896(직), 02) 333-2381~2 　 전송 02) 338-1153

= 조 국 의 자 유 와 평 화 =

육본 직할 결사대 전우회

문서번호 : 육직 결사 14-03-07호

시행일자 : 2014. 03. 25.

수　　신 : 육군 제5689부대장

참　　조 : 인사과장

제　　목 : **충용특공상 시상**

선결			지시	
접수	일자 시간		결재·공람	
	번호			
처 리 과				
담 당 자				

1. 귀하의 강녕하심과 예하 전장병과 함께 무운장구하심을 기원드립니다.

2. 폐 전우회가 관여하고 있는 충용특공상을 2014년부터는 군단장님 명의로 시상하는 것이 부사관의 사기진작에 도움이 될 것이라 믿고 별첨과 같이 군단장님께 건의하였음을 알려드리오니 협조해 주시기 바랍니다.

추신 : 2014년도 상금의 기금이자가 100만원에 미달될듯하여 부족액 약 50만원 정도를 지원하고자 하오니 구좌번호를 5월 15일 이전까지 알려주시기 바랍니다.

육군본부 직할 결사대 전우회 회 장

담당 : 주임 이 은 호　　운영위원장(총무) 차 주 찬　　회 장 전 인 식

시 행 : 육본직할 결사대 전우회 제14-03-07호(2014.03.25.)　　접 수　(　　　)

우 121-894 서울특별시 마포구 잔다리로 65(서교동 377-2) 2층　　http://www.beackgol.co.kr

전화 02) 325-4896(직), 02) 333-2381~2　전송 02) 338-1153

12. 전적비 조명 투광기 설치

2014. 2. 5

= 조 국 의 자 유 와 평 화 =

육본 직할 결사대

11056-0903-4891 2,230 200-957 춘천보훈지청
익일특급
11056-0903-4892 2,230 252-840 육군2307부대
익일특급
11056-0903-4893 2,230 252-807 인제군수
익일특급
11056-0903-4894 2,230 252-821 용대3리이장님
익일특급

문서번호 : 육직 결사 14-02-01호

시행일자 : 2014. 02. 05.

수　　신 : 국방부장관(참조, 인사복지국 제대군인지원처장),
국가보훈처장(참조, 춘천보훈지청장), 육군 제2307부대장,
강원도 인제군수, 강원도 인제군 북면 용대3리 이장, 참전전우회원

제　　목 : **백골병단 전적비 관리**

---

1. 귀하의 건강과 하시는 모든 일이 잘 성취되실 것을 기원드립니다.

2. 본회는 아시는 바와 같이 1951년 북한 도당의 기습 남침으로 나라의 명운이 백척간두 누란의 위기에 처한 때 나라를 지키기 위해 영하 20도 내지 30도의 혹한을 무릅쓰고 적진 후방 800리에서 혈투를 감행한 육군본부 직할 결사대(일명 백골병단) 전몰장병 360여 위의 위훈을 기리는 「白骨兵團戰跡碑」를 강원도 인제군 북면 용대3리 산 250-2에 건립하여 해마다 현충 위령제를 봉행하고 있습니다.

3. 위 2항의 전적비가 건립된 이후, 전적비 관리를 본회가 주관해 왔습니다만, 전적비 앞으로 지나던 도로가 미시령 터널의 개통으로 우회하게 되어 전적비의 위용이 가려져 있어 이를 널리 알리기 위해 전적비에 조명시설을 설치하고 행사장 입구에 국기게양대를 설치하여 나라사랑의 정신을 드높이고자 합니다.

4. 우리 참전 전우는 모두 80세 이상 90세까지의 노령이고 생존회원 27명 중 치매, 기타 중병환자가 11명이며, 그 나머지 16명만으로는 자력(우리 전우회)으로 조명시설 등을 시설하기가 어려워 이 뜻을 호소드리는 것입니다.

5. 별첨 조감과 같은 시설소요예산은 800 내지 900만원 상당으로 추산되며, 본회에서 소요예산의 30% 상당을 부담하고자 추진 중입니다. 강원도 인제군과 용대3리에서는 전기사용료를 부담해 주셨으면 하는 바람이며, 군 당국과 국가보훈처는 시설자금 부족금 약 560만 내지 630만원의 지원을 바라는 것입니다.

6. 이 사업은 2014년 6월 5일 현충추모식 이전까지 완료할 예정입니다.

이상 건의 드립니다.

첨부 : 조명시설등 약도
끝.

육군본부 직할 결사대 전우회 회 장

담당 : 주임 이 은 호　　운영위원장(총무) 차 주 찬　　회 장 전 인 식

시 행 : 육본직할 결사대 전우회 제14-02-01호(2014.02.05.)　　접 수　(　　　)

우 121-894 서울특별시 마포구 잔다리로 65(서교동 377-2) 2층　　http://www.beackgol.co.kr

전화 02) 325-4896(직), 02) 333-2381~2　전송 02) 338-1153

“내 가족은 내가 지킨다” 전국서 의병 ‘구름떼’

6·25의 또다른 전쟁 ‘유격전’

북한의 기습 남침으로 수도 서울이 사흘 만에 함락되고, 3개월 만에 대구·부산 등 경상도 일부를 제외한 전 지역이 적의 수중에 들어갔다. 미군을 비롯한 유엔군이 풍전등화의 위기에 놓인 대한민국을 구하기 위해 발 벗고 나섰고, 비정규전 임무를 수행한 유격대원들의 활약도 빛났다. 6·25전쟁 당시 유격대는 크게 세 가지 형태로 나뉜다. 적이 점령·지배하는 지역에서 자발적으로 무장한 민간인, 정규군으로 편성한 부대, 정규군·민간인 배합 등이다. 이들은 국난 때마다 등장했던 의병 전통을 계승한 ‘6·25 의병’이자 공산주의에 맞서 일어선 ‘자유의병’이었다. 6·25전쟁 64주년을 맞아 6·25의 또 다른 전쟁 ‘유격전’을 재조명하고, 주요 전공을 소개한다.

강원도 인제군 북면 용대3리에 세운 백골병단 전적비. 자료사진

백골병단참전전우회 전인식 회장과 육군3군단장, 12사단장, 전우회원들이 지난 5일 추모 행사를 마친 후 기념촬영 하고 있다. 자료사진

▲ ‘군번 없는 용사’ 민간 자생 유격대

남한은 철저히 계획을 세운 북한군의 기습으로 큰 위기에 놓였다. 이때 민간인들이 ‘군번 없는 용사’를 자칭, 전투에 참가했다. 이들은 1950년 7월 22일 대통령령(긴급명령) 제7호에 따른 향토자위대 또는 기타 공적 명령에 의하지 않고 자발적으로 결성됐다.

반공유격대원들은 어린 학생이거나 북한 점령 아래 있던 청장년들이 대부분이었다. 이들은 국군 전투복, 인민군복, 민간복장 등 다양한 옷차림을 했다. 무기 역시 국군·경찰이 남겼거나 북한군으로부터 노획한 소총이 전부였다.

이들은 38선과 인접한 경기·강원도에서 활발하게 활동했다. 이곳 주민들은 전쟁이 일어나기 전부터 북한군의 잦은 도발을 겪었기 때문에 국군이 후퇴한 후에도 북한 치하에서 반공투쟁 활동을 벌였다. 또 전라도 등지에서 활약한 유격대도 적지 않은 전과를 올렸다. 이들은 비록 소규모지만 이름 없는 전선에서 국가와 민족을 사랑하는 마음을 행동으로 옮겼다.

전라도 지역은 전북 ‘진안결사대’와 전남 완도 ‘청산리결사대’가 활약했고, 강원도에서는 춘성군 북산면 ‘화무결사대’와 남면 ‘반공투쟁 공작 산악대’, 인제군 ‘한청결사대’와 ‘수산리 결사대’ 등이 결성됐다.

경기도에서는 가평군 ‘임산의혈대’ ‘초옥동 결사대’ ‘반공 산악공작대’ 등이 활동했다. 또한 장단·파주·연천 등지 반공청년들이 결성한 ‘감악산지구 결사대’, 대한청년단·서북청년회를 주축으로 한 ‘인천방위사령부’, 강화 ‘대한정의단’과 ‘강화특공대’ 등도 맹활약했다.

북한 남침 3일 만에 적 수중에 들어간 고양·파주 지역에서는 청년들이 향토를 지키자는 일념으로 ‘태극단’을 결성했다. 단원 240명 중에는 공무원·회사원도 있었지만 경의선 열차를 이용하는 통학생이 주축이었다. 태극단은 지역별로 별동대, 파주군단, 수색·송포·능곡·금촌·광탄·백마·산남지단 등을 뒀다. 주요 성과는 전단 제작 살포, 경의선 철도 탈선 및 보급열차 파괴, 유엔군 항공기 폭격 유도, 식량수송선 격침 등이다. 인천상륙작전 이후에는 미 해병대 탱크를 지원받아 북한군 패잔병 소탕 작전에 동참, 1950년 9월 하순 일산을 수복하는 전과를 올렸다.

북한 지역에서는 전쟁 발발 이전 반공활동을 펼치던 청년단원들이 유격대로 발전했다. ‘개마고원 유격대’ ‘함북 주을 반공유격대’ ‘고원청년유격대’ 등이 대표적이다.

이들은 북한군 주둔지와 내무서를 기습해 무기를 탈취한 후 교량·도로 파괴·차단, 북한군 패잔병 및 내무서원 소굴 소탕 작전 등을 벌였다. 더불어 북한 후방 지역을 교란하고, 국군·유엔군 수복지구 치안 확보 및 진격작전 등에 기여했다. 이들 대부분은 중공군의 개입으로 국군과 유엔군이 철수하던 12월 초순 남하해 활동을 이어갔다.

민간 자생 유격대는 비록 소규모였지만 개전 초기 ‘내 가족은 스스로 지킨다’는 기치 아래 똘똘 뭉쳐 북한군 교란·기습, 통신망·보급로 차단, 피랍 인사 구출 등의 활동을 전개했다. 이들은 국군이 그 지역을 수복하자 모든 무기를 인계하고 해산했다는 특징을 갖고 있다.

▲ 국군의 이름으로 자유수호 한몫

유격대는 전쟁 발발 이후 국군이 후퇴할 때 적 주력부대 견제 전략 차원으로 본격 탄생했다. ‘명부대’ ‘유격사령부’ ‘을지병단’ ‘결사유격대’ ‘제9172부대’ 등이다. 창설 시기는 전세가 매우 어려웠던 전쟁 초기 북한군 남진 때와 중공군 개입 이후 38선 이남으로 재차 후퇴했을 때다.

일선 부대에서 비정규 병력을 모집해 운용한 경우도 있다. 제1군단 유격대대, 제1사단 5816유격부대, 제2사단 독수리유격대, 제8사단 유격대 등이다.

공식 명칭이 ‘육군 독립 제1유격대대’인 명부대는 1950년 8월 장사동 상륙작전과 적 후방 교란을 목적으로 탄생했다. 부대원 772명은 9월 14일 오후 4시 부산항에서 해군 수송함에 승함, 상륙 지점인 장사동을 향해 북상했다. 다음날 새벽 5시 목적지를 4㎞ 앞둔 해상에 도착했지만 기상 악화로 해안에 닻을 내리기 어려웠다. 엎친 데 덮친 격으로 적이 상륙을 눈치채고 집중 사격을 가했다. 명부대원들은 불리한 상황 속에서도 오전 9시쯤 상륙을 완료했다.

이어 적과 치열한 교전을 벌이며 교두보를 확보했지만 장기전에 따른 실탄·보급품 부족으로 18일 철수를 결정, 20일 새벽 2시쯤 부산항에 귀환했다.

명부대는 제대로 훈련받지 못하고, 장비·보급지원도 없었다. 그러나 북한군 제2군단 주보급로인 포항·영천 방면 국도를 차단해 후방활동을 견제했다. 또 포항·경주 방면으로 진출하려는 북한군 2개 연대와 전차 4대를 영덕 방면으로 유인하는 등 국군 반격작전에 기여했다.

육본 정보국에서 편성한 유격대는 1951년 1월 창설한 결사유격대가 대표적이다. 부대는 제11·12·13·15·16연대와 특별대 순서로 편성됐다.

결사유격대는 1951년 1월부터 2월 중순까지 부대별로 활동했다. 이후 2월 20일 적이 점령 중이던 강원도 명주군 연곡면 퇴곡리 일대에 3개 연대가 집결하자 자원 입대한 여성과 청·장년 등을 규합해 부대 이름을 ‘백골병단’으로 명명했다.

어린 학생에서 청장년까지 애국심 하나로 자발적 집결
북한군 교란 기습 통신망·보급로 차단 등 혁혁한 전과
‘백골병단’ 혹한 속 320km 이동…적 489명 사살·생포

백골병단은 창설 직후 적 지역이었던 오대산·설악산 일대에 침투해 3월 말까지 임무를 수행했다. 이들은 살을 에는 듯한 혹한 속에서도 320㎞를 이동, 적 489명을 사살·생포했다. 또 적 후방지역 교란과 첩보수집 임무를 훌륭히 수행했다. 특히 대남 빨치산 사령관과 지대장, 인민군 길원팔 중장, 인민군 대좌 강칠성 등 지휘부 전원을 섬멸하는 혁혁한 전과를 올렸다. 13면에 계속☞

윤병노 기자 trylover@dema.mil.kr

■ 편집=박재윤 기자

백골병단 전적비(白骨兵團 戰跡碑)에 야간조명시설을 설치하였다.

LED 조명시설을 하였으며, 전기료는 용대3리 부락에서 부담하기로 협의되었다.

부락 이장님 외 임원 여러분과 용대3리 부락민 여러분께 감사드린다.

제10부 옛 격전지를 찾아서!!

1. 추석 다례를 지내고

1986년 6월 원호의 달이다.

현충일은 공휴일이므로 조용히 이 생각 저 궁리에 잠겼다.

10시에 진혼 나팔소리도 요란하게 국립묘역에서의 참배광경이 TV에 비치면서

온 국민이 호국의 신으로 산화한 순국선열을 추모하고 있다.

지난 1월 추운 날씨에 국방영화 **"배달의 기수"** 촬영을 위해 우리 동지들 50여 명이 전국 각 지방에서 서울 동작동 국립묘지 앞으로 모였다.

나는 평생 처음으로 국립묘지 정문에 들어섰고, "배달의 기수" 촬영을 위한 "엑스트라" 쯤으로 … 이곳에 모인 것이다.

무명용사 묘비도 보았고, 유격전을 전개한 민간 유격대의 참전비도 보았다.

동작동 국립현충원에 있는 유격대 비에는 우리들의 후속 부대였던 커크랜드 부대가 유격대 참전탑에 기록되어 있는데, 백골병단이나 "결사 11, 12, 13 연대" 등에 대한 기록은 없다.

우리들 부대도 분명 유격댄데,

임시군번과 계급이 주어진 까닭에서인지 이곳에서도 족보는 찾을 길이 없었다.

어느 곳에서 우리들의 기록 영화를 촬영하고, 좌담은 또 어느 곳

에서 해야 하는가 하는 것도 문제가 되어, 국방영화 촬영팀과 묘역 이곳저곳을 누비며 찾았다.

무명용사 묘역도 아니고…….

유격대의 참전 기념탑도 아니고…….

부득이 중앙의 제일 큰 충혼탑에서 분향 헌화 하기로 하였다.

이 어찌 쓸쓸하고 서글픈 일이 아니겠는가?……

이래 저래 6 월은 쓸쓸하고 허전하고 외로운 달인가 보다.

그런 저런 생각을 하다 보니 오늘의 그 처절한 트럼펫 진혼곡 주악은 더없이 나의 신경을 건드렸다.

나는 올해에는 나 혼자만이라도 박달재에 가서 분향하고….

산 제사라도 지내 주어야 하겠다고 마음먹었다.

한 주일에 한두 번 씩은 만나서 지난 이야기를 나누는 권영철 동지(전우회 부회장)가 또 찾아 주었다.

86 년의 추석이 몇 날 남지 아니한 날 이었다.

나는 권영철(權寧哲) 동지에게 이번 추석에는 일찍 추석 다례를 지내고,

박달재로 동지들의 추모제를 지내러 가자고 제의 하였다.

"권 동지"는 쾌히 승낙해 주었다.

추석(秋夕) 전날 (1986. 9. 17.)

내일이 추석이다.

올해에는 추석 다음날이 연휴(連休)이고, 또 그 다음날은 토요일이다.

징검다리 연휴(連休)인 것이다.

이를테면 9월 18 일에서 21 일 까지 모두 쉴 수 있게 되었다.

내 처는 금년 여름 휴가도 쉬지 못했으니,

설악산이나 다른 곳도 좋으니 당신도 좀 쉬어야 한다면서

"골프" 보다 등산을 권유하고 나섰다.

이심전심(以心傳心) 인지도 모른다.

나는 18일부터 21일까지 쉬려면 3박 4일의 휴가와 같은데,

이왕이면 설악산이 좋을 것이라고 생각하고,

미리 권 부회장과 상의해 두었다.

설악산 행으로 마음을 정했다.

나는 내일의 추석에는 물론 일찍 다례를 지내야 하나,

성묘(省墓)는 설악산 행으로 부득이 내년으로 미루는 도리밖에 없다고 단단히 마음 굳혔다.

저녁 10시가 가까워지자 이 생각 …… 저 생각 …… 옛 생각도 떠올라 마음이 착잡했다.

나는 파주에 낙향한 5대의 장손으로 내 고조부(高祖父)께서는 통정대부(通政大夫)란 벼슬을 지내신 분 이셨다.

장손(長孫) 이란 참으로 어려운 짐을 지고 살아가게 마련인 것이 아직까지의 우리 풍토인 것은

그 누구도 부인하지 못할 것이리라.

내 처나 **상욱이**, **은주** 등은 모두 독실한 천주교 신자인데 …

특히, 상욱이는 성당의 복사로 열심히 성직(聖職)에 종사(보조)하는 국민학교 6년생 이다.

이 생각, 저 생각을 하다 보니 이 길로 무슨 변고라도 생기면, 국교 6년생인 상욱이나, 여중 2년생인 은주 등 어린 자식 걱정도 되었다.

이런 걱정! 저런 궁리를 하면서도, 내 동지들이 자그마치 120여 명이 굶고 허기져 추위를 이기지 못하고 숨진,

박달재, 점봉산 기슭을 살펴보고, 위령탑 건립 후보지도 정찰하려

는 나의 계획은!

권 동지의 생각은!

한편으로는 흐뭇한 그 무엇인가의 감회가 착잡하게 교차되기도 하였다.

아들 놈(庠郁)이 저녁 식탁에서 말하기를,

박달재에 가시면 옛날 동지들이 아빠의 발목을 꼭 붙잡을 것이라고……

나는 그 친구들이 바로

"못다 핀 젊은 꽃"이고,

그 친구들을 위하여 나는 지금 온갖 노력을 다 기울이고 있다고 하면서, 그 친구들이 오히려 나를 격려해 줄 것이라고 말하니,

그럴 수도 있겠군요! 하고 되 받는다.

그런 것인지…… 저런 것인지…….

나도 알 길은 없다.

그러나 분명한 것은,

내가 지금이라도 그들을 위하여 내 아버님과 할아버지, 할머님 등 내 조상의 성묘 보다도 이들의 명복을 빌기 위하여 설악산에 가야 할 숙명을 안고 있는 것이라면…….

이것 또한 나 혼자만의 **"속죄 양"**이란 말인가?!! ……

어쨌든, 나는 이 일을 꼭 해야 한다.

지금 이 글을 쓰는 시각은 밤 11시 40분…….

오늘은 추석 날 (1986. 9. 18)

86년 9월 18일 8시에 추석 다례를 일찍 지낸 다음,

10시에 설악산으로 출발했다.

떠나기 전에 미리 올해의 탄현중학교 장학금 지급 대상자(5명의 학생)에게 줄 86년도 장학금을 교부하도록 미리 맡겨 두었다.

내 할아버님의 유덕을 기리기 위한 "鍾玉 장학회"는 1970년부터 운영 중인데, 올해는 최저 수준인 듯하나, 주머니 사정상 부득이한 일이다.

※ 2012년에 종인(鍾仁) 장학회를 개칭함과 동시에 3천여 만원을 더한 1억 2천만원으로 기금을 확충한 다음, 2023년까지 장기로 삼성생명에 예치하고 있다.

10여 년(지금은 40여 년)간 계속 되었으니, 이를 주머니 사정만으로 중단할 수는 없는 노릇이 아닌가?!!

설악산으로 향하는 길목, 워커힐 앞에서 교문리 도로까지 무려 1시간 30분이 소요되어,

권영철 동지와의 약속 시간이 1시간 상당이나 차질을 빚게 되었다.

12시쯤에야 남양주 군청 앞에 이르고 보니, "권 동지"는 미리 와 대기하고 있었다.

바로 출발, 양평, 홍천을 경유 인제에 이르렀을 무렵 **아시안게임 성화 봉송**길에 들어선 일행과 휴게소에서 만났으나,

그 광경을 볼 겨를도 없이 계속 인제를 경유, 원통에 이르렀다.

여기서, 백담사 쪽으로 향하여 옛날의 퇴로였던 내가평,

용대리(전적비 건립지) 주변의 정황 정찰을 하였다.

구만이, 외가평 등의 개천지형

미시령 쪽으로 가니, 용대리에서 우리들이 그 옛날 작전하던 지형이 어설프게 나마 떠 올랐다.

격전지 군량밭을 찾아서

우리들 일행은 다시 그 길을 돌아 한계령에 올라가 잠시 휴식한 뒤, 필례와 군량밭으로 진출하기로 하였다.

비포장 도로인 비탈길을 내려가 필례 방면으로 향했다.

이 길은 대단히 거칠고 사나웠으나, (지금은 포장도로)
내 차에는 나와 처 단둘이 승차하고 있으므로,
차체가 가벼워 무사히 통과할 수 있었다.

필례는 비탈길을 내려가니 설악 목장이란 팻말이 있는 쪽으로 들어가 평평한 개활지 분지에 있었으며 인가는 두 집 밖에 없으나,
집 주위에는 염소, 개, 닭 들의 목장이 있었다.
대단히 조용하고, 아늑한 분지의 마을이었으나….
염소 떼와 개를 사육하는 듯, 개 우리 안에서 개 짖는 소리가 조용한 산간을 뒤흔들고 있었다.

여기는 우리가 35 년 6 개월 전에 큰 전과를 세운 고장이다.
군량밭으로 더 내려가니 옛날의 산세(山勢)가 그대로 눈에 들어왔다.
산은 옛대로 크게 변하지 아니 했으나,
지형은 많이 변한 것 같았다.
동남방의 높은 산에서 흐른 산 능선과 부락 앞의 급커브길,
냇물 등이 옛날이나 지금이나 변함이 없으나,
국민학교 분교가 이 오지(奧地)의 마을에도 생겼고,
배추밭도 탐스럽게 자라고 있었다.

그곳에는 옛날 토박이가 아직도 살고 있다는 이름모를 아낙네의 말을 들었다.
그 부인의 말에 의하면 70이 훨씬 넘은 노인이 살고 있는데 그분의 두 아들이 전쟁 때 희생되어 군복을 입은 군인만 봐도 원수같이 여긴다는 말을 들었다.
아마 우리들이 저지른 일인지도……
그 노인을 찾아 볼 생각은 나지 아니 했다.
우리는 다시 필례 부락에 접근한 뒤, 날이 어둑어둑 해지는 하오 6 시쯤 한계령을 향하여

목적지인 오색리로 진출했다.

오늘 이곳을 35년여 만에 다시 찾으니, 가슴에 그 무엇인가 와 닿는 것을 느꼈다.

군량밭에서 필례로 오면서 나는 옛날 그들을 처형하던 고장이라고 판단되는 곳에서, "야! 원팔(元八아), 미안하다." 는 말을 몇 번이나 되뇌었다.

인민군 중장 길원팔, 북괴 대좌 강칠성 등의 처형을 집행한 책임 장교로서, 비록 적군이었지만 인간적인 면에서는 미안한 생각을 지울 수 없었다.

권 동지는 웃었다.

그러나 이 솔직한 심경은 어찌 하겠는가?!!

이곳에서 중학생 쯤의 여학생과 국민학생 2명이 지나는 것을 보고 이들에게 물었던바, 필례에는 지금 민가가 두 집 뿐이라고 했다.

이들에게, 너의 고향이 어디냐고 다시 물으니 옛날 이 고장에서 살다가 떠난 뒤, 작년에 다시 이곳으로 이사를 왔다고 한다.

공책이나 사서 쓰라고 몇 천원을 주니까 아니 받겠다는 것을 억지로 주고 이 애들과 헤어져 목적지인 오색리 약수터에 도착하였다.

때는 하오 6시 40분 경이다.

1986. 9. 18.
군량밭을 찾은 필자

백골병단 참전전우 일동은 개선한 뒤 1965년 9월에 이르러 조직을 강화하고, 강원도 양양군 서면 단목령 입구 잡목이 우거진 숲속에서 병풍에 전사자의 명판을 써 붙이고 해마다 4월이면 분향 제례를 지냈다. 전우회장인 필자가 전몰전우의 명판 앞에서 추모사를 낭독하고 있다.

1987년 4월 3일 단목령 입구에서는 (고) 일등중사 장동설 전우의 '미망인 김정임 여사'가 분향 제례를 올리고 있다.

이때 주위에서는 어디서 날아든 비둘기 한 마리가 구슬피 울며 멀리 저 멀리 사라져 갔다.

전사자의 명비는 필자가 쓴 것이다.

2. 단목령을 다시 찾아

9 월 19 일 9 시경 여관주인에게 등산 안내원의 소개를 부탁해 안내원 미스터 문을 소개 받았다.

우리의 산행코스는 한계령 정상 부근을 통하여(무명고지 1,157 m 를 경유) 망대암산(望對岩山) (1,236 m)을 거쳐 점봉산(點鳳山) (1,424 m) 를 등반한 다음,

그곳에서 옛날 "길원팔" 생포 후에 추격을 받고 퇴각하던 코스(退路)인 군량밭(軍糧田) → 한계령(寒溪嶺) (1,003 m)방면으로 진출했던 고장이라,

망대암산이나 점봉산에 오르면,

필례지구 · 군량밭 지구가 한 눈에 들어올 것이란 대체적인 판단에서,

그곳으로 안내해 달라고 부탁 했다.

즉, 군량밭 동부에 위치한 높은 산이라야 겨우 900 m 에 불과하므로 충분히 관측될 것으로 판단 되었으며, 한계령에서 점봉산까지는 지도상(地圖上)으로 약 5 km 로 보여지고 등고(等高)로 볼 때 450 m 에 불과하기 때문이다.

안내원에 의하면,

그곳은 당분간 특수 목적에 따라 통제되고 있어 등산이 불가하다는 말이다.

따라서 설악 오색리에서 곧바로 점봉산을 등정하여,

그곳에서 박달령으로 가야 한다고 하므로,

부득이 계획을 변경하고, 간단한 위령제를 박달령에 가서 지내기로 "권 동지"와 나는 합의했다.

안내원 미스터 문은 25 세 정도로 원통 지구에서 군 복무를 했으며,

이곳이 고향이고, 안내원 생활을 약 2 년째 하고 있다고 자랑이

대단했다.

그 정도면 체격도 건장한 젊은이로서 등산로를 잘 알고 있다고 하니 마음이 놓였으나, "권동지"는 안내인이 왜 필요하냐면서 단독으로 등산 하자고 말했다.

나는 출발 당시부터 기분이 썩 내키지 아니하던 선입감도 있고, 또 내 건강도 문제가 있어 무슨 일이라도 생기면 안내원의 도움이 있어야 될 것이 아닌가 하는 생각….

짐이 제법 많으니 이 젊은이의 도움이 필요할 것도 같고,

솔직히 말해서 약 10여 년 사이에 등산 이라고는 단 한 번도 해보지 못하고 먹고 살기 위해 글만 썼으니 걱정스러워…

이 코스의 안내 비용은 30,000 원 이라고 한다.

오색리에서 점봉산 까지는 약 4 km, 걸어서 2 시간 코스, 길게 잡아 2 시간 30 분 정도이고,

국교생 아들 놈도 정상을 지난 여름방학에 다녀 왔다고 하며 자랑한 "산"이기도 하다.

점봉산에서 박달령 까지는 약 5 km,

박달령에서 다시 오색국민학교 앞 까지는 약 3 km 상당으로 이곳은 대체로 내리막길이라 2 시간 쯤으로 보아 모두 7 시간 정도 소요 된다는 판단에서 이 코스로 박달령 까지 등반해도 날씨가 좋으니까 5 시 까지는 충분히 하산할 수 있다는 계산에서 "권 동지"의 운전기사에게 오색 국민학교 앞에 4 시 30 분 도착 대기케 한 다음 출발 했다.

내가 가지고 간 관광안내(설악산) 지도에 의하면, 오색리에서 2 km 정도 올라가면 900 고지능선 쯤에 이르게 되는데,

이곳에서 박달령 방면으로

가는 등산로가 있었다.

그곳 쯤에 이르니 "샘터"란 팻말이 있고,

식사할 음료수도 구할 수 있는 작은 계곡도 있었다.

숨을 헐떡거리며 여기까지 간신히 올라 왔다.

도중 800 m 능선 쯤의 가파른 곳을 오르면서 "어찔" 한 현기증 까지 느꼈다.

기압의 차이 때문인가.

숨을 헐떡거리니,

심장이 요란한 박동을 견디지 못한 것 같았다.

벌써 늙은이가 돼 가는 것인지?

나는 은근히 걱정스러웠다.

시간은 벌써 1 시가 가까웠으며,

특히, 나는 겨우 등고 500 m 를 2 시간 이상 소비하였으니, 더 이상 진출하는 것은 무리가 뒤따를 것이란 판단으로,

부득이 점봉산의 등산은 이미 어제 필례와 군량밭을 다녀왔으므로, 바로 박달재로 가면 왕복 약 4 km 가 절약되는 것이므로

2 시간은 충분히 커버할 수 있다고 판단한 것이다.

여기서 간단한 **추석 위령제**를 지내자고 권하면서

계획을 변경하자고 "권 동지"에게 말하니, 권 동지도 찬성하였다.

이곳에서 박달재 까지 지도상의 도로는 있지만, 등산객은 많이 다니지 아니한 듯,

등산로는 뚜렷하지 아니하였음에도 능선 길은 불편하지 아니하였다.

900 고지 능선을 따라 박달령 방면으로 진출하는 거리는 약 3 km 상당이며,

등고 800 m 정도로 내려가는 길 이니까 내리막길로 3 km 를 가는 것으로서 쉬운 코스 였다.

여기서 부터 문제가 생기기 시작했다.

박달령(檀木嶺)에서 조난

900고지 쯤의 능선에서 박달령을 향하여 약 2km 쯤 진출했는데, 안내원이 여기가 **"박달재"**라고 말 한다.

내가 주위를 살펴보니,

안내원은 이 능선 길은 동서남북으로 통하는 십자로가 있고, 여기서 부터 북쪽으로 내려가면 박달재란 것이다.

내가 보기에는, 그곳은 오가리(五加里) 쪽으로 내려가는 길이 아닌가?

여기는 오색 국민학교에서 진입하는 박달령이 아니고, 조금 더 동쪽으로 진출해야 한다고 말 하니까,

그러면 더 가 보자고 그는 말한다.

여기도 박달령은 박달령일 것이리라!

그러나 우리는 더 앞으로 나갔다.

500m 쯤 더 동쪽으로 간 다음,

능선 평평한 곳에서 바라보니 남쪽으로 넓은 개활지가 전개되어 있어,

옛날 동지들이 얼어 죽은 곳 같기도 해서 미리 준비해 간 음식을 차려놓고, 산신제를 겸한 **추석 다례를** "권 동지"와 나는 큰 절과 술을 올렸다.

음식도 차렸다.

술은 막걸리가 무거우니 **시바스리걸** 1병을 가지고 갔기에 양주로 대체 하였다.

막걸리가 좋을 것이지만, 자네들이 언제 시바스리걸 양주를 먹어 보았겠나 …… 하면서,

이곳에 51년 3월 25일 경에 이르렀으니,

정확하게 35 년 6 개월만의 일이다.
제사를 지내고 하행(下行)길을 찾는데
안내원이 길을 잘 모르는 것 같았다.
지형으로 볼 때 박달재는 조금 더 동쪽으로 진출하여야 한다고 생각 되었다.
때는 이미 하오 5 시가 가까웠다.

이제는 다급하게 되었다.
빨리 하산(下山)해야 한다.
야영 준비는 전무한 상태가 아닌가 !!
안내원은 약간 당황한 듯 보였으나,
우리는 그를 달래면서 용기를 주었고,
또 그를 믿을 수 밖에 별 도리는 없었다.
그 이유는 고산지대의 관목류가 우거진 숲속이므로,
진로를 찾기란 그리 간단하지 않기 때문이었다.

안내원은 938 고지 부근의 지리 판단이 어두운 것 같았다.
안내원은 오색리의 동쪽 부락인 관대 방면의 능선을 타고 내려가다가 갑자기 계곡 쪽으로 방향을 돌렸다.

이것이 큰 액운을 몰고 온 것이다.

미스터 문이 동쪽으로 진출 하다가 갑자기
계곡으로 들어선 것이다.

이 친구는 그 **무엇에 홀린 놈** 같았다.

자네 !! 이 길을 아는가 ?
나와 권 동지가 물었다.
그는 **"네, 압니다 !"**

이 친구는 처음에는 개활지 계곡이라 그 계곡을 앞에서 잘 걸어 내려 갔다.

그러나 곧 깊은 계곡에 이르니

머루 넝쿨이며,

각종 잡물의 넝쿨이 널려 있고, 어떤 것은 팔뚝 굵기 보다도 굵은 것이 주렁주렁 늘어져 있는 것이,

어느 밀림지대의

타잔 영화에 나오는 한 장면은 족히 될 만 했다.

모든 시야를 가리고, 곧 어두워지는 느낌까지 준다.

하늘은 뚫어진 구멍에 비치는 정도 밖에 보이지 아니한 그런 원시림 계곡의 연속이다.

그러나 엉겁결에 얼마를 더 계곡을 따라 전진하니 모두가 기진 맥진 해진 때에 계곡 앞에 …….

약 10 m 정도의 계곡 낭떠러지 폭포가 있는 것이 아닌가 ….

큰 일 났다.

이와 비슷한 암반 비탈을 두세 곳은 겨우 지나기는 했으나,

여기는 도저히 진출할 수 없는 낭떠러지 벼랑 폭포가 아닌가.

우리 모두는 완전히 기진 맥진이 되었고,

날도 이미 어두워졌다.

길을 찾지도 못한 채 6 시를 넘기게 되었다.

벼랑의 이름 모를 폭포에서 동쪽과 서쪽 비탈을,

내가 앞아서 지형을 자세히 살펴보니,

급한 비탈을 5 ~ 60 m 상당 우회하면,

능선 비슷한 곳에 이르게 될 듯하여,

이를 우회하는 데 거의 40 분 이상이 소요되었다.

더 이상 진출할 수도 없고,

시각은 이미 오후 6시 30분이 지났으며…….
날씨는 갑자기 흐린 날로 변해 더욱 어두웠다.
사물의 분간이 되지 아니할 만큼 어둠이 깔렸다.
나는 도저히 더 진출할 수 없다고 판단하고

앞에 가는 그들에게 **소리쳤다!**
그곳 부근 적당한 능선에 자리를 잡으라고…….

그들이 자리 잡은 곳은 3~4평 정도의 약간 널찍한 비탈진 능선이었다.
더 이상은 조금도 움직일 수 없게 되었다.
이곳에서 북쪽을 바라보니,

우측은 오색 국민학교요,
앞에는 3~4호 가량의 민가 불빛도 보이는 그런 능선이니까,
이곳에서 불을 피우면 조난신호를 겸하게 될 것으로 판단했다.
쓰러진 고목(枯木)은 꽤나 많이 널려 있어, 손으로 더듬으면 모두가 나무였다.
나무를 모아 놓고 불을 활활 타게 피웠다.
불을 활활 타게 피운 뒤,
우리 주변에는 "백반"을 여기저기 뿌려 두었다.

뱀은 백반 냄새만 맡아도 1 km 이내에서는 그 냄새를 맡고, 모두 피한다고 한다.

내 등산 백에는 지금도 그때의 것이 있다.
우리가 위치한 이곳은 520 m 쯤의 이름 모를 아주 작은
이를테면 뾰족이 튀어나온 능선이었다.

여기서 부득이 야영(野營)을 하게 되었다.

10여 분 지난 7시가 넘으니, 칠흑같이 어두워 꼼짝 할 수도 없었다.

이 길로 능선을 타고 다시 원위치(原位置) 방면인 정상 쪽으로 진출하자는 의견도 있었으나,

살기위해서는 여기서 꼼짝 말고 이 능선을 사수(死守)해야 한다고 나는 판단하고 야영을 강조했다.

불은 활활 타 올랐으나,

아무도 구조 신호를 보내는 것도….

오지도 아니 했다.

이곳까지는 구조대가 도저히 도달할 수도 없는, 그런 원시림 속이 아닌가!

엄청난 많은 양의 고목이 구해져서 10시간 분은 충분히 견딜 수 있다고 판단될 만하였다.

추석이라 멀리서 간간이 술 주정꾼 인지의 노래소리도 은은히 들려왔고,

개 짖는 소리도 들려 왔다.

그 거리는 대체로 3~4 km는 충분히 될 만한 거리가 아닌가 판단되었다.

우리들이 가지고 온 물도 고갈 되었다.

권 회장이 가진 수통의 물이 3분의 1통(0.3 ℓ) 정도 뿐이니 우리가 몇 모금씩 마시면 끝장이다.

안내원의 짐을 우려해서 이름 모를 그 계곡 벼랑 폭포 부근에서 물을 버리게 했기 때문이다.

담배도 내가 두 개피, 권 회장이 세 개피가 남아 있을 뿐이다.

여기서 교대로 새우잠을 청 했다.

모닥불에서 기념 촬영도 했다.

거지가 모닥불에 살이 찐다는 옛 말도 되새겨졌다.

내가 집을 떠날 때의 기우(걱정)가…… 막내아들놈의 말이 묘하게도 적중 되었구나 하고 생각하니…….

우리 일행중 누군가가 발을 삐거나, 팔의 부상이라도 생기면 끝장이다.

다급한 감회를 안고 있으니, 잠이 들리 없었다.

그러나 10분, 5분 정도씩 토끼 잠을 잤다.

밤에는 바람도 없었고,

추위도 그다지 심하지 아니한 밤 날씨였다.

3. 동지들의 품에 안겨서

밤 12시를 넘기니, 오늘은 9월 20일이다.

새벽 2시가 되니까 바람이 솔솔 불어오기 시작 했다.

약간의 동풍이다.

밤 바람은 몹시 등을 차갑게 하지만, 앞 가슴은 모닥불 덕에 따사롭다.

불똥이 춤을 추면서 나니, 썩은 나무에 혹시 인화될 것이 걱정되어 더욱 잠을 잘 수는 없었다.

꼬박 새다시피 하면서 임무 교대를 하였다.

드디어 4시가 되었다. 아직도 주위는 어둡다.

새벽 5시쯤 되니까 어둠이 가시기 시작 하는 듯

안내원은 밝자마자 떠나자는 의견을 제시 했으나 우리는 아침식사(비상용 라면 세 봉지가 있었다)를 하고 6시 30분 쯤에 출발하되,

라면을 준비하는 시간에 안내원은 좌우의 비탈과 전방의 계곡을 정찰하도록 지시 했다.

그는 돌아와서 전방으로는 도저히 진출할 수 없다고 말했다.

우리는 남쪽으로 진출해야 하는데,

그 능선은 암석 바위 틈새로 기어 올라가지 않으면 아니 된다.

병풍과 같이 둘러친 좁은 능선, 바위 틈새를 이용하여 10~15m 상당을 간신히 기어 오를 수 있었다.

선발대에는 안내원과 두 부인이

나와 권 동지가 후미에 따랐다.

간신히 10여m의 암벽 길을 기어 오르니, 겨우 겨우 사람이 지날

수 있는 좁은 능선이 나타났다.

지도와 관광 안내도를 번갈아 대조 하면서,
능선 벼랑을 1 시간 이상 더 올라 갔다.
벼랑 위 바위에 오르니,
시원한 시야가 전개 되었으나,
남쪽 정상부 쪽은 시꺼멓게 대자연이 버티고 있어, 아직도 많은 위험이 예견 되었다.

이곳은 완벽한 원시림이다.
옛날 우리 전우(戰友)들 이외에는
사람의 발자국이 전혀 없었고,

이름 모를 짐승의 발자취가 여기 저기 눈에 띌 뿐이다.

노루는 두 발이 가지런한 것 같고,
멧돼지인 상 싶은 그런 발자국이 무수했으며,

어느 발자국은 **주먹 크기 보다 큰 것도** 여기 저기 있었다.
그럼에도 지난 밤에는 다람쥐 하나 뛰는 그런 소리도 없이 조용했으며,
날 짐승의 울음소리조차 전혀 없었다.

아마도 우리들 옛 동지들이 추석 제사를 받아보고,
그 성의를 감사히 여겨 보살펴 주었을 것이리라…….
그들이 지하에서 건천(乾天)에서 죽어 갔으니…….

그들이 35 년 전 그곳에서 길을 잃고 헤매다가 급기야는 굶고, 얼어 죽어 갔으니…….

우리들에게도 그 험한 길을 다시 되새기게 하기 위하여….
이 험한 계곡으로 끌어들인 것이 아닌지?…

그러나 우리들 일행에게는 아무런 상처도 없이 깨끗이 돌아가게 해주신 것이라는 내 처의 말도 일리는 있는 성 싶었다.

아무튼, 이름 모를 분홍색 청사초롱과 같이 생긴 버섯 같은 것이 바위 길가에 피어 있었고,

들국화도 서너 송이씩 하늘 거리면서 우리를 반기고 있었으나, 어딘지 쓸쓸해 보이기만 했다.

밤톨 서너 개 크기 만한 분홍색 모자 모양의 버섯에는 노란 흰점이 2 개가 박혀 있는 그런 버섯이 우리가 가는 길 복판에 이따금 솟아 있는데,

이 버섯이 이제는 없다고 생각하며 가다가 보면

또 나타나는…….

그 분홍색 이름 모를 버섯이 우리의 길잡이가 되어 주었는가 보다.

그 버섯의 모양은 둥근 모자 위 뚜껑 같은 작은 버섯 이었다.

박달령에서 제사를 지내던 곳까지 간신히,

그리고 정신 없이 엉겁결에 2 시간 정도를 걸어서 도달 하였다.

여기까지 사람의 발자취란 전혀 찾을 수 없는 원시림 지대를 우리는 지나온 것이다.

어제 제사를 지낸 밥과 과자, 그리고 소고기는 그대로 있었다.

아직까지 이곳에는 아무 짐승도 오지 아니 했나 보다.

그러나 그곳을 다시 확인할 겨를도 없이,

이들을 뒤로 하고,

우리들 일행은 서쪽 능선을 따라 더 내려 왔다.

그곳에서 다시 북행으로 방향을 돌리면서,

나는 안내원에게 다그쳐 물었다.

이 길은 분명 자네가 다녀 본 길인가?

네, 여기서 부터는 자신 있습니다.

분명히 말하게 !

우리는 여기서 부터 지도에 따라서도 내려갈 수 있으니까 말일세 !!

안내원 미스터 문은 여기서 부터는 자신이 있다고 거듭 말했다.

여기는 938 m 고지 옆의 등산로 부근의 길이다.

여기에 이르니 빗방울이 이따금 흩날렸다.

동풍으로 변한 비바람이 지난다.

안내원은 비가 오면 큰일 입니다.

빨리 하산해야 합니다.

그의 독촉이 자심했으나, 우리들의 몸이 말을 듣지 아니했다.

비는 이따금 바람을 타고 조금씩 흩날렸다.

등산로를 따라 계곡으로 내려왔다.

가파른 비탈길을 무작정 내려왔다.

등산화를 신지 아니한 내 처는 엄지 발가락이 아파 못 견디겠다고 하지만 어쩔 도리가 없었다.

겨우 겨우, 오색리 부락 입구에 당도한 것이 10 시 10 분 쯤이 되었다.

아침 운동치고는 3 시간 40 분이나 소요된 것이다.

제사는 박달령 줄기이기는 하지만

분명 박달령이 아닌 지점에서 제사를 지내게 되었다고 생각하니 섭섭하고 …….

우리들 일행은 박달령 험준한 계곡을 내려 갔다가

다시 남행으로 박달령 정상부 능선에 진입하여,

결국 위험 직전에서 무사히 돌아온 꼴이다.

그러나 우리들은 박달령 구경을 다 한 셈이고,

옛날 전우들이 고생하다가 불귀(不歸)의 객(客)이 된
지점도 모두 답사한 꼴이 된 셈이다.

한 가지 이상한 것은, 분명 우리들은 길을 잃고
조난을 당했는데 한 사람의 부상자도 없었고….
권 회장 다리에 찰과상 정도의
약간 긁힌 부상을 입었을 뿐…….
아무도 약을 발라야 할 만한 그런 부상자는 없었다.
음료수, 기타로 고생한 사람도 없었고,
짐승이란 다람쥐 구경(점봉산 목에서) 이외에 박달령에 와서는 아무것도 보지 못했다.

먼 곳에서나마 짐승의 우는 소리 조차도 전혀 없던 고요한 밤이었다.
그 이름 모를 폭포는 내가 51년 3월에 그곳에서 물 웅덩이에 빠진 뒤, 쥐가 나서 죽을 뻔한 그 폭포였는지도 모른다는 생각도 했으나, 아무 말도 하지는 아니 했다.
해석이야 어떻든, 나는 그들 동지들이
나를 굽어 살펴 주었을 것이라고 믿고 있다.

우리들은 35년 6개월 만에 그때와 똑같이 밤새도록 이곳에서 고생했다.

동지들이여! 아무튼 고맙다.
내가 해야 할 일이 아직도 많이 남아 있는데…….
벌써 자네들 곁으로 가면 되겠는가!!
나는 속으로 외치고 또 결의를 새롭게 다짐하게 되었다.

여관에 돌아와 목욕과 동시에 아침을 겸한 점심을 먹고 늘어지게 잠을 청했다.
물론 이 일기를 써 놓고서 이다.

우리들이 하산(下山)한 10시 30분경부터 비는 **주룩주룩 쏟아지고** 있었다.

분명 우리들을 안전하게 동지들의 혼령이 인도를 하였기에 무사히 귀환한 것이다.

우리들 일행은 식사를 하면서도 옛날의 전우들에 대한 이야기로 꽃을 피웠다.

우리가 지난밤을 지새던 그 이름모를 작은 능선의 1~2평 정도에서 있었던 이야기로 한동안 이런저런 말들이 다 오고 갔으나,

대포잔을 기울일수록 결론은 우리 동지들의 굽어 살펴주심이 있어,

우리가 무사히 귀환했다는 결론이다.

그들에게 우리가 해야 할 일이 아직 남아 있다는 생각이 더욱 강렬해 졌다.

나는 **위령탑 건립! 명예회복!!**

매년 위령제를 지내는 일이라고 결론지었다.

아침 10시부터 그날 저녁 우리가 마주앉아 소주잔을 기울이는 8시 30분 현재까지도 계속 비는 주룩주룩 내리고 있음을 미루어 볼 때,

내 동지들의 한이 아직도 풀리지 아니한 것이 아닌가 하는 생각이 간절하였다.

술기운이 싹 가시기조차 한 그런 기분이었다.

내일은 서울로 귀가하는 길에 퇴곡리까지 진출해 본 뒤,

서울로 가는 길은 대관령을 거쳐 가기로 하고

우리는 다시 피곤한 몸을 풀고자 각자 자기 방으로 들었다.

9월 21일. 이른 아침이 되었다.

5시쯤 일어나 창문을 여니 비는 아직도 계속 주룩주룩 내리고 있었다.

어제, 우리가 산에서 돌아온 10시 조금 지나서 부터 내리기 시작한 비는 조금도 쉴 새가 없는가 보다.

내 동지들의 눈물이 모두 모여 빗물로 이어진 것인가!

만약, 우리들이 어제 그 계곡에 들어섰을 때, 이쯤의 비가 내렸다면,

우리는 모두 목숨을 잃었을 것이리라.

계곡의 바위에 휩쓸려 뼈도 못 찾았을 것이다.

아침 10시 30분 쯤 우리는 서울로 향하여 대관령 영동 고속도로 길로 접어들기로 하였다.

비는 계속 내리고 있었다.

쉬면서 서울에 도착한 것이 4시가 조금 지나서

우리 일행은 무사히 돌아왔다.

겁도 났다…… 그리고 감격스럽다!

내 할 일이 너무나 많고, 큰 것이 아닌지?!

동지들이여, 고맙다.

다시 그대들에게 감사 드린다.

고이 잠드시라…….

위령탑은 무슨 일이 있어도 꼭 세워주고 말겠다.

나는 결심 했다.

동지들이시여!!

하느님의 은총이

부처님의 대자 대비 하심이

동지들과 함께 하소서….

안녕히…….

4. 추모사와 격려서신

허재구〔(고)허은구 소위의 형님〕씨의 추모사

1988. 4. 박달재(단목령) 입구 후미진 잡풀(목)을 헤치고 병풍에 전사자 명판을 써붙이고 제사를 지낼때 멀리 경주에서 참석하신 고 육군소위 허은구의 형님이신 허재구씨가 제 은구의 영전에 고하는 조사!! 의 원문

고 허은구 소위는 1951. 3. 25 점봉산 독립고지 점령 작전에서 용감히 싸우다 전사하신 뒤 36년만에 전사확인을 받았으며,

모친께서는 유가족(아들 2인 전사)으로 약 1년여간 유족보상을 받으셨으나, 작고하심으로 연금이 곧 중단되었다.

제 은구 영전에 고한다

가야할 곳을 가지 못하고 설악산 낯선곳을
헤메면서 (외로울 너의 넋에) 무능한 이형을 그리고 사적 당국을
얼마나 원망해서리라 그러나 설악동지회
전안석회장님과 회원여러분의 도움으로 오늘
이 자리에서 너의 영전에 서게되어 감개가
무량하구나 반가워할 동생의 영전에서 넋두리를
늘어놓게 되었서니 통촉해 주기바란다
1951년 1月5日 출정이후 소식이 궁금하던차
그해 6월경에 너의 중대장인 정윤화씨가 찾아
와서 그해 3월 설악산에서 전사했으며 上部
에 보고했으니 육군본부에서 전사통지가
있을 거라고 하면서 11연대 1대대 2중대 1소대장
이였으며 군번은 G01039라고 알게되었다
이후 소식이 없기에 1986년까지 무려 70여통이나
전사확인 신청서와 진정서를 육본과 정부종합
민원실에 내었으나 매회신 마다 증거가 없다고
했다 1984년도에는 이와 같은 병적사유는 근거가
없으니 이후진정을 삼가해달라고 회신이 왔다
즉 앞으로 영허리 진정은 하지 말라는 것이다.
그럼 결사 11연대 일사 소위 G01039 허은구는
영허리 였는가 허수아비 였는가 고인의 중대장으로
부터 전사했다고 분명히 말했건만 갈길을 가지못하고

~~외로운 너의 영혼~~

No.

30여년 동안 설악산 골짜기를 헤메고 있었고
앞으로도 헤메어야 할 너의 령을 생각하니 쓸쓸한
心情 금할길 없으며 무능하고 무식한 형이였기에
너의 령을 외롭게 하였으리라 그러나 부처님이 도와서
인지 1987년 2月 우연히 TV드라마를 보고 당시
11연대 작전참모 전인식회장님을 만나게되어 전회장님
의 도움으로 그렇게도 괄세받던 G01039가 정식으로
육본으로 부터 1987년 3月28日자로 소속 11연대 1대대
계급 임시소위 군번 G01039 성명 허은구 설악산지구에서
1951년 4月30日전사 했노라고 30여년동안 70여통의
진정서를 육본에 보냈는데 근거 없다는 고인의 전사확인이
전회장님의 30여년간의 피나는 노력이 없었던들 故人
의 전사확인을 받을수 있었겠는가 故人이여 형과함께
전회장님의 노고에 거듭 〃 감사에 말씀을 올리기로 하자
그리고 만시지감 이지만 흑백을 가려주신 육본에
전공 사정심의 위원회 여러분께도 감사드립니다 전회장님
께서는 못다핀 젊은 꽃이라는 책자를 발간하여 영문도
모르게 어둠속에 가려진 故人들과 여러전우들의
전공을 만천하에 밝히신 전회장님께 거듭 〃 감사에
정을표하며 故人이여 30여년동안 품은 응어리를 깨끗이
지워버리고 극락왕생을 두손모아빌며 아울러 故人과
여러 전우들의 명복을 빌면서 끝으로 회장님 염치
없는 부탁입니다만 이곳에 전적비를 세울수
있도록 노력해 주시길 간절히 〃 부탁드립니다.

1988년 4月

형 재구

(1) 이진삼 대장의 서신

全仁植 會長님 貴下

日前에 보내주신 書信과 '決死11聯隊' 冊子는 잘 받았습니다.

먼저 어려운 가운데 大韓遊擊參戰同志會長의 重責을 遂行하면서 6.25動亂時 体驗한 實話 '決死11聯隊'라는 力作을 出刊하신데 对해 祝賀를 드립니다.

祖國이 百尺竿頭累卵의 危機에 處해 있을때, 紅顔의 나이로 祖國守護의 隊列에 參加, 數많은 戰鬪및 遊擊戰을 敢行하여 6.25戰史에 길이 빛날 戰功을 남긴 白骨兵團 勇士 640余名의 불타는 祖國愛와 殺身保國한 憂國衷情의 投魂이 담긴 이 冊子야 말로 戰後世代의 젊은 이들에게 올바른 國家觀과 死生觀을 確立하는데 (中略) 建立을 비롯하여 各種事業들이 하루빨리 成功的으로 完了되기를 바라며 全會長님의 앞날에 無窮한 發展과 家庭에 幸運이 함께 하기를 하나님께 祈禱합니다.

1989. 9. 7.

第1軍司令官 大將 李 鎭 三

(2) 김동신 장관의 서신

2001년 7월 3일 국방부장관 김동신씨가 백골병단 참전전우회장에게 격려와 위로를 겸한 서신을 보내주셨다.

全 仁植 백골병단 참전전우회장님 귀하!

보내주신 서신과 책자, 비디오 테잎은 잘 받았습니다.
먼저, 백골병단 참전전우회의 6.25전쟁 당시 헌신과 봉사에 대해 존경을 表하며, 심심한 격려와 위로를 드립니다.

오늘날 우리가 자유와 번영을 누릴 수 있는 것은 오로지 백골병단 여러분과 같이 6.25전쟁에 참전하여 희생, 봉사한 선배 전우들의 피와 땀이 있었기 때문에 가능하다고 생각하며, 국군 전장병과 더불어 깊은 감사를 드립니다.

지금은 남북관계의 변화, 부시 美 행정부의 新국방정책 추진, 주변국간의 주도권 경쟁 등 실로 전환기적 안보상황이라 할 수 있습니다. 이러한 때 軍은 더욱 더 국가정책을 튼튼한 힘으로 뒷받침하기 위해 선배 전우들의 고귀한 희생과 봉사를 오늘에 되새기며, 확고한 군사대비 태세를 유지하는 등 본연의 임무완수에 최선을 다하는 한편, 변화에 능동적으로 대처하고 미래를 효율적으로 준비하는 『21세기 新국방』 건설에 매진하고 있습니다.

앞으로도 全 회장님을 비롯한 백골병단 참전전우회원 여러분의 軍에 대한 변함없는 애정과 성원을 부탁드리며, 전우회의 발전, 회원 여러분의 健勝과 가정의 행복을 祈願합니다.

2001년 7월 3일

國 防 部 長 官 金 東 信 拜

(3) 류해근 장군의 서신

육군 제3군단 703특공연대장(대령 류해근)으로 1989년부터 1991년 6월까지 어려운 지원을 늘 슬기롭게 극복한 연대장의 이임을 장식한 마지막 현충추모행사에 대한 류대령님의 서신

會長 님께.

신록이 산기슭 하단에 푸르름을 더하고 있으나 가리산 중턱 이상은 아직도 겨울의 나목 색갈입니다.

恒常 격려해주시고 도움을 주셔서 不足한 제가 대과없이 聯隊를 이끌어왔고, 지난 創設紀念日도 뜻있게 보냈읍니다.

전 장병을 대신하여 다시 한번 감사드립니다.

今番 6月6日 현충일 行事도 제가 준비해드리고 또 施行하고 떠나겠으나 상세한 협조내용을 보내주시면 준비하겠읍니다.

군단에서도 좋은 인상을 가지고 계시며 적극 지원할 계획인바 어차피 저희 병력의 손이 닿아야 되기에 군단과 협조하기 어려운 사항까지 말씀해주시면 모두 완벽하게 준비하겠읍니다.

저는 6月7日 14:00 이취임식을 갖고, 13日자로 大田 교육사로 보직이 결정됐읍니다.

그간 회장님의 격려와 지원에 깊이 감사드리며 상세한 준비내용은 인사과장으로 하여금 계획하여 추진토록 하겠읍니다.

今年도 회비를 송금합니다.

추모 행사때 뵙도록하겠읍니다.

내내 건강하십시오.

류해근 대령 드림

규격 177㎜×255㎜

(4) 참전 50주년 기념 행사

1. 제 례 선 언

…… 지금으로부터 백골병단 전몰장병 360여 위 중 확인된 60위의 합동제례를 봉행하겠습니다.

♧ 강신례 : 향 피우고 재배, ……… 참전전우회장

♧ 초헌례 : 잔 올리고　독축 후 재배

♧ 아헌례 : 잔 올리고 재배 …… 유가족 대표

♧ 종헌례 : 잔 올리고 재배 …… 전우회 수석 부회장

2. 진혼 무(춤사위 ; 약 10분)

○ 분향 및 잔 올리고 재배

① 703 특공연대장, 대대장

② 유가족

③ 참전전우

3. 폐례선언

4. 예식후 음복 · 환담

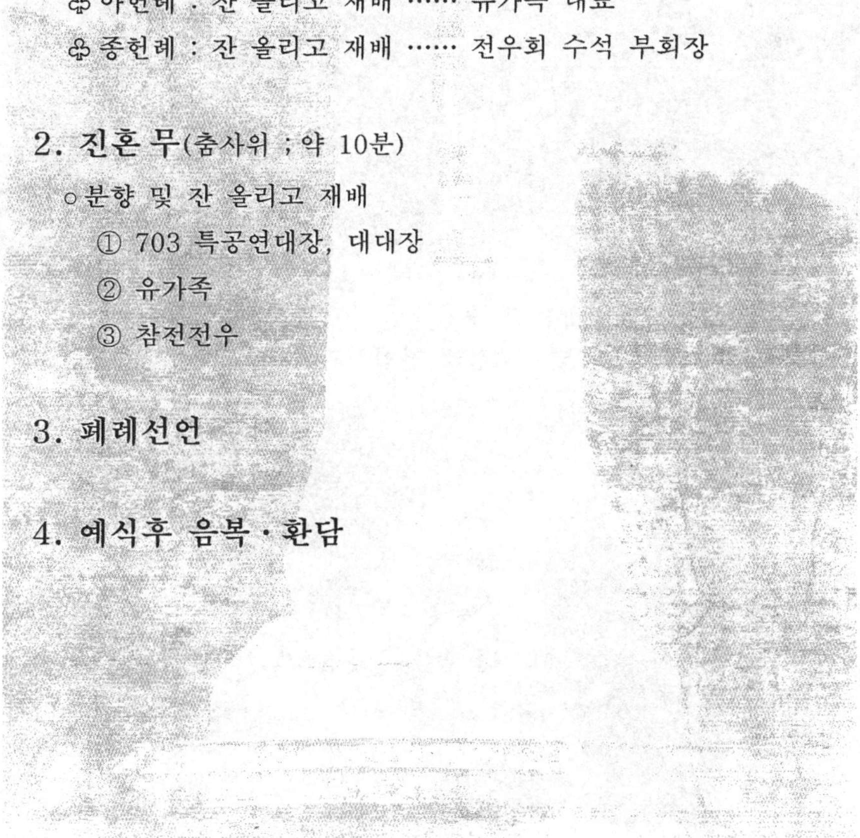

백골병단 참전 · 개선 50주년
합동추모제 강신 및 초헌례 전인식의 재배

초헌례 전인식 회장의 헌주 광경

2001년 6월 4일 백골병단 참전 · 개선 50주년 전몰장병의 진혼무 (춤 사위) 광경

일등중사 이영진(충남부여출신)

강신 진혼무(춤사위)

(5) 게릴라 부대의 최후

6·25 비화

「뉴스피플」 1996. 6. 7.

▲51년 2월6일 강원도 명주군 강동면 지서 앞에서 있은 육군본부 직할 유격대 12연대 장병들의 출정식을 둘러 보고 있는 육·해·공군 총참모장 정일권(丁一權) 소장과 미군사고문단 정보책임관 하우스만중령. 출정장병의 복장과 배낭 무기 등은 모두 인민군이 사용하던 것이다.

▲사선을 돌파하고 강릉으로 귀환한 유격대원들.

한국 첫 게릴라부대 한맺힌 최후

유격참전동지회가 밝힌 '백골병단'-인민군복 입고 혁혁한 전과, 647명중 283명만 생환

"누가 이들의 가슴에 한을 맺히게 했는가"

해마다 이맘 때면 조국을 위해 장렬히 숨져 간 전우들을 생각하며 한을 달래는 역전의 용사들이 있다.

한국전쟁 당시 최초의 정규 게릴라 부대원으로 참전, 적 후방을 교란하며 눈부신 전공을 세운 '노병'들이 그들이다.

때는 한국전이 한창이던 51년 1월30일. 육군본부 직할 결사유격대 11연대 장병 363명은 채명신(蔡命新 예비역 육군중장)중령의 지휘아래 인민군복으로 위장한 채 강원도 영월군 영월읍 가까이에 형성된 대치전선을 넘어 적진 후방으로 침투했다.

적 300여명 사살-인민군 중장 생포

무장 유격대에 하달된 작전명령은 적의 연락장교 생포및 포섭, 지휘소 습격, 비밀문서 획득, 후방교란, 보급로와 생산기지 파괴 등이었다.

11연대에 이어 12연대와 13연대 장병들도 적후방에서 합류했다. 이름하여 '백골병단'(白骨兵團).

그로부터 작전이 끝난 3월30일까지 두 달동안 유격장병들은 강원도 평창 인제 등 산악지대를 누비며 수십차례의 작전을 통해 300명이 넘는 적을 사살하고 길원팔(吉元八) 인민군중장 등을 생포하는 등 그야말로 혁혁한 전과를 올렸다.

▼법에 호소해서라도 '백골병단'의 명예회복을 하겠다는 전인식 대한유격참전동지회 회장.

그러나 아군의 희생도 컸다. 647명의 전체 장병중 생환한 장병은 283명에 불과했다.

꽃다운 청춘을 초개같이 버린 것은 차치하고 백척간두에 선 당시의 전황은 이들의 전공을 외면했고 이후 결사유격대의 전설적인 무용담도 세월속에 묻히고 말았다.

45년의 세월이 흐른 현재까지 생사가 확인되고 있는 생존자는 모두 79명.

20대의 젊은 혈기로 사선을 넘나들던 장병들은 어느 덧 70세 안팎의 노병들로 변했다.

자신들의 활약상이 전사에도 정확히 기록되지 않은 것을 뒤늦게 발견한 노병들은 대한유격참전동지회를 결성하고 지난 93년에는 자비로 '육군본부 직할유격부대 백골병단전사'를 발간, 육군전사에도 반영시키는 등 군관계자들의 심금을 울렸다.

당시 건국대에 재학중 임시 육군대위로 백골병단 작전참모를 지냈던 전인식(全仁

26

▲현충일을 맞아 합동위령제를 지낸 유격참전동지회 회원들이 백골병단 전적비앞에서 군고위 관계자들과 기념포즈를 취했다.

▲강원도 인제군 북면 용대리에 세워진 '백골병단 전적비'.

植 68) 참전동지회 회장은 누구보다 한이 많다.

"적진으로 출정할 당시 육군 수뇌부는 우리들에게 임무를 완수하고 돌아오면 2계급씩 특진시켜 원하는 부대에 배치해 주겠다고 약속했지만 새빨간 거짓말이었습니다. 그동안 명예회복 차원에서 무공훈장은 못줄망정 6•25종군기장이라도 달라고 정권이 바뀔 때마다 당국에 호소했으나 현재까지 성사되지 않고 있어요"

무공훈장은 커녕 종군기장조차 안줘

참전동지회측의 민원에 대해 육군참모총장의 답변은 한결같다. 유격대원들의 혁혁한 전공은 충분히 인정되나 6•25 무공훈장 수여는 휴전과 동시에 종결되었고 정부의 '발굴포상'은 독립유공자 케이스만 적극 시행할 뿐 6•25 등 전투와 관련된 것은 시행하고 있지 않다는 답변이다.

"관련법이 미비하다면 법을 개정해서라도 우리들의 명예를 회복해 주어야 도리가 아닙니까"

참전동지회를 이끌고 있는 전회장은 그동안 백골병단을 세상에 알리기 위해 무던히도 애썼다.

지난 89년 8월에는 인제의 야산에 묻혀 있던 현규정(玄奎正)대위 등 3인의 유해를 발굴, 대전국립묘지에 안장시키도록 했다.

90년 11월 이진삼(李鎭三)육군참모총장 재임시 강원도 인제군 북면 용대리의 유격대 격전장에 '백골병단 전적비'가 들어선 것도 따지고 보면 그의 노력 결과다.

88년부터는 유격대 격전지와 전적비를 찾아 회원들이 합동위령제를 매년 지낸다.

지난 현충일에도 백골병단 전적비를 찾아 위령제를 올렸다. 해마다 호국보훈의 달이 되면 그의 마음은 한국동란 당시로 돌아간다. 그리고는 가슴에 맺힌 한을 스스로 달랜다.

누구도 전회장을 비롯한 생존 노병들의 한을 풀어줄 이가 없다. 명예회복만이 다소의 위안이 될지 모른다.

한국전쟁 당시 육군본부 정보국 3과장으로 유격대의 실무책임자였던 이극성씨(李極星 예비역 준장)는 누구보다 유격대원들에 대해 미안한 마음을 갖고 있다.

유격대원들에게 작전명령을 전달해 놓고 첩보부대장으로 전보되는 등 전란의 와중에서 뒷수습을 제대로 못한 점이 못내 마음에 걸려 참전동지회 사무실을 이따금 찾는다.

백골병단 전사를 편찬할 때는 자신이 보관하고 있던 유격대의 희귀 사진을 제공하는 등 고증에 적지않은 도움을 줬다.

안타까운 마음은 채명신씨도 다를 바 없다. 백골병단 부대장으로서 늘 미안한 생각을 갖기는 마찬가지다. 현재 채씨는 참전동지회 고문으로 있다.

사법부에 '명예회복' 호소할 계획

"우리들의 운명이 다하기 전에 기필코 명예회복을 할 작정입니다. 국회에도 탄원해 봤지만 흐지부지되고 말아요. 세상에 이럴 수가 어디 있습니까. 이젠 사법부에 호소해 볼 참입니다. 소송준비를 위해 기금을 마련하고 있지요. 헌법소원도 할 계획입니다"

화제가 명예회복문제에 이르면 목소리를 높이는 전회장은 회원들중에는 한맺히게 눈을 감은 이도 있다고 소개했다.

생사의 고비를 숱하게 넘기며 많은 전공을 세운 고 이운하(李雲河)중사는 참전동지회가 기념으로 만든 참전기념패를 관속에 넣어달라고 유언, 회원들의 눈시울을 적시게 했다.

회원들은 '대한 유격'이 양각된 14K 반지를 하나씩 끼고 있다. 비록 정부에서는 예우를 해주지 않지만 회원 스스로 조국을 위해 용감히 싸웠노라는 자부심을 간직하기 위해서다.

전회장은 아마 회원들 대부분은 이 참전기념반지를 2세에게 가보를 물려주지 않을까 생각된다고 말했다.

유격전기간중 작전참모의 자격으로 즉결 처분한 적들만도 100여명은 넘을 것이라는 전회장은 감사원 수석 감사관을 역임하고 사단법인 건설기술 연구회를 설립하는 등 건축학의 권위자다. '건설표준 품셈' 등 건설관련 저서만 60여권 있다.

뉴스피플

김철호기자

5. 전우의 유골을 찾아

육군본부 직할 결사 유격 제11, 12, 13연대 출신 "白骨兵團" 용사들은 적의 후방지역에서 작전을 수행하였으므로 언제나 4주(四周) 경계를 요하는 상황인 까닭에 전투손실을 입었을 때에도 전사한 전우를 양지바른 쪽에 묻어줄 겨를이 없었다.

전투가 개시되면 정규군과는 달리, 병력이나 화력의 열세(劣勢)를 감당해야 하는 까닭에 신출귀몰하게 퇴각하지 아니하면 아니 된다.

특히, 비정규전인 게릴라는 신출귀몰한 민첩한 기동은 물론, 동쪽을 공격하는 척 하다가 실제로는 서쪽으로 빠져야 하는데, 우리의 경우는 항상 남쪽을 공격하여 퇴각하는 척, 집중공격을 하다가 적의 판단과는 반대 방향인 북쪽으로 침투하는 수법을 써 왔으므로, 전투 중에 희생된 동지의 영체를 안장할 겨를이 없었다.

크고 작은 전투는 수를 헤아리기 어려우리만치 많이 했으나, 그동안은 별로 큰 손실을 입지는 아니했으나 용대리 퇴각작전, 설악산 정상 부근의 피습, 박달령에서의 손실, 즉 설피밭 삼거리와 박달령 정상부 사이에서 굶고 허기져 희생된 120여명, 진동리 방면의 양공(陽攻)에 투입되었던 결사 제11연대 제1대대 현규정 대위 외 20여명의 희생 등이 집단적인 희생이다.

이들 전우!! 다시 말해 GO 군번의 용사에 대한 유해 찾기는 1988년 10월 7일 처음으로 현지답사가 개시된 것이다.

필자가 1988년 10월 7일 강원도 인제군 기린면 진동리 속칭 설피밭 삼거리를 탐방하였던바, 그 당시 삼거리 외딴 집에 거주 중인 **"최정식"**(65세 정도) 씨를 만나서 증언을 듣게 되었다.

"최" 씨는 평북 강계 출신으로, 6.25 당시 아군 제1군단 G-2에서 첩보활동을 한 분으로, 약 20년 전부터 이곳에 이주해 살고 있다고 하는데, 그 분은 1951년 3월, 6.25 당시부터 이곳 전투지역에서 작전한 일이 있다고 하면서, 아군 유격대가 많이 희생된 것을 1954년 초겨울쯤인 휴전 후에 흩어져 있던 유골을 모두 모아 (전장 정리를 위해) 가매장한 대형묘 2기가 계곡을 약 30분가량 올라간 산중에 있다고 했으나, 그곳까지는 지뢰지대 같은 위험한 곳을 지나야 할 것 같아 나는 부득이 되돌아 올 수밖에 없었다.

나는 그로부터 1개월쯤 지난 1988. 11. 17.에 이르러 "최" 씨가 주장하는 묘일 것이라는 곳의 확인을 그 지역 "군단" 에 청원한 뒤, 89년 4월 특공연대장 양계탁(梁啓卓) 대령에게 집단묘지의 확인 조사를 요청했다.

양 대령의 지시를 받은 백행기(白幸基) 대대장은 1989. 4. 19. 현지 조사를 실시하고 "최" 씨가 주장하는 대형묘일 것이라는 위치를 확인 한 다음, 그 사실을 나에게 알려왔기에 나는 1989. 4. 21. 권영철 동지와 함께 현지로 출발, 1989. 4. 22.에 대형묘? 앞에서 정중히 고사(告辭)와 함께 영령들에게 확인 발굴을 하겠다는 뜻을 고한 다음, 암석덮개 묘?를 발굴했으나 유골을 확인하지 못하고 화장(火葬)했던 디젤기름 섞인 검게 탄 흙더미 "터" 로 보이는 수십년 전의 잿더미와 그를 덮었던 시커먼 디젤기름이 탄(연소된) 덮개돌을 확인한 채, 허탈하게 하산하지 않으면 아니 되었다. (발굴사진 : p.442 참조)

부락민의 말에 의하면, 유골은 화기(火氣)를 접하면 급속히 산화, 부식된다고 한다.

참으로 어이없는 일이 아닐 수 없었다.

그 뒤, "백" 대대장의 꾸준한 노력으로 "하답" 에 거주 중인 **"이동균"** 이라는 분을 찾아냈으며, 그분으로부터, 인민군복으로 위장한 아군 유격대원이 집단적으로 매장된 지역이라는 작은 주택 옆 산비탈을 확인할 수 있었다. (사진 p. 208~9 참조)

"하답" 에 거주 중인 "이동균" 씨(당시 60세 정도)는 6.25 당시 피난을 하지 못하고, 그곳에서 숨어 지내고 있었던 대한청년단원 10여 명 중의 한사람 이었다고 한다.

그는 1951년 3월 하순경, 그곳에서 일어난 인민군? 끼리의 전투 상황을 목격했다고 말했다.

"이동균 씨" 의 진술에 의하면, 진동리 2리, 즉 38선 경계선에서 직선거리 약 2km 정도의 남쪽 지점인데, 북쪽에서 힘이 없어 보이는 인민군 40~50명이 남쪽을 향하여 부락쪽으로 내려오고 있었는데, 그들이 부락 근처에 이르렀을 때, 남쪽에서부터 북쪽으로 이동하던 인민군(진짜 북괴병) 놈들과 만나게 되자, 그 놈들을 향해 먼저 사격을 가하여 교전이 붙었는데, 남쪽에서 오던 놈들이 워낙 숫자도 많고, 화력이 좋아 북쪽에서 내려오던 힘이 없어 보이는 인민군이 거의 전멸되었다는 증언이다. (이때의 인민군 이동은 3군단의 후퇴이동 병력이 확인되었음)

그의 말을 미루어 볼 때, 설피밭에서 대령재? 방면의 양공(陽攻) 임무에 투입된 제1대대 (현규정 대위) 병력이 남하 중에 있었으므로, 결국 복장은 비슷하지만 교전한 인민군은 바로 우리 전우들이었을 것으로 판단된다.

GO 군번의 용사들이여 !! 그대들을 38년간이나 오랜 세월 이곳에 방치한 것이 누구의 잘못이던가 …… 그대들은 알 것이리라 …….

1951 년 3 월 25 일, 빈약한 장비와 몇 발 밖에 남지 아니한 탄약으로 5일 이상을 눈(雪)만 집어 먹으면서 ……

허기진 꼴로, 힘이 없는 인민군 !

그들이 왜 인민군이냐 만 !

그들은 대한민국 국군 중에서도 가장 용감한 건군(建軍) 이래 최초로 편성된 육군본부 직할 결사유격 제11연대 장병이 아닌가!

비록 그들은 작전임무를 수행하기 위해, 적군의 복장과 적군의 소총을 울러 메고는 있었지만! 어엿한 국군 장병이 아닌가!

그들의 시신이 이제 이 세상, 밝은 햇빛을 보게 된 것이 아닌가?!

인근을 더 탐문하였던바, 6.25 당시 그 지방에서 지하활동을 했다는 "갈터" 거주 **"최기식"** 씨를 찾게 되었다.

최 씨(당시 68~9세)는 그때 허리부상으로 춘천 한림대학 부속병원에 입원 중에 있다고 하므로 나는 권영철 동지와 함께 1989. 8. 4. 춘천으로 "최기식" 씨를 만나러 갔다. (최기식 방문사진 : p.210)

최 씨와 최 씨의 부인 **"주금녀"** 씨는 그 당시 그곳에 거주했으며, 최씨의 부인께서는 우리 전우들에게 "밥" 을 지어 주었다고 하면서, 유격대원은 북괴의 붉은 지폐도 많이 가지고 있었다는 새로운 증언도 확보할 수 있었다.

일부 "최기식" 의 애매한 증언도 있기는 했으나……

우리 동지들, GO 군번의 용사들이 잠든 곳은 지금 도로가 개설된 개천 쪽에서 모두 처리되었다고 하니……

지방민들의 말을 어디까지 믿어야 할지 참으로 난감했다.

그분의 증언대로라면, 그들 유골은 그 부근 개천이나, 산야에 적당히 버려진 채, 38년 동안이나 아무도 찾는 이 없이, 방치돼 있었던 것이 아닌지?!! 하는 의문을 낳게 했다.

그 당시는 "DNA" 라는 용어도 없었고, "국군 유해발굴" 이란 말도 없었던 시기였다.

그 당시 격전을 목격했던 그 지방 주민의 말에 의하면, 북괴놈들은 우리 전우들의 시신을 향하여 시체를 총창으로 또다시 마구 찌르고, 배를 난자했다고 하니, 악랄한 북괴놈들의 만행을 다시 한 번 저주하고 상기하게 된다.

진동리를 다시 찾았으나, 1990년대에 들어 군용도로 개설을 위해 진동리 작은 하천 인근을 불도저로 작업할 때 수십 기나 되는 많은 유골이 나왔으나, 그대로 도로개설을 강행했다고 하니 도로 밑에 있을 것으로 추정되는 유골 발굴을 위해 아스콘 포장된 도로를 다시 파헤칠 수도 없어 유골발굴은 중단할 수밖에 없었다.

"최씨"와 그 부인의 증언 등을 종합적으로 검토할 때, 진동리에 있는 북괴 놈들의 것으로 볼 수도 있으나 그들은 유해를 수습했을 것이니 개천에 방치된 유골은 분명 우리 전우들일 것으로 추정되었다.

더욱이 사람이 죽었는데 무슨 이념이고 사상이고 있겠는가?! 우리들은 사뭇 가슴을 여위는 것 같은 그런 감정이 복받쳤다.

나는 병원에서 증언을 해준 "최기식" 씨에게 몇 만원 되지는 않으나 치료비에 보태 쓰세요! 하며 그에게 사례를 하고,

입원실을 둘러보며, 여러분 옛날 일로 시끄럽게 해드려 죄송했습니다. 라고, 입원환자 여러분에게 인사한 뒤 병실을 나왔다.

6.25 라는 큰 상처는 아직도 아물지 못하고 있는, 쓰라린 비극의 역사가 아닌가!

세상은 하도 시끄러운데, 어떤 자는 "김일세이"와 붙었다 떨어진 뒤 아쉬워 다시 붙는 세상이 되었소 만……

그리고 통일이란 허울을 앞세워 주체사상이니 뭐니 하면서……

세상을 어지럽게 하는 군상(郡象)들이 우리 주변에는 아직도 있으니……

1994. 한국전쟁수기『**설악의 최후**』전인식 지음,
서울, 전영문화사에서 발췌

육군본부를 방문한 전우회원 일동
左 5 류해근 장군, 左 6 필자, 그 옆 인사사령관

제11부 특별법으로 명예회복

1. 입법 청원서

나는 2003년 2월 21일 특수우편물로 국방부장관에게 군인 신분인정 및 전사망 장병의 명예회복 및 선양에 대한 청원서와 그 보완자료를 내용증명으로 요구한 것. 이 요구 등은 앞으로 진정을 떠나 법적대응을 위한 예고이기도 한 것이었다.

우편물 수령증

접 수 자 : 창구04 1
총 요 금 : 6,850원(즉납 :6,850원)
(현 금 : 6,850원
신용카드 : 0원)
접수번호 : 046656
2003. 2. 21

청 원 서

국방부 장관 귀하

청원법에 의하여 다음사항을 청원하오니 조속히 적법 재결·수리하여 주심을 바랍니다.

1. 본인은 1950년 6월 25일 한국전쟁 당시 북한군 복장과 위장계급 및 북괴제 장비·무기류 등으로 아군지역으로부터 최소 40km 최대 100km 상당, 적진 배후지역에서 육군중령 채명신의 지휘하에 1951년 1월 30일부터 동년 4월 10일까지 사이에 (일부 장병은 5월 상순까지) 강원도 영월군, 정선군, 평창군, 명주군(강릉시) 인제군, 양양군 지내에서 특수작전을 감행하였습니다.

우리들 834명중 장교 124명은 1951. 1. 25 국방부장관 신성모 명의의 임관사령장으로 임시 육군장교(GO 군번)로, 사병은 병장~중사로(G 군번) 각 부여받은 신분이었습니다. (육군정보학교의 교육출동 사실, 임관사령장 원본 등으로 증명)

작 전 사 항

가. 강원도 평창군 진부면 하진부리에서 적병 34명 생포·처치
나. 강원도 명주군 성산면 보광리에서 적 5명 사살, 3명 생포·처치
다. 강원도 평창군 도암면 횡계리에서 적 11명 사살, 포로 1명을 아군수도사단 기갑연대에 인계(당시의 전투정보 보고서에 수록)
라. 강원도 홍천군 내면 광원리에서 적 69여단 정치군관 인민군 대위(소성 4) 중위, 특무장과 병사계 4인을 생포하여 69여단의 기밀문서를 압수 이를 아군에 전달하여 적을 궤멸에 이르게 하는 전공을 세우고(당시의 전투정보보고서에 기록)
마. 강원도 홍천군 내면 지내에 있는 적 인민군 제3군단 지휘부에 이르는 초소 3개를 파괴하고, 적을 혼란에 빠뜨리게 하였고,
바. 강원도 양양군 서면 오색리↔오가리 지내에서 적진을 백주에 행군하고 인제군 기린면 진동리에 이르는 전선에서 적의 퇴로를 봉쇄하는 등 적생포 사살 419명, 권총 9, 다발총 17, 장총 178, 무전기 1대 노획 등 많은 전과를 올려 아군의 북진작전에 크게 기여했으나, 우리들도 각급 전투중 굶고 허기져 동·아사 120여명을 비롯한 전사·실종 등 364명의 희생을 입었습니다.

2. 1951년 4월 28일 우리군은 우리들 개선 장병 모두를 미8군 8086 기동부대 커크랜드 기지(사령관 : 윌리엄 에스, 헤리슨)로 총 834명중 살아 돌아온 283명중 채명신 등 8명을 제외한 275명을 일반명령이나 작전명령조차 없이 미8군에 이관·인계하므로써 우리들 모두의 지난 전공이나 국방부장관 신성모가 준 임관사령장, GO 군번 등 모든 신분이 공허(空虛)해 지게되었습니다. 그러나, 우리들은 이를 알지 못했고, 전시라 어쩔도리 조차 없었으며, 1개월간의 상륙작전 훈련을 마친 1951년 6월 3일 출동, 6월 6일 원산 남방, 강원도 통천군 지내 두백리 기습상륙작전을 감행하여 교량파괴, 해안포대 파괴, 내무서원 생포 및 파괴, 기뢰 10여기의 제거, 양민 300여명을 자유 대한으로 후송하는 등의 전공을 세웠으나 미군 당국이 우리들을 내버려 아무런 증명없이 귀향하게 되었습니다(일부는 제대증이 있음).

첫 째 : 본인이 참전전우회 대표로서 귀부 장관에게 2002. 10. 2 병단참전 제02-10-2호 "제목 : 6·25 참전 임시 장병의 신분확인청구"로 참전 당시의 임관사령장 육해공군 총참모장, 제1군단장, 수도사단장과 미 군사고문관의 사열사진, 제대증 등의 증거물과 당시의 지휘관 채명신(예비역 중장)의 확인 등으로 우리들이 군인이었는지, 민간공작원 정도였는지를 확인해 달라는 것이었는

데 이에 대한 아무런 해명없이 ① 2002. 12. 20 귀부 장관은 감민 33070-5130호로 「민원처리 중간회신」 이후에 ② 육군본부에서 신분관계(국인인지 아닌지) 규명, 부인 16202-012922('01. 9. 26) 6·25참전 2차 전공확인 포상(건의)로, 전인식 외 20명에 대하여 충무무공훈장 1, 화랑무공훈장 20의 포상건의를 하였다는 회시로, 군인신분이였다는 사실을 간접 인정한 회보를 받았으나, 그것만으로는 신분의 확실한 사실인정, 확인에 부족하고, ③ 귀부가 인근 12151-2156호(2003. 02. 14) "민원회신"으로 6·25 전공 소급포상은 불가 하다면서 육군의 공인된 자료에 의해 명백히 입증되면 공적심사를 거쳐 정부포상 규정에 따라 처리하겠다. 운운의 회답을 하였으나, 육군 인사관계 주무장관 격인 육군참모총장이 공적심사위원회를 열고,합의 의결한 것을 귀부가 육군본부의 결정을 부정한 것으로 그 또한 심히 부당한 바, 포상 등에 관계없이 육군이 인정한 전투사실을 귀부가 솔직하게 인정하여 군인이었음을 문서로 인정해 달라는 것 입니다.

둘 째 : 위와 같이 우리들이 요구한 청원은 군인이었냐! 민간공작원이냐!를 확인해 달라는 것인데 이에 대한 소명은 전혀 없고, 포상 불가 운운으로 귀부는 전말을 흐려 의사결정을 기피내지는 부작위함은 심히 부당하다고 생각합니다.

셋 째 : 그 당시의 작전명령 제1~5호, 육군정보학교의 교육출동 사실(기록문서 02-01-02-05호), 한국전쟁사료 정기정보보고 제 77 호 page 641, 한국전쟁사 4집 동부지구 반격작전 page 638, 한국전쟁사료 정기정보보고 56호 page 89, 육정 정기보고 41호 등 그 당시의 교육·출동 전투행위가 밝혀진 바 있으므로 그 인정에 아무런 하자가 없다고 생각되는 바, 군인이었느냐! 민간공작원이었느냐!를 확실히 밝혀 줄 것을 강조 청원합니다.

3. 이제와서 포상 불가 운운의 섭섭한 변명은 다 지나간 일들로서 훈포장 수여불가란 구차스러운 변명이나 듣고자 하는 것은 아니고, 신분확인이나 분명히 해주실 것을 강력히 청원합니다.

청 원 인

참전당시 : 결사 제11연대 작전참모, (백골병단 작전참모) 임시육군대위 GO1003
미 8 군 기동부대 커크랜드 사령부 작전처장 겸 전방사령관 Major
백골병단참전전우회 회장(1965. 9. 29~현재까지 38년간 회장 재직)

주 소 : 경기도 고양시 덕양구 화정2동 951 별빛마을 1005동

연락처 : 서울특별시 마포구 서교동 466-19 전화 : 02)300-5213~4

주민등록번호 : 290700-1 청원인 대표 : 전 인 식

이 우편물은 2003/02/21 제 04001327 호에 의하여 내용증명우편물로 발송하였음을 증명함
서울서교우체국장 2003. 2. 21

주 소 : 서울시 용산구 용산동 3가 1번지

국 방 부 장 관 귀하

청원서의 보완요구

청원서의 보완 요구서

2003. 3. 18

국방부 장관 귀 하

귀하의 장관 취임을 축하드리며, 북한 핵 문제, 미사일 문제, 군의 사기문제, 제대군인의 지원문제 등 현안이 많은 때입니다만, 장관님의 현명하신 판단으로 우리 국방 현안 타결에 크게 기여하시리라고 기대합니다.

청원인은 1962. 8. 23부터 육군본부 직할 白骨兵團 參戰전우회 관련업무를 맡아서 취급한 이래, 국방당국(육군본부 등 포함)에 여러차례, 진정, 청원 등을 제기했습니다.

최근에는 2003. 2. 21 서교우체국 내용증명 우편으로 귀하에게 戰友會를 대표하여 청원서를 제출한바 있습니다.

첫째 : 본인 등 백골병단 參戰將兵은 1950. 12. 21 공포된 대통령령인 國民總動員令과 "국민방위군 설치법"에 의하여 **육군보충대에 입대** 하였고,

둘째 : 1951. 1. 3 **陸軍情報學校**(그 뒤 육군제7훈련소로 개칭)에 입교하여, 소정의 **군사교육 · 훈련을 이수**하고,

셋째 : 1951. 1. 25 대통령 지령에 의하여, 국방부장관 申性模 명의의 **임관사령장과 계급, 군번**을 각 부여 받았으며,

네째 : 1951. 1. 29 **作戰命令**에 따라 육군중령 蔡命新의 지휘하에 '51. 1. 30 특수전(유격전) 임무수행을 위하여 **적후방으로 침투**하여 1951년 4월 3일까지 60여일간 크고 작은 많은 전투를 감행하여 적생포 · 사살 등 419명의 전과를 올렸습니다.

따라서, 우리들은 북파 민간 공작원이 아니고, **軍人이었습니다**. 라는 것을 보완요구서에서 분명히 밝히고자 합니다.

요구 1 : 軍人身分이기에 (임시군인이었든 현역이든간에) 任命이 있었으면, 당연히 解任이 되었어야 하는데, 우리들에게는 除隊命令 또는 豫備役 編入이나 解免特命이 없었기에 그 發令을 바라는 것입니다.

(참고) 조창호소위는 참전(51년) → 포로 → 북송 → 결혼(가정생활(자식 2)) → 1996년? 탈출 귀순 → 중위로 진급 → 제대(예편) → 밀린봉급과 제대금 수령 등,

요구 2 : 헌법과 병역법, 군인사법을 위반하면서 우리들 대다수는 **두 번이상 軍服務를** 하게 하였음은 잘못이므로 이에 대한 분명한 **사과와 보상**을 강력히 요구하며, 참전 당시의 계급과 그 뒤의 계급중 희망하는 계급으로 예우할 것을 요구합니다.

요구 3 : 作戰中 전사망 · 실종된 장병 363명중 육군참모총장으로부터 (고)육군소위 허은구 등 57명을 국립현충원 "위패실"에 위패안치 하였고, 격전지에서 발굴한 (고)육군대위 현규정 등 3인은 대전 현충원에 안장하고, 그 나머지 303명은 명단조차 확인할 수 없어 **무명용사**로 방치되어 있는 바, 강원도 인제군 북면 용대리

산 250-2에 건립되어 있는 白骨兵團 戰績碑 경내 또는 국립묘지 경내에 **「白骨兵團參戰 無名將兵 追慕碑」**를 건립하여 戰鬪中 幽明을 달리한 將兵의 넋을 위로해 드려야 할 것을 강력히 촉구하며, 총소요예산(추정) 2,000만원중 우리들 參戰戰友一同이 4~500만원을 協贊할 생각으로 있습니다.

이상 세가지 요구사항으로, **청원 요구를 수정 요구하오니** 청원서 처리에 착오없으시기 바라오며, 되도록 5월 20일 이전까지 처리해 주셔서 2003. 6. 5 백골병단 전적비 앞 광장에서 거행하는 2003년도 현충 추모행사(해마다 거행)를 뜻있게 거행할 수 있도록 도와주시기 바랍니다.

청원인 : 경기도 고양시 덕양구 화정2동 951 별빛마을 1005동

290700-1(**전 인 식**

(백골병단참전전우회 회장(1965. 9. 29~현재까지))

연락전화 : (02)300-5214~3 (016)233-5213 번

우편물 수령증

접 수 자 : 창구02 1
총 요 금 : 4,320원(즉납 :4,320원)
(현 금 : 4,320원
신용카드 : 0원)
접수번호 : 026819

<국내등기우편물>
발송인:412-741 전인식 화정2동 별빛마을10단지아
통수:1통
요금:4,320원(현금수납:4,320원)

등기번호	요금	수취인
3105602002314	4,320	140701국방부

내용증명 배즘

서울특별시 용산구 용산동 3가 1번지

국 방 부 장 관 귀하

2. 특보 53년만에 명예회복

" 부패방지 나의책임 부패신고 나의 의무 "

국 방 부 담당 : 육군중령 신만택

취급 : 정보통신망

우 140-701 / 서울 용산구 용산동 3가 1번지 / 전화(02) 748 - 5121 / 전송(02)748 -5119

인사관리과 과 장 육군대령 박 철 수 담당 육군중령 신 만 택

문서번호 인사33140-188

시행일자 '03 .4 .24 ( )

(경유)

받음 전인식

참조 서울마포구 서교동 466-19

(백골병단참전전우회)

선람			지시	검토회
접수	일자 시간	03 .4 .28 16:20	결재 · 공람	
	번호			
처 리 과				
담 당 자				
심 사 자			심 사 일	

제목 민원회신

귀하께서 제기하신 민원에 대하여 붙임과 같이 회신합니다.

붙임 : 민원회신문 1부. 끝.

국 방 부 장 관

2003년 4월 24일 문서번호 : 인사 33140-188호로 국방부장관의 민원회신이 우리 회장에게 송달되었습니다. (2003. 4. 28 접수)

국방부가 우리 전우회의 민원서류를 접수하여 그간 정책실무회의(2003.4.10) 백골병단 민원처리 방안 장관보고(2003.4.15)에서 첫째 : 군인신분을 인정하기 위해서는 "특별법" 의 제정이 필요하다는 결론에 도달하였다고 하니, 이는 1962.4. 국가재건최고회의 의장에게 탄원한 이후 42년만에 긍정적 검토가 된 것이고, 참전 53년만의 장거이다.

둘째 : 무공에 대한 포상은 공식적인 문서에 의해 공적이 확인 가능한 인원에게는 포상수여가 되도록 적극 노력하겠으며(2001.9.18 육군본부 공적심사위원회(을반)에서 참모총장까지 공적심사의결된 것이 국방부가 묵살하였음) 참전기간의 보상(월급)은 "특별법" 이 제정되면 가능하다는 판단으로 의원입법 또는 정부입법의 방식으로 "특별법" 을 추진하겠다는 내용으로 이는 1961년 8월 이후 실로 50년 만에 비로소 명예회복의 길이 열리게 된 것이다. 이에 따라 우리들의 노력으로 의원입법이 되어 2004. 3. 특별법이 제정 공포되었다. 담당 : 신만택 중령(현 소장)과 박철수 대령(인사관리과장), 조영길장관에게 우리 모두는 고맙게 기억하고 있다.

전 인 식 회장님 귀하

1. 귀하의 건강하심을 기원합니다.

2. 귀하께서 우리 부에 제기하신 민원은 한국전쟁중인 '51.1~6월간에 적진후방지역에서 특수작전을 수행한 백골병단 참전요원들이 군인인지 민간 공작원인지의 신분확인과 무공에 대한 포상,참전기간동안의 보상(월급)을 요구하셨습니다. 먼저 위 요구사항에 대한 국방부의 추진경과를 아래와 같이 알려드립니다.

① 민원서류 접수 : 국방부 민원과 경유

- '03.2.26 군인인지 민간공작원인지 신분확인 요구
- '03.2.28 박용주씨 서신 접수(백골병단 관련 자료 첨부)
- '03.3.26 제대명령/예비역 편입, 사과와 보상, 추모비 건립지원 요구

② 자료수집 및 1차 검토보고(인사복지국장, '03.3.19)

③ 관련부서 실무자 회의('03.3.26) 및 회장단 면담('03.3.27)

④ 2차 검토보고(차관보, '03.4.2)

⑤ 정책실무회의('03.4.10) : 인사복지국장 주관, 위원(관련부서 과장급)

⑥ 백골병단 민원 처리방안 장관 보고('03.4.15)

3. 위와 같이 귀하의 민원과 관련하여 많은 검토와 회의를 실시한 결과, 첫번째 요구사항인 신분확인에 관한 사항은 당시 국방부장관의 임관사령장, 임관명령, 작전명령 등 다량의 명백한 자료확인으로 백골병단의 실체 및 참전사실은 확인이 가능하나 軍籍에 없고, 당시 임시계급 및 민간인군번을 부여 받아 군인신분 인정이 모호하며, '51년 당시 국민방위군설치법에 의거 소집된 인원(현재의 향토예비군과 유사한 것으로 현역군인과는 구분됨)을 군인 신분으로 인정하기 위해서는 "특별법" 제정이 필요하다는 결론에 이르렀습니다.

둘째로 무공에 대한 포상은 공식적인 문서 또는 문서에 의해공적 확인이 가능한 인원에게는 6월 호국보훈의 달에 즈음하여 포상수여가 되도록 검토

할 예정이며, 참전기간동안의 보상(월급)은 "특별법"이 제정되면 가능한 것으로 판단됩니다.

4. 국방부에서는 귀 단체의 명예회복과 호국정신 및 안보의식 고취 차원에서 전향적/긍정적으로 해결하는 것이 국방부의 도리라고 여기고 의원입법 또는 정부입법의 방식으로 "특별법" 제정을 추진하기로 하였사오니 입법추진 과정에서의 귀 단체의 협조와 지원을 부탁드리는 바입니다. 특별법 제정에는 다소 시간이 소요되는 바 그동안의 추진경과를 중간 회신드립니다.

아무쪼록 귀 단체에서 바라는 대로 해결되어지길 기대하오며 또한 최선을 다할 것을 약속드립니다.

5. 끝으로 다시한번 귀하 및 귀 단체의 애국/호국정신에 머리숙여 존경과 감사를 표하며 귀하의 건강과 가정에 무궁한 행운이 깃들기를 기원합니다.

등기번호 요금 수취인

1105606050108 1,580 140701인사관리과장

백골병단 참전전

2003-04-29 11:30

121-842 서울특별시 마포구 서교동 466-19 TEL. (02) 333-5213~4 FAX. (02) 338-1153

문서번호 : 병단참전 '03-04-05

시행일자 : 2003. 04. 29.

수 신 : **국 방 부 장 관**

참 조 : 인사관리 과장

선결			지시	
접수	일자 시간		결재·공람	
	번호			
처리과				
담당자				

제 목 : **민원회신에 대한 보충 추가 의견 제청**

1. 귀하의 건강과 가정에 행복을 기원합니다.

2. 귀부 문서번호 인사 33140-188('03. 4. 24부) "민원회신"을 '03. 4. 28 잘 받고 다음과 같은 보충의견을 송부하오니 참고·조치해 주심을 바랍니다.

다 음

(가) 먼저 민원을 제기한 본인으로서는 귀부 담당관 제위께서 자료수집 및 검토 등에 많은 시간과 자력을 소비하시고, 긍정적으로 검토하신 노고에 대하여 우선, 경의와 감사를 드립니다.

(나) 백골병단 참전장병이 당시 국방부장관의 임관사령장, 임관명령, 작전명령 등의 명백한 자료확인으로 백골병단의 실체 및 참전 사실의 확인이 가능하다고 전제하시고, **軍籍에 없고, 당시 임시계급 및 민간인 군번을 부여받아, 군인신분 인정이 모호하며, '51년 당시 국민방위군 설치법에 의거 소집된 인원(현재의 향토예비군과 유사한 것으로 현역군인과는 구분됨)을 군인 신분으로 인정하기 위해서는 「특별법」 제정이 필요하다는 결론에 이르렀습니다** 에서,

첫째 : 육군보충대에 수용된 장정 6,000여명이 국민방위군설치법에 의했거나 국민총동원령에 의했거나 간에 그 중에서 결사대요원을 선발함에 있어, 1차로 710명, 2차로 300명을 선발하여 특수목적의 군사훈련을 실시하고, 임시장교로 임관시켰거나 사병으로 계급과 군번을 주어, 전투부대원으로 편성하였으므로, **군적에 있고 없는지의 여부**는 참전장병으로서는 전혀 알 수 없는 것이고,

둘째 : 육군보충대에 수용된 장정 6,000여명중에서 백골병단 요원으로 선병(選兵)된 1,000명 상당은 군인이 되었고, 나머지 5,000여명은 국민방위군에 편성되거나 각급부대로 배속되었는 바, 백골병단으로 편성, 교육, 전투한 참전장병은 「국민방위군」 편성자와는 전혀 다른 특수전부대 장병이었음을 지적합니다.

셋째 : 육군 교육기관에 입대한 자가 처음 임관할 때에는 민간인이 사관후보생이었다가 군적에 편입·등재와 동시에 장교의 신분과 군번을 받는 것으로, 본인이 임관한 경험이나 군번을 받아본 일이 없이 처음으로 받은 임시계급과 군번을 믿을 수

밖에 없었고, 군번 등의 당부를 가릴 수 있는 위치나 처지에 있지 못했을 뿐아니라, 특별권력 또는 특별신분관계에 있었다는 점에서 오늘날의 향토예비군과 유사하다는 귀부의 지적과 판단에는 동의 할 수 없으므로 재검토해 주시기 바랍니다.

넷째 : 세월이 흘러 52주년이 지났으나 그 당시의 제반문서를 보존·관리, 입증할 책임은 귀부(육군본부)에게 있을진데 문서·보존 관리를 잘못하므로써 우리들의 신분이 우습게 되었는바, 그 책임 또한 귀부(육군본부)에게 있는 것이라 생각합니다. 우리들 참전장병에게는 아무런 잘못이 없다는 것입니다.

(다) 무공자에 대한 포상은 **공식적인 문서에 의해 확인이 가능한 인원에게 포상**하신다고 하셨는바, 이를 살피건데, 모든 공적은 전투부대장이 건의한 것을 상급 확인관이 확인한 문서를 말하는 것으로써 이 의견에는 아무런 외형상 하자는 없다고 할 것입니다만, **백골병단의 경우는 대한민국의 국권이 미치지 못하는 적후방지역에서의 작전이므로 백골병단 사령관 육군중령 채명신은 대통령이나 대법관의 권한을 적지역에서 대리행사 함과 동시**에 모든 사람의 **생사 여탈권**도 가지고 행사해 왔으므로 그 분의 사실 인정은 곧 모든 형식적인 문서보다도 확실한 증거와 공식확인이 되는 것으로 사료되는 바, 참전 당시의 최고 책임장교가 포상 건의를 확인하였다면, 그것이 바로 공식적인 문서에 갈음되는 것으로 아무런 하자가 없는 바 귀부의 현명한 판단을 기대합니다.

3. 특별법을 제정하여 명예회복을 위해 전향적이고, 긍정적으로 해결하시고자 노력하심에 경의를 표하오며, 본 참전전우회원 일동도 적극 협조할 생각입니다.

다만, 참전장병의 연령이 평균 74세(최고 83세) 인 점을 혜량하시어 모두 2003년내에 해결되도록 해주시고, 우리들은 **미군지휘하의 유격대나 자생유격대와 같은 유격대원이 아니었음을 분명히 밝혀두는 바입니다**.

4. 끝으로 귀부 담당관 제위의 노고에 깊은 감사와 격려를 드리며, 무운장구 하심을 기원합니다.

백골병단 참전전우회 회장 전 인 식

3. 6·25전쟁 중 적 후방지역 작전수행 공로자에 대한 군 복무인정 및 보상 등에 관한 법률

(2004. 3. 22. 법률 제7200호)

제1조【목 적】 이 법은 6·25전쟁 당시 적진 후방지역에서 특수작전을 수행한 자에 대한 군복무인정 및 보상에 관한 사항을 규정함을 목적으로 한다.

제2조【정 의】 이 법에서 사용하는 용어의 정의는 다음과 같다.

1. "특수작전"이라 함은 1951년 1월부터 동년 4월 사이에 당시 적진 후방지역인 강원도 영월·평창·인제·양양군 일대에서 지휘소습격, 시설파괴, 보급로파괴 및 첩보수집 등 적군의 후방교란을 위하여 수행된 작전을 말한다.
2. "공로자"라 함은 1951년 1월 육군정보학교에 입교하여 특수군사훈련을 받은 후 국방부장관으로부터 임시로 장교·부사관 또는 병의 계급 및 군번을 부여받고 육군본부직할결사대 소속으로 특수작전을 수행한 자로서 제3조제1항제1호의 규정에 의하여 공로자로 인정된 자를 말한다.
3. "유족"이라 함은 공로자로서 사망하거나 사망한 것으로 인정된 자의 민법에 의한 재산상속인을 말한다.

제3조【특수작전 공로자 인정 심의위원회】 ① 공로자의 군복무인정 및 보상 등에 관한 다음 각호의 사항을 심의·의결하기 위하여 **국방부장관 소속하에 특수작전공로자 인정심의위원회**(이하 "위원회"라 한다)를 둔다.

1. 공로자 또는 유족에 해당하는지의 여부에 관한 사항
2. 공로자의 군복무 인정 등에 관한 사항
3. 공로자 또는 유족에 대한 보상금 및 공로금의 지급에 관한 사항
4. 공로자관련 단체의 지원에 관한 사항
5. 그 밖에 **군복무인정 및 보상 등과 관련하여 대통령령이 정하는**

사항

② 위원회는 위원장 1인을 포함한 9인 이내의 위원으로 구성한다.

③ 위원은 **학식과 경험이 풍부한 자와 관계공무원중에서 대통령령이 정하는 바에 따라** 국방부장관이 위촉 또는 임명한다.

④ 그 밖에 **위원회의 구성 및 운영에 관하여 필요한 사항은 대통령령으로** 정한다.

제 4 조 【군복무기간의 인정 등】 공로자가 특수작전을 수행한 기간(특수작전 수행을 위한 훈련기간을 포함한다. 이하 같다) 및 특수작전중 부여받은 계급은 군인사법 · 병역법 등 관계법령(연금 · 퇴직금 및 퇴직급여금 관계법령을 제외한다)에 의한 **6 · 25전쟁 당시의 현역군인으로서의 복무기간 및 계급으로 인정한다**.

제 5 조 【서 훈】 특수작전을 수행한 기간 중 **무공을 세운 공로자에게는** 상훈법에 의하여 훈장 또는 포장을 수여할 수 있다.

제 6 조 【보상금 및 공로금】 ① 공로자 또는 유족에게는 제4조의 규정에 의하여 인정된 해당계급의 6 · 25전쟁 당시의 보수월액에 평균복무기간인 8월을 곱한 후 이를 현재가치로 환산한 금액을 보상금으로 지급한다.

② 공로자 또는 유족에게는 제1항의 규정에 의한 보상금 이외에 위로금 성격의 공로금을 지급할 수 있다.

③ 제1항 및 제2항의 규정에 의한 보상금 및 공로금(이하 "보상금 등" 이라 한다)의 **지급범위와 금액의 산정, 지급방법 등에 관하여 필요한 사항은 대통령령으로** 정한다.

제 7 조 【유족의 권리】 유족은 민법의 상속규정에 따라 보상금등의 지급을 받을 권리가 있다.

제 8 조 【보상금등의 지급신청】 ① 공로자 또는 유족으로서 **보상금등을 지급받고자 하는 자는 대통령령이 정하는 바에 따라 관련증빙서류를 첨부**하여 서면으로 위원회에 보상금등의 지급을 신청하여야 한다.

② 제1항의 규정에 의한 보상금등의 지급신청은 **이 법 시행 후 1년 이내에 하여야** 한다.

제 9조 【지급 결정】 위원회는 **보상금등의 지급신청을 받은 날부터 5월 이내에** 그 지급여부와 금액을 결정하여야 한다.

제 10조 【결정서의 송달】 ① 위원회가 보상금등을 지급하거나 지급하지 아니하기로 결정한 때에는 지체없이 그 결정서정본을 보상금등의 지급을 신청한 자(이하 "신청인" 이라 한다)에게 송달하여야 한다.

② 제1항의 송달에 관하여는 민사소송법의 송달에 관한 규정을 준용한다.

제 11조 【재 심의】 ① 제9조의 규정에 의한 위원회의 결정에 대하여 이의가 있는 신청인은 제10조의 규정에 의한 결정서정본을 **송달받은 날부터 30일 이내에** 위원회에 재심의를 신청할 수 있다.

② 제1항의 재심의 및 송달에 관하여는 제9조 및 제10조의 규정을 각각 준용한다. 이 경우 제9조 중 "5월" 은 "3월" 로 본다.

제 12조 【보상금등의 지급 등】 ① 제10조의 규정에 의한 결정서정본을 송달받은 신청인이 보상금등을 지급받고자 할 때에는 그 결정에 대한 동의서를 첨부하여 위원회에 보상금등의 지급을 신청하여야 한다.

② 그 밖에 **보상금등의 지급절차 등에 관하여 필요한 사항은 대통령령으로** 정한다.

제13조 【보상금 등에 대한 권리보호】 보상금등의 지급을 받을 권리는 이를 양도 또는 담보로 제공하거나 압류할 수 없다.

제14조 【결정 전치주의 등】 ① 보상금등의 지급에 관한 소송은 위원회의 결정을 거친 후가 아니면 제기할 수 없다. 다만, 보상금등의 **지급신청이 있은 날부터 5월이 경과된 때에는** 그러하지 아니하다.

② 제1항의 규정에 의한 소의 제기는 결정서정본(재심의결정서정본을 포함한다)을 송달받은 날부터 60일 이내에 제기하여야 한다.

제 15조 【보상금 등의 환수】 ① 국가는 보상금등을 지급받은 자가 다음 각 호의 1에 해당하는 경우에는 그 보상금등의 전부 또는 일부를 환수하여야 한다.

1. 거짓 그 밖의 부정한 방법으로 보상금등의 지급을 받은 경우
2. 잘못 지급된 경우

② 제1항의 규정에 의하여 보상금등을 반환할 자가 해당 금액을 반환하지 아니한 때에는 국세체납처분의 예에 의한다.

제 16조 【사실조사 등】 ① 위원회는 보상금등의 지급심사를 위하여 공로자 또는 참고인으로부터 진술을 청취하거나 필요하다고 인정하는 경우에는 조사를 할 수 있으며, 관계기관의 장에게 필요한 협조를 요청할 수 있다. 이 경우 관계기관의 장은 특별한 사유가 없는 한 지체 없이 이에 응하여야 한다.

② 누구든지 보상금등의 지급 및 환수 등에 관하여 위원회에 자료를 제출하거나 자유롭게 진술할 수 있고, 그로 인하여 어떠한 불이익도 받지 아니한다.

제 17조 【소멸 시효】 보상금등의 지급을 받을 권리는 그 지급결정서정본이 신청인에게 송달된 날부터 3년간 행사하지 아니하면 시효로 인하여 소멸한다.

제 18조 【관련단체에 대한 지원】 국가는 공로자의 추모 등을 목적으로 설립된 **비영리법인 또는 단체에 대하여 예산의 범위안에서 사업비 등의 일부를 지원할 수 있다**.

제 19조 【다른 법률에 의한 지급과의 관계】 공로자 또는 유족이 동일한 사유로 다른 법률에 의한 보상금을 지급받았거나 받고 있는 경우에는 제6조의 보상금등을 지급하지 아니한다.

제 20조 【벌칙 적용에 있어서의 공무원의제】 위원회의 위원중 공무원이 아닌 위원은 형법 제129조 내지 제132조의 적용에 있어서는 이를 공무원으로 본다.

제 21조 【벌 칙】 ① 거짓 그 밖의 부정한 방법으로 보상금등을 지급받거나 **지급받게 한 자는 3년 이하의 징역 또는 300만원 이하의 벌금**에 처한다.

② 제1항의 미수범은 처벌한다.

부 칙 <2004. 3. 22>

이 법은 공포 후 6월이 경과한 날부터 시행한다.

4. 6·25전쟁 중 적 후방지역 작전수행 공로자에 대한 군 복무인정 및 보상 등에 관한 법률 시행령

(대통령령 제18583호 : 2004. 11. 11)

제 1 조 【목 적】 이 영은 6 · 25전쟁 중 적 후방지역 작전수행 공로자에 대한 군 복무인정 및 보상 등에 관한 법률에서 위임된 사항과 그 시행에 관하여 필요한 사항을 규정함을 목적으로 한다.

제 2 조 【특수작전 공로자인정 심의위원회 구성 및 운영】 ① 6.25전쟁 중 적 후방지역 작전수행 공로자에 대한 군복무 인정 및 보상 등에 관한 법률(이하 "법" 이라 한다) 제3조의 규정에 의한 특수작전공로자인정심의위원회(이하 "위원회" 라 한다)의 위원장은 국방부 인사국장이 되며, 위원회의 위원은 다음 각 호의 자중에서 국방부장관이 위촉 또는 임명한다.

1. 관련분야에 학식과 경험이 풍부한 자
2. 국가보훈처 소속의 공무원으로서 국가보훈처장이 지정하는 자
3. 국방부소속의 장교 또는 일반직 공무원

② 위원회의 위원장(이하 "위원장" 이라 한다)은 위원회의 업무를 통할하고, 위원회를 대표한다.

③ 위원장이 부득이한 사유로 그 직무를 수행할 수 없는 때에는 위원장이 미리 지명한 위원이 그 직무를 대행한다.

④ 위원회의 회의는 재적의원 과반수의 출석으로 개의하고, 출석위원 과반수의 찬성으로 의결한다.

⑤ 위원회에 그 사무를 처리하기 위하여 간사 1인을 두며, 간사는 국방부 소속의 장교 또는 일반직 공무원중에서 위원장이 임명한다.

제 3 조 【수당 등】 ① 위원회에 참석하는 위원에 대하여는 예산의 범위안에서 수당을 지급할 수 있다. 다만, 공무원인 위원이 그 소관업무와 직접 관

련되어 참석하는 경우에는 그러하지 아니하다.

② 법 제16조의 규정에 의하여 위원회에 출석한 참고인 등에게 예산의 범위안에서 여비 및 실비를 지급할 수 있다.

제 4 조 【계급 및 군번부여와 병적관리】 법 제3조제1항의 규정에 의하여 위원회에서 **공로자로 결정된 자에 대하여는 계급 및 군번을 부여하고 육군에서 그 병적을 관리한다**.

제 5 조 【보상금 및 공로금】 ① 법 제6조제1항의 규정에 의하여 산정한 **계급별 보상금액은 별표**와 같다.

② 법 제6조제2항의 규정에 의한 **공로금은 그 계급에 관계없이 균등하게 지급하되, 1천만원을 초과하지 아니하는 범위안에서 위원회가 결정한 금액**으로 한다.

제 6 조 【보상금 등의 지급신청 등】 ① 법 제8조제1항의 규정에 의하여 보상금 및 공로금(이하 "보상금등"이라 한다)을 지급받고자 하는 자(이하 "신청인"이라 한다)는 **별지 제1호서식**에 의한 공로자인정 및 보상신청서에 다음 각호의 서류를 첨부하여 위원회에 제출하여야 한다. 다만, 전자정부구현을 위한 행정업무 등의 전산화 촉진에 관한 법률 제21조제1항의 규정에 의한 행정정보의 공동이용을 통하여 첨부서류에 대한 정보를 확인할 수 있는 경우에는 그 확인으로 첨부서류에 갈음할 수 있다.

1. 신청인의 주민등록등본 1부
2. 공로자의 병적증명서 또는 병역사항이 포함된 주민등록등본 1부
3. 특수작전수행 관련 각종 훈 · 포장증서 또는 표창장 사본(공로자가 훈 · 포장 또는 표창을 받은 경우에 한한다) 1부
4. 공로자의 호적등본 또는 제적등본(유족에 한한다) 1부
5. 별지 제2호서식의 공로자인정 및 보상신청 위임장(이민 · 입원 그밖에 부득이한 사유로 인하여 대리로 신청하는 경우에 한한다) 1부
6. 그 밖에 신청사유를 소명할 수 있는 증빙자료 1부

② 제1항의 규정에 의한 신청인이 이민 · 입원 그 밖에 부득이한 사유로 공로자인정 신청과 보상금등의 지급신청 · 수령을 직접 할 수 없는 경우에는

다음 각호의 어느 하나에 해당하는 자가 확인하는 별지 제2호서식의 공로자인정 및 보상신청 위임장에 의하여 대리인을 선임할 수 있다.

1. 이민 등 국외체류의 경우에는 해외공관의 장
2. 입원의 경우에는 그 의료기관의 장
3. 교도소 등에 수용된 경우에는 그 수용기관의 장
4. 그 밖의 경우에는 주소지 읍 · 면 · 동장

③ 제1항의 보상금등의 지급신청 · 수령에 있어서 유족의 경우에 동순위 재산상속인이 2인 이상인 때에는 **별지 제3호서식**의 유족대표자선정서에 의하여 유족대표자를 선정하여야 한다. 다만, 동순위 재산상속인간의 합의가 불가능한 경우에는 그러하지 아니하다.

제 7조 【공로자 인정 및 보상결정】 위원회가 공로자인정 및 보상결정을 한 때에는 다음 각호의 사항을 기재한 **별지 제4호서식**의 공로자인정 및 보상결정서를 작성하고, 위원회에 출석한 위원 전원이 서명 또는 기명 날인하여야 한다.

1. 신청인의 성명 · 주소 및 주민등록번호
2. 결정주문
3. 이유
4. 결정연월일

제 8조 【결정서의 송달】 위원회가 보상금등을 지급하거나 지급하지 아니하기로 결정한 때에는 신청인에게 별지 제4호서식의 공로자인정 및 보상결정서 정본 2부와 별지 제5호서식의 공로자인정 및 보상결정통지서 또는 별지 제6호서식의 공로자인정 및 보상결정통지서(기각용)를 송달하여야 하며, 신청인의 대리인이 있는 경우에는 대리인에게 이를 송달하되, 신청인에게는 공로자인정 및 보상결정서 등본 1부를 송달하여야 한다.

제 9조 【재심 신청】 법 제11조의 규정에 의하여 재심의를 신청하고자 하는 자는 별지 제7호서식의 재심신청서에 재심사유를 증명할 수 있는 증빙자료를 첨부하여 위원회에 제출하여야 한다.

제 10조 【동의 및 지급청구】 제8조의 규정에 의하여 공로자인정 및 보상

결정통지서를 받은 신청인이 보상금등을 지급받고자 하는 때에는 별지 제8호서식의 동의 및 청구서에 다음 각호의 서류를 첨부하여 위원회에 제출하여야 한다.

1. 공로자인정 및 보상결정서 정본 1부
2. 보상금을 지급받을 수 있는 금융기관의 거래통장 사본 1부
3. 신청인의 주민등록등본 및 인감증명서 각 1부

제 11 조 【보상금등의 지급기관】 위원회가 결정한 보상금등은 위원회가 지급하되, 그 실무는 국고(국고대리점을 포함한다)에 위탁하여 처리하게 할 수 있다.

제 12 조 【보상금등의 지급시기】 보상금등은 제10조 규정에 의한 지급청구가 있는 날부터 15일 이내에 지급하여야 한다.

제 13 조 【공고】 위원장은 **이 영 시행일부터 30일 이내에** 공로자인정 및 보상신청에 관한 다음 사항을 관보에 공고하고 **국방부의 인터넷 홈페이지에도 20일 이상 공고**하여야 한다.

1. 공로자 및 보상 대상
2. 신청인의 자격
3. 신청서 접수기관
4. 신청기간
5. 보상금등의 산정기준
6. 심사 · 결정절차
7. 구비서류
8. 그 밖에 신청 · 지급에 관하여 필요한 사항

제 14 조 【시행 세칙】 이 영 시행에 관하여 필요한 사항은 위원회의 의결을 거쳐 위원장이 정한다.

부 칙

이 영은 공포한 날부터 시행한다.

[별표]

계급별 보상금액(제5조제1항관련)

(단위 : 원)

계　　급	이등중사	일등중사	이등상사	소　위	중　위	대　위	소　령
보상금액	29,280	35,130	118,580	162,500	174,210	185,920	226,920

참전자로서 특수작전공로자로 인정된 자에게는 「6.25 전쟁 당시의 월 보수액에 평균 복무기간인 8월을 곱한 후 이를 현재가치로 환산한 금액을 보상금으로 지급한다」에 따라 지급하는 보상금은 6.25 전쟁 당시의 월 보수액(봉급)을 지급하는 것이므로 1951. 1. 25. 부터 1951. 4. 25. 까지이므로 3개월의 3배인 9월을 곱해야 할 것을 8월을 곱한 잘못이 있다.

이렇게 해서 1951년부터 2004년까지 54년 만에 지급하는 보수가, 겨우 명예회복의 길이 마련되었던 것이다.

위 계급별 보상금액은 전시계산을 하여 8개월분의 봉급인데 대위 월급 23,240원 × 8개월 = 185,920원 이다.

육군대위 한 달 월급이 23,230원인 셈이다.

※ 법률 제7200호 6.25 전쟁 중 적 후방지역 작전 수행 공로자에 대한 군복무 인정 및 보상 등에 관한 법률이 2004. 3. 22. 공포되었으므로 그 법 제8조 제2항과 같이 보상금 등의 신청은 법 시행 후 1년 이내에 신청하기에는 1951년 참전 후 44년이나 지난 때이므로 사실상 어려움이 많아 최소한 3년 이상, 5년 정도의 신청기간이 필요한 것으로 판단된다. 사실상 이 신청기간 경과로 80여 전우가 신청하지 못했다.

개선 53년 만에 명예회복

2004. 4. 13. 국방회관 대연회실에서, 단상 : 전인식 회장

2004. 4. 13. 참전 개선 53주년 기념, 국방회관 대연회장에서

2004. 3. 22 법률 제7,200호 **6.25 전쟁 중 적후방 지역 작전수행 공로자에 대한 군복무인정 및 보상 등에 관한 법률**이 공포되고 위로 보상금 1,000만원과 6.25 전쟁당시 적후방지역에 있었기에 받지 못한 봉급과 그 당시의 계급을 인정하고 군번도 새로 부여 받게 된 **조선일보**와 **국방일보**의 기사

A10 2004년 7월 31일 토요일 다1 제26005호 조선일보

6·25때 강원도유격대 '백골병단'

53년만에 군번 받는다

6·25전쟁 당시 강원도 일대 적 후방에서 뛰어난 '전과(戰果)'를 올렸던 유격부대 '백골병단' 대원들이 53년 만에 계급과 군번을 부여받는다.

백골병단 부대원들은 대구 육군 보충대에서 선발돼 유격특수훈련을 받고 작전에 투입됐으나, 정규군과 달리 게릴라를 의미하는 'G'로 시작하는 임시 군번을 받았었다.

국방부는 30일 이들 백골병단 부대원들에게 병적을 부여하고 보상금을 지급하는 내용을 골자로 하는 '6·25전쟁 중 적 후방지역 작전수행 공로자에 대한 군 복무 인정 및 보상 등에 관한 법률 시행령'이 9월 중순 시행된다고 밝혔다.

금액은 당시 지급받지 못한 봉급에 대한 보상금(2만9280~22만6920원)과 위로금(법정 한도 최대 1000만원)을 합해, 1000만원 내외가 될 전망이다.

백골병단은 적 후방을 교란하고, 적군 사살과 정보 수집 임무를 수행하기 위해 지난 51년 1월 창설됐다. 당시 정식 부대 명칭은 '육군본부 직할 결사대'. 11, 12, 13연대 등 3개 연대로 편성돼, 그해 1월 말부터 작전에 투입됐다. 초기 일부 병력이 손실되자, 당시 11연대장이었던 채명신 중령(초대 주월한국군사령관)이 3개 연대를 통합, 생존자 647명으로 '백골병단'을 창설했다.

장일현기자 ihjang@chosun.com

국방일보 2004년 7월 31일 토요일 전우의 광장

유격부대 '백골병단' 계급·군번 인정

국방부, 53년만에 생존자·유족 보상금 지급키로

한국 최초의 유격부대로 6·25전쟁 기간에 혁혁한 전공을 세운 백골병단(회장 全仁植) 대원들이 전쟁 중 임시로 부여받은 계급과 군번을 53년 만에 인정받게 됐다.

30일 국방부에 따르면 백골병단 대원들에게 병적을 부여하고 보상금을 지급하기 위해 최근 '6·25전쟁 중 적 후방 지역 작전 수행 공로자에 대한 군복무 인정 및 보상 등에 관한 법률 시행령'을 제정, 입법 예고했다.

시행령에 따르면 특수작전 공로자에 대해 6·25전쟁 당시 국방부장관으로부터 임시로 부여받은 계급과 군번을 그대로 인정, 육군에서 병적을 관리하고 보상금·공로금을 지급키로 했다.

이에 따라 보상금은 6·25전쟁 당시 받은 보수에 평균 복무 기간을 곱한 뒤 이를 현재 가치로 환산한 금액으로 지급되고 공로자 또는 유족은 위로금 성격의 공로금도 받을 수 있게 됐다.

국방부 관계자는 "6·25전쟁 당시 적군의 후방 지역인 강원도 영월·평창·인제·양양에서 지휘소 습격, 시설·보급로 파괴, 첩보 수집 등 특수작전을 수행한 유격대원들의 군복무를 인정하고 보상하기 위해 이 법을 제정했다"고 밝혔다.

백골병단의 특수작전에는 817명이 참가해 534명이 전사·실종됐으며 생환자 283명 중 신원이 파악된 대원은 94명에 불과하고 그나마 15명은 연락이 두절돼 생사 여부가 확인되지 않고 있다.

전회장은 "무엇보다 오직 풍전등화의 조국을 살리기 위해 하나밖에 없는 목숨을 초개같이 던진 전우들의 명예를 인정받아 기쁘다"며 "6·25전쟁 당시 숱한 전투에서 운명을 달리한 전우들도 이제는 편히 잠들 것"이라며 눈시울을 붉혔다.

대원과 유족들은 전사자의 명복을 빌고 전적을 기리기 위해 1990년 11월9일 강원도 인제군 북면 용대리에 백골병단 전적비를 건립, 해마다 민·군 합동으로 추모제를 지내고 있다.

〈계동혁기자〉

nice-kye@dema.mil.kr

전인식의 억울한 고문 기록 확인 요청

2004. 9. 10

수 신 : 육군 제1사단장 귀 하

참 조 : 법무참모

제 목 : 1951년 8월 하순부터 9월 상순까지 사이에 있었던 본인의 군법회의 기록 요청

1. 인적사항(사건당시)
   주소 : 경기도 파주군 탄현면 오금리 427번지 성 명 : 全 仁 植
   생년월일 : 단기 4262년 7월 27일생(1929년생)

2. 피의 사실
   국방경비법 제32조, 동법 제33조, 동법 제48조 위반

3. 공판 당일 무혐의로 석방지휘를 받고, 다음날 증거서류일체 중 개인용을 제외한 문건은 검찰관(육군중위 오재옥)에게 인계하고 석방 귀가했음(구금기간 22일간)

참 고 사 항 재 판 장 육군대령 김동빈(중장예편 사망)
검 찰 관 육군중위 오재옥(대령예편 사망)

관련자: 관선변 호 인 육군중위 임 모(생사불명)
법 무 사 육군대위 원 모(〃)
법무참모 육군중령 노재필(사망)로 기억하고 있습니다.

위 사건 기록 일체를 요구하오며,

사건기록이 없으면, 군법회의 회부기록(사건명과 번호)만이라도 찾아주시기를 간절히 바랍니다.

위와 같이 사실 기록의 확인을 청원 합니다.

청구인(관련 당사자)
경기도 고양시 덕양구 화정2동 951 별빛마을 1005동
주민등록번호 : 290727-102····
연락전화 : (02) 333-5213~4, (016) 233-5213
전 [인]

1951년 8월 하순부터 9월 상순사이에 고향에 돌아온 전인식 소령이 제1사단 방첩대(CIC)에 가짜 소령에 국제고등간첩과 계급사칭으로 국방경비법 제32조 동제33조 동 제48조 위반으로 ① 몽둥이 매질 ② 고춧가루 물고문(거꾸로 매달고), 전기고문(EE8야전 전화기로) 등 온갖 고문을 가 한 뒤 육군 제1사단 군법회의에 회부되었다.(범법자가 아닌 피의자 전인식은 23일간 1사단 특무대와 헌병대 영창에 유치되어 군법회의(군사재판)에 회부되었으나 군법회의 첫날 재판장 김동빈 대령이 훈장을 수백개 주어도 아깝지 않을 사람을 잡아다 놓고 이게 무슨 짓이냐!! 하는 호통과 함께 즉시 석방하라고 명령하여 석방된 기록을 요구하는 공문을 보냈다.) <2004. 9. 10 등기 청원서>

"정예육군! 하나로 미래로!"

육군 제 1570 부대

취 급 :

우편 : (413-859) 경기도 파주시 광탄면 신산리 사서함 109-2호 / 전화 : (031) 953-5442
법무참모부 참모 대위 박문언 담당자 중위 맹준영

문서번호 : 법무 19800 - 040151

시행일자 : 2004. 10. 13. (. .)

받 음 : 전인식 귀하

참 조 :

제 목 : 민원 처리 결과 회신

1. 귀하께서 당부대로 제기하신 민원에 대하여 아래와 같이 회신합니다.

2. 민원요지 : 1951년 8월 하순 경부터 9월 상순 경까지 사이에 전인식씨에 대하여 시행한 군법회의 기록 요청

3. 귀하께서 제기하신 민원에 대하여 확인한 결과, 저희 사단 보통군사법원에서 시행한 군법회의(현행 군사재판) 기록은 일정기간 경과 후 육군본부 기록실로 이관하게 되어 있어 현재 저희 사단 법무부에서는 귀하께서 요청하신 군법회의 기록을 보관하지 않고 있습니다.

이와 관련하여 육군본부 기록실에 문의한 결과, 기록실에서도 군법회의(군사재판) 기록을 영구보관하는 것이 아니라 일정한 보관기간이 경과된 후에는 보관 중인 기록을 폐기하고 있기 때문에 현재 귀하께서 요청하신 군법회의 기록을 보관하지 않고 있다고 합니다. 다만 기록실에서도 판결문의 경우는 영구보관하고 있지만, 현재 보관 중인 판결문 중 가장 오래된 것이 1954년도의 판결문으로서 그 이전의 판결문은 보존되어 있지 않다고 합니다.

따라서 귀하께서 요청하신 위 기간 중의 귀하에 대하여 시행한 군법회의 기록을 찾는 것은 현재로서는 어려울 것으로 판단됩니다.

4. 귀하께 도움을 드리고자 많은 노력을 하였으나 실질적인 도움을 드리지 못해 대단히 죄송하오며, 이 내용에 대하여 궁금한 사항이 있으시면 031-953-5442으로 연락하여 주시면 성심 성의껏 답변드리겠습니다. 끝.

육 군 제 1570 부 대 장

가짜 소령에 국제고등간첩으로 몰린 결사 제11연대 작전참모겸 미8군 커크랜드 기동부대 작전처장 전인식 소령이 육군 제1사단 군법회의(군사 재판)에서 무죄로 판명되어 즉시 석방하라는 재판장(김동빈 대령)의 명령으로 석방 된 관련 사실의 확인을 요구하는 것에 대하여 동 군법회의에는 1954년 판결문 이외의 기록은 전혀 없다는 기막힌 회답이다. 억울하게 죽도록 고문만 당한 것이다. <2004.10.13 발송>

2004. 12. 2 국방일보는 백골병단 참전장병 및 유가족이 법에 따라 보상금의 신청을 2005. 11. 20까지 받는다는 내용의 기사를 실었다.

2004년 12월 2일 목요일 국방일보

6·25 특수부대 '백골병단' 군복무 인정

국방부, 보상금 신청 공고… 심의 거쳐 차등 지급키로

국방부는 1일 6·25전쟁 당시 적진 후방 지역이었던 강원도 평창·인제·양양군 일대에서 특수 작전에 참가한 백골병단 대원들의 군 복무 인정과 보상금 신청을 받는다고 밝혔다.

2005년 11월10일까지 보상금 신청서를 제출하면 '6·25전쟁 중 적 후방 지역 작전 수행 공로자에 대한 군 복무 인정·보상 등에 관한 법률 시행령'에 의거해 백골병단 인정 심의 등의 절차를 거쳐 보상금이 계급별로 차등 지급될 것이라고 국방부 관계자는 말했다.

백골병단 대원들은 1951년 1월 육군정보학교에서 특수 군사 훈련을 받은 후 국방부장관으로부터 임시로 장교·부사관·병의 계급과 군번을 부여받고 육군본부 직할 결사대(일명 백골병단) 소속으로 적 후방 교란 작전에 참가해 혁혁한 전공을 세웠다. 백골병단의 특수 작전에는 817명이 참가, 534명이 전사하거나 실종됐으며 생환자 283명 중에도 신원이 파악된 대원은 94명에 불과하고 그나마 15명은 연락이 두절돼 생사 여부가 확인되지 않고 있다.

대원들은 북한군으로 위장해 오대산 일대에 들어가 적군을 검문검색하며 전투 관련 중요 정보를 입수, 우리 육·공군이 북한군 제69여단을 격멸하는 데 기여했으나 나중에 적군의 공격을 받아 퇴각하는 과정에서 상당 수가 전사하거나 낙오해 생환한 인원은 283명에 불과했다.

대원들과 유족들은 전사자의 명복을 빌고 전적을 기리기 위해 90년 11월9일 강원도 인제군 북면 용대리에 백골병단 전적비를 건립, 해마다 민·군 합동으로 추모제를 지내고 있다.

〈조진섭 기자〉 digitalc@dema.mil.kr

'백골병단' 보상금 신청 접수… 내년 11월까지

국방부는 한국전쟁 당시 적 후방지역이었던 강원도 평창, 인제, 양양 일대에서 특수작전에 참가한 '백골병단' 대원들의 군복무 인정 및 보상금 신청을 받는다고 1일 밝혔다. 국방부 관계자는 "2005년 11월10일까지 신청서를 제출하면 절차를 거쳐 계급별로 보상금을 지급할 것"이라고 말했다. 백골병단은 1951년 1월 육군 정보학교에서 특수군사훈련을 받은 후 임시로 장교나 부사관, 병의 계급과 군번을 부여받은 대원들로 조직된 육군본부 직할 결사대로 적 후방교란 작전에 참가해 혁혁한 전공을 올렸다.

헌화 분향하는 필자

5. 명예회복의 길은 열리고

2003. 4. 28. 국방부로부터 긍정적인 공문을 받은 뒤, 곧 특별법의 **입법의 길이 열렸다고 나는 믿었다.**

2003. 5. 17.까지 20여일간 나(金仁植)는 특별법의 입법초안을 만들기 위해 몇 날을 두고 고심한 끝에 나름대로의 법률안을 작성하여
국방부 담당자와 몇 차례 의견 교환을 한 후
여야 국회의원 98명에게 의원입법 동의 서면을 발송하는 한편,
참전 전우회원을 동원하여
해당 지역구 국회의원으로부터
동의 서명을 받는 등 입법동의 서명 작업을 시작했다.

2003. 8. 26.까지 특별법 입법에 찬동하는 국회의원이 37명으로 늘어났다.

그 중에는 동의서명은 아니하나 법사위에 올라오면 동의하겠다는 얌체 의원님도 있었다고 한다.

어느 지역의 국회의원 H씨도 동의서에 도장을 찍지는 않으나 제출되면 찬성하겠다는 소극적인 나으리 등 가지각색이었다.

우리 참전전우 모두는 혼연일체가 되어 추진했다.
나는 보상금 책정에서
당초 특수작전 참전자의 보상금을 1인당 최소한 2,500만원 정도씩 98인에게 약 24억 5,000만원 정도가 소요된다고 했으나 보상금액이 점점 줄어들기 시작하더니 …….
공로보상금 1,000만원과
전쟁 때 적 후방지역에 있었기에 받지 못한 월급도 물가인상 600**배, 화폐개혁 1,000배를 환산해서 몇 만원씩**이 지급된다고 했다.

찬성 국회의원은 여야 모두 57명이나 되는 많은 의원께서 찬동해 주셨다.

대표발의 국회의원은

대전 출신 4선 의원인 **강창희**(姜昌熙) 씨가 흔쾌히 맡아 주었다.

다음해 이른봄 2004. 3. 2. **국회 245차 임시회의 제11차 본회의**에서 안건번호 12번으로

「6.25전쟁 중 적 후방지역 작전수행 공로자에 대한 군 복무 인정 및 보상 등에 관한 법률(안)」이 그날 오후 16시 30분에 **만장일치로 통과**되었다.

이때가 제16대 국회가 거의 마감되는 마지막쯤이 아닌가 싶다.

나는 이날 17시 30분경 이법 제정에 전혀 관여한바는 없으나 그래도 우리들의 지휘관이었기에 이 사실을 **채명신 중령(예 중장)에게** 전화로 알리면서 명예회복은 된 것 같은데 보상금이 너무 적어서 섭섭하다고 말하자,

그분은 **명예회복이 되었으면 됐지 무엇을 더 바라는가!!** 해서

내가 항의하는 사태도 생겼다.

내가 여기까지 오는 기간이 너무 오래 걸렸다.

1961년 8월부터 2004년 3월까지 40년이 넘는 오랜 세월동안 우리들 참전전우를 위해 내가 혼자 투쟁해 왔는데 그 당시 지휘관이신 분이 어떻게 그런 말을 …… 섭섭했다.

그분은 너무 모르는것 같았다.

이 법률안이 국회에서 통과와 동시에 나는 그 법 제5조(서훈)에 근거하여

(고) **윤창규 대위와 현규정 제1대대장에게 태극 무공훈장의 추서** 등 37 인에게 훈장수여 및 추서를 건의 했다.

2004. 4. 6. 국방부 장관에게 또다시 상훈수여를 **건의·촉구**하는 한편,

육군 본부에 대하여는 우리들의 신분이 54 년 만에 현역군인으로 인정되었으므로

1 계급씩의 특진도 건의 했으나

국회에서 법률까지 공포되었는데도 대접해 줄 생각이 없는 듯 했다.

육군이나 국방부는 이에 대한 아무런 회답 조차 없었다.

2004. 3. 22 법률 7,200호가 공포된 뒤, 그 법 시행령인 대통령령이 2004 년 11 월 11 일에 이르러 18,583 호로 공포, 시행되면서 모든 참전자와 전·사망자의 유가족도 참전 당시 받지 못한 봉급을 보상금 명목으로 받고, 공로 보상금을 일률적으로 받을 수 있게 되었다.

법 시행령이 입법예고 된 때 나는 보상금액, 명예회복 등에 관하여 강력히 시정을 요구했으나

모두 받아들여지지 않았다.

2005 년 3 월에 이르러 공로자 인정 특별법에 따라 우리들 결사대의 특수작전 공로자 보상금(봉급)과 **공로금 일천 만원** 씩이 각 지급되게 되었다.

나는 이런 내용의 광고를 **조선**일보, **동아**일보, **한국**일보, **서울**신문 등 주요 일간 신문에 옛 전우와 그 가족을 찾기 위한 광고를 몇 백만원을 들인 자비(自費) 광고를 내는 한편,

1951 년에 내가 가지고 있던 전우의 주소와 관련되는 시장, 군수, 경찰서장에게도 전우 찾기에 진력하여 20 여명을 찾게 되었다.

그분들도 모두 공로금과 보상금을 받을 수 있게 했다.

그 덕으로 국방부는 예정한 인원보다 공로보상 대상자가 98명에서 131명으로 늘어나게 되자, 일부 참전자의 공로보상금 지급이 2006년 예산으로 이월·집행하게 되었다고 들었다.

그런 반면에 우리 참전전우회를 부인하고, **온갖 방해공작**까지 서슴지 아니했던 김한철 군 등도 손대지 않고 보상금을 받은 친구들이 생겼으며,

또 전투에 참전한 것 같지도 않은 자? 5~6명이 공로보상 대상자(참전전우)가 된 것 같은데 증거가 따로 없으니…… 고발할 수도 없고, 그 사람들도 전화 한통화가 없고, 주소를 모르니 만나볼 수도 없다.

공로자의 이름이 무슨 비밀이라고 당국자는 주민등록도 없었는데 개인정보 운운하며 나의 요구에 협조해 주지 않았다.

참전 전우들이 여기서, 받은 공로 보상금 중 **십시일반**(十匙一飯) 또는 **십일조**(十一租)격으로

참전자 1인당 최소단위 100만원을 1구좌로 하여
반 주식회사 형태로 **기념 사업회를 설립**하기로 모두가 합의하였다.

기존의 참전 전우회와 **전우 친목회** 등은

모두 발전적으로 **해산하고,**

육본 직할 白骨兵團 기념사업회를 창설하기로 한 것이다.

나는 공로금 1,000만원 전액과 보상금(대위 8개월분의 봉급) 185,920원 전액을 먼저 출연했다.
(돈을 받지는 않았지만 그 해당 금액 전액을 미리 출연한 것이다.)

한편, 공로 보상금을 수령한 전우 중 공로보상금을 받을 수 있게 노력한 것은 필자의 공로라면서 12연대 출신 **장철익 동지**와 **김종호**

동지, 결사 11연대 (고)정학문 중위의 미망인 장일남 여사, **양원석 동지**, **김송규 동지** 등이 고맙다는 인사를 해주셨다.

일부의 전우로 부터 5만원, 10만원의 감사금도 받았으나 현금은 모두 기념사업회 찬조금으로 기부처리 하였다.

이분들의 성의를 기념사업회 기금으로 돌린것도 정중히 감사와 함께 사죄드린다.

이렇게 **우리들 육본직할 白骨兵團 기념사업회**는 총 43명(유가족 3명, 외국 거주1명 포함)이 총 9,100만원의 출연으로 1990년 11월 9일 백골병단 전적비 건립 제막일로부터 15주년,

6.25 참전·개선 45년 만에 역사적인 발족을 하였습니다.

2006. 3. 30. 현재 출연금 수입은 9,100만원이지만 신탁에 예금된 금액은 육군본부 직할 결사대 전우회의 사용잔액과 동 단체의 친목회 사용잔액 등 2,500만원이 전입 되었기 때문에 **총 1억 1,600만원**이 되었다.

이 돈으로 전적 위령사업, **忠勇! 殺身成仁** 의 귀감 **(고) 尹昌圭 대위의 충용비**를 건립하고,

전적비 왼쪽에는 **무명용사 추모비**(바라보는 쪽에서는 우측)

그리고 해마다 6월 현충행사와 우리들의 건강 유지 관리에도 각별히 노력해 끝장을 보도록 할 예정으로 출범했습니다.

참전자인지 알 수 없는 사람, 전우인지 불분명한 사람, 전우회 활동을 방해한 사람, 전적비 건립 자체를 반대한 사람들 모두는 이 사업회에 참여하지 않았습니다.

내가 1961월 8월 23일 **참전 전우회**를 발기한 이래, 2015년 현재까지

1965. 9. 설악동지회,

1987. 12. 대한유격참전동지회,

2000. 12. 백골병단 참전전우회,

2005. 11. 육군본부 직할 백골병단 기념 사업회,

2008. 6. 육군본부 직할 결사대 전우회 등 명칭을 변경하면서 유지해 온 참전전우회의 회장 감투를 독식하고 있습니다. 1961 년부터 2015 년까지 장기 집권 중이지요.

2003. 4. **6·25 특수작전 참전자의 공로 및 보상에 관한 특별법** 제정을 기초(起草) 하는 등

전몰 전우의 유가족과 참전전우의 유가족 등을 포함한

생존 전우의 명예 회복을 위하여

나름대로 최선을 다해 왔으나,

세월이 너무 많이 흘러, 우리들의 역전(歷戰)이나 실적(實績)이 희미해 지고 있는 것인지

우리 사회에 좌익 색깔이 진한 친구들이 너무나 많기 때문인지 알 수 없으나

너무 지나친 듯 합니다.

재판소에서 **법관이란** 젊은 분들도,

① 당신들이 국민총동원령에 의해 입대 했다고 주장하나
그런 증거가 없고,

② 국민방위군 설치법에 의해 입대한 것이라면
군인으로 복무 한 것으로 볼 수 없으며,

③ 군대에 들어가 군번과 계급을 받았다고 주장하나
애초 정식 군인으로 복무한 것인지 알 수 없을 뿐 아니라
그런 물적 증거 또한 없어서 믿을 수 없고,

④ 국가가 당신들을 유기 했다고 주장하나
그 증거 또한 없으니,

국가의 법적 책임은 없다는 것이 **서울 민사지방법원 제18 합의부** 판사들의 1 심 판결 요지였습니다.

참으로 기가 막힐 일입니다.

재판 관련 기록은 여기서 생략합니다.

① **특별법 제4조**로 참전 장병에게 **군번과 계급을 새로 부여**해 현역으로 근무한 것으로 인정하고 **2006년 6월 새 군번과 계급을 받았으니** 위 재판 판결은 분명 오판인 것이지요.

존경 받아야 할 신성한 법관의 판단, 잘 잘못은 알 수 없지만,
항소심도 있고,
대법원의 판단도 남아 있으나 ……

② **헌법에 보장된**
③ **기본권의 유린**
④ **차별 금지 규정 등**
법이 잘못 만들어 졌으면,
헌법재판소의 판단에 맡겨야 하니
갈 데까지 가 봐야 할 듯합니다만, 모두 허망한 꿈이였습니다.

죽기 전에 끝장을 볼 수 있을지 …….
너무 오래된 옛 이야기 이기에 기다리기도 너무나 지쳤습니다.

우리들 특수부대의 편성, 교육,
군번 부여,
임관 특명,
임관 사령장의 교부 등
모든 증거 보존의 책임은 국가기관인 정부, 다시 말하면 육군본부, 또는 육군정보학교, 국방부 등이 책임을 져야 하는 것인데,
우리들의 기록을 보존하지 않고,

파기한 것인지 남아있는 것은

육군정보학교에 몇 줄 남아 있는 것과, 국방정보본부에도 참전자 명단이 있는 것 같은데, 일부분만 제시해 주고 전부는 제시해 주고 있지 않는데 무슨 이유인지 알 수 없는 노릇이다.

전투 당시의 정보보고(Ⅱ급 비밀) 등이 남아 있는데 이것들도 믿을 수 없다면… 무엇을 믿어야 하나요….

내가 가지고 있는 **임관사령장 원본**(군번 포함),

제대증명(원본),

특명사본(군 부대 보존 중) 등의 증거물도 발행 증거가 없다고 발뺌하고 있으니….

이 사람들이 정말…….

국방부장관의 직인(인주 묻은 것)과 발행대장 과의 계인도 믿을 수 없다니

법도 믿을 수 없는 형편이 아닌지요!!

군인이 아닌데,

① 총기를 들고,

② 작전명령에 따라,

③ 전투를 했는데,

④ 애당초 군인신분이 주어지지 않았다는 것이니….

⑤ **이것이 될 말인가요!!**

뒷날 **징·소집영장을 받고 또다시 군대 생활을**(만기제대까지) 했는데도

이중(二重)**복무가 아니 랍니다.**

정말 그런 것 인지…… 우리들 모두와 나도 잘 모르겠소이다.

참으로 고약한 세월을 사는 것 같습니다.

6. 기념사업회 창립

여기까지 오는 길이 꽤나 멀고 험해 54년이나 걸렸습니다.

그동안 많은 전우가 유명(幽明)을 달리했고, 재판질을 서너 건(件)하기도 했으니 이것이 잘한 것이라는 생각은 하지 않습니다.

이미 앞에서 소개한 바와 같이 우리들 앞에 귀인(貴人) 세 분이 도와주시어, **헌법 불합치** 법률의 위헌법률 심판신청을 했는데 어떻게 처리될 것인지 …

이제 우리들의 나이가 모두 80후반으로 접어들어 망 90이 되거나 지났는데 …….

무슨 결사대(決死隊)

무슨 전우회(戰友會) 하니까

손자 놈들이

할아버지! 결사대원이에요?!!

듣기도 거북하고, 창피한 생각도 든다는 말도 들립니다.

잘 설명해서, 그 놈들을 우리 편으로 만들어야지 ….

보수(保守)를 **꼴통 보수라고** 하는데 …….

우리 후손만이라도 신선한 보수를 만들어야 하지 않겠는가!! 이런 생각을 하고 있는데 ….

국방부, 즉 나라에서 주는 공로 보상금 몇 만원!!

목숨의 댓가 치고는 1,000만원과 몇 만 몇 원이라니 ….

그러나 그 돈을 받아 쥐고 …….

마누라와 50이 넘은 자식들과 같이 불고기에 소주 한잔하고 나니 …….

아! 옛날이여!!

서글픈 넋두리를 읊고 난 뒤,

전우회에는 미안도 하고,

이 돈을 받을 수 있게 수십 년간 모진 서러움을 딛고, 싸운 친구에게도 미안하고…….

그래서 어느 친구는 100만원을, 어느 누구는 50만원을, 어느 친구는 단돈 5만원을 나에게 주었으나…….

나는 이래서는 아니 되겠다고 생각하고 공로 보상금을 받은 뒤에는 우리 전우회에 나오지도 않고 공로 보상금을 받았다는 전화 한마디도 없는 그런 사람들도 *!!*

담을 쌓은 친구들 *!!* 참전 장병 중 귀환하여 처자식을 낳고 잘 살던 대전의 임모 씨(중학교 교사), 경주의 최모 씨(교사) 등도 보상금을 받았는데 전화 한마디 한 뒤, 찾아뵙겠다더니……

특히 우리 전우회에 방해적이고 악의적인 투서 등 전적비 건립 방해까지 한 친구들도 공로 보상금을 받게 되었는데……, 그들은…….

그리고 이런 내용을 전혀 알 수 없었던 전우를 위해 신문 광고와 시장, 군수, 경찰서장에게까지 공문으로 탐문하는 등으로 찾아낸 전우의 유가족에게도 공로 보상금을 받을 수 있게 했는데…….

이것이 우리들의 끝은 결코 아니다. 라고 나는 생각 했습니다.

즉, 1990년 11월 9일 건립한 **白骨兵團 戰跡碑**가 강원도 인제군 북면 용대리(백담사 북방 3km, 미시령과 진부령의 갈림 삼거리)에 높이 16.4m 크기로 우뚝 서, 이 땅위에 그 빛을 밝히고 있는 한, **자유민주주의**의 기틀은 조금도 흔들림이 없을 것이라고 나는 확신했다.

이 전적비에 얽힌 사연과 **무명용사 추모비**의 사연은 우리들 모두가 永生토록 보존 관리하고 우리 후손들에게도 물려주어야 하는 것이 아닌가 *!!!!!*

그래서 생긴 것이 **2005. 11. 9. 창립된 陸本 直轄 白骨兵團 記念事業會 였다.**

다음은 우리 전우회를 해산하기 직전, 마지막으로 열린 전적비 건립 15주년 행사의 경과 보고를 겸한 인사말씀과 창립 총회 결과를 각급 기관 단체에 보낸 요지입니다.

보고 및 인사말씀

육군본부 직할 결사대 제11, 12, 13연대 통합부대 **"백골병단"** 의 약사와 함께 보고 · 인사말씀을 올리겠습니다.

1. 1950년 6월 평화스러운 일요일 새벽 4시를 기해, 북한 金日成徒黨의 계획적인 **대거 · 기습 · 남침**은 조국 대한민국의 **命運이 백척 간두**, **누란의 위기**를 맞게 되었습니다.
   이것이 바로 비극의 **6.25 自由守護 "한국 전쟁"**인 것 입니다.
2. 놈 들은 **T34** 중탱크를 앞세우고, 남침 3일만에 수도 서울을 유린 하였고,
3. 정부는 임시 수도를 수원, 대전, 대구, 부산으로 옮기면서 전 국토의 90% 이상이 被侵되었습니다.
4. 1950년 9월 15일 UN군 총사령관 맥아더 원수에 의해, 감행된 **仁川 상륙작전의 성공**과 38度線을 넘은 우리 국군은 破竹之勢로 북진을 강행해, **敵都 평양을 탈환**하고, 계속 북진하여, 압록강 연안까지 進擊하여 통일을 눈앞에 둔 1950년 11월 26일 **중공군 6個 軍團의 대거**, 기습, 참전과 **人海 전술**로 아군은 또 다시 후퇴의 길로 접어 들게 되었습니다.
5. 1950년 12월 21일 정부는 국민 방위군설치법을 공포 함과 동시에 만17세 이상 40세까지의 靑壯年을 모두 소집하게 되었습니다.
   北韓이 수복되면, 북한지역의 治安을 담당할 義勇警察과 愛國靑年, 學生 모두는 **1950. 12. 30 대구로 집결하라는 命에 따라**, 入隊壯丁待機所 같은 보충대에 集結 하였습니다.
6. 여기, 대기소에 集結한 병력은 약 6~7,000명이나 되었는데 이들 중, 육군정보학교의 將校에 의해, 1차로 710여명, 2차로 300여명의 愛國 · 靑年 · 學生들이 선발되어, 1951. 1. 4부터 陸軍情報學校에서 敵의 제식훈련동작, 인민군가, 빨치산노래, 모택동의 16字戰法, 노동黨史, 독도법 폭파 요령 등의 교육과 **적의 후방 교란** 등 特殊戰 비슷한 교육을 실시하고, 1951. 1. 25 국방부장관 申性模명의의 임시장교 任官辭令狀과 **GO 및 G** 軍番을 각각 부여 받았으며, 99.9% 戰死 할것으로 보고, 계급을 厚하게, 二等中士(**兵長**)이상 二等上士(**中士**) **임시보병 ? 장교**까지 군번과 계급을 주고, 1차로 363名, 2차로 330名, 3차 124名 합계 817名이 1951. 1. 30부터 2.14 사이에 敵陣 후방으로 侵透하여, 그해 4月과 6月까지 용감히 맡은바 責務를 다 했습니다.
   그날부터 54周年이 지났습니다.
7. 전투기간중 功勞와 어려움은 이루 筆舌로 다 할 수 없습니다.

한마디로 **비상식량 2주일분의 미숫가루 와 현지 조달로** 60여일간의 전투! 소총실탄 30여발과 노획물로 수십회의 大接戰 등 정말, 말로 표현할수 없는 곤경을 겪었으나 우리들은 참고 이겨냈습니다만, **굶고 얼어죽은 120여명을 포함해 364명의 희생**과 분산·낙오 170여명 등 **534명의 피해**를 입기도 했습니다.

참으로 원통하고 분한 역경을 겪었으나, 우리들은 이에 굴하지 않고, **적군 中將과 대좌** 등의 생포·사살 등 **적 생포 309명 사살 174명** 등 483명을 처치하므로써 **우리戰史에 빛나는 金字塔을 쌓아** 올렸습니다.

8. 그런 우리들을 위해 1951.4.12 당시 백골병단사령관이던 육군중령 蔡命新씨가 직접 지참한 전투결과 보고를 軍수뇌부가 正式으로 接했음에도 불구하고 **참전개선 장병 283명**을 아무런 **命令書 한장 없이** 미8군으로 넘겨 버렸고, **전사자의 명단과 참전 장병의 명단조차 保存하지 않았으며,** 여기까지의 지휘·전공에 합당한 빛나는 勳功조차 수여하지 않아, 우리들 모두는 **무軍籍者**, 즉, **兵役未畢者이고** 또 **엉터리 臨時將校**가 되어 버렸던 것입니다.

9. 참전장병 중 가짜 少領이라고 해 이 사람과 같이 高等軍法會議에 회부된 사람도 생겼고, 逃亡兵이라고해 옥고를 치른 전우, 두 번 군대생활은 기본이 되다시피 되었으나 그 누구도 우리를 도우려 하지 않았습니다.

10. 1961년 8월 5.16 군사 혁명후 채명신 少將이 군사 혁명위원회 5인위원중 한사람이 되자, 參戰後 10年이나 지났으니, 억울함을 달래고자 **참전전우회를 발기**하였으나, 그분은 아직은 때가 아니니 기다리라면서 活動의 自制를 요구해 망설이다가 이래서는 아니되겠다고 생각하고, **名譽回復을** 위해 투쟁을 계속해, 오늘날까지 40여년간 會長의 重責을 맡고 있으면서, 우선 **戰歿將兵 60명을** 발굴하여, **동작동에 위패 57위**를, **大田** 현충원에는 우리들이 직접 **발굴한 유골 3位**를 **안장하는** 한편, 1980年 初부터 "박달재(檀木嶺)" 후미진 곳에 병풍을 치고, 위령제를 지내오다가 **1990년 11월 9일에 이르러서는** 인제군 북면 용대리 산 250번지에 높이 16.4m의 거대한 **白骨兵團 戰跡碑**를 당시 육군참모총장이신 **李鎭三 장군**에 의하여 建立·除幕할 수 있었고, **2003.6.5에는** 이름조차 알 수 없는 **무명용사 303명의 무명용사 合同 追慕碑**를 우리들이 건립하는 한편, 정부당국에 수백 차례에 걸친, 진정·청원, 호소 등을 해왔습니다. **참으로 어려운 나날이었습니다.**

11. 2003.6.2. 이 사람이 **참전장병의 명예회복에 관한 특별법**의 제정을 위해, **입법(안)과** 취지문을 작성하여 국회의원 133명에게 호소하였던바, 여야 37名의 국회의원이 찬성해 주시어, 議員立法으로 국회 姜昌熙 의원이 54명의 동의로 발의하여 몇차례 심의를 거치면서 褪色된 어정쩡한 法律案이 되어 버렸습니다.

그러나 저는 어쩔수 없었습니다. 드디어, 2004.3.2 국회 본회의에서 「**6.25전쟁 중 적후방지역 작전수행 공로자에 대한 군복무인정 및 보상등에 관한 법률**」이 53년만에 만장일치 찬성으로 법이 만들어 진 것입니다.

이 법률 (안)을 정부가 2004.3.22 公布하여 53년만에 비로소 **명예를 회복** 하게 된 것입니다.

12. 이제 **우리들은 軍籍이 없는 엉터리 임시군인이 아니고 堂堂한 國軍 將兵으로 군복무 인정이란 명예회복이** 되었습니다만, 戰爭할 때 받지 못한 계급별 月給을 보상금으로 정부가 계산하면서 우리들을 또다시 울렸습니다. 참으로 서글픈 사연이 아닐 수 없습니다.

어떤사람은 말합디다. 명예회복이 되었으면 됐지 또 무엇을 바래!

공로금 1,000만원이 어디야 합디다만!

죽음과 맞바꾼 이등중사 월급이 3,660원, 육군대위 한달 월급이 23,240원이라니 차마 말씀드리기조차 부끄럽습니다.

① **작전기간을** 법에서 1951년 1월부터 4월까지만 규정하였는데, 포로로 잡혔다가 **탈출·귀환한 6명**(生存中), 부상으로 인한 **군병원 입원자 24명** 등이 51년 10월까지 근무하였고, **채명신 중령의 인사기록에** 유격대 대장을 **1951.5.13까지 복무**한 것과 1951.5.3 육군참모총장이 부대 표창장을 준 점 등 증거가 명백함에도 아무런 증거없이 법을 만들었고,

② **전투기간의 계산은 3배**를 해야 함에도 唯獨 **우리들에게만 2배로** 계산하는 등 **憲法 第10條 人間의 尊嚴性 및 幸福追求權과 第11條 平等權을 위배한 법률**을 만든 결과가 되어버렸습니다.

이에 대하여, **全員이** 강력히 **連名항의** 했으나 받아들여지지 못했습니다.

참으로 죄송스럽습니다.

그래도, 이름없는 낯선 山野에서 **幽明을 달리한 전우**!! 괴로움을 곱씹으며, 50여년간을 버텨온 **전우와 유명을 달리한** 유가족에게 1,000여만원이란 공로·보상금을 받게 한 점, 이 사람은 큰 일을 해냈다고 생각합니다.

앞으로, 어떤 國難을 당했을 때, **이 나라 젊은이들은** 앞다투어 용감히 조국과 민족을 위해 이 한목숨 바쳐도, 나라가 끝까지 책임져 준다는 교훈을 남기게 되어 매우 다행스럽다고 생각합니다.

앞으로 우리들 **참전장병과 유가족**은 **白骨兵團 記念事業會**를 따로 設立하여 이 事業을 이어갈 豫定입니다. 우선 本人이 나라에서 준다는 **10,185,920원 全額을 出捐하여** 基金 확충에 앞장섰습니다.

여러분 많은 協贊을 바라마지 않습니다.

존경하는 귀빈 님과 내빈 여러분!! 그리고 참전 장병과 그 가족여러분!! 참으로 오랫동안 **忍苦의 쓰라린 50여년은 결코 헛되지 않았음을** 오늘 웅변으로 증명할 수 있게 되었음을 자랑스럽게 報告 드리면서 **우리 전적비 建立 15周年을 慶祝**하는 자리에 **李鍾三 장군님**과 전적비 건립에 **恪別하신 勞苦를 주신 高位 將星** 여러분을 모시고 素宴이나마 모시고 인사말씀을 드리는 榮光에 다시 한번 감사 드리며 이만 줄입니다.

대단히 감사합니다.

2005. 11. 9

참전 · 개선 54주년에 붙여

白骨兵團 戰友會 會長 全 仁 植

▮ 참전 개선 56주년과 현충의 달 ▮

追慕辭

2007. 6. 5 (추모사)

존경하는 귀빈님과 내빈 여러분!!

오늘 육군본부 직할 결사대(백골병단) 참전 · 개선 56주년과 제52회 현충 · 추모의 달을 맞아, 순국선열 및 호국영령과 白骨兵團 소속 전몰장병 363위(位)의 위훈을 기리며, 고인의 명복을 다시 한 번 기원 합니다.

조국의 명운(命運)이 **백척간두**(百尺竿頭) **누란**(累卵)**의 위기**에 처해 있을 때, 자신의 안일(安逸)을 버리고, 적진(敵陣) 후방으로 침투하여 나라를 구하고, **自由와 平和를 지키기 위한** 전쟁에서 용전분투한 전몰장병의 56주기(忌)를 맞아, 가신님(전우)의 안식(安息)을 정중히 기원 드립니다.

돌이켜 지난 날을 회고할 때, **6 · 25 자유수호**(自由守護) 한국전쟁이 발발 한지도 어언 반세기가 지났습니다.

놈들의 남침을 눈치 채지 못한 아군은 저들의 남침(南侵) 3일만에 수도 서울을 빼앗기고,

낙동강 최후 방어선에서 적의 공격을 저지하는 한편, **인천**(仁川) **상륙작전**의 **성공**으로 서울을 수복한 뒤, 계속 북진하여, 압록강 연안까지 진격 했으나 1950. 11. 26. 뜻하지 않은 중공군(中共軍)의 대거 참전 개입(參戰介入)으로 또다시 후퇴하게 되자,

정부는 **「총 동원령」**을 발령하기에 이르렀습니다.

이때, 반공 애국청년, 학생과 의용경찰 등 **817명은 대구**

소재 육군정보학교에 입교, 특수훈련을 받고 적진 배후(背後) 지역

으로 침투하여 유격 특수전을 감행하여,

아군 작전에 크게 기여했습니다.

그러나 혹한을 이겨내지 못할 **열악한 장비와 보급**, 그리고 **2주일분의 비상식량**인 미숫가루만으로 80여 일간의 전투에서 363명의 전우가 호국(護國)의 군신(軍神)으로 산화했으나 당국의 무성의로 아무런 예우를 받지 못하고 있던 중,

우리들 **참전전우회의 활동으로** 국립현충원에 위패(位牌) 안치한 57위(位)와 격전지에서 발굴한 유골을 대전현충원에 안장한 3위(位) 등 60위(位) 만이 겨우 명예를 회복하였으며,

303위(位)에 대하여는 그 이름조차 알 수 없어 우리 전우회원의 뜻으로,

2003년 6월 **무명용사 추모비를 세우고** 제막하는 비통함을 겪기도 했습니다. (국가보훈시설로 지정되었음)

이에 우리 전우회는 지난 2003년 5월부터 명예회복에 관한 특별법 제정 **입법기초작업**을 서둘러 2004년 3월 2일 **국회를 통과한 법률안이 법률 제7,200호 6.25전쟁 중 적 후방지역 작전수행 공로자에 대한 군복무인정 및 보상 등에 관한 법률**을 공포하고, 그 법 시행령을 마련하여,

참전 당시의 계급을 현역으로 인정하고, **보상금과 참전 당시의 계급별 봉급인 공로금**도 받을 수 있게 하였습니다.

이에 우리들 참전전우 중 뜻을 함께하는 전우 40인과 참전장병의 유가족 3인의 참여로 **기념사업회**가 발족된 뒤, 첫 사업으로 2,000여 만원을 들여 전투 중, 유명을 달리한 결사 제11연대 제2대대장 (고) 尹昌圭 대위의 살신성인(殺身成仁) **충용**의 숭고한 "얼"을 담은 忠勇碑를 지난해 6.5 건립 제막하고, 계속해서 우리나라 국군창군 이래 처음으로 작전지역내 청소년의 애국정신 고양과 자유민주 청

년으로 성장케 하고자 하는 **장학사업을 지난해 9월에** 발족한 뒤 오늘 제1회 장학금 지급의 첫 사업을 실시하게 되었습니다.

이제 80 노년이 된 우리들이 바라는 것은, 아무런 댓가(代價) 없이 적진 배후지역에서 혈투를 감행한 백골병단 용사들의 거룩한 "얼"이, 이 고장의 청소년과 젊은 세대들에게 자유(自由)가 소중함을 일깨우는 장이 되어 줄 것을 기대하고,

또, 우리들 참전 장병에게도 **영광의 전역식**을 기대하는 바입니다.

끝으로, 오늘 공사 다망하신 가운데에도 불구하고, 정중한 헌화를 주신 국방부장관님, 합동참모회의 의장님과 육군참모총장 박흥렬 장군님, 「국가보훈처장님을 비롯한 정부기관 및 정치, 군사, 사회, 저명인사」 여러분에게 깊은 감사를 드리고,

이 행사를 정중하고 또 장엄하게 거행할 수 있도록 지원해 주신 「**산악 군단장 김일생 장군 님 과 휘하 장병 여러분**」

「**이상돈 12 사단장 님과 휘하 장병 여러분**」, 「재향군인회 회장 님!」, 이 지역(地域) 「인제군수님과 의장님, 인제군 교육장 님 그리고 각급 기관장 님, 보훈단체장 님」, 용대 백골장학회 임원 여러분과 유지(有志) · 학생 여러분과, 공공 보도기관 여러분에게 깊은 감사의 인사 말씀을 드리며, 추모사에 갈음합니다.

대단히 감 사 합 니 다.

2007 년 6 월 5 일

육본 직할 白骨兵團 기념사업회 회 장 全 仁 植

= 용대 백골장학회 임원 일동 =

※ 위와 같은 "추모행사"는 1986년부터 2015년 까지 이어져 오고 있습니다.

추 모 사

인 사 말 씀 (2011년)

오늘 陸軍本部 直轄 決死隊(白骨兵團) 參戰 凱旋 60周年과 第56回 顯忠 追慕式을 奉行함에 즈음하여 陸軍 第3軍團 軍團長님과 第12師團長님 그리고 麟蹄郡守님과 各 級 機關長 · 報勳 團體長 여러분을 모신 자리에서 殉國先烈과 護國英靈을 追慕하고 白骨兵團 소속 戰歿將兵 360餘位의 偉勳을 기리는 感激스러운 追慕 儀式을 奉行함에 無限한 敬意와 感謝의 人事를 드리는 바 입니다.

돌이켜 지난날을 回顧할 때,

1950年 6月 金日成 徒黨에 依하여 勃發한 南侵 戰爭은 3年餘의 期間동안 참으로 暗鬱하고 悽慘한 戰爭을 堪當하지 않을 수 없었습니다.

우리들 決死隊員들이 祖國의 自由와 平和, 그리고 내 이웃과 父母兄弟를 지킨다는 一念만으로 이름 그대로 決死隊員이 되어 太白, 五臺, 雪嶽을 잇는 險山峻嶺에서 零下 30^{도}를 오르내리는 惡條件에서 2週日分의 미숫가루 만으로 80餘日間 피나는 血鬪를 敢行하여 敵 人民軍 中將 1名과 大佐 등 고위 幹部 등 敵 生捕 300餘 未確認 射殺 포함 170餘名 등의 戰果를 올렸습니다만, 이 戰鬪 中 우리 戰友 중 故 尹昌圭 대위 外 59位와 無名勇士 303名 등 360餘名이 犧牲을 입었습니다.

이와같이 많은 犧牲은 3週間이란 짧은 敎育 · 訓練과 裝備의 缺陷 및 實彈射擊조차 하지 못한 것과 山嶽 作戰用 로프조차 支給하지 않은데 있으며 굶고 허기져 凍 · 餓死한 非戰鬪 損失 120餘名이 이에 包含 되어 있기 때문이라고 回顧됩니다.

살아남은 우리들 280餘名은 10年이 지난 1961年 우리 戰友들이 뜻을 함께 하여 名譽回復을 위해 盡力했습니다만 그 뒤 30年이 지난 1990年 11月에 이르러 비로소 여기 「**白骨兵團 戰跡碑**」가 陸軍의 豫算支援과 參戰 戰友의 誠金을 財源으로 3軍團 工兵旅團과 703特攻聯隊의 支援으로 建立되어 해마다 6月이 되면 여기서 追慕 儀式을 奉行해 왔습니다.

우리 決死隊員들은 2004年 3月 22日 法律 第7,200호「**6.25 전쟁중 적후방 지역 작전 수행 공로자에 대한 군복무인정 및 보상 등에 관한 법률**」을 制定·建議하여 法令에 따라 現役 軍人의 階級認定과 同時에 若干의 報償金·敵後方에 있었기에 받지 못한 俸給도 受領하였고, 2010年 6月 25日에는 參戰 凱旋 59周年만에 陸軍本部 廣場에서 創軍以來 처음으로 59年만에 轉役式을 擧行한 바 있었으며, 陸軍本部 內 名譽의 殿堂에도 60故人의 名碑를 顯刻하였고, 2011年 4月에는 용산 戰爭記念館 內 戰死者 名碑에도 戰歿將兵 60位를 顯刻하는 등 名譽을 回復하였습니다만, 아직도 無名勇士 303人의 姓名조차 찾지 못한 아쉬움과 鬱憤은 禁할길 없습니다.

우리 모두는 떨쳐 일어나야 합니다. 저놈들은 20代의 젊은 애숭이에게 大將이란 呼稱을 주고 世襲王朝를 劃策하고 있습니다. 이런때 北녁 2천만 同胞들은 굶주린배를 움켜쥐고 쌀밥과 自由를 목매어 애타게 渴求하고 있음을 우리 모두는 直視해야 합니다.

우리 모두는 떨쳐 일어서야 합니다!! 그리고 膺懲해야 합니다. 이것이 延坪島의 爆擊과 天安艦 被擊!! 그리고 核으로 威脅하는 것에 對한 우리의 正當한 對應이라고 確信하는바 입니다.

끝으로 公私多忙하신 가운데에도 不拘하시고 鄭重하신 追慕 花環을 주시고, 追慕 激勵해 주신 ~~國防部長官님~~, 合同參謀本部 議長님, 陸軍參謀總長님, 第1野戰軍司令官님과 行事 豫算을 支援해 주시고 激勵해 주신 國家報勳處長님과 陸軍第3軍團長님, 第12師團長님과 共同主催해 주신 麟蹄郡守님 有關 機關長님, 報勳團體長님, 703特攻聯隊長님 외 行事 兵力 여러분!! 그리고 地域 敬老人 여러분과 學生 諸君에게도 感謝의 人事를 드리는 바 입니다.

대단히 감사합니다.

2011년 6월 3일

육본직할 결사대 전우회 회 장 全 仁 植

2012년 현충행사시 전우회장의 인사

人事말씀

오늘 제57회 호국보훈의 달, 참전 개선 61주년을 맞아 날씨도 무더운데 이곳 龍垈까지 찾아주신 貴賓님과 來賓 여러분!! 참으로 고맙습니다.

그리고 이 莊嚴한 儀式을 主管해 주신 山嶽軍團長, 한동주 中將님과 12師團長님, 그리고 直轄部隊長님을 비롯한 여러 參謀將兵과 인제군教育長님, 報勳團體長여러분! 이 地域 어르신 여러분! 共同主催해주신 이순선 麟蹄 郡守님 고맙습니다.

아울러, 國家報勳處長님과 大韓民國 在鄕軍人會長님의 後援과 國防部長官님, 合同參謀本部 議長님, 陸軍參謀總長님과 여러 貴賓님의 정성어린 追慕 화환과 第3野戰軍司令官님의 激勵書狀을 비롯한 여러분의 激勵에 對하여서도 깊은 感謝를 鄭重히 드리는 바입니다.

돌이켜, 지난날을 回顧할 때, 6.25는 피나는 우리 民族의 슬픔 그 自體였습니다.

北韓 傀儡集團의 頭目인 金日成이 蘇聯 스탈린에 빌붙어 T-34重탱크 400餘臺와 各種 野砲 및 銃器와 YAK전투기의 支援을 받고, 소련 軍事 顧問團의 支援을 받았으며, 한편으로는 中共의 毛澤東과 朝中 相互 防衛條約이란 동맹을 맺고 장개석 軍隊와의 國共戰鬪에 參戰했던 朝鮮族 약 6萬名의 八路軍 中 3萬6千餘名을 朝鮮人民軍으로 編入 · 支援 받고, 軍事訓練을 强化한 끝에 1950年 6月 22日 朝鮮人民軍 總司令官 作戰命令 第1号를 發令하여 北韓地域內 全 兵力을 38線에 集中 配置 한 뒤, 6月 25日 04時에 一齊히 奇襲 南侵한 事件이 바로, 6.25 南侵 韓國戰爭의 序幕인 것입니다.

아무런 防備가 없던 우리는 開戰 3日만에 서울이 被占되었고, 漢江 人道橋의 爆破로 數萬名이 犧牲됨을 비롯해 全國土의 90% 以上이 焦土化되었습니다.

나라의 命運이 百尺竿頭에 있을 때, 50年 9月 15日 맥아더司令官에 依한 仁川 上陸作戰의 成功으로 9.28 서울이 收復된 뒤, 우리 軍은 10月 1日 歷史的인 38線을 突破하고 北進을 繼續하여 10月 19日에는 赤都 平壤에 進入하였고, 압록강 沿岸까지 進擊하여 統一의 눈앞까지 이르렀으나, 中共의 毛澤東은 그해 10月 16日에서 19日 사이에 中共軍 6개軍 約 40여萬名을 北韓地域에 몰래 숨어들게 한 뒤 10月 25日에 이르러 中共軍 60餘萬名이 一齊히 人海戰術로 我軍을 奇襲攻擊하여 統一을 위해 北進中인 我軍 7師團과 8師團이 包圍 고립되어 큰

被害를 입게 되었습니다.

이에 美8軍司令官은 50年 12月 2日 撤收 命令을 下達하였는바, 이것이 이른바 1.4後退의 開始가 된 것입니다.

이런 國難의 危急한 때, 우리들 愛國 青年·學生 등 모두가 일어나 나라를 지키기 위한 救國隊列에 나서게 되었습니다.

裝備도 없고, 訓練施設도 전혀 없으며, 먹을 것도, 입을 것도 없던 避難살이 時節이라 銃도 彈藥도 없어, 人民軍으로부터 빼앗은 딱콩銃과 총알 若干, 그리고 軍服 도 없으니 누비바지 저고리를 急하게 만들어 입힌 것이 모양세가 北傀軍과 똑 같아졌던 것입니다.

이들이 바로 우리들 입니다.

3週日間의 基礎훈련을 받고, 총 한번 쏘아보지도 못한 青年들!! 자그만치 817名 이란 大兵力이 1951年 1月 육군본부 직할 決死第11聯隊, 第12·13聯隊로 編成 되어 作戰中 12연대의 一部 落伍者를 除外한 647명이 1951年 2月 20日 退谷里 敵陣中에서 白骨兵團으로 再編成 되었습니다.

오늘 여기 모인 이들이 바로 韓國軍 最初의 正規 遊擊隊로 빛나는 戰功을 세운 사람들 입니다.

이들은 1951年 1月부터 그해 4月까지 사이에 太白, 五臺, 雪嶽을 잇는 險山峻嶺에서 영하 30°를 오르내리는 酷寒을 견디며, 縱橫 800里를 사향 노룻떼와 같이 2週日分의 미숫가루만으로 80餘日間 굶주림을 견디며 여러 戰鬪에서 北傀軍 69旅團에 致命的인 打擊과 對南 빨치산 司令官 인민군 中將 吉元八과 참모장 姜七星 大佐 등 指揮部 13名 全員의 生捕를 비롯하여 敵將兵 生捕 309名, 射殺 170여명(미확인 포함) 각종 銃器 노획 204정 등 많은 戰果를 올렸습니다만 우리들도 360여명의 被害를 입었습니다. 그 中 120餘名은 굶고 허기져 얼어 죽었습니다. 참으로 悲慘했습니다.

그분들 중 (고)尹昌圭 대위 外 59人은 戰死가 確認되어 國立墓地에 位牌 57位와 安葬 3位를 하였고, 그 나머지 303名과 民間人 參與者 中 死亡한 13名이 이옆에 세워져 있는 無名勇士 追慕碑로 오늘 우리 모두를 지키고 있습니다.

軍隊에 가서 戰死하였는데 어째서 無名勇士가 되었습니까! 그 當時는 참으로 어지럽고 混亂스러운 時期였습니다.

그나마 살아남은 우리들은 50餘年이 흐른 뒤에야 비로소 法律에 따라 參戰當時의 階級을 그대로 認定받고, 敵 後方에 있었기에 받지 못한 階級別 俸給과 보상금도 받았으며, 2010年에는 陸軍本部 내 넓은 廣場에서 榮光의 轉役式도 갖었습니다. 참으로 感激스럽고 고마웠습니다.

우리 모두는 잊지 말아야 합니다. 저놈들은 代를 잇다가 이제는 그 孫子새끼에 까지 이어가 繼續 우리를 威脅하고 있습니다.

로켓砲도 모자라, 核폭탄 云云과 天安艦의 爆沈! 延坪島의 砲擊!! 서울 불바다!! 등 온갖 脅迫과 망나니 짓을 다 하고 있으며,

우리나라 內部에서는 북괴의 追從, 從北 左派라는 놈들이 활개치고 國家를 뒤흔들고 있으며, 마침내는 간첩출신者들 여러名이 國會에 까지 入城?하는 事態로까지 發展한 것은 마치 6.25 前, **"제주 43사건"**과 **"대구폭동사건"**, **"여수順天반란사건"**, "精版社**위조지폐사건**", 金若水 등 南勞党의 **國會 뿌락치事件**이 再演되는 事態를 보는것과 매우 恰似하니 우리모두는 精神을 바짝 차리지 않으면 第2의 6.25와 같은 參變을 免할 수 없다는 嚴然한 事實을 直視 해야 합니다.

報道에 依하면, 全南의 어느 地方에 있는 許可 받지 않은 學院?에서는 "촛불集會"에 "제주海軍基地 建設反對"에 앞장세우고 反美를 외치는 것을 學習의 體驗 實習이라 하니 이들은 저놈들의 下手·突擊隊員으로 養成하는 듯 한데 이들을 法으로 制止하지 못하고 있다합니다.

정말 큰일입니다.

이런 어리석은 무리들과 함께 숨을 쉰다는 것 自体가 여간 역겨운 것이 아닙니다.

우리 모두는 大悟 覺醒해야합니다. 나라가 百尺竿頭에 있을 때 우리 모두가 奮然히 일어난 것을 되새겨 다시한번 覺悟를 새롭게 하십시다.

이대로는 정말 아니 됩니다. 올해는 特히 護國安保의 重要性이 恪別한 때입니다. 몇 번을 强調 해도 끝이 없습니다.

이제 우리 모두는 하나되어, **祖國의 自由와 平和를 위해 尖兵이 되어 爲國獻身의 精神을 가다듬고 앞으로 精進해 나아갑시다.** 라는 말씀으로 제 人事를 代身 합니다.

아래 황태 食堂에 간단한 午餐을 마련하였사오니 한분도 빠짐없이 모두 함께 하셔서 午餐을 드시면서 지난날을 回顧하시고, 앞으로 우리모두가 一致團結하여 붉은 이릿대와 그 追從者 들을 우리 社會에서 모두 몰아내고 바르게 살아갈 수 있도록 다함께 努力합시다. 라는 乾杯를 하십시다.

감사합니다.

2012. 6. 5.

육군본부 직할 결사대 전우회장 전 인 식

7. 나의 푸념은 이어지고

(1) 나의 전우회 활동

나는 우리들 참전 전우회를 1961년 발기 한 이후 전우회를 운영하면서 큰돈을 썼다고들 말하고……

그동안 작은 아파트 두 채는 바쳤다고들 했다.

외형적으로는 **3억여 만원이란** 집계가 되어 있으나 그 집계보다 2~3배 정도는 더 썼다고들 했다.

1년에 5만원짜리 책 7~8,000권의 저작권 인세(출판 인지대) 43년 중 35년 만 계산해도 20억원 상당의 큰 돈이 온데 간데 없으니, 나도 재산관리를 잘 못한 것 같다.

① **〈종인장학회 운영〉** 고향의 탄현초등학교 몫으로 장학기금 5,000만원과 문산 중학교 몫 장학기금 7,000만원 계 1억 2,000만원을 재원으로 한 종인장학회(鍾仁獎學會)는 내가 1969년부터 지금까지 (탄현초등학교)이어오고 있는 것을 몇 해 전에 중학교 까지 확대하여 운영하고 있다.

해마다 초등학교에 80~100만원, 중학교에 120~150만원을 지급하고 있는 중이다.

② **〈전적비 보호 관리시설〉** 2011년 11월 11일 전적비의 동북방 산비탈의 암석이 언젠가는 부식·풍화되어 낙석될 위험이 있어 전적비를 방호할 3단 방호벽을 시설하여 전적비의 영구 보존을 도모하고자 시도하여 총 4,345만원의 비용 중 국가공공기관의 지원 없이 내가 2,550만원을 부담하고 우리 전우들이 나머지를 헌성하여 완성하는 등의 활동도 하였다.

③ **〈충용 백골상 기금조성〉** 2012년 4월 21일에는 강원도 인제군에 주둔중인 703 특공연대가 우리 전적비를 관리하고 있기에 동부대 부사관을 격려하기 위한 **충용 백골상**(윤창규 대위의 충용을 기리는)을 내가 앞장 서 제정하여 총 상금기금 5,740 만원 중 (상금기금 관리는 703특공연대가 관리 중) 내가 3,540 만원을 헌성 · 출연하여 해마다 부사관 2명에게 상장과 부상 50 만원씩을 지급하고 있다.

④ **〈용대초등학생에 대한 장학사업〉** 강원도 인제군 북면 용대리 **용대초등학교 재학생** 5 ~ 6명에게도 해마다 6월 현충일에 장학금 20 만원씩을 지급하고 있는데 그 기금 6,400만원은 2023년 까지 10년간 장기로 예치했으므로 앞으로 10년간은 해마다 100 만원 이상의 장학금 지급에 대한 자금에는 신경 쓸 필요가 없을 것으로 생각 됩니다.

그러나 우리 참전전우회의 활동에 걱정스러운 것은 우리 전우들이 최소 82세부터 90세까지의 노령인데다 늙고 병들어 있어서 큰 문제가 아닐 수 없습니다.

현재 • 치매 비슷한 중환자가 4인

• 거동이 불능 하거나 극히 불편한 전우가 7인

• 겨우겨우 행동하는 전우 5인 등 16인의 유고로 인해 앞으로 해마다 6월 현충 추모 행사 참가 가능 인원이 8 ~ 9 명 미만의 전우가 참여할 것으로 우려돼 전우회의 존폐조차 재검토 되어야 할 형편에 있습니다.

(2) 전적비의 보존·관리

전적비의 보존·관리에 대한 예산 또한 국방부 150만원 정도와 국가보훈처 300만원 정도로 합해서 450만원 정도가 연간 현충·보훈·위령행사비 입니다.

강원도에는 크고 작은 전적·위령비가 많이 있는데, 지방자치단체의 예산으로는 이들 전적비를 관리 한다는 것은 극히 불가능한 실정에 있는 것 같고,

우리 전우회가 부담·집행하고 있는 연간 약 600만원도 앞으로는 마련할 수 없으니, 여간 큰 걱정이 아닐 수 없습니다. 관계 당국의 배려가 바라집니다.

특히 국회나 지방자치단체가 종북 단체 등에 대한 국고 내지는 지방보조금을 막대하게 지급하고 있는데 이를 없애고 그 돈으로 전국에 산재되어 있는 전적·위령비의 보호·관리비에 배정해 줄 당국자나 국회·지방의회 의원은 없으신지 ……

국군 최초의 정식 유격대 60일간의 작전 지금도 전설

육군본부직할 결사대 (일명 백골병단) 전우회

6·25 참전 개선 60주년·56회 현충 추모행사

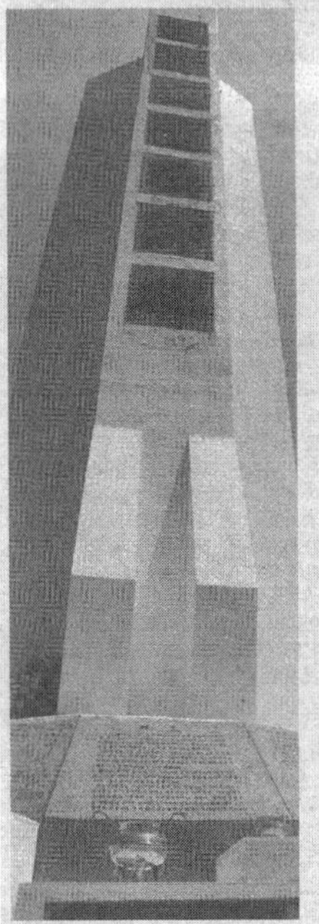

강원도 인제군 북면 용대3리 산 250-2에 있는 육군본부직할 결사대(일명 백골병단) 전적비.

육군본부직할 결사대 전우회(일명 백골병단·회장 전인식)은 지난 3일 강원 인제군 북면 용대3리 산 250-2 백골병단 전적비 앞 광장에서 '6·25 참전 개선 60주년 및 56회 현충 추모식'을 엄수했다.

이날 행사에는 전인식 전우회장과 백골병단 출신 참전 용사, 육군3군단장과 12사단장, 지역 내 각급 부대 장병, 인제군수와 지역 향군회장·회원 등 지역 내 각급 기관·단체장들이 대거 참석해 60여 년 전 지역에서 순국한 선열들의 넋을 위로하고 백골병단 소속 전몰 장병 360여 위의 위훈을 기렸다.

이 자리에서 전 회장은 추모사를 통해 "백골병단 결사대원은 조국의 자유와 평화, 그리고 내 이웃과 부모형제를 지킨다는 일념만으로 태백과 설악을 잇는 험준 산령에서 60여일간 피나는 전투를 했다"며 "오늘 이 자리에서 당시 전투로 희생된 전우들의 넋을 기리고 호국 의지를 다시 한번 다지게 된다"고 강조했다.

전 회장은 또 "북한 도당은 지금도 세계적으로 그 유례를 찾을 수 없는 3대 부자 세습을 획책하고 있다. 그것이 북한이란 점을 직시해야 하며, 저들의 위협에 정당한 대응을 해야 한다"고 주문했다.

이날 행사에서는 또 지역 내 용대초등학교 학생 5명에 대한 장학금 전달식도 열려 100만 원이 전달됐다.

올해 5회째인 장학금은 전우회가 지역 내 안보 공감대 확산 차원에서 시작했으며, 특히 지역 사회에 전적비에 대한 관심과 정화작업 등을 이끌어낸다는 의미도 담고 있다.

전우회 관계자는 "장학사업은 지역 내 어린이들에게 '안보의 씨'를 뿌리는 것과 같다"며 "6·25전쟁의 살아 있는 역사를 백골병단의 살신성인·우국충정으로 승화한다는 차원에서 장학사업의 의미는 크다"고 강조했다.

용대리 주민 김영천(75) 씨는 "우리 마을에 6·25전쟁 때 혁혁한 공을 세우고 전사한 국군의 넋을 기리는 전적비가 있다는 것 자체가 영광"이라며 "지역 주민들이 틈나는 대로 전적비 주변 잡초를 뽑거나 오물 등을 정리 하는 것으로 전적비를 살피고 있다"고 말했다.

행사를 마친 뒤에는 주역 주민들을 위한 작은 경로잔치가 주변 식당에서 열렸다.

잔치에는 70여 명의 노인들이 참석해 준비한 음식과 기념품을 받고 덕담을 나눴다.

노인들은 "그저 고마울 따름이고 반갑기만 하다"며 "해마다 이맘때 찾아오는 전우회원들의 수가 줄어들어 안타까운 마음 금할 수 없다"고 말했다.

계획된 지역 행사를 모두 마친 전우회원들은 오후 시간에 60여 년 전 전적지 답사에 나서 강원도 인제와 속초, 한계령 등 과거 자신들이 퇴각하던 격전지 곳곳에 내려 과거의 전쟁담을 나눴다.

글·사진=유호상 기자

■ 편집=김애란 기자

■육군본부직할 결사대

육군본부 직할 결사대(일명 백골병단)는 1951년 1·4 후퇴 당시 적정 수집을 위한 유격대의 필요성을 절감한 육군본부에 의해 51년 1월 647명으로 구성된 대한민국 최초의 정식 유격대로 창설됐다. 이들은 당시 1·4 후퇴로 다시 위기를 맞은 조국을 구하고자 적 후방에 깊숙이 침투, 각종 정보를 수집하고 적 고위 간부를 생포하는 등 혁혁한 전과를 올렸다.

51년 2월 3일부터 3월 30일까지 60여 일간 당시 적 지역이었던 오대산·설악산 일대에 침투해 고산 준령과 동계 혹한에 대비한 변변한 장비 지원없이 전 대원이 동시에 하루에 20~30㎞를 이동하면서 적 후방 교란, 적 연락장교 생포, 지휘소 습격, 적 치안시설 습격·파괴 등의 임무를 완벽하게 수행했다. 이때 2주일분의 미숫가루 보급만으로 2개월간 적진 배후작전을 성공적으로 완수하고 강릉시로 귀환한 전투사는 지금까지도 전설로 통하고 있다.

51년 3월 18일 강원도 인제군 필례 마을에서 인민군 대남 유격대 총사령관이자 인민군 중앙당 5지대장인 길원팔 중장을 생포했고, 참모장 강칠성 대좌 등 고급 간부 13명도 생포하는 빛나는 전공을 세웠다.

불과 두 달 만에 300여 명의 적군을 생포했고, 적 69여단의 전투상보 등 기밀문서 노획과 적 초소 파괴, 통신선 차단 등 적진 후방 교란작전을 펼쳤다.

백골병단은 51년 6월까지 강원도 북부지역에서 임무를 수행했으며, 작전을 수행하는 과정에서 364명의 전우가 전사했다.

백골병단은 2010년 6월 25일 참전 개선 59년 만에 계룡대 연병장에서 전역식을 거행했다.

6·25전쟁 당시 임시계급을 부여받고 전투에 참전했으나 당시 급박한 전황과 부대 사정으로 인해 전역행사를 갖지 못하다가 전쟁 발발 60주년을 맞아 전역식을 가진 것이다.

이와 함께 육군본부 내 명예의 전당에도 60위의 명비를 현각했으며 올해 4월 7일에는 용산 전쟁기념관내 전사자 명비에도 전몰 장병 60위를 현각하는 등 명예를 회복한 바 있다.

"조국의 부름에 생사 겨를 없이 달려갔다"

전인식 전우회장

"전역식도 가졌고 육군본부와 전쟁기념관에 전몰장병 60위 현각도 하는 등 백골병단의 명예를 많이 회복했지만 아직도 무명용사 303인의 이름조차 찾지 못한 아쉬움과 울분이 남아 있지."

지난 3일 강원도 인제군 북면 용대리 백골병단 전적비에서 추도식 행사를 마친 뒤 자리를 함께한 육군본부직할 결사대 전인식(사진) 전우회장은 아쉬움을 이렇게 토로했다.

지난해 행사 때 전한 뒷말과 별반 차이가 없는 이 말 속에 진한 아쉬움이 묻어났지만, 그래도 오랜만에 함께 온 전우들과 덕담을 나눌 수 있어 감개무량하다는 소감도 털어놨다.

전 회장은 "조국의 부름에 아무런 대가 없이 전선에 달려가 무작정 적과 맞서 싸웠다. 삶과 죽음의 경계를 생각할 겨를도 없었다"며 "지금도 찾지 못한 당시의 전우들을 생각하면 당시 전투가 지금도 생생하고 피가 끓어 오름을 느낀다"고 60여 년 전을 회상했다.

이날 행사에 참석한 전우들은 이른 아침 서울 마포구 합정동에서 함께 출발한 전우와 현지에서 개인적으로 합류한 전우까지 합쳐 20여 명.

지난해보다 대략 대여섯 명이 준 숫자인 점도 전 회장은 가슴 아프다.

전 회장은 "숙원사업 대부분이 해결돼 전우들과 반갑게 재회하지만 여전히 가슴 한쪽이 시리고 아프다"며 "해마다 그만해야겠다고 작정하고 추도식 때마다 회원들에게 선언하지만 지키지 못하고 있다. 계속 회장으로 남아 달라는 무언의 간청에 훌훌 털 수가 없다. 기력이 남아 있을 때 할 일은 반드시 할 생각"이라고 진한 아쉬움의 뒤끝을 풀겼다.

생사고락을 함께한 전우들을 위해 아직 할 일이 남아 있다는 생각은 아마도 전우회장으로서의 책임감과 사명감 때문으로 읽혀졌다.

전 회장은 6월이 가장 바쁘다.

이날 행사 중간중간에 각급 부대에서 안보강연 요청 전화가 계속 울렸다.

전 회장은 "오는 16일 육군73사단 안보강연 초청행사, 그리고 24일 육군특전사 6·25전쟁 특별 초청행사 등이 줄지어 있다"며 "시간과 기회가 닿는 전우들과 함께 갈 생각"이라고 말했다.

전 회장은 "우리 백골병단을 최초의 특전사로 부르는 경우도 있다"며 "하지만 중요한 것은 우리는 60여 년 전 오직 조국을 위해 한 몸을 기꺼이 던졌다는 사실이다. 이 점만을 후배 장병들이 알아줬으면 한다.

노병의 고리타분한 전투 경험담으로만 듣지 말고 내 조국의 의미를 깨달아 달라는 얘기"라며 국민의 안보의식을 간절하게 주문했다.

유호상 기자 hosang61@dema.kr

(3) 현충 추모식

2000. 6. 5 대한유격참전동지회와 육군산악군단이 공동주최 한 백골병단 개선 49주년과 제45회 현충일, 전몰장병의 합동 추모식이 군관민 300여명이 참가한 가운데 엄수되었다.

국방일보 제 10692호 2000년 6월 5일 월요일 (3)

대한유격참전동지회와 육군산악부대는 백골병단 개선 49주년 기념 추모행사를 가졌다.

호국영령 추모·國家安保 다져

白骨兵團 개선 49주년 기념 추모식

대한유격참전동지회·육군산악부대 공동 주관

6·25전쟁 중 한국군 최초의 정규 유격대로 창설돼 당시 적 후방지역이었던 설악·태백산 준령을 누비며 특수 유격임무를 수행, 큰 전공을 세웠던 '전쟁 영웅'들이 옛 격전지를 다시 찾았다.

대한유격참전동지회(일명 백골병단·회장 전인식)는 3일 강원도 인제군 북면 용대리 격전현장에서 육군산악부대와 공동 주관으로 백골병단 개선 49주년 기념 호국영령 추모식을 갖고 나라의 위기를 구하다 장렬히 산화한 호국 군신들의 고귀한 희생정신을 기렸다.

6·25전쟁 50주년을 맞아 백골병단 전적비가 엄숙히 지켜보는 가운데 거행된 이날 행사에는 참전동지회원 및 유가족, 지역기관장과 학생, 육군을지부대장, 산악부대 예하 장병들이 참석해 호국영령의 위훈을 기리는 동시에 '안보와 국방'의 중요성을 더욱 공고히 다짐하는 뜻깊은 시간을 가졌다.

이 자리에서 전인식 회장은 추모사를 통해 "국내외 정세가 많이 달라지면서 한반도에도 냉전종식의 기대가 일고 있으나 유비무환의 정신만이 우리의 자유와 평화를 지킬 수 있다"고 강조하고 "백골병단의 전사가 국민 모두에게 안보의 중요성을 일깨워주는 유비무환의 초석이 됐으면 한다"고 말했다.

백골병단은 1951년 2월 대학생 등 640여 명의 애국청년들을 주축으로 창설된 육군본부 직할 정규 유격대. 이들은 설악·오대·태백산 일대에서 특수임무를 수행하며 적 빨치산 지휘부 섬멸 등 490여 명의 적군 사살·생포, 통신시설 파괴 등의 혁혁한 전공을 세우며 국군의 북진에 기여했으나 360여 명의 전우를 잃었다.

한편 이날 행사에는 길형보 육군참모총장과 김판규 1야전군사령관 등이 격려전문을 보내 백골병단의 숭고한 나라사랑 정신을 위로했다. 〈김용섭 기자〉

■ *6·25 참전노병에게 듣는다* 〈5·끝〉

"강력한 힘만이 자유·평화지켜"

백골병단 참전전우회 전 인 식 회장

참전용사를 만났다. 백골병단 참전전우회를 이끌고 있는 전인식 회장(72·사진). 6·25전쟁이 발발한 지 반백년이 넘는 세월의 흐름은 조국과 민족을 위해 주저없이 전장(戰場)으로 뛰어 들었던 20대 청년을 백발이 성성한 노년으로 변모시켰다. 하지만 그는 지금도 그때 그날의 시련과 참상, 그리고 감격을 생생하게 기억하고 있다.

"힘이 있어야 돼. 지난해 남북정상회담 이후 마치 한반도의 평화와 안정이 보장된 것처럼 성급한 기대와 환상을 갖고 있는 사람들이 있는데 이는 오산이야. 남북정상의 만남이 그러했듯, 우리에게 강력한 힘이 있어야만 영구적으로 자유와 평화를 누릴 수 있는 거야. 지금은 오히려 그 어느때보다도 튼튼한 안보와 강력한 군사력이 필요한 시기지."

조국의 운명이 백척간두의 위기에 처해 있을 때 적진 배후지역으로 침투, 유격특수전을 감행했던 전회장은 '튼튼한 안보와 강력한 군사력'을 강조하며 다시 맞은 6월의 감회를 말한다.

640명으로 육군 최초 정규 유격대 창설

2주식량으로 60일간 적진 누비며 死鬪

백골병단은 중공군의 개입으로 압록강 연안까지 진격했던 아군이 다시 후퇴를 거듭하던 1951년 2월 하순 강원도 명주군의 '적진'(敵陣)속에서 창설됐다.

"당시 그곳에는 불과 3주 동안 육군정보학교에서 대북공작 등의 특수교육을 받고 침투한 유격대원들이 결사 11, 12, 13연대로 편성돼 설악산과 오대산 등 태백산맥 일대의 험산준령을 넘나들며 유격특수전을 수행하고 있었는데 이를 통합한 640여명으로 육군 최초의 정규 유격대인 백골병단이 창설된 것이지."

대위 계급이었던 전회장에게는 작전참모라는 중책이 부여됐다.

"단원 모두가 학생과 의용경찰 등 반공사상이 투철했던 애국청년들이었지. 단 한시간 앞도 예측할 수 없는 생사의 기로에서 말로 표현할 수 없는 혈전이 계속됐어. 뼛속까지 파고 드는 혹한에 열악한 장비, 2주일분의 미숫가루만으로 60여일 간의 전투를 치렀지. 전후 세대들은 상상조차 하기 힘든 처절하고도 참담한 전쟁이었어."

험산준령에다 적진 한복판에서의 사투가 계속됐지만 백골병단은 아군의 승전을 뒷받침할 수 있는 혁혁한 전과를 올렸다.

적 69여단 전투상보 등 기밀문서 노획, 적 초소파괴 및 통신선 차단 등의 임무를 하나 하나 성공적으로 수행하다 51년 3월 18일에는 한계령 부근의 필례 마을에서 인민군 대남 유격대 총사령관인 길원팔 중장과 참모장 강칠성 대좌 등 고급간부 13명을 생포하는 빛나는 전공을 수립했다.

"불과 2개월 동안 생포한 적군의 수만 309명이나 될 정도이니 대단한 전과를 올렸지. 하지만 우리의 피해도 적지 않았어. 절반이 넘는 364명이 호국의 군신으로 산화해 갔어. 적의 총탄에 맞아 전사한 전우는 오히려 나은 편이지. 추위와 굶주림에 지쳐 쓰러지는 전우를 볼 때는 차라리 같이 죽는 게 낫다는 참담한 심정이 들곤 했어."

앞서 간 전우들의 모습이 떠오를 때 마다 살아남은 사람으로서의 할 일을 다 못해 죄스럽기만 하다는 전회장은 지난 65년 전국 각지에 흩어져 있는 생존 전우들의 뜻을 모아 백골병단 참전전우회를 결성했다. 그리고 매년 현충일에 앞서 개선기념식 및 추모제를 거행, 앞서 간 전우들의 넋을 기리면서 '안보와 국방'을 돈독히 하는 계기로 삼고 있다.

특히 지난 90년에는 그들의 젊은 피가 스며 있는 강원도 인제군 북면 용대리 격전 현장의 한 곳에 육군의 지원을 받아 대형 전적비를 건립, 백골병단은 전후 38년이 흐른 후 비로소 그 존재와 공로를 공식으로 인정받았다.

"단원중 일부의 위패가 국립묘지에 모셔져 있으나 고증자료를 찾지 못해 아직도 완전한 명예회복을 이루지 못한 게 안타깝다"는 전회장. 그는 "6·25전쟁은 유비무환만이 자유와 평화를 지킬 수 있다는 불변의 고전적 진리를 가장 큰 교훈으로 남겼다"면서 "아무 대가도 바라지 않고 오직 국가와 민족을 위해 사지(死地)로 뛰어들어 꽃다운 목숨을 초개와 같이 바친 백골병단 용사들의 거룩한 얼은 오늘은 물론, 내일의 사람들에게도 자유와 평화의 소중함을 일깨워 주는 산증표로 영원히 계승되어야 할 것"이라고 강조한다.

〈김용섭 기자〉 kus1@dapis.go.kr

2004 현충추모식

2004. 6. 4 현충추모식이 백골병단 전적비 앞 광장에서 엄수된 뒤 전인식 전우회장이 추모사를 낭독하고 있다.

2004. 6. 4 현충행사시 헌화분향한 전우회장 전인식

참전전우회원의 추모화환

추모제에
참석한 내빈

백골병단 전우회의
약사 기념물

천용택 국방위원장 / 이상훈 재향군인회장의 화환

김동신 국방부장관 / 길형보 육군참모총장
김판규 제1군사령관 / 김인종 제2군 사령관의 화환

참전전우 일동과 유가족

국군유해 발굴에 앞서 지신제 (전인식씨의 제례모습)

2008. 7. 7 강원도 인제군 기린면 진동리(진흑동) 야산 계곡 기슭에서 국군유해 발굴에 앞서 간단한 지신 개토제를 올리는 전인식 회장과 국방부 유해발굴단 일동

개토 지신제를 올리고 난 뒤 유해발굴단 요원들이 발굴 전 회의를 하고 있을 때 옛날의 추억에 젖은 전인식 회장과 차주찬 전우(총무)

현충추모식 관련

2009 현충 추모식

2009. 6. 5 10:50 전인식 회장이
李聖浩 군단장을 영접하고 있다.

2009. 6. 5 10:58 현충 추모행사장에
모두 좌정하고 있다.

2009. 6. 5 11:05 전인식
전우회장이 헌화하고 분향
경례하고 있다.

2009. 6. 5 11:08
李聖浩 군단장이
이상희 국방부장관의 헌화를
대리 봉헌하고 있다.

제12부 참전 59년만에 영광의 전역

1. 영광의 전역식

2010년 6월 25일 계룡대 육군본부 광장에서는 참전 59년 만에 이색적인 전역식이 거행되었다.

육군본부 직할 결사대(일명 백골병단) 참전 장병 중 생존자에 대한 전역식이 거행된 것이다.

임시대위 전인식이 육군소령이 되어 59년여 만에 장한 전역(퇴역)을 하는 날이기도 하다.

전역신고

① 대표 신고자(**육군소령 전인식**)

인사사령관님께 대하여 경례! "충 성"!!

* 신고자 일동 : "충 성" (거수경례)

② 대표 신고자 : **신고합니다. 소령 전인식**

* 신고자 (각 개인별 계급 성명)

중 위	김인태
소 위	김용필, **동** 권태종, **동** 오석현, **동** 황태규
이등상사	홍금표, **동** 장지영, **동** 김종호, **동** 김중신, **동** 송세용, **동** 박승록, **동** 박용주, **동** 이영구
일등중사	임동욱, **동** 전영도, **동** 이영진, **동** 임병기, **동** 안병희, **동** 윤경준, **동** 김항태, **동** 김송규, **동** 임병화
이등중사	차주찬, **동** 최희철, **동** 배선호

대표신고자 : **이상 26명은 2010년 6월 25일 부로 각각 전역을 명 받았습니다! 이에 신고 합니다.**

대표신고자 : 인사사령관님께 대하여 경례! **"충 성"!!**

* 신고자 : 일동 **"충 성"** (거수경례)

대표 신고자 : **바로!**

이와 같이 전역 신고를 하였다.

6.25 전(퇴)역식 관련 알림

2010.6.15

1. 우리들 전(퇴)역식을 주관하신 육군참모총장 한민구 대장께서 합동참모회의 의장으로 영전하시고 황의돈 대장께서 육군참모총장으로 부임하셔서 우리의 전(퇴)역을 이어 집행하시게 되었습니다. 축하와 감사드립니다.
2. 우리행사에 대하여 각계의 의견도 많은 듯한데 우리 전우들이 자기 생각을 그대로 발설해서는 우리 전체가 곤란하게 되니 각개 행동이나 언행은 적극 사양해 주시기 바랍니다.(전역 답사를 참고 해 주십시요)
3. 군 계급장을 달고 있으니 군인의 참모습과 행동을 해주시기 바랍니다.
4. 사진을 찍을 때에도 계급 서열대로 행동해주셔야 합니다.
5. 모든 참전자는 6.25 아침 9시 20분까지 제2정문에서 안내장교(중령 1, 소령 2명)의 안내를 받아 군복으로 갈아입고(명찰, 계급장이 부착된 것) 맨 앞쪽 차에 참전전우 모두와 귀빈(내빈)이 승차 입장하고 (비표 달고) 이때 비디오 촬영도 있다고 합니다.
   ※ 자가용차로 오신 손님들도 모두 2정문에서 비표를 달고 버스로 옮겨 타고 입장해야 합니다. 자가용차의 행사장 진입은 불가합니다.
6. 참전장병 26명은 본부 장군석에 좌정하고 가족들은 그 옆 대령급 좌석에 안내 됩니다.
7. 국악대, 군악대, 의장대와 기수단이 도열한 가운데 의장대장이 지휘 합니다.
8. 전(퇴)역자는 전역증서를 각 개인이 모두 받습니다.
9. 식이 끝날 때쯤 6.25의 노래를 제창하는데 열심히 공부해서 노래를 힘차게 불러 주세요.
10. 사열과 분열은 지정된 전우만이 승차 하게 됩니다. 이점 양해를 바랍니다.
11. 오찬장은 160~170석 예상으로 준비했으나 가족 기타 지정석대로 좌정해 주시기 바라며, 축배 제의가 끝날때까지 음식을 드시는 것을 삼가 해 주시기 바랍니다.
12. 군복은 갈아입을 시간이 없으니 오찬장까지는 군복 그대로 행동하고 군복은 각자 기념으로 가져가셔야 합니다.
13. 옷을 갈아 입을 때 귀중품은 몸에 지니도록 하셔서 분실 등 사고를 미연에 예방해야 합니다.
14. 6.15 현재 찬조금 등이 별첨과 같이 12,850,000원이 모여서 충분하게 집행하고자 합니다.
15. 서울 인근 회원으로서 버스를 이용하시는 회원께서는 06:30분까지 사무실에 오시기 바랍니다.

첨부 : 전역 답사 1부, 참가비 및 참가집계표 1부 끝

이 외에 필요한 사항은 버스 안에서 다시 말씀드리겠습니다.

육본직할 결사대 전우회 장

6·25 전(퇴)역자

육본직할 결사대 전우회

계 급	성 명	생년월일	주 소
육군소령	전 인 식	290700	경기 고양시 일산동구 백석동
예 소 령	차 주 찬	330700	경기도 의왕시 삼동
예 중 위	홍 금 표	340500	인천광역시 남구 숭의 4동
육군중위	김 인 태	280200	인천광역시 계양구 용종동
육군하사	임 동 욱	291000	충남 논산시 취암동 80
육군소위	김 용 필	250200	경기도 파주시 탄현면
육군소위	권 태 종	291000	인천광역시 남동구 구월동
육군중사	장 지 영	300900	경기도 용인시 수지구 신봉동
육군중사	송 세 용	320200	인천광역시 중구 내동
육군하사	임 병 기	240600	경기도 파주시 탄현면
육군소위	오 석 현	290200	경기도 김포시 통진읍 서암리
육군소위	황 태 규	310300	충남 공주시 유구읍
육군중사	김 종 호	260100	강원도 춘천시 퇴계동
육군중사	김 중 신	280600	경기도 고양시 일산서구 일산동
육군중사	박 용 주	281200	경기도 의왕시 이동
육군중사	박 승 록	290900	대전광역시 서구 둔산3동
육군중사	이 영 구	330200	경기도 용인시 수지구 풍덕천동
육군하사	전 영 도	270100	경기 오산시 갈곶동
육군하사	이 영 진	281000	충남 부여군 부여읍 쌍북
육군하사	안 병 희	310400	경기도 평택시 진위면
육군하사	윤 경 준	310400	대전광역시 중구 태평동
육군하사	김 항 태	310500	충남 보령시 남포면
육군하사	김 송 규	310500	인천광역시 서구 석남1동
육군하사	임 병 화	331100	서울시 은평구 갈현 2 동
육군병장	배 선 호	330100	강원도 정선군 정선읍
육군병장	최 희 철	340600	경기 안산시 단원구 와동

건강상 불참한 전우 : 육군중위 권영철, 고제화
육군하사 최윤우, 현재선, 김성형

국민의례에서 순국선열 및 백골병단 전몰장병에 대한 묵념

필자 외 참전 전우의 전역 경례

인사사령관 육군중장 박종선 님의 박수 속에 인사하는 필자(회장)

전역답사

6.25의 아픈상처 60년 !!
참전 59년만에 퇴역 !!

오늘 6.25 참전 · 개선 59년여만에 역사적인 퇴역식을 주관해 주신 육군참모총장님과 여러 고위 장성 여러분의 충정어린 격려에 감사드립니다.

돌이켜 지난날을 회고할 때 6.25 자유수호 한국 전쟁은 한마디로 민족의 수난이요, 붉은 이릿떼들과의 한판 전쟁이였습니다.

놈들은 1950년 6월 25일(일요일) 새벽4시를 기해 38도선 전 전선에서 소련에서 지원받은 T34중탱크를 앞세우고 각종 야포를 총동원하여 대한민국을 기습남침하였으니 이 전쟁이 바로 6.25 자유수호 한국전쟁인 것입니다.

아무런 방비가 없던 아군은 개전 3일만에 수도 서울을 빼앗기고 낙동강 최후방어선까지 후퇴하는 아픔을 견디다가 인천상륙작전의 성공으로 낙동강에서 반격을 개시하였고, 1950년 9월 28일 수도 서울을 탈환한뒤 계속 진격하여 1950.11월에는 압록강 연안까지 도달하여 조국이 통일 되는가 했습니다. 그러나 이때 중공군의 대거 참전개입과 인해전술로 또다시 후퇴하게 된 즈음 육군본부는 적후방 작전을 위해 애국청년 학생 800여명을 차출해 육군정보학교에서 3주간의 특수훈련을 시킨 뒤 결사대를 창설하여 임시장교 124명의 임관과 700여명의 부사관 및 병에게 군번과 계급을 부여하고 2주일분의 미싯가루와 탄약만을 휴대한 채 적진 배후지역에 침투시켰습니다.

1951.2.20 이들 부대를 **백골병단**이라 명명하였으며, 주요전과를 살펴보면, 북괴군 69여단의 정치군관 등으로부터 노획한 1급기밀서류를 아군지역에 보내 적을 괴멸에 이르게 하였고,

1951.3.18 인제군 인제면 필례마을에서 **대남빨치산사령관** 북괴군중장 길원팔(吉元八) 외 참모장 등 고위직 13명 전원을 생포하여 빨치산 지휘부를 전몰시켰으나 적진에서 병력과 장비, 보급의 열세로 부대는 인제군 북면 용대리까지 북진 퇴각중 여기서 북괴군 제32사단의 협공으로 백담사, 설악산 영봉방향으로 퇴출! 양양군 서면 오색리 경유 단목령으로 철수하여 1951. 3.30 아군 제7사단 수색대 전면에 접선 700여명중 280여명만이 생환했으나 당국은 우리들 모두를 미8군으로 예속 변경케 하므로서 정식 군적도 없는 장병이 되어버린 것입니다.

우리들은 1961년 참전전우회를 발기한 후 명예회복에 노력하여 2004년도에는 정부의 법률 제7,200호로 우리들 모두가 계급과 군번을 인정받는 등 명예가 회복되어 전사망장병 360여명중 신원을 파악한 60명을 국립현충원에 57위, 대전현충원에 3위를 안장하였고, 2010년 3월에는 **육군본부내 명예의 전당에** 60위를 현양하게 되었습니다.

그러나 한가지 남은 소원은 우리모두가 군복을 입고 전역식이나 퇴역식을 하는 것 이었습니다.

다행스럽고 감사하게 오늘 육군참모총장님과 관계관 여러분께서 도와주셔서 참전 59년여만에 다시 군복을 입고 계급장도 달고 이와 같은 성대하고 장엄한 퇴역을 할 수 있게 해주신것에 대하여 먼저 하늘나라에 가있는 전우들을 포함한 전 백골병단 장병의 이름으로 감사드리면서 감격의 답사를 올립니다.

또한 오늘날 조국근대화를 이룩하는데 앞장서고 우리군을 세계최강의 군대로 발전시킨 육군 후배장병들의 열정에 무한한 감사를 드립니다.

이제 저희 살아있는 백골병단 노병들은 나라사랑과 유비무환(有備無患), 사중득생(死中得生)의 신념으로 뭉쳐서 조국 자유민주주의 대한민국의 보위와 무궁한 발전을 위하여 남은 여생을 바칠 것을 다짐드리면서 전 참모총장이신 합동참모본부 의장 한민구 대장님과 현 육군참모 총장이신 황의돈 대장님, 박종선 인사사령관님을 비롯한 육군 전장병의 건승과 무운장구 및 가족의 평안을 기원 드립니다.

- 감 사 합 니 다 -

2010. 6. 25

전역자 대표 전우회장 전 인 식

A8 2010년 6월 22일 화요일 **東亞日報** dongA.com ⓐ 제27652호 동아일보

6.25의 아픈상처 60주년!!
참전 59년만에 전(퇴)역하는 80세의 노병들!!

1951.1월 적진후방으로 침투한 육본 직할 결사대 800여명이 51.4.26 미8군으로 예속 · 변경된 뒤 계속 특수작전을 수행!! 군번과 계급을 받았는데··· 세월은 마냥 흘러갔다.

그들은 2주일분의 미숫가루 만으로 60여일간의 적진배후 작전에서 적병 300여명의 생포(북괴군중장, 대좌 등 포함), 사살 170여명의 전과를 올렸으나 아군도 360여명(동·아사자 120여명 포함)의 처절한 희생을 입고 280여명 만이 겨우 살아 돌아왔으나 당국은 이들을 미8군 으로 이관하므로서 군적을 잃게 되었는데 참전장병들이 1961년부터 40여년간의 피나는 노력으로 2004년에 법률 7,200호를 받아내 참전자 모두의 계급을 현역으로 인정 받고 신원이 확인된 전사자 60위는 현충원에, 위패 57, 안장 3위의 명예를 회복했으나 살아 있는 80노병들은 전(퇴)역 없이 59년 의 세월이 흘러갔다.

그들의 산 역사 : 60年史 46倍 양장 814쪽 38,000원(2010.1.5 발행)
오는 6.25 육군 본부 광장에서 전(퇴)역하는 노병들(33인)을 보라!!

육군 본부 직할 결사대 전우회 회장 전 인 식
서울특별시 마포구 서교동 377-2 2층 02)325-4896(직) 02)324-4996

2010. 6. 25. 참전 개선 59년 만에 전역식을 마친 참전 전우 일동

2010년 6월 25일 역사적인 전역식 후의 전역자 일동

【계룡대=뉴시스】 김종현 기자 = 25일 오전 계룡대 대연병장에서 59년 만에 열린 육군본부 직할 최초의 결사대인 '백골병단 26용사 전역식' 에 참석한 노병들이 기념 카퍼레이드(열병)하고 있다. 선도차(우) 전인식 전우회장, 임동욱 하사

(사진 = 육군 제공)

전역식 전 참전장병! 전인식 소령, 김인태 중위, 권태종 소위, 김용필 소위

참전 전역 장병을 대표한 전역사를 하는 필자

전역 답사 후 육군인사사령관 박종선(중장)과 작별하는 필자(회장)

<백골병단 26용사 59년만에 '늦은 전역식'>

<백골병단 26용사 59년만에 '늦은 전역식'>

6.25전쟁 당시 급박한 전황으로 전역식 못해

"충성! 6.25 참전용사 소령 전인식 등 26명은 2010년 6월 25일 부로 전역을 명 받았습니다."

1951년 한국군 최초의 유격대로 창설돼 북한지역에서 혁혁한 전공을 세운 '백골병단'의 생존 용사들 가운데 26명이 59년 만에 충남 계룡대 연병장에서 거행된 전역식에서 전역 신고를 했다.

이들은 6.25전쟁 당시 임시계급을 부여받고 전투에 참전했으나 당시 급박한 전황과 부대 사정으로 인해 전역행사를 갖지 못했고, 6.25전쟁 60주년을 맞은 이날 후배들이 정성스럽게 마련한 전역행사에 참석했다.

행사는 백골병단 전우회 및 가족과 계룡대에 근무하는 육군 장병 및 군무원 등 800여명이 참석한 가운데 백골병단 26용사 전역신고, 열병, 전역사, 조국수호 결의문, 6.25의 노래 제창 순으로 진행됐다.

육군에서 새로 마련해 준 최신 군복을 60년만에 제대로 갖춰 입고 전투화 끈을 힘껏 옮겨 당긴 26명의 용사들은 6.25전쟁의 가슴 아픈 상처를 잠시나마 잊은 채 마치 전장 터를 누비던 현역 군인시절로 되돌아간 듯이 당당한 모습으로 후배들 앞에 섰다.

박승록(82) 중사는 "59년 만에 다시 군복을 입었다."라며 "생각지도 못한 전역식을 마련해준 육군에 고맙기도 하고 한편으론 이미 세상을 떠난 전우들 생각에 마음이 무겁다."라고 늦은 전역식에 대한 감회를 밝혔다.

백골병단은 1951년 1.4후퇴 당시 적의 정보수집을 위한 유격대의 필요성을 절감한 육군본부에 의해 647명으로 창설됐다. 같은 해 6월까지 북한 강원도 지역에서 임무를 수행했으며, 작전을 수행하는 과정에서 364명의 전우가 전사했다.

강원도 인제군 필례 마을에서 인민군 대남 유격대 총사령관이자 인민군 중앙당 5지대장인 길원팔 중장을 비롯한 참모장 강칠성 대좌 등 고급 간부 13명을 생포했다.

이들은 창설 두 달 만에 300여명의 적군을 생포했고, 북한군 69여단의 전투상보 등 기밀문서 노획, 적 초소 파괴, 통신선 차단 등 적진후방 교란작전을 펼쳤다.

현재 50명이 생존해 있으며, 거동이 불편한 전우를 제외한 26명이 전역식에 참석했다.

전역식에 참석한 이영진(83) 하사는 "작전상 남쪽으로 내려가는 도중 북한군에 포위돼 살아남은 것이 기적이었다."라며 "오늘 이렇게 전역식도 하고..총알이 빗발치는 전쟁터에서 살아남은 보람이 있다."라고 말했다.

백골병단 전우회 전인식(82) 회장은 전역사를 통해 "모두가 군복을 입고 전역식을 하는 것이 오래도록 갈망했던 소원이었다."라며 "그 소원을 이뤄 감격스럽고 정성스럽게 준비해 준 육군에 감사한다."고 강조했다.

그는 "2주일 분량의 미숫가루만으로 80여일간 전투를 치르면서 상상조차 하지 못할 최악의 상황에서도 사지를 넘나들 수 있었던 것은 오직 나라가 없으면 자유도 없고 생존도 없다는 일념 때문이었다."라고 당시를 회고했다.

전역행사를 마친 백골병단 전우들은 육군 명예의 전당에 마련된 백골병단 전사자 60위의 위패 앞에서 먼저 떠난 동료들의 안식을 염원하는 묵념을 올렸다.

황의돈 육군참모총장은 전역식 메시지를 통해 "뒤늦은 전역증을 백골병단 전우들에게 드리게 되어 송구한 마음 금할 길 없다."라며 "늦었지만 조국을 위해 온몸을 던지셨던 자랑스러운 선배님들께 최고의 존경과 감사의 마음을 바친다."라고 밝혔다.

이 역사적인 "전역식"은 1961년 8월부터 필자(전우회장)가 주장해 온 것이 육군본부가 받아들여 성사된 것이다.

이미 앞서 우리들 관련 법률이 공포·시행되었으므로 법적으로 군인 신분이 확정되었기 때문이기도 하다.

조선일보 제27837호 사람과 이야기 단기 4343년 (음력 5월 15일 丁未) 2010년 6월 26일 토요일

'백골병단' 영웅 26명 59년만에 전역식

신현종 기자 shin69@chosun.com

25일 오전 충남 계룡대에서 국군 최초 특수 유격부대 '백골병단' 생존 용사 26명이 59년 만에 전역식을 치렀다. 1951년 창설된 백골병단 용사들은 6·25 전쟁 당시 혁혁한 공을 세웠지만 정식 제대증도 받지 못한 채 군을 떠나야 했다. ☞ 동영상 chosun.com

한국 최초 특수유격부대
敵地 한가운데 투입돼 싸워
"군번도 없었는데 소원 이뤄"

"충성! 6·25참전용사 소령 전인식 등 26명은 2010년 6월 25일부로 전역을 명받았습니다."

25일 오전 충남 계룡대에서는 1951년 1월 창설된 한국군 최초의 특수유격부대인 '백골병단(白骨兵團)' 생존 용사 26명의 전역식이 열렸다. 육군이 6·25전쟁 발발 60주년을 맞아 노선배들을 위해 마련한 특별한 전역식이었다. 이들은 6·25전쟁 때 적지에 뛰어들어 탁월한 전공을 세웠으면서도 급박한 전황과 시대 상황이 맞물리면서 수십 년 군인 신분도 인정받지 못했던 불운의 용사들이다.

백골병단은 1951년 1·4후퇴 이후 적 후방지역에서 비정규전 수행과 적 정보수집을 위해 육군본부가 창설한 우리 군 최초의 정식 유격부대다. 당시 군은 육군 보충대에서 지원을 차출해 대구 정보학교에서 훈련을 시켰다. 그해 1월 말부터 유격결사 11연대 363명, 12연대 360명, 13연대 124명이 1주일 단위로 강원도 적지에 투입됐다.

이들은 적지에서 한 부대로 통합해 '백골병단'이라고 이름을 짓고 유격활동을 펼쳤다. 최초 11연대를 이끌었던 채명신(이후 주월한국군사령관 역임) 중령이 지휘했다.

당시 이 부대 작전참모였던 전 회장은 "작전투입 당시 우리는 인민군 복장으로 위장하고 미숫가루와 고추장, 소금 등 딱 2주일치 식량만 갖고 갔다"면서 "돌아올 날짜도 기약없는, 그야말로 죽을 때까지 싸우는 전사(戰士)들이었다"고 했다.

백골병단은 3주일 정도 간단한 훈련을 받은 뒤 투입됐지만, 약 60일 작전을 펼치는 동안 혁혁한 전공을 세웠다. 적진 한가운데 투입돼 적 초소를 박살내고 연락병을 사로잡아 주요 군사정보를 얻어내 아군 작전에 결정적인 기여를 했다. 불과 2개월 동안 그들이 올린 전과는 적 생포 309명, 사살 174명에 이르렀고 김일성 직접 지령문과 통신 암호도 노획했다. 최대 성과는 길원팔이라는 빨치산 사령관을 잡아 제거한 것이었다. 백골병단은 그해 3월 중순 강원도 인제군 필례마을에서 조선공산당 제2비서 겸 현역 중장이며 대남 유격부대 총사령관인 길원팔과 참모장 강칠성 대좌 등 참모진 13명을 몰살시켰다.

백골병단이 입은 피해도 적지 않았다. 적 추격을 따돌리지 못해 전사를 하거나 추위와 동상, 배고픔으로 희생을 당하는 전우들이 속출했다. 이들이 강원도 강릉에 도착했을 때 전체 병력 647명 중에 생존자는 283명에 불과했다. 절반이 넘는 364명이 산화한 것이다.

무사히 복귀했어도 그들에게 영광과 명예는 없었다. 당시 군 수뇌부는 복귀 후 정식 군번과 계급을 부여하겠다는 약속을 지키지 않았다. 규정이 달라졌다는 것이었다. 결국 이들은 그해 4월 미 8군에 배속됐다가 두 달 뒤 제대증도 받지 못한 채 군을 떠나야 했다. 군 관계자는 "백골병단 용사들 중에는 나중에 다시 군대에 징집돼 군 복무를 한 사람도 있고, 유격활동 이후 완전히 군과 인연이 끊긴 사람도 있다"고 말했다.

육군 관계자는 "지난 2004년 대통령령에 따라 백골병단 전우들의 계급과 복무기간이 인정됐다"며 "하지만 그때도 법적 보상은 이뤄졌지만 전역행사 등 그들을 예우하는 행사는 열지 못했다"고 말했다.

이날 전역행사를 마친 백골병단 용사들은 먼저 세상을 떠난 전우 60명의 이름이 새겨져 있는 육군 명예의 전당을 찾았다. 이들은 생사를 함께 했지만 이날처럼 명예로운 자리에는 서지 못한 동료들 이름을 하나하나 만지며 뜨거운 전우애를 나눴다.

장일현 기자 ihjang@chosun.com

A24 2010년 6월 26일 토요일 ㊺ 제27656호 동아일보

한국 유격대의 효시인 백골병단 소속으로 6·25전쟁에서 전공을 세운 용사 26명이 25일 충남 계룡대 대연병장에서 전역신고를 하고 있다. 임시군번과 계급을 부여받아 적 후방에 침투했던 이들은 당시 급박했던 전쟁 상황과 부대 사정 등으로 전역신고도 못한 채 제대했다. 계룡대=연합뉴스

"충성! 59년 만에 전역 命 받았습니다"

첫 육군 유격대 '백골병단' 老兵 26명 늦깎이 전역신고

1951년 창설 혁혁한 전공… 정식 군번-계급 새로 받아

"충성! 소령 전인식 등 26명은 2010년 6월 25일부로 전역을 명 받았습니다. 이에 신고합니다. 충성!"

육군의 첫 유격대로 창설돼 6·25전쟁 당시 혁혁한 전공을 세운 백골병단의 생존 용사 26명이 25일 충남 계룡대 연병장에서 59년 만에 늦깎이 전역식을 가졌다. 이들은 6·25전쟁 당시 급박했던 전쟁 상황과 부대 사정 등으로 1951년 정식으로 전역신고도 하지 못한 채 제대해야 했다. 육군은 6·25전쟁 발발 60년을 맞아 이날 전역행사를 마련했다.

노병 26명은 이날 오랜만에 군복을 입고 전투화의 끈을 맨 뒤 당당한 모습으로 후배 장병들 앞에 섰다. 사열차량을 타고 열병식도 가졌다. 백골병단 용사들은 현재 50명이 생존해 있으며 거동이 불편한 사람을 뺀 26명이 이날 전역식에 참석했다. 이날 행사에는 백골병단전우회와 가족, 계룡대에 근무하는 육군 장병 등 800여 명이 참석했다.

황의돈 육군참모총장은 "뒤늦은 전역증을 백골병단 전우들에게 드리게 되어 송구한 마음 금할 길 없다"며 "늦었지만 조국을 위해 온몸을 던졌던 자랑스러운 선배님께 최고의 존경과 감사의 마음을 바친다"고 말했다. 백골병단전우회 전인식 회장(82)은 "2주일 분량의 미숫가루로 버티며 60여 일간 전투를 치르기도 했다. 군복을 입고 전역식을 하는 것이 오랜 소원이었다"고 말했다.

백골병단은 1951년 1·4후퇴 당시 '적 후방에 침투해 정보수집 등의 임무를 수행할 게릴라부대가 필요하다'는 육군본부의 판단에 따라 647명으로 창설됐다. 육군 보충대에서 정보학교 인원으로 차출된 뒤 3주간 유격특수훈련을 받았다. 이들은 같은 해 6월까지 북한 강원도 지역에서 활동했고 작전을 수행하는 과정에서 364명이 숨졌다.

이들은 창설 두 달 만에 300여 명의 적군을 생포했으며 북한군 69여단의 전투상보 등 기밀문서 노획, 적 초소 파괴, 통신선 차단 등 적진후방 교란작전을 펼쳤다. 강원 인제군 필례마을에서는 인민군 대남유격대 총사령관이자 인민군 중앙당 5지대장인 길원팔 중장과 참모장 강칠성 대좌 등 고급 간부 13명을 생포하기도 했다.

그러나 이들은 유격대의 임무와 성격 등을 고려해 정식 군번과 계급을 받지 못하고 유격대(guerilla)를 뜻하는 'G+4, 5자리 숫자'의 임시 군번과 계급을 부여받았다. 이들은 2004년에야 유격대 복무기간과 계급 등 신분을 법적으로 인정받았고 2006년에는 '51-○○○○' 군번을 새로 받았다. 육군은 "백골병단 장병들은 5개월 정도 북한군 점령지역에서 활동한 뒤 서류상 전역했지만 대부분 다시 입영소집을 받아 현역으로 복무했다"고 말했다.

이유종 기자 pen@donga.com

6·25 '백골병단' 생존용사 전역

6·25전쟁이 발발한지 60년을 맞은 25일 당시 급박한 전황으로 전역행사를 갖지못한 육본 직할 최초 결사대 '백골병단'의 생존용사 26명에 대한 전역식이 계룡대 대연병장에서 열려 전역자들이 열병하고 있다.

전역식 후 "충성" 을 외치는 참전 전역자 일동

카퍼레이드 후 본부석으로 오르는 전우들

필자 : 가족과 함께

전역식 후 오찬장에서 인사하는 인사사령관 박종선 중장, 右 류해근 장군, 필자

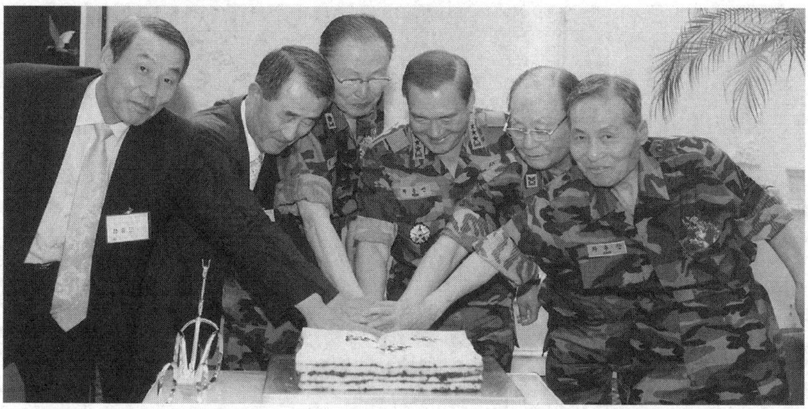

케익(시루떡)을 절단하는 정중민 장군, 류해근 장군, 필자, 인사사령관 박종선 중장, 송세용, 차주찬 전우

전역식에 참석한 가족 내빈들의 오찬장 모습

2. 육군본부 내 명예의 전당

=조국의 자유와 평화=

육본직할 결사대 전우회
(백골병단)

문서번호: 육직 결사 10-02-01호

시행일자: 2010. 02. 16.

수 신 자: 회원 및 유가족

<table>
<tr><td colspan="2">선결</td><td></td><td></td><td>지시</td><td colspan="2"></td></tr>
<tr><td rowspan="2">접수</td><td>일자
시간</td><td colspan="2"></td><td rowspan="4">결재·공람</td><td></td><td></td></tr>
<tr><td>번호</td><td colspan="2"></td><td></td><td></td></tr>
<tr><td colspan="2">처리과</td><td colspan="2"></td><td></td><td></td></tr>
<tr><td colspan="2">담당자</td><td colspan="2"></td><td></td><td></td></tr>
</table>

제 목: **전몰장병의 육군본부 내 명예의 전당 현양 행사**

1. 육군본부 본관 1층에는 한국전 및 월남전에 참전 중 전사한 장병의 명예를 영구히 선양하고자 하는 **명예의 전당**이 거대하게 설치되어 있습니다만, 우리들 육군본부 직할 결사대(백골병단)는 그동안 공식적인 법적 보장이 되어있지 아니하여 국립현충원에 위패만이 겨우 건립되어 있었습니다만, 2009. 12. 30. 본회 회장 전인식이 육군본부에 가서 안보특강을 한 뒤 명예의 전당을 참배하는 기회를 얻게 되어 육군본부 인사사령관 육군중장 박종선 장군에게 우리들 육군본부 직할 결사대는 법률 제7,200호(2004.3.22)에 따라 법적으로 명예가 회복되었으므로 당연히 명예의 전당에도 현양되어야 함을 간청하였던바 즉석에서 법적으로 문제가 있는지 검토하라는 지시를 하여 전인식이 년말인 2009.12.31. 20시까지 전사확인 및 위패 건립 자료를 총정리하여 2010. 1. 2. 등기로 탄원한 것이 그 동안 육군본부 내 관계부서가 협조 검토한 결과 육군본부 직할 결사대 전몰장병 60인 모두를 현양하기로 의견이 종합되어 육군참모총장 한민구 대장의 승인을 얻어 명예의 전당에 현양하게 되어 이 행사를 갖게 되었음을 보고·안내 드립니다.

2. **현양일시 : 2010. 3. 5. 15시(예정)**
   참석범위 : 참전 전우 및 유가족과 친족 내빈
   출　　발 : 서울 마포구 서교동 본회 사무실 앞에서 3. 5. 10시(정각)
   전세 버스 편으로 출발
   참가희망자는 2010. 2. 26까지 꼭 02)325-4896에 주민번호와 주소, 성명을 통지 (보안측정상 필요)신청하신 분에 한하여 버스 좌석이 배정됩니다.
   신청없으신 분은 개별로 가셔야 합니다만 주민번호와 주소, 성명은 사전에 알려주셔야 합니다.
   ※ 충남 계룡시 소재 육군본부
   ※ 충남지방 거주 회원께서는 03. 05 14:40분까지 직접 도착(참석)하셔야 합니다.
   (주민번호, 주소, 성명 등은 모두 같음)
   ※ 버스로 가는 도중에 휴게소에서 점심식사를 합니다.
   ※ 행사종료후 16시 30분 ~17시 40분까지 육군본부 내 귀빈식당에서 만찬 후 서울로 돌아올 예정입니다. 마포구 서교동에서 20시경 해산 예정.

이상과 같이 안내 합니다.

육군본부 직할 결사대 전우회 회장
(백골병단)

담당: 과장 송미정　　　　회 장: 전인식
시 행: 육본직할 결사대(백골병단) 전우회 제10-02-01호(2010. 2. 16.)　　접 수 (　　　　)
우 121-839 서울특별시 마포구 서교동 377-2　　http://www.beackgol.co.kr
전화 02) 325-4896(직), 02) 333-2381~2　전송 02) 338-1153

육본 명예의 전당에 60위가 현양되다

감 격 의 추 모 사

존경하는 귀빈님과 參戰 戰友 여러분 !!

오늘 6.25 발발과 함께 육군본부 직할 결사대 장병으로 참전 중 호국의 군신으로 산화하신 (고) 육군대위 윤창규 님 외 59인께서 전사하신지 59년이 되는 날에 비로서 영광스러운 명예의 전당에 현양하게 되었습니다.

그동안 우리들은 參戰中 幽明을 달리한 전몰장병 360餘 위(位)의 위훈을 기리며, 해마다 顯忠 追慕儀式과 함께 삼가 고인의 명복을 기원해 왔습니다.

그러나 우리들은 300餘 無名勇士 追慕碑와 國立墓地(顯忠院)에 57位의 位牌를, 大田顯忠院에 3位를 安葬했을뿐입니다.

그 뒤, 우리들의 꾸준한 努力으로 2004年 法律 第7,200號로 명예가 회복 되었으나 여기 名譽의 殿堂에는 顯揚 되지 못하고 지내던 中 陸軍本部 人事司令官이신 朴鍾善 中將의 도움으로 오늘 榮譽의 殿堂에 故 尹昌圭 대위 外 59人의 名譽가 顯揚되게 되었음을 報告드리고 있습니다.

조국의 명운(命運)이 백척간두(百尺竿頭) 누란(累卵)의 위기에 처 해 있을 때, 자신의 안일(安逸)을 버리고, 적진(敵陣) 후방으로 침투하여 나라를 구하고, 自由와 平和를 지키기 위한 전쟁에서 용전분투한 전몰장병 60位 外 무명용사 300餘位 가신님(戰友)의 안식(安息)과 名譽 宣揚을 정중히 기원 드립니다.

돌이켜 지난날을 회고할 때, 6·25 자유수호(自由守護) 한국전쟁이 발발 한지도 어언 60年을 헤아리게 되었습니다.

놈들의 남침을 눈치 채지 못한 아군은 놈들의 남침(南侵) 3일만에 수도 서울을 빼앗기고, 낙동강 최후 방어선에서 적의 공격을 저지하는 한편, 인천(仁川) 상륙작전의 성공으로 서울을 수복한 뒤, 계속 북진하여, 압록강 沿岸까지 진격 했으나 1950. 11. 26. 뜻하지 않은 중공군(中共軍)의 대거 참전 개입(參戰介入)으로 또다시 후퇴하게 되자, 정부는 **「국민총 동원령」**을 공포 시행하게 되었습니다.

이때, 반공 애국청년, 학생과 의용경찰 등 **800餘名은 대구** 소재 육군정보학교에 입교, 3주간의 특수훈련을 받고, 적진 배후(背後) 지역으로 침투하여 유격 특수전을 감행하여, 아군 작전에 크게 기여했습니다.

그러나, 혹한을 이겨내지 못할 **열악한 장비와 보급**, 그리고, **2주일분의 미숫가루**만으로 80여 일간의 전투에서 360餘名의 전우가 호국(護國)의 군신(軍神)으로 산화(散華)했으나 당국의 무성의로 아무런 예우를 받지 못하고 있던 중, 우리들 **참전전우회의 활동으로** 국립현충원에 위패(位牌) 안치와 격전지에서 발굴한 유골을 대전 현충원에 안장하는 등 겨우 명예를 회복했을 뿐이며, 300餘 위(位)에 대하여는 그 이름조차 알 수 없어 우리 전우회원의 뜻으로, 2003 년 6 월 **무명용사 추모비를 세우고** 제막하는 비통(悲痛)함을 겪기도 했습니다.

최근 국내외 사정을 살펴보면,

북한의 金日成은 **땅굴을** 파는 두더지 전술과 長射砲를 **휴**전선 戰線에 배치하여 우리를 위협하더니 그 아들 놈은 中長距離 로켓과 核기술을 몰래 개발하여 핵전쟁을 위협하는 망나니 父子인데 이자들에게 지난 10년간은 통일을 빙자해 엄청난 달러를 몰래 갖다주는 위정자도 있었으니 우리들의 요구나 주장이 먹혀들 틈새가 전혀 없었습니다. 그러나 우리들은 계속해서 우리들의 억울한 사연을 바로잡기 위해 고군분투 피나는 노력 53여년의 결실이 지난 2003 년 5 월 특별법 입법으로 2004 년 3 월 2 일 **국회를 통과한 「6.25 전쟁 중 적 후방지역 작전수행 공로자에 대한 군 복무인정 및 보상 등에 관한 법률」** 그 법 시행령에 따라 우리들 모두가 육군정보학교에서 특수군사훈련을 받고 국방부장관으로부터 임시로 장교 · 부사관의 계급과 군번을 부여받고 **육군본부 직할 결사대 소속으로** 특수작전을 수행한 공로자로 참전 당시의 계급별 봉급과 **보상금**을 각 받았습니다만 그 명예는 아직도 회복되지 못하고 있었습니다.

이에 우리들은 가신님의 명예선양(名譽宣揚)을 위해 努力한 끝에 오늘 이와 같은 **명예의 전당 현양**을 하게 되었는바, 때늦은 감 없지 아니합니다만 우리 陸軍이 6.25 당시 결사대원으로 임무를 완수한 전몰장병에 대한 명예를 드높여 주신 것을 가슴 깊이 간직하여 나라사랑과 지킴에 최선을 다 해야 한다고 主唱합니다.

이제 80 노년이 된 우리들이 바라는 것은, 아무런 댓가(代價) 없이 적진 배후지역에서 특수작전을 감행한 결사대 용사들의 거룩한 “얼” 이 자유민주주의의 꽃으로 다시 피어나고 전국민과 함께 자유(自由)가 소중함을 일깨우는 장이 되어 줄 것을 기대 하는 바입니다.

끝으로, 오늘 공사 다망하신 가운데에도 불구하시고, 정중한 격려를 해 주신 **육군참모총장님과 인사사령관님** 그리고 이 행사를 정중하고 또 장엄하게 거행할 수 있도록 지원해 주신 육군본부 및 인사사령부 장병 여러분에게 깊은 감사의 인사 말씀을 드리며, 추모사에 갈음합니다.

대단히 감 사 합 니 다.

2010 년 3 월 5 일

육본 직할 결사대 전우회 회 장 全 仁 植
(白骨兵團)

=조국의 자유와 평화=

육본직할 결사대 전우회
(백골병단)

문서번호 : 육직 결사 10-03-02호

시행일자 : 2010. 03. 08.

수 신 자 : 회원 외

선결			지시	32통 3/8 발송함	
접수	일자 시간		결재·공람		
	번호				
처리과					
담당자					

제 목 : 육본 직할 결사대 전몰장병 명예의 전당 현각 제막식 참가 기타 보고

1. 귀하의 건강과 하시는 모든일이 잘 되시기를 기원합니다.

2. 지난 2010. 3. 5에는 육본직할 결사대(일명 백골병단) 참전 중 호국의 군신으로 산화하신 고 윤창규 대위 외 59인의 육군본부 내 **명예의 전당 현각** 현양식에 참전 장병 및 그 가족 등 27인이 참석하고 육군인사사령관 박종선 중장 외 고위 장병 등 50여인이 참석하여 경건하게 거행하였습니다.

3. 2010. 3. 5. 전몰장병 60위에 대한 **名譽의 殿堂** 顯揚(현각)式에 **참가한 전우** (무순)
   전인식, 임동욱, 송세용, 차주찬, 최윤우, 장지영, 김용필, 부인, 딸, 외손자(13세)
   박승록, 윤경준, 이영진, 김인태, 김항태, 배선호, 부인, 권태종, 임병화, 오석현, 김송규, 최희철, 박용주, 전영도, 황태규, 류해근 장군, 사무실직원 총 27인(불참 김중신, 이영구)
   군부대 : 박종선 중장, 신만택 장군, 제대군인지원처 조정환 장군, 군사연구소장 정대현 장군, 지원처장, 협력과장, 관리과장 등 23명 참석과 김일생 전 3군단장 등 고위 장병

4. 개식선언, 약사보고(차주찬), 경례, 묵념, 제막, 추모사(전인식), 부대방문 관람 후 만찬 이날 도중 점심식대는 1인당 10,000원씩 모두 지급했으나 점심식사는 전인식의 찬조부담 126,000원(찬조지출)으로 처리하였습니다.

   ◎ 김용필 명예회장 찬조금 100,000원이 수입되었습니다.
   식대 18명 외 기사 200,000원
   조화 꽃바구니 2 100,000원
   차량비 및 통행비 등 470,000원 총 770,000원과
   만찬 기타 비용 **총 합계 2,447,000원**으로 집행하였습니다.

   ※ 2010년도 회비 납부 실적은 다음과 같습니다. (단위 만원)
   전인식 80, 이영진 20, 박용주 20, 임동욱 30, 류해근 20, 송세용 30, 권태종 20, 배선호 20 (**2010회비** : 회장 80, 명예회장 50, 이사 · 감사 30, 회원 20만원입니다)

<예상안내> 우리들 참전전우 일동이 전역식 없이 1951.4 ~ 6월에 각 퇴역 한 것으로 되어 있으나 특별법에 따라 군복무로 인정받았으니 예편이든 퇴역이든 **내보내는 식**이 있어야 함을 요구하면서, 올해는 6.25 60주년, 한일합방 100주년, 3.1운동 90

주년이니 **올해 10월쯤에** 국군의 날 또는 국방페스티벌에 우리 전우 30인 정도(우리 현회원)의 퇴역식을 해줄 것을 역설하였던바, 가능성이 있는 것으로(검토하기로 한 것으로) 알고 있습니다.

※ 우리 전우? 중 손안대고 코 풀고, 돈 받은 뒤 체면도 없는 비회원은 이번 전역식에는 꼭 제외되어야 한다고 생각합니다.

※ 채장군과 유가족 등 11인에게도 옛날 주소지만 이번행사에 참가할 것을 통지 했으나 주소불명 1건, 집안사정으로 불참통지 1명을 제외한 9명은 아무런 연락없이 불참했습니다. 그 중 자식들 3인은 매달 85만원씩 원호금을 받는 것으로 알고 있는데 그들이 해야할 행사를 늙은 우리들이 하여 섭섭하기 이룰 데 없습니다.

※ 2010년 6월 현충행사는 **6月 4日 11시에 60년사를 겸하여** 거행하고자 합니다.
서울 출발 서교동 07시(도중 아침식사) (유가족 등은 제외할 예정)
행사 후 장학금 수여 100만원(5~6인의 학생)
용대리 거주(1, 2, 3리) 70세 이상 노인(약 5~60인) 현충행사 후 오찬 접대를 예상합니다.

※ **2010년도 회비는 되도록 2010. 5. 20까지** 납부해 주시기 바랍니다.
우리은행 1002-630-802054 전인식 또는 백골병단기념사업회로

이상 보고 및 안내 드립니다.

육군본부 직할 결사대 전우회 회장
(백골병단)

육본직할결사대(백골병단)전우회의인

담당: 과장 송 미 정 총무이사 : 차 주 찬 회 장 : 전 인 식
시 행 : 육본직할 결사대(백골병단) 전우회 제10-03-02호(2010. 3. 8.) 접 수 ( )
우 121-839 서울특별시 마포구 서교동 377-2 http://www.beackgol.co.kr
전화 02) 325-4896(직), 02) 333-2381~2 전송 02) 338-1153

육군본부 내 명예의 전당에 헌액하다

명예의 전당 헌액판을 제막하는 인사사령관 박종선 중장과 전우회원

명예의 전당 헌액식에서 추모사를 하는 전인식 회장

백골병단 헌액판을 쓰다듬고 감회에 젖은 전인식 회장

명예의 전당 헌액식에서 경과보고를 하는 차주찬 총무

2010년 3월 10일 수요일 야전 I 국방일보

'백골병단' 60위 명예의전당 헌액

육군 인사사령부

육군 인사사령부는 지난 5일 6·25전쟁 60주년을 맞아 육본직할 결사대 '백골병단'의 전사자 60위에 대한 명예의전당 헌액 행사'를 가졌다.

박종선(중장) 인사사령관 주관으로 열린 이날 헌액행사에는 육본직할 결사대 전우회와 유가족, 군 관계자 등 50여 명이 참석했으며 제막식·약사보고·추모사 등의 순으로 진행됐다.

백골병단 전우회 전인식(82) 회장은 이날 "조국을 위해 희생한 전우들에 대해 육군참모총장과 육군 장병들의 따뜻한 사랑에 감사의 뜻"을 전하면서 "그동안 미미하게 알고 있었던 결사대의 존재를 후배들에게 널리 알리는 좋은 기회가 됐다"고 말했다. 전 회장은 또 이날 본인이 소장하고 있던 육본직할 결사대 관련 책자 등 총 73권의 자료를 육군도서관에 기증하기도 했다.

육군군사연구소 명예선양장교 김대식 소령은 "2004년 육군 명예의 전당이 건립된 후 개인별로 등록된 사례는 있었으나, 이번처럼 단체로 등록을 요청해 헌액한 경우는 육군직할 결사대가 처음"이라고 밝혔다.

한편 육본직할 결사대 '백골병단'은 6·25전쟁 격전 시기인 1951년 1월에 창설된 부대로 적 후방지역에 침투해 특수작전 임무를 수행했던 부대다. 윤원식 기자

■ 편집=윤성회 기자

식후 만찬장에서 인사사령관, 류해근, 김일생 예비역 중장과 담소하는 필자

육군본부 경내에 있는 신도안 도성 추정도를 관람하는 필자

명예의 전당 헌액 후 추모 일동 경례 전인식 회장과 박종선 인사사령관

명예의 전당 헌액 후 추모의 묵념

계룡대를 배경으로 참배 전우 일동의 힘찬 외침

육군본부 직할 결사대(백골병단) 전사자 60위

명예의 전당 헌액 : 2010. 3. 5. 육군본부 내 육군본부인사사령부

고 윤창규 대위 외 59인은 1951. 2. 24. ~ 3. 26. 사이에 전사하였다.

<동작동 국립현충원 : 위패 57위, 대전현충원 : 안장 3위>

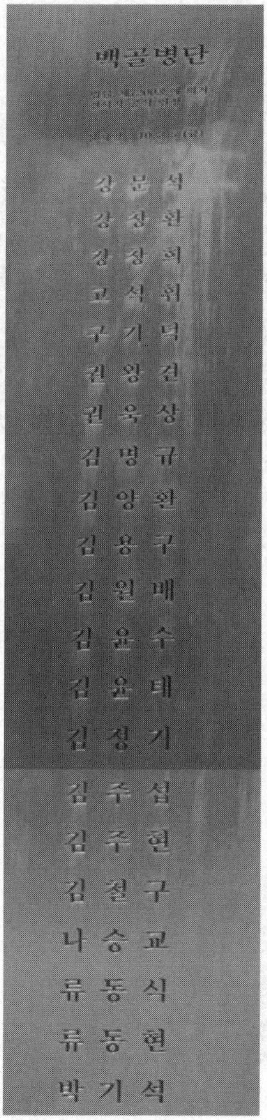

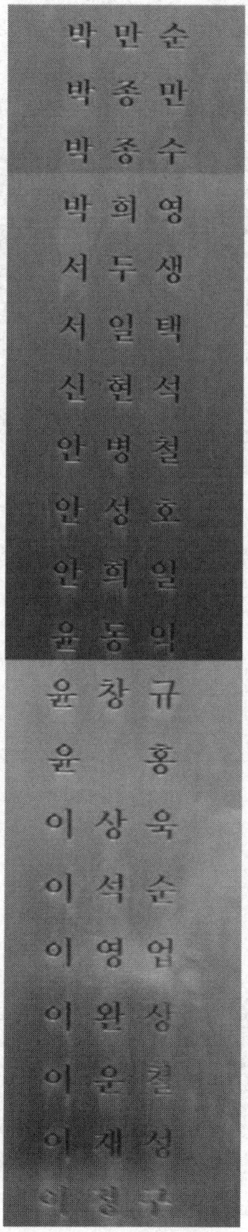

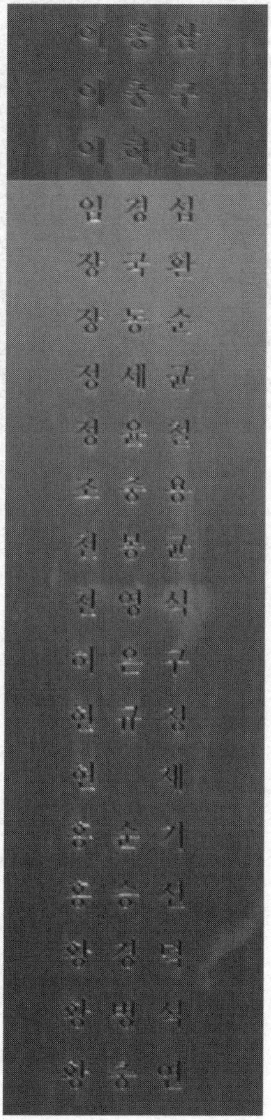

2014년 6월 5일 참전개선 63주년 제59회 현충추모식 후 기념촬영
左 이준용 예장군, 12사단장, 나상웅 제3군단장, 전인식, 류해근 예중장, 정중민 예중장, 송세용 전우 등

필자의 전역시 모습

제13부 61년 만에 무공훈장
2012. 6. 25. 백마부대 연병장에서

1. 무공훈장 신청

1951년 2월 7일 육해공군총참모장 육군소장 정일권(丁一權) 장군은 육군본부 직할 결사 제12연대 장병 330명이 강원도 명주군 강동면 지내에서 정렬한 출정장병에게 임무를 완수하고 귀환하면 무공훈장 수여와 동시에 두 계급씩 특별진급을 약속한지 60년의 세월이 흘렀습니다.

2011년 10월 4일 국방부는 "재향군인회보"에 공고 제2011-164호를 공고하였습니다.

즉, 「**6.25 전쟁 참전자 중 서훈 누락자에 대한 추가 서훈을 하겠다는 계획이 공고된 것입니다.**」

이 공고의 목적은 6.25 전쟁에 참전하여 공훈을 세우고도 무공훈장을 받지 못한 자에게 추가적으로 서훈함으로써 수훈자들이 자긍심과 명예를 고취하고, 호국정신함양을 목적으로 1950. 6. 25. 부터 1953. 7. 27. (휴전)까지 사이에 무공을 세운 자를 대상으로 한다고 공고하였다.

즉, 6.25 전쟁에 참전한 공훈자에게 서훈하겠다는 것이다.

이 공고문은 일간 신문 · 방송에 공고된 것이 아니고 재향군인회의 회보에 공고된 것을 내가 우연히 발견하게 되었다.

2011년 6.25 기념행사 시 6.25 당시의 서훈누락자 3인에게 태극무공훈장이 추서되는 것을 보고 우리도 희망이 있겠지 !? 하는 생각은 했으나 이와 같이 곧 닥칠 줄은 꿈에도 몰랐다.

김대중, 노무현 정부시절에는 상상조차 할 수 없는 일이었는데 이명박 대통령님과 김관진 국방부장관에게 큰 기대를 걸게 되었다.

나는 참전전우 모두에게 긴급 통신과 함께 공고문 사본과 무공훈장 수여 신청서 양식을 보내면서 결사 제11연대와 제12, 13 연대의 전공을 예시 해 주기도 했다.

몇몇 전우들이 나를 찾아와 신청서의 기재사항 등을 문의 또는 질문, 협의하기도 했으나 나는 개개인의 무공을 알 수 없으니 각자 알아서 작성하라고 하며 참고로 2001년 9월 18일 공적심사위원회가 의결하고 길형보 육군참모총장까지 결재가 끝난 뒤, 국방부장관에게 건의한 무공훈장 수여 건의의 사본을 참고로 전해 주기도 했다.

여러 참전전우들이 무공훈장 수여를 신청했다.

2012년 5월 하순경 무공훈장 서훈대상자가 대충 마감된 듯한 정보가 날아 들었다.

◎ 먼저 인천 상륙작전 당시 월미도 등대에 불을 밝혀 상륙작전에 크게 기여한 분.

◎ 황해 유격대를 지휘한 정보장교 소령 한 분,

◎ 해군 장병 3~4명 등이 서훈된다는 것이고

총 14명 중 우리들 육군본부 직할 결사대 **전 백골병단** 장병 9인이 서훈된다는 것이다.

① 충무무공훈장 전 백골병단 **육군소령 전인식**

② 충무무공훈장 전 백골병단 **육군대위 (고) 현규정** (추서)

③ 충무무공훈장 전 백골병단 **육군대위 (고) 윤창규** (추서)

④ 화랑무공훈장 전 백골병단 육군중사 장지영

⑤ 화랑무공훈장 전 백골병단 육군중사 송세용 외 4인 등 이다.

훈장에 관련된 기록은 다음에 추가 기술코자 합니다.

육군본부 공적 심의 의결

육군본부 공적위원회는 공적을 심사하고 전인식 등 21명에 대하여 훈장수여를 의결하였다.

"질서는 사회기초, 존중받는 나의 인권"

취급 정보통신망 **육 군 본 부**

우 320-919 충남 논산시 두마면 부남리 사서함 501-33호 (960) 1695 (전송)
인사처리과 과 장 대령 이 길 형 담당자 원사 석 현 구

보존기간	영구	참모총장
공개여부	군내공개	(서명)
감	"전결"	
차 감	(서명)	협조
과 장	이길형	
기 안 자	원사 석현구	홍보여부 :
심 사 자	(서명)	심 사 일 01. 9. 26

문서번호 부인16202-012922

시행일자 2001. 9. ~~24~~ 26

(경 유)

받 음 국방부장관

참 조 인사복지국장(상훈담당)

제 목 6.25참전 2차 전공확인 포상(건의)

---

1. 관련근거 : 국인근 12151-205('01. 3.12) 6.25참전 유공자 민원처리지시

2. 위 근거에 의거 6.25참전 2차 공적확인자에 대한 포상을 건의하니 검토후 조치하여 주시기 바랍니다.

가. 추천인원 / 훈격 (2차)

훈 격	계	충무무공훈장	화랑무공훈장	비 고
인원(명)	21	1	20	백골병단 참전전우회

붙임 : 1. 공적심사 의결서(사본) 1부
2. 공적심사 대상 명부 1부
3. 소급포상 개인민원철(공적조서, 공적확인서, 개인민원, 전사기록, 병적기록표) 3권. 끝

육 군 참 모 총 장

공 적 심 사 의 결 서

담당관	인처과장	부관차감	부판감	인참부장	참모차장	참모총장
중령 이재승	이길형	[illegible]	[illegible]	[illegible]	[illegible]	[illegible]

문서번호	부인 14900 -	시행년월일	2001. 9.	보존년한	5년
수 신	국방부장관	통 제			
참 조		발 신	육군참모총장		

아래와 같이 가결된 포상을 상신합니다.

붙 임 : 공적조서

공 심 의 결

소 속	계급	군 번	성 명	직 책	추천포상	비 고
기획관리참모부	중령	23148	조홍용	정책통제 장교	참모총장	의 무공훈장 : 22 정부포상 : 1 총장개인 : 337 총장감사장 : 9

계 급	성 명	서 명	의 견
대령	장두현	장두현	동 의
대령	이병해	이병해	동 의
〃	신연선	신연선	동 의
〃	이명찬	[illegible]	동 의
대령	최찬영	최찬영	동 의
대령	이길형	이길형	동 의

의 결 내 용

★ 2001. 9. 18 (화) 중앙(을반)공적심사 위원회에서 붙인과 같이 의결함

중앙 (을반) 공적심사위원장 준 장 홍 성 균

육직 결사대(백골병단) 전우회가 유공자로 신청한 22명 중 채명신 중령(예중장)은 태극무공훈장 수상자란 이유로 을지무공훈장 수상 신청에서 제외되고, 심사의결자 21명 중 충무무공훈장 1인 전인식과 화랑무공훈장 20인이 의결되었다.

2. 무공훈장 수여

2012년 6월 25일 화창하고 싱그러운 초여름 경기도 고양시에 위치한 백마사단(9사단) 연병장에서는 1개 연대규모의 대병력과 의장대·군악대·기수병 등이 도열한 가운데 많은 축하객이 오늘을 축하하기 위해 예비역 중장이신 정중민 장군 내외분과 류해근 예비역 중장 내외분, 이의재 장군 등을 비롯해 많은 하객과 고급장교 등 300여명의 하객이 참관한 가운데

대한민국 헌법의 규정에 따라 대통령을 대리하여 사단장 육군소장 김용우 장군이

맨 먼저 **전인식 소령에 대한 충무무공훈장증과 훈장이 수여**되었다.

대통령을 대리해 훈장을 수여하는 사단장 김용우 소장도 감격해 하며 축하해 주었다.

이것이 얼마만의 일인가 **1951년부터 2012년 까지 61년 만**이 아닌가…….

이제 내가 할 일은 다 끝낸 것 같으나 **우리 전우 모두**에게도 훈장이 주어져야 비로소 내 소임이 모두 끝나는 것이 아닌지…….

육군본부는 참전 당시의 정확한 기록이 없으므로 내가 쓴 참전수기와 청원서, 공적신청서 등을 참고로 심사를 한 듯……, 참전 당시의 지휘관이신 채명신 중령(예비역 중장)에게는 추천 등의 의견을 조회하지는 아니한 듯……

따라서 참전전우회장인 필자의 책임이 막중한 듯 했다.

일부 참전 전우들은 나에 대한 섭섭한 감정이 있는 것 같으나 내가 공적을 만들어 낼 수 없는 것이고, 따로 건의할 수도 없는 것이니…… 어쩔 도리가 없어 전우 여러분에게 미안한 생각뿐이다.

훈장 수여식의 존경

전인식의 무공훈장 전수 광경

전인식 소령이 수상 후 꽃다발을 안고

전인식 소령이 훈장증을 받고

(고)현규정 대위의 무공훈장을 대리 수상하는 홍금표 중사

이날의 무공훈장 수여식에서 (고)현규정 대위와 (고)윤창규 대위에 대한 충무무공훈장 수여는 수상할 관련 가족 등도 없어서 부득이 참전 당시의 부대 전우인 결사 제11연대 제1대대 선임하사 홍금표 중사가, 다음은 충남 예산 동향 출신의 제11연대 제2대대 김중신 전우가 각 대리 수상하기로 하였다.

▮ 무공훈장 ▮

훈장 수여 예정 보고

선결			지시		
접수	일자 시간		결재·공람		
	번호				
처 리 과					
담 당 자					

문서번호 : 육직 결사 12-06-03호

시행일자 : 2012. 06. 12

수 신 자 : 회 원 제 위

제 목 : **훈장 수여 예정 보고**

1. 귀하의 건강과 하시는 모든 일이 잘되시기를 기원합니다.

2. 제목의 건에 대하여 육군본부 및 국방부의 1차 심사 결과 통지에 의하면, 다음과 같이 훈장 수여가 예정 중이라 합니다.

이 훈장 수여는 우리 전우회가 창립 된 1962.8.23 이후 꾸준히 수백통이 넘는 탄원서, 청원서, 신청서, 입법기초, 국회청원 등을 거쳐 ① 저서 발간(23종), ② 영화제작 홍보(4편), ③ 전적비 건립, ④ 추모제 거행(86년 이후), ⑤ 국립묘지 위패 · 안장, ⑥ 법률 제정, ⑦ 현역 복무 인정, ⑧ 봉급 및 보상금 수령, ⑨ 전역식 거행, ⑩ 전사자 위패 및 현양(전사자 위패 57위, 안장 3위) 등 오랜 세월을 두고 투쟁한 마지막 소원이 깡통 훈장이라도 하나씩 받아야 되겠다고 주장해 왔는데, 신청 24명, 미신청 8명 계 32명 중 1차로 9명(전사자 2명 포함)만이 서훈된 듯 합니다.

2차 심의가 8월 중에 또 있다고 하니 또 기다려봐야 하겠습니다.

3. 훈장 수여는 대통령 재가가 나야하기 때문에 아직은 확정된 것은 아닙니다만, 우선 국방부 심사 결정에 따르면 다음과 같습니다.

충무무공훈장 (예정) 전인식, (고) 윤창규 대위, (고) 현규정 대위

화랑무공훈장 (예정) 송세용, 장지영, 김용필, 안병희, 김인태, 배선호 (전우회 기여순)

제씨 이며, 이를 연대별로 보면, 11연대 5명, 12연대 3명, 13연대 1명이고, 모두 전투 당시 적병을 생포한 것이 아니라 사살한 기록이 있는 특징을 엿볼 수 있습니다. 2차 심의가 8월중에 있다고 하니 더 기다려보아야 하겠습니다.

이상 우선 보고 드립니다.

※ 각 개인별 훈장신청서 사본 1통씩을 보내주시면 참고가 되겠습니다. 부탁드립니다.

끝

육군본부 직할 결사대 전우회 장

담당 : 과장 송 미 정
시 행 : 육군본부 직할 결사대 전우회 제12-06-03호(2012.06.12.) 접 수 ( )
우 121-894 서울특별시 마포구 잔다리로 65(서교동) 2층 http://www.beackgol.co.kr
전화 02) 325-4896(직), 02) 333-2381~2 전송 02) 338-1153

백마 사단장 김용우 소장의 격려사

일동 국기에 대한 경례

무공훈장 수장 전수 광경, 필자가 충무무공훈장을 수장

무공훈장 전수식을 마치고

2012.6.25 무공훈장 전수식에 참석한 내빈 친지 여러분

파주출신 장교동우회원, 문산중 · 제일고등학교 학생과
총동창회장 및 파주향우회원들

훈장 전수 부대장 김용우 소장(중앙)과 함께(左 5번 필자)

훈장 수장자와 참전 전우 일동이 함께(전열 左 3번 필자)

훈장 전수식 후 오찬장에서 전인식의 친지 가족과 참전전우

오찬장에서 담소하는 필자와 내빈

무공훈장 수장

무 공 훈 장

정부는 2012.6.25 대한민국 헌법에 따라 다음과 같이 무공훈장을 수여 (추서) 하였다.

충무 무공훈장

육군소령 전인식 (全仁植) 1929년생, 경기 파주 출신

1951.1.25 임시 육군대위 임관, 군번 : GO1003, 육본 직할결사제11연대 작전참모
1951.4.28 육군소령 진급, 미 8군 기동부대 커크랜드 작전참모
2010.6.25 육군소령 전역, 군번:51-00008, 참전 전우회 회장 1965년~현재

육군대위 (고)현규정 (玄奎正) 1926년~1951.3.26 전사, 평남 개천 출신

1951.2.20 결사제11연대장 보좌관-특임. 제11연대 제1대대장
1951.3.26 인제군 기린면 진동지구 전투에서 전사, 대전현충원 장교묘 744 안장

육군대위 (고)윤창규 (尹昌圭) 1928년~1951.3.24 전사, 충남 예산 출신

1951.1.25 임시 육군대위 임관, 군번 : GO1007, 제11연대 제2대대장
1951.3.24 설악산지구 작전 중 적을 유인 전사, 국립현충원 위패 안치

화랑 무공훈장

육군중사 장지영 (張之永) 1930년생, 황해 연백 출신

1951.1.25 육군이등상사, 군번 : G11365, 제11연대 제3대대 본부중대
2010.6.25 육군중사 전역, 군번 : 51-500014, 참전 전우회 운영위원

육군소위 김용필 (金容弼) 1925년생, 경기 파주 출신

1951.1.25 임시 육군소위 임관, 군번:GO1110, 제12연대 제1대대 소대장
2010.6.25 육군소위 전역, 군번 : 51-00019

육군중사 송세용 (宋世鏞) 1932년생, 충남 연기 출신

1951.1.25 육군이등상사, 군번 : G12158, 제12연대본부 정찰조장
2010.6.25 육군중사 전역, 군번 : 51-500020, 참전 전우회 운영위원장

육군하사 안병희 (安秉熙) 1931년생, 경기 평택 출신

1951.1.25 육군일등중사, 군번 : G12116, 제12연대 제1대대 1중대 분대장
2010.6.25 육군하사 전역, 군번 : 51-500053

육군중위 김인태 (金寅泰) 1928년생, 경기 포천 출신

1951.1.25 임시 육군중위 임관, 군번 : GO1021, 제11연대 제2대대 중대장
2010.6.25 육군중위 전역, 군번 : 51-00012

육군병장 배선호 (裵善浩) 1933년생, 강원 정선 출신

1951.1.25 육군이등중사, 군번 : G13051, 제13연대 본부 연락병
2010.6.25 육군병장 전역, 군번 : 51-77000024

육군소위 권태종 (權泰鍾) 1929년생, 인천광역시 출신

1951. 1. 25 임시 육군소위 임관, 군번 : GO1046, 결사 제11연대 3대대소대장
2010. 6. 25 육군소위 전역, 군번 : 51-00025, 참전 전우회 운영위원

육군하사 이익재 (李翊宰) 1929년생, 경기 평택 출신

1951. 1. 25 육군일등중사, 군번 : G12114 결사 제12연대 1대대 1중대 분대장
2010. 6. 25 육군하사 전역, 군번 : 51-500045

무공수훈 전사자 묘비 참배

= 조 국 의 자 유 와 평 화 =

육본 직할 결사대 전우회

선결				지시		
접수	일자 시간			결재·공람		
	번호					
처 리 과						
담 당 자						

문서번호 : 육직 결사 12-06-05호

시행일자 : 2012. 06. 26

수 신 자 : 전우 회원

제 목 : 충무무공 수훈 전사자 묘비 참배

1. 귀하의 건강과 가족 모두의 평안을 기원합니다.

2. 우리들 육본 직할 결사대(일명 백골병단)는 1951.1.4부터 51.4.5까지(4.26부터 6.28까지는 후속 작전) 작전한 647명의 소부대로서 충무무공훈장 3인, 화랑무공훈장 6인 계 9인의 서훈은 6.25 전쟁 이후 우리 육군 역사상 그 유례가 없는 영광입니다.

※ 앞으로 추가심사에 몇 명이 더 수훈될 것인지는 아직 예상할 수 없습니다만, 일단은 기대해 봅니다.

3. 무공훈장 수훈자 중 (고)육군대위 윤창규 결사제11연대(2대대장 설악산 전사) 동작동 국립묘지 위패 안치, (고)육군대위 현규정 결사제11연대(대대장 진동리지구 전사) 대전현충원장교 744묘 안장, 위 2명에 대한 무공훈장은 용산 전쟁기념관 2층 백골병단 부스에 기증 영구보존케하고자 합니다만, 6.25훈장 수장 사실을 신고하고 훈장을 걸어드린 뒤 전쟁기념관에 보내야 할 것으로 생각합니다.

= 일 정 =　　　= 서울 서교동 출발 10시 =

※ 국립현충원 방문은 2012.6.29(금) 11:00 거행하고

※ 대전현충원 방문은 2012.6.29(금) 15:00 참배 하고자 합니다.

4. 참가희망자는 수신 즉시 유선으로 연락바랍니다. 02)325-4896

이상 긴급 안내 합니다.

육군본부 직할 결사대 전우회

육본직할 결사대(백골병단)전우회의인

담당 : 과장 송 미 정

시 행 : 육군본부 직할 결사대 전우회 제12-06-05호(2012.06.26.)　　접 수 (　　　)

우 121-894 서울특별시 마포구 잔다리로 65(서교동) 2층　　http://www.beackgol.co.kr

전화 02) 325-4896(직), 02) 333-2381~2　전송 02) 338-1153

(고) 현규정 대위의 훈장증

(고)현규정 대위에게 훈장증을 봉정한 뒤

충무무공훈장 제 406 호

훈 장 증

전. 백골병단

육군대위 고. 현규정

위는 6.25전투에 참전하여 빛나는 무공을 세웠으므로 대한민국헌법에 따라 다음 훈장을 추서합니다.

충무무공훈장

2012년 6월 25일

대통령 이명박

국무총리 김황식

이 증을 무공훈장부에 기입합니다.

행정안전부장관 맹형규

(고)현규정 대위의 묘비 주변을 정리하다

육군소위 (고)이하연의 묘(745호)를 찾아 헌화 후 정리하는 광경

(고)이하연 소위의 묘를 참배한 전우 일동(중앙 필자)

2012. 6. 29 15:00 대전 현충원을 찾아 장교묘역 744에 안장된
(고)현규정 대위의 충무무공훈장 증서와 훈장 전수에 참가한 전우 일동

(고)현규정 대위의 훈장증을 낭독 · 봉정하는 전우회장(필자)과 전우일동

충무무공훈장을 봉정한 뒤
기념촬영 (중앙 필자)

(고) 이완상 병장의 묘비에서(사병묘역 4591호) 헌화를 정비하며

(고) 이완상 병장의 묘비를 참배한 전우 일동

훈장 수여 인사말씀

오늘 대한민국이 수여하는 영광의 훈장수여(전수)식에 참석해주신 귀빈님과 저명인사, 학생, 친지, 가족 여러분 감사드립니다.

존경하는 白馬 사단장님과 참모장병 여러분께서 이 영광의 식전을 마련해주시고 집전해 주신 것 고맙습니다, 감사드립니다.

오늘은 바로 6.25 전쟁 발발 62주년입니다. 6.25 전쟁을 다시 회고하면,

1950년 6월 25일(일요일) 새벽 4시에 38도선 전 전선에서 북괴군은 T34 중 탱크 240여대를 앞세우고, 하늘에는 야크(YAK) 전투기를 띄워 일제히 기습 · 남침한 전쟁이 바로 자유 수호 6.25 전쟁입니다.

이 남침전쟁은 북괴 김일성의 적화(赤化) 야욕과 소련의 스탈린, 중공의 모택동 등 세 놈들이 합작한 전쟁으로 우리민족은 큰 피해를 입었던 것입니다.

이 전쟁에 우리들 육본 직할 결사대 장병 647명은 조국의 자유와 평화를 지키기 위해 빈약한 장비와 2주일 분의 미숫가루만으로 태백 · 오대 · 설악을 잇는 험산준령에서 영하 30도를 오르내리는 혹한을 견디며 80여 일간의 전투에서 적생포 309명, 사살 170여의 전과를 올렸으나 아군도 전사 또는 실종되는 아픔을 견뎌야했습니다.

오늘이 우리들 결사대(일명 白骨兵團) 참전 개선 61주년이 되는 날입니다.

잊혀진 우리들의 참전 사실은 50년 전인 1961년 8월 23일로 거슬러 올라가 **참전전우회**를 발기한 이래, 이 사람이 회장의 중책을 맡아 전우들을 규합하기 시작하여 파악된 자료를 통해 해당 시 · 군 · 구 · 읍 · 면장에게도 전우를 찾는 공문을 보내 참전 전우의 38.8%인 251명을 발굴하였고,

그 중 전사자 60인을 파악해 육군본부의 확인을 받아 **동작동 위패 57위, 대전안장 3위**를 하였고

1986년부터 거행하던 위령제는 1990년 11월 白骨兵團 戰跡碑 建立으로 계속 이어져 오고 있으며, **303무명용사 추모비 건립!! 살신성인 尹昌圭 대위의 충용비 건립! 육군본부 내 명예의 전당에 60인 헌액!!**

용산 전쟁기념관 내 전사자 추모비 현양과 2004년에는 법률 제7200호를 제정·공포하여 참전 장병의 명예 선양과 동시에 현역 군번과 계급을 부여받고 참전 당시의 계급별 봉급 수령과 위로금도 모두 받았습니다.

2010. 6. 25에는 육군본부 내 광장에서 **참전 59년 만에 영광의 전역식도 거행**했습니다. 이 사람이 이룩한 50년간의 결실이고, 우리 전우들이 참여한 결과였습니다.

따라서 이 모두의 영광은 우리들 참전 장병 모두의 것입니다만 **우리들 아홉 전우만이 나라의 크나큰 혜택을** 받는 영광의 자리를 갖게 되었습니다.

한편으로는 국민과 참전전우 모두에게 죄송스럽기까지 합니다.

그 옛날을 회고하건데, 이 사람이 1951. 1. 30 강원도 영월에서 아군 7사단과 9사단을 뒤로하고 적진 후방에 침투하여 1951. 2. 10 평창군 진부면 하진부리 초도작전 지휘를 시작 하면서 크고 작은 여러 전투에서 적을 괴멸시키고 나라를 보위하는 성전에서 어려운 고비마다 자유와 평화의 사도로서 최선을 다한 것이 오늘의 자랑과 영광의 날이 있게 된 것으로 확신합니다.

우리들은 **붉은 이릿떼**들과의 싸움에서 이겨냈습니다.

앞으로 남은 여생, 내 나라를 굳건히 지키는 尖兵이 되어 다시는 북괴의 만행을 저지를 수 없도록 그 싹을 잘라내도록 최선을 다해야 하겠습니다.

최근 북한 괴뢰집단은 김일성에 이어 3대가 왕권을 계승하고 **"핵"의 위협! 서울 불바다!! 천안함 폭침!! 연평도 포격!! 언론사 집중**

공격!!을 협박하고 있는 판에 우리 주변에는 어리석은 **종북추종자**가 독버섯처럼 자라나고 있습니다.

이런놈들 중에는 국회의원이 된 놈들도 있습니다. 나라를 다스리는 중임을 져야 할 책무있는 자 중 종북추종자들 때문에 선량하게 자라야 할 우리 청소년들이 물들까 걱정입니다.

이런 놈들을 우리 주변에서 깨끗이 쓸어내야 하겠습니다.

오늘 우리들에게 주신 이 큰 영광은 우리가 살아 있는 날까지……

아니 죽은 뒤에도 조국을 사랑하는 청년의 표상으로 오래도록 빛나기를 기대합니다.

전우여! 미안하다. 그리고 살아남은 것을 부끄럽게 생각하며 죄지은 마음으로 60여년을 살아왔는데 그대들 덕분에 받은 이 거룩한 훈장을 그대들 영전에 바칩니다.

사랑하는 내 조국, 나를 낳아주시고 키워주신 부모님과 내 고향 파주의 영광입니다. 그리고 모교인 탄현소학교와 문산중·제일고등학교·건국대학교에 이 영광을 드립니다.

대한민국이여!! 영원 하라!! 그리고 **영광이 기리 빛나라!!**

대한민국 국민과 정부가 주신, 이 영광의 훈장을 더욱 빛나도록 최선을 다하고, 격에 어울리게 처신하고 봉사 하겠습니다.

白馬사단 장병 여러분과 국군장병 여러분의 무운장구를 거듭 기원합니다.

그리고 무더운 날씨에 이곳까지 찾아주신 귀빈님과 애국시민, 친지, 가족 여러분 거듭 감사드립니다.

2012년 6월 25일

육군본부 직할 결사대 전우회 장

충무무공훈장 수훈자 전 인 식

3. 무공훈장에 얽힌 사연

1951. 6. 28. 미8군 예하 커크랜드 기지(주문진)에서 명예 제대한 나는 1961. 8. 23. 에 이르러 **대한민국 유격군 참전 전우회**(가칭)를 발기하고, 1962. 4. 21. 국가 재건 최고회의 의장인 박정희 장군에게 명예회복의 청원을 하는데도 기여하였다.

1965. 9. 29. 참전 단체 **雪岳同志會**를 재발족한 후 회장의 책임을 맡은 뒤, 1970. 1. 19. 국방부 장관에게 병적확인청원을 하여 그해 2. 13. 육군참모총장으로부터 임시소령이란 병적확인을 받은 뒤, 참전수기(參戰手記)를 정리하기 시작한 10년 뒤인 1981년 5월 6일 **"나와 6.25"**란 비매품의 작은 수기를 발행하여 대통령 외 23개 기관과 전우들에게 이를 기증하여 전투실황을 보정할 수 있도록 협조해 줄 것을 요청하기도 했다.

그 뒤, 1986년 8월 8일 프레스센터 20층「국제회의장」에서 처음 321위 전몰장병의 명복을 비는 추모 분향 제례를 집전한 뒤, 1989년까지 단목령(檀木嶺) (양양군 서면 오색리) 입구 아늑한 숲속에서 병풍에 전사자 명을 써 붙이고 제례를 지내오다가, 1990년 11월 9일 강원도 인제군 북면 용대리 산 250-2에 **白骨兵團戰跡碑**가 건립 · 제막됨으로써 그해 4월부터 전적비 앞 광장에서 우리 전우회와 육군 산악군단(제3군단)이 추모행사를 전적비 앞 광장에서 2015년까지 해마다 거행하면서 오늘에 이르고 있다.

그때까지 전사가 확인 된 살신성인 육군대위 (고)윤창규 등 60인의 명패가 동작동 국립현충원(위패 57위)과 대전 국립현충원(안장 3위)에 각 위패 및 안장되었으나, 참전 중 전공사실(戰功事實) 인정이 이루어지지 못한 아쉬움이 있었다.

1991. 2. 19. 나는 참전전우(전우회 비참여자 포함) 모두에게 참전 중 전공사실을 육하 원칙에 따라 작성하여 1991. 3. 15. 까지 제출하도록 공식 요구했다.

이에 따라 결사 12연대 출신 장병들이 그들끼리 전공기록 조정회의를 한 뒤, 1991. 3. 15. 참전전공기록 일부가 본회에 제출되었다.

2000. 4. 28. 백골병단 전공심의 위원회를 개최하여, (위원 10인 중 9인 참석) (위원장 권영철 부회장) 그 결과를

2001. 1. 30. 육군참모총장에게 전공사실 인정신청을 하였던바, 육군본부는 이를 심의한 후, 채명신 중령을 제외하고 21명의 전공심사 의결을 거쳐 국방부장관에게 훈장수여를 건의해 주었다.
채명신(제외), 전인식, 권영철, 최인태, 권태종, 최윤우, 오봉택, 최종민, 이명해, 박승록, 이익재, 배선호, 이남훈, 김인태, 류탁영, 차동원, 정규옥, 송세용, 안병희, 박용주, 조영택, 이영진 (22명) 등이다.

2001. 9. 26. 육군참모총장은 위 신청자 22명 중 채명신 1인을 제외하고 전인식(충무), 기타 20명(화랑)은 공적 심의 결정 후, 국방부장관에게 훈장수여를 전의해 주었다.

2002. 2. 23. 나는 국방부장관에게 참전장병의 상훈 수여 촉구를 공문으로 다시 촉구하였다.

2003. 4. 28. 국방부장관은 특별법 제정 등 민원을 긍정 검토한다는 회답의 내용을 보내주었다.

2003. 10. 21. 국회의원 입법 발의 서명 54인을 받아

2004. 3. 2. 국회 245차 임시회의에서 만장일치로 우리들의 법률(7200호)이 가결, 선포 되었다.

2004. 3. 4. 나는 육군참모총장에게 전인식 외 36명에게 훈장수여를 해 달라고 다시 건의하였다.
전인식(을지), (고)윤창규(태극), (고)현규정(을지), 김용구, 정세균, 이남학(이상 충무), 이만우, 권영철, 나명집, 고제화, 김영돈, 최인태, 권태종, 임동욱, 김용필, 홍금표, 최윤우, 오봉택, 이명해, 강두성, 장인홍, 안병희, 송세용, 이익재, 차주찬, 김인태, 류탁영, 김중신, 배선호, 박용주, 신건철, 최종민, 이남훈, 이영진, 정규옥, 박승록, 임병기 등 (화랑)

2011. 10. 4. 국방부는 재향군인회보를 통해 공고 2011-164호로 6.25 당시 서훈누락자의 신청을 공고하였으므로 이 내용을 회원 모두에게 공문과 신청서 양식을 보냈다.

2011. 11. 23.~24. 위 공고내용에 따라 장지영, 송세용, 권태종, 차주찬, 박승록, 전영도, 박용주, 김종호 등이 본회를 방문, 서훈 신청을 협의해 왔으나, 나는 공훈 내용을 제외한 맞춤법 정도만을 지원했다. 이때, 김모 씨의 경우는 A4 용지 12~13매 정도에 이르는 입대경위부터 귀환 후까지의 소설을 타이핑해 가지고 와서 검토해 달라는 경우도 있었다.

2012. 6. 7. 육본 인사사령부 최모 상사로부터 9인의 서훈 통보를 전화로 알려왔다.
나는 가능한 한 모두 한자리에서 함께 서훈하는 것이 좋을 듯 하다는 의견을 제시했다.

2012. 6. 25. 육군 제9사단(백마부대)에서 훈장을 수상하기로 했다. 전인식, (고)윤창규 대위, (고)현규정 대위(3인 충무무공훈장), 장지영, 김용필, 송세용, 안병희, 김인태, 배선호(각 화랑훈장)(훈장 수여 순)

2014. 6. 23. 나는 일등중사 이익재 동지가 1951년 2월 평창군 도암면 지내에서 적 11명을 사살했으나, 아군 이재성 외 2명의 전사피해를 입었다고 진술했는데, 그때 함께 전투한 송세용, 안병희 전우는 훈장을 수훈했으나 이익재 동지는 사망으로 신청하지 못해 수훈되지 못한 것을 안타깝게 여겨 본인이 이익재(李翊宰) 하사와 누락자 권태종 동지의 훈장수여를 개인자격으로 신청하였다.

2015. 6. 15. 그로부터 1년 뒤, 육군본부로부터 권태종 소위와 이익재 하사의 서훈이 의결되었다는 연락을 받았으나, 이익재 전우의 자녀 연락처를 알 수 없어 2015. 6. 18 평택경찰서장에게 가족찾기를 의뢰하는 일도 생겼으나……
권태종·이익재 훈장수여 결정 통보(2015. 7. 27)

앞으로 서훈이 누락된 참전전우 모두에게도 서훈이 되어야 한다고 나는 계속 주창하고 있다.

=조국의 자유와 평화=

육본 직할 결사대 전우회

문서번호: 육직 결사 15-06-03호

시행일자: 2015. 06. 18.

수 신: 평택경찰서장

참 조:

선결			지시		
접수	일자 시간		결재·공람		
	번호				
처리과					
담당자					

제 목: **6.25 참전 국가유공자 가족 찾기**

1. 치안유지·확보 및 메르스 퇴치에 노고를 아끼지 않으시는 귀하와 귀 휘하 경찰관의 노고에 대하여 격려와 경의를 표해마지 않습니다.

2. 제목의 국가유공자는 귀 관내에 거주하던 사람으로서 1951년도 6.25 전쟁 당시 전공이 최근에 인정되어 2015. 6. 15 국무회의에서 무공수훈자로 결정되었다는 전화통지를 육군본부 인사사령부 담당자로부터 받았으며, 6월 중에 서훈이 될 것이라고 하나, 서훈 예정자 이익재 씨는 2010년 4월 6일경 이미 사망하였습니다.

이익재 씨는 사망 이전 기록에 의하여

주소: 평택시 지산동 850-30호(11통 2반) 전화 031) 662-5079
서정동 77 (2000. 2. 20. 현재) 662-7992
평택시 지산동 843-2 신흥빌라 가동 302호(4통 3반) 등 입니다.

주민번호: 290716-122×××× 로서 그 자녀를 찾는 것입니다.

※ 이익재 씨는 과거 우유협동조합 "총대" 경우회 회원이였다 합니다.

참고: 2015. 6. 15 15시경 함께 전투한 전우인 안병희 씨
평택시 진위면 마산4리 84-○× 거주 (010-2297-77○×, 031-664-77○×)에게 이익재 씨의 가족을 찾는다는 부탁을 했으나 아직 연락이 없습니다.

이와 같이 이익재 씨의 자녀를 시급히 찾아주심을 바랍니다.

육군본부 직할 결사대 전우회 회 장

(백골병단)

담당: 대리 이은호 총 무 차주찬 회 장 전인식

시 행: 육본직할 결사대 전우회 제15-06-03호(2015. 6. 18.) 접 수 ( )

우 121-842 서울특별시 마포구 잔다리로 77, 601(서교동, 대창빌딩) http://www.beackgol.co.kr

전화 02) 325-4896(직), 02) 333-2381~2 전송 02) 338-1153

※ 위에 대한 평택경찰서 민원실의 회보는 헤어진 가족 찾아주기 대상이 아니라는 것〔청문감사관-959 (2015. 6. 22)〕

4. 전쟁기념관에 명비 헌각

전사자명비 육군본부 직할 결사대 전사자 60위 명비 조각
<2011년 3월 29일 명비 조각>

1951년 1월 4일부터 4월 25일까지 사이에 육군본부 직할 결사대 장병 817명은 강원도 영월, 정선, 평창, 명주, 홍천, 인제, 양양군 등, 태백, 오대, 설악산맥에서 영하 20~30도의 혹한을 견디며 유격 특수전을 감행하여 혁혁한 전공을 세웠으나 (고) 육군대위 윤창규 외 360명이 전사·실종 되었음에도 여기 60위만이 명비를 기록하는 애통함을 견뎌야 했다.

2011. 3. 29 14:30 전쟁기념관 내 추모비 조각 현장
(앞 : 류해근(예)중장이 조각 작업을 지켜보고 있다.)

<2011. 3. 29 조각 광경>

<전쟁기념관 정문 우측 전사자 명비에 새겨진 「육군 직할대」 백골병단 60위>

전쟁기념관에 전사자 명비 조각

=조국의 자유와 평화=

육본직할 결사대 전우회

문서번호: 육직 결사 11-03-04호

시행일자: 2011. 3. 30

수 신 자: 전쟁기념사업회장

참 조 : 학예부장

선결			지시	
접수	일자 시간		결재·공람	
	번호			
처리과				
담당자				

제 목: 육본 직할 결사대 전몰장병의 전쟁기념관 내 전사자 명비 조각 추모행사 기타

1. 귀하의 건강과 하시는 일 모두에 대하여 경의와 찬양을 보내드립니다.
2. 육직 결사 11-01-02호(2011.1.20)로 귀 회에 요청한 육군본부 직할 결사대 참전중 호국의 군신으로 산화한 60위의 전사자 명비 각자 선양 요구에 대하여 귀 사업회 학예-38(2011.1.27)로 회신해 주신데 대하여 감사드립니다.
3. 귀 학예-38호(2011.1.27)에 의하여 2011.3.29 전사자 명비 조각을 통지 받고 현장을 확인한후 다음과 같이 추모 행사를 거행하고자 합니다.

= 다 음 =

추모 참배 일시 : 2011년 4월 7일 11시 30분

참 배 인 원 : 참전전우회장 소령(51년도) **전인식 외**
약 25인((예)중장 류해근, (예)준장 이병길 포함)

참 배 행 사 : 헌화·분향, 추모 묵념, 추모경례, 기타

이상과 같이 추모행사를 갖고자 하오니 적정 지원을 바랍니다.

〈**추신**〉 우리 전우회가 발간한 육군본부 직할 결사대 60년사 및 추록Ⅰ을 전시장의 전시용으로 기증하오니 우리 전우회 부스에 전시해 주시기 바랍니다.

육군본부 직할 결사대 전우회 회장

담당: 과장 송미정 총무운영위원장 : 차 주 찬 회 장 전 인 식
시 행: 육본직할 결사대 전우회 제11-03-04호(2011. 3. 30.) 접 수 ( )
우 121-839 서울특별시 마포구 서교동 377-2 http://www.beackgol.co.kr
전화 02) 325-4896(직), 02) 333-2381~2 전송 02) 338-1153

2011. 4. 7 11:30 용산 전쟁기념관 내 전사자 명비(131번)에 육군본부 직할 결사대(일명 백골병단) 전사자 (고) 육군대위 윤창규 외 59인의 전사자의 이름을 새긴 행사가 있었다.

국방일보 2011년 4월 8일 금요일 military 군인과 삶 7

백골병단 전사자 60년 만에 이름 새겨

전쟁기념관에서 '육군직할대' 표시도 함께 각인

6·25전쟁 당시 강원도 영월·정선 등 중동부 전선에서 유격특수전을 감행했던 육군본부 직할 결사대(일명 백골병단) 전사자 60명의 이름이 전사한 지 60년 만인 7일 오전 서울 용산 전쟁기념관에 새겨졌다.

백골병단 전사자 60명의 이름은 전쟁기념관 입구 양쪽 벽에 검정색 대리석으로 조성된 기존 전사자 명비 중 왼쪽 맨 끝쪽 131번 대리석에 '육군직할대'라는 표지와 함께 각인됐다.

전인식 백골병단 전우회장(오른쪽)과 회원들이 7일 오전 서울 전쟁기념관에서 전사자 명비에 경례하고 있다. 이헌구 기자

백골병단 전우회는 이날 오전 전인식 전우회장 등 전우회원과 내외 인사 30여 명이 참석한 가운데 전쟁기념관에서 전사자 명비 제막식을 가졌다.

이날 제막식은 국민의례, 먼저 산화한 동료 전우에 대한 묵념, 헌화·분향의 순으로 진행됐다.

이 자리에서 전 전우회장은 "전쟁기념관 전사자 명비에 백골병단 전사자들의 이름이 새겨진 것은 이 나라 국가 보위를 위한 성전에 젊음을 불사른 백골병단의 살신성인 정신을 널리 알리는 계기가 될 것"이라며 "나아가 보는 이들에게 나라사랑 정신을 일깨워 줌은 물론 자유와 평화를 지키는 첨병이 될 것을 다짐하게 하는 계기가 될 것"이라고 말했다.

전사한 지 60년 만에 전쟁기념관 전사자 명비에 이름을 올린 이들은 6·25전쟁이 한창이던 1951년 1월부터 4월 15일까지 강원 영월·정선·평창·홍천·명주·인제·양양 등 중동부 전선 적 후방에서 영하 20~30도를 오르내리는 혹한을 무릅쓰고 유격특수전을 벌였던 817명의 백골병단 참전용사 중 전사로 확인된 60명.

백골병단은 치열한 격전을 치른 이 기간 동안 전사자 명비에 이름을 올린 60명을 비롯, 동사 또는 아사자를 포함해 모두 363명이 피해를 입었다.

이들 중 고 윤창규 대위 등 57명은 국립서울현충원, 고 현규정 대위 등 3명은 국립대전현충원에 안장됐다. 나머지 300여 명은 강원도 인제군 북면 용대리에 조성된 백골병단 전적비 경내에 무명용사 추모비 형태로 안장됐다.

이석종 기자 seokjong@dema.kr

전쟁기념관에 육군직할대(백골병단) 전사망자의 명비 60인 헌각

일동 전몰 장병에 대한 묵념

전사자 명비 제막 준비 광경

헌화 분향후 일동 경례 (우) 이웅희 전쟁기념사업회 사무총장 그 옆 류해근 장군, 이병길 장군, 전인식 회장

헌화 후 묵념하는 참전전우

헌화 후 경례하는 장지영 이등상사

헌화 후 경례하는 권태종 소위

헌화 후 경례하는 윤경준 일등중사

'백골병단' 전사자 추모 명비 제작

6.25 전쟁시 전사한지 60년 만에 전쟁기념관 전사자 명비에 입적

7일 오전 육본직할대전우회(회장 전인식)는 용산 전쟁기념관에서 1951년 3월 전사한지 60년이 지난 백골병단 전사자의 명비조각 추모행사를 실시했다.

백골병단은 6.25전쟁 당시 1951년 1월부터 4월 15일까지 사이에 강원도 영월군, 정선, 평창, 홍천, 명주, 인제, 양양 등 중동부 전선 적후방에서 영하 20~30도를 오르내리는 혹한을 무릅쓰고 유격특수전을 감행한 '육군본부직할결사대'(일명 백골병단)로 이중 817명 중 363명이 격전중 전사 또는 굶고 허기져 숨지는(冬餓死) 전사상 피해를 입었다.

▲ 참전전우회 전인식 회장이 조각된 전사자 명비 앞에 헌화 및 분향하고 고인들의 명복을 빌었다©konas.net

그러나 그 당시에는 군 당국이 혼란했던 시기라 명단조차 비치하지 못하고 전사상 보고서 조차 보존하지 않아 참전전우회에서 전우상호간의 인우보증으로 전우들의 상황을 파악하고 유지해 왔다.

당시 참전장병 중 전사 확인한 故 육군대위 윤창규 등 57위는 동작동 국군묘지에 위패를, 故 육군대위 현규정 등 3위는 대전현충원에 안장되어 있다.

참전전우회는 전우들의 숭고한 희생정신을 높이기 위해 2004년 3월 22일에는 '6.25 전쟁 중 적후방지역 작전수행 공로자에 대한 군복무 인정 및 보상 등에 관한 법률'적 근거에 따라 참전당시 계급의 현역 인정으로 군번과 계급을 부여받고 보상금과 전쟁중 받지 못한 계급별 봉급도 받을 수 있게했다.

2010년 3월 5일에는 육군본부 내 '명예의 전당'에 전몰장병 60위를 현각·제막하여 전우들의 명예를 선양하고 있다.

또한 1990년 11월 9일에는 강원도 인제군 북면 용대리 1500여 평의 대지 위에 육군의 지원과 참전전우회의 성금으로 '백골병단'전적 위령비를 건립·제막하여 해마다 6월에는 현충추모식과 함께 부락의 경노인을 초청한 경노행사와 용대초등학생에게 장학금을 지급하는 행사를 병행하고 있다.

▲ 노병의 백골병단 옛 전우들이 국가를 위해 산화한 동료들의 넋을 기렸다©konas.net

이날 행사에는 구국의 일념으로 생사고락을 같이했던 생존하는 노병의 백골병단 전우들과 예비역 류해근 장군, 예비역 이병길 장군 등 60여명이 모여 고인들의 명복을 빌었다.

이 행사를 주관한 육군직할결사대 전우회 전인식 회장은 "이번 전쟁기념관내에 설치된 전사자 명비의 각자 보존은 이 나라 국가 보위를 위한 성전(聖戰)에 젊음을 불사른 살신성인의 장함을 널리 알려, 국난 극복의 계기가 되어줄 것을 기대하며 나아가 나라사랑과 자유와 평화를 지키는 첨병이 될 것을 다짐하는 계기가 될 것"이라며 행사의 의미를 밝혔다.(konas)

코나스 이영찬 객원기자

전쟁기념관 2층에 전시된 백골병단

전선교착기 백골병단 부스

전인식 대위의 임관사령장과 작전 명령
(우) 국기훈장 3급(강칠성 대좌로부터 노획한 것)

전인식 소령의 제대 증명 원본

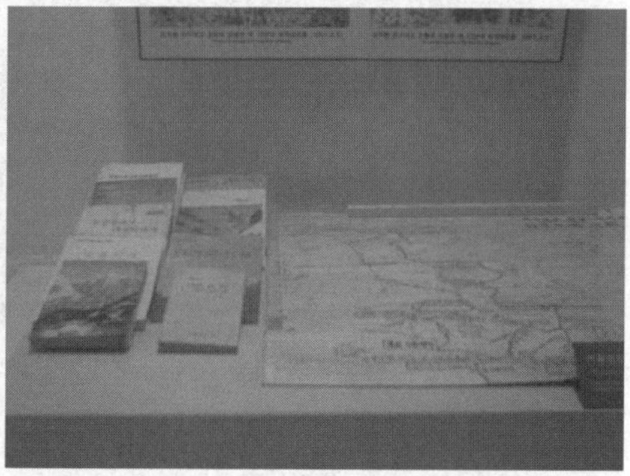

백골병단의 전투요도와 전인식 소령의 전쟁 수기
"나와 6.25", "못다핀 젊은 꽃" 등

육군본부 직할 결사대 참전 전우회장 전인식이 전쟁 기념사업회 이웅희 사무총장에게 전시물과 경위를 설명하고 있다.

5. 전적비 보호·방어벽 및 공적·부조 건립

국방일보 기 획 2011년 11월 14일 월요일 9

지난 11일 11시에 제막식을 가진 백골병단 전적비 보호벽.

6·25 활약상 확인할 수 있는 '작은 역사관'

육본직할결사대전우회, 전적비 보호벽 제막

참전 전우 생존자·전사자 등 한글로 기록해

"이제 우리의 표상이자 상징인 백골병단 전적비가 어떤 위해가 생기더라도 안전하게 보호될 수 있을 것이라고 믿고 안심하고 두 다리를 쭉 뻗고 잠잘 수 있게 됐습니다."

멀어져 가는 가을의 아쉬움을 달래주는 이슬비가 새벽녘에 내려 을씨년스러운 기운이 감돈 지난 11일 오전 11시 강원 인제군 북면 용대3리 산 250-2 백골병단 전적비 앞. 육군본부 직할 결사대(일명 백골병단) 전우회 전인식(81) 회장은 전적비 앞에 모인 전우회원과 육군12사단장·부대장병, 용대리 마을 주민 등 150여 명을 함께 남다른 의미의 제막 행사를 주관하고 있었다.

이날 행사는 전적비 뒷면의 급경사지에서 일어날 수 있는 낙석 사고에 대비해 보호벽을 건립, 준공식을 갖는 행사.

행사를 주관한 전 회장은 이날 보호벽 설치의 의미를 "백골병단의 역사를 지역 주민은 물론 지역을 찾는 모든 분에게 쉽고 편하게 설명해 줄 수 있는 공간이 마련됐다"며 "이 공간은 단순히 보호벽을 넘어 6·25 전쟁 당시 백골병단의 활약상을 한눈에 확인할 수 있는 작은 역사관"이라고 설명했다.

이날 준공해 제막식을 가진 보호벽은 모두 3개.

급경사지 가장 안쪽의 전적비 보호벽은 높이 180cm에 두께 1m, 길이 5m에 달한다. 1차 보호벽인 만큼 높고 넓으며 길다.

그 앞으로 나란히 있는 보호벽은 왼쪽은 공적기, 오른쪽은 4명의 부조를 넣은 전훈기로 높이 150cm에 길이 422cm다.

1차 보호벽에는 전면 왼쪽편에 결사대 참전전우회원과 관련인사를 계급별로 생존자와 전사자 등을 한글로 기록해 놓고 오른쪽에는 관련 저서류를 기록해 놨다.

앞쪽 왼편의 보호벽에는 백골병단의 전투작전 개요와 전적비 건립 유공인사를, 오른쪽 보호벽에는 4명의 부조와 전투 당시의 공적 내용을 상세히 담고 있다.

3개 보호벽 모두 방축 1m 깊이의 대리석을 바탕목으로 해 겉보기보다 훨씬 견고하다는 게 보호벽을 제작한 고재춘 조각가의 설명이다.

보호벽을 만드는 데 들어간 비용은 4000여만 원.

당초 국가보훈처에 전적비 보호벽 설치를 요청했지만 기간이 너무 오래 걸려 전우회 회원들이 자발적으로 성금을 모아 이날 뜻깊은 제막행사를 갖게 된 것이다.

전 회장은 "올해만 해도 벌써 3명의 전우가 유명을 달리했다. 우리에게 2~3년의 기간은 너무 멀고 길다"며 "어차피 우리 전우들을 위한 사업인 만큼 더 늦기 전에 우리 스스로 하자는 데 의견 일치를 보고 보호벽을 자발적으로 만들게 됐다"고 말했다.

인제군수를 대신해 참석한 안호열 인제군 기획감사실장은 환영사를 통해 이번 보호벽 설치에 감사의 뜻을 표명했다.

안 실장은 "우리 지역에 이렇게 큰 의미의 전적비가 있다는 자체가 6·25전쟁의 큰 교훈"이라며 "보호벽 설치로 호국영령의 넋을 기리는 전적비가 인제군의 명소로 더욱 빛날 것"이라고 말했다.

보호벽 설치 행사 일정을 모두 마친 참석자들은 전적비 인근 식당으로 자리를 옮겨 전우회가 준비한 오찬을 함께 하며 지난 6월 4일에 제대로 나누지 못한 회포를 푸는 시간을 가졌다.

주민 박성환(56) 씨는 "올해 벌써 두 번이나 마을 잔치를 열어줘 뭐라 감사해야 할지 모른다"며 "지역을 찾아 주시는 전우회 어르신들의 모습이 자꾸 줄어들어 가슴이 아프다. 시간 나는 대로 전적비를 둘러보면서 정화활동하는 것으로 이분들에게 보답하고 있다"고 말했다.

백골병단은 1951년 1월 3주간의 유격특수전 교육을 이수하고 임시장교와 부사관으로 임명된 장병들이 적진 후방에 침투해 북한군 요인 생포와 정보 취득 등 혁혁한 전과를 세운 대한민국 최초의 유격부대를 말한다.

글·사진=유호상 기자
hosang61@dema.kr

전인식(맨 오른쪽) 육본직할 결사대 전우회 회장이 제막식을 마친 뒤 육군12사단장 등 행사 참석자들에게 보호벽 설치 배경과 의미를 설명하고 있다.

전적비 낙석방어벽·공적부조 등 건립 협찬금

2011.10 = 납부순 =

참전 당시 계급	성명	낙석벽 등 헌성금	비고	참전 당시 계급	성명	낙석벽 등 헌성금	비고
대위 (소령)	全仁植	2,550만원	1965년~현재 전우회장	중사	宋世鏽	500만원	운영위원장
예 중장	柳海槿	100	명예회원	중사	張之永	100	운영위원
중사	朴勝錄	30	참전전우	하사	安秉熙	50	전 임원
중사	金重信	20	〃	중사 (예 중위)	洪金杓	100	서울대 졸 치과병원장
소위	權泰鍾	60	운영위원	소위	黃泰圭	10	참전 전우
소위	吳錫賢	20	참전전우	병장	崔熙哲	20	〃
중사	金鍾浩	20	〃	하사	全永燾	20	〃
하사	尹慶俊	25	〃	하사	金亢泰	30	〃
하사	金宋奎	50	〃	병장	裵善浩	10	〃
병장 (예 소령)	車周燦	500	사무국장 운영위원장	하사	林東郁	100	전우회 감사
중사	朴用周	30	참전전우	계		4,345만원	

육군 본부 직할 결사대 전투 작전 개요

결사제11연대 363명 1951.1.30 강원도 영월군 북방 적후방으로 출동→평창→명주군(강릉)사기막리→퇴곡리(1951.2.16)
결사제12연대 330명 1951.2. 7 강원도 명주군 강동면→대관령 방면으로 출동→도암지구→황병산→소금강→퇴곡리(1951.2.18)
결사제13연대 124명 1951.2.14 부산→묵호항→대관령→오대산 방면으로 출동→월정사→70리 무인고개→퇴곡리(1951.2.19)

1951.2.20. 3개 연대 647명 백골병단으로 통합(육군중령 채명신), 강원도 명주군 연곡면 퇴곡리 에서

1951.2.10 결사11연대 평창군 진부면 하진부리 진출
전인식 대위 지휘, 적병 34명 생포
1951.2.12 보광리 진주 적 사살 5, 생포 3, 오봉택 중사
1951.2.15 결사 12연대 도암지구→황병산지구에서 적3인 생포
도암지구에서 공습과 적의 협공으로 170여명 분산
1951.2.26 홍천군 내면 광원리 오대산 북방 구룡령 차단.
전인식 대위 지휘, **인민군 대위 등 4인 생포**
인민군 69여단의 1급 기밀문서 등 노획, 아군 수도 사단에 속보·전달(강두성보좌관 등), 적군 괴멸에 기여
1951.3. 2 광원리 적3군단 진입초소 3개 파괴. 20여명 사살
통신선 수거 파괴(최윤식 · 윤창규 대위 등)
1951.3.10 양양군 서면 갈천리 등 지역에서 재편차 이동하는 인민군 53명 **생포**(채명신 중령 지휘)
1951.3.14 인제군 기린면 귀둔리 38도선 이북지역에서 **적병 39, 공산당 간부 기타 22명** 생포
1951.3.18 인제군 인제읍 가리산리 「필례마을」에서 **대남 빨치산 사령관 겸 제5지대장 인민군 중장 길원팔 · 참모장 인민군 대좌 등 13명 전원 생포**(결사제13연대)
결사제11,12연대 **인민군 등** 62명 **생포**. 적 후방 40km 이상 북방 지점으로 압송 불가. 처치.

1951.3.23 강원도 인제군 북면 용대리까지 북상 퇴각
적 정규사단의 포위공격으로 백담사 방면으로 퇴출,
결사 제11연대 윤창규 대위 철수작전 지휘 중 부상
1951.3.24 설악 소청봉 부근으로 퇴출. 적의 추격 · 기습 받음.
1951.3.24 오색리 방면에서 오가리 단목령 입구까지 **인민군 10사단 방어 진지내를 15시~18시 사이 행군으로 퇴출**
전인식 대위 최선봉 지휘.
1951.3.25 단목령(박달재)에서 동·아사자 120여명 피해 발생,
결사제11연대 1대대장 현규정 대위 적을 공격하여
아군 퇴출에 기여 하고 전사
1951.3.26 적 독립고지 지휘소 폭파 · 점령, 적 간부 5명 폭살
(전인식 대위, 김영돈 중위, 허은구 소위)
1951.3.28 강원도 인제군 기린면 방동 북방 5~7km 무명부락
진입 (적의 방어선 내)
1951.3.30 아군 제7사단 3연대 수색대와 접선 · 개선
1951.4. 2 **강릉시에 260여명 귀환**.(채명신 중령51.4.12 육군본부로 복귀 후 소식 두절)
1951.4.15 육군본부 작전국에서 백골병단 장병을 미8군기동부대(커크랜드)로 **예속 변경**

= 전적비 건립 관련 유공 인사 =

〈전적비 건립 유공 인사〉

李鎭三(예 대장) 전적비 건립 결심 · 집행(육군참모총장)
李文錫(예 대장) 전적비 건립 지휘(제1야전군사령관)
片將圓(예 대장) 전적비 건립 지휘(육군제3군단장)
吳榮祐(예 대장) 전적비 건립 참여(육군제12사단장)
柳海權(예 중장) 전적비 건립 실행(육군제703특공연대장)
朴鍾善(육군중장) 전적비 건립 실행(제1대대장)
全岱石(예 중령) 전적비 건립 실행(제2대대장)
白幸基(예 대령) 참전유공자 발굴(제4대대장)

〈전적비 건립 지원 인사〉

황인모(예 준장) 전적비 건립 지원
차제익(예 준장) 전적비 건립 지원
閔丙璇(예 소장) 전적비 건립 지원(제3군단 부군단장)
吳亨根(예 소장) 전적비 건립 지원(군사연구실장)
金明世(예 소장) 전적비 건립 지원(제3군단 작전참모)
白南煥(예 준장) 전적비 건립 지원(제3군단 작전참모)
梁啓卓(예 대령) 전적비 건립 지원(육군제703특공연대장)

〈전적비 건립 · 시공〉

潘雄植(예 준장) 제3공병 여단장
金秀雄(예 대령) 제3공병 여단장(직대)
李尙原(예 대령) 공병대대장 · 공학박사
金周伯(예 대령) 공병시설처장 · 기술사

〈전적비 건립 기획 · 설계 실행〉

全仁植 전적비 건립 기획 · 설계 · 적극 추진
참전전우회 창립
참전전우회 회장(1965~2011년 현재)
전우회 발전 기금(2억3천여만원) 헌성
(임시 대위→육군 소령)

權寧哲 전우회 부회장, 전적비 위치 결정 기여
전우회 발전 기금(4천여만원) 헌성
(임시 중위→육군 중위)

丁奎玉 전적비 기획 · 설계 보좌(기술자)
육군 이등상사(중사) 작전참모 보좌관

육군본부 직할 결사대 참전 전우회 유공자

(숫자 표시 없는자 결사제11연대 임)

=육군대위=	=육군중위=	=육군소위=	=육군중사(이등상사)=		=육군하사(일등중사)=		=육군병장(이등중사)=		=유가족=	=특별 참전=
全仁植(소령진급)	權寧哲	權泰鍾	張之永	宋世鏞(12)	林東郁	安秉熙(12)	車周燦	李德根(12)	허재구	康斗星
최윤식	金寅泰	黃泰圭	朴騰鎰	朴用周(12)	崔潤宇	林炳基(12)	崔熙哲	김영설(12)	권일상	元應學
양재호	김영돈	吳錫賢	洪金杓	金鍾浩(12)	全永燾	金宋奎(12)	양원석	권두식(12)	장동설	李德鎰
이창식	이봉구	최인태	金重信	李永九(12)	尹慶俊	이익재(12)	조남현	이희용(12)	박정렬	신효균
	나명집	류탁영	河泰熙	조영택(12)	金亢泰	이남훈(12)	원길상	신영기(12)	박창영	장인홍
張喆翼(12)		한갑수	정규옥	원봉재(12)	玄再善	김영배(12)	임남옥	서병환(12)	김한인	정남일
	高悌和(13)	박종황	신건철		이영진	박광석(12)	이창흥		박명서	元致明
		차동원	윤범용	이장복(13)	장승현	김인수(12)	권처홍	徐仁星(13)	정대균	백영제
		조시형	오봉택	최종민(13)	이명해	임병화(13)	김대홍	배선호(13)	조중숙	
		임계수	장덕순		김수창	박종운(13)	서현택		류주현	李南杓
			김흥복		이운하	신진호(13)	김종근		정윤성	오정흠(특)
		金容弼(12)	이명우		호성진		이홍창		천숙영	정원갑(특)
		김익환(12)	강오형		조규철		이형구			
		조병설(12)	김정종		고영상		송경희			
					오동수					

육군 본부 직할 결사대 관련 저서류

「저 자」	"도 서 명"	년도
蔡 命 新	채명신의 무용담 「死鬪 萬里」	1956년
全 仁 植	적후방 300리의 혈전 「나와 6.25」	1981
703특공연대	소부대 전례 「특수전」	1984
육군본부	적진에서의 유격대 실화 「白骨兵團」	1985
全 仁 植	「못다핀 젊은 꽃」 =1951년 3월=	1986
全 仁 植	설악의 비호들 「白雪의 長征」	1988
全 仁 植	=전쟁실화= 「白骨兵團」	1988
全 仁 植	적 후방300리의 혈투 「결사11연대」	1989
全 仁 植	결사11연대 부록 「戰跡碑 落穗」	1991
全 仁 植	임진강에서 내설악까지	1991
김 한 철	마지막 침투한 「대북유격대의 활약상」	1991
全 仁 植	영광의 얼	1992
전 우 회	白骨兵團 戰史	1993
全 仁 植	설악의 최후	1994
蔡 命 新	채명신 회고록 「死線을 넘고 넘어」	1994
육군본부	한국전쟁과 유격전	1994
全 仁 植	한국군 최초의 정규 유격대 「백골병단 전투상보」	1997
全 仁 植	누구를 위한 적진 800리의 혈투인가	1999년
全 仁 植	알섬의 갈매기는 왜 우는가	1999
全 仁 植	적진 800리의 혈투	2001
全 仁 植	적진 800리의 혈투(최종판)	2003
全 仁 植	아픈상처를 어루 만지며	2004
全 仁 植	한 많은 오십삼년	2004
全 仁 植	오십사년을 기다렸다	2005
全 仁 植	6.25의 회한 그리고 영광	2006
국 방 부	"백골병단" 보상지원 백서	2006
全 仁 植	한 맺힌 오십사년	2006
全 仁 植	여명(黎明)의 아침	2006
全 仁 植	설악의 영봉은 알고있다!	2006
全 仁 植	영광의 세월	2007
갑종장교단중앙회	갑종이여 영원하라	2009
全 仁 植	육군본부직할 결사대 60年史	2010
편찬위원회	육군본부직할 결사대 60年史 추록 I	2010
柳海槿(감수)	육군본부직할 결사대 60年史 추록 II	2011

2011년 9월 백골병단 전적비의 뒤쪽 용(龍)의 깃털과 같은 암석이 먼 훗날 언젠가는 풍화(風化)되면, 큰 암석덩어리가 되어 전적비 쪽으로 낙하(落下)될 우려가 있고, 그 낙하 암석편은 전적비에 위해(危害)를 가(加)할 수도 있다는 염려성 가상(假想)이 되어 전적비 낙석 · 방어벽을 건립하자는 참전 전우회원의 공감대(共感帶)가 형성되자, 나는(필자) 전우회원에게 동의서한을 발송하여 20명으로부터 협찬을 받아 방어벽을 건립하면서 방어벽 벽체를 효과적으로 활용하기 위해

- 육군본부 직할 결사대 전투작전 개요
- 전적비 건립 관련 유공인사 인명록
- 육군본부 직할 결사대 참전 전우회 유공자 명단
- 육군본부 직할 결사대 관련 저서류 (35종)
- 정부로부터 서훈된 무공훈장 서훈 기록
- 참전전우회 발전에 기여한 전우의 부조 건립
- 살신성인 충용 윤창규 대위를 기리는 충용상 기금 헌성 내역 등

내용을 전적비 보호 · 방어벽체에 음각하여 작은 기념관과 같은 역할을 할 수 있게 건립하여 2011년 11월 11일 전우회원의 헌성금으로 완성하였습니다.

이 방어벽 건립공사비 4,500만원 중 필자가 부담한 것은 2,550만원이고, 류해근 예비역 장군과 임동욱, 장지영, 홍금표 전우가 각 100만원씩, 차주찬, 송세용 회원이 각 500만원의 거액을 협찬하시는 등 헌성금은 총 4,345만원입니다. (p. 725 참조)

6. 파주출신 결사대원의 명예 선양

2011. 6. 25

육군본부 직할 결사대(白骨兵團) 참전(파주출신 장병)
6.25 국가유공자가 고향 파주에서 그 명예가 새롭게 현각되다.

2011. 6. 25 10:00 파주시 문산읍 지내 임진각 광장에서는 6.25 전쟁 참전 기념비가 건립되었다.

이 참전기념비 준공비에는 「육본 직할 결사대원(백골병단)으로 눈보라 혹한 속에 중동부 전선 적후방에 북한군으로 위장 침투하여 수많은 적군 사살·생포 무기 노획의 큰공 세우니 그 용맹이 자랑스럽도다」 라고 찬양 기록하고 파주출신 백골병단 참전유공자 소령 전인식 등 40인의 명비를 현각하였고 <사진 아래> 전우회장 전인식에게 공로패를 참전기념비 건립추진위원장 명의로 드려 파주출신 40인의 명예를 드높였다.

기념비제막 후 기념 촬영 앞줄(左) 1번 전인식 회장

기념식제막에 앞서 이인제 파주시장(공동위원장) 전인식 회장, 송달용 공동위원장, 육군제1사단장 제막 직전의 모습

육본 직할 결사대(백골병단) 참전유공자

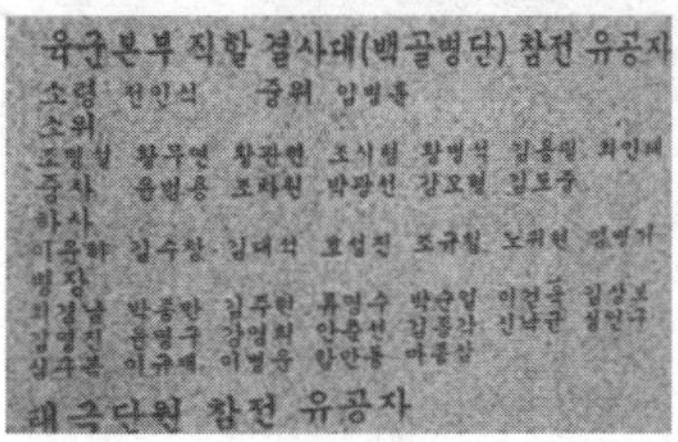

1. 전인식 4,500,000 2. 김양평 3,000,000 3. 송달용 1,000,000
4. 여상구 1,000,000 5. 심재득 1,000,000 6. 허용회 1,000,000

7. 전인식의 안보강연 스케치

2008. 6. 17. 태풍사단에서

2008.6.17. 서부전선 태풍사단에서 안보강연(200여명)을 하는 필자(전우회 회장)

서부전선 DMZ 탐방

2008. 6. 17

2008.6.17. 서부전선 비무장지대를 방문한 육군본부 직할 결사대(백골병단) 전우회원 (좌) 안내 정훈장교, 임병화(13R), 장지영(11R), 필자(전우회장), 차주찬(전우회 사무국장) 비무장지대 근무장병 (필승교 위에서)

국방일보 2009년 12월 31일 목요일

육군인사사령부 백골병단 전인식 회장 초청 특별강연

경인년 새해는 이 땅에 6·25전쟁이 발발한 지 60주년이 되는 의미 있는 해. 6·25 전쟁 중 한국군 최초 유격부대로 활약한 백골병단의 산증인 전인식(81·사진) 회장이 육군인사사령부를 찾았다.

육군 인사사령부는 30일 계룡대 소강당에서 220여 명이 참석한 가운데 백골병단(육군본부 직할 결사대) 전우회 전 회장을 초빙해 '우리의 안보의식과 내가 겪은 6·25전쟁'을 주제로 안보 특별강연을 가졌다.

이날 강연은 6·25전쟁 60주년을 맞이해 6·25전쟁 경험담을 통해 조국 수호의 소중함을 일깨우고, 장병들의 마음가짐을 새롭게 다지기 위해 마련됐다.

전 회장은 이날 강연에서 "건국대학교 재학시절(당시 22세) 백골병단에 소속돼 특수임무를 부여받고 38선 이북지역에 침투했다. 설악산·오대산 등 태백산맥 일대의 험준한 산악을 넘나들며 유격 특수전을 수행했었다"고 회고했다.

당시에 대위 계급으로 작전참모 역할을 수행했다는 전 회장은 "2주일분의 미숫가루만으로 60여 일간 전투를 치르면서 가히 상상조차 하지 못할 최악의 상황에서도 살아남을 수 있었던 것은 오직 '나라가 없으면 자유도 없고 생존도 없다'는 일념 때문이었다"고 역설했다.

특히 전 회장은 "대한민국의 정체성을 제대로 알지 못하는 세대들이 점차 늘어나고 있다는 것이 참으로 안타깝다면서 오늘의 발전과 반만년 유구한

역사의 계속성은 반세기 전 6·25전쟁 때 아무런 대가 없이 전장에 뛰어들었던 그 당시 젊은이들의 적잖은 희생이 있었기 때문"이라면서 "튼튼한 안보와 군사력만이 한반도의 오늘과 미래의 평화를 보장해 줄 수 있다는 점을 결코 잊어서는 안 된다"고 거듭 강조했다. 백골병단은 1951년 1·4 후퇴 당시 적정 수집을 위한 유격대의 필요성을 절감한 육군본부에 의해 1951년 1월 640여 명으로 구성된 한국군 최초의 유격대로 창설됐다.

윤원식 기자

8. 특전사령부 교육단 등 부대에 전인식 특전안보 교육하다

안보초빙강연 안내 입니다.

□ 일시 / 장소 : 6.16(목) 15:30 ~ 17:00 / 충일교회
□ 대상 / 인원 : 사단 사령부 중사 이상 간부 / 210명
□ 강　　사 : 전인식 백골병단 회장
※국방일보 보도자료 참조
□ 연　　제 : 6 · 25 전쟁참상과 우리군의 자세
□ 국방일보 보도자료

2011년 6월 7일 화요일　　예비역 광장　　국방일보

"조국의 부름에 생사 겨를 없이 달려갔다"

전인식 전우회장

유호상 기자 hosang61@dema.kr

10　2011년 6월 7일 화요일　　예비역 광장　　국방일

국군 최초의 정식 유격대 60일간의 작전 지금도 전설

육군본부직할 결사대 (일명 백골병단) 전우회

6·25 참전 개선 60주년·56회 현충 추모행사

강원도 인제군 북면 용대3리 산 250-2에 있는 육군본부직할 결사대(일명 백골병단) 전적비.

육군본부직할 결사대 전우회(일명 백골병단·회장 전인식)은 지난 3일 강원 인제군 북면 용대3리 산 250-2 백골병단 전적비 앞 광장에서 '6·25 참전 개선 60주년 및 56회 현충 추모식'을 엄수했다.

이날 행사에는 전인식 전우회장과 백골병단 출신 참전 용사, 육군3군단장과 12사단장, 지역 내 각급 부대 장병, 인제군수와 지역 향군회장·회원 등 지역 내 각급 기관·단체장들이 대거 참석해 60여 년 전 지역에서 순국한 선열들의 넋을 위로하고 백골병단 소속 전몰 장병 360여 위의 위훈을 기렸다.

이 자리에서 전 회장은 추모사를 통해 "백골병단 결사대원은 조국의 자유와 평화, 그리고 내 이웃과 부모형제를 지킨다는 일념만으로 태백과 설악을 잇는 험준 산령에서 60여일간 피나는 전투를 했다"며 "오늘 이 자리에서 당시 전투로 희생된 전우들의 넋을 기리고 조국 외지를 다시 한번 다지게 된다"고 강조했다.

전 회장은 또 "북한 도당은 지금도 세계적으로 그 유례를 찾을 수 없는 3대 부자 세습을 획책하고 있다. 그것이 북한이란 점을 직시해야 하며, 저들의 위협에 정당한 대응을 해야 한다"고 주문했다.

이날 행사에서는 또 지역 내 용대초등학교 학생 5명에 대한 장학금 전달식도 열려 100만 원이 전달됐다.

올해 5회째인 장학금은 전우회가 지역 내 안보 공감대 확산 차원에서 시작했으며, 특히 지역 사회에 전적비에 대한 관심과 정화작업 등을 이끌어낸다는 의미도 담고 있다.

전우회 관계자는 "장학사업은 지역 내 어린이들에게 '안보의 씨'를 뿌리는 것과 같다"며 "6·25전쟁의 살아 있는 역사를 백골병단의 살신성인·우국충정으로 승화한다는 차원에서 장학사업의 의미는 크다"고 강조했다.

용대리 주민 김영천(75) 씨는 "우리 마을에 6·25전쟁 때 혁혁한 공을 세우고 전사한 국군의 넋을 기리는 전적비가 있다는 것 자체가 영광"이라며 "지역 주민들이 틈나는 대로 전적비 주변 잡초를 뽑거나 오물 등을 정리 하는 것으로 전적비를 살피고 있다"고 말했다.

행사를 마친 뒤에는 주역 주민들을 위한 작은 경로잔치가 주변 식당에서 열렸다.

잔치에는 70여 명의 노인들이 참석해 준비한 음식과 기념품을 받고 덕담을 나눴다.

노인들은 "그저 고마울 따름이고 반갑기만 하다"며 "해마다 이맘때 찾아오는 전우회원들의 수가 줄어들어 안타까운 마음 금할 수 없다"고 말했다.

계획된 지역 행사를 모두 마친 전우회원들은 오후 시간에 60여 년 전 전적지 답사에 나서 강원도 인제와 속초, 한계령 등 과거 자신들이 뛰어다녔던 격전지 곳곳에 내려 과거의 전쟁담을 나눴다.

글·사진=유호상 기자
■편집=김애란 기자

■육군본부직할 결사대

육군본부 직할 결사대(일명 백골병단)는 1951년 1·4 후퇴 당시 적정 수집을 위한 유격대의 필요성을 절감한 육군본부에 의해 51년 1월 647명으로 구성된 대한민국 최초의 정식 유격대로 창설됐다. 이들은 당시 1·4 후퇴로 다시 위기를 맞은 조국을 구하고자 적 후방에 깊숙이 침투, 각종 정보를 수집하고 적 고위 간부를 생포하는 등 혁혁한 전과를 올렸다.

51년 2월 3일부터 3월 30일까지 60여 일간 당시 적 지역이었던 오대산·설악산 일대에 침투해 고산 준령과 동계 혹한에 대비한 변변한 장비 지원없이 전 대원이 동시에 하루에 20~30㎞를 이동하면서 적 후방 교란, 적 연락장교 생포, 지휘소 습격, 적 치안시설 습격·파괴 등의 임무를 완벽하게 수행했다. 이때 2주일분의 미숫가루 보급만으로 2개월간 적진 배후작전을 성공적으로 완수하고 강릉시로 귀환한 전투사는 지금까지도 전설로 통하고 있다.

51년 3월 18일 강원도 인제군 필례 마을에서 인민군 대남 유격대 총사령관이자 인민군 중앙당 5지대장인 길원팔 중장을 생포했고, 참모장 강칠성 대좌 등 고급 간부 13명도 생포하는 빛나는 전공을 세웠다.

불과 두 달 만에 300여 명의 적군을 생포했고, 적 69여단의 전투상보 등 기밀문서 노획과 적 초소 파괴, 통신선 차단 등 적진 후방 교란작전을 펼쳤다.

백골병단은 51년 6월까지 강원도 북부지역에서 임무를 수행했으며, 작전을 수행하는 과정에서 364명의 전우가 전사했다.

백골병단은 2010년 6월 25일 참전 개선 59년 만에 계룡대 연병장에서 전역식을 거행했다.

6·25전쟁 당시 임시계급을 부여받고 전투에 참전했으나 당시 급박한 전황과 부대 사정으로 인해 전역행사를 갖지 못하다가 전쟁 발발 60주년을 맞아 전역식을 가진 것이다.

이와 함께 육군본부 내 명예의 전당에도 60위의 명비를 헌각했으며 올해 4월 7일에는 용산 전쟁기념관내 전사자 명비에도 전몰 장병 60위를 헌각하는 등 명예를 회복한 바 있다.

6.25 한국전쟁의 참상과 우리군의 자세를 주제로 안보강연을 하다

- 일자 : 2011. 6. 16 15:00 ~ 17:00 까지
- 장소 : 육군 제73사단(충일부대) 사령부 대강단
- 연사 : 육군본부 직할 결사대(백골병단) 전우회 회장 전인식(51년도 육군소령전역)

이날 사단장 이준용 장군께서는 백골병단과의 오랜 인연을 잘 설명해 주셨으며, 시종 강연에 동참하시고 참전전우 일동에게 정에 넘치는 만찬을 베푸시어 노병들의 우국충절을 격려치하 해 주셨다.

2011. 6. 16 15:30 충일사단에서 부사관 이상 간부 200여명에게 6.25 전쟁의 참상과 우리군의 자세를 주제로 안보강연을 하는 육군본부 직할 결사대 백골병단 전우회 전인식 회장

2011. 6. 16 15:00 충일사단에서 6.25 참전유공자 (백골병단) 전우회원 일행이 상황설명을 경청하고 있다.

2011. 6. 16 15:00 육군73사단(충일사단)(사단장 이준용 장군)을 방문한 육군본부 직할 결사대(백골병단) 전우회원이 부대 방문과 함께 파이팅을 외치고 있다.
전열 右 네번째 이준용 장군, 다섯번째 전인식 회장, 차주찬 병장(소령), 오석현 소위, 장지영 중사
右 ① 김송규 하사, 박승록 중사, 송세용 중사, 뒷줄(흰모자) 권태종 소위, 김중신 중사, 윤경준 하사

6.25 전쟁 61주년을 맞아
2011. 6. 24 10:00 육군특전사를 방문한 전우 일동

사진중간 특전사령관 신현돈 중장
(右) 전인식 회장, 김인태 중위, 장지영 중사, 오석현 소위, 차주찬 병장, 전영도 하사
(左) 송세용 중사, 최희철 병장, 임동욱 하사, 안병희 하사, 윤경준 하사, 김중신 중사, 권태종 소위

참전전우 일동이
파이팅을 외치고 있다.

무술시범을 참관하는 모습
中 특전사부사령관(장군)
필자 외 참전전우들

최신 특전 장비를 관람하는
필자 외 참전전우들

9. 용대 백골장학생 선발기준

2014 3. 5 발송

= 용대 백골 장학회 =

수 신 자 : 용대초등학교 교장선생님

참 조 : 장학담당교사님

제 목 : **장학금 지급기준 안내**

선결			지시		
접수	일자 시간		결재·공람		
	번호				
처리과					
담당자					

1. 귀교의 발전과 학교 임직원 여러분의 노고에 경의를 표합니다.

2. 우리 장학회가 이제 8회를 맞게 되었습니다. 그러나 아직 장학생선발기준등이 마련되지 않아 운영에 어려움이 있으셨을 것입니다. 이에 다음과 같은 기준을 알려 드립니다.

= 장학생 선발기준 =

(가) 용대초등학교 재학생으로 4년생이상인 남녀 (5 : 5)학생

(나) 군인자녀→용대3리거주자→용대2리거주자 순으로 함

(다) 당분간 장학금을 1인당 20만원씩 5인 이내로 합니다.

(라) 선발책임은 교장선생님 책임으로 합니다.

(마) 지급시기 ; 해마다 6월 현충추모식장(백골병단전적비앞)에서 시상합니다.

(바) 장학생은 3회 이내의 중복수상도 가함

3. 우리회의 장학기금은 전액이 전우회원의 헌성금으로 구성되어 있으며 현재 6,400여만원이 10년간 삼성생명에 예치되어 있으며, 년간 170만원 정도의 이자가 발생하므로 장학금으로 지급하고 남은 지급잔액은 정기예금으로 예치관리하고자 합니다. 이상 안내 및 보고 드립니다.

2014. 3. 5

용대 백골 장학회 회장 겸 참전전우회장 전인식

담당 : 대리 이 한 희 운영위원장(총무) 차 주 찬 회 장 전 인 식

시 행 : 육본직할 결사대 전우회 제14-03-03호 (2014.03.06.) 접 수 ( )

우 121-894 서울특별시 마포구 잔다리로 65(서교동) 2층 http://www.beackgol.co.kr

전화 02) 325-4896(직), 02) 333-2381~2 전송 02) 338-1153

10. = 눈 덮인 山野 출판기념회 스케치 =

일시 : 2014년 4월 30일

장소 : 용산전쟁기념관 대연회장

인사말을 하는 필자(회장)

<저자의 인사말을 경청하다>

<축하 시루떡을 절단하다. 이준용 장군, 정중민 장군, 류해근 장군, 저자 전인식, 이진삼 전참모총장, 이재창 전국회의원, 최종대 미수복경기도지사>

<일동 국기에 대한 경례 앞 필자>

<축하화환과 함께>

<참전전우 회원과 내빈의 모습>

참전 63주년 제59회 현충추모식

일시 : 2014년 6월 5일

장소 : 강원도 인제군 북면 용대3리 산 250-2
白骨兵團 戰跡碑 앞 광장에서

앞 右 필자
정 J M 장군
류해근 장군

<**육군제3군단장 나상웅 중장**이 특공용사 2인에게 충용특공상을 시상하고 있다. 충용특공상은 1951. 3. 24 설악산에서 적의 기습을 받은 백골병단 결사 제11연대 제2대대장 윤창규 대위가 적을 유인, 수류탄으로 자폭하여 아군의 퇴출에 기여한 충용의 얼을 기리기 위하여 제정한 충용특공상 이다. 올해가 3회째임. 기금 5,740만원을 전우들이 헌성>

용대 백골장학회 제8회 장학금 수여 광경. 해마다 초등학생 5명에게 20만원씩 지급함. 총자원 6,400만원의 기금을 10년간 삼성생명에 예치함(전우회원 협찬금).

인사말을 하는 전우회장 필자 예 소령(51년도)

<추모식 후 군단장이 베풀어 주신 오찬을 대접받고 있는 참전전우회원 일동>

2014년도 현충추모식에서

人 事 말 씀

오늘 제59회 호국보훈의 달, 6.25 참전 개선 63주년을 맞아 이곳 龍垈까지 찾아주신 貴賓님과 來賓 여러분!! 참으로 고맙습니다.

그리고 이 莊嚴한 儀式을 主管해 주신 山嶽軍團長, 나상웅 中將님과 12師團長님, 그리고 直轄部隊長님을 비롯한 여러 參謀將兵과 報勳團體長여러분! 共同主催해 주신 麟蹄 郡守님 고맙습니다.

돌이켜, 지난날을 回顧할 때, 6.25는 피나는 우리 民族의 슬픔 그 自體였습니다.

北韓 傀儡集團의 頭目인 金日成이 蘇聯 스탈린에 빌붙어 T-34 重탱크 400餘臺와 各種 銃器, YAK전투기의 支援을 받고, 한편으로는 中共의 毛澤東과 朝中相互 防衛條約이란 동맹을 맺고 國共戰鬪에 參戰했던 朝鮮族 八路軍 中 3萬6千餘名을 朝鮮人民軍으로 編入·支援 받고, 軍事訓練을 强化한 끝에 作戰命令 第1號를 發令하여 北韓地域內 全 兵力을 38線에 集中 配置 한 뒤, 1950年 6月 25日 04時에 一齊히 奇襲 南侵한 事件이 바로, 6.25 南侵戰爭인 것입니다.

아무런 防備가 없던 우리는 開戰 3日만에 서울이 被占되었고, 全國土의 90% 以上이 焦土化되었습니다.

나라의 命運이 百尺竿頭에 있을 때, 맥아더司令官에 依한 仁川 上陸作戰의 成功으로 9.28 서울이 收復된 뒤, 우리 軍은 10月 1日 歷史的인 38線을 突破하고 北進을 繼續하여 10月 19日에는 赤都 平壤에 進入하였고, 압록강 沿岸까지 進擊하여 統一의 눈앞까지 이르렀으나, 中共의 毛澤東이 大兵力을 北韓地域에 몰래 숨어들게 한 뒤 10月 25日에 이르러 中共軍 60餘萬名이 一齊히 人海戰術로 我軍을 奇襲攻擊하여 北進 中인 我軍과 UN軍이 包圍 고립되어 큰 被害를 입었습니다.

이런 國難의 危急한 때, 우리들 愛國 靑年·學生 등 모두가 나라를 지키기 위한 救國隊列에 나서게 되었습니다.

裝備도 없고, 訓練施設도 전혀 없으며, 먹을 것도, 입을 것도 없던 避難살이 時節이라 銃도 彈藥도 없어, 敵으로부터 빼앗은 딱콩銃과 軍服도 없으니 누비바지 저고리를 急하게 만들어 입힌 것이 모양새가 北傀軍과 똑 같아졌던 것입니다.

이들이 바로 우리들 입니다.

3週日間의 基礎훈련을 받은 817名이란 大兵力이 1951年 1月 육군본부 직할 決死 第11·12·13聯隊로 編成 되어 作戰中 1951年 2月 20日 退谷里 敵陣中에서 647명이 白骨兵團으로 再編成 되었습니다.

오늘 여기 모인 이들이 바로 韓國軍 最初의 正規 遊擊隊로 빛나는 戰功을 세운 戰士들 입니다.

戰士 여러분을 紹介합니다. 一同 忠誠 !!

우리들은 1951年 1月 太白, 五臺, 雪嶽을 잇는 險山峻嶺에서 영하 30°를 오르내리는 酷寒을 견디며, 縱橫 800里를 2週日分의 미숫가루 만으로 80餘日間의 戰鬪에서 北傀軍 69旅團에 致命的인 打擊과 對南 빨치산 司令官 인민군 中將 吉元八과 참모장 姜七星 大佐 등 指揮部 13名 全員의 生捕를 비롯하여 敵將兵 生捕

309名, 射殺 170여명(미확인 포함) 각종 銃器 노획 204정 등 많은 戰果를 올렸습니다만 우리들도 360여명의 被害를 입었습니다.

그분들 중 (고) 尹昌圭 대위 外 59人은 戰死가 確認되어 國立墓地에 位牌 57位와 安葬 3位를 하였고, 그 나머지 303名은 이 옆에 세워져 있는 無名勇士 追慕碑로 오늘 우리 모두를 지키고 있습니다.

軍隊에 가서 戰死하였는데 어째서 無名勇士가 되었습니까! 그 當時는 참으로 어지럽고 混亂스러운 時期였습니다.

그나마 살아남은 우리들은 軍籍이 없다면서 再服務를 해야 했습니다.

이 사람이 50餘年이 흐른 2004年에 法律을 만들어 參戰 當時의 階級을 그대로 認定받고, 敵 後方 參戰 中에 받지 못한 階級別 俸給과 보상금을 받았으며, 모두가 國家有功者가 되었습니다. 2010年에는 陸軍本部 내 넓은 廣場에서 榮光의 轉役式도 가졌으며, 2012年에는 9人에게 榮光의 武功勳章을 주셨습니다. 참으로 感激스럽고 고마웠습니다.

우리 모두는 잊지 말아야 합니다. 저놈들은 代를 잇다가 이제는 그 孫子새끼에 까지 이어가 繼續 우리를 威脅하고 있습니다.

로켓砲도 모자라, 核폭탄 云云과 天安艦의 爆沈! 延坪島의 砲擊!! 서울 불바다!! 등 온갖 脅迫과 망나니 짓을 다 하고 있으며,

우리나라 內部에서는 일부 북괴의 追從, 從北 左派라는 놈들이 활개치고 國家를 뒤흔들고 있으며, 마침내는 간첩출신者들이 國會에 까지 入城? 하는 事態로까지 發展한 것은 마치 6.25 前, "제주 43사건"과 "여수順天반란사건", 金若水 등 南勞黨의 國會 뿌락치事件 등이 再演되는 事態를 보는것과 매우 恰似하니 우리 모두는 精神을 밧짝 차리지 않으면 第2의 6.25와 같은 慘變을 免할 수 없다는 事實을 直視 해야 합니다.

우리 모두는 大悟 覺醒해야합니다. 나라가 百尺竿頭에 있을 때 우리 모두가 奮然히 일어난 것을 되새겨 다시 한 번 覺悟를 새롭게 하십시다.

이대로는 정말 아니 됩니다. 올해는 特히 護國 安保의 重要性이 恪別한 때입니다. 몇 번을 强調 해도 끝이 없습니다.

이제 우리 모두는 하나되어, 祖國의 自由와 平和를 위해 尖兵이 되어 爲國獻身의 精神을 가다듬고 앞으로 精進해 나아 갑시다. 라는 말씀으로 제 人事를 代身합니다.

지난 4月 진도 앞바다에서 세월호의 慘變으로 유명을 달리하신 學生과 승객 여러분의 冥福을 빌고, 아래 食堂에 軍團에서 마련해 주신 午餐을 드시면서 지난날을 回顧하시고, 우리 모두 一致團結하여 붉은 이릿대와 그 追從者 들을 우리 社會에서 몰아내고 바르게 살아갈 수 있도록 努力합시다. 라는 決意를 다짐하십시다.

감사합니다.

2014. 6. 5.

육군본부 직할 결사대 전우회장 전 인 식

11. 내나라 관광 여행

하나투어 <서부권 일주 4일>

여행기간 2014. 7. 4(금) ~ 7. 7(월) 3박4일간

권태종 위원, 차주찬 총무, 이의재 장군, 중앙 필자, 송세용 위원, 임동욱 감사

내 나라 여행안내

하나투어(1577-1212) **<서부권 일주 4일>**

여행기간 : 2014. 7. 4(금) ~ 7. 7(월) 3박 4일

여행가격 : 650,000원 (전인식 지원 : 200,000원, 본인부담 : 450,000원)

방문도시 : 서울 / 전주 / 부안 ① / 담양 / 목포 ① / 보성 / 남해 ① / 서울

버스좌석 : 예약일과 관계없이 계약금 입금순으로 배정한다고 합니다.

전지역 특1급호텔(3박) 지역별 미식(10회) 객실 1인 사용시 추가요금 150,000원

버스 탑승안내 : 종각역 ④ 1호선 종각역 ③번 출구에서 하나투어회사 탑승 08 : 00시 정각
(15분전 까지 집합)
압구정 현대백화점 공영주차장에서 08 : 30분
죽전 · 신갈 ~ 경부고속도로 간이승차장 08 : 55분 탑승가능

송금계좌 : 우리은행 128-07-040590 예금주 : 전인식(참가자 1인당 450,000원 씩)
우리은행 262-23579-718061 하나투어

7월 4일 서울출발, 익산으로 이동
① 중식 = 참마 약밥정식
익산 → 전주도착. 한옥마을, 전동성당 한방 향낭 만들기 체험
전주 → 부안도착. 새만금 방조제(선유도)
석식 = 바지락 특선요리, 부안 리조트 체크인 및 자유시간

7월 5일 변산반도 채석강 자유산책
② 조식 = 리조트식, 내소사 관광
부안출발 → 담양으로 이동, 중식 = 담양 죽순밥/한우 떡갈비
담양 대나무숲 산책
목포 도착. 유달산 관광, 국악공연 관람
석식 = 회정식, 호텔투숙 자유시간 (**전인식 특식 ?**)

7월 6일 목포 조식 = 호텔식, 녹차향 - 보성도착, 보성녹차밭(우천차 시음)
③ 순천으로 이동, 낙안읍성 민속마을 관광
중식 = 녹차말이 굴비 정식
순천 → 남해대교 건너 보물섬 남해로 이동
노량대첩지, 솔숲 산책
최고리조트 힐튼 Golf & SPA 체크인
석식 = 갈비찜정식, 해물뚝배기, 호텔 자유시간 (**전인식 특식 ?**)
사우나 · 찜질방 이용 가능

7월 7일 조식 = 호텔식, 금산 보리암으로 이동
④ 진주 : 삼천포대교 건너
중식 = 진주비빔밥, 진주성, 촉성루 관광
진주 출발 → 서울도착 18 : 00시 예정입니다.
해단식 : 18 : 00 ~ 19 : 30분까지 종로1가에서 예정합니다.

12. 충용 (고)尹昌圭 대위 64년만에 추모제!!

충용 尹昌圭 대위가 장렬하게 전사한지 64년만인 지난 2015. 3. 24 11시 강원도 인제군 북면 용대리 산 250-2 백골병단 전적비 경내 동쪽에 위치한 충용 윤창규 대위 추모비 앞에서 추모행사가 거행되었다.

충용비에 참배하는 특공장병

무명용사 추모비에서 중앙 필자

13. 중국 계림(桂林) 관광 여행

전우회원 10인(명예회원 1인 포함) 2014. 8. 27 ~ 31
전우회 찬조금 650만원(전인식 찬조 중 집행잔액 500만원 지원)

차주찬, 권태종, 윤경준, 서인성, 김항태, 송세용, 좌 3 필자, 김중신, 류해군 장군의 모습

좌 김항태, 류해근 장군, 필자, 김중신, 서인성, 차주찬, 권태종, 윤경준, 송세용

계림 / 이강유람 / 요산 / 은자암동굴 5일 관광

동방항공연합 / 3박5일

기간 : 2014. 8. 27(수) 21 : 40, MU2016편 (인천공항 출발)
2014. 8. 31(일) 05 : 55 MU2015편 인천 도착
가격 : 624,000원(유류할증 포함) 비자 40,000원 별도
선택관광 : 전신마사지 $ 30, 우룡화뗏목 $ 45, 양강사호 유람선 $40
기후 : 8월 24.3℃ ~ 32.9℃ 최저 22.2℃
우리나라 돈을 쓸 경우가 많아 환전을 많이할 필요가 없다 함.
기사팁(가이드) : 별도 달러로 준비 $ 40 / 인 ※ 가이드 안내 상품

1일 8. 27 (수) 집합 19시
MU2016편 출발 21 : 40 계림 도착 00 : 10 약 4시간 소요
호텔투숙 준 4성급 기내식 제공

2일 8. 28 (목) 양삭 군호호텔(준 4성급) 조식 : 호텔식 중식 + 석식 : 현지식
조식 후 백사로 이동, 약 1시간 소요
◎ 세외도원 관광 (도연명이 극찬)
◎ 이강유람 : 양삭 ~ 복리 구간(약 1시간 소요) 계림관광의 핵심
◎ 서가 재래시장 : 서양식 카페 음식점 등
◎ 인상유삼제(일반석) 〔온누리의 특전〕 ($ 45 / 인 포함), 공연시간 20 : 00

3일 8. 29 (금) 양삭 서산상우호텔 예정(준 4성급) 조식 : 호텔식, 중식 + 석식 : 현지식
◎ 대용수 관광 수령 1,500년 이상 용나무
◎ 월량산 차창관광
◎ 도등고도 관광 9,000년 전의 증피암
◎ 은자암 동굴 관광 종유동굴 세계적인 예술의 보고
◎ 천산공원 + 동굴관광
중국전통 발마사지 $ 30 / 인 별도
◎ 산수간쇼(온누리 특전) ($ 30 / 인 포함), 1시간 20분

4일 8. 30 (토) 계림 조식 : 호텔식, 중식 + 석식 : 현지식
◎ 요산(케이블카 포함) 계림의 풍경 산수를 관광
◎ 상비산(차창관광)
◎ 우산공원 관광
◎ 첩채산 관광
◎ 금탑 은탑 야경(도보관광)
※ 공항으로 이동

5일 8. 31 (일) 조식 : 기내식
계림 MU2015편 00 : 40 계림공항 출발
인천 도착 05 : 55

상기 일정은 현지사정 및 항공사 일정에 따라 변경될 수 있습니다.

14. 2015년 현충 추모식

人 事 말 씀

오늘, 6.25 참전 64주년을 맞아 이곳 龍垈(용대)까지 찾아주신 귀빈님과 내빈 여러분!! 고맙습니다.

특히 이 莊嚴(장엄)한 儀式(의식)을 주관해 주신 산악군단장, **나상웅** 將軍(장군)님과 12사단장님, 그리고 직할부대장님을 비롯한 여러 참모장병과 보훈단체장님 여러분! 인제 군수님과 기관장님, 인제교육장님과 학교장님, 학생여러분 고맙습니다.

돌이켜, 지난날을 回顧(회고)할 때, 6.25는 우리 민족의 슬픔 그 자체였습니다.

북한 傀儡集團(괴뢰집단)의 두목인 金日成(김일성)이 소련 스탈린에 빌붙어 T-34중탱크 400여대와 각종 총기, YAK전투기의 지원을 받고, 한편으로는 중공의 毛澤東(모택동)과 조중 상호 防衛條約(방위조약)이란 동맹을 맺고 朝鮮族(조선족) 팔로군 약 3만6천여명을 조선인민군으로 편입, 軍事訓練(군사훈련)을 강화한 끝에 作戰命令(작전명령) 제1호를 發令(발령)하여 북한지역 내 전 병력을 38선에 집중 배치한 뒤, 1950년 6월 25일 04시에 一齊(일제)히 奇襲(기습) 남침한 사건이 바로, 6.25 한국전쟁인 것입니다.

나라의 命運(명운)이 百尺竿頭(백척간두)에 있을 때, **맥아더사령관**에 의한 인천 상륙작전의 성공으로 9.28 서울이 수복된 뒤, 우리 군은 38선을 돌파하고 북진을 계속하여 10월 19일에는 赤都(적도) 평양에 進入(진입)하였고, 압록강 沿岸(연안)까지 진격하여 統一(통일)이 눈앞까지 이르렀으나, 중공군 60여만명이 일제히 人海戰術(인해전술)로 아군을 기습공격하여 북진 중인 아군과 UN군이 包圍(포위) 고립되어 큰 피해를 입었습니다.

이런 國難(국난)의 위급한 때, 우리들 애국 청년·학생 모두가 나라를 지키기 위한 救國隊列(구국대열)에 나서게 되었습니다.

裝備(장비)도 없고, 훈련시설도 전혀 없으며, 총도 彈藥(탄약)도 없어 적으로부터 빼앗은 딱콩총과 누비바지 저고리를 급하게 만들어 입힌 것이 모양새가 北傀軍(북괴군)과 똑 같아졌던 것입니다.

3주일간의 기초훈련을 받은 대병력이 1951년 1월 **결사 제11·12·13연대**로 편성되어 작전 중 1951년 2월 20일 퇴곡리 敵陣 中(적진 중)에서 647명이 **白骨兵團**(백골병단)으로 再編成(재편성) 되었습니다.

우리들은 1951년 1월 태백, 오대, 설악을 잇는 險山峻嶺(험산준령)에서 영하 30°를 오르내리는 酷寒(혹한)을 견디며, 종횡 800리, 60여일간의 전투에서 북괴군 69여단에 치명적인 타격과 대남 빨치산 사령관 인민군 중장 吉元八과 참모장 姜七星 대좌 등 指揮部 13명 전원의 생포를 비롯하여 적장병 生捕 309명, 射殺 170여명(미확인 포함) 각종 총기 노획 204정 등 많은 전과를 올렸습니다만, 우리들도 360여명의 피해를 입었습니다.

그분들 중 (고) 尹昌圭(윤창규) 대위 외 59인은 전사가 확인되어 국립묘지에 位牌(위패) 57위와 安葬(안장) 3위를 하였고, 미 확인자 303명은 이 옆에 세워져 있는 無名勇士(무명용사) 추모비로 오늘 우리 모두를 지키고 있습니다.

이 사람이 50여년이 흐른 2004년에 법률을 만들어 참전 당시의 계급을 그대로 인정받고, 적 후방 참전 중에 받지 못한 계급별 俸給(봉급)과 보상금을 받았으며, 2008년 9월 우리 모두가 國家有功者(국가유공자)가 되었습니다.

2010년 3월, 육군본부 내 명예의 殿堂(전당)에 (고)尹昌圭 대위 외 59인의 전몰장병이 명예롭게 獻陽(헌양)되었으며,

2010년 6월에는 육군본부 내 넓은 광장에서 영광의 轉役式(전역식)도 가졌으며,

2011년 4월에는 용산에 있는 전쟁기념관의 전사자 追慕(추모) 銘碑(명비)에 우리 전우 전몰장병 60인이 獻刻(헌각)되어 獻陽(헌양)되는 등 명예가 회복되었으며,

2012년 6월에는 9인에게 영광의 武功勳章(무공훈장)을 주셨습니다. 참으로 감격스럽고 고마웠습니다.

우리 모두는 잊지 말아야 합니다. 저놈들은 대를 잇다가 이제는 그 손자새끼에까지 이어가 계속 우리를 위협하고 있습니다.

로켓포도 모자라, 核(핵)폭탄 운운과 천안함의 爆沈(폭침)! 연평도의 砲擊(포격)!! 서울 불바다 脅迫(협박) 등 온갖 망나니 짓을 다 하고 있는데,

우리나라 내부에서는 일부 북괴의 追從(추종), 從北(종북) 左派(좌파)라는 놈들이 활개치고 국가를 뒤흔들고 있으니, 우리 모두는 정신을 바짝 차리지 않으면 제2의 6.25와 같은 慘變(참변)을 면할 수 없다는 사실을 直視(직시) 해야 합니다.

우리 모두는 大悟(대오) 覺醒(각성)해야 합니다. 나라가 百尺竿頭(백척간두)에 있을 때 우리 모두가 분연히 일어난 것을 되새겨 다시 한 번 각오를 새롭게 하십시다.

이대로는 정말 아니 됩니다. 올해는 특히 護國安保(호국안보)의 중요성이 恪別(각별)한 때입니다. 몇 번을 강조 해도 끝이 없습니다.

이제 우리 모두는 하나되어, 조국의 자유와 평화를 위해 尖兵(첨병)이 되어 爲國獻身(위국헌신)의 정신을 가다듬고 앞으로 精進(정진)해 나아 갑시다. 라는 말씀으로 제 인사를 대신합니다.

<안 내>

아래 식당에 군단에서 마련해 주신 午餐(오찬)을 드시면서 지난날을 回顧하시고, 우리 모두 一致團結하여 붉은 이릿대와 그 追從者들을 우리 사회에서 몰아내고 바르게 살아갈 수 있도록 노력합시다. 라는 決意를 다짐하십시다.

감사합니다.

2015. 6. 5.

육군본부 직할 결사대 전우회장 전 인 식

2015. 6. 5 행사 계획

서교동 버스도착 06 : 35
출발준비 06 : 40 ~ 06 : 50
출 발(서교동) 07 : 00 정각
08 : 10 ~ 08 : 40 〔가평 휴게소 (조식)〕
용대리 현지 도착 10 : 52 ~ 10 : 58 (현장 정리)

행사 개식 11 : 00
- 국민의례, - 약사보고 - 헌화분향
〔전우회장, 군단장, (예)장군, 참전장병, 군간부, 인제군수 · 교육장 · 기관장 · 보훈단체장, 참여단체 일동 및 지역 내빈〕

군단장 추모사
제4회 충용특공상 시상 11 : 30 ~ 11 : 33
제9회 장학금 지급 11 : 34 ~ 11 : 40
전우회장 인사 11 : 40 ~ 11 : 48
경내순회 및 기념촬영 11 : 50 ~ 11 : 57

오찬장 도착 12 : 00
오찬 인사(군단장 · 인제군수) 12 : 02
오찬 개시 ~ 종료 12 : 06 ~ 13 : 30
오찬 범위 : 군단장, 군단간부 (15인), 12사단장, 간부 (10인), 예비역 장성 (5인)
인제군 군수, 의장 · 의원, 보훈단체장 · 기관장 등 (15인), 군악대 (30인)
703연대장, 인접 부대장 등 (10인), 지역주민대표 및 학생 (30인)
행사병력(60인), 전우회원과 내빈 (25인) 합 계 : 200인 (예상)

※ **전적지 순례행사** (6월 5일) **출발** 13 : 40 (전적지 순례 별도 예산 300만원)
속초 척산온천장 숙박 (8실 예약)

용대리 출발 - 진부령㊻ - 고성⑦(전망대) 속초 (숙박) 양양㊹ - 한계령㊹ - 설피밭,
6月 5日 13:40 / 17:00(척산) / 09:30 / (진동리)

현리, 구룡령㊻ 광원리㊻, 이승복기념관 - 하진부③, 여주휴게소㊿, 죽전㊿, 용산,
12:00 / 13:00 / 15:30 / 16:50 / 18:20

서교동 해산
19:00

참가자 21명 예상

2015년 현충 추모식

6월 5일 현충행사
헌화 분향하는
필자

헌화 분향하는
춘천보훈지청장

현충행사시 인사말을
하는 필자

2015년 장학금 수여 및 전적비 순례

용대초등학생에 대한
전우회장의 장학금 수여

장학금 수여 광경 제9회

추모식 후 전적비 순례 광경

전적비 순례에서
나상웅 군단장과 함께 필자

현충 추모식 후
군가를 합창하는
추모객

현충 추모식에서
일동 경례

추모식 후
군가 합창

전적비 순례에서 참전자를 설명하는 필자

전적비 순례시 설명하는 필자

전적비 순례에서 필자

2015. 6. 5 현충
추모식을 마치고
군단장과 함께

전적지 순례시
퇴곡리 백골병단
창설지에서

2015. 6. 6 설악의 격전지를 찾아 숙박한 온천장

육군 3군단, 육군본부 직할 결사대(백골병단) 추모 행사

전인식 백골병단 전우회장(맨 왼쪽)이 행사 참석자들에게 백골병단의 활약상에 대해 설명하고 있다.

육군 3군단(군단장 나상웅)과 백골병단 전우회(회장 전인식)는 지난 6월 6·25전쟁 당시 '최고의 유격대'라는 찬사를 받았던 육군본부 직할 결사대(이하 백골병단) 소속 순국선열의 넋을 기리기 위한 추모행사를 개최하였다.

이날 행사는 강원도 인제군에 위치한 백골병단 전적비에서 백골병단 전우회 회원들과 지방자치단체 관계자, 강원도 인제군 용대초등학교 학생, 지역 주민 등 200여 명이참여한 가운데 진행됐다.

3군단은 1990년 11월 백골병단 전적비를 건립한 뒤 매년 6월 선배 전우들의 넋을 기리는 추모행사를 진행하고 있다. 또한 군단 전 장병들에게 백골병단 전투사 교육을 실시하고 선배 전우들의 애국정신을 되새기기도 했다. 백골병단은 6·25전쟁이 한창이던 1951년 1월 육군본부가 창설한 한국 정규군 최초의 유격대다. 백골병단은 창설 직후 적 지역이었던 오대산·설악산 등 태백산맥 일대의 험준한 산악지역에 침투, 무려 320㎞를 종횡무진하며 적 후방 지역 교란 및 첩보 임무를 완벽히 수행했다.

이날 추모행사에 참석한 전인식 백골병단 전우회장은 용대초등학교 모범학생 5명에게 '제9회 용대백골장학금'을 전달했고, 3군단장은 부대발전에 기여한 특공연대 우수부사관 2명에게 '제4회 충용특공상'을 수여했다.

글_<육군>지 편집실

국가방위의 중심군
육군
2015. 07 No. 356
Pride & Trust

15. 비디오 테이프를 DVD화 CD 보유 목록

= 육본 직할 결사대 기록물 =

① 故 임시대위 현규정, 故 임시소위 이하연, 故 이등중사 이완상
영결식 (강원도 인제군 3군단 병원에서) ……………………… 1장
② 인제군 용대리에서 합동추도식 광경 (1990. 4. 5.) ……………… 5장
③ 국립묘지 위패봉안 행사 (1990. 7. 17.) ……………………… 1장
④ 백골병단 전적비 제막식 및 기공식 광경 (1990. 11. 9. 10시) ……… 5장
⑤ 백골병단 참전개선 50주년 기념행사 (2001. 6. 5.) ……………… 1장
⑥ 전인식 동지 공적비 제막식 (2002. 10. 15.) ………………… 3장
⑦ 백골병단 (2007. 6. 9.) - 국방뉴스 - ……………………… 3장
⑧ 백골병단 현충 추모식 (2009. 6. 5.) ……………………… 3장
⑨ 국군방송 KFN TV. Ch 533 뉴스 ……………………… 9장
백년전우는 영원한 전우 !! 우리는 조국을 잊지 않았다
1부 : 2010. 8. 5. 방영 ……………………… 1장
2부 : 2010. 8. 12. 방영 ……………………… 1장
⑩ 못다핀 젊은꽃 CD ……………………… 1장
⑪ 백골병단 기록물 종합편 (13종) ……………………… 7장
⑫ 적진 팔백리의 혈투 (영화) ……………………… 3장
⑬ 이 한 몸 다바쳐 (영화) ……………………… 6장
⑭ 육본 직할 결사대 전우회
참전 · 개선 60주년 기념행사 (2011. 1. 21. 용사의 집) ……………… 8장
⑮ 백골병단 방어벽 제막식 (2011. 11. 11.) ……………………… 5장
⑯ 전적비, 방어벽, 준공식 - 이찬희 작 - ……………………… 3장
⑰ 제59회 백골병단 추모 기념식 - 이찬희 작 - ……………… 3장
⑱ 백골병단 26용사 전역식 행사 (2010. 6. 25.) ……………… 11장
⑲ 제59회 백골병단 추모 기념식 (2011. 6. 3.) ……………… 3장
⑳ 한국군 최초의 유격대 '백골병단' **전역식 및 추모식** ……………… 7장
㉑ 특수전 교육단 방문기념 ……………………… 1장
㉒ 백골병단 추모식 (2012. 6. 5.) ……………………… 4장
㉓ 2012.6.25. 영광의 훈장 전수식 (백마부대에서)
㉔ 2013.6.5. 현충추모사 백골병단 전적비에서
㉕ 2013.7.17. 저 하늘 너머에는 출판기념회 (용사의 집)
㉖ 2014.6.5. 제63회 현충 추모식 ……………………… 2장
㉗ 2015.6.5. 제64회 현충 추모식(용대리에서) ……………… 2장

백골병단 회의 녹음테이프 CD화 목록

①1986.06.25-KBS제1라디오 전인식 생방송
②1986.07.04-여의도에서 녹음한 것
③1986.08.08-프레스센터20층 '못다핀젊은꽃 '출판기념회
④1986.10 -신라의 달밤 등 녹음
⑤1989.01.23-대한유격참전동지회 총회
회의내용 (1)
⑥1989.01.23-회의내용 (2) 〉 CD 한 장에 수록
⑦1989.01.23-회의내용 (3)
⑧1989.04.27-양양 김동찬씨 전사확인 녹음
⑨1989.07.10-채명신장군 문화방송 내용(0시35분~1시:백골병단)
⑩1990.05.20-전우회 회의 녹음
⑪1990.08.25-동지회 총회 녹음 (1) 〉 CD 한 장에 수록
⑫1990.08.25-동지회 총회 녹음 (2)
⑬1990.11.09-백골병단전적비 제막식
⑭1990.11.29-KBS국군방송(만나고싶었습니다) 대담방송
⑮1991.0312-참전장병증언 청취
⑯1991.11.08-채명신 방문 녹음
⑰1992.02.12-서교호텔 참전동지회 정기총회 회의록
⑱1993.02.26-정기총회 녹음 (1) 〉 CD 한 장에 수록
⑲1993.02.26-정기총회 녹음 (2)
⑳1993.06.17-국군방송 목요초대석 KBS 1R 전인식 생방송
㉑1993.07.17-전사편찬위원 총회 녹음 (1) 〉 CD 한 장에 수록
㉒1993.07.17-전사편찬위원 총회 녹음 (2)
㉓1993.07.29-육본군사연구실 녹음
㉔1994.05.13-참전동지회 이사회 회의
㉕1994.06.08-KBS 1라디오 백골병단추모행사 군사소식
㉖1998.06.22-KBS 1라디오 대담방송
㉗1999.12.18-동지회 송년회의 (1)
㉘1999.12.18-확대이사회의 녹음 (2)

16. 참전전우회 발자취 (1951년 ~ 2015년)

<2015. 9. 25>

1951년 1월 6.25 전쟁 참전 ~ 2016년 참전 65주년
1961 ~ 2016 55주년 전우회 창립(1961년 전우회 발기) (제례 1986 ~ 2016 30주년)
용대 백골장학회 10주년 2006년 창립, 703 특공 충용특공상 제정 5주년 (전우회 5,758만원 헌성)
전인식 전우회 발기 61년, 1965 설악동지회장 취임 ~ 2016 현지

<결사 제11연대> 1951. 1. 18. 육군소령 채명신 정보학교 내방

1951. 1. 4 육군정보학교(대구 달성국민학교) 710여명 입교
1951. 1. 25 교육수료, 장교 124명 임관, 사병(580여명) 계급, 군번 부여
1951. 1. 30 출동, 강원도 영월 도착 20시(채명신 중령 결사 11연대장 부임)
◉ 1951. 1. 30 22시 적 후방으로 출동(봉래산 계곡으로)
봉래산 → 재티산 → 성마령 방면의 계곡으로 북진, 청옥산 왼쪽,
삿갓봉 거쳐 성마령 고개 넘고, 북괴 69여단 ? 포진지역으로 침투
결사 11연대 363명(당초 349명, 보좌관 9명, 통신병 4명, 연대장 1명)
1951. 2. 8 강원도 정선군 행매동
아군 9사단 OP(최중령) 방문함(연대장, 전인식 대위 외 2명)
1951. 2. 10 하진부리 동남방 2km 진입, 적병 34명 생포 · 처치, 대관령 넘고
1951. 2. 12 보광리에서 적 5 사살, 생포 3 전과(첫 교전)
1951. 2. 13 사기막리 도착
1951. 2. 16 수도사단 1연대 진격해옴.
1951. 2. 17 연곡면 퇴곡리로 서북진

<결사 제12연대> <육군임시소령 이두병 지휘>

1951. 2. 5 대구정보학교 출동
1951. 2. 6 강동면 지내 도착
1951. 2. 7 15시 육해공군 총참모장 정일권 소장에게 출동 신고
◉ 1951. 2. 7 22시 강릉방면으로 출동
총 361명 중, 13R로 장교 19, 사병 12 전출, 330명 출동함
평창도암지구 폭격으로 분산 170여명 ?
1951. 2. 13 횡계지구 교전, 전사 3, 사살 미상
1951. 2. 15 황병산 동쪽에서 적 3명 생포, 1명 기갑연대에 인계
1951. 2. 18 퇴곡리 집결자 160명 상당

<결사 제13연대> <육군 임시대위 김한철 지휘>

(12연대 S-3 김한철 대위 3, 중위 7, 소위 9 외, 사병 12명 등 계 31명 12R에서 전입)
1951. 1. 21 정보학교 신입 120여명 중 90여명을 충원함
13연대 124명, 일설은 136명이라고도 함.
1951. 2. 11 대구출발
1951. 2. 13 LST로 부산 4부두 출발
1951. 2. 14 강원도 묵호항 도착 후, 트럭으로 대관령 방면 출동
1951. 2. 15 횡계리→도암→월정사
1951. 2. 19 연국면 三山里 도착

1951. 2. 20 퇴곡리에서 3개 연대 統合, 白骨兵團 창설

◉ 결사 11R 363, 12R 160, 13R 124 계 647명 백골병단으로 통합

1951. 2. 23 퇴곡리→삼산리→신배령 너머로 출동

1951. 2. 24 10시 아군 구루먼 전폭기의 피습, 6명 희생

1951. 2. 28 구룡령에서 69여단 정치군관 등 4명 생포, 전투상보 노획(아군 쪽에 전달함)
57명 생포자 및 지방악질 7명 처치

1951. 3. 3 채중령 광원리 3군단 지휘소 입구 초소 3개 파괴, 20여명 사살, 통신선 수거 · 파괴

1951. 3. 10 인제군 기린면 갈천리 포술장교 등 3명 생포

1951. 3. 10 14시 전투기 피습, 5명 희생

1951. 3. 11 갈천리→왕승골 서북방 968고지 능선을 이용 북상, 이동병력 53명 생포

1951. 3. 14 38이북 귀둔리에서 낙하산으로 몰아 39명 생포(무장 자위대 7명, 당원 15명 생포)

1951. 3. 16 06시 군량밭으로 이동

1951. 3. 18 자위대원 2명 생포, 내무대원 2명 생포

1951. 3. 18 13시경 13R 작전관 등 10여명이 필례지구 정찰 및 보급확보 중 적 13명 생포

1951. 3. 19 총 69명 처치(길원팔 북괴중장, 강칠성 대좌 등 포함)

1951. 3. 19 망대암산→한계령→안산→장수대→용대리 당적골 "구만리" 외가평으로 북진

1951. 3. 19 교전 중 피해 17명+26명 사살 3+3인

1951. 3. 23 용대에서 적 32사단 조우, 적사살 10여명, 격전 30여명 전사
백담입구 방어작전 지휘 중 윤창규 대위 부상

1951. 3. 24 설악산 소청봉↔귀청사이 03~04시경 야영중 피습
피해 40여 전사, 윤창규 대위(수류탄으로 적병과 함께 자결)

1951. 3. 24 15시경 오색↔오가리 적군 10사단 포진 전면도로 행군 퇴출

1951. 3. 24 19시경 박달재 진입 적 3명 처치

1951. 3. 25 새벽까지 박달재에서 피해 120여명(비전투 동 · 아사자 발생)
玄奎正 대위 등 25명 전사 피해, 적사살 10여명

1951. 3. 26 16시경 독립고지에서 귀환, 4명 전사, 적 지휘 벙커 5명 폭살

1951. 3. 28 02시 인제군 기린면 지내 무명부락 진입

1951. 3. 29 14시경 척후병 교전 후 귀환

1951. 3. 30 15시경 아군 7사단 3연대 수색대와 조우

1951. 4. 1 3개 연대 병력 강릉으로 개선

1951. 4. 3 채중령 육군본부로 떠남(부대는 석교리로 이동)

1951. 4. 9 채중령 강릉 석교리로 돌아옴.

1951. 4. 12 채중령 재차 대구로 떠남
최종생환자 283명(11R + 본부 179, 12R 46, 13R 58명)
전사실종 360여명(부상자 30여명 병원으로 후송) (전사확인 60인)
낙오, 기타 170여명 - 817명 -

1951. 4. 25 Task FORCE KIRKLAND Eight United State ARMY KOREA로 이관

1951. 4. 28 전인식 소령으로 진급, 상륙작전 전방지휘관 G-3 겸직

1951. 6. 3 원산남방 통천 두백리 상륙작전 출동 250여명

1951. 6. 6 상륙작전 감행, 해안포대 2, 교량 2 파괴, 양민 300여명 자유대한으로 후송

1951. 6. 28 전인식 소령 제대

1961. 8. 23 대한민국 유격군 참전전우회 발기(발기인 전인식 외 3인)
1965. 9. 29 설악동지회 발족(회장 전인식 피선)
1970. 2. 13 전인식 임시소령 복무 확인 받음(육군참모총장)
1980. 4. 12 설악동지회 약식 총회 개최(종로예식장에서)
1981. 5. 16 나와 6.25 참전수기 전인식 비매품으로 발간, 회원에게 5권씩 분배함
1985. 12. 채명신의 死鬪萬里 육본군사연구실에서 입수함
1986. 6. 26 못다핀 젊은 꽃 전인식 출판, 재판 8.8, 삼판 10.10
KBS 특집방송(라디오 6.25 전인식 회고 생방송). <최초 보도>
1986. 8. 8 국제회의장 20층에서 처음 분향 제례함 (1차)
1987. 3. 7/14/21 **못다핀 젊은 꽃** KBS Ⅰ, Ⅱ, MBC에서 3부작 방영함.(원작 전인식)
1987. 3. 28 (고)허은구 소위 전사확인 받음, 최초의 전사 확인
1987. 4. 3 합동위령제 거행, 단목령 입구에서 (2차) (참가전우 27명)
1987. 12. 20 총회에서 **대한유격참전동지회**로 개칭함
1988. 4. 1 「白雪의 長征」 출판기념회 개최 성료함(참전동지 및 내빈 채 장군 외 300여명)
1988. 4. 3 박달령 입구에서 합동위령제 봉행함 (3차) (24명 참가)
1988. 6. 29 육군 3군단 방문(전인식, 황인모, 권영철), 전적비 건립 약속 받음
1988. 8. 18 **전적비 건립 위치 결정**(전인식, 권영철, 민병선 소장, 반웅식 준장)
1988. 9. 21 「白骨兵團」 출판(저자 전인식)
1988. 10. 11 채명신, 김한철, 이명우 등 전적비 건립 방해 사건 발생(공사 중지)
1988. 12. 8 제3군단을 방문, 특공연대장에게 위문품(돈육 특품 600kg)을 전달함
1989. 1. 27 육군 제3군단장(박익순 중장)에게 전적탑 건립 기금 1,000만원을 전달함
1989. 3. 4 용대리 현장에서 착공 함.(지신제 거행) (전인식, 권영철 참석)
1989. 4. 3 박달령 입구에서 병풍을 둘러치고 위령 제사를 거행함 (4차)
1989. 4. 26 현지 확인한 바, 유골 3기 발견(진동 2리 7번지 옆) 10여기 있다고 함
1989. 5. 13 제1군사 이진삼 사령관을 예방(권영철, 전인식)
(시멘트 2,000포, 철근 20ton 지원 약속 받음)
1989. 7. 4 국방영화 "박달령의 침묵" 촬영 협의 진행
1989.~1999. "못다핀 젊은 꽃" Ⅰ~Ⅲ부작, "백년전우", "박달령의 침묵" 등 국방영화 촬영
1989. 7. 11 "배달의 旗手", "박달령의 침묵" 촬영 KBS 방영
1989. 7. 19 "決死 11聯隊" 白骨兵團 개정판 발행(전인식 저)
1989. 7. 30 10:40 KBS Ⅱ 박달령의 침묵 방영. V.T.R 40개 인수 배포함
1989. 12. 13 현규정 대위외 2인 현리 병원에서 영결식 거행
1990. 1. 24 제1군사령관 방문(10시 30분)함(채명신, 황고문, 전인식, 권영철, 최윤식,
최윤우, 원응학, 신효균, 유탁영, 신건철, 이명우 계 11인 참가함)
1990. 3. 5 육참총장에게 발굴영현 이장 및 위패안치 신청함
1990. 4. 3 '90년도 白骨兵團 출신 전몰장병 합동추도식 거행 (5차)
1990. 4. 7 노태우 대통령에게 6.25 전몰장병 발굴영현 이장 및 위패안치 촉구에 관한 탄원서
친전으로 발송
1990. 5. 15 육본으로부터 백골병단 전적비 건립계획 확정 통보를 접수함(군연수 제4508호)
위치 : 인제군 용대리 내설악 입구. 예산 1억 2,730만원 [회원모금 4,200만원,
군단지원 2,110만원, 육본지원 6,420만원(현금 4,380만원+자재 2,040만원)]
1990. 5. 16 (공사진척) 협의 후에 김한철의 전적비 건립 반대 괴문서 및 투서형 서신을 입수함

1990. 5. 17. 19시 권영철, 최윤우, 최윤식은 개인자격으로 회장과 관계없이 채명신을 방문했다 함. 채명신은 합의각서 서명사실을 시인 했다 함

1990. 5. 20 채명신의 진정취하원 받아 관계요로에 보냄

1990. 5. 30 육본 군사연구실 한 대령에게 김한철의 취하원 필요 여부를 문의함 불필요 완결하겠다는 전언 접수함

1990. 5. 31 군사령부 비서실장과 기공식 일정을 재협의함. 참모회의 결과보고에서 동지회 측의 요구에 따라 집행하라는 지시가 있었다는 전언 접수함

1990. 6. 13 14시 **전적비 기공식 거행 함**. 약 150명 참석, 12사단 오형우 장군 주관 별도로 건립지원금 300만원 군단에 추가 전달함

1990. 6. 26 육본에서 현규정 대위, 이하연 소위, 이완상 중사의 분묘 결정 통보 및 윤창규 대위 등 22위의 위패 건립통보 접수

1990. 8. 30 현규정 대위, 이하연 소위, 이완상 병장 **대전현충원 안장식 거행** (유족대표 전인식)

1990. 11. 9 **白骨兵團 戰跡碑 建立, 除幕式 거행** (육군참모총장 등 참석) (전사자 60인 동작동 위패 57, 대전 안장 3위)

1991. 1. 30 침투작전 40주년 기념 리셉션 개최. 약사보고 및 '91년도 총회(육군회관에서) 회원 40명, 가족, 유가족, 내빈 130여명 참석

1991. 5. 16 「戰跡碑 落穗」(결사 제11연대 부록) (전인식 편) 비매품 발행

1991. 5. 18 「임진강에서 내설악까지」 전인식 저 발간함

1991. 6. 6 제36회(본회 6회) 현충일 추도 행사(용대리에서) 내빈 및 회원 등 300여명 참석

1992. 6. 6 현충일행사 거행 및 전적비 계단일부 보수 완료함

1992. 9. 10 문화부장관으로부터 김한철 부정 저작물이란 회신 접함

1992. 10. 30 "영광의 얼", "임진강에서 내설악까지" 발간 보급함 (전인식 저)

1993. 6. 4 '93년도 합동위령제 거행 제3군단 부군단장 외 내빈 등 400여명 참석 성료함

1993. 7. 27 백골병단 전사 42년 7개월만에 역사적인 발간 (참여동지 47명)

1993. 9. 10 "백골병단 전사" 출판 국립중앙도서관에 납본

1993. 9. 23 육본 군사연구실로부터 결사 제12연대 출정 당시 (1951. 2. 6) 육해공군 총 참모장 정일권 장군이 직접 부대 사열을 하는 사진 등 6매 송부·확인함

1993. 11. 11 「白骨兵團 戰史 追錄」 Ⅰ, Ⅱ 발간

1993. 12. 15 전인식, 권영철 육군본부 자료(비밀문서 등) 조사차 육본 방문

1994. 1. 姜七星의 국기훈장 3급 이극성 장군으로부터 입수. 전쟁기념관에 기증

1994. 2. 23 전쟁기념관으로부터 전인식·이극성 자료 기증서 (전인식 임관사령장, 제대증 등) 접수 (94-17, 18)

1994. 6. 4 합동위령제 거행, 군단장 이규환 중장, 12사단장(소장), 인제군수, 교육장, 경찰서장, 의회의장, 도의원, 학생 등 300여명 참석리에 성료됨

1994. 6. 24 전인식 부산 육군 군수사령부(사령관 중장 최경근) 안보특강 실시

1994. 7. 27 「설악의 최후」 한국전쟁수기 전인식 저 발간

1995. 1. 13 전적비 부지 임야 44,307m^2 중 4,928m^2(약 1,490.72 평) 국(국방부)로 관리변경 확인. 용대리 산 250의 2 〔'91. 7. 11 관리환 결정(별도 보관)〕

1995. 6. 2 '95년도 현충추모 행사 거행

1996. 6. 7 뉴스피플 : (26, 27면) 한국최초 게릴라부대 한 맺힌 전투 (특집) (채명준 건)

1997. 3. 5 참전용사 증서(대통령 김영삼) 6.25 전쟁참전자 증서 수령

1997. 6. 4 제42회 현충추모행사 거행 및 정기총회 개최. 「백골병단 전투상보」 전인식 저 발간 함 (한국군 최초의 정규유격대)

1997. 7. 3 국방부장관, 국가보훈처장에게 명예회복 관련 진정서 제출
1998. 6. 5 제43회 합동위령제 거행 및 기록영화 제작 904,000원
1998. 12. 18 국방영화 **「이한몸 다 바쳐」** 전적비 앞 촬영 23명 참석
1999. 5. 20 백골병단기(30만원), 배지 100개 제작 (전인식 자비로 제작)
1999. 6. 4 제44회 현충 위령행사 거행 및 전적비관리기금 헌성록비 제막
1999. 6. 6 20시 KBS 1TV「일요스페셜」백골병단 관련 7분간 방영함.
1999. 6. 25 KBS I FM, AM 으로 6.25 회상 대담 방송 30분 (전인식 회장)
1999. 6. 25 KBS I TV 14시부터「이한몸 다 바쳐」방송 57분간
1999. 8. 16 「알섬의 갈매기는 왜 우는가!」KIRKLAND 관련기록물 출판 원고 완료
1999. 8. 23 잊혀진 전쟁 실화 "누구를 위한 적진 800리의 혈투인가!" 발행
1999. 8. 23 알섬의 갈매기는 왜 우는가! 발행
1999. 9. 4 "알섬의 갈매기" 외 1종의 책 "대통령 등 51개 기관" 에 등기로 기증 발송함
2000. 3. 22 재향군인회에 본회 회원명부 제출 회원 105 명 유가족 회원 11명 계 116명
2000. 4. 28 10시 20분~15시 **전공심의위원회 개최**, 위원 10인 중 9인 참석(위원장 : 권영철)
2000. 6. 3 개선 49주년 합동위령제 거행. 용대리 전적비앞 광장에서 거행 참가 300여명
2000. 12. 15 **白骨兵團 參戰 戰友會**로 개칭하기로 함
2001. 3. 31 류해근 사령관 50주년 행사 찬조 지원 50만원 본회에 보내옴
2001. 5. 14 적진 800리의 혈투 참전개선 50주년 기념작 출판
2001. 6. 4 백골병단참전 개선 50주년 전몰장병 364위에 대한 극락왕생을 비는 진혼무
2001. 6. 5 참전개선 50주년기념 및 제46회 현충추모식 거행
2001. 7. 23 육군본부 부관감실 포상민원담당관으로부터 자료협조 요청 받음
2001. 9. 26 육군참모총장 전인식(충무) 외 20명(화랑)에게 **무공훈장수여 · 포상**을 정식으로
공적심사 후 국방부장관에게 건의함
2002. 2. 18 국방부장관에게 참전장병 상훈 수여 처리 촉구 공문 발송
2002. 4. 25 전적비 보수공사 주탑 및 계단 등 1,760만원 전우회에서 집행
2002. 6. 5 제47회 현충행사 및 참전개선 51주년 행사 거행
2002. 6. 29 육군교육사령관으로부터 **자료확인 결과 회신접수**
1951. 1. 29 결사11연대 349명 채명신 인솔, 적 후방으로 출동 사실 확인 함
2002. 9. 11 주탑 도장 공사 370만원, 주차장 67만원 전우회에서 집행
2002. 10. 15 **전인식 공적비 제막 행사** 군관민 100여명 참가(703, 51, 경비 연대장, 인제군수 등)
2003. 2. 5 전적비 국가현충시설로 지정 고시함 NO 2003-8호
2003. 3. 18 국방부장관에게 2. 21자 요구의 보완 요구서 내용증명으로 발송하고, 재판 할
것을 예고함. 전인식 등기 우편으로!
2003. 4. 12 무명용사 추모비 건립추진위원회 구성 추진위원장 전인식
2003. 4. 26 무명용사 헌금내역을 포함한 적진 800리 개정 최종판 발행
2003. 5. 30 **무명용사 추모비 건립**
2003. 6. 5 제48회 현충추모 무명용사 추모비 제막식과 개선 52주년 기념행사 거행
2003. 6. 25 白骨兵團 임시 장병→ 현역복무인정, 특별법 제정, 대책·운영위원회 개최 전인식이
기초한 법률안 심의
2003. 8. 11 국회 강창희 의원에게 의원 입법을 부탁함
2003. 8. 26 국회의원 37명의 서명동의 집계 완료하고 3차 운영회의 개최 16인 중 15인 참석
2003. 9. 27 채명신 장군 특별법을 북파공작원과 연대하라는 전화 요구에 회장은 반대함
2003. 10. 21 국회 강창희 **「국회의원 입법 발의」** (54명 서명) 소요예산서 제출요구에
24억 9,6000만원 산정함

2004. 2. 14 6.25 또는 10.1 국군의 날에 전역식과 훈장수여를 요구 했음.

2004. 2. 28 참전전우회 제53차 총회 개최 **육군본부 직할 백골병단 참전 전우회**로 명칭 변경하고, 사단법인 백골병단 참전전우회 창립총회 겸 2004년도 정기총회 개최함

2004. 3. 2 국회 245차 임시회의 제11차 본회의에 안건번호 12번으로 백골병단 관련자료 상정함. **"6.25 전쟁중 적 후방지역 작전수행 공로자에 대한 군복무인정 및 보상 등에 관한 법률 안"** 이날 오후 16시 30분, **만장일치로 통과** <재석 168 찬성 168>

2004. 3. 4 명예회복 법안 통과 후, 육군 참모총장 및 국방부장관에게 등기우편으로 **훈포장 수여를 건의 함**. 윤창규 대위(태극무공훈장) 등 37인(전사자 4, 사망자 8, 불명자 2, 생존자 23인)

2004. 3. 22 법률 7,200호 우리들의 명예회복 특별법 공포, 시행 2004. 11. 11 대통령령 18583호

2004. 4. 6 국방부장관에게 전역식 및 훈포장 수여 건의를 재차 촉구했음

2004. 4. 13 參戰개선 53周年 축하모임 國防會館에서 개최, 내빈 114명 참석

2004. 5. 13 전적비 보수공사 집행 총 2,500만원 (국가보훈처 지원 1,500만원)

2004. 6. 4 현충 49회 백골병단 개선 53주년 추모식 거행

2004. 7. 22 이사회 · 확대회의 의결, 전우회 명칭 **「육군본부 직할 결사대 전우회」**

2004. 8. 31 전인식 「아픈상처를 어루만지며」 출판 발행

2004. 9. 30 전인식 「한 많은 오십삼년」 출판

2004. 11. 29 ~ 30 참전전우친목회에서 25명이 대형버스로 강원도 영월, 평창, 대관령, 강동, 삼산리, 사기막리, 퇴곡리, 오색리 戰跡碑 앞에서 귀경까지 **320km의 전적지를 탐방하고** 제례를 지냈음. 군부대에서는 대대장과 병력이 참여했음

2004. 12. 22 李萬雨 外 16名의 전우 찾기, 시읍면장에게 등기우편 요구함

2005. 2. 22 전인식 「오십사년을 기다렸다」 책 발간

2005. 4. 13 참전개선 54주년 기념행사 개최함. 국방회관에서 60여명 참석

2005. 6. 3 개선 54주년 제50회 현충행사 회원 및 유족 83명

2005. 9. 30 윤창규 대위 외 60명의 전사자를 계급 획득차 공로자 인정 신청을 함

2005. 11. 9 **「육본 직할 백골병단 기념사업회」** 창립 총회 개최

2006. 1. 26 고 윤창규 대위 충용비 건립 지원 요청 (국가보훈처, 국방부, 육군본부, 재향군인회, 제3군단에)

2006. 1. 26 「한 맺힌 오십사년」 발행 (저자 전인식)

2006. 4. 3 「여명의 아침」 발행 (저자 전인식)

2006. 4. 14 「설악의 영봉은 알고 있다」 발행 (저자 전인식)

2006. 5. 19 살신성인 충용비 건립 · 제례 집행 함. 상량대 전인식 별도 지원

2006. 6. 5 살신성인 충용 (고)윤창규 대위 충용비 건립, 2,300만원 (보훈처 지원 700만원)

새 군번과 계급 부여 현황

성 명	새로 부여한 군번	새 계급 부여	성 명	새로 부여한 군번	새 계급 부여	성 명	새로 부여한 군번	새 계급 부여	성 명	새로 부여한 군번	새 계급 부여
전인식	51-00008	대위	**최윤우**	51-500069	하사	**임병화**	51-500068	하사	**김인태**	51-00012	중위
차주찬	5177000027	병장	**안병희**	51-500053	하사	**김송규**	51-500056	하사	**장지영**	51-500014	중사
황태규	51-00028	소위	**송세용**	51-500020	중사	**이영구**	51-500023	중사	**현재선**	51-500046	하사
홍금표	51-500024	중사	**박용주**	51-500039	중사	**하태희**	51-500018	중사	**이익재**	51-500045	하사
권태종	51-00025	소위	**이영진**	51-500038	하사	**조시형**	51-00024	소위	**임병기**	51-500031	하사
임동욱	51-500047	하사	**전영도**	51-500036	하사	망 **정규옥**	51-500004	중사	**배선호**	5177000024	병장
김중신	51-500008	중사	**김항태**	51-500055	하사	**권영철**	51-00015	중위	**김종각**	51-500026	하사
박승록	51-500011	중사	**윤경준**	51-500054	하사	**김용필**	51-00019	소위	**최희철**	51-77000028	병장

2006. 6. 20 육군본부 예비역 병적과에서 **6.25 특수작전자에게 새로운 군번을 부여함**
(51-0000번 등) 참전 당시의 계급도 현역과 같이 병무청에서 병적을 확인함
2007. 4. 29 중국 동북지방 백두산, 압록강 탐방 등 회원 17인 가족 등 5인 계 22인
2007. 6. 5 참전개선 56주년 및 제52회 현충추모식 거행. 회원 기타 38인, 학생 부모 등 30여명, 고위 장성 30여명, 군인 130여명 등 228명 참석 성료
2007. 7. 13 영광의 세월 한국전 참전노병의 외침 발행
2007. 11. 22 문형식의 제보에 따라 9965부대장에게 회원 명단 확인을 요구하는 공문 보냄
2008. 2. 18 국군 9965부대 결사 유격대 명단확인 요구 2007. 11. 22 2008. 1. 15 재차요구에 대한 회답 이종구 ? 확인불가 접수
2008. 6. 5 개선 제57주년, 제53회 현충기념식 거행. 용대 백골장학금 지급
2008. 6. 5 회칙개정안 및 친목회 결성의 건
會 명칭 **"육본 직할 결사대(백골병단) 전우회"** 로 개칭 의결 동일부 시행
2008. 7. 11 하계연수회 7.13까지(2박3일) KTX 목포-홍도-흑산도-비금도, 도초도
80세가 되는 전인식, 오석현, 박승록, 권태종, 이익재, 임동욱 합동 축하 모임
2008. 7. 25 용대리 경노잔치(용대백골장학회와 용대장학회 공동주최) 집행 200여명 참여
2008. 9. 26~27 강원도 인제군 기린면 진동리 설피밭, 단목령 정상부까지 56년 6개월만에 탐방 위령제거행. 행군에서 귀환한 장병 위문함
2008. 9. 29 국가유공자 증서 (대통령 이명박) 수령
2009. 1. 18 중국 상해 대한민국 임시정부 구청사, 윤봉길 의사 의거 현장 탐방 및 소주, 항주 등 (회원 등 14명)
2009. 6. 4 동해 최전방 717 OP 견학 · 위문 28명 속초에서 만찬 돌섬 횟집
2009. 6. 5 개선 제59주년 현충 제54회 추모식 거행 후 오찬 120 + 30명 (군단장 이하 전원)
2009. 6. 24 전인식 문산중학교 1,000여명, 제일고등학교 1,000여명의 학생에게 안보 특강
2009. 12. 30 육군본부 인사사령부에서 전인식 6.25 참전 실화 특강함
2010. 2. 19 국방회관에서 정기총회 및 60년사 발간 축하 모임 개최함
2010. 3. 5 **육군본부 내 명예의 전당에 전사자 60인 헌액**
2010. 3.31.~4.4. 중국 운남성 곤명 관광, 전우회원과 초청인사 포함
2010. 6. 4 개선 59주년, 현충 55회 백골병단 전적비 합동추모식 거행
2010. 6. 25 육군본부 광장에서 26인 영광의 전역식 거행
2010. 7. 19~21 2박3일간 전적지 순례 행사를 가졌다. ("100년 전우" 1부, 2부 겸)
비용 500여만원 전인식 비용일체 부담함
2010. 7. 30 국립현충원 참배 "백년 전우" 촬영
2010. 8. 5 국군 방송 "백년 전우" 다큐 1부 방송 13시
2010. 8. 9 국방부 유해 발굴 조사단에서 안보강연
2010. 11. 9~10 백골병단 전적비 건립 20주년 기념 참배, 전인식 외 17명 참가
2011. 1. 17 용산전쟁기념사업회장 참조 학예부장에게 전몰장병 60위 추모의 전당 현양을 청하는 공문 등기로 발송
2011. 1. 28 전쟁기념사업회장 전사자 명비 설치 긍정적으로 검토 추진한다는 공문 접수 함
2011. 4. 7 **전쟁기념관 전사자 추모비에 전사자 60인 헌각**
2011. 6. 3~4 제56회 현충추모식 및 덕구온천, 안동 하회마을 등 단합 모임 개최
2011. 6. 16 육군73사단 忠一부대 이준용 사단장 초청으로 부대 방문
2011. 6. 25 파주에서 제막한 6.25 참전 기념비 제막식에 백골병단 대표로 참석

2011. 8. 5 굿모닝여행사 패키지로 부산 해운대 등 여행. 전액 전인식 부담
2011. 8. 10 전우회 경비 지원. 찬조 전인식 600만원, 류해근 100만원 찬조함
2011. 11. 8 국방부 공고 2011-164호 6.25 당시 서훈 누락자 추가 서훈 신청 공고, 회원에게 행사 공문과 신청양식과 함께 긴급 알림
2011. 11. 11 용대리에서 전적비 보호시설 제막식 거행. 12사단장 외 180여명 참석

(단위 : 만원)

성 명	보호벽등 헌성금	전우회 협찬 헌성금 누계	성 명	보호벽등 헌성금	전우회 협찬 헌성금 누계	성 명	보호벽등 헌성금	전우회 협찬 헌성금 누계
全仁植	2,550	2억3,566	尹慶俊	25	483	洪金杓	100	2,512
柳海權	100	972	金宋奎	50	538	黃泰圭	10	348
朴勝錄	30	861	車周燦	500	1,431	崔熙哲	20	570
金重信	20	485	朴用周	30	523	全永燾	20	572
權泰鍾	60	1,105	宋世鏞	500	1,939	金亢泰	30	427
吳錫賢	20	322	張之永	100	1,349	裵善浩	10	629
金鍾浩	20	355	安秉熙	50	1,852	林東郁	100	2,142
						합 계	4,345만원	4억 2,981만원

2012. 6. 5 제57회 현충 추모식 거행, 참전 개선 61주년 행사 총 290여명 참석
2012. 6. 25 **전인식(충무무공훈장 대통령 이명박) 수훈, 백마부대장(김용우 소장) 전수함 무공훈장 추서(충무 2인) 및 화랑 6인**
2012. 6. 26 6.29 11시 동작동 윤창규 위패, 15시 대전 현규정 묘 예방 훈장 수상 헌정함
2012. 9. 18 "백골병단의 발자취" 신규 발행, 입고
2013. 6. 5 참전개선 62주년 제58회 현충추모식 거행
2013. 7. 17 용사의 집에서 「저 하늘 너머에는」 출판기념회 개최
2013. 10. 22 「59년만에 전역」 (전인식 저)
2013. 11. 25 **채명신 장군 타계함**. 조화 보냄. 부산 출장(전우회) 중임
2013. 12. 12 「59년만에 전역」 증보 개정판
2014. 2. 7 전적비 경내에 조명투광기 및 국기게양대 설치를 위한 헌성금 모금
2014. 3. 4 **전적비 조명투광기 설치** 공사, 계약 집행 250만원
2014. 4. 7 「눈 덮인 山野」 (전인식 저), 정오정리, 봉투·초청장 발주함
2014. 6. 5 2014년도 현충 59주년 참전개선 63주년 기념행사 3군단에서 집행함
2014. 6. 23 권태종, 이익재 전우에게 훈장수여를 전인식 회장 개인 자격으로 건의
2014. 10. 22 증보(「눈 덮인 山野」) 재판 발행, 신국판 830쪽 전인식 씀
2015. 6. 5~6 제64회 현충 추모행사 거행 (군단에서 집행) 및 격전지 순례
2015. 7. 27 **훈장 추가 수상 : 권태종 소위 외 1인 〔(고)이익재 전우〕** 화랑무공훈장 수상
2015. 9. 7 권태종 소위 화랑무공훈장 전수 (백마사단장 : 강천수 소장)
2015. 9. 11 참전개선 65주년 기념행사 임시총회 소집 〔행사비 예산 (1안) 1,650만원〕
2015. 10. 13 전인식 특수전 교육단 교육생에게 특전 경험담 강의
2015. 11. 5 본회 부회장 權寧哲 전우 死亡. 조화 + 조의금 + 호국원 안장 청원함

17. 저자 전인식의 중요행사

전인식 (全仁植) 1929년 7월 경기 파주 출생

1951. 1. 25 임시육군대위 (군번 : GO1003) 임관 (국방부장관)
육군본부 직할 결사 제 11연대 작전참모 (임시육군대위)

1951. 4. 28 육군소령 진급 (미 8군 기동부대 커크랜드 작전참모)

1951. 6. 28 명예제대

1952년 11월 육군 제2 훈련소 훈련병으로 재입대 (군번 : 9358453 ?)

1953년 5월 육군소위 임관, 군번 : 26444 1957년 11월 전역

1962년 3월 고등전형시험 합격 ; 감찰위원회 조사관보
(국가재건최고회의의장)

1970년 4월 문교부 대학 교수자격심사위 결정 대학 ; 조교수

1972년 8월 〃 〃 〃 〃 대학 ; 부교수

2006. 6. 20 국방부 ; 군번 51-00008 부여 (육군대위)

2012. 6. 25 대통령 ; 육군소령 전인식 충무무공훈장 수여

1961. 8. 23 대한민국 유격군 전우회 발기

1986. 5. 6 적 후방 300리의 혈전
「나와 6·25」 전인식 편저 (이후 30 여종 발행)

1986. 8. 8 프레스 센터 20층 국제회의장에서
못다핀 젊은 꽃 출판기념회장에서 첫 분향 제례함
(이후 2015년까지 계속함)

1989년 까지 양양군 서면 오가리 ↔ 인제군 기린면 진동리
설피밭으로 넘는 단목령에서 위령제 봉행

1987. 3. 28 임시육군소위 허은구 (첫)전사 확인 받음에 기여함
(동작동 국립현충원 위패 57위 안치,
대전 국립현충원 안장 3위)

① 1989. 12.13 故 玄奎正 대위등 3인 永訣式거행, 인제 제3군단

② 1990. 4. 3 제5차 合同追悼式 거행

③ 1990. 11. 9 강원도 인제군 북면 용대리 산 250-2에서

白骨兵團 戰跡碑 건립·제막 함

④ 2003. 5. 30 **무명용사 추모비 건립** (국가 보훈처 일부지원)

⑤ 2004. 3. 2 국회 245차 임시회의 제 11차 회의에서

6.25 전쟁 중 적 후방지역 작전수행 공로자에 대한 군복무인정 및 보상 등에 관한 법률(안) 만장일치 통과

⑥ 2006. 6. 5 **殺身成仁 (고)尹昌圭 대위 충용비 건립**

⑦ 2007. 6. 23 **용대백골장학회 설립** 헌성비 제막

총 6,400만원 헌성 ※매년 용대초등학교 학생 5명에게 각 20만원씩 지급 계속 중

⑧ 2008. 7. 25 **용대리 경노잔치 거행** 200여명 참석

⑨ **2010. 3. 5** **육군본부 내 명예의 전당** 에

육군본부 직할 결사대 일명 "白骨兵團"

전몰장병 60위 현양식 거행

⑩ **2010. 6. 25 육군본부 내 계룡대 대연병장에서**

참전 59년만에 전역식 거행 카퍼레이드 3대

⑪ **2011. 4. 7 전쟁기념관 내 추모의 비 전당에 육군본부 직할 결사대**

전몰장병 60위 명비 현액하다.

⑫ 2011. 11. 11 **전적비 보호 방어벽 준공 제막**

총 비용 4,550만원 중 전인식 2,500여 만원 부담

⑬ 2012. 3. 21 **충용특공상 제정** 육군 제 703 특공 연대 부사관 중에서 선발, 매년 2명씩 시상, (부상 각 50만원씩) 계속 중

시상기금 : 5,740만원(전인식 3,540만원 헌성)

⑭ **2012. 6. 25 참전 61년 만에** **무공훈장 전수식 거행**

참전장병 9명, 무공훈장 수상 (추서 2 포함)

충무무공훈장 소령 : 전인식

대위 : (추서) 현규정,

대위 : (추서) 윤창규

화랑무공훈장 중사 : 장지영, 송세용, 안병희

소위 : 김용필

중위 : 김인태

하사 : 배선호

2015. 7. 27 서 훈 추 가 소위 : 권태종 (화랑무공)

하사 : 이익재 (〃)

⑮ 2013. 3. 11 육군본부 직할 결사대의 발자취

동영상 제작 : 작가, 감독 등과 협의

(제작비 1,000만원 상당 전인식 부담)

⑯ 2007년 이후 2015년 까지 **전국(국내외 여행)**

동남아, 중국, 일본, 베트남, 자유중국 등 친선·건강 여행

⑰ **국군 부대 안보강연 실시**

703 特攻聯隊本部 安保特講(全仁植)

제 703 특공연대 2대대, 1대대와 803 정찰대대 안보 특강

육군 특수전 사령부, 육군 제 5사단 본부 안보 특강 및

제 1 야전군사, 육군 제 22 사단 교육단, 73 사단, 61 사단

11 공수단 등 기관에 대한 특강 실시

18. 필자가 제작한 DVD

[DVD 원고] " 육본 직할 결사대원들 " DVD 시나리오

이 영상은 1950년 6.25전쟁 당시 중공군의 참전 개입으로 1.4 후퇴를 하게 되자 정부는 육군본부 직할 결사대(일명 : 백골병단)를 급히 창설하여 장병 817명을 중 동부전선 적 후방 지역에 침투시켜, 적 후방을 교란하여 아군작전에 기여케 하였다. 이들은 맡은 바 임무를 완수하고 개선하였으나 참전 장병의 병역 문제 등 명예가 해결되지 못했고, 전사망자의 문제 등 법률적인 사안들이 오랜만에야 해결되어 군인 신분 확정, 계급별 봉급 보상금 지급, 50여년 만에 전역식 거행, 무공훈장 수여 등을 이루었으나 적지에서 산화한 전우의 유해조차 찾지 못한 아쉬움으로 오늘도 저 하늘을 뚫어지게 응시하고 있다.

참전 59년만에 육군본부 광장에서는 이색적인 전역식이 거행되었다.

	화면	내용
1	**# 에필로그** - 2010년 6월 25일 전역식 영상	***"충성~! 2010년 6월 25일부로 전역을 명 받았습니다" (sov)*** 충남 계룡대 대연병장에 울리는 전역신고. 활기찬 음성과 전역한다는 기쁨에 찬 젊은 청년들의 모습이 보여야 할 전역식이 이날따라 조금 다른 분위기를 띄웁니다. 군복을 입고, 전역신고를 하는 이들은 80세가 넘은 할아버지들. 활기찬 음성보다는 감격에 겨운 목소리로, 전역한다는 기쁨의 미소보다는 기쁨의 눈물을 흘리는 이들은,

= 이하 생략 =

		그리고 그것을 알기에 한국군 최초의 정규 유격군으로 사지를 넘나들며 나라를 지키기 위해 전쟁에 맞선 우리 '백골병단' 용사들을 영원히 기억하기를.

영상 마지막 부분에

백골병단 깃발이 휘 날리며.....

전적비 주탑과 앞쪽의 분수대 그림이 흰 구름과
용대리 용바위의 그림이 서서히 사라진다.

국민 여러분!! 시청해 주셔서 감사합니다.
건강과 번영 그리고 무운 장구를 기원합니다.
이 영상을 삼가 전몰장병의 영전에 바칩니다.
= 작전 참모 전인식 올림 =

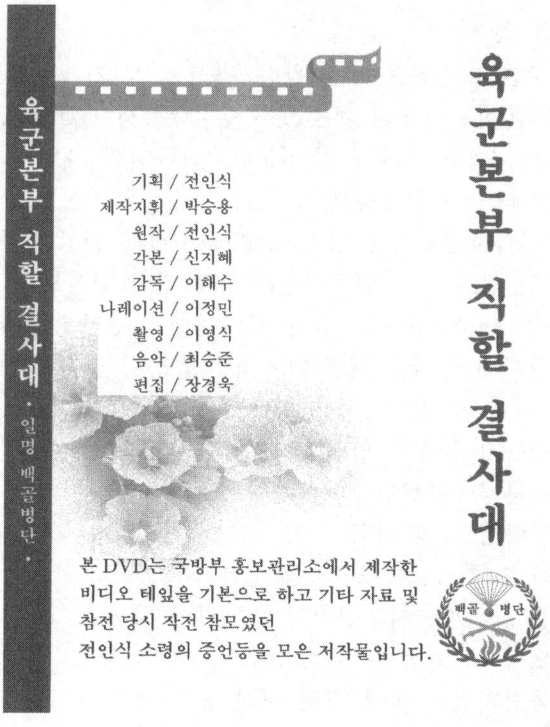

※ 편저자의 약력

= 학력 관련 =

1945년 2월 탄현초등학교(제9회) 졸업
1949년 6월 문산공립농업학교(제5회) 수료
1950년 6월 정치대학(현 건국대) 2년 재학 중 6.25 (휴학)
1954년 5~11월 전시 군인연합대학 1기 2차 수료(학점 취득)
1968년 2월 건국대학교 행정대학원 재무행정 전공 수료
1969년 건국대학교 행정 대학원 초대 동문회장 역임
1970년 4월 대학 토목공학 조교수 자격 취득(문교부 교수자격심사위원회)
1972년 8월 대학 부교수자격 취득(문교부 교수자격심사위원회)
1986년 4월 문산중·종합고등학교 총동창회 제10,11대 총동창회장
1990년 12월 탄현초등학교 총동창회 2~4대 회장 (90~96년) 역임

= 6.25 관련 경력 =

1950년 7월 파주 탄현 반공결사대원(칼빈소총으로 무장) 활동(내무서 습격 등)
1950년 10월 탄현 학도의용대 대장(중·고·대학생 120여명)
1950년 12월 미 25사단 수색대(현지 문관) 피난민의 검문검색 협조
1951년 1월 3일 대구 육군보충대 입소
1951년 1월 4일 육군정보학교 입교(육군제7훈련소 달성초등학교)
1951년 1월 25일 임시 육군대위 임관(국방부 장관 신성모) (군번 GO 1003)
1951년 1월 28일 육군본부 직할 결사 제11연대 작전참모 (대위)
1951년 2월~3월까지의 작전(백골병단 작전참모)

2. 10 하진부리 초도작전 지휘,
2. 26 광원리 구룡령 차단 작전 지휘,
3. 14 귀둔리·갈천리 작전 지휘,
3. 18 군량밭 작전 지휘,
3. 19 적 중장 吉元八 중장 등 집행,
3. 23 용대리 백담사·설악산지구 작전 지휘,
3. 24 오색리·단목령 퇴출, 작전 지휘,
3. 26 독립지휘소 폭파 작전 지휘 등

1951년 3월 30일 아군 7사단 3연대 전방(인제군 기린면 상치전 부근) 퇴출
1951년 4월 2일 강원도 강릉시내로 이동·개선
1951년 4월 15일 육군본부→미8군작전국 예하(커크랜드 기지로 예속)
1951년 4월 25일 강원도 북평리(묵호 인근)로 이동
1951년 4월 28일 소령 진급(커크랜드 사령부 작전처장 겸 전방 지휘관)
1951년 6월 3일 묵호항 출발, 원산방면으로 출동(미 해군 507함)
1951년 6월 6일 원산남방 통천지내 두백리 상륙작전 최전방에서 지휘, 해안초소 2개 파괴, 북한주민 300여명 주문진으로 후송 (자유 찾아줌)
1951년 6월 28일 육군소령 명예 제대.
1951년 7월 20일 103사단 이리연대 경유(1주일) 귀향
1951년 8월 초순 가짜 소령으로 22일간 옥고 (1사단 특무대)
1951년 12월 D.A.L.D 첩보대 서부 제2지구대(판문점) 일시 근무
1952년 6월 종군학도대 강원도 지구(춘천) 기율국장
1952년 11월 육군 제2훈련소 병무소집 입대(군번 9358453?)
1953년 5월 육군소위 임관(갑종간부 제44기, 병기 제12기)(군번 26444)
1957년 11월 예비역 편입, 중위 (No 8453호)
2006년 6월 새 군번 취득 (51-00008 육군대위)
2012년 6월 육군소령 전인식 **충무무공훈장** 수상 (대한민국 대통령)

= 사회 및 전우회 관련 경력 =

1958년 9월 강남공영 주식회사(진해 현장) 근무
1959년 2월 파주여자중학교 설립 참여 및 교사 근무
1961년 7월 군사원호청 설립(원호국) 참여 (주사)
1961년 8월 23일 대한민국 유격군 참전전우회 발기
1961년 12월 감찰위원회로 전관(4급 갑)
1962년 3월 고등전형시험 합격. 감찰위 부감사관(3급 을) (국가재건최고회의의장)
1962년 4월 국가재건최고회의 의장 특명 전국 수리조합 부정 조사반 제1조장 (경기, 강원, 서울시 담당)
1965년~2016년 설악동지회(참전단체) 회장, 대한유격참전동지회장, 백골병단 참전전우회장, 육군본부 직할 결사대 전우회 회장

1969년 12월 종옥장학회 설립, 대표 회장, 현지
1970년 2월 임시소령 육군참모총장 확인
1971년 8월 감사원 수석감사관 퇴임(유신)
1972년 4월 도서출판 건설연구사 창립(새마을 가꾸기를 위한 건설기술 저술), 2016년 현 회장
1970년~1996년 한양대, 건국대, 서울시립대, 성균관대, 충북대, 서울대 특수반, 새마을지도자훈련원, 건설부공무원교육원, 농진청교육원, 내무부지방행정연수원, 한국전력연수원, 금융연수원, 서울시 공무원교육원 등 출강)
1974년 5월 사단법인 건설기술연구회 창립 이사장・현 명예회장
1975년~79년 국가기술자격(토목기술사・기사 1, 2급) 시험 위원 역임
1987년 3월 고 허은구 소위 외 59인의 전사 확인, 국립묘지 위패 57, 안장 3위 실행
1988년 6월 백골병단 전적비 건립추진(설계, 감리, 위치선정, 모금 헌성)
1990년 11월 육군본부 지원으로 백골병단 전적비 준공 제막에 헌성금 납 및 비문작성 설계, 공사감리 등 적극 기여
1995년 3월 임시소령(GO1003) 병적확인 국방부장관
1997년 3월 **참전용사 증서** 수령(대통령 김영삼)
1999년 3월 **6.25 참전유공자 증서** 수령(대통령)
2003년 4월 육군본부 직할 결사대원의 현역복무・군인신분 인정 법률 초안 기초 작성
2003년 6월 무명용사 303인 외 민간 13인의 합동 추모비 건립 비문작성 및 헌금 등 적극 기여
2004년 3월 국회「6.25 전쟁 중 적 후방지역 작전수행 공로자에 대한 군복무인정 및 보상 등에 관한 법률(안)」국회 만장일치 통과에 적극 기여
2004년 11월 육군대위(군번 51-00008), 육군참모총장, 새 군번 부여(네 번째)
2006년 6월 살신성인 (고) 윤창규 대위 충용비 건립 및 헌금 등 추진 적극 기여
2006년 9월 용대백골장학회 설립. 회장, 총 기금 6,400만원 확보 (전인식 1,000만원 출연)
2008년 9월 **국가유공자증서** 수령(대통령 이명박)

2010년 3월 계룡대 육군본부 내 명예의 전당에 전사자 60인 헌액 적극 기여
2010년 6월 육군본부 광장에서 대표 전인식 소령(육군참모총장) **참전 59년 만에 명예의 전역식 거행**
2011년 3월 종인장학회 개편(출연금 1억 2,000만원) (종옥장학회 후신) 현 회장 (1969년 창립)
2011년 4월 **전쟁기념관 내 전사자명비 60인 헌액**에 적극 기여
2011년 11월 **전적비 보호·방호벽 건립** 적극 기여
(총 4,500만원 중 전인식 2,550만원 헌성)
2012년 4월 **충용특공상 제정** 적극 추진
(총 5,700여만 원 중 전인식 3,540만원 헌성)
2012년 6월 전인식 소령 **충무무공훈장 수상**(훈장증 제405호)
2015년 10월까지 전인식 전우회 출연 (총 3억 3,800여만 원)

= 대표 저서류 =

1969 『실용 건설공사의 설계표준과 검사』(3판), 남문각 발행
1970 『공사관리』 남문각 발행
1970 『건설공사의 설계와 시공』, 남문각 발행
1971 『토목시공관리』(4판), 남문각 발행
1971 『부동산 개발기술론』(1976 4판), 남문각 발행
1971 『검사례 분석 평가를 중심으로 **"공사의 검사"** 』(1974 5판)
1972~2016 『건설표준품셈』(45년간 50여만 권 보급), 건설연구사
1972 『새마을 건설기술』(문공부 선정 우량도서, 20여만 권 보급)
1972 『건설기계화 시공』(1978 3판), 건설연구사
1973 『건설경영과 신공정관리』(1978 4판), 건설연구사
1973 『펌프공학』, 건설연구사
1976 『P.E.R.T 이론과 실제』(1979 3판), 건설연구사
1976 『토목시공학·토목시공법』(6판)
1979 『건설적산학』, 건설연구사
1980 『공사계획관리』, 건설연구사
1980 『건설유감』, 건설연구사
1983 ~ 2016 『토목공사 표준품셈』 34년간 발간, 건설연구사
1983 ~ 2016 『건축공사 표준품셈』 34년간 발간, 건설연구사
1983 ~ 2016 『기계·설비 표준품셈』 34년간 발간, 건설연구사

1983~2016『전기・정보통신 표준품셈』 34년간 발간, 건설연구사
1983~2016『전기공사 표준품셈』 34년간 발간, 건설연구사
1987『I.E 이론과 실제』, 건설연구사
1992『공사의 감사・해설』, 건설연구사
1994『건축주를 위한 **"건축시공법"**』, 건설연구사
1997『토목계획 및 시공관리』, 건설연구사
1998『토목용어사전』, 건설연구사
1999『건설용어대사전』, 건설연구사
1999『건축용어사전』, 건설연구사
2000『건설안전관리』, 건설연구사
2001『표준품셈 질의・해설』(3판), 건설연구사
2001『건설공사 실무품셈』, 건설연구사
2003『기계용어대사전』, 건설연구사
2003『알기쉬운 경영회계』, 건설연구사
2004『환경상하수도용어사전』, 건설연구사
2004『네트워크 신 공정관리』, 건설연구사
2004『펌프의 이론과 실제』(2판), 건설연구사
2005『건설공사 품셈실무』, ㈜건설연구사
2005『산업관리공학』, 건설연구사
2006『건설공사비 검증의 Konw-how』, 건설연구사

= 상훈 기록 =

1957년 육군 제6관구사령관의 공로 표창
1961년 군사원호청장 공로 표창 수상(23호)
1963년 감찰위원장 공로 표창 수상(17호)
1969년 감사원장 공로 표창 수상(254호)
1969년 건국대학교 재단이사장의 우등상
1970년 대통령 공로 표창 수상(36163호)
1972년 문화공보부장관 우량도서 저작상 수상
2012년 충무무공훈장수장(훈장번호 제405호)

= 편 찬 후 기 =

(1) 이 노병 65년의 기록을 전몰장병의 영전에 바치노라

조국의 자유와 통일을 위하여!
출진한 백골병단 육백사십 용사
오대·설악을 넘고 또 넘어
혁혁한 전공을 세운 그들!
장하고 거룩한 겨레의 횃불
오! 그 영광 청사에
길이-빛나리!

참전자 817명 중 전사자는 363명(행방 불명 170여명)이나 신원이 확인된 장병은 60명으로, 동작동 국립묘지(현충원)에 위패 봉안 57위, 대전 국립현충원 안장 3위 외에 303명의 신원이 확인되지 않으며, 위패안치한 57위 중 45위는 연고자를 전혀 알 수 없다. 우리 전우일동은 2003. 6. 5 이름조차 알 수 없는 전우를 무명용사로 하여 추모비를 건립(제막) 했다.

이 **무명용사 추모비 건립** 공사비용 1,620여만원 중 국가보훈처 500만원, 재향군인회 100만원, 회장(전인식) 350만원과 회원 및 유지 일동이 670여만원을 헌성·협찬 했다.

<군에 입대한 장병의 이름을 알 수 없다니 이것이 될 말인가요 !!>

전몰장병 銘板

계 급	성 명	위패번호	계 급	성 명	위패번호
고 육군대위	尹昌圭	동작동 장교/ 14	고 이등중사(병장)	김양환	동작동 13/18
고 육군대위	玄奎正	대 전 장교/744	고 이등중사(병장)	이영업	동작동 13/18
고 육군대위	★金貞起	동작동 48-3-269	고 이등중사(병장)	★趙重用	동작동 46-3-214
고 육군대위	權王堅	동작동 48-3-270	고 이등중사(병장)	서두생	동작동 13/18
고 육군대위	金元培	동작동 48-4-104	고 이등중사(병장)	이석순	동작동 46-3-216
고 육군중위	★鄭世均	동작동 장교/14	고 이등중사(병장)	황경덕	동작동 46-3-217
고 육군중위	姜昌熙	동작동 48-3-271	고 이등중사(병장)	이재성	동작동 46-2-185
고 육군중위	金溶九	동작동 48-3-272	고 이등중사(병장)	윤동익	동작동 46-2-186
고 육군소위	★許銀九	동작동 장교/14	고 이등중사(병장)	고석휘	동작동 46-2-187
고 육군소위	尹 泓	동작동 장교/ 14	고 이등중사(병장)	나승교	동작동 46-2-188
고 육군소위	李鍾三	동작동 장교/ 14	고 이등중사(병장)	김주섭	동작동 46-2-189
고 육군소위	★朴萬淳	동작동 장교/ 14	고 이등중사(병장)	이운철	동작동 46-2-190
고 육군소위	李夏淵	대 전 장교/745	고 이등중사(병장)	김윤태	동작동 46-2-191
고 육군소위	黃柄錫	동작동 48-4-001	고 이등중사(병장)	천봉균	동작동 46-2-1924
고 이등상사(중사)	★柳東鉉	동작동 28/5	고 이등중사(병장)	안병철	동작동 6-2-193
고 일등중사(하사)	★張東淳	동작동 28/ 6	고 이등중사(병장)	김철구	동작동 46-2-194
고 일등중사(하사)	申鉉石	동작동 28/ 6	고 이등중사(병장)	김명규	동작동 46-2-195
고 일등중사(하사)	洪勝先	동작동 27/ 4	고 이등중사(병장)	현 제	동작동 46-2-196
고 일등중사(하사)	★朴鍾萬	동작동 28/ 6	고 이등중사(병장)	구기덕	동작동 46-2-197
고 일등중사(하사)	徐一澤	동작동 27/ 4	고 이등중사(병장)	안성호	동작동 46-2-198
고 일등중사(하사)	안희일	동작동 46-2-184	고 이등중사(병장)	강창환	동작동 46-2-200
고 일등중사(하사)	장국환	동작동 46-2-183	고 이등중사(병장)	이정구	동작동 46-2-201
고 이등중사(병장)	★權旭相	동작동 28/ 6	고 이등중사(병장)	黃忠淵	동작동 46-2-202
고 이등중사(병장)	姜文錫	동작동 13/18	고 이등중사(병장)	박종수	동작동 46-5-043
고 이등중사(병장)	金潤秀	동작동 28/ 6	고 이등중사(병장)	이충구	동작동 46-5-044
고 이등중사(병장)	★洪淳基	동작동 28/ 6	고 이등중사(병장)	박기석	동작동 46-5-045
고 이등중사(병장)	李完相	대 전 사병4591	고 이등중사(병장)	임경섭	동작동 46-5-046
고 이등중사(병장)	李相旭	동작동 28/ 6	고 이등중사(병장)	★천영식	동작동 46-5-047
고 이등중사(병장)	★金周鉉	동작동 28/ 6			
고 이등중사(병장)	유동식	동작동 13/18			
고 이등중사(병장)	박희영	동작동 13/18			
고 이등중사(병장)	★鄭閏哲	동작동 46-3-215			

★표 13인 유족 확인

<합 60위>

外 303 인 (미확인 민간 참전자 10 인)

(2) 참담하고 한(恨) 서린 날

지난 2005년 12월 27일 오후 1시 50분에 개정된 서울 민사 지방법원 합의18부에서 열린 법정(562호)에는 백골병단 출신장병(전우) 21명이 법정을 메우다 시피 참석하였다.

재판장은 개정 즉시 전인식 외 28명이 신청한 국가의 불법행위로 인한 배상사건을 선고하겠다고 말하고, 요지 다음과 같은 선고를 하였다.

첫째, 국가의 불법행위가 있은 날부터 50여년이 지나 증거가 불충분 하고,

둘째, 임시 장교로 임관 하였거나 군번을 받았다고 주장하나 명백한 증거가 없으며,

셋째, 두 번 군대에 징(소)집되어 복무하였다고 하나 이 또한 증거가 불충분 하고,

넷째, 국가를 위하여 봉사한 특별법이 제정되었다고 하더라도 국가의 책임은 10년간으로 시효가 완성되므로 **청구인의 청구는 모두 기각(棄却)한다.** 라는 장황(張皇)한 이유를 설명하였다.

〈반 박〉

첫째, 위(1)번 국가의 불법행위가 있었던 날부터 50여년이 지났기에 증거가 없다고 하나 **국가가 817명이나 되는 많은 애국청년을 훈련도 제대로 시키지 않고, 보급도 제대로 주지 않았으며, 적후방에 침투시킨 간접살인 행위**에 대한 증거를 말끔히 없앴기 때문임을 간과한 중대한 잘못이 있을 뿐 아니라 피고(국방부)가 반증할 책임을 원고에게 뒤집어 씌운 것이다.

둘째, 대통령 명에 의하여 국방부 장관이 임명한 **임관사령장 등 물적 증거가 확실함에도** 이를 채증(採證)하지 않은 잘못이 있으며,

셋째, 두번 군대생활을 한것이 소위 **백골병단의 근무기록을 부인하는** 판단은 2004. 3. 22 법률 7,200호로 공포된 특수 작전수행 공로자에 대한 군 복무 인정 및 보상 등에 관한 법률의 제정으로 명백해 졌음에도 이를 간과한 것은 잘못이고,

넷째, 국가의 불법행위를 안 날로 부터 10년의 공소시효는 그 **불법행위가 확인되어 법률이 제정 공포된 법률 7,200호의 공포**로 비롯되기 때문에 2004년 3월 22일이 시효의 기산일을 외면한 것은 잘못이 아닌지 …… 나의 법률상식이 크게 잘못된 것인지 ……?!!

따라서 본 건 판단은 **사실판단을 잘못한 것일 뿐 아니라** 54년 전 **국가의 불법행위**를 피해자인 국민에게 증거를 대라는 거증(擧證)책임을 돌린 것으로 …….

법관도 초록(草綠)은 동색(同色)이 아닌지 …….

참으로 답답하다 아니할 수 없다 !!

(3) 65년의 빛과 한(恨)

누구를 위한 전쟁터에서의 싸움이 었던가 …….
게임도 되지 않는 그런 패거리들이 …….
나는 그 패거리들 중 왜 우쭐거리고 설쳐댔던가 …….
참으로 우습고 또 우습게 …….
기가 막힐 일이 아니였나? …….

전적 위령비(戰跡碑)도 세워졌고, **무명용사 303위**(位)와 민간(民間)희생자 13명 모두의 무명용사 추모비(無名勇士 追慕碑)도 세웠건만 …….

이들이 왜 무명용사 인가요? 군부대에서 훈련받고, 군번도 받았는데 ……

구슬피 우는 산비둘기의

꾸 - 꾸구 구르르… 꾸구 구르르…….

산까치의 소식 알림 노래도 깍 - 깍 - 깍 -

귓전을 울릴 때 처량(凄凉)하고 황량(荒凉)한 눈 덮인 산들(山野)에 내동댕이 쳐진 육신(肉身)들은 자연(自然)의 밑거름으로 돌아갔건만

신령(神靈)의 넋은 그 산과 들을 맴돌다가…….

안식(安息)을 찾았는지도…….

지난 65년간! 국방 당국(육군 당국)에 수(數)도 헤아리기 어려우리만치 많은, 여러 차례에 걸친

진정(陳情), 탄원(歎願), 소청(訴請)을 하였건만…….

되돌아온 것은 모두 산비둘기, 까치의 울음보다도 못한 냉랭(冷)함 그것뿐이었는데…….

그 뒤, 나는 명예회복(名譽回復)을 위한 입법자료 및 문안을 기초하면서, 임시장병이 전쟁한 기간은 현역과 같은 싸움질을 했으니까 군인으로 대접해 달라고…….

둘째는! 전쟁통에 받지 못한 훈포장(勳褒章)도 주고,

계급에 따른 월급(月給)과 전시수당(戰時手當)도 주어, 죽는 날 까지 소주(燒酒)와 약간의 안주(按酒)값은 받아야 할 것이 아닌가 하고….

그래야, 꾀꼬리 할망구와 같이 늙어가는 자식들 앞에 면목(面目)이 설 것이 아닌가 해서…….

그리고 의사(義死)자 도 들어가는 국립묘지(國立墓地)에 우리들이 들어가면 안되는가 하고…….

심심해서 총 들고 인민군복(人民軍服) 입고, 놈들의 지역에 가서 수백명이 떼지어 이리 뛰고, 저리 설쳐 댔던가…….

그 끝장이 이 꼴 되었다네…….

지금에 와서, 누가 너희들 보고, 북쪽지역에 가서 그 짓 하라고 했나…….

그렇게 명령(?) 했지 !! 어디 그 뿐인가, 진짜 고급장교도 동행했지……

나라님께서 엉터리 감투 씌워주고, 거짓 계급과 군번도 주고 총도 이리떼의 것을 주었으며,

군복이란 것도, 붉은 이리떼 모양의 것을 입히고…….

돈도 붉은 돈으로, 위장한 특수부대(집단)가 아니었던가…….

이놈들 왜 살아 돌아와서 속을 썩이는가…….

그 말에는, 왜 살았는지 알 수 없어 대답을 못하겠는데…….

세상이 밝고, 희망차게 변해가고 있으니…….

무엇이라고 답(答)해야 할지…….

빨갱이가 민주화(民主化)투사로 둔갑(遁甲)하는 세상인데,

너희 같은 놈들…….

6.25 전쟁 패거리들은

모두 싹 쓸어내야 한다는데…….

쓸려나가게 되었지……. 어느덧 세월은 흘러 "쌍팔이" 되었네…….

이제 얼마 남지 않았으니까…….

"쓰나미(津波 · 海溢)" 가 할퀴고 지난, 태풍(颱風)의 고요함이 요사이 우리들의 형편이 아닌지 모르겠다.

세상은 많이 변해, 안남미(安南米) 배급쌀도 구하기 힘든 세상에서, 쌀 식량지원을 책임진다는 얄팍한 사탕발림…….

(요즘 세상에서는 상상도 못할 그런 정경이었다.)

총참모장이란 어른이, 너희들 부모와 가족은 국가(國家)가 **책임지고 식량원조**를 할 것이니 안심하고 나가 싸워라…….

너희들이 돌아오면 2(두)계급 **특진은 물론**, 희망하는 부대에 배치

해주고 **최고, 무공훈장**(武功勳章)이 기다리고 있을 것이다.

육해공군 총참모장이란 절대권자가 출정(出征)하는 장병들을 사열(査閱)하고 최후의 훈시(訓示)에서 공약(公約)한 것이었는데 …….

그 약속은 지난 65년간 지켜지지 않았다.

모두가 거짓인가 ……

오늘로 64년이 지났는데 앞으로 또 몇10년 몇100년이 더 지나야 할 것인지 …….

제주 43 사건도 민주화 투쟁으로?

동학난(東學亂)도 민주화 항쟁으로 거듭나게 될 것이라는데 …….

앞으로 대구폭동도?

육이오(6.25)전쟁을 통일전쟁이라고 주장하는 **강 모 교수**란 놈과 같이, **민중해방전쟁**으로 둔갑할 것인지도 …….

정녕 알 수 없는 노릇이 아닌지 …….

"의문사(疑問死)위"인가 하는 곳에서는 좌익 동조자와 보도연맹자들의 죽음도 모두 민주항쟁으로 구제(?) 해 주어야 한다고 주장하는 ……

우리들 참전자의 명단(名單)만이라도 찾을 수 있었으면 …….

사람이 360여명이나 죽었고, 170여명이 행방불명 되었는데 ….

살아 돌아온 283명의 젊은 장정(壯丁)중 몇이나 살아 있는지

그 명단조차 알 수 없으니, 이런 일 들이 수십년간 맴돌았다.

이제 이 따위는 그만 써야 할 터인데 …….

또 남았는지 … 남겼는지 ……. 나도 모르겠다.

헌법 불합치 법률의 심판이 끝나야 모두가 끝장나는 것이 아닌지 모르지 …….

세상이 좌(左)로 삐딱해진 세상이라도 …….

참으로 고약한 …….

그 당시 군부의 잘못이나 지금의 냉대 모두는 역사 앞에 어떻든, 심판을 받아야 할 것이 아닌지.

나는 국방당국의 잘못을 끝까지 발굴하여 이들을 고발하는 등 법에 호소하고자 했다.

우리들은 1951년 6월 이후 뿔뿔이 흩어졌으며, 그 누구하나 그때의 일을 기억조차 하기 싫어 했으나, 나는 가짜 소령에 국제고등 간첩이란 혐의로 군법회의에서 무죄로 방면될 때, 내 개인의 소장품인

임관 사령장,

각종 사진,

제대증명 등을 가지고 풀려났기에 오늘날, 몇 가지 중요한, 움직일 수 없는 증거를 제시할 수 있어 전사확인에도 큰 도움이 되었다.

명예회복의 증거자료로 활용되었으니, 한편으론 매우 다행하다는 생각도 든다.

매맞은 한(恨)은 접어두고 …….

친애하는 동포 여러분 !

여러분은, 우리들의 지난 그런 일을 해낼 수 있다고 말할 수 있습니까?

우리들을 보고 모자라는 놈들이었다고 생각할 런지 모릅니다.

그러나 이 기록은 진실 그대로 입니다.

먼저 간 전우들의 넋을 위로하기 위해서도, 이 기록은 발굴·재평가 되지 않으면, **조국의 자유**와 **평화를 위해** 고귀한 목숨을 바칠 전우는 없을 것이 아닌지 ……

그간 강산도 많이 변했습니다.

이제 육십오(65)년이란 오랜 세월을 맞게 되었습니다.

홍안 소년과 같던 새파란 청년 전우들이 이제 모두 최소 85세 이상

90 세가 되었습니다.

누구를 원망할 필요도 없고, 또 해서는 무엇 하겠습니까?

우리는 오직 전몰장병의 명예회복을 끈질기게 청원했습니다.

그들의 명예는 일부 회복되었으나, 참전장병과 전사자에 대한 **예우인 훈·포장과 「추서」는 아직도 남아 있지요!!**

우리들의 소청을 강력히, 그리고 힘주어 주창합니다.

알섬의 갈매기와 설악의 산새들은 웅변으로 말하고 증언하고 있소이다.

그날, 그들은 용감히 싸웠다고…….

아무런 대가없이 목숨을 조국의 자유와 평화를 위해!!

바쳤노라고…….

노병들은 해마다 낙엽되어 떨어져 가고,

이제 남은 홍엽(紅葉)도 모두가 떨어질 날이…….

얼마 남지 않았소이다.

더 늦기 전에…… 약속하신 훈·포장을 주시지요.

저들의 소망이 이루어지도록 도와 주소서…….

주여! 부처님이시여! 제신이시여!! 도와주소서…….

정의의 구현!

나라에 충성!

조국통일의 그날까지!

영겁(永劫)의 피안(彼岸)까지

적진 후방에 버려진 360 용사의 외침을 담은 흘러간 세월!!

팔팔 노병은 오늘도 옛날을 곱씹으며 자유를, 평화를 갈구하면서 옛 전우 모두의 강녕하심을 기원하고 있습니다.

그들의 가냘픈 소망이 이루어지는 날이 언제 올 것인지……

참전 노병의 65 주년도 이제 모두 끝낼 때가 다 된 것도……

독자 여러분 건강하세요.

감사합니다.

※ 육군본부 직할 결사대(일명 : 백골병단)는 1950년 10월 중공군이 한국전쟁에 참전하고, 낙동강 연안까지 진격한 북괴군 대 병력은 1950. 9. 15 인천 상륙작전의 성공으로 퇴로가 차단된 때, UN군은 1950. 9. 16 일제히 반격을 개시하였다.

이때 놈들은 퇴로가 차단되자 지리산, 태백산 등지로 16만여명이 숨어들어 무장공비로 변신한 후 아군의 후방을 괴롭히자 정부는 대북유격대를 편성, 투입하여 한국군 최초로 유격전을 감행하게 되었다.

일선의 병력도 부족한 때였으므로 의용경찰과 학생 등 반공사상이 투철한 청·장년 6~7,000여명 중 817명을 선발, 단기간(3주간)의 훈련을 실시하고, 적 후방에 침투시켜 적의 후방을 교란케 하고자 시도하였다.

적 후방에서 3개 연대 647명이 백골병단으로 증강 편성된 뒤 1951. 4. 25까지 60여일간의 전투를 감행하여 북괴군 중장 길원팔과 참모장 대좌 강칠성 등 309명을 생포하고 170여명(미확인 포함)을 사살하는 등의 전과를 올렸으나 아군도 360여명이 전사 또는 실종되는 피해를 입었다. 이 부대의 실전 실화와 그 뒤 60여년간 명예회복을 위한 피나는 외길 *!!* 그 뒷이야기를 옛날의 이야기라고 돌려야 할 것인지 *!!*

백골병단 전적비 위치 약도

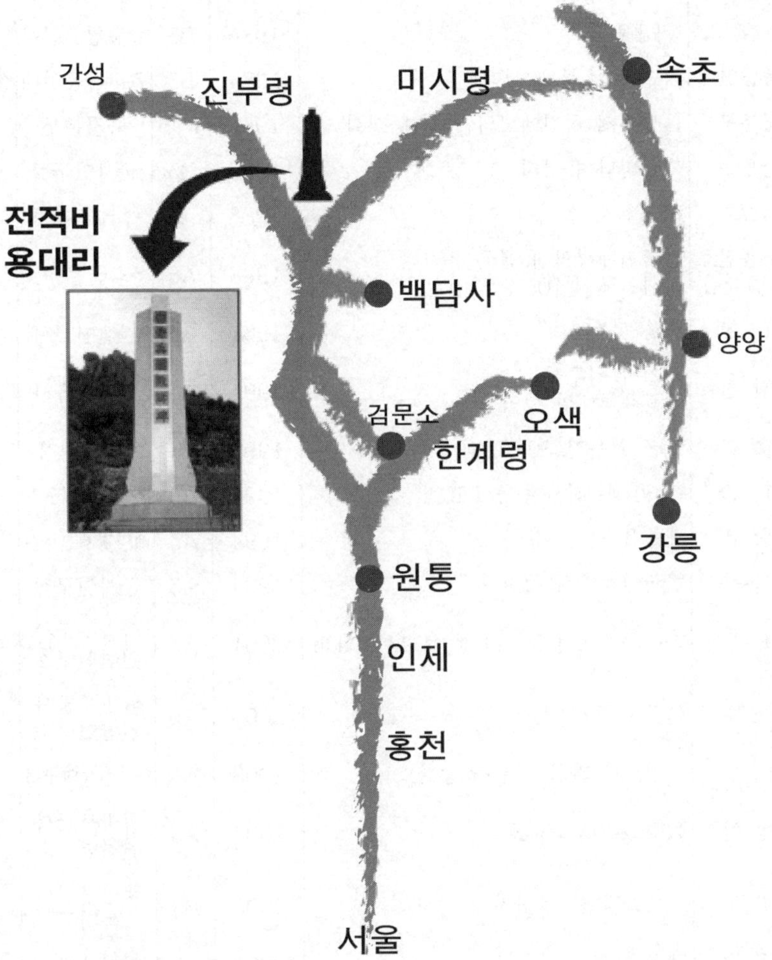

강원도 인제군 북면 용대 3리 산 250-2

국방부소관 : 국유림 4,928m^2 (1991. 2. 11 관리환)
(1,492.^{20} 평)

참 고 문 헌

저 자	도 서 명	발행년도	판형	출판사	소재지
蔡 命 新	채명신의 무용담 **「사투만리」**	1956	A5	육군본부	서울
全 仁 植	**나와 六二五**(적 후방 300리의 혈전)	1981	3×6	건설연구사	〃
合同參謀本部	韓國戰爭	1984	B5	합동참모본부	〃
703특공연대	특수전 (소부대 전례)	1984	B5	703특공연대	강원도
육군본부	**白骨兵團** 적진에서의 유격대 실화	1985	4×6	육군본부	서울
육군본부	백골병단 유격대	1985	B5	군사연구실	〃
李 泰	南部軍 上 빨치산 수기	1988	A5	두레출판사	〃
美죤스홉킨스 大學 硏究팀	한국전에서의 유엔군 유격전 군사연구 제103집 특집	1988	A5	육군본부	〃
全 仁 植	戰跡碑 落穗	1991	A5	건설연구사	〃
김 한 철	마지막 침투한 대북유격대의 활약상	1991	A5	월간자유사	〃
蔡 命 新	元老 교우기(30~35面)	1992	B5	주간 매경	〃
委 員 會	白骨兵團 전사 추록 I II	1993	A5	한국적산연구소	〃
蔡 命 新	死線을 넘고 넘어	1994	A5	매일경제신문사	〃
육군본부	한국전쟁과 유격전	1994	A5	군사연구실	〃
河 載 平	라주바예프의 6.25전쟁 보고서 I II III	2001	A5	국방부군사 편찬연구소	〃
河 載 平	韓美軍事關係史	2003	A5	국방부군사 편찬연구소	〃
全 仁 植	적진 800리의 혈투(최종판)	2003	A5	(주)건설연구사	〃
안 병 한	戰史 2004. 제6호	2004	A5	국방부군사 편찬연구소	〃
국 방 부	"백골병단" 보상지원 백서	2006	B5	국방부인사 복지국	〃
崔 甲 錫	戰爭文學	2007	A5	전쟁문학사	〃
갑종장교단 중앙회	갑종이여 영원하라	2009	A5	갑종장교단 중앙회	〃
김 홍 영	인천상륙작전과 반격작전	2009	B5	국방부군사 편찬연구소	〃

= 저 자 약력 =

1950. 6. 25 정치대학 정경학부 정치과 2년 6.25 휴학
1950. 7. 15 탄현 반공 결사대원으로 무장(칼빈총) 활동
1951. 1. 25 육군 **임시 보병대위 임관** (군번 GO 1003)
1951. 4. 28 육군 소령 진급, 미8군 기동부대 커크랜드 작전처장
1961. 8. 23 유격군 참전 전우회 발기 이후 **현재 전우회장**
1962. 3. 29 고등전형시험 합격, 감찰위 부감사관 피명
1969. 5. 31 實用 建設工事의 設計標準과 檢査 (3版) 발행
1970. 4. 18 대학 토목공학과 조교수 자격 취득 (문교부 교수자격 인정)
1971. 8. 감사원 감사관 사임
1972. 5. 16 建設工事 標準품셈 初版 發行 (2016년 제45판 발행)
1972. 8. 19 **대학 부교수 자격 취득** (문교부 교수자격 인정)
1981. 5. 6 『나와 6.25』 = 적 후방 300리의 혈투 = 발간 (비매품)
1986. 6. 26 『못다핀 젊은 꽃』 3 판 (3부작, 다큐멘터리 영화 제작)
1990. 11. 9 백골병단 전적비 준공식 거행 (위치선정, 설계, 감리, 헌금)
2004. 3. 22 법률 7,200호 공포 기여, 2004. 11. 11 대통령령 18583호 공포
2010. 3. 5 육군본부 내 **명예의 전당**에 전사자 60인 헌양식 거행
2010. 6. 25 육군본부 연병장에서 참전 **59년 만에 전역식** 거행
2011. 4. 7 전쟁기념관 **전사자 추모비**에 백골병단 60인 헌액
2012. 6. 25 육군소령 전인식 충무무공훈장 수상, 송세용 등 10인 무공훈장 수상

6.25 참전

노병의 65년

2016 년 1 월 20 일 인쇄
2016 년 4 월 14 일 발행

編 著 : "吾平" 全 仁 植

출판 대행 : (주) 건설연구사

육군본부 직할 결사대 전우회

발 행 소 : 서울특별시 마포구 잔다리로 77, 601호 <서교동 대창빌딩>

TEL : (02) 325-4896, (02) 324-4996, 전송 : (02) 338-1153

홈페이지 : http://www.beackgol.co.kr (백골병단)
E - mail : kunseol @ chol.com
등 록 : 2000 년 6 월 19 일 제 10 - 1988 호
(1972. 4. 18 창립)

※ 파본이나 낙장이 있는 책은 출판대행사에서 교환해 드립니다.

ISBN 978-89-7307-253-8 값 25,000 원